# RECUEIL

DES

# INSTRUCTIONS

DONNÉES

## AUX AMBASSADEURS ET MINISTRES DE FRANCE

DEPUIS LES TRAITÉS DE WESTPHALIE

JUSQU'A LA RÉVOLUTION FRANÇAISE

IX

## COMMISSION DES ARCHIVES DIPLOMATIQUES

« ... *Les conclusions du rapport de* M. CAMILLE ROUSSET, *tendant à charger* M. A. RAMBAUD *de la publication des Instructions pour la Russie, sont mises aux voix et adoptées...* M. HIMLY *est nommé commissaire...* »

(Extrait des procès-verbaux des séances du 2 juin 1886 et du 5 décembre 1888).

Vu par le Commissaire délégué,

Paris, le 1er juillet 1889.

SIGNÉ :

HIMLY

# XXVI

## LE CHEVALIER DOUGLAS

CHARGÉ D'UNE MISSION SECRÈTE — PREMIÈRE MISSION

1755

L'intervention de la Russie dans la guerre de la succession d'Autriche avait donné un nouvel aliment à l'hostilité traditionnelle de la diplomatie française à l'égard de cette puissance. En 1749, une armée russe avait envahi la Finlande, sous prétexte que le roi de Suède projetait de réformer la constitution anarchique de son pays : la Russie invoquait le traité de Nystad (1721) et celui d'Abo (1743), qui plaçait sous sa garantie les institutions existantes. Alors Des Alleurs[1], successeur du marquis de Castellane à l'ambassade de Constantinople, rappela aux Turcs que, par le traité du 19 juillet 1740, ils avaient garanti l'intégrité de la monarchie suédoise. Il obtint d'eux l'envoi d'une note comminatoire à la Russie. En même temps la France préparait une expédition de douze vaisseaux et d'un corps de débarquement dans la Baltique. En 1751, le roi de Suède, Frédéric Ier de Hesse-Cassel, étant mort, son successeur, Adolphe-Frédéric de Holstein, déclara renoncer aux réformes projetées. La Russie profita de l'occasion pour rappeler « spontanément » ses troupes. Le même Des Alleurs essaya de conclure une alliance entre la Prusse et la Porte, et heureusement n'y réussit pas, car les Turcs, plus sages que le diplomate fran-

---

1. Roland Puchot, comte des Alleurs, fils de l'ambassadeur français en Turquie du même nom. Voyez ci-dessus, t. Ier, p. 121. Son mariage saxon lui valut la faveur de la dauphine qui, pour l'aider à rétablir sa fortune, lui fit donner l'ambassade de Constantinople. Il l'occupa en 1747 et il y mourut le 21 novembre 1754, des suites d'une attaque d'apoplexie. SAINT-PRIEST, *Mémoires sur l'ambassade de France en Turquie*, pp. 265 et suiv.

çais, lui objectèrent que le roi de Prusse « ne chercherait jamais d'alliance que pour faire la guerre ». Le 16 juin 1753, la Russie conclut avec l'Autriche une convention secrète contre la Porte. Aussi Gravier, comte de Vergennes, successeur de Des Alleurs (1754), allait travailler plus énergiquement encore à soulever les Turcs contre la Russie.

En Pologne, le comte de Broglie combattait vigoureusement les menées des cours de Londres et de Pétersbourg. En 1755, nous étions près de signer un traité d'alliance avec la Pologne et la Turquie. A ce moment l'Europe semblait sur le point de se partager en deux camps, et cela de la façon la plus conforme aux traditions : d'un côté, la France, la Prusse, les Bourbons d'Espagne et d'Italie, avec les trois puissances de l'Est (Suède, Pologne, Turquie); de l'autre, l'Autriche, la Russie, l'Angleterre, la Hollande. La France et la Russie allaient donc, semblait-il, se trouver une fois de plus aux prises.

On sait comment, l'année suivante, le *renversement des alliances* devait donner tort à ces prévisions.

Depuis le départ de M. de Saint-Sauveur et de M. Gross, toutes relations diplomatiques avaient été interrompues entre la France et la Russie. Elles n'avaient plus de représentant l'une auprès de l'autre. La cour de Versailles était encore renseignée sur ce qui se passait en Russie par les ministres des cours amies, par Lestocq et par le négociant Michel de Rouen, dont il sera question plus loin. Mais le chancelier Bestoujef, après s'être débarrassé du marquis de La Chétardie, de M. d'Alion, de M. Saint-Sauveur, n'avait garde de négliger un ennemi comme Lestocq. Voici ce que raconte Michel de Rouen sur la disgrâce de celui-ci :

COPIE DES NOUVELLES A LA MAIN DU SIEUR RODRIGUE. — DU 7 FÉVRIER 1749 [1].

Il y a toujours à glaner après les grands événements. Le public n'a encore vu qu'une partie de ce qui regarde le fameux Lestoc en apprenant qu'il informoit les cours de [France] et de [Prusse?], par le canal de celle de [Suède?], des mesures qu'on prenoit à Saint-Pétersbourg pour déconcerter les desseins de la première de ces trois cours. Il reste maintenant à savoir quels étoient les ressorts qui faisoient agir ce fameux favori de la fortune, si c'étoit par principe, par goût ou par l'effet de quelque autre mobile qu'il s'opiniâtroit à entretenir cette périlleuse correspondance. Une personne qui le connoît particulièrement, et qui même a eu des liaisons avec lui, nous a assuré qu'on ne sauroit jamais le soupçonner d'avoir eu des vues directement contraires au système présent de la Russie ; mais [que], comme il a toujours été ennemi déclaré du grand chancelier Bestuchef, ce n'a été que dans le dessein de le braver et narguer qu'il a fait hautement profession de soutenir des principes opposés à ceux de ce grand homme ; et que

---

1. *A. E. Russie, Supplément,* t. VII (non folioté non plus que les trois suivants). Le *sieur Rodrigue,* qui renseignait la cour de France au moyen de *nouvelles à la main,* semble n'être autre que le négociant Michel. — Les mots placés entre crochets dans ce document ont été laissés en blanc dans le texte.

# RECUEIL

DES

# INSTRUCTIONS

DONNÉES

AUX AMBASSADEURS ET MINISTRES DE FRANCE

DEPUIS LES TRAITÉS DE WESTPHALIE
JUSQU'A LA RÉVOLUTION FRANÇAISE

PUBLIÉ
SOUS LES AUSPICES DE LA COMMISSION DES ARCHIVES DIPLOMATIQUES
AU MINISTÈRE DES AFFAIRES ÉTRANGÈRES

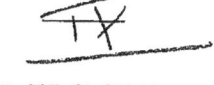

## RUSSIE

AVEC UNE INTRODUCTION ET DES NOTES
PAR
ALFRED RAMBAUD

TOME SECOND
(1749-1789)

PARIS

ANCIENNE LIBRAIRIE GERMER BAILLIÈRE ET Cie
FÉLIX ALCAN, ÉDITEUR
108, BOULEVARD SAINT-GERMAIN, 108

1890

Tous droits réservés.

pour faire échouer ses projets, il les a révélés à ceux qui étoient intéressés à en empêcher la réussite. Cette même clef, qui nous met au fait des véritables causes des emportements fanatiques du sieur Lestoc, nous découvre en même temps ce qui a engagé le grand-chancelier à en éclairer toutes les démarches. Il ne s'agissoit pas seulement à son égard de se délivrer soi-même d'un ennemi mortel. Au commencement, un bas officier eut ordre de suivre partout le sieur Lestoc, de tenir une note de toutes les personnes qui le voyoient, et de l'accompagner dans tous les endroits où il alloit. Lestoc, ne sachant comment [se débarrasser] de ce surveillant, consulta ses confidents et [Voronzof], qui lui conseillèrent de se saisir de sa personne, et s'il refusoit de parler, d'employer les moyens les plus propres à lui délier la langue. On choisit à cet effet un jour que Lestoc devoit [dîner] chez un négociant étranger avec les ministres de [la Czarine], et, de retour chez lui, conformément à la résolution, il fit saisir le bas officier qui ce jour-là l'avoit suivi à son ordinaire. On eut beau promettre et beau menacer : celui-ci refusa toujours de parler ; mais, lorsqu'on parla de lui donner le [knout] et qu'il eut vu apporter les appareils destinés à cette opération, il dit que c'étoit un officier des gardes Préobrajinski qui lui avoit donné l'ordre de l'observer et le suivre partout. Le lendemain le sieur Lestoc vola à la cour, et ayant exposé à Sa Majesté l'outrage qu'il prétendoit qu'on lui avoit fait, il demanda avec hauteur une satisfaction éclatante. L'Impératrice, qui a infiniment d'esprit, l'écouta avec beaucoup de bonté et le congédia sans qu'il pût dire ce qu'elle lui avoit répondu. Quelques jours après les deux confidents de Lestoc furent arrêtés pour s'être émancipés de donner la question à un officier des gardes de Sa Majesté, et encore plus afin d'en tirer quelques nouveaux chefs d'accusation contre Lestoc. Ils n'attendirent pas qu'on les forçât à dire tout ce qu'ils pouvoient savoir. Ils le firent eux-mêmes, et quatre jours après, Lestoc fut arrêté [1].

Un élément imprévu et singulier avait d'ailleurs commencé à s'introduire dans la politique française. Vers le temps où Louis XV disgraciait d'Argenson (10 janvier 1747), pour le remplacer aux Affaires étrangères par Puysieulx, puis par Saint-Contest, la fameuse *correspondance secrète* ou *diplomatie secrète* faisait ses débuts [2]. Le prince de Conti en fut d'abord le principal agent et comme le chef. C'est, en partie, par la diplomatie secrète du Roi que devait s'opérer le nouveau rapprochement de la France et de la Russie.

De son côté, Élisabeth n'avait pas une confiance entière dans le chancelier Bestoujef, pas plus que le Roi n'avait une confiance entière

1. Voyez *Archives Voronzof*, t. III, pp. 323-331. — Lestocq fut arrêté le 24 novembre 1748. Il fut mis à la torture, privé de toutes ses charges et dignités et exilé à Ouglitch. — Voyez ci-dessus, t. I, p. 440, et Solovief, *Istoria Rossii*, t. XXII, pp. 248 et suiv. — Von Helbig, *les Favoris russes*, Tubingen, 1809 (en allemand) et dans la *Rousskaïa Starina*, avril 1886. — Bilbassof, *Histoire de Catherine II* (en russe), Pétersbourg, 1890, t. I, pp. 232 et suiv.
2. Gaillardet, *La chevalière d'Éon*, nouvelle édition, Paris, Dentu; Boutaric, *Correspondance secrète inédite de Louis XVI*; De Broglie, *le Secret du Roi*.
On peut fixer les premières origines de la diplomatie secrète à 1745, époque des pourparlers avec les seigneurs polonais à Paris pour la candidature de Conti. En 1750, elle prend une grande extension et une importance capitale. Le 12 mars 1752 le comte de Broglie y est affilié.

dans les ministres choisis par lui-même. Le confident des vues politiques les plus secrètes de la Tsarine, c'était le vice-chancelier Voronzof[1], à la fois l'adjoint et le surveillant de Bestoujef, qui de son côté le surveillait et le faisait espionner. Parmi les ennemis de Bestoujef on signale encore le procureur général Troubetskoï, la famille des Chouvalof, le général Apraxine, président du Collège de la guerre, et l'archevêque de Péreiaslavl. En revanche, il était soutenu par Razoumovski et par le clergé, que Razoumovski, marié secrètement à la Tsarine, dont il eut plusieurs enfants, s'était attaché par ses largesses[2].

Or la politique résolument anti-française du chancelier ne plaisait pas à Élisabeth, quelque complaisance qu'elle mît à la subir. Ses sympathies pour Louis XV et pour la France n'étaient pas éteintes. Ceux de nos compatriotes qui revenaient de Russie en rapportaient l'impression très nette. La Messelière, dans le récit de son voyage en Russie[3], parle d'un certain Somproy, fils d'un domestique, mais se mêlant de peinture, qui, faisant un jour le portrait de l'Impératrice, l'avait vu sourire gracieusement au nom du Roi.

C'est le moment de signaler le rôle, si important et si peu connu, du négociant Michel de Rouen. Il était le fils d'un des Français que Pierre le Grand avait engagés à son service pendant le voyage qu'il fit à Paris en 1717. Michel, élevé à la cour de Pétersbourg, se fit d'abord petit marchand de *galanteries;* les dames achetaient de lui de préférence ; ses succès l'encouragèrent et le rendirent très actif. En 1752, il avait déjà fait sept ou huit voyages en France pour ses emplettes. Il n'en faisait qu'un par an, au printemps. Quelquefois, il portait les dépêches de notre représentant à Pétersbourg. Dans une lettre du 9 avril 1748, M. de Saint-Sauveur, consul, chargé des affaires du Roi en Russie, annonce que Michel vient en France comme courrier. Michel était honnête, instruit et très estimé dans sa nouvelle patrie[4],

---

1. Le comte Michel Ilarionovitch Voronzof, né en 1714, mort en 1767 (février). Son frère Ivan fut général-lieutenant; un autre frère, Roman, fut général en chef et gouverneur général de Vladimir, Tambof, Penza. Ce Roman eut pour enfants : Alexandre (1741-1805), qui fut chancelier d'Empire; Semen (1744-1832), qui fut ambassadeur en Angleterre; Élisabeth, qui fut la maîtresse de Pierre III; Catherine (1743-1810), qui fut la célèbre princesse Daschkof. Sur cette famille, la source principale sera toujours les *Archives Voronzof*, collection publiée par M. BARTÉNIEF et comprenant actuellement une trentaine de volumes. Voyez sur les favoris d'Élisabeth, ci-dessous, p. 9, note 5.

2. Dépêche de M. Champeaux, ministre de France à Hambourg, du 6 septembre 1752. *A. E. Russie, Supplément,* t. VII. — Sur les Razoumovski, voyez plus loin, p. 9, note 5.

3. *Voyage à Saint-Pétersbourg ou nouveaux mémoires sur la Russie,* par M. DE LA MESSELIÈRE, *précédés du tableau historique de cet Empire* jusqu'en 1802, publiés par MUSSET-PATHAY, Paris, Panckoucke, 1803. — Voyez l'*Archive Russe* de BARTÉNIEF, année 1874, t. I.

4. Dépêche de M. Champeaux, du 6 septembre 1752. — *A. E. Russie, Supplément,* t. VII.

très Français de cœur, «galant homme, ami et confident de tout ce qu'il y a de plus distingué en Russie[1] ». C'est lui qui renseigna constamment la cour de Versailles sur ce qui se passait en Russie au moment où les relations étaient totalement interrompues, comme de 1748 à 1755[2]. Nous avons vu que dans sa correspondance secrète il prenait quelquefois le nom de Rodrigue. Lors de son voyage à Paris en 1753, il avait demandé une audience à M. de Saint-Contest, non sans y être autorisé de Pétersbourg, et lui fit part du désir que la Tsarine avait manifesté de se rapprocher de la France[3].

On ne donna pas immédiatement suite à cette ouverture; mais en 1754 parut en Russie un Français, le chevalier de Valcroissant. Bestoujef, qui dans tout inconnu flairait un émissaire, le fit arrêter. Comme le voyageur était ou se disait sans papiers, il fut enfermé à la forteresse de Schlüsselbourg[4]. Bientôt remis en liberté, il s'empressa de rentrer en France.

Au début de 1755, « plusieurs avis particuliers ayant confirmé la sincérité de ces premières ouvertures, le Roi se décida enfin à faire passer à Pétersbourg le sieur Douglas, pour vérifier si ces avis avaient un fondement assez solide pour mériter quelque confiance de la part de Sa Majesté[5] ».

Le chevalier Mackenzie Douglas, d'origine écossaise, partisan des Stuarts et réfugié en France, fut donc envoyé en Russie, chargé d'une mission secrète, comme agent de la diplomatie secrète, et porteur d'une Instruction dictée par le prince de Conti. Elle est datée du 1er juin 1755 : il y avait huit ans, mois pour mois, que toutes relations diplomatiques, même par l'intermédiaire de consuls, avaient cessé entre les cabinets de Versailles et de Pétersbourg.

M. Rouillé est alors ministre des affaires étrangères[6].

---

1. Lettre du chevalier Douglas, 15 janvier 1757.
2. Lettre du marquis de L'Hôpital du 30 juillet 1757. *A. E. Russie*, t. LIII, fol. 232.
3. L'Instruction du 28 décembre 1756 à L'Hôpital signale ce rôle de Michel. Dans l'Instruction du 16 mars 1760 au marquis de Breteuil, on lit : « Ces insinuations avaient été faites dès 1753, mais on n'avait pas cru alors qu'elles fussent autorisées. » Or c'était apparemment Michel qui s'était chargé ou avait été chargé de faire ces « insinuations » de 1753.
4. BOUTARIC, t. I, p. 82. — Le Mémoire de Tercier, de 1759, que nous reproduisons plus loin, dit positivement que le prince de Conti « avait envoyé des émissaires secrets à Pétersbourg dès le temps de La Chétardie; mais, soit incapacité, *soit quelque autre raison*, leur commission n'avait pas réussi ».
5. Instructions à L'Hôpital et à Breteuil; elles sont intéressantes pour toute l'histoire de la reprise des relations.
6. Antoine-Louis de Rouillé, comte de Jouy, était né en 1689; il fut reçu à vingt ans conseiller au parlement de Paris; en 1715, il devint maître des requêtes au conseil d'État; en 1725, intendant du commerce; en 1732, directeur de la librairie; en 1744, conseiller d'État et commissaire du Roi auprès de la Compagnie des Indes; en 1749, ministre de la marine; le 24 juillet 1754, successeur de Saint-Contest aux affaires étrangères. — Il donna sa démission le 25 juin 1757, et mourut le 20 septembre 1761.

INSTRUCTIONS POUR LE SIEUR CHEVALIER DOUGLAS ALLANT EN RUSSIE.
1ᵉʳ JUIN 1755 [1].

La situation de l'Europe en général, les troubles qui se sont élevés l'année dernière en Europe, ceux que l'on craint d'y voir renaître, la part que la cour de Pétersbourg y a prise, l'apparence qu'elle va conclure dans peu un traité de subsides avec l'Angleterre [2] par le ministère du chevalier Williams [3] nommé ambassadeur de Sa Majesté Britannique auprès de l'Impératrice de Russie, tout demande que l'on donne la plus grande attention aux démarches et à la situation de cette cour.

Depuis longtemps Sa Majesté n'y entretient plus d'ambassadeur, de ministre, ni même de consul; par conséquent on en ignore presque entièrement l'état, d'autant plus que le caractère de la nation et le despotisme jaloux et soupçonneux du ministère ne permettent pas les correspondances usitées dans les autres pays.

On a pensé que, pour avoir des notions, sur lesquelles on puisse compter, de ce qui se passe en Russie, il convenoit d'y envoyer, sans aucune qualité ni apparente ni secrète, une personne capable de bien examiner par elle-même cette cour et d'en venir rendre compte ensuite. Un François ne pouvoit être propre à cette commission. Malgré l'amitié que l'on suppose toujours que l'Impératrice de Russie a pour Sa Majesté et son penchant pour la nation françoise, un sujet du Roi seroit certainement trop ob-

---

1. *A. E. Russie, Supplément*, t. VIII. Déjà publié par GAILLARDET, p. 373, et par BOUTARIC, t. I, p. 203, sous ce titre : « Instructions secrètes du prince de Conti, approuvées par le Roi, au chevalier Douglas, chargé d'une mission secrète en Russie ». — Ces instructions ont pour annexe la très curieuse « note sur la manière allégorique d'écrire, convenue avec M. le chevalier Douglas allant en Russie, 1ᵉʳ juin 1755 » : le *renard noir* signifiait le chevalier Williams, ministre britannique à Pétersbourg; l'*hermine*, le parti russe; le *loup-cervier*, Bestoujef; car, dit cette note, « le fond du langage allégorique sera des achats de fourrures ».
2. C'est celui qui fut, en effet, signé le 30/19 septembre 1755, à Pétersbourg.
3. Le chevalier sir Charles Williams, le négociateur du traité anglo-russe de septembre 1755. Voyez des extraits de sa correspondance dans [SCHNEIDER] *La Cour de Russie il y a cent ans*.

servé en Russie par le ministère pour qu'il pût y être utile, de quelque prétexte qu'il se servît pour cacher le motif de son voyage.

Par cette raison on a jeté les yeux sur le sieur Douglas, qui, étant sujet du roi de la Grande-Bretagne, ne pourra donner aucun soupçon.

Les bons témoignages que l'on a rendus de son intelligence et de son zèle font espérer qu'il s'acquittera de cette commission avec succès.

On propose de le faire partir d'ici, de la manière la plus indifférente, comme un gentilhomme qui voyage uniquement pour sa santé et pour son amusement. C'est un usage suivi par beaucoup de ses compatriotes : par conséquent, on n'y fera point d'attention. Il ne faut point qu'il paroisse avoir aucune relation avec les ministres de Sa Majesté, ni en France, ni dans ses voyages, ne devant en voir aucun dans les différents endroits où il en pourroit trouver. Il peut partir avec un simple passeport.

Pour éviter les questions qu'on pourroit lui faire dans les grandes cours d'Allemagne par la curiosité qu'il pourroit exciter, il paroît convenable qu'il entre en Allemagne par la Souabe, d'où il passera en Bohême, sous prétexte d'y voir pour son instruction les différentes mines de ce royaume. Les connoissances qu'il a de la minéralogie peuvent servir de prétexte à ce voyage.

De Bohême il ira en Saxe, où il se rendra aussi par la même raison aux mines de Freyberg.

Après avoir satisfait sa curiosité, il passera à Dantzick, soit par la Silésie, Varsovie et Thorn, soit par la Poméranie brandebourgeoise, en allant à Francfort-sur-l'Oder, et de là à Dantzick par la route qui lui conviendra le mieux.

Il séjournera dans cette ville pendant plusieurs jours pour tâcher d'approfondir la cause des démêlés qui subsistent depuis quelques années entre le magistrat et la bourgeoisie, et pénétrer s'il est possible la cause de ces dissensions, ce qui les fomente, et si elles sont soutenues par quelque puissance étrangère.

De là, il continuera sa route par la Prusse, la Courlande, où il séjournera aussi sous prétexte de se reposer, mais dans la vue de savoir en quel état est ce duché, ce que pense la noblesse courlandoise de l'exil et de la déposition du duc de Courlande[1], et des vues du ministère russe pour conférer cette principauté. Il s'informera aussi de la manière d'en administrer les revenus et la justice et du nombre de troupes que la Russie y entretient.

De Courlande il passera en Livonie et suivra la grande route jusqu'à Pétersbourg. Son premier soin, en y arrivant, sera de répandre sans affectation la cause de son voyage qui n'est que de pure curiosité. Il cherchera à se faire des connoissances qui puissent l'entretenir de ce qu'il désire savoir. Il ne peut apporter trop de circonspection à la manière dont il fera ses recherches. Il doit ne marquer d'affection pour aucune nation plus que pour les autres. Quoique la cause qui l'a fait sortir d'Angleterre paroisse devoir l'empêcher de faire connoissance avec le chevalier Williams, cependant, si, comme il l'assure, il n'en est point connu, il pourra le voir, comme tout Anglois doit voir le ministre d'Angleterre.

Il s'informera, aussi secrètement qu'il sera possible, du succès des négociations de ce ministre pour les troupes à fournir à l'Angleterre;

Du nombre de troupes que la Russie entretient actuellement, de l'état de sa flotte et de ses vaisseaux et galères;

De ses finances, de son commerce, de la disposition de la nation pour le ministère présent.

Du degré de crédit du comte de Bestucheff;

De celui du comte Woronzow;

Des favoris de l'Impératrice tant pour ses affaires que pour ses plaisirs; de l'influence qu'ils peuvent avoir sur les ministres; de l'union ou de la jalousie qui règne entre ces ministres et de

[1]. Biren, qu'Anna Ivanovna, en mourant, avait désigné comme régent de l'Empire pendant la minorité du petit Empereur brunswickois, fut renversé en novembre 1740, par un coup de main du feld-maréchal Münich; il fut exilé à Pélim (Sibérie). Quand Élisabeth eut, à son tour, renversé ce qui restait du gouvernement allemand, elle se montra clémente pour les Biren et les autorisa à séjourner à Iaroslavl. Mais c'est seulement à l'avènement de Pierre III (1762) que le duc de Courlande reparut à la cour, et c'est seulement Catherine II qui lui rendit son duché. Il mourut en 1772, mais il avait résigné dès 1769 en faveur de son fils Pierre. Celui-ci excita de tels mécontentements que la noblesse du pays d'abord, puis le duc lui-même, demandèrent en 1795 la réunion à l'Empire russe. A Mittau, dans les caveaux du palais, on montre pour quelque argent la momie desséchée de l'ancien tyran de la Russie, le régent Biren.

leur conduite vis-à-vis des favoris ; du sort du prince Yvan, ci-devant Czar et du prince de Brunswick son père [1].

De l'affection de la nation pour le grand-duc de Russie [2], surtout depuis qu'il a un fils [3]; si le prince Yvan a quelques partisans secrets, et si l'Angleterre les soutient ;

Du désir que les Russes ont de vivre en paix, et de leur éloignement pour la guerre, surtout en Allemagne ;

Des vues de la Russie sur la Pologne, pour le présent et pour les cas à venir ;

De ses projets sur la Suède ;

De l'impression qu'aura faite la mort du sultan Mahmoud et l'avènement d'Osman au trône [4]; de ses ménagements pour la Porte ;

Des causes qui ont fait rappeler d'Ukraine le comte Razomowski [5], hetman des Cosaques ;

De ce qu'on pense de la fidélité de ces peuples, et de la manière dont ils sont traités par la cour de Pétersbourg ;

1. Le petit Empereur Ivan, après la révolution de 1741, avait été enfermé avec les siens à Kholmory, sur la mer Blanche ; puis, à la fin de 1756, à Schlüsselbourg, où il périt en 1764, victime de la tentative que fit le lieutenant Mirovitch pour le délivrer. Sa mère Anna Léopoldovna et son père le duc de Brunswick, ainsi que les autres membres de la famille, restèrent à Kholmogory. Anna Léopoldovna y mourut le 18 mars 1746. BILBASSOF, *Histoire de Catherine II*, t. I, pp. 188 et suiv.
2. Le futur Pierre III.
3. Paul Pétrovitch, fils du grand-duc héritier et de la grande-duchesse Catherine, né le 1er octobre (20 septembre) 1754. C'est le futur Paul Ier.
4. Mahmoud Ier, mort le 13 décembre 1754, après un règne de vingt-quatre ans. Osman III ne régna pas trois ans : il mourut le 29 octobre 1757.
5. Cyrille Grigoriévitch Razoumovski, né en 1728, mort en 1803, fut le dernier hetman des Kosaks du Dnieper. — Sa faveur avait commencé avec celle de son frère. Celui-ci, Alexis Rozoum ou Razoum, fils d'un Kosak du village de Lemeschi (province de Tchernigof), était né le 17 mars 1709. Il était devenu chantre de la chapelle de la cour, puis l'amant d'Élisabeth, alors grande-duchesse ; elle le prit comme intendant et l'appela Razoumovski. Après l'avènement d'Élisabeth, il fut fait chambellan, lieutenant de la compagnie des gardes du corps avec le titre de général-major ; le 31 décembre 1741, il devint lieutenant général et fut décoré de l'ordre de Sainte-Anne ; le 25 avril 1742, jour du couronnement, il fut nommé grand veneur, général en chef, chevalier de Saint-André. Dans l'automne, Élisabeth l'épousa secrètement ; elle en eut un fils et une fille. En 1744 il devint comte du Saint-Empire, en 1756 feld-maréchal. Il disait alors à l'Impératrice : « Lise, tu peux me nommer feld-maréchal, mais tu ne pourras jamais faire de moi ne fût-ce qu'un simple colonel que l'on puisse prendre au sérieux. » Déjà en 1749, sans rien perdre de sa haute situation officielle, il avait été remplacé dans la faveur intime de l'Impératrice par Ivan Chouvalof. Il mourut le 6/17 juillet 1771. — Voyez *Mémoires* du prince DOLGOROUKOF, Genève, 1867, pp. 485 et suiv. — Von HELBIG, *les Favoris russes*. — VASSILTCHIKOF, *La famille des Razoumovski* (en russe), Pétersbourg, 1880. — HERMANN, *der russische Hof unter Kaiserin Elisabeth*, dans l'*Historisches Taschenbuch* de 1882. — BILBASSOF, *Histoire de Catherine II*, t. I.

Des sentiments de l'Impératrice pour la France et de ceux que son ministère lui inspire vraisemblablement pour l'empêcher de rétablir la correspondance avec Sa Majesté ;

Des factions qui peuvent diviser la cour ;

Des sujets, tant hommes que femmes, en qui l'Impératrice peut avoir confiance ;

De ses sentiments et de ceux de ses ministres pour les cours de Vienne et de Londres ;

Enfin de tout ce qui peut intéresser le service ou la curiosité de Sa Majesté.

Il rassemblera toutes ces connoissances autant que le pays peu communicatif permettra de le faire.

Il prendra des notes sur tous ces objets qui serviront à former un mémoire qu'il ne fera et n'enverra en France qu'après être sorti des États de Russie ou dans le cas que le ministre de Suède à Pétersbourg, à qui on fera écrire de se charger de ses paquets pour les envoyer par un courrier à Stockholm, en dépêchât en Suède. Il ne risquera jamais rien par la poste ordinaire que l'avis de son arrivée et les progrès qu'il pourra faire dans la recherche des différents articles détaillés ci-dessus ; et, pour le faire, il se servira d'un langage allégorique et très court [1], dont on conviendra avec lui, et des adresses qu'on lui indiquera.

Lorsqu'il croira avoir rempli à peu près tous les objets qu'on vient de dire, il en informera, afin qu'on lui donne ordre de revenir en France, ou par la même route ou par la Suède, sous le même prétexte d'y voir des mines, afin de continuer à cacher le sujet de son voyage en paraissant avoir toujours en vue le même objet.

C'est de la manière dont il remplira une commission si importante et si délicate qu'il peut espérer que Sa Majesté fera dans d'autres occasions usage de son talent et de son zèle et, par conséquent, les grâces qui lui marquent la satisfaction qu'elle aura de ses services.

---

1. Sur ce langage allégorique, voyez ci-dessus, p. 6, note 1.

MÉMOIRE.

Au projet d'instructions remis à M. Douglas on croit devoir encore ajouter deux articles auxquels il importe qu'il donne une attention suivie.

Le premier est le système de la Russie par rapport à la Suède. Depuis que le roi de Suède [1] est monté sur le trône, les Russes ont toujours eu dans ce royaume un parti assez considérable. Ils ont cherché dans toutes les occasions à se mêler du gouvernement intérieur de la Suède. Il seroit trop long de rapporter ici tout ce qu'ils ont fait pour y parvenir, alléguant que l'on vouloit changer la forme du gouvernement, ce qu'ils avoient intérêt d'empêcher [2].

C'est principalement à Sa Majesté que les patriotes suédois doivent la conservation de leurs droits et de leurs prérogatives.

M. Douglas cherchera, autant qu'il lui sera possible, à découvrir les vues du ministère russe sur la Suède et les ressorts qu'il emploie pour parvenir à ses fins. Il doit de même tâcher de savoir quelle impression la conduite de Sa Majesté a faite sur les ministres russes, et si c'est à la crainte qu'ils ont eue des secours qu'elle pouvoit donner à ce royaume, par de l'argent et par des diversions, ou à leur propre impuissance, que les Suédois doivent la tranquillité dont ils jouissent et qu'ils craignent à chaque instant de voir troublée, ou par les intrigues de factions russes dans leur pays, ou par hostilité de la Russie, si elle trouvoit une occasion favorable de les affoiblir.

L'autre point intéressant est le fort de Sainte-Élisabeth.

Entre le Bog et le Borysthène est un grand pays jusqu'à présent peu habité et presque désert [3].

---

1. Adolphe-Frédéric de Holstein, roi de Suède, 1751-1771.
2. Par exemple, l'intervention russe de 1749. — Voyez ci-dessus, p. 4.
3. C'est le pays conquis sous Anne Ivanovna, alors désert, mais qui, peuplé de colons slaves des pays autrichiens et turcs, s'est appelé la Nouvelle-Serbie. En 1754, le colonel serbe Khozvat y fonda le fort de Sainte-Élisabeth, qui est devenu la ville d'Élisabethgrad.

Après le traité d'Aix-la-Chapelle, l'Impératrice-Reine a consenti que beaucoup de ses sujets de la basse Hongrie et des pays qui lui avoient fourni des troupes légères qui ne trouvoient plus à vivre dans la licence comme elles avoient fait dans la guerre, passassent dans ce pays, où l'Impératrice de Russie permettoit qu'ils vinssent s'établir. On a donné le nom de Nouvelle-Servie à toute cette contrée. L'Impératrice de Russie y a fait bâtir une forteresse appelée Sainte-Élisabeth. On y a, outre cela, formé des lignes et construit beaucoup de redoutes pour empêcher les Tartares d'y pénétrer et pour avoir toujours une entrée sûre dans les États de l'empire ottoman du côté de la Moldavie. Le Grand Seigneur et les Tartares s'en sont plaints plusieurs fois. Il y a eu des commissaires nommés et des mémoires donnés de part et d'autre. L'Impératrice de Russie a fait assurer qu'elle cesseroit de faire travailler à la construction de ces forts. On assure que sa promesse n'a point été exécutée.

M. Douglas doit aussi ne rien négliger pour reconnoître la façon de penser du ministère russe sur cet article, savoir : s'il craint que ces forts n'occasionnent la guerre de la part des Turcs, ou si, redoutant peu cette puissance, il ne cherche qu'à l'amuser par de vaines paroles, et veut, en mettant en sûreté ses propres frontières, avoir la facilité d'entrer sur celles des Turcs et d'empêcher les Tartares de se joindre à l'armée du Grand Seigneur.

C'est sans doute cette première mission de Douglas qui, dans le Mémoire remis plus tard (3 février 1775) par MM. de Vergennes et de Muy au roi Louis XVI pour lui expliquer ce qu'était la Correspondance secrète, est caractérisée en ces termes : « Le chevalier Douglas avait reçu, par le même canal (Conti et Tercier), l'ordre du Roi de proposer à ce ministre (Voronzof) une correspondance secrète et directe entre Sa Majesté et l'Impératrice Élisabeth[1]. »

Le 9 juillet 1755, Douglas était à Strasbourg, le 29 à Leipzig, le 19 août à Dantzick, le 13 septembre à Memel, le 23 septembre à Riga, et le 4 octobre il arrivait à Pétersbourg. Là il eut l'audace de s'adresser au ministre même d'Angleterre, le chevalier Williams, pour

---

1. Boutaric, t. II, p. 465.

obtenir d'être présenté à la cour. Éconduit de ce côté, il eut la bonne pensée de s'adresser à Michel de Rouen, qui, grâce à ses relations avec Voronzof, put le présenter à celui-ci.

Il fut bien accueilli par le vice-chancelier. Sans doute Voronzof, très surveillé par Bestoujef, n'osa pas le présenter à la Tsarine; mais il parla de lui à Élisabeth, et celle-ci se déclara disposée à effectuer la réconciliation, à condition qu'elle fût entière et servît de prélude à une alliance. Elle était prête à accueillir tout envoyé du Roi qui apporterait des pouvoirs suffisants pour traiter. Voronzof remit par écrit cette assurance à Douglas.

Voyant que son séjour ne pouvait se prolonger dans un pays où il était suspect, Douglas, invoquant des raisons de santé, quitta Pétersbourg le 20 octobre et reprit le chemin de Dantzick, se promettant de revenir prochainement, mais plus sérieusement accrédité. Il rentra à Paris le 29 décembre 1755.

Douglas s'était assuré qu'il n'y avait plus un moment à perdre pour renouer les relations, si l'on voulait traverser les visées de l'Angleterre. Cette puissance faisait, en effet, de grands progrès en Russie, et le chevalier Williams arrivait pour conclure avec Bestoujef un traité d'alliance et de subsides[1].

La première mission de Douglas avait donc réussi, car il rapportait de précieux renseignements, et il avait décidé Voronzof à entrer en correspondance avec le Roi.

1. Voyez ci-dessus, p. 6, notes 2 et 3.

# XXVII

## LE CHEVALIER DOUGLAS

CHARGÉ D'UNE MISSION SECRÈTE, PUIS ENVOYÉ RECONNU

1756-1757

L'état de nos relations avec la Russie, à la fin de 1755, au moment de la signature du traité de subsides anglo-russe (30 septembre), se trouve assez bien résumé dans la Note suivante :

NOTE [1].

Au commencement de 1748, le comte de Bestucheff, grand chancelier de Russie, corrompu par l'or de l'Angleterre, détermina l'Impératrice Élisabeth à envoyer trente mille hommes au secours des alliés contre la France. Le Roi commença par rappeler de la cour de Pétersbourg le sieur d'Usson d'Allion. Les affaires furent confiées pendant quelque temps au sieur de Saint-Sauveur, consul de la nation françoise. Ses dépêches étoient adressées à M. de Maurepas, alors ministre de la marine, qui en faisoit parvenir des copies à M. de Puyzieulx. On espéroit que M. de Saint-Sauveur, aimé de M. de Bestucheff et qui avoit un accès facile auprès de lui, obtiendroit la suspension de la marche des troupes russes. Les démarches ayant été infructueuses, M. de Saint-Sauveur eut ordre de sortir de Pétersbourg, mais sous le prétexte d'un voyage de quelques mois en France.

M. de Saint-Sauveur quitta Pétersbourg le 9 juin 1748 [2]. Ce ne fut qu'au mois de décembre de la même année que le sieur Gross, ministre de l'Impératrice de Russie à la cour de Versailles, fut rappelé. Depuis ce moment la correspondance fut fermée entre les deux Cours jusqu'au mois de juin 1755 que M. le chevalier Douglas fut envoyé, mais sans titre ni lettres de créance, en Russie.

---

1. *A. E. Russie, Supplément,* t. VII.
2. M. de Saint-Sauveur ne partit de Saint-Pétersbourg qu'après le 16 juin 1748, jour où il fut admis à prendre congé de l'Impératrice ; il arriva à Memel le 5 juillet.

Pendant cet intervalle, le Roi n'entretint à Pétersbourg ni ministres, ni chargés d'affaires, ni même de consuls. Les lettres par lesquelles les deux souverains se notifioient respectivement les naissances ou morts des princes ou princesses de leur sang étoient remises par divers ministres étrangers.

Cependant la situation de Bestoujef, que La Chétardie avait si maladroitement cherché à ébranler, était alors, sans qu'on le sût en France, très compromise. Nous avons vu[1] que ses réflexions l'avaient amené à considérer le roi de Prusse comme un ennemi plus redoutable pour la Russie que le roi de France.

Le 30/19 septembre 1755, il avait signé avec le chevalier Williams, le nouveau ministre britannique, le traité de subsides qui mettait à la disposition de l'Angleterre 55 000 soldats russes, en échange d'une subvention annuelle de 500 000 livres sterling, s'ils passaient la frontière, et de 100 000 livres sterling, s'ils se tenaient en deçà. Bestoujef était très persuadé alors que ces soldats ne seraient employés que contre la Prusse, alliée de la France, et au profit de l'Autriche, en sorte qu'il n'avait pas pris à cet égard les garanties suffisantes. Il n'avait point prévu le traité d'alliance entre l'Angleterre et la Prusse, signé à Westminster le 16 janvier 1756; il n'avait point prévu le traité d'alliance entre la France et l'Autriche, signé à Versailles le 1er mai 1756; en un mot, il n'avait point prévu « le renversement des alliances ».

Voronzof, qui était bien plus au courant de beaucoup de choses, l'avait pourtant averti de prendre garde à ce que les troupes qu'il promettait à l'Angleterre ne fussent pas employées précisément à combattre l'Autriche et à soutenir la Prusse. Il avait insisté auprès de lui pour que, tout au moins, il différât la ratification du traité[2].

Quand, en février 1756, le chevalier Williams fit part au chancelier du traité anglo-prussien, Bestoujef fut terrifié. Ainsi lui, l'habile des habiles, s'était pris dans ses propres intrigues. Voronzof, le rival soupçonné, surveillé, espionné, l'emportait sur lui. Le vice-chancelier avait vu plus clair que lui, parce que, comme dit l'historien Solovief, « il avait eu en vue un but élevé, national, et non une simple

---

1. Voyez ci-dessus, t. Ier, *Introduction*, pp. XLII-XLIV. Aux textes que nous y avons cités, ajoutons cette lettre de Bestoujef à Voronzof, 11 août 1744 : « Le roi de Prusse, étant le voisin le plus rapproché et le plus puissant de notre Empire, en est aussi le voisin le plus dangereux, même s'il n'avait pas un caractère aussi inconstant, accapareur, inquiet et indigne... Nos dangers augmentent avec les forces du roi de Prusse, et nous ne saurions prévoir tout ce qui pourrait nous venir de la part d'un voisin aussi puissant, léger et versatile ». F. MARTENS, *Recueil des traités et conventions conclus par la Russie, Allemagne*, t. I, p. 337.

2. Bestoujef s'était obstiné et, le 30/19 janvier 1756, avait soumis un rapport à l'Impératrice, demandant la ratification du traité; le 12/1er février, les ratifications furent, en effet, échangées.

vente de soldats russes aux Anglais ». Et Bestoujef pouvait se dire qu'il ne serait peut-être pas trompé aussi lourdement s'il avait gardé ses mains pures, s'il n'avait accepté et laissé accepter à ceux qui l'entouraient les libéralités corruptrices de l'Angleterre.

Le 25/14 mars 1756, un grand conseil de gouvernement se réunit sous la présidence de l'Impératrice. A ce conseil assistaient le grand-duc héritier, Alexis et Michel Bestoujef, le vice-chancelier Voronzof, Alexandre et Pierre Chouvalof [1], le procureur-général Troubetskoï, le sénateur Boutourline, le prince Michel Galitsyne, le général Stépane Feodorovitch Apraxine. On connaissait bien déjà le traité anglo-prussien de Westminster, mais pas encore le traité austro-français de Versailles. On arrêta les résolutions suivantes : 1° engager l'Autriche à attaquer Frédéric II, lui promettre le secours de 80 000 Russes, l'assurer qu'elle n'a rien à craindre des Français, tout occupés de leur lutte contre l'Angleterre ; 2° recommander aux ministres russes auprès des cours étrangères de montrer plus de courtoisie aux ministres français, et tâcher d'obtenir la neutralité de la France dans la guerre continentale ; 4° préparer la Pologne à l'idée d'un passage de troupes russes ; 5° aviser aux moyens de tenir en respect la Suède et la Turquie ; 6° réduire les forces de Frédéric II, en l'obligeant à restituer la

1. Il y avait trois frères Chouvalof : Alexandre Ivanovitch (né en 1710, mort en 1771), fait comte en 1746 par Élisabeth, et en 1761 feld-maréchal ; il fut aussi directeur de la terrible *Chancellerie secrète* ; — Pierre Ivanovitch (né en 1711, mort en 1762), fait comte en 1746, général d'artillerie, et également feld-maréchal en 1761 ; — enfin Ivan Ivanovitch (né en 1727, mort en 1797), le favori d'Élisabeth, lieutenant général en 1755, grand chambellan. Très ami de la France et des choses françaises, il fut le fondateur de l'Université de Moscou et de l'Académie des Beaux-Arts. Nicolas TOURGUÉNIEF (*la Russie et les Russes*, Paris, 1847, t. II, p. 356) fait le plus bel éloge de la première de ces créations, dont il attribue tout l'honneur à Élisabeth et à son jeune favori. — Voyez la bibliographie de la page 9, note 5.

Pierre Chouvalof avait inventé un obusier, qui contribua, paraît-il, au gain de la bataille de Kunersdorf. Il en était très fier. Il en envoya le modèle à la cour de Vienne, qui l'accueillit avec des démonstrations exagérées de reconnaissance. Il aurait voulu faire le même présent à la cour de France ; mais le roi fit répondre à M. de L'Hôpital, alors son ambassadeur en Russie :

«... Le Roi a reçu avec beaucoup de bonté les assurances que M. le comte Pierre Schwalow vous a renouvelées de son respect et de son attachement pour la personne et pour les intérêts de Sa Majesté. On ne saurait trop applaudir aux soins qu'il se donne, en sa qualité de grand-maître de l'artillerie, pour perfectionner cette partie importante de la tactique. Nous profiterons volontiers des lumières qu'il est disposé à nous communiquer d'après le travail et les expériences auxquels il a présidé, et vous pouvez l'assurer en conséquence que l'officier artilleur qu'il se propose de faire passer en France y sera reçu avec les égards convenables. Mais nous ne croyons pas devoir suivre l'exemple de la cour de Vienne, qui a poussé la complaisance jusqu'à demander à M. de Schwalow quelques pièces des nouveaux canons qu'il a fait fondre ; et vous devez, Monsieur, le détourner le plus honnêtement qu'il sera possible de nous faire le même présent. Si l'invention est utile, un officier intelligent nous suffira pour diriger ici le premier essai que nous pourrions en faire. En prenant ce parti mitoyen, nous ménageons en même temps la vanité de M. de Schwalow et la jalousie de M. le chancelier Woronzow (Versailles, 10 avril 1759, *A. E. Russie*, t. LX, pièce 33).

Silésie à l'Autriche, la Prusse orientale à la Pologne, qui céderait à la Russie ses droits sur la Courlande [1].

C'est à ce moment, où la Russie se réduisait à espérer la neutralité de la France, que le chevalier Douglas reparaissait à Pétersbourg, apportant des propositions d'amitié et même de subsides si, de son côté, la Russie s'engageait à observer cette même neutralité. Parti le 14 février, il arrivait à Pétersbourg le 20 avril. On devait lui expédier plus tard, à titre de secrétaire, le chevalier d'Éon de Beaumont [2]. Douglas descendit chez Michel de Rouen, qui n'avait pas cessé, en son absence, d'entretenir les bonnes dispositions de Voronzof, et qui mit à la disposition de l'envoyé français sa maison, son argent, son crédit. C'est dans cette maison qu'il aurait été en butte, à ce que raconte La Messelière, à une tentative d'assassinat par des émissaires de Bestoujef; des coups de feu auraient été tirés et on aurait retrouvé des balles aplaties contre la muraille.

Douglas était porteur de l'Instruction suivante :

MÉMOIRE POUR SERVIR D'INSTRUCTION AU SIEUR CHEVALIER DOUGLAS ALLANT EN RUSSIE. — 27 JANVIER 1756 [3].

Lorsqu'au mois de juin dernier Sa Majesté ordonna au sieur chevalier Douglas, sur le rapport avantageux qu'on lui en avoit fait, de se rendre à Pétersbourg sous le simple titre de voyageur

---

1. SOLOVIEF, *Istoria Rossii*, t. XXIV, pp. 26 et suiv.

2. MM. de Broglie et Vandal ont surabondamment prouvé que c'était la première fois que d'Éon paraissait en Russie; ils ont fait justice de la fable, accréditée par Gaillardet, reproduite par M. Boutaric, d'un premier voyage avec Douglas, qu'il aurait accompagné sous un déguisement de jeune fille et sous le nom de Lia de Beaumont : si bien que, présentée par Voronzof à l'Impératrice, la prétendue nièce de Douglas aurait pris rang parmi les *freulein* ou demoiselles d'honneur de celle-ci, et serait même devenue lectrice de la Tsarine.

Voyez sur d'Éon des études importantes de V. ZOTOF, dans la *Rousskaïa Starina*, t. X et XI (année 1874), et de E. KARNOVITCH, dans la *Novaïa i Drevnaïa Rossia*, 1875, t. II, pp. 243 et suiv.

Le chevalier d'Éon (il signait : DÉON) de Beaumont, parent et protégé de M. Tercier, premier commis aux Affaires étrangères, ne fut envoyé qu'en juin 1756 à Pétersbourg pour aider le chevalier Douglas; il y arriva le 3 août 1756.

Il repartit de Pétersbourg pour venir à Paris, où il arriva le 13 juin 1757, apporter le consentement de la Tsarine à l'annulation de la clause *secrétissime* qui avait si fort mécontenté le Roi.

Au mois de septembre 1757, le Roi envoya de nouveau le chevalier d'Éon en Russie pour seconder le marquis de L'Hôpital; il y arriva dans les premiers jours de novembre 1757.

3. *A. E. Russie, Supplément*, t. VIII.

curieux, son unique objet étoit d'avoir des relations de la cour de Russie sur lesquelles elle pût compter.

Le chevalier Douglas ayant eu le bonheur de s'introduire chez le comte de Woronzow, les confidences que ce ministre lui a faites de lui-même et les lettres qu'il lui a écrites depuis son départ de Pétersbourg, ont paru à Sa Majesté mériter attention.

Tout ce qui s'est passé à l'occasion du marquis de La Chétardie et du sieur d'Allion, le rappel du sieur Gross, les liaisons formées par la cour de Pétersbourg avec les ennemis de Sa Majesté, les troupes qu'elle envoyoit à leur secours en 1748, les projets de cette puissance pour changer, d'un côté, le gouvernement intérieur de la Suède et opprimer, de l'autre, la Pologne, États à la liberté desquels Sa Majesté s'intéresse véritablement ; tout ce que je viens de dire concouroit à lui faire penser que la cour de Russie étoit déterminée et, par principe, ennemie des amis du Roi et amie de ses ennemis ; que par conséquent il étoit inutile, tant que les choses resteroient sur le pied où elles étoient, de songer à renouer l'intelligence qui avoit subsisté ci-devant entre les deux États.

Ce n'est pas que Sa Majesté ne rendît intérieurement justice aux vertus de l'Impératrice de Russie et ne fût persuadée que cette princesse conservoit la reconnoissance qu'elle lui devoit, de ce qu'elle avoit fait pour lui rendre le trône de ses ancêtres ; mais elle la plaignoit de la voir obsédée par un ministère qui sacrifioit la gloire et les intérêts de l'État à ses vues particulières.

C'est ce que le chevalier Douglas pourra dire au comte de Woronzow à son retour à Pétersbourg. Ce ministre jugera, par l'ordre qu'on donne au chevalier Douglas de faire ce second voyage, que les sentiments personnels de Sa Majesté pour l'Impératrice de Russie n'ont point varié ; qu'elle désire sincèrement le bien, la prospérité et la gloire de cette princesse ; que les seuls intérêts de son État et de ce qu'elle doit à sa couronne l'ont empêchée de cultiver l'amitié qui subsistoit entre elle et l'Impératrice de Russie dès le commencement de son règne ; qu'on avoit vu, dans les affaires du marquis de La Chétardie, le désir que les ministres de l'Impératrice de Russie avoient de mortifier la France par un éclat aussi marqué ; qu'à la vérité, et dans la règle étroite, lorsqu'on lui donna l'ordre de sortir de Russie, on ne pouvoit le regarder que comme particulier, puisqu'il n'avoit pas présenté de caractère; mais qu'ayant eu l'honneur, à son premier voyage, d'en avoir un, il étoit vraisemblable qu'il étoit muni de nouvelles lettres de créance; que conséquemment, si, par sa conduite peu mesurée, il avoit eu le malheur de déplaire à l'Impératrice de Russie, cette princesse auroit pu en porter ses plaintes à Sa Majesté, qui, connoissant les égards que les souverains se doivent réciproquement, n'auroit pas manqué de le rappeler, et, par la peine qu'elle lui auroit fait subir, auroit donné à l'Impératrice une satisfaction plus éclatante que celle qu'elle se procura elle-même alors; que l'exil ordonné au marquis de La Chétardie, à son arrivée, annonçoit assez les sentiments de Sa Majesté, qui n'alla pas plus loin parce que la justice que l'Impératrice de Russie se fit elle-même empêcha Sa Majesté de la lui rendre entière; que cette voie de procéder étoit la seule convenable; que le rappel du sieur d'Allion prouve également l'attention de Sa Majesté à ne pas souffrir que ceux qui ont l'honneur de la servir dans les cours étrangères s'écartent le moins du monde de leur devoir et abusent de leur caractère [1]; que de plus, elle avoit été blessée d'expressions indécentes mises fréquemment pendant la dernière guerre dans les gazettes à l'article de Pétersbourg : ce qui certainement n'y auroit pas été inséré sans l'ordre et sans l'aveu des ministres russes, qui, s'ils ne les eussent point approuvés, auroient fait dire sérieusement aux gazetiers de s'en abstenir.

Le comte de Woronzow jugera de lui-même si, par toutes ces raisons, il convenoit à Sa Majesté de faire quelques avances. La naissance du prince Paul Petrowitz n'en étoit point un motif [2]. Elle avoit été annoncée par une simple lettre de l'Impératrice de Russie à Sa Majesté, qui y avoit répondu suivant l'usage. Si cette princesse avoit envoyé un gentilhomme à Sa Majesté, elle auroit répondu à ce compliment en faisant choix de quelqu'un du même rang pour aller l'en féliciter, ou, si elle avoit eu quelque

---

1. Nous ignorons en quoi d'Alion s'était écarté de son devoir et avait abusé de son caractère. Il n'avait été rappelé, ce semble, que par suite de l'attitude hostile de la Russie et de son traité d'alliance, du 2 juin (22 mai) 1746, avec l'Autriche.

2. Paul Pétrovitch. Voyez ci-dessus, p. 9, note 3.

disposition à renouer la bonne intelligence, elle auroit pu pour cela profiter de la naissance de M^gr le duc de Bourgogne[1], en chargeant quelqu'un de sa cour de venir féliciter Sa Majesté sur un événement qui n'est pas moins précieux à la France que la naissance du prince Paul Peterwitz intéresse la Russie.

Il n'est point étonnant que le comte de Gisors n'ait point poussé ses voyages jusqu'à Pétersbourg. Ce jeune seigneur et le maréchal de Belle-Isle, son père, ne peuvent qu'être sensibles à l'empressement que le comte de Woronzow a dit qu'on avoit de l'y voir, et à la distinction avec laquelle on vouloit le recevoir. Mais il ne pouvoit aller jusqu'en Russie sans en avoir obtenu la permission du Roi, à qui il ne l'a point demandée et qui auroit peut-être hésité à la lui donner pour éviter les discours que ce voyage auroit nécessairement occasionnés. Il est donc tout simple qu'il soit revenu de Suède en Allemagne sans profiter de l'invitation qu'on lui avoit fait faire, à laquelle la cour de Pétersbourg ne doit point être piquée qu'il n'ait pas répondu[2].

Un artiste célèbre, tel que le sieur Toquet[3], travaillant et gagnant beaucoup sans se déplacer, se déterminera toujours très difficilement à un voyage de 1 600 lieues, quelque honneur que lui fasse le choix de l'Impératrice de Russie pour la peindre. Le succès dans les arts est journalier; l'artiste craint de risquer et de perdre sa réputation et, par conséquent, de se faire un tort infini pour toujours. Ce sont sans doute ces considérations qui ont dé-

1. Fils aîné du Dauphin Louis, né en 1751, mort en 1761; le second fils, le duc d'Aquitaine, né en 1753, mourut au berceau; quant au troisième fils, Louis, duc de Berry, le futur Louis XVI, il naquit le 23 août 1754.
2. On voit que le cabinet français tient à reprendre, point par point, les griefs, sérieux ou non, que pouvait alléguer, de son côté, la cour de Russie.
3. Louis Tocqué, peintre de portraits, qui finit par se rendre en Russie, y séjourna de 1757 à 1759 et fut en correspondance avec M. de Bernis. Il y fit le portrait d'Élisabeth : se piquant avant tout de sincérité, on raconte que, quoi qu'on pût lui dire, il refusa de modifier le nez de cette souveraine. Il fit aussi les portraits du chancelier Voronzof, de l'hetman Cyrille Razoumovski, de l'ambassadeur d'Autriche Esterhazy. Voyez CHARLES BLANC, *Histoire des peintres, École française*, t. I^er. — Le peintre Jean-Baptiste Le Prince fut aussi en Russie, mais beaucoup plus longtemps : de 1758 à 1764, à ce que l'on suppose. Il y recueillit de nombreuses études, des paysages et des intérieurs, des types de soldats et de paysans, et, à son retour en France, au Salon de 1764, exposa le *Corps de garde*, le *Baptême russe, Halte de Tartares, Départ d'une horde, Parti de Cosaques, Vue de Saint-Pétersbourg,* la *Guinguette de Moscou,* le *Berceau pour les enfants,* qui lui valurent les éloges enthousiastes de Diderot. *Ibid.*, t. II. — L'Académie des Beaux-Arts d'Élisabeth compta plusieurs artistes français : le peintre Lorrain, le sculpteur Gillet, l'architecte Valois, etc.

terminé le sieur Toquet à marchander comme il l'a fait et enfin à refuser de faire le voyage. Au reste, Sa Majesté n'a point eu connoissance du désir de l'Impératrice de Russie et les ministres du Roi n'en ont point été instruits. La cour de Pétersbourg ne doit point croire qu'on ait pensé en France que l'on ne pouvoit ni connoître, ni récompenser les talents en Russie. Ce n'est qu'un fait particulier qui n'a aucun rapport à la façon de penser des deux nations.

Le comte de Woronzow, à qui le chevalier Douglas parlera dans ces termes, est trop éclairé pour ne pas sentir que ces griefs n'ont aucun fondement réel. Ce sont les sentiments des princes et les intérêts de leurs États qui doivent les réunir. Sa Majesté n'a d'autre chose à cœur que la continuation de la paix et le maintien des lois et de la constitution de chaque État. Si les conseils des ministres de l'Impératrice de Russie n'avoient pas paru contraires à cet objet, et s'ils eussent agi autrement qu'ils l'ont fait envers les ministres du Roi, Sa Majesté ne se seroit point conduite comme elle a fait vis-à-vis de l'Impératrice de Russie. Mais, malgré ce que le comte de Woronzow dit du désir de cette princesse de se réunir avec le Roi, quelle foi veut-il qu'on y ajoute lorsqu'on la voit donner 55 000 hommes de troupes aux Anglois [1] pour soutenir une guerre qu'ils ont commencée avec autant de perfidie et d'injustice [2]? Ce point est la pierre de touche qui fera juger des véritables sentiments de l'Impératrice. Le comte de Woronzow dit qu'il est des moyens de rendre ce traité illusoire; c'est à lui et à ceux qui pensent aussi bien que lui à les chercher. Il y en a effectivement plus d'un. La crainte de voir s'élever des troubles dans l'intérieur de l'Empire si l'on en fait sortir un corps si considérable, les facilités que les Turcs et les Tartares auroient pour se venger du peu d'égard que l'on a eu aux représentations de la Porte sur les fortifications de la Nouvelle-Serbie, l'opposition armée que la République de Pologne peut faire au passage des troupes russes, ce qu'elles peuvent avoir à craindre du roi de Prusse [3], enfin leur anéantissement presque

---

1. Traité de subsides anglo-russe du 30 septembre 1755.
2. L'assassinat de Jumonville et les pirateries de l'amiral Boscawen.
3. La cour de Versailles ne pouvait pas encore connaître, à cette date (24 janvier), le traité d'alliance et de subsides conclu entre l'Angleterre et la Prusse (le 16 janvier) à Westminster.

total après une si longue marche, toutes ces raisons, exposées à l'Impératrice de Russie dans le plus grand jour, pourroient et devroient l'engager à sentir la faute qu'on lui a fait faire en concluant ce traité et, par conséquent, à trouver des moyens dilatoires de l'exécuter.

Le chevalier Douglas mettra dans ce qu'il dira sur cet article au comte de Woronzow autant d'adresse que de douceur, en conservant cependant toujours la dignité qui convient à quelqu'un qui parle relativement à Sa Majesté; mais, ce qu'il peut assurer positivement à ce ministre, c'est qu'il peut être tranquille sur les craintes qu'il avoit qu'on ne l'eût desservi auprès de Sa Majesté. Elle n'a jamais eu que des préventions avantageuses sur son compte, et il peut être certain que dans toutes les occasions il ressentira les effets de sa bienveillance. Ils ne se borneroient pas à des marques stériles[1] si par son crédit et ses conseils la marche des armées russes étoit suspendue et ensuite n'avoit point lieu. C'est ce que le chevalier Douglas lui fera entendre le plus adroitement et cependant le plus intelligiblement qu'il lui sera possible. On ne s'explique point davantage sur cet article parce que ce n'est que sur les relations du chevalier Douglas que l'on jugera de ce qu'il sera possible de faire et sur quoi on lui donnera des ordres plus positifs.

Le comte de Woronzow objectera peut-être que, malgré toute sa bonne volonté, il ne peut se charger de proposer la rupture de ce traité, ni l'effectuer, attendu que ce seroit nuire aux intérêts de l'Impératrice sa maîtresse, puisque, indépendamment du subside de guerre, les Anglois lui donnent un subside de paix de 100 000 livres sterling[2]; que même on a déjà fait sur ce subside des dépenses pour la marche des troupes; qu'en rompant ce traité par amitié pour la France, l'Impératrice de Russie perdroit ce subside sans rien obtenir qui l'en dédommageât. On confie au chevalier Douglas, mais sous la plus grande réserve, que, si le comte de Woronzow faisoit cette objection d'une manière pressante, et que de là dépendît le succès de la négociation du cheva-

---

1. Toujours le grand moyen des présents et des pensions.
2. C'est-à-dire, comme on l'a vu ci-dessus, 500 000 ou 100 000 livres suivant que les troupes russes passeraient ou ne passeraient pas la frontière.

lier Douglas pour la rupture du traité, Sa Majesté ne seroit point éloignée de la dédommager de ce qu'elle perdroit avec l'Angleterre.

Mais il ne faut pas croire qu'il fût[1] de la somme que donne l'Angleterre, parce que cette somme a pour objet d'entretenir un corps de troupes toujours prêt à marcher, ce qui exige de la dépense, au lieu que la France, donnant une somme à la Russie, n'en exigerait rien que la neutralité. Mais le chevalier Douglas doit avoir la plus grande attention à ne jamais laisser entrevoir de lui-même cette idée; il faut qu'elle vienne du comte de Woronzow, et que, si ce ministre lui en parle, il se borne à dire qu'il en rendra compte et qu'il attendra des ordres sur cette proposition à laquelle il n'étoit pas préparé.

Cette circonspection est d'autant plus nécessaire qu'il importe extrêmement de ne point effrayer la Suède : ce qui arriveroit certainement si elle voyoit Sa Majesté accorder un subside à la Russie, que l'on pourroit dédommager en partie de la perte de l'argent de l'Angleterre sans que les sommes que l'on lui donneroit à différents temps portassent le nom de subsides[2]. On ne peut trop recommander au chevalier Douglas d'user, en traitant cet article, s'il en est question, de toute l'adresse et de toute la dextérité dont il est capable, afin de ne point compromettre Sa Majesté, et de ne point s'avancer absolument en rien sans avoir reçu de nouveaux ordres.

1. Lisez : que le dédommagement fût...
2. « Lorsque M. le chevalier Douglas a donné à M. de Woronzow copie seulement de cet article séparé au sujet des subsides, au lieu de parler de la Suède, on a mis la phrase qui est ci-dessous, qui donne une raison beaucoup plus forte et plus digne de la gloire et de la dignité des deux souverains : « Cette circonspection est d'autant plus nécessaire qu'il importe extrêmement de ne point blesser la délicatesse bien fondée de l'Impératrice, ni de rien proposer qui puisse donner la moindre atteinte à la gloire et à la dignité de cette princesse : ce qui arriveroit certainement si on voyoit la France accorder publiquement des subsides à cette princesse, qu'on peut d'ailleurs dédommager en partie de la perte de l'argent d'Angleterre sans que les sommes que l'on feroit passer à différents temps portassent jamais le nom de subsides : ce nom odieux devant être à jamais banni du règne et de l'histoire d'une princesse trop jalouse de sa propre gloire pour agir par de vils motifs d'intérêts et qui aime trop ses peuples pour mettre leur vie et leur sang à prix d'argent. » (Note originale en marge du texte.)
Nous retrouverons plus loin cette préoccupation constante qu'a le Roi de ne point paraître, même quand la Russie sera entrée en ligne contre Frédéric II, lui accorder directement des subsides; il préférera en accorder à l'Autriche, pour qu'elle les verse ensuite à la Tsarine. — Voyez ci-dessous l'Instruction du marquis de L'Hôpital, p. 41.

Mais autant que l'on paroît pouvoir compter sur les dispositions du comte de Woronzow, autant l'on doit craindre celle du comte de Bestucheff, que l'on sait totalement livré à l'Angleterre et peut-être même dans le parti du prince Ivan[1]. Il seroit donc bien important, pour faciliter la réunion que le premier de ces ministres désire, que le second fût écarté des affaires. Ce seroit la preuve la plus convaincante que l'Impératrice de Russie pouroit donner à Sa Majesté de ses vrais sentiments pour elle, et qui lui attireroit le plus sûrement le retour de sa confiance. C'est encore un article trop délicat à toucher pour qu'on le traite ici avec quelque étendue. Le zèle du comte de Woronzow pour l'Impératrice sa maîtresse et son intérêt personnel lui dicteroient facilement ce qu'il devra faire.

Dans tout ce que le chevalier Douglas dira au comte de Woronzow sur ce projet de réunion, il fera toujours connoître que Sa Majesté, en y consentant, n'entend point rien faire qui puisse donner la moindre inquiétude à ses anciens alliés[2]; qu'elle est fidèle à ses engagements et qu'elle ne contractera jamais de nouvelles liaisons qui puissent affaiblir les anciennes; que son unique but est de maintenir la paix; qu'elle ne doute pas que l'Impératrice de Russie ne soit dans les mêmes sentiments, et que, lorsqu'on lui aura fait connoître l'illusion des principes de sa conduite depuis plusieurs années, elle ne cherche désormais qu'à vivre en bonne intelligence avec tous ses voisins et à leur rendre justice, loin de songer à les inquiéter, à les troubler ou à les opprimer. Tel est le principe invariable de Sa Majesté. Il seroit inutile de faire aucune démarche ultérieure si ce n'étoit pas aussi celui de l'Impératrice de Russie.

Si le comte de Woronzow entre, comme il y a lieu de le croire, dans l'esprit de ce que lui dira le chevalier Douglas, Sa Majesté pense que le moyen le plus convenable, pour commencer à former publiquement quelque liaison qui n'alarme point ses alliés, seroit de se servir du prétexte de commerce et de nommer un consul françois à Pétersbourg, soit dans le petit nombre

---

1. Il s'agit d'Ivan VI de Brunswick, toujours prisonnier à Schlüsselbourg. Le gouvernement français essaie de rendre suspect Bestoujef; mais nous verrons que, quand celui-ci se risquera à comploter, ce ne sera pas en faveur d'Ivan VI.
2. La Suède, la Pologne, la Turquie.

de François qui y sont déjà, soit en l'envoyant de France. On sait, en général, combien il seroit avantageux à la France de faire un commerce direct avec la Russie ; on ne sera donc point étonné de voir que, dans les circonstances présentes, elle cherche à l'étendre dans cette partie du Nord ; et les alliés de Sa Majesté n'en concevroient ni inquiétude ni jalousie. Ce consul auroit un ordre secret de cultiver les bonnes dispositions du comte de Woronzow et des ministres ou des courtisans qui pensent comme lui.

Si, après ce premier pas fait, les dispositions subsistent telles qu'elles paroissent être, et que l'Impératrice de Russie veuille annoncer publiquement son désir de renouer la correspondance avec Sa Majesté par la nomination d'un ministre de sa part auprès du Roi, cette princesse peut être sûre que Sa Majesté, aussitôt qu'elle en sera informée, répondra à cette nomination par celle d'un des seigneurs de sa cour, pour aller avec le même caractère à celle de Pétersbourg, et qu'elle aura soin que son choix tombe sur un sujet qui puisse être agréable à l'Impératrice de Russie, tant par sa naissance que par ses qualités personnelles, et surtout par la sagesse de sa conduite.

Le chevalier Douglas doit sentir, par la délicatesse de sa commission, quel est le degré de confiance dont Sa Majesté l'honore. Il doit avoir la plus grande attention à ne rien dire et à ne rien faire qui puisse le compromettre le moins du monde. L'intérêt politique et le point d'honneur se trouvent réunis dans l'objet de sa mission. Il doit être extrêmement circonspect pour ne rien avancer au delà de ce qui est porté dans la présente Instruction, afin de ne point donner lieu à la cour de Russie de dire qu'après qu'elle a fait les premiers pas, c'est à Sa Majesté que l'on devroit imputer la rupture : ce qui rendroit impossible à jamais le projet de se réunir de nouveau.

Il n'est pas douteux que son prompt retour à Pétersbourg inquiétera les ministres d'Angleterre[1] et de Vienne[2]. Il ne peut donc être trop sur ses gardes pour ne point se laisser pénétrer et pour éviter les pièges que l'on pourroit lui tendre. Le succès de

---

1. Le chevalier Williams.
2. Le comte Nicolas Esterhazy.

son premier voyage n'en fait pas moins espérer du second, et Sa Majesté compte qu'il méritera de ressentir les effets de sa générosité.

Le 21/10 avril 1756, à neuf heures du soir, Voronzof avait déjà reçu avis de l'arrivée de Douglas qui demandait à être admis de suite à son audience. Voronzof y consentit, et l'Écossais lui remit une lettre de Rouillé. Dans cette lettre le ministre, parlant le langage énigmatique et symbolique dont il a été question ci-dessus, lui parlait d'un bibliothécaire et d'échantillons de vin de Bourgogne. — « Qu'est-ce que cela signifie? demanda Voronzof étonné. Quel bibliothécaire? Quel vin? — Le bibliothécaire, c'est moi, répondit Douglas; les vins, ce sont les affaires, telles que la désignation des personnes qui seront envoyées, de part et d'autre, pour le rétablissement des relations. — Mais il me semble, observa le ministre russe, qu'on aurait pu l'écrire sans détour. » Puis, il promit d'en référer à l'Impératrice, non pas immédiatement, mais quand les fêtes de Pâques seraient passées. Douglas assura de nouveau, dans une note remise à Voronzof, que, dès que l'Impératrice aurait désigné un ministre pour Paris, il serait aussitôt nommé un ministre français pour Pétersbourg, et qu'ensuite on pourrait installer les consuls des deux nations pour la reprise des relations commerciales.

La réponse à la note de Douglas fut rédigée le 7 mai. Il y était dit que l'Impératrice avait appris avec la plus vive satisfaction les sentiments personnels du Roi; qu'elle serait heureuse de voir se rétablir l'amitié entre les deux couronnes; qu'elle consentait avec plaisir à la nomination de ministres revêtus d'un caractère diplomatique; et qu'en attendant, pour répondre à la mission de Douglas, elle allait envoyer en France le conseiller aulique Bekhtéef, et quoique Douglas ne parût pas suffisamment autorisé, il serait accueilli avec distinction comme un homme qui, en fait, était l'envoyé du Roi Très Chrétien.

Bekhtéef était un familier de la maison de Voronzof. Il avait passé beaucoup de temps à l'étranger et paraissait l'homme le plus propre à remplir une mission « jugée délicate ». Il était chargé d'insinuer au ministre français que l'Impératrice refusait les subsides britanniques; qu'elle dédaignait les offres avantageuses que l'Angleterre n'avait cessé jusqu'à présent de lui faire; mais qu'elle agissait ainsi en considération des assurances répétées, données par les ministres de l'Impératrice-Reine, que le Roi de France était plus disposé encore que l'Angleterre à entrer dans les vues de la Russie et à l'aider effectivement. Bekhtéef devait insister sur la nécessité d'un prompt et intime rapprochement, sans toutefois s'expliquer sur la nature de ce rapprochement. Si les ministres français le questionnaient à ce sujet, il devait répondre nettement qu'ils eussent, pour les détails, à s'adresser au ministre d'Autriche, le comte de Starhemberg. Il devait informer celui-ci que ses ordres lui interdisaient de rien faire sans son aveu et son conseil. « Il faut, ajoutait son Instruction, observer la plus extrême prudence, de façon à ne pas donner à la cour de Vienne des raisons de penser qu'on ne s'en repose pas sur ses efforts et que l'on veut, en passant par-dessus elle, conclure n'importe quoi d'important avec la France ; car il arrive souvent que le moindre malentendu peut gâter les affaires les plus grandes et les plus importantes [1]. » Nous verrons que la cour de France ne sera pas en reste sur la cour de Russie, en fait de recommandations d'« extrême prudence » et de souci de ne donner aucune ombrage à la cour de Vienne.

Dans l'intervalle, la France et l'Autriche avait signé, le 1er mai 1756, le premier traité de Versailles : ce n'est plus la neutralité de la Russie que la France allait solliciter, mais son adhésion à cette alliance.

Pendant que Douglas agissait et que Bekhtéef se mettait en route, le négociant Michel, dont le rôle avait été jusqu'alors si important, ne restait point inactif. Comme Voronzof et le cabinet de Versailles redoutaient également les indiscrétions de la poste et du cabinet noir, Michel fit plus d'une fois le voyage de Pétersbourg à Paris et de Paris à Pétersbourg, porteur des dépêches confidentielles. A Dantzick, on le signalait au passage, accompagné de deux « bonnes dames [2] ». L'une était une dame Caravaque qui avait été autrefois la confidente active des projets matrimoniaux de Conti à l'endroit d'Élisabeth. Plus tard, après la reprise des relations diplomatiques, il sera chargé, conjointement avec M. de Saint-Sauveur, d'étudier les bases d'un traité de commerce [3].

La lettre suivante montre les espérances que la diplomatie secrète, en même temps que la diplomatie officielle de France, avait fondées

1. SOLOVIEF, *Istoria Rossii*, t. XXIV, pp. 70-71. D'après les archives de l'Empire russe, année 1756.

2. VANDAL, ouvrage cité, p. 269. Lettre du sieur Mathy au chevalier Douglas, 3 septembre 1756.

3. Voir ci-dessous, Instructions au baron de Breteuil, p. 139. — Ajoutons, pour en finir avec Michel, que celui-ci, dans une lettre à Tercier du 19 novembre 1757, sollicita le titre d'agent du Roi, c'est-à-dire de consul, mais sans appointements. Ce titre dut lui être refusé, M. de Saint-Sauveur ayant repris ses fonctions en 1757. Par la suite, on gratifia Michel d'une pension de 1 200 livres (lettre du 21 décembre 1760, *A. E. Russie, Supplément*, t. X); puis on lui accorda le titre qui lui avait été refusé en 1757 (lettre du 12 septembre 1762, *A. E. Russie*, t. LXX, pièce 63). En outre, en récompense des services rendus, des dépenses qu'il avait faites, des pertes qu'il avait subies par suite de l'interruption de ses affaires, le Roi avait consenti, en août 1756, à un prêt de 40 000 livres, dont il demanda le renouvellement en décembre 1757 (*A. E. Russie*, t. LI, fol. 391).

sur la seconde mission de Douglas. En outre, elle précise la date du départ de d'Éon pour la Russie :

M. MONIN, SECRÉTAIRE DES COMMANDEMENTS DE S. A. R. MONSEIGNEUR LE PRINCE DE CONTI[1], AU CHEVALIER DOUGLAS.

Paris, 7 juin 1756[2].

Enfin, mon cher ami, voilà M. Déon de Beaumont libéré de ses embarras et partant pour partager vos travaux.

Il vous joint avec d'autant plus de contentement qu'assuré de vous trouver avec amitié pour lui, il a l'agrément du ministre et les vœux de notre ami commun M. Tercier, dont il se trouve parent[3]. J'ai vu ce matin à Versailles cet ami qui m'a communiqué la relation de votre réception. Nous voyons qu'on ne tardera pas à entrer en matière avec vous et que vous serez incessamment à portée d'envoyer un courrier pour annoncer les propositions qui vous auront été faites. J'espère, plus que jamais, qu'elles seront d'espèce à vous attirer la plus juste reconnoissance et qu'elles produiront une harmonie solide. Vous en connoissez les bases, et je m'en rapporte bien à votre prudence pour ne les point perdre de vue. J'ai seulement à vous observer, comme votre ami, que vous devez mettre en usage toute la sagesse dont vous êtes capable pour faire de la bonne besogne.

Douglas fit, en effet, de la bonne besogne. Le 4 septembre 1756 M. de Rouillé lui avait envoyé des pleins pouvoirs pour requérir et négocier l'accession de la Russie au traité de Versailles. L'Impératrice, se décidant enfin à manifester quelque volonté, lui donna presque aussitôt audience. Ses premières paroles furent : « Je ne veux ni tiers ni médiateur dans une réunion avec le Roi. Je ne lui demande que vérité, droiture, et une parfaite réciprocité dans tout ce qui se concertera entre nous[4]. » La Russie signa, (31 décembre 1756), son traité d'accession au traité de Versailles du 1er mai. Le 2 février (22 janvier) 1757, elle signera une alliance offensive avec l'Impératrice-Reine[5].

La seule difficulté que rencontra Douglas, ce fut la question de nos relations avec la Turquie. Ses instructions lui interdisaient toute clause qui pût porter préjudice à la Turquie ou simplement l'inquiéter. Devant l'insistance des ministres russes, appuyés de l'ambassadeur autrichien Esterhazy, dont Rouillé lui avait enjoint de suivre les conseils[6], il se laissa amener à insérer dans le traité une clause

---

1. Ce titre équivaut à celui d'agent de la diplomatie secrète, puisque le prince de Conti en était alors le chef. — Sur Monin, voyez BOUTARIC, *passim*.
2. *A. E. Russie, Supplément*, t. VIII.
3. Voyez ci-dessus, p. 18, note 2.
4. Lettre de Douglas du 26 septembre 1756.
5. Textes de ces traités dans F. MARTENS, *Recueil des traités de la Russie : Traités avec l'Autriche*, Pétersbourg, 1874, t. I, pp. 188 et suiv.
6. Lettres des 11 et 14 août 1756. *A. E. Russie, Supplément*, t. VIII.

« secrétissime » par laquelle, en cas de guerre entre la Russie et la Turquie, les obligations de la France se réduiraient à assister la première de subsides en argent. C'est Michel qui partit en courrier pour porter la pièce à Paris. Le Roi ne ratifia que le traité principal, mais repoussa l'acte secrétissime. Douglas fut désavoué par Rouillé[1], sermonné par Conti, et le Roi exigea la suppression de « ce bel acte secret que le chevalier Douglas a eu la bestise de signer[2] ». Une lettre personnelle de Louis XV décida la Tsarine, malgré les efforts de Bestoujef, à y renoncer[3]. Alors la Russie déclara nul le traité de subsides britannique et entra dans la coalition contre la Prusse.

Douglas eut aussi à s'occuper des subsides que la Russie demandait au Roi, mais sur le chiffre desquels les deux gouvernements étaient en désaccord, la Tsarine exigeant jusqu'à cinq millions de roubles, et la France se refusant à donner directement un subside quelconque. Il était aussi chargé par le prince de Conti de solliciter pour lui, d'une part, l'investiture du duché de Courlande, en attendant la couronne de Pologne, d'autre part, le commandement des armées russes : il n'obtint pas de solution sur ces deux objets. Il quitta Pétersbourg dans les premiers jours de septembre 1757. Il avait remis son service, dès le 2 juillet, au marquis de L'Hôpital, qui prenait le titre d'ambassadeur extraordinaire et plénipotentiaire.

1. Lettre du 16 février 1757. *A. E. Russie*, t. LII, fol. 129. — Reproduite en partie par Gaillardet, p. 43.
2. Boutaric, t. I, p. 217. Louis XV à Tercier, 13 février 1757.
3. Dans une lettre au même du 24 février 1757, le Roi écrit : « Si ma lettre à l'Impératrice de Russie réussit, je lui propose déjà ce petit commerce » (de correspondance secrète). Boutaric, t. I, p. 219.

# XXVIII

## LE MARQUIS DE L'HÔPITAL

AMBASSADEUR EXTRAORDINAIRE ET PLÉNIPOTENTIAIRE

1757-1761

Paul Galluccio, marquis de L'Hôpital, était aussi marquis de Châteauneuf, lieutenant général des armées du Roi, inspecteur général de la cavalerie. Après avoir servi avec distinction dans l'armée, il avait été envoyé comme ambassadeur à Naples, en 1740, et y était resté onze années. Il fut désigné en juin 1756 pour le poste de Pétersbourg. Ses Instructions pour son ambassade auprès d'Élisabeth[1] sont des 28 décembre 1756 et 3 janvier 1757, M. de Rouillé étant encore ministre des affaires étrangères.

Il partit de Paris dans les premiers jours de janvier 1757, fit des haltes très longues en route, à Strasbourg, à Ulm, à Munich, à Vienne, à Varsovie, au camp de l'armée russe, et ne parvint à Pétersbourg que le 2 juillet 1757, quand Douglas avait déjà terminé la principale négociation. Ses Instructions jusqu'à cette date n'ont donc produit aucun résultat : c'était à lui qu'on les adressait, mais c'était Douglas qui traitait.

Le chevalier d'Éon, que le marquis de L'Hôpital, le 21 juin 1757, avait croisé à Bialystock, revint, sur les ordres du Roi, le seconder en novembre 1757. Il resta auprès de l'ambassadeur jusqu'en 1760[2].

---

1. Voyez sur la mission de L'Hôpital une lecture de M. DARESTE, à l'Académie des sciences morales et politiques, publiée dans l'*Officiel* du 6 décembre 1881. — *Mémoires* du duc de LUYNES (mort en 1758), Dussieux et Soulié, 1860-65. Voyez notamment t. XVI, p. 149.

2. Lettres dans GAILLARDET, pp. 74 et suiv. — D'Éon passa ensuite à l'armée du maréchal de Broglie.

La nomination de M. de L'Hôpital avait presque coïncidé avec l'envoi à Paris, en la même qualité, de Michel Pétrovitch Bestoujef-Rioumine, frère du chancelier. Seulement, comme le voyage de l'ambassadeur russe ne rencontra pas les mêmes difficultés que celui du marquis, il rejoignit son poste beaucoup plus tôt. Nommé en 1756, il occupa l'ambassade de Russie à Paris jusqu'à 1760, année de sa mort (il était né en 1688).

---

Mémoire pour servir d'instruction au sieur marquis de l'Hôpital, chevalier des ordres du roi et de celui du roi des Deux-Siciles, lieutenant général des armées de Sa Majesté, inspecteur général de cavalerie et de dragons, premier écuyer de Madame[1], etc., allant a Pétersbourg en qualité d'ambassadeur extraordinaire et plénipotentiaire près de l'impératrice de Russie. — 28 décembre 1756[2].

L'influence de la cour de Vienne sur la cour de Pétersbourg doit être attribuée non seulement à l'intérêt commun qui lie nécessairement ces deux puissances, à qui il importe de se réunir contre l'empire ottoman, mais encore aux égards que les ministres allemands[3] qui gouvernent depuis longtemps la Russie ont toujours eus pour les ministres autrichiens. On sait que depuis le règne de l'Impératrice Catherine jusqu'à présent, si l'on en excepte le peu de durée de celui de Pierre II[4], les ministres de Russie ont toujours été Allemands de naissance. Il

1. Anne-Henriette, deuxième fille de Louis XV, qui devint *Madame* après le mariage, en 1739, de la fille aînée Louise-Élisabeth avec l'infant Don Philippe.
2. *A. E. Russie, Supplément*, pièce 9. — La correspondance du marquis de L'Hôpital comprend les tomes LII à LXV de *A. E. Russie*, où des parties de volumes contiennent aussi des lettres de Douglas, d'Éon, Montalembert, Breteuil, etc.
3. Ce n'était pas le cas pour Bestoujef, qui était bien un Russe; cela ne peut s'appliquer qu'à l'époque de l'influence d'Ostermann sous Catherine Ire et Pierre II, et surtout aux gouvernements d'Anna Ivanovna et Anna Léopoldovna.
4. Il n'y a même pas lieu d'excepter le règne de Pierre II, à cause de l'influence d'Ostermann; ce qui est vrai, c'est que, dans cette courte période, la Russie parut se désintéresser des affaires européennes.

n'est donc pas étonnant que l'Empire russe ait, pendant ce temps-là, été lié avec les Empereurs de la maison d'Autriche. L'Angleterre, unie avec cette dernière puissance, ou pour la soutenir, ou pour avoir une occasion ou un moyen d'affoiblir la France et de l'empêcher de rétablir sa marine et d'augmenter son commerce, entroit dans toutes les vues des deux Impératrices et prodiguoit l'argent à Saint-Pétersbourg pour y avoir un parti dominant. L'Impératrice de Russie, malgré la reconnoissance qu'elle devoit marquer à Sa Majesté des services qu'elle en avoit reçus, suivoit aveuglément les conseils de ses ministres, qui, ne pouvant nuire directement à Sa Majesté, cherchoient à le faire indirectement en excitant des troubles dans les États à la tranquillité de qui ils savoient qu'elle prenoit intérêt. La Suède, la Pologne, la Porte ont été successivement l'objet des desseins des ministres de Russie, soit en voulant arroger à leur souverain le droit de se mêler des affaires intérieures du premier de ces royaumes, soit en suscitant des troubles en Pologne et favorisant les malintentionnés, soit enfin en profitant de l'indolence de l'empire ottoman pour s'emparer d'un terrain[1] que la Porte prétend ne point appartenir à la Russie et y bâtir des forts[2] qui peuvent gêner beaucoup les Turcs.

Sa Majesté, toujours attentive au sort de ses alliés ou de ses amis, n'avait pas cessé, en toute occasion, d'employer son crédit et ses bons offices pour prévenir ou réprimer les entreprises des Russes. Dans cette position, on ne devoit pas être surpris que la correspondance, interrompue depuis quelques années entre Sa Majesté et l'Impératrice de Russie, ne se rétablît point, et que, sans être ouvertement brouillées, elles n'eussent cependant point de ministres respectifs.

Soit que la réflexion ait ramené l'Impératrice de Russie aux sentiments personnels qu'on assure qu'elle a toujours eus pour Sa Majesté, soit que quelqu'un de ses ministres[3], plus zélé pour ses véritables intérêts, lui ait fait sentir que ses liaisons avec les cours de Vienne et de Londres lui faisoient contracter des

---

1. La Nouvelle-Serbie.
2. Le fort Sainte-Elisabeth.
3. Le vice-chancelier Voronzof.

engagements onéreux, et qu'elle ne risquoit, au contraire, rien à se réunir avec Sa Majesté, elle a laissé voir des dispositions à cette réunion. Le sieur Michel, négociant françois, établi en Russie[1], avoit même fait un voyage en France, il y a plus de deux ans, pour en porter les premières paroles, auxquelles on ne crut pas alors devoir faire attention. Plusieurs avis particuliers ayant annoncé successivement ce désir de cette princesse, Sa Majesté, qui la voyoit avec peine livrée à des préjugés dont l'effet étoit de suspendre l'amitié qu'elle a toujours eue pour l'Impératrice de Russie, a cru devoir vérifier si ces avis étoient fondés.

Dans cette vue, elle fit choix sur le milieu de l'année dernière du chevalier Douglas pour aller à Pétersbourg même examiner ce que l'on pouvoit penser des dispositions de cette princesse. Sa qualité d'Écossois, et le parti auquel il avoit été jusqu'alors attaché[2], pouvoient le faire passer pour un gentilhomme que la circonstance où il se trouvoit portoit à voyager par pur motif de curiosité; et Sa Majesté pouvoit, sans se compromettre, être informée par son canal de la véritable façon de penser de la cour de Pétersbourg.

Le chevalier Douglas ayant, à son retour, confirmé ce que l'on avoit déjà mandé de plus d'un côté, Sa Majesté lui a ordonné de faire un second voyage, qui a si bien réussi que l'Impératrice de Russie a envoyé ici un secrétaire[3], chargé d'assurer de la vérité de ses sentiments et de convenir de la nomination des ambassadeurs respectifs, pour rétablir d'une manière éclatante la correspondance interrompue depuis si longtemps.

C'est pour satisfaire aux engagements pris par cette convention que Sa Majesté a jeté les yeux sur le sieur marquis de L'Hôpital pour le nommer son ambassadeur extraordinaire et plénipotentiaire auprès de l'Impératrice de Russie.

Les preuves qu'il a données de son zèle et de son intelligence dans l'ambassade dont il a été honoré pendant onze ans auprès du roi des Deux-Siciles, ses grades militaires, les honneurs dont

---

1. Voyez ci-dessus, pp. 2, 4, 5, 12, 18, 28, 30.
2. Le parti des Stuarts.
3. Bekhtéef. — Voyez ci-dessus, p. 27.

il est décoré, son illustre naissance, tout a concouru dans l'esprit de Sa Majesté pour lui donner la préférence sur les différentes personnes de sa cour qu'elle pouvoit choisir pour cette ambassade. Elle est persuadée qu'il répondra à l'opinion qu'elle en a conçue, et qu'il ne négligera rien pour établir sur des principes solides une réunion qui peut être très utile aux deux nations.

L'invasion du roi de Prusse en Saxe, la conduite qu'il a tenue avec le roi et la reine de Pologne et ses procédés avec le comte de Broglie, ambassadeur de Sa Majesté[1], ne permettent pas au marquis de L'Hôpital de passer par les États de ce prince, route directe pour aller en Russie. Celle de Vienne est, dans la saison présente, la seule qui lui reste pour se rendre à Pétersbourg. L'acte pour la nomination des ambassadeurs portant qu'ils se rendront à leurs postes respectifs dans le courant du mois de janvier, et le comte de Bestucheff[2] étant déjà parti de Pétersbourg, l'intention de Sa Majesté est que le marquis de L'Hôpital parte sans délai et fasse pour arriver à Pétersbourg autant de diligence que la saison et la difficulté des chemins pourront le lui permettre. Il trouvera dans le mémoire ci-joint la conduite qu'il doit tenir à Vienne, tant avec l'Impératrice-Reine qu'avec les ministres de cette princesse.

Il y a lieu de croire que les seigneurs polonois qu'il trouvera sur sa route en traversant la Pologne lui parleront du passage prochain des Russes par ce royaume. Toutes les fois qu'il en a été question jusqu'à présent, Sa Majesté s'y est opposée parce qu'elle le jugeoit contraire aux libertés et aux prérogatives de la République. La Russie, sans faire aucune réquisition, emprun-

1. En août 1756, sans déclaration de guerre, Frédéric II avait envahi la Saxe, forcé le roi de Pologne, électeur de Saxe, à se réfugier avec une partie des troupes dans Pirna, occupé Dresde, obligé le reste de l'armée saxonne à capituler et incorporé les vaincus dans sa propre armée. Voulant s'emparer des papiers secrets du roi de Pologne, afin d'y saisir la preuve des alliances dirigées contre lui, comme la reine s'était assise sur un certain coffre pour empêcher qu'on ne l'ouvrit, il l'avait prise par la main et éloignée de force. Cette violence fut particulièrement sensible à la Dauphine de France, fille de la reine de Pologne, à toute la cour de France et même à la nation. Enfin, comme le comte de Broglie, ambassadeur du Roi auprès de l'électeur, voulait aller rejoindre ce prince dans Pirna, il en fut empêché par les Prussiens, et, comme il s'obstinait à passer, le prince de Wurtemberg mit la main sur lui. Duc DE BROGLIE, le Secret du Roi, t. I<sup>er</sup>, pp. 111-218.
2. Michel Pétrovitch Bestoujef-Rioumine. Voy. ci-dessus, p. 32.

toit le territoire de Pologne, dont la souveraineté étoit par conséquent violée. Sa Majesté, toujours attentive à ce qui peut être préjudiciable aux droits des États avec qui elle est en alliance ou en amitié, a, jusqu'à présent, fait agir ses partisans en Pologne et employé son crédit à la Porte Ottomane pour faire naître des oppositions à ce passage, que ses ministres à Varsovie et à Constantinople ont eu ordre de traverser par tous les moyens possibles. Les Polonois feront sûrement au marquis de L'Hôpital des plaintes sur un changement qu'ils croient apercevoir dans Sa Majesté[1]. Ils penseront que ses nouvelles liaisons avec l'Impératrice de Russie lui font oublier, ou du moins négliger, celles qu'elle a toujours entretenues avec les Polonois bien intentionnés. Ils s'en plaindront au marquis de L'Hôpital et lui diront, ainsi qu'ils ont déjà commencé à le faire, que leur attachement à la France ne leur est d'aucune utilité, puisqu'elle les abandonne ou les sacrifie à de nouveaux alliés, qui, jusqu'au mois de mai dernier, ont toujours été ses ennemis déclarés ou prêts à le devenir. Le marquis de L'Hôpital répondra à ces plaintes que ce seroit faire tort aux sentiments de Sa Majesté pour la liberté de la Pologne que de douter un moment qu'elle en est sans cesse occupée; qu'elle veillera constamment à la manutention de ses droits, de ses privilèges et de ses constitutions; qu'elle n'a point changé de principes sur l'indépendance de la République, ni de sentiments pour ceux qui l'ont si dignement soutenue jusqu'à présent; que le roi de Pologne, expulsé de ses États par des procédés aussi injustes que violents, doit nécessairement recourir à tous les moyens qui peuvent l'y rétablir; que le secours des Russes est le plus prompt et le plus efficace; que c'est une injure faite dans la personne de ce prince à toute la République, qui doit se réunir pour en tirer vengeance; qu'il seroit à souhaiter que les Polonois pussent le faire par eux-mêmes, sans le concours d'aucune puissance étrangère; que la gloire seule devroit les y porter; mais que, les divisions fatales

---

1. Sur celles qu'ils firent au cabinet de Versailles et aux représentants du Roi en Pologne, voyez Duc DE BROGLIE, *le Secret du Roi*, pp. 135 et suiv. — Voyez aussi, à ce sujet, l'Instruction donnée au comte de Broglie, du 25 avril 1757, dans L. FARGES, *Instructions*, etc. *Pologne*, pp. 190 et suiv. Elle témoigne de l'embarras qu'éprouvait la cour de France à expliquer ce changement d'attitude.

qui déchirent la République ne le permettant pas, ils doivent du moins, de quelque parti qu'ils soient, concourir à ce qui peut faire rentrer leur roi en possession de ses États et contenir un prince dont la puissance et les idées vastes peuvent un jour être funestes aux Polonois eux-mêmes si on ne lui prescrit de justes bornes[1]; que les ordres que Sa Majesté a donnés à ses ministres à Varsovie et à Pétersbourg, et ce qu'elle a fait dire à l'Impératrice-Reine, sont la meilleure preuve de sa constante affection pour la République. Le chevalier Douglas a été chargé de représenter aux ministres de Russie que Sa Majesté, malgré toute la part qu'elle prend au sort du roi de Pologne, ne pourroit voir qu'avec beaucoup de peine ce passage, s'il n'étoit précédé de réquisitions convenables pour assurer et constater la souveraineté de la république, de promesses de tout payer comptant, de faire prendre aux différentes colonnes de l'armée russe les routes les plus courtes, de séjourner le moins que l'on pourra sur les terres de la République, et enfin de faire tout ce qui sera possible pour que ce passage ne soit point onéreux aux particuliers et ne porte point atteinte aux droits de la République.

Il ajoutera qu'ils doivent d'autant moins douter de la vérité de ces assurances que les déclarations des ministres ottomans aux ministres des deux Impératrices et du roi d'Angleterre sur ce passage sont une suite de représentations de l'ambassadeur du Roi, qui a toujours eu ordre d'entretenir la Porte Ottomane dans les dispositions où il est à désirer qu'elle soit pour le maintien des libertés et des constitutions de la Pologne.

Sa Majesté ne borne pas ses soins à ce qui regarde la tranquillité de la République de la part des puissances étrangères. Elle les étend encore à ce qui pourroit la troubler dans l'intérieur de l'État. En conséquence, elle a ordonné au chevalier Douglas de faire des représentations à la cour de Pétersbourg pour que les généraux des troupes russes, si elles sont obligées de passer par la Pologne, aient des ordres très précis de ne fomenter aucune cabale et de ne soutenir aucun parti qui voudroit former des intrigues contraires au bon ordre et aux lois

---

1. C'est prévoir de loin le premier partage de la Pologne et le rôle capital qu'y jouera Frédéric II.

de la Pologne, ces troupes ne devant avoir d'autre objet que de secourir le roi de Pologne et l'Impératrice-Reine et ne devant se mêler, en aucune façon, de ce qui regarde la République.

C'est ainsi que le sieur marquis de L'Hôpital s'en expliquera à son arrivée à Pétersbourg. Ces réquisitions vraisemblablement auront déjà été faites, et la Russie saura quels sont les sentiments de la République. Ainsi il y a lieu de croire que l'ambassadeur de Sa Majesté n'aura rien à négocier sur cet article.

Un objet aussi important est celui de l'accession de l'Impératrice de Russie au traité de Versailles. Quelques circonstances, qu'il est inutile de rapporter ici, ne permirent pas, lorsqu'il fut signé, d'y stipuler l'exception des Turcs. La Porte Ottomane, instruite de ce traité, en a conçu de l'inquiétude qui a augmenté encore par les bruits d'une accession prochaine de l'Impératrice de Russie. Les Turcs ont été peinés de voir Sa Majesté contracter avec l'Impératrice-Reine des engagements qui mettent le Roi dans le cas de fournir des secours. Il est vrai que le traité n'est que défensif[1] et que, par conséquent, Sa Majesté n'est obligée à les donner que lorsque son allié sera attaqué. Mais les Turcs ne peuvent s'accoutumer à voir Sa Majesté, ancienne amie de leur empire, s'unir avec une puissance qui a été leur ennemie et qui peut encore le devenir. Le sieur chevalier de Vergennes[2] les a calmés autant qu'il a pu. Il a eu soin de déclarer que, si l'Impératrice de Russie y accédoit, Sa Majesté ne ratifieroit point l'acceptation de cette accession si la Porte Ottomane n'étoit pas exceptée par un article séparé. Elle l'a même fait entendre au sieur Beckhteieff, chargé près d'elle des affaires de Russie, et a donné ordre au chevalier Douglas de requérir formellement

---

1. Le traité de Versailles, du 1ᵉʳ mai 1756, précédé d'ailleurs d'une convention de neutralité, était, en effet purement défensif et n'obligeait la France à fournir un simple contingent de vingt-quatre mille hommes que dans le cas où l'Autriche serait attaquée; mais l'invasion de la Saxe par Frédéric II avait déjà suscité le *casus fœderis*, et, en outre, la France, par des traités ultérieurs, allait prendre des engagements de plus en plus étendus.

2. Charles Gravier, comte de Vergennes, précédemment ministre auprès de l'électeur de Trèves, avait été nommé en novembre 1755 à Constantinople, en remplacement de Des Alleurs, comme envoyé extraordinaire; il y devint ambassadeur en 1755 et y séjourna jusqu'en 1768, époque à laquelle il fut rappelé et disgracié. En 1771, il fut envoyé en Suède. En 1774, il devint ministre des affaires étrangères.

cette exception, qu'il est de l'intérêt des deux Impératrices qui ait lieu du moins dans l'accession de la Russie, qui peut d'autant moins s'y refuser qu'elle a été expressément stipulée dans le dernier traité qu'elle a fait avec les Anglois. Quoi qu'en disent les Russes, les Turcs forment beaucoup de prétentions à leur charge et allèguent de grands sujets de plainte. Ils soutiennent que le fort d'Élisabeth et la colonie de la Nouvelle-Servie sont sur un terrain qui n'appartient point à la Russie. Ils reprochent aux Russes de n'avoir point exécuté le dernier traité de paix [1] et de retenir beaucoup de sujets de l'empire ottoman, Turcs ou Tartares, qui devoient être remis en liberté après la paix.

Ils ont marqué leur mécontentement toutes les fois que la Russie a violé le territoire de la Pologne, ce qu'elle paroît encore disposée à faire, et a suscité des troubles dans ce royaume en favorisant les malintentionnés. Leur mauvaise humeur peut augmenter s'ils voient qu'on refuse de les accepter dans l'accession au traité. Sa Majesté, qui a toujours eu le crédit prédominant à la Porte, ne pourroit l'employer en faveur de la Russie, qui courroit risque d'être attaqué lorsque les Turcs verront que ses principales forces sont sorties et engagées dans une guerre étrangère. Il importe donc infiniment à la Russie de ne point donner lieu aux Turcs de saisir quelques circonstances ou de profiter de quelques prétextes que les cours de Londres et de Berlin ne manqueront pas de leur fournir. C'est ce que le sieur marquis de L'Hôpital ne peut représenter trop vivement aux ministres russes, si, contre toute attente, il arrivoit à Pétersbourg avant que l'accession fût faite avec l'exception en faveur des Turcs [2].

Dans toutes les occasions où il aura l'honneur de faire sa cour à l'Impératrice de Russie, il ne peut trop insister sur les sentiments que la constance, la fermeté, le courage et la grandeur d'âme de cette princesse ont inspirés à Sa Majesté pour elle ; sur la peine avec laquelle le Roi voyoit qu'il ne pouvoit lui en donner des marques et sur le plaisir qu'il ressent de voir les obstacles qui s'opposoient à la réunion levés d'un consentement

---

1. Le traité de Belgrade, 21 septembre 1739.
2. Nous avons vu, en effet, ci-dessus, pp. 29-30, comment le traité avait été signé par Douglas avant l'arrivée de L'Hôpital.

commun, qui ne peut être qu'utile aux deux souverains et aux deux nations. La politique et le grand usage de la cour du sieur marquis de L'Hôpital lui suggéreront facilement les idées et les expressions les plus flatteuses pour plaire à cette princesse, mériter sa confiance et la persuader de la vérité de ce qu'il lui dira.

On sait que c'est principalement par le canal du comte de Woronzow, vice-chancelier, que la réunion de Sa Majesté avec l'Impératrice de Russie a eu lieu. Cette négociation a été cachée par ordre de cette princesse au comte de Bestoucheff, grand-chancelier, à qui elle n'a été communiquée que lorsqu'on a eu besoin de son intervention. Le comte de Woronzow et les comtes Schwalow[1], favoris de l'Impératrice, ont eu seuls le secret de cette affaire, pour la réussite de laquelle ils ont marqué beaucoup de zèle. La conduite du sieur marquis de L'Hôpital avec ces deux ministres[2] demande une grande délicatesse pour n'en blesser aucun par trop de confiance ou de défiance. On soupçonne depuis longtemps le comte de Bestucheff d'être attaché à la cour de Londres. On prétend qu'il l'auroit été au Roi s'il n'avoit découvert qu'on avoit dessein de le perdre dans l'esprit de l'Impératrice[3]. Sa place lui donne le crédit pour l'expédition des affaires; le vice-chancelier a la confiance de l'Impératrice. Le sieur marquis de L'Hôpital doit en marquer beaucoup extérieurement au grand-chancelier et réserver pour le vice-chancelier ce qu'il peut avoir de plus intime, en observant cependant que le grand-chancelier ne puisse s'en apercevoir. On assure que ce ministre cherche présentement à s'appuyer du crédit de la grande-duchesse[4] pour balancer celui de son rival et rétablir l'influence de l'Angleterre que la conduite violente du chevalier Williams[5] avoit beaucoup diminuée; que, dans cette vue, il a engagé l'Impératrice à demander au roi de Pologne le retour du comte Poniatowski[6],

---

1. Voyez ci-dessus, p. 17, note 1, au sujet des Chouvalof.
2. Bestoujef et Voronzof.
3. Allusion à la lutte de La Chétardie contre Bestoujef.
4. La future Catherine II, épouse de Pierre de Holstein, neveu de l'Impératrice, le futur Pierre III.
5. Williams, malgré l'échec de sa négociation, resta à son poste jusqu'au 19 août 1757.
6. Stanislas Poniatowski, nommé au début de 1757 ministre du roi de Pologne à Pétersbourg, est le futur roi de Pologne. Avant même sa nomination à ce poste de ministre de Saxe en Russie, il séjournait à Pétersbourg, y était devenu l'intime du

qui a, pendant longtemps, fait, pour ainsi dire, les fonctions de secrétaire de l'ambassade du chevalier Williams. Cette demande a d'autant plus surpris que, lorsque le jeune Poniatowski est parti de Pétersbourg, l'Impératrice de Russie a paru bien aise de son départ et a déclaré qu'elle le verroit avec peine revenir à sa cour. On assure que le comte de Bestucheff a employé dans cette affaire la grande-duchesse, à qui la gaîté de ce jeune homme est agréable. C'est ce que le sieur marquis de L'Hôpital vérifiera le plus exactement qui lui sera possible. Cette princesse a de l'esprit. Le marquis de L'Hôpital doit lui faire sa cour assidûment et tâchera de lui inspirer les sentiments convenables pour l'union constante de Sa Majesté avec l'Impératrice de Russie. Il lui représentera que cette union est bien différente de celle [avec] les Anglois qui, depuis plusieurs années, ont toujours engagé l'Empire de Russie dans leurs querelles particulières; que cet Empire est trop puissant pour que ses troupes n'agissent qu'en qualité de soudoyées, comme elles ont fait jusqu'à présent; qu'en les employant dans des guerres que l'ambition seule ou l'intérêt de l'Angleterre ont suscitées à Sa Majesté, c'est énerver l'Empire russe sans en retirer aucun profit que quelques sommes qui ne dédommagent pas, à beaucoup près, de la diminution des véritables forces de l'État. Il ajoutera qu'une sincère union avec Sa Majesté est bien plus avantageuse, puisque les deux puissances, n'ayant rien à démêler l'une avec l'autre, ne peuvent que contribuer au maintien de la paix générale en contenant ceux de leurs voisins qui voudroient la troubler. Ce sont des réflexions qu'il pourra faire aux ministres russes, en les modifiant cependant de manière qu'ils ne puissent concevoir des forces de leur Empire une opinion trop avantageuse. L'usage qu'ils en feroient seroit toujours contraire aux intérêts de Sa Majesté, puisque les Russes ne peuvent les employer que contre ses amis ou ses

---

chevalier Williams et l'amant de la grande-duchesse. C'était dans la maison du consul anglais Wroughton qu'avaient lieu beaucoup de leurs rendez-vous. Catherine en était devenue très dévouée à l'Angleterre, et, dans une lettre du 3 août 1759 à Pitt, alors secrétaire d'État, en recommandant Wroughton à sa bienveillance, elle faisait ouvertement profession de ses sentiments britanniques. *La Cour de Russie*, etc., p. 170. — Il était assurément singulier de voir le représentant du roi de Pologne, électeur de Saxe, pour la cause duquel l'Autriche et la France avaient pris les armes, se faire à Pétersbourg l'agent des intrigues anglo-prussiennes.

alliés, ayant pour frontières en Europe la Turquie, la Suède et la Pologne. Il lui dira de plus que, si la Russie trouve des avantages dans le commerce de l'Angleterre, elle en peut espérer de pareils dans celui de la France, lorsque, sur des connoissances exactes, on pourra en établir un solide entre les deux nations.

Le sieur marquis de L'Hôpital pourra, par le moyen de la grande-duchesse, faire passer ses insinuations au grand-duc, dont il cherchera d'ailleurs à flatter le goût que ce prince a pour le militaire, qui fait son unique occupation[1].

L'agrandissement des États de Russie, du côté de la Lithuanie, n'augmenteroit pas beaucoup la force de cet Empire. Les palatinats qu'elle pourroit s'approprier sont peu fertiles et n'ont ni places ni rivières qui puissent lui être d'aucune utilité. Cependant, depuis plus de cinquante ans, la cour de Pétersbourg a un parti considérable en Pologne. Il importe de découvrir les vrais sentiments de cette cour sur la Pologne et de savoir si la division qu'on prétend qu'elle y entretient n'a d'autre objet que d'affoiblir ce royaume par la désunion et le mettre, par la crainte qu'elle lui inspire, hors d'état de se choisir un roi qui puisse relever la gloire de la nation polonoise, crainte qui donnera toujours aux Russes la facilité de soutenir sans risque le candidat auquel ils s'intéresseront.

La liberté de la Pologne a été, dans tous les temps, précieuse à Sa Majesté, et le sera toujours. Le cas d'une élection est celui où cette liberté peut être le plus aisément violée, par les appuis étrangers que les différents candidats cherchent à se procurer pour monter plus facilement sur le trône. Sa Majesté a toujours pensé que la nation doit choisir librement pour son roi le prince qui lui sera le plus agréable. Elle persistera dans ces sentiments. Elle augure trop bien de la générosité de l'Impératrice de Russie pour croire qu'elle ait des vues contraires à

---

[1]. Le grand-duc s'était formé à Oranienbaum un petit corps d'environ quinze cents hommes qu'il avait recruté dans son duché de Holstein, habillé, équipé et exercé à la prussienne, et qu'il appelait « son armée ». La cour de Vienne ne put l'amadouer qu'en signant avec lui un traité de subsides pour cette misérable troupe. On sait que son fils le grand-duc Paul, le futur Paul I<sup>er</sup>, occupera son temps, à peu près de la même manière, avec ses « bataillons de Gatchina ».

la liberté de la Pologne ou qu'elle veuille écouter ce que ses ministres pourroient, dans le temps d'un interrègne, lui conseiller pour violenter la nation polonoise. Le sieur marquis de L'Hôpital doit autant s'attacher à persuader les ministres russes de la vérité des sentiments de Sa Majesté sur cet article que chercher à pénétrer ce qu'ils pensent sur le cas de l'élection future, quoiqu'elle soit persuadée qu'ils se conduiront sur les mêmes principes.

On sait que la Suède a été pendant longtemps l'objet de leur attention et qu'ils ont voulu se mêler du gouvernement intérieur de ce royaume ; en quoi ils pensoient différemment du Czar Pierre le Grand, qui, dans le fort de la négociation de sa paix avec la Suède, avoit déclaré à M. de Campredon qu'il ne prendroit aucune part aux affaires domestiques de ce royaume [1]. Ils seroient parvenus à leur but si Sa Majesté ne s'étoit pas entremise pour s'opposer aux desseins de la Russie [2]. Le sieur marquis de L'Hôpital doit, dans toutes les occasions, représenter l'intérêt que Sa Majesté prend à la Suède, son ancienne alliée, et ne pas laisser douter qu'elle ne s'opposât à ce qu'on voudroit entreprendre pour troubler la tranquillité de ce royaume. Il contribuera de même à tout ce qui sera utile au maintien de l'union de ces deux puissances.

La Suède est une ancienne amie de la France. Sa Majesté en désire les avantages, et, si les circonstances présentes permettent d'en procurer à ce royaume, elle verra avec plaisir l'Impératrice de Russie concourir avec elle à ce but. C'est à quoi le sieur marquis de L'Hôpital pourra travailler efficacement, lorsqu'il aura pu reconnoître quels sont les véritables sentiments du ministère russe pour la Suède.

La guerre commencée par le roi de Prusse a mis Sa Majesté dans le cas de prendre avec l'Impératrice-Reine des engagements plus étendus que ceux qui sont portés par le traité du 1er mai dernier; et l'on travaille, à cet effet, à conclure un nouveau traité

---

1. Nous avons vu cependant qu'il fit longtemps de la reconnaissance du duc de Holstein comme prince royal de Suède une des conditions essentielles de la paix. — Voyez ci-dessus, t. Ier, pp. 224 et 235.

2. Allusion à l'intervention russe de 1749 et aux mesures que prit alors le Roi pour la faire cesser. Voyez ci-dessus, p. 1.

entre les deux cours [1]. Dès qu'on en sera convenu, on en fera part à l'Impératrice de Russie [2].

Quoique l'on ait écrit plusieurs fois que cette princesse faisoit marcher ses troupes au secours de ses amis par pure générosité, cependant on sait que les ministres russes désirent que l'Impératrice, leur maîtresse, soit indemnisée, du moins en partie, de ce qu'elle perd en rompant le traité de subsides qu'elle avoit avec l'Angleterre. Les troupes russes ne marchent point pour le secours de Sa Majesté : elle ne doit point entrer à découvert dans cette dépense. C'est l'Impératrice-Reine, qui a un besoin direct de ces troupes, à les payer. Sa Majesté ne peut paroître dans cette négociation, tant par la raison que l'on vient de dire que parce que les Turcs, d'un côté, et les princes de l'Empire, de l'autre, ne pourroient voir qu'avec peine les troupes russes à la solde de Sa Majesté. Les uns appréhendroient que cet argent ne mît les Russes en état de les attaquer et les autres craindroient qu'au premier mécontentement de Sa Majesté une armée de Russes ne pénétrât dans l'Empire et ne vînt leur donner des fers. La sincère amitié de Sa Majesté pour l'Impératrice-Reine exige cependant qu'elle lui en donne des marques effectives. Elle se propose, dans le traité dont il vient d'être parlé, d'accorder à cette princesse un subside qui la mette en état de faire un autre traité avec l'Impératrice de Russie. La négociation sera suivie par les ministres des deux Impératrices. Le sieur marquis de L'Hôpital n'y prendra aucune part directe; mais le comte Esterhazy [3] aura vraisemblablement ordre de lui en communiquer le projet. Le sieur marquis de L'Hôpital, s'il en est requis, comme il est apparent, aidera en tout le comte Esterhazy de ses conseils et de ses bons offices auprès des ministres russes.

Ces ministres, persuadés avec raison de la grandeur de leur

---

1. Il s'agit des négociations qui devaient aboutir au second traité de Versailles, du 1er mai 1757, celui-ci offensif et secret, qui augmentait énormément les obligations de la France; mais il garantissait aux contractants certains territoires, dont quelques-uns à prendre sur l'ennemi commun. Signé, non ratifié, il fut remplacé, le 30 décembre 1758, par un nouveau traité de Versailles (légalement le second), lequel ne garantissait aux contractants que leurs conquêtes éventuelles.

2. La Russie devait accéder à ce second traité de Versailles comme elle avait accédé au premier.

3. Ambassadeur d'Autriche à Pétersbourg. — Voyez ci-dessus, p. 29, note 6.

souveraine, ont fait entendre qu'elle seroit blessée si, dans les occasions où Sa Majesté auroit quelque chose à négocier avec elle, son ambassadeur y associait quelque autre ministre que ce fût, et que, par les sentiments qu'elle a toujours eus pour Sa Majesté, elle désiroit que tout se fît directement de cour à cour [1]. C'est la conduite que doit tenir le sieur marquis de L'Hôpital, tant parce qu'elle convient à la dignité de Sa Majesté que parce qu'elle répond aux désirs de l'Impératrice de Russie.

La vexation que souffre le roi de Pologne [2] doit engager tous les princes que son sort peut toucher à lui procurer, à la paix, un dédommagement proportionnel à ses pertes. L'Impératrice-Reine peut avoir compris dans son plan d'opérations concerté avec la Russie quelques idées relatives à ce dédommagement [3]. Les ministres de l'Impératrice de Russie en parleront sans doute au sieur marquis de L'Hôpital pour savoir ce que Sa Majesté pense et pour se régler en conséquence. Le sieur marquis de L'Hôpital les écoutera et se contentera de prendre la chose *ad referendum* pour recevoir les ordres du Roi : d'autant plus que ce dédommagement, que Sa Majesté trouve très juste, doit dépendre de la supériorité des forces réunies contre le roi de Prusse et des événements que les circonstances peuvent amener. Il seroit donc inutile de s'expliquer d'avance sur cet objet, sujet à tant de variations.

La lenteur de la cour de Vienne à donner des ordres au comte Esterhazy pour requérir l'accession [4] surprend Sa Majesté. Elle ne pense pas cependant que ce retard puisse être attribué à quelque engagement contracté antérieurement entre les deux Impératrices dont on lui fasse mystère [5]. Le sieur mar-

1. Voyez ci-dessus, t. I<sup>er</sup>, Introduction, p. XLV, et t. II, p. 29.
2. Comme électeur de Saxe, par l'invasion de ses États héréditaires.
3. Nous avons vu, ci-dessus, pp. 17-18, que, dans la conférence de mars 1756, l'Impératrice et ses conseillers avaient émis l'idée de donner à la Pologne la Prusse orientale, moyennant quoi la République renoncerait à tous droits sur la Courlande.
4. Il s'agit de l'accession de la Russie au premier traité de Versailles du 1<sup>er</sup> mai 1756 : elle eut lieu seulement par le traité de Pétersbourg du 11 janvier 1757. La Russie accédait aussi, le 5 novembre 1757, à la convention de Stockholm du 21 mars 1757, entre la France, l'Autriche et la Suède touchant l'exercice de la garantie des traités de Westphalie. Enfin elle accédait au traité de Versailles, du 30 décembre 1758, par le traité de Pétersbourg du 7 mars 1760.
5. Il n'y avait pas d'autre convention secrète entre les deux cours impériales que celle du 16 juin 1753, qui ajoutait au traité austro-russe de 1746 un article par lequel elles se déclaraient unies pour le cas où la Turquie attaquerait l'une des deux parties contractantes. Voyez ci-dessus, p. 2.

quis de L'Hôpital doit apporter tous ses soins à vérifier le degré d'intimité entre les deux cours, quelles peuvent être leurs liaisons et leurs vues. Si le marquis de L'Hôpital trouve quelque moyen d'être instruit avec précision, il ne doit point négliger de le faire, en observant cependant d'y mettre assez d'adresse pour qu'on ne puisse le soupçonner. Ce seroit perdre tout son crédit, et la découverte que l'on en feroit le réduiroit à une solitude parfaite, personne n'osant plus alors communiquer avec lui. On sent qu'il ne peut parvenir à rien pénétrer sans quelque dépense : c'est à sa prudence que Sa Majesté laisse le choix des moyens à employer.

Il doit être persuadé que les ministres russes, défiants et soupçonneux, chercheront de même à savoir par les personnes de sa maison ce qui s'y passe. Il doit donc avoir grande attention à veiller sur les liaisons que l'on voudra former avec ceux de sa suite. Il peut être sûr que, n'étant pas fondées comme dans les autres pays sur les agréments de la société, elles auront un but où le service de Sa Majesté peut être intéressé. Ainsi il ne peut y veiller avec trop de soin, ni trop recommander de la circonspection à toute sa maison.

L'Impératrice de Russie, jusqu'à présent portée par goût aux plaisirs et se livrant peu aux affaires, commence, à ce que l'on prétend, à ressentir des infirmités qui peuvent annoncer un changement dans son caractère. Ces infirmités, si elles sont vraies, augmenteront encore le dégoût qu'elle a pour le travail et l'application, et feront vraisemblablement succéder la dévotion aux amusements.

On sait que la dévotion des Russes est plus superstition que piété. Des dévots prendront la place des favoris qu'elle a eus jusqu'à présent [1]. Le marquis de L'Hôpital doit observer avec grand soin les variations qui surviendront dans la manière de penser de cette princesse. Si la dévotion prend le dessus, il s'informera du caractère de ceux qui la dirigeront, et, malgré la difficulté que l'on prévoit qu'il y aura à parvenir jusqu'à eux, il tâchera de le faire, pour se servir, dans les occasions, du cré-

---

1. Elle devint, en effet, ou plutôt resta fort dévote, mais Ivan Chouvalof conserva sa faveur jusqu'à la fin.

dit qu'ils auront sur cette princesse. C'est encore un point sur lequel on ne peut que s'en rapporter à la sagesse de cet ambassadeur.

Si les infirmités de cette princesse augmentent au point de faire craindre une fin prochaine, ce qui seroit dans les circonstances présentes un événement très malheureux, il emploiera tout son art à pénétrer la disposition des esprits sur le successeur. Le mémoire joint à la présente Instruction (il est daté du 28 décembre) met au fait des différents degrés des deux concurrents au trône et des raisons qui militent pour ou contre chacun d'eux[1]. Dans tous les pays despotiques, les révolutions arrivent souvent sans désordre, et ce sont les troupes qui disposent du trône[2]. Il s'agit donc de savoir quel est l'esprit de l'armée, et si quelques sénateurs ou quelques ministres ont assez de crédit sur des officiers principaux pour les déterminer à ce qu'ils peuvent désirer. On prétend que le grand-duc est aimé du militaire; quelques personnes instruites assurent le contraire; mais, quoi qu'il en soit, on peut supposer que le mauvais état de la santé de l'Impératrice retardera et peut-être empêchera la marche des Russes[3]. Le grand-duc, si l'armée est dans ses intérêts, ne voudra pas qu'elle s'éloigne, dans la crainte que la nation ne profite de cette circonstance pour rappeler le prince Yvan. Les partisans de ce prince, s'ils se flattent d'être soutenus par l'armée, agiront dans la même vue, afin de s'en servir pour le replacer sur le trône et pour que son rival, destitué de tout secours, et contre qui la nation vraisemblablement se déclarera, ne puisse faire aucune résistance. On assure que c'est le projet de quelques ministres russes, qui, peu affectionnés dans le cœur à l'Impératrice régnante, ne lui ont conseillé d'épargner la vie du prince Yvan que pour qu'il leur eût un jour l'obligation de l'Empire, et dans la vue de contenir l'Impératrice ou celui qu'elle appelleroit à sa succession par la crainte d'un concurrent que l'on a déjà vu sur le trône.

---

1. Les deux prétendants possibles étaient Pierre de Holstein et Ivan VI. Le cabinet de Versailles ne pouvait prévoir que l'Empire reviendrait en définitive à une petite princesse d'Anhalt-Zerbst-Dornburg, la future Catherine II.
2. C'est ce qui s'était vu dans les révolutions de 1740 et 1741 et devait encore se voir dans celle de 1762.
3. Les intrigues de 1757 et 1758 sont ici assez bien prévues.

Sa Majesté ne peut et ne doit avoir aucune part à ce qui se passera relativement à la succession au trône de Russie ; mais la connoissance que le marquis de L'Hôpital prendra du caractère du grand-duc, ainsi que du nombre, du crédit et des dispositions des partisans du prince Yvan, s'il en a, mettront Sa Majesté en état de donner au marquis de L'Hôpital des ordres sur la conduite qu'il aura à tenir.

Le mémoire ci-joint sur le cérémonial instruit le sieur marquis de L'Hôpital de tout ce qu'il doit faire. Il se conformera, sur ce qui n'est point compris dans ce mémoire, à ce qui se pratique de la part du comte Esterhazy, ambassadeur de Leurs Majestés Impériales [1], avec qui il doit conserver une parfaite égalité pour toutes les distinctions que cet ambassadeur reçoit à la cour de l'Impératrice de Russie.

L'intention de Sa Majesté étant que ses ministres employés dans les cours étrangères lui fassent à leur retour un rapport circonstancié de leur négociation et de tout ce qu'ils auront observé, le marquis de L'Hôpital en formera un mémoire pour être remis au secrétaire d'État chargé du département des Affaires étrangères [2].

On joint ici un état des chiffres qu'on lui remet pour ses différentes correspondances.

Fait à Versailles, le 28 décembre 1756.

---

1. L'Impératrice-Reine Marie-Thérèse et son mari l'Empereur François de Lorraine, qui ne mourut qu'en 1765, mais qui n'a jamais cherché d'ailleurs, comme fit plus tard son fils Joseph II, à exercer quelque influence sur les affaires de la monarchie.
2. M. de Rouillé.

MÉMOIRE JOINT A L'INSTRUCTION DE M. LE MARQUIS DE L'HÔPITAL DU 28 DÉCEMBRE 1756[1].

J'ai lu avec attention[2] les Instructions qui ont été données à M. le marquis de L'Hôpital concernant son ambassade de Pétersbourg. Des principes qui y sont établis, il paroît résulter que l'ambassadeur du Roi peut se flatter de jouer un rôle assez intéressant dans cette cour, tant que l'Impératrice persévérera à faire une puissante diversion en faveur de la reine de Hongrie[3].

Il importe à la France d'arrêter les progrès du roi de Prusse, peut-être même, pour mettre un frein à l'ambition de ce prince, de décider la reine de Hongrie à rentrer dans la possession de la Silésie : d'autant plus qu'elle pourroit reconnoître ce service par des cessions qui reculeroient nos frontières[4].

Conséquemment, toutes les démarches de M. le marquis de L'Hôpital relatives à cet objet, qui seront suivies de quelque succès à la cour de Russie, ne pourroient être que très agréables au Roi.

Quel que soit l'événement de la guerre dont l'Allemagne est aujourd'hui le théâtre, on peut présumer cependant que, la paix étant faite avec les puissances belligérantes, l'ambassadeur du Roi en Russie aura peu d'activité à mettre dans son ministère.

En effet, il n'y a point d'apparence que, pendant le règne de l'Impératrice de Russie, nous ayons jamais à suivre à sa cour des négociations bien compliquées. La distance qui sépare les deux Empires est trop grande pour qu'il se forme jamais une alliance bien étroite entre eux, attendu qu'ils ne peuvent se donner ni recevoir mutuellement l'un de l'autre des secours directs.

1. *A. E. Russie, Supplément*, t. IX.
2. Cette pièce pourrait bien émaner du contrôleur général des finances, dont dépendait la direction des affaires commerciales. Le contrôleur général, de 1754 à 1756, fut Moreau de Séchelles, successeur de Machault, et, de 1756 à 1757, Peiren de Moras.
3. L'Impératrice-Reine.
4. On pensait à la Belgique et aux possessions autrichiennes de la rive gauche du Rhin.

Il faut encore observer que telle est la position de la Russie par rapport à l'Europe qu'elle ne peut s'agrandir qu'aux dépens de la Suède ou de la Pologne, deux puissances anciennement alliées de la France, dont par conséquent nous soutiendrons toujours les intérêts : c'est-à-dire que notre ambassadeur portera toujours des plaintes de la part du Roi toutes les fois que l'Impératrice de Russie formera quelque entreprise préjudiciable à l'un ou l'autre de ces deux États ; démarche désagréable pour un ambassadeur qui voudroit plaire dans la cour où il réside.

Le seul avantage réel que nous pourrions tirer de la Russie seroit celui qu'un commerce animé entre les deux nations nous procureroit ; c'est donc sur cet objet principal que M. le marquis de L'Hôpital doit porter une attention réfléchie ; mais il est bien à craindre que les projets qu'il pourra former à cet égard ne soient traversés par le ministre d'Angleterre en Russie, et peut-être même aussi par le premier ministre de l'Impératrice [1], vendu, dit-on, à la cour de Londres et à celle de Vienne.

M. le marquis de L'Hôpital doit cependant se persuader que plus il trouveroit à cet égard d'obstacles à combattre, plus notre ministère lui sauroit gré de les avoir surmontés.

Pour parvenir à ce grand objet, il ne sauroit donc, pendant le cours de son ambassade, s'attacher trop à connoître quelles sont les principales branches du commerce intérieur de la Russie ; quelles espèces de marchandises nous en pourrions tirer ou y porter ; quel seroit le résultat d'un pareil commerce, c'est-à-dire de quel côté la balance pencheroit en faveur de l'une ou l'autre nation.

Il ne doit pas être moins attentif à s'informer de l'état actuel du commerce de l'Angleterre avec la Russie, tant par rapport à l'importation qu'à l'exportation.

M. le marquis de L'Hôpital doit se souvenir que, dans le cours de sa première ambassade [2], il a vu les Anglois faire dans le royaume de Naples un commerce bien plus considérable que le nôtre. Il sait qu'ils s'étoient emparés de toutes les branches de commerce dont nos négocians de Provence et de Languedoc

---

1. Le chancelier Bestoujef.
2. Auprès du roi des Deux-Siciles, de 1740 à 1752.

avoient été depuis longtemps en possession. C'est un fait qui fut démontré alors dans un mémoire que M. le marquis de L'Hôpital envoya à M. Orry[1]. Ce mémoire exposoit en même temps les raisons qui avoient favorisé le commerce des négociants anglois au préjudice de nos provinces méridionales : 1° leurs marchandises étoient douées de meilleure qualité que les nôtres ; 2° ils pouvoient les donner à meilleur marché que nos négociants, quoique, pour les apporter à Naples, les Anglois eussent cinq ou six cents lieues au moins à faire de plus que nos bâtiments partis des ports de Provence ou de Languedoc.

Si ces mêmes raisons subsistent encore en Russie en faveur des Anglois, il sera bien difficile à M. de L'Hôpital de former avec les ministres de l'Impératrice un plan de commerce qui soit avantageux à la France. C'est donc à lui d'examiner sur les lieux quelles sont les branches de commerce les plus utiles que les Anglois font aujourd'hui en Russie ; de chercher à connoître la nature, la qualité et les prix de leurs marchandises ; quels droits d'entrée elles paient ; de descendre même dans le détail des frais de navigation, leur économie à cet égard surpassant de beaucoup la nôtre ; et de juger, après un mûr examen, si, de notre part, pouvant apporter les mêmes marchandises aux Russiens, il nous seroit possible d'entrer en concurrence avec les Anglois.

M. de L'Hôpital sentira du reste qu'il ne pourra parvenir à ces connoissances qu'en consultant quelques commerçants habiles, et surtout les négociants françois[2] qu'il trouvera établis à Pétersbourg. Il seroit inutile de lui faire observer qu'il ne faudra pas toujours s'en rapporter à ce que ceux-ci pourront lui dire : il n'est que trop ordinaire de voir des marchands dont l'intérêt l'emporte souvent sur le bien public. Il faut donc savoir les contrôler les uns par les autres et rejeter de leurs projets tout ce qui ne tend pas au bien général de la nation. Sa sagesse et sa prudence lui feront aisément apercevoir ce qu'il devra adopter des idées qui lui seront communiquées par les différentes personnes qu'il consultera.

1. Philibert Orry, comte de Viguori, contrôleur général des finances, de 1730 à 1745.
2. Voyez ci-dessous, Instruction au baron de Breteuil, page 139, le rôle attribué, en cet ordre d'affaires, à Michel de Rouen et à M. de Saint-Sauveur.

Ce n'est qu'après avoir acquis des connoissances précises sur tous ces différents objets, dont les plus petits détails ne doivent pas même être négligés, qu'il se trouvera en état d'instruire notre cour sur le parti qu'elle aura à prendre. Il seroit à désirer qu'elle entrevît dans ses mémoires un avantage réel à conclure, par son ministère, un traité de commerce avec la Russie[1]. Quel autre événement pourroit terminer plus heureusement son ambassade? Il doit être persuadé qu'un pareil traité lui feroit autant d'honneur que les services militaires, même les plus brillants. On sait que l'effet de ceux-ci se réduit quelquefois à ne produire qu'un bien passager, tandis que, par le succès d'un traité de commerce, un État augmente, pendant une longue suite d'années, en richesses et en puissance. Quels éloges ne mériteroit donc pas M. le marquis de L'Hôpital s'il résultoit de ses négociations que l'Empire de Russie devînt actuellement tributaire d'une somme considérable envers la France!

L'état actuel de la santé chancelante de l'Impératrice pourroit néanmoins troubler les spéculations de M. le marquis de L'Hôpital sur le commerce. En effet, la mort de cette princesse changeroit tellement la face des affaires en Russie, que notre cour y prendroit nécessairement quelque part.

Le grand-duc de Russie, son neveu, a beau être désigné successeur à l'Empire, qui sait si plusieurs puissances de l'Europe ne se trouveroient pas intéressées à traverser son installation sur le trône en lui opposant un rival? M. le marquis de L'Hôpital n'ignore pas que les couronnes de Suède et de Danemark sont actuellement possédées par deux princes de la maison d'Oldembourg[2].

---

1. C'est seulement le comte de Ségur qui réussira, en 1787, à conclure ce traité.
2. Frédéric V (1746-1766), roi de Danemark, était bien de la maison d'Oldenbourg, aussi appelée de Holstein, depuis l'élection, en 1459, par les États de ce pays, de Christian d'Oldenbourg, déjà roi de Danemark, de Norvège et de Suède; or c'est de cette maison qu'étaient issus le grand-duc de Russie Pierre Feodorovitch, et le prince royal de Suède Adolphe-Frédéric, qui régna ensuite de 1751 à 1771. Ces deux derniers étaient même d'une même branche de cette maison, la branche ducale de Holstein-Gottorp, tandis que la branche royale, celle de Holstein-Glückstadt, continuait à régner en Danemark. — Voyez HIMLY, *Histoire de la formation territoriale des États de l'Europe centrale*, t. II, pp. 237-246. — C'est seulement en 1767 (traité de Copenhague), et 1773 (traité de Tsarskoé-Sélo) que Catherine II, stipulant au nom de son fils Paul, abandonna toutes les prétentions de celui-ci sur le Holstein et le Sleswig, en échange des comtés d'Oldenbourg et de Delmenhorst, cédés à la ligne cadette de Holstein-Eutin.

Or, l'Impératrice de Russie venant à mourir, tous les princes d'Allemagne verroient-ils avec indifférence le grand-duc de Russie, issu de la même maison d'Oldembourg, parvenir à cette couronne? N'auroient-ils pas à craindre que ces trois puissances réunies n'entreprissent quelque jour de donner des fers à l'Allemagne ou ne tentassent au moins de faire valoir les prétentions que la Suède et le Danemark peuvent avoir sur quelques États de l'Empire[1]. Il résulte de ces réflexions qu'à la mort de l'Impératrice Élisabeth, quelques puissances de l'Europe s'intéresseront peut-être au rétablissement du jeune prince de Brunswick-Wolfenbutel[2], appelé en 1740 à la couronne de Russie et détrôné en 1741. N'est-il pas à présumer que les rois d'Angleterre et de Prusse seront intéressés à agir de concert en sa faveur? Seroit-il même étonnant que ce prince eût encore des partisans en Russie, soit dans la haute noblesse, soit dans la magistrature, qui n'attendent peut-être que le moment favorable d'appuyer ses droits à l'Empire?

De pareilles circonstances donneroient bien des soins à M. le marquis de L'Hôpital et mettroient peut-être notre cour dans la nécessité de le charger de quelques négociations épineuses. Mais je ne suis point embarrassé qu'il ne s'en tire avec honneur. C'est dans des affaires de cette espèce, où deux partis opposés mettent tout en œuvre pour parvenir à leurs fins, qu'un ministre habile ne sauroit trop mesurer toutes ses démarches. Il y auroit même du danger à se montrer trop à découvert. M. le marquis de L'Hôpital saura s'en garantir. Son adresse et sa sagacité le guideront et régleront sa conduite.

Mais n'est-ce pas prévoir des embarras de trop loin? J'aime mieux croire que l'ambassade de M. le marquis de L'Hôpital sera toute couleur de rose et que, dans le cours de son ministère, il n'aura pas la moindre petite occasion de se rappeler cette fable qu'il aime tant :

> Deux pigeons s'aimoient d'amour tendre;
> L'un d'eux s'ennuyant au logis...

---

1. Prétentions de la Suède sur les États perdus à la paix de Nystad, sur Deux-Ponts, etc.; prétentions du Danemark sur le Sleswig et le Holstein.
2. Ivan VI.

SUPPLÉMENT D'INSTRUCTIONS AU MARQUIS DE L'HÔPITAL, AMBASSADEUR EXTRAORDINAIRE DE SA MAJESTÉ PRÈS L'IMPÉRATRICE DE RUSSIE. — VERSAILLES, 3 JANVIER 1757 [1].

Lorsqu'il étoit question en 1743 d'une élection éventuelle d'un successeur au feu roi de Suède, landgrave de Hesse-Cassel [2], l'Angleterre se donnoit tous les mouvements possibles pour faire tomber cette couronne à un prince qui lui fût dévoué. Les trois concurrents étoient : l'évêque de Lubeck, actuellement roi de Suède [3], le prince royal de Danemark [4] et le duc de Deux-Ponts [5]. Le hasard a fait tomber entre les mains du marquis de Lanmary [6] les instructions que milord Carteret [7] envoyoit alors au ministre britannique à Stockholm. L'évêque de Lubeck ayant réuni les suffrages et régnant actuellement avec assurance de laisser, selon les lois, le trône à sa postérité, on ne détaillera point ici ce que ces instructions ordonnent à ce ministre de faire pour favoriser un des concurrents à la couronne et en exclure les autres. On observera seulement qu'il n'est point de finesses, de ruses et de duplicité que ces instructions ne prescrivent pour venir au but que l'Angleterre proposoit. Mais ce qu'on ne doit pas laisser ignorer à M. le marquis de L'Hôpital, ce sont les principes de l'Angleterre par rapport à l'Impératrice de Russie. Ces instructions commencent par dire — « que rien n'est plus fâcheux, pour

1. *A. E. Russie*, t. LII, fol. 10.
2. Frédéric I$^{er}$, landgrave de Hesse-Cassel, devenu roi de Suède, par suite de son mariage avec Ulrique-Éléonore. Mort sans enfant en 1751.
3. Adolphe-Frédéric, roi de Suède de 1751 à 1771.
4. Frédéric, qui fut roi de Danemark, sous le nom de Frédéric V, de 1746 à 1766.
5. Christian IV, duc de Deux-Ponts, de 1735 à 1775.
6. Le marquis de Lanmary, nommé ambassadeur de France en Suède, avec Instruction du 3 octobre 1741. A. GEFFROY, *Instruction*, etc., *Suède*, pp. 351 et suiv.
7. John, vicomte de Carteret, membre de la Chambre des lords depuis 1711, ambassadeur en Suède en 1719, vice-roi d'Irlande, ministre en 1721 et en 1742; successeur de Walpole en 1743. Il détermina l'intervention de l'Angleterre dans la guerre de la succession d'Autriche. Il mourut en 1763. Pendant sa mission en Suède, il avait été le négociateur du traité de Stockholm (20 novembre 1719), qui mit fin aux hostilités entre le Hanovre et la Suède, par la cession que fit la reine Ulrique-Éléonore des territoires de Brême et Verden à l'électeur de Hanovre.

« l'équilibre du Nord et pour le commerce de la mer Baltique,
« que de voir deux princes issus d'une même maison placés sur
« sur deux trônes aussi considérables que ceux de Russie et de
« Suède. Ainsi, comme un seul pourroit suivre les maximes
« dont on se servit lors de la succession d'Espagne, il est certain
« que de cet événement suivroit sur-le-champ une guerre ou-
« verte qui mettroit tout en combustion. » On ajoute que « l'Em-
« pire de Russie, tout-puissant qu'il est, ne laissera pas de sentir
« de grandes secousses ; qu'on ne sait si toutes les plaies y sont
« entièrement guéries, et si l'esprit de révolte en est banni ; qu'on
« a des raisons convaincantes qui persuadent que ce n'est qu'un
« feu caché sous la cendre qui n'attend que le moment pour
« éclater ; que tout y contribuoit, le caractère de la princesse, la
« constitution du successeur [1], le génie de la nation porté à des
« changements continuels : raisons qui faisoient croire que les
« puissances étrangères auroient une facilité infinie à y influer,
« et que toutes ces circonstances étoient assez considérables
« pour donner une nouvelle force aux affaires de la Russie. »

Milord Carteret dit de plus « qu'à la vérité l'Angleterre n'avoit
« aucun sujet de se plaindre de l'Impératrice de Russie ; mais
« qu'elle ne perdroit rien au change puisqu'elle retrouveroit les
« anciens principes de la Russie dans le retour de la maison de
« Wolfembutel[2], qui ne pourroit que lui être entièrement atta-
« chée ; que, par toutes ces raisons, si le parti de l'évêque de
« Lubeck l'emportoit, et qu'immédiatement après la révolution
« arrivée en Russie (l'Angleterre apparemment la fomentoit
alors), l'évêque recouroit à la nation angloise, alors il seroit
« juste d'entrer dans les sentiments du nouveau souverain en
« Russie, qui seroient apparemment de chasser l'évêque du trône
« de Suède ; que cette vue étoit la plus naturelle et quadroit le
« mieux avec celle de l'Angleterre pour la maison de Hesse »
(dont le prince héréditaire [3] venoit d'épouser une princesse

---

1. Le grand-duc Pierre.
2. Avec Ivan VI, fils du duc de Brunswick-Wolfenbüttel.
3. Celui qui fut landgrave de Hesse-Cassel, sous le nom de Frédéric II, de 1760 à 1785, et qui donna un développement scandaleux au trafic des soldats hessois pour les guerres anglaises de l'Inde et de l'Amérique. Il s'était converti au catholicisme en 1754. Il avait épousé Marie, fille de George II, qui fut fort mal traitée et qui mourut en 1772.

d'Angleterre chérie du roi son père) « ou pour se rendre entiè-
« rement maîtresse du commerce de Russie et de Suède ; qu'en
« cette considération il convenoit de laisser tranquillement le
« nouvel Empereur Yvan faire la conquête de la Finlande, si la
« Russie la vouloit, et laisser en même temps les Danois enva-
« hir le fief de Bohus [1] : de sorte que le souverain de Suède seroit
« comme les anciens rois des Goths et des Vandales qui
« n'avoient pour royaume qu'un territoire et même une pa-
« roisse.

Pour exécuter tous ces projets, milord Carteret comptoit, disoit-il, sur le savoir-faire des comtes de Bestucheff et de Brevern[2], gens routinés dans les intrigues du cabinet. Il espéroit aussi beaucoup des généraux et des manœuvres de la cour de Berlin. Ce ministre regardoit comme un événement très fâcheux si l'Impératrice reprenoit l'autorité qui étoit entre les mains du Sénat[3] ; et, si les généraux étrangers[4] avoient quelque prétexte qui leur fît quitter le service, « les projets, disoit-il, en seroient fort dérangés. »

Ces instructions sont trop claires pour qu'on puisse douter que le véritable but des Anglois est de dominer dans le Nord et de tenir dans leur dépendance les ministres des princes qui y règnent.

On y voit aussi quels étoient leurs sentiments pour l'Impératrice régnante, qu'ils verroient avec plaisir descendre du trône, s'ils y pouvoient faire monter le prince Yvan, qui est de la maison de Brunswick.

L'attachement du grand-duc et de la grande-duchesse de Russie aux Anglois[5] est une preuve qu'ils n'ont pas pénétré ce mystère. Ils devroient, s'ils en étoient instruits, avoir de l'éloi-

---

1. Le fief de Bohus : le Bohus-Lån, chef-lieu Göteborg. Longtemps disputé entre la Suède et le Danemark. A la Suède depuis 1658.
2. Karl Brevern (1704-1744), président de l'Académie des Sciences, et membre du Conseil (ou Conférence) des ministres.
3. Élisabeth, après la révolution de 1741, avait rétabli le Sénat dans les attributions que lui avait données Pierre le Grand, et dont l'avaient dépouillé le *Haut Conseil* de Catherine Ire et le *Cabinet* d'Anna Ivanovna et Anna Léopoldovna. Il était redevenu « Sénat gouvernant ».
4. Les généraux allemands (voyez ci-dessus, t. Ier, p. 269), ou, comme Lascy, écossais. Beaucoup de ces étrangers avaient quitté le service de Russie ou en avaient été exclus après la révolution de 1741.
5. Voyez ci-dessous, pp. 62 et suiv.

gnement pour une nation qui cherchera toujours à les exclure du trône, ou qui, si elle ne peut y contribuer, favorisera du moins leur concurrent et se croira, par les liaisons du sang [1], obligée d'en contracter d'intérêts avec ce prince : ce qui rendroit impossible le retour de la branche de Holstein en Russie.

On a cru nécessaire de donner connoissance de ces instructions au sieur marquis de L'Hôpital, afin de le mettre à portée de profiter des circonstances qui peuvent arriver relativement aux Anglois ou aux ministres qu'ils disent leur être attachés, et qu'il puisse, s'il en trouve le moment favorable, dévoiler à l'Impératrice de Russie, au grand-duc et à la grande-duchesse les véritables sentiments de la nation angloise et de la maison régnante [2].

C'est à la prudence du marquis de L'Hôpital de saisir si bien le moment de parler de ces instructions, que ce qu'il en dira ne puisse produire d'autre effet que de faire perdre à la nation angloise l'influence qu'elle a en Russie et se décréditer ceux qui la soutiennent.

La cour de Copenhague a entamé une négociation sur la proposition qu'elle a faite au grand-duc de Russie de l'échange actuel du Holstein ducal et de la renonciation au duché de Sleswick, moyennant la cession que le roi de Danemark lui feroit des comtés d'Oldembourg et de Delmenhorst [3] et l'offre de quelques autres avantages. Le roi de Danemark a demandé à Sa Majesté qu'il lui plût de joindre ses bons offices à ceux de l'Impératrice-Reine auprès de la cour de Pétersbourg pour favoriser cette négociation. Il importe de maintenir la cour de Danemark dans la résolution, qu'elle assure avoir prise, de ne pas concourir aux vues de Leurs Majestés Britannique et Prussienne. L'intérêt que Sa Majesté et l'Impératrice-Reine marqueront prendre au succès de cette négociation paroît être un moyen de plus d'affermir la cour de Copenhague dans ses bonnes dispositions, et la réussite

---

1. La maison de Brunswick-Wolfenbüttel était, en effet, la branche aînée, tandis que la branche de Brunswick-Lünebourg-Hanovre, qui régnait alors en Hanovre et en Angleterre, était la branche cadette. Elles avaient pour ancêtre commun Ernest Ier, duc de Brunswick-Lünebourg, qui était mort en 1546. — HIMLY, *ibid.*, t. II, pp. 225 et suiv.
2. La maison de Hanovre, régnante en Hanovre et en Angleterre.
3. Voyez ci-dessus, p. 52, note 2.

de cette négociation ne peut que contribuer au maintien de la tranquillité du Nord. Sa Majesté a pensé, en conséquence, que l'Impératrice-Reine pourroit trouver convenable de réunir ses bons offices à ceux qu'elle ordonneroit au chevalier Douglas de passer à Pétersbourg selon les désirs du roi de Danemark. En conséquence, le Roi a fait répondre à ce prince qu'il se concerteroit sur cette affaire avec l'Impératrice-Reine, et il a fait donner au comte d'Estrées[1] les ordres nécessaires. Si cette affaire n'est pas terminée lors de l'arrivée du sieur marquis de L'Hôpital à Pétersbourg, et que le comte Esterhazy ait reçu ordre de s'unir aux ministres de Sa Majesté pour faire les démarches demandées par le roi de Danemark, le sieur marquis de L'Hôpital devra employer ses soins et ses offres conjointement avec cet ambassadeur auprès de la cour de Pétersbourg, pour tâcher de procurer à Sa Majesté Danoise la satisfaction qu'elle désire.

Fait à Versailles, le 3 janvier 1757.

Plus bas :

LOUIS.

ROUILLÉ.

---

SUPPLÉMENT D'INSTRUCTIONS AU SIEUR MARQUIS DE L'HÔPITAL, AMBASSADEUR EXTRAORDINAIRE DE SA MAJESTÉ, PRÈS L'IMPÉRATRICE DE RUSSIE. — VERSAILLES, 3 JANVIER 1757[2].

Un des principaux objets des négociations du sieur chevalier Douglas, chargé des affaires de Sa Majesté près l'Impératrice de Russie, a été l'accession de cette princesse au traité de Versailles, conclu entre Sa Majesté et l'Impératrice-Reine. Lorsqu'il fut signé, des raisons qu'il seroit inutile d'expliquer ici ne permirent

---

1. Le comte d'Estrées, ministre plénipotentiaire auprès de la cour de Vienne, de 1756 à 1757. — A. SOREL, *Instructions*, etc. *Autriche*, pp. 337-354.
2. *A. E. Russie*, t. LII, fol. 13. — Quelques fragments du début de cette pièce ont été publiés par GAILLARDET, pp. 41-42.

pas d'y insérer une clause d'exception en faveur de la Porte ottomane. Les Turcs ayant conçu des inquiétudes de ce traité, où ils ne se sont point vus exceptés comme ils l'ont été dans le dernier que Sa Majesté Britannique a conclu avec l'Impératrice de Russie, et ces inquiétudes étant augmentées par les apparences de l'accession prochaine de cette princesse, Sa Majesté a cru devoir les rassurer. En conséquence, elle a ordonné au chevalier Douglas de demander formellement cette exception, et elle a fait déclarer au sieur Beckteïeff, chargé près d'elle des affaires de l'Impératrice de Russie, qu'elle ne ratifieroit sans l'exception.

Les ministres russes ont proposé depuis au chevalier Douglas d'excepter, à la vérité, les Turcs, mais d'annexer à l'accession un article séparé et secret, par lequel Sa Majesté déclaroit qu'en cas de guerre de l'Impératrice de Russie avec la Porte ou avec la Perse, Sa Majesté ne fourniroit qu'en argent les secours stipulés par le traité de Versailles, l'Impératrice de Russie consentant à la même chose dans le cas où la présente guerre s'étendroit dans le continent sur les frontières des États de Sa Majesté ou en Italie.

Sa Majesté a fait écrire au chevalier Douglas qu'elle lui défendoit absolument de signer l'accession sans l'exception et de consentir à aucun acte pareil à celui qu'on lui propose et qui tendroit le moins du monde à infirmer l'exception[1]. Elle lui a ordonné de représenter que l'intérêt de l'Impératrice de Russie exige que cette exception soit faite nommément et par un acte public, parce que, si les Turcs, peinés de voir qu'on ne les auroit point exceptés, faisoient des mouvements contre la Russie, Sa Majesté ne pourroit plus, pour les en détourner, employer le crédit qu'elle a toujours eu, ainsi que ses prédécesseurs, à la Porte; que, de plus, ces mouvements pourroient retarder l'opération commune, qui est de secourir le roi de Pologne et l'Impératrice-Reine; mais que Sa Majesté, pour mieux faire connoître à cette princesse qu'elle ne lui demandoit rien qu'en même temps elle ne fût prête à lui donner en retour des preuves de sa complaisance, consentoit que l'on exceptât, dans l'acte d'acces-

---

1. Voyez ci-dessus, pp. 29-30, 38.

sion pour les guerres à venir, les royaumes de la Grande-Bretagne, les États de l'électorat de Hanovre, ou tels autres que l'Impératrice de Russie jugeroit à propos. Si l'accession n'est point encore faite lorsque le sieur marquis de L'Hôpital arrivera à Pétersbourg, c'est à ces conditions seules que Sa Majesté lui permet de la signer, son intention précise étant que les Turcs soient exceptés nommément et formellement et que ses ministres près l'Impératrice de Russie n'acceptent aucune stipulation ou réserve, soit publique, soit secrète, qui diminue, infirme ou annule cette exception. En conséquence, Sa Majesté fait remettre au sieur marquis de L'Hôpital, avec le présent supplément d'instructions, un plein pouvoir pour recevoir au nom de Sa Majesté ladite accession et en signer l'acceptation.

C'est après l'arrivée de L'Hôpital à Pétersbourg que furent conclus à Stockholm le traité du 21 mars 1757, traité d'alliance entre la France, l'Autriche et la Suède, pour la garantie du traité de Westphalie, et l'acte d'assurance du même jour, signé également à Stockholm, par lequel la France et l'Autriche garantissaient à la Suède, en cas de succès contre l'ennemi commun, l'acquisition de la totalité de la Poméranie. La Russie accéda au traité de garantie, le 5 novembre.

L'abbé comte de Bernis avait succédé à Rouillé le 25 juin 1757, et, nommé cardinal le 2 octobre 1758, garda le portefeuille des affaires étrangères jusqu'au 1er novembre.

Voilà pour les faits diplomatiques. Voyons les faits militaires.

L'année 1757, au point de vue militaire, fut signalée par les succès des Français à Hastenbeck et Closterseven et par leur défaite à Rosbach ; les Autrichiens furent vaincus à Prague, vainqueurs à Kollin, battus à Leuthen ou Lissa.

Le 28 mai 1757, les Russes avaient franchi la frontière de Courlande : Lapoukhine était entré en Lithuanie, Fermor dans la Prusse orientale, où il bombardait Memel et occupait Tilsit. Le 30 août, le le généralissime Apraxine rencontrait l'armée de Lehwaldt à Gross-Jægerndorf, au sud-est de Kœnigsberg, et lui infligeait une sanglante défaite : les Prussiens perdaient 29 canons, 600 prisonniers, 4600 tués ou blessés. Mais, au lieu de poursuivre ses avantages, Apraxine revenait sur ses magasins du Niémen[1].

---

1. Frédéric II, *Histoire de la guerre de Sept ans*; — Bolotof, *Zapiski* (*Mémoires* en russe), t. I, p. 513; — Solovief, *Istoria Rossii*, t. XXIV, p 130 ; — Arnold Schæfer, *Gesch. des siebenjæhrigen Krieges*, t. I, pp. 343 et suiv. ; — Arneth, *Maria Theresa und der siebenjæhrige Krieg*, Vienne, 1875-1876, t. I, p. 212. — Maslovski, *l'Armée russe pendant la guerre de Sept ans* (en russe), Moscou, 1886, t. I, pp. 263 et suiv.

Voici comment le marquis de L'Hôpital rendait compte à sa cour de l'effet produit par cette première victoire russe :

LE MARQUIS DE L'HÔPITAL A M. DE BERNIS.

Pétersbourg, 16 septembre 1757 [1].

... Vous aurez appris, Monsieur, par M. le chevalier Ménager, dépêché par M. de Wittinghof [2], la bataille gagnée par M. le maréchal Apraxin.

Cet avantage changera vraisemblablement les dispositions du ministère de Russie, qui n'auroit pu prétendre d'influence dans les arrangements à prendre au congrès qu'en proportion de la part qu'il auroit eue à l'abaissement du roi de Prusse.

M. d'Esterhazy avoit si bien profité des dispositions favorables et généreuses de l'Impératrice de Russie qu'il n'a jamais donné d'autre argent que celui qui est porté par la convention faite avec sa cour. Le ministère cependant le pressoit. Il en parla à l'Impératrice, qui déclara qu'elle ne vouloit point d'argent, ni d'autres conquêtes que celles de la convention, et qu'elle ne désiroit que l'abaissement du roi de Prusse, et de secourir avec toutes ses forces le roi de Pologne et l'Impératrice-Reine. M. d'Esterhazy ajouta à la vérité qu'il seroit temps, lorsque le roi de Prusse seroit réduit, de former des prétentions, disant à l'Impératrice même qu'il ne falloit pas vendre la peau de l'ours qu'il ne fût mort. C'est de cet ambassadeur que je sais ces détails. Je veillerai avec lui pour savoir quels changements fera dans les esprits du ministère cette victoire inattendue, qui fait d'autant plus d'honneur aux troupes russes et aux officiers généraux que, de l'aveu même du général, il n'avoit pas prévu d'être attaqué et n'avoit pas eu le temps de faire ses dispositions.

La victoire de Gross-Jægerndorf avait causé une grande joie à Versailles et à Vienne ; la retraite d'Apraxine y excita le plus vif mécontentement. Le marquis de L'Hôpital, l'ambassadeur impérial Esterhazy, ainsi que l'attaché militaire d'Autriche Saint-André, se plaignirent hautement. Apraxine avait fait autoriser sa retraite par l'Impératrice ; mais celle-ci n'y avait consenti qu'à la condition qu'il resterait sur le territoire prussien : or il repassa le Niémen. Il fut révoqué.

Michel Bestoujef, ambassadeur de Russie en France, paraissait fort embarrassé de cette reculade de l'armée russe, ainsi qu'en témoigne cette lettre du ministère français à L'Hôpital :

M. DE BERNIS A M. DE L'HÔPITAL.

Versailles, 24 octobre 1757 [3].

M. le comte de Bestucheff m'a paru, Monsieur, très affecté de la conduite de M. le maréchal Apraxin et de sa retraite précipitée, en désordre,

---

1. *A. E. Russie*, t. LVII, fol. 42.
2. Sur ces deux noms voyez ci-dessous, pp. 104 et suiv.
3. *A. E. Russie*, t. LIV, fol. 173.

et ressemblant en tout à une déroute. Il lui est aussi difficile qu'à nous d'en pénétrer les causes. Il sait tout le déshonneur qui en rejaillit sur les armes de l'Impératrice sa maîtresse, et combien la retraite des Russes diminue l'opinion qu'ils voudroient donner de leurs forces. Cet ambassadeur suppose que c'est à l'incapacité de M. le maréchal Apraxin que l'on doit en partie attribuer un événement si peu attendu; mais il n'est cependant pas assuré qu'à cette incapacité il n'ait joint de la mauvaise volonté et des sentiments contraires aux intentions de l'Impératrice de Russie. Il croit que MM. Fermor et de Lieven[1], jaloux du choix qu'on a fait de lui pour commander, ont voulu le perdre et donné des conseils pernicieux qu'il a suivis sans en connoître le danger. Peut-être aussi ces conseils sont, dit-on, l'effet de la même intrigue à laquelle ces deux généraux peuvent avoir pris part, sans que M. le maréchal Apraxin en ait connoissance, et qu'ils lui ont suggéré cette retraite pour se conformer aux désirs de ceux qui veulent s'opposer au système actuel. M. le comte de Bestucheff m'a dit de plus qu'il conviendroit que vous en parlassiez confidemment à M. le comte de Woronzow, qu'il assure être très bien intentionné pour la cause commune, afin d'éclairer par son moyen l'Impératrice de Russie, et demander ensuite le rappel du maréchal Apraxin. Je dois vous observer, en passant, que, dans cette conversation, il ne m'a point nommé M. le grand-chancelier son frère.

Les lenteurs de la marche en avant, la retraite précipitée de l'armée russe, les hésitations et tergiversations d'Apraxine, étaient les indices d'une situation très grave à Pétersbourg.

Il y avait maintenant deux cours en Russie; d'un côté, l'Impératrice et ses ministres de confiance, ses favoris, comme Ivan Chouvalof; de l'autre, la grande-duchesse et son mari le futur Pierre III.

Élisabeth avait des sentiments français; mais l'âge, les infirmités, une paresse naturelle, rendaient ses volontés incertaines; la jeune cour était résolûment anglaise et prussienne.

C'était Frédéric II qui, en 1743, avait fixé le choix d'Élisabeth sur la future épouse du grand-duc. En 1744, la fiancée, Sophie d'Anhalt-Zerbst-Dornburg, vint en Russie avec sa mère. En 1745 eut lieu le mariage, qui fit de la fille d'un principicule allemand, général au service de Prusse, la grande-duchesse orthodoxe Catherine Alexiévna. Elle estimait peu son mari, qui ne l'aimait guère, qui finit par s'éloigner d'elle absolument; mais elle le gouvernait par la supériorité de son intelligence et de sa volonté. Catherine était liée avec le ministre anglais Williams, recevait de l'argent britannique (20 000 ducats en une fois) et affirmait son « dévouement » au roi George. C'était Williams qu'elle prenait pour confident, dès 1756, de ses

---

1. Le comte Wilhelm Fermor (1702-1771), né à Pskof, d'une famille d'origine anglaise, ancien aide de camp du maréchal Münich, succéda, en octobre 1757, au maréchal Apraxine dans le commandement de l'armée russe. De même que le général Lieven, un Livonien, il avait commencé par approuver la retraite d'Apraxine.

plus téméraires ambitions. Comme à cette époque la santé de l'Impératrice donnait des inquiétudes, la grande-duchesse développait ainsi à Williams les projets qu'elle avait formés pour la minute même où la Tsarine mourrait : « J'irai tout droit à la chambre de mon fils ; si j'y rencontre Alexis Razoumovski, je le laisserai auprès de mon petit Paul ; sinon, je prendrai celui-ci dans ma chambre. Au même instant, j'enverrai un homme de confiance avertir cinq officiers de la garde, dont chacun m'amènera cinquante soldats, et je ferai appeler Bestoujef, Apraxine et Lieven. Moi-même j'entrerai dans la chambre de la mourante, où je recevrai le serment du capitaine de la garde, et je prendrai celui-ci avec moi. Si je remarque la moindre hésitation, je mettrai la main sur les Chouvalof. » Elle ajoutait qu'elle avait eu déjà une entrevue avec l'hetman Cyrille Razoumovski, que celui-ci lui répondait de son régiment, qu'il garantissait de lui amener le sénateur Boutourline, Troubetskoï et même le vice-chancelier Voronzof. Et elle osait écrire à Williams : « Le tsar Ivan le Terrible se proposait de fuir en Angleterre ; mais moi je n'irai pas chercher un refuge auprès de votre roi, car je me suis résolue à régner ou à périr.[1] » C'était donc un coup de main militaire que préparait Catherine, un coup de main tout pareil à celui qu'Élisabeth avait elle-même exécuté en 1741 ; mais Catherine, quoiqu'elle n'eût alors que vingt-cinq ans, se fût montrée autrement habile et résolue ; et ce n'est point au profit de l'influence française que la révolution se fût accomplie. Le retour de la Tsarine à la santé déjoua tous ces projets, mais ne changea pas les dispositions intimes de la grande-duchesse. Quand Williams dut quitter Pétersbourg, après le refus de la ratification de son traité de subsides, Catherine lui écrivait : « Je saisirai toutes les occasions imaginables de ramener la Russie à ce que je reconnais être ses véritables intérêts, c'est-à-dire à être intimement unie avec l'Angleterre. » Le grand-duc, qui donnait à peu près les mêmes assurances à Williams, était, en outre, si dévoué à Frédéric II, pour lequel il avait une admiration fanatique, qu'on fut obligé de l'exclure de la *Conférence* ou Conseil de gouvernement, parce qu'on n'était pas sûr de sa discrétion[2].

Or Bestoujef, furieux d'avoir été convaincu d'erreur par Voronzof, jaloux de son crédit et de ses succès, tournait ses regards vers le soleil levant, vers la jeune cour, et surtout vers la grande-duchesse[3],

---

1. Solovief, *Istoria Rossii*, t. XXIV, p. 64.
2. Voir sur cette situation de la jeune cour : Catherine II, *Mémoires*, édités par Hertzen, Londres, 1859 ; — *La Cour de Russie il y a cent ans* ; — *Papiers de Catherine II*, dans Soc. imp. d'hist. de Russie, t. VII ; — Barténief, *Archives Voronzof*, t. IV ; — Solovief, *Istoria Rossii*, t. XXIV ; — Vandal, *Louis XV et Élisabeth de Russie* ; — Rambaud, *Catherine II dans sa famille*, dans la *Revue des Deux Mondes*, 1ᵉʳ février 1874. — Bilbassof, *Histoire de Catherine II*, t. I, pp. 319 et suiv.
3. Il avait formé un plan pour assurer à celle-ci, dans le cas où l'Impératrice mourrait, la succession au trône, soit en l'associant à son mari, soit en excluant

dont il reconnaissait l'infinie supériorité sur son mari. On l'accusait de faire passer des avis secrets au généralissime Apraxine, pour qu'il ne poussât pas trop l'armée prussienne [1]. Enfin Williams se croyait autorisé à écrire : « Le général Apraxine est ou prétend être entièrement à la disposition de la grande-duchesse. »

Pour comble de confusion, le grand-duc et sa femme faisaient mauvais ménage. Catherine, outre son favori polonais Stanislas Poniatowski, avait ses confidents dévoués, Yélaguine, Adadourof, l'orfèvre Bernhardi, Stambke, ministre de Holstein.

Cela faisait donc trois partis à la cour de Russie : celui de l'Impératrice, celui du grand-duc, celui de la grande-duchesse, sans compter celui qui formait, plus secrètement encore, des vœux pour Ivan VI, le prisonnier de Schlüsselbourg.

Sur les partis, les intrigues, les favoris, les personnages en vue de la cour de Russie, sur le caractère du grand-duc et de la grande-duchesse, sur la santé et la manière d'être d'Élisabeth, la correspondance de L'Hôpital est si curieuse, parfois si piquante, que nous en donnerons quelques extraits :

M. DE L'HÔPITAL A M. DE BERNIS.

Pétersbourg, 16 septembre 1757 [2].

... M. le grand-duc, qui étoit, à cette cérémonie [3], comme chevalier de l'ordre de Saint-Alexandre, y a fait voir publiquement sa peine du gain de la bataille [4]. Il ne peut cacher le chagrin qu'il en ressent : ce qui produit le plus mauvais effet du monde auprès des Russes, qui voient ce qu'ils ont à craindre, si jamais ce prince vient à régner sur eux. Il ne faut pas d'autre preuve de son peu de jugement [que] de ne pouvoir se contraindre et de laisser voir ainsi ses intentions. M. Williams, qui avoit pris la route de Suède, est revenu à Pétersbourg et doit s'embarquer dans huit jours sur un petit navire anglois qui le portera jusqu'au Sund [5]. Madame la grande-duchesse

celui-ci du pouvoir. Comme il put brûler à temps ses papiers avant son arrestation, ce plan nous est surtout connu par ce qu'en dit Catherine II dans ses *Mémoires*, p. 315.

1. C'était inexact, car nous avons une lettre de lui, du 15 juillet 1757, où il reproche à Apraxine d'avoir laissé échapper Lehwaldt et l'avertit des mauvais bruits qui courent sur lui (*Archives Voronzof*, t. IV, p. 95). Catherine aussi lui a écrit sur la prière de Bestoujef, et dans le même sens (*Mémoires*, p. 285) : « J'écrivis une lettre au maréchal Apraxine, dans laquelle je l'avertis des mauvais bruits de Saint-Pétersbourg, et comme quoi ses amis avaient bien de la peine à justifier la précipitation de sa retraite, le priant de rebrousser chemin et de remplir les ordres qu'il avait du gouvernement... Le maréchal Apraxine ne me répondit pas. »
2. *A. E. Russie*, t. LVII, fol. 42.
3. Le service religieux des chevaliers de l'ordre de Saint-Alexandre au monastère de Saint-Alexandre-Nevski.
4. La bataille de Gross-Jægerndorf.
5. Il fut remplacé par M. Keith, de la correspondance duquel on trouvera des extraits dans *La Cour de Russie il y a cent ans*.

ne voit et n'entend que par lui et ses adhérents. Il faut espérer que le temps et les circonstances feront changer cette petite cour, qui se discrédite chaque jour, à présent que la santé de l'Impératrice a pris le dessus.

---

LE MARQUIS DE L'HÔPITAL A M. DE BERNIS.

Pétersbourg, 24 septembre 1757[1].

... Il y a quelques jours que l'Impératrice se trouva mal au point d'être évanouie et ensuite saignée : ce qui effraya tellement les personnes de son intérieur que l'alarme devint générale et qu'elle aura renouvelé les anciennes inquiétudes sur la santé de Sa Majesté Impériale. Cependant cet accident n'a eu aucune suite, et j'ai su de M. Alsoufioff[2], qui étoit présent, et de M. le vice-chancelier que la santé de l'Impératrice étoit absolument remise. Son indisposition avoit été causée par plusieurs jours de jeûne, qui lui avoient donné des vapeurs. Elle a dîné avec appétit à son ordinaire, et a été de très bonne humeur. Elle revient aujourd'hui à Pétersbourg et quitte absolument Zarskozelo[3]. Quoique je sois rassuré pour le moment, j'avoue, Monsieur, que je ne puis prendre désormais une entière confiance tant que je verrai ces vapeurs et ces inégalités de santé qui proviennent du temps critique où cette princesse se trouve. Je serai exactement informé de cet important objet, et j'aurai grand soin de vous rendre compte de la vérité, autant qu'elle pourra me parvenir.

Vous avez su, Monsieur, avant cette heure, la pitoyable conduite du général Apraxin, qui est obligé de se retirer à Tilsit, faute de subsistances : en sorte que cette fameuse bataille que le hasard et la valeur des Russes lui avoient fait gagner va tourner à sa honte. Je dois rendre justice à M. de Bestucheff qu'il est furieux de la conduite de ce général. Il s'est tenu hier et aujourd'hui deux conférences qui ont pour objet de faire sentir au général Apraxin combien il a abusé de son autorité et de l'argent qui a été dépensé. Sa Majesté Impériale lui ordonne de rester en Prusse et d'observer l'armée de Lewaldt qui s'est retirée à Kœnigsberg. On a fait partir, en même temps, deux officiers généraux pour aller en Livonie et faire passer à l'armée russe toutes les subsistances nécessaires. Toute cette province étoit approvisionnée pour une armée de cent mille hommes pour plus d'une année : aussi veut-il prendre ses quartiers d'hiver en Curlande et en Livonie, regardant la campagne comme finie. Cependant le chancelier voudroit les établir de préférence en Lithuanie et en Pologne, afin d'être plus à portée de continuer l'année prochaine les opérations militaires. J'en ai prévenu M. le comte de Broglie[4], et j'en ai écrit à M. le comte de Bruhl[5]; mais la République de Pologne va retomber ainsi dans les mêmes craintes sur les désordres de cette armée, surtout pour ceux que

1. *A. E. Russie*, t. LVII, fol. 91.
2. Adam Vassiliévitch Olsoufief (1721-1784), secrétaire intime, plus tard conseiller d'État.
3. La résidence impériale de Tsarskoé-Selo.
4. Ambassadeur du Roi à Varsovie.
5. Premier ministre du roi de Pologne.

les Kalmouques et les Cosaques y causeront immanquablement par leur indiscipline, malgré les ordres les plus sévères et les punitions les plus exemplaires.

Je ne sais, Monsieur, si on doit envisager ces opérations de campagne manquées comme fâcheuses pour la paix, puisque le ministère russe ne pourra plus former de telles prétentions qui auroient pu embarrasser.

On découvrira peut-être incessamment si c'est l'incapacité et la timidité du chef, ou sa trahison, en désobéissant aux ordres qu'il a reçus de l'Impératrice, tantôt sous un prétexte tantôt sous un autre. Mais, à en juger par les conversations que nous avons eues, M. le comte Esterhazy et moi, avec le comte de Bestucheff, il paroit qu'il veut de bonne foi être avec nous et qu'il est contrarié par un parti dont M. le comte Pierre Schwalow est un des principaux, à l'aide de la jeune cour. L'Impératrice, même, quelque très décidée qu'elle soit pour abattre le roi de Prusse, se laisse quelquefois entraîner par ses favoris, qui craignent la jeune cour. On dit même que, de temps en temps, il lui prend des scrupules sur le sang qu'elle peut faire verser pendant la guerre : ce qui s'oppose au vœu qu'elle a fait, en montant au trône, de ne faire mourir personne[1]. Ces incertitudes laissent un champ libre aux différents partis, qui se fortifient ou diminuent en proportion de la santé et de la façon momentanée de penser de l'Impératrice.

LE MARQUIS DE L'HÔPITAL A M. DE BERNIS.

Pétersbourg, 1er novembre 1757[2].

... L'Impératrice, élevée dans le sein de la volupté et de la paresse, superstitieuse et croyant aux révélations, observant exactement les jeûnes et carêmes de la religion et retournant ensuite à ses plaisirs, a toujours été foible et irrésolue, au point même qu'elle fut au moment de faire manquer son installation au trône. On la pressoit d'exécuter le coup médité. Elle le retarda de trois jours, et il n'eut lieu que parce que l'Impératrice Anne[3], lui dit qu'on l'avoit avertie que Lestocq méditoit quelque intrigue; qu'il passoit une partie de ses nuits chez l'ambassadeur de France et que, sans les égards qu'elle avoit pour elle, Lestocq auroit déjà été arrêté. M. le comte de Woronzow, à qui elle dit cette conversation, lui fit sentir le danger imminent de la situation, de la sienne et de ses serviteurs fidèles, si elle ne se déterminoit. Elle le fit, et tout eut le succès attendu.

Ce caractère doux, mais indolent, lui permettra difficilement de changer son ministère. Aussi le chancelier Bestucheff, qui connoît le terrain, fait-il des menées continuelles, soit en voulant gouverner la petite cour, soit en embrouillant tout ce qui se rapporte à la Conférence et, par son

---

1. Elle avait, en effet, fait ce vœu, et personne ne fût pendu ou décapité sous son règne ; mais il restait le knout, instrument de supplice aussi sûrement meurtrier que la hache ; il restait les mutilations de toutes sortes, les travaux des mines, la transportation en Sibérie, et, sous le règne d'Élisabeth, la *Chancellerie secrète* en usa largement.
2. *A. E. Russie*, t. LIV, fol. 192.
3. Erreur. La révolution eut lieu non sous le règne de l'Impératrice Anna, mais sous la régence d'Anna Léopoldovna. Élisabeth montra, en cette occasion, plus d'énergie que ne lui en prête L'Hôpital, mais elle n'avait alors que trente-deux ans. Voyez ci-dessus, t. Ier, p. 367.

adresse et ses duplicités, il se conserve toujours un crédit dans les affaires, surtout pour les étrangères.

M. le chambellan Schowalow [1] donne dans le bel esprit et dans l'établissement des académies; il n'a nul principe ni justesse pour les affaires d'État; il est d'ailleurs timide et même pusillanime. Cependant, depuis quelque temps, il semble qu'il veuille entrer dans le gouvernement des affaires, et l'on parle de le nommer ministre de Conférence. On le désire même pour le bien du service parce qu'étant informé par les uns et les autres il prend souvent de mauvais partis, comme on a assuré qu'il l'a fait sur le général Apraxin [2].

La santé de l'Impératrice, quoique très bonne en apparence, laisse toujours des inquiétudes pour l'avenir. C'est un article que j'ai épuisé dans une de mes lettres. La façon de penser de Sa Majesté Impériale pour la jeune cour est aussi très singulière, et il la faut rapporter à cette nonchalance et à sa confiance en la Providence divine; car elle n'ignore pas toutes les brigues du chancelier, de Pierre Schwalow, de Williams, de Poniatowski, etc. Elle méprise ces cabales, les regardant comme trop faibles pour exécuter une révolution. En effet, le grand-duc se conduit de manière à ne lui donner aucune jalousie, puisque ce prince ne cache point son éloignement pour les Russes et son goût pour les Prussiens, et que d'ailleurs ses inclinations ne sont soutenues d'aucun mérite personnel.

Quant à Madame la grande-duchesse, elle a plus d'esprit et est plus capable de conduite. Elle aime la lecture, mais elle est romanesque et se pique d'un grand courage. Elle me disoit dernièrement, en pleine table et devant tous les ministres étrangers, à propos de son goût pour monter à cheval : « Il n'y a pas de femme plus hardie que moi; je suis d'une témérité effrénée. » Poniatowski était vis-à-vis d'elle. Elle est en ce moment tellement livrée à l'Angleterre qu'il n'est pas possible de rien tenter encore. Je sais qu'elle est assez bien prévenue en ma faveur. Je pourrois même déjà lier quelque intelligence avec elle, mais je veux encore attendre, afin d'aller à pas plus certains.

Par ce que je viens d'avoir l'honneur de vous peindre de cette cour et surtout par tout ce qui se passe à l'armée russe, qui n'a point de chef, celui qu'on vient de nommer [3] ne valant guère mieux que le général Apraxin, par l'indiscipline, la lâcheté et le pillage de ces troupes, non seulement elles ne pourront rien entreprendre cette année, mais encore il ne sera pas possible de former une autre armée l'année prochaine.

D'ailleurs l'Impératrice désire infiniment la paix. Elle a en horreur le sang qui se répand, et elle ne respire qu'après l'instant de voir la tranquillité rétablie. Je conclus donc, Monsieur, de tout ce que je viens d'exposer que cette puissance, immense sur une carte de géographie, est, par sa constitution despotique, incapable de soutenir le système de Pierre le Grand, n'ayant pas de successeur qui ait suivi ses principes.

L'Impératrice, qui vieillit, veut régner tranquillement, et, si elle venoit

---

1. Ivan Ivanovitch Chouvalof. — Voyez ci-dessus, p. 17, note 1.
2. Cela semble signifier qu'il défendit le maréchal après sa malencontreuse retraite, ainsi que le fit d'ailleurs son frère Pierre Ivanovitch Chouvalof. Bestoujef, rebuté du mépris qu'Apraxine avait fait de ses conseils, désireux de se justifier de toute complicité avec lui, et irrité de le voir soutenu par les Chouvalof, ses rivaux en influence, l'en attaquait d'autant plus violemment. Solovief, t. XXIV, p. 182.
3. Fermor. — Voyez ci-dessus, p. 62, note 1.

à mourir, on verroit alors des révolutions subites, car jamais on ne laisseroit le grand-duc sur le trône et on s'en déferoit sûrement. Si la grande-duchesse devenoit régente, il n'est pas douteux qu'elle seroit entièrement livrée à l'Angleterre. Je crois donc, Monsieur, que nous devons nous contenter de maintenir ici un ambassadeur, sage, tranquille et magnifique[1]; que c'est en la personne de cet ambassadeur que doit résulter la dépense principale, se contentant d'ailleurs de faire quelques présents à l'Impératrice même et aux personnes de sa confiance et de son intimité; qu'il faut continuer à se maintenir en bonne intelligence avec le comte de Bestucheff, auquel il ne faut jamais offrir des sommes d'argent, mais des présents dont il se puisse faire valoir auprès de l'Impératrice : ce qui flattera infiniment son amour-propre.

Les intérêts de la cour de Vienne relatifs à celle de Russie ayant changé depuis notre union avec elle, cette cour aura moins d'influence à ce qui se passera, et son objet est d'empêcher que la Russie ne s'agrandisse du côté de l'Allemagne, et de soutenir la Suède, la Pologne et la Porte, afin que les Russes se contentent de vivre en bonne union et concorde avec leurs voisins, sans aucunes vues d'agrandissement pour l'avenir. C'est à quoi nous devons aussi, ce me semble, contribuer d'un commun accord.

---

LE MARQUIS DE L'HÔPITAL A M. DE BERNIS.

Pétersbourg, 18 novembre 1757[2].

Je vois, par la lettre dont vous m'avez honoré le 16 octobre, n° 56, que vous avez chargé M. le comte de Broglie de solliciter le rappel de M. Poniatowski, mais avec prudence et autant qu'il ne verra point d'inconvénient à le demander d'une manière qui paroisse l'exiger. M. le comte de Bruhl m'en avoit écrit et à M. d'Esterhazy, afin de lui faire savoir si, en effet, la conduite de ce jeune homme étoit telle qu'il fallût absolument le rappeler. Mais, dès le lendemain, M. le comte de Broglie m'a dépêché M. de Cambise, en m'envoyant le mémoire ci-joint avec une dépêche pour le comte Poniatowski, qui contient son rappel que je lui ai fait tenir en mains propres par M. Bertin, M. le comte de Broglie m'ayant écrit par *post-scriptum* :

« Je crois, Monsieur, qu'il convient d'envoyer, par M. Déon[3] même, à
« M. Poniatowski la dépêche ci-jointe pour lui, afin qu'il ne puisse pas nier
« de l'avoir reçue, on ne sauroit trop prendre de précautions à cet égard. »

Je crois, Monsieur, qu'il auroit été à désirer, dans les circonstances présentes, comme vous me le marquez, d'agir avec plus de circonspection dans cette affaire. Mais le coup est porté; il le faut soutenir. Il en résultera certainement contre moi un vif ressentiment du chancelier Bestucheff et une rancune amère du grand-duc et de la grande-duchesse. Je m'étois ouvert avec M. le comte de Woronzow sur ce jeune ministre et sur les moyens de le renvoyer, comme dangereux et désagréable à l'Impératrice. Il lui en

---

1. Sur la magnificence et les dépenses de L'Hôpital, voyez ci-dessous, p. 101.
2. *A. E. Russie*, t. LIV, fol. 235.
3. D'Eon était alors à Varsovie auprès du comte de Broglie.

parla. Elle me fit dire par M. de Woronzow qu'elle me remercioit, qu'elle me prioit de différer et de la laisser faire. Cependant je suis très persuadé qu'elle sera charmée, au fond, d'en être défaite. J'allois, Monsieur, vous rendre compte de ce que je faisois avec temps et mesure, lorsque M. le comte de Broglie a coupé le nœud gordien. Je ne puis, Monsieur, m'empêcher de vous confier que je trouve que M. le comte de Broglie a mis dans tout ceci une chaleur et une passion trop vives à mon gré. Il s'est fait, et M. Durand [1], un point d'honneur de donner ce dégoût aux Poniatowski et Czartorinski. Enfin c'était son *impegno*. Ces deux ministres triomphent en ce moment à Varsovie. Les moyens extrêmes sont-ils bien de saison? C'est à vous, Monsieur, d'en juger. Je ne disconviens pas, assurément, que ce ne soit un bien que le rappel de M. Poniatowski; et j'y travaillois; mais la manière et les circonstances pourroient être mieux choisies et dirigées. Cette conduite violente, ces avis impérieux, sont, je vous l'avoue, Monsieur, fort éloignés de mon caractère et de ma façon de penser. Tout ce que j'éprouve de singulier de la part de M. le comte de Broglie qui, accoutumé à primer, agit plus avec moi en ministre des affaires étrangères qu'en ambassadeur, ce qui se passe en ce moment sur une correspondance avec M. le comte de Bruhl et dont vous aurez tous les éclaircissements par ce courrier, me fait espérer que vous voudrez bien, à l'avenir, trouver des moyens de m'épargner le déplaisir d'avoir à traiter des affaires d'État avec M. le comte de Broglie...

---

LE MARQUIS DE L'HÔPITAL A M. DE BERNIS.

Pétersbourg, 30 novembre 1757 [2].

... Je dois, à cette occasion, Monsieur, avoir l'honneur de vous rendre compte que nous devons, l'un et l'autre [3], à M. de Woronzow et à Madame la vice-chancelière, tout l'effet de ces faveurs, par l'attention qu'ils ont à saisir les moments favorables : ce qui ne les fait pas non plus aimer du grand-duc et de la grande-duchesse, surtout en ce moment que le grand-duc s'exprime dans des termes peu ménagés sur le rappel de M. Poniatowski. Je sais que le jour du mariage [4], où je n'étais pas, il dit à M. le comte Esterhazy et à M. le baron d'Iiostin [5] : « Que dites-vous du rappel de ce pauvre Poniatowski et de la manière avec laquelle on l'exige ? C'est un coup d'essai de la France. Elle en fera bien d'autres si on la laisse faire. Vous verrez, Monsieur l'ambassadeur, que c'est à cause de l'affection de M. Poniatowski à la maison d'Autriche. » Ces deux ministres, embarrassés de leur réponse,

---

1. M. Durand fut ministre en Pologne, avant, pendant et après la mission du comte de Broglie, c'est-à-dire : 1º de 1754 à 1755, avec une Instruction du 30 novembre 1754; 2º en 1758 avec une Instruction du 5 février, jusqu'à l'arrivée du marquis de Paulmy, en juillet 1758. Louis Farges, *Instructions, Pologne*, t. II, pp. 153-202. Par conséquent, le comte de Broglie et M. Durand ont pu travailler successivement et même simultanément au rappel de Poniatowski.
2. *A. E. Russie*, t. LIV, fol. 338.
3. Le comte Esterhazy et le marquis de L'Hôpital.
4. Il s'agit d'un mariage quelconque à la cour.
5. Le baron d'Osten, ministre de Danemark à Pétersbourg.

mais cependant faisant sentir au grand-duc que ce rappel n'avoit eu pour objet que des raisons particulières de la Saxe et de la Pologne, le grand-duc continua à s'exhaler contre la France. Le baron d'Hostin m'a ajouté qu'il avoit dit au grand-duc : « M. l'ambassadeur n'a point de part personnellement au rappel de M. Poniatowski. — Oui, a répondu le grand-duc, je le crois. C'est M. le comte de Broglie ; mais, à vous dire vrai, l'un ne vaut pas mieux que l'autre... »

Mais tout cela doit d'autant moins nous inquiéter que Sa Majesté Impériale est, au fond, très aise d'être défaite de M. Poniatowski, et qu'elle sait que c'est le grand-chancelier qui est à la tête de cette cabale et qu'il est lui-même furieux du renvoi de ce jeune homme, qui a, dit-il, « percé d'un coup d'épée M. Poniatowski pour arriver ensuite jusqu'à moi ». Mais M. d'Esterhazy m'a confié que, le jour de la noce, Sa Majesté Impériale lui avoit d'elle-même procuré le moyen d'avoir avec elle un entretien tête à tête de près de trois quarts d'heure, qui n'a roulé que sur le comte de Bestucheff, grand-chancelier. Il ne lui a point caché que, tandis qu'elle le garderoit, il étoit impossible à nos deux cours de prendre une confiance entière, quelques sentiments que nous ayons pour Sa Majesté Impériale, dont nous connoissons les pures et sincères intentions, parce que cet homme gâtoit tout par des intrigues et les entraves qu'il mettoit dans toutes les affaires, dont il vouloit toujours être le moteur et le maître. Il a rappelé à Sa Majesté Impériale tout ce qu'il avoit eu l'honneur de lui dire dans les conversations antérieures qu'il avoit eues avec elle sur le grand-chancelier. Sa Majesté Impériale est convenue de tout avec cet ambassadeur. Elle lui a dit qu'elle le[1] connoissoit pour méchant et mauvais serviteur ; qu'elle avoit pour lui le plus d'éloignement et qu'il n'étoit propre qu'à troubler tout. « En ce cas, a dit l'ambassadeur, Votre Majesté Impériale ne devroit pas le laisser à la tête des affaires. — Mais qu'en ferai-je ? — Donnez-lui, Madame, une pension de cent mille roubles ; vous y gagnerez encore mille pour cent. » L'ambassadeur a parlé aussi sur la conduite indécente du grand-duc et de la grande-duchesse. Il a été jusqu'à lui rendre compte d'une conversation qu'il avait eue dernièrement avec ce prince au sujet de l'échange du Holstein[2], dans laquelle M. d'Esterhazy lui disoit : « Mais, Monseigneur, parlez-en à l'Impératrice votre tante ; Votre Altesse Impériale doit la regarder comme sa mère et sa bienfaitrice ; vous conviendrez, Monseigneur, qu'elle a fait pour vous tout ce qu'elle pouvoit faire ; elle vous a assuré l'Empire ; elle est d'ailleurs généreuse, aimable et tendre mère ; car elle vous regarde comme son fils. Parlez-lui avec ces sentiments qui vous animent sans doute pour elle. Demandez-lui conseil, ses ordres même. » L'ambassadeur remarqua que ce qu'il disoit étoit mal reçu. En effet, ce prince lui répondit : « Il y a trop longtemps que je fais le chien couchant. Je ne suis pas fait pour jouer à présent un pareil rôle. »

L'Impératrice, touchée de ce qu'elle entendoit, dit à M. d'Esterhazy : « Ah ! Monsieur l'ambassadeur, que n'a-t-il un frère ! » Les paroles sont bien à remarquer pour l'avenir et prouvent qu'elle a des desseins sur son fils[3] Paul Petrovits, si elle vit assez longtemps pour l'élever. Car il n'est pas douteux qu'elle ne soit fort irritée contre le grand-duc et surtout contre la grande-duchesse, dont le caractère altier et romanesque, soutenu de quelque esprit et séduit par les impressions qu'elle a reçues de M. le chevalier Williams,

---

1. Bestoujef.
2. Voyez ci-dessus, p. 52, note 2.
3. C'est-à-dire sur le fils du grand-duc, alors âgé de trois ans, le futur Paul Ier.

est beaucoup plus dangereux que ce que dit inconsidérément M. le grand-duc, qui cède à son premier mouvement. Il est aussi Prussien enraciné que Madame la grande-duchesse est Angloise forcenée. Cependant, Monsieur, je pense que le temps et les circonstances, peuvent laisser de l'espérance. Mais il faut beaucoup de patience, et encore aurons-nous bien de la peine à ramener ces esprits égarés et ces cœurs gâtés...

---

LE MARQUIS DE L'HÔPITAL A M. DE BERNIS.

Pétersbourg, 24 décembre 1757[1].

... M. le comte Esterhazy m'a assuré, Monsieur, que les accidents arrivés à l'Impératrice avoient inspiré tant de crainte au favori Schwalow, qu'il avoit prié M. Poniatowski de le raccommoder avec le chancelier Bestucheff. Tant de bassesses de la part des personnes attachées intimement à l'Impératrice ne laissent plus douter qu'ils ne la regardent comme pouvant manquer d'un moment à l'autre. J'avoue cependant, Monsieur, que je ne vois pas les choses si tragiques, et que je suis persuadé que cette princesse peut durer encore des années et même prendre le dessus...

Ce qui me paroît le plus dangereux est le genre de vie que mène cette princesse, qui ne connoît point d'heures réglées, qui soupe à minuit et se couche à quatre heures du matin. Elle mange beaucoup et fait souvent des jeûnes très longs et très austères. Depuis peu, elle est tombée dans une dévotion si grande et si singulière qu'elle tient plus de l'idolâtrie que de la religion...

---

LE MARQUIS DE L'HÔPITAL A M. DE BERNIS.

Pétersbourg, 29 décembre 1757[2].

... J'ai lu avec attention la lettre que vous m'avez fait l'honneur de m'écrire, numéro 71, par rapport à la conversation que M. le marquis de Fraigues a eue avec M. Soltikoff, ministre de Russie à Hambourg[3]. Tous

1. *A. E. Russie*, t. LIV, fol. 409.
2. *A. E. Russie*, t. LIV, fol. 420.
3. Ce Soltykof (Serge Vassiliévitch) passe pour avoir été le premier favori de la grande-duchesse Catherine. C'est en partie pour cette raison que l'Impératrice l'avait éloigné, d'abord en le chargeant de porter à Stockholm la nouvelle de la naissance du premier enfant de Catherine, puis en le nommant ministre à Hambourg. Voyez la très curieuse dépêche à ce sujet, de M. Champeaux, dans *A. E. Russie*, t. LVII, fol. 235 et suiv., fol. 314 et suiv., 8 septembre 1758, et la quasi-confirmation donnée par le marquis de L'Hôpital à ce récit, 30 novembre 1758, *A. E. Russie*, t. LVIII, pièce 55. — Ce Soltykof fut ensuite envoyé extraordinaire et ministre plénipotentiaire à Paris en 1762. — BILBASSOF, ouvrage cité, notamment pp. 498 et suiv.

les raisonnements que M. Soltikoff a avancés à M. de Fraigues sont plutôt apparents que fondés en vérité. J'ai, par exemple, tout lieu de douter que le banquier Wolff ait ordre de l'Angleterre de fournir au grand-duc les sommes qu'il peut demander, puisque ce prince et la grande-duchesse doivent à la plupart des marchands de Pétersbourg, qui ne peuvent, malgré leurs sollicitations, se faire payer même de petites sommes. M. Soltikoff peut cependant avoir raison quand il dit que le Roi a perdu l'occasion de s'attacher le grand-duc en ne prenant pas à sa solde une partie de ses prétendues troupes[1]. Cela auroit été, à la vérité, un moyen honnête de donner à ce prince indirectement des subsides; mais je ne sais si cela auroit été agréable à l'Impératrice.

---

M. DE BERNIS AU MARQUIS DE L'HÔPITAL.

Versailles, 31 décembre 1757[2].

Ce seroit certainement, Monsieur, avec beaucoup de peine que le Roi se trouveroit dans l'impossibilité de donner à l'Impératrice de Russie la marque d'amitié que cette princesse souhaite, en tenant avec elle sur les fonts du baptême l'enfant que Madame la grande-duchesse doit mettre au monde[3]. J'ai déjà eu l'honneur de vous marquer, Monsieur, les scrupules que Sa Majesté se faisait par délicatesse de conscience sur cette fonction; mais, en même temps, elle a cherché les moyens de les lever. Il s'agit de savoir si le baptême, selon l'Église grecque, est pure et simple, c'est-à-dire si l'on baptise l'enfant seulement au nom du Père, du Fils et du Saint-Esprit. Il est indifférent que le baptême s'administre par infusion ou par immersion; mais ce qui est essentiel, c'est d'être assuré que l'Église grecque ne demande aux parrains aucune confession de dogmes contraires à ceux de l'Église latine, tel que la procession du Saint-Esprit, du Père par le Fils, que, suivant le symbole de Nicée, nous croyons procéder du Père et du Fils, et si les parrains ne prennent point pour les enfants aucun engagement opposé aux articles de foi de l'Église latine ou aux points de doctrine qui y sont reçus. Lorsque Sa Majesté sera éclairée sur ces difficultés, vous pouvez assurer, Monsieur, qu'elle donnera bien volontiers cette marque de son amitié à l'Impératrice de Russie et de son estime pour Leurs Altesses Impériales. Les motifs qui ont suspendu jusqu'à présent la réponse de Sa Majesté sont trop louables pour qu'on puisse former le moindre doute sur le désir qu'elle a de faire ce qui peut être agréable à l'Impératrice de Russie[4].

---

1. Cette prévenance que le Roi avait dédaigné de montrer, l'Autriche s'empressa de la témoigner et pour ces « prétendues troupes » signa un traité de subsides avec le grand-duc. — Voyez ci-dessus, p. 42, note 1.
2. *A. E. Russie*, t. LIV, fol. 445.
3. Un enfant qui ne vécut pas.
4. Nous voyons reparaître ici les scrupules religieux de la cour de France, qui ont tant nui aux bonnes relations entre les deux couronnes et que les cours protestantes n'éprouvaient à aucun degré. — Voyez ci-dessus, t. Ier, p. 199.

LE MARQUIS DE L'HÔPITAL A M. DE BERNIS.

Pétersbourg, 28 août 1758[1].

.... A l'égard de Madame la grande-duchesse, M. le vice-chancelier m'a fait entendre que l'Impératrice n'en étoit nullement contente. Il faut quelques mois pour mieux connoître ce que cette princesse fera. Je sais qu'elle croit que je suis la cause du rappel de M. Poniatowski[2]. Le moyen, dit-on, de la ramener seroit de faire revenir M. Poniatowski après la diète. Mais c'est une chose à laquelle nous ne devons nullement penser; l'Impératrice ne le peut souffrir, malgré les caresses que lui a faites le chambellan[3]. Le vice-chancelier, en parlant de ce favori, me dit : « Il a la tête bien légère et s'est bien mal conduit dans tout ceci; mais prévenons-le dans les occasions, et cherchons à le ramener au vrai. »

---

LE MARQUIS DE L'HÔPITAL AU CARDINAL DE BERNIS[4].

Pétersbourg, 30 novembre 1758[5].

... Jusques ici, Monseigneur, je me trouve bien du parti que j'ai pris de me tenir au gros de l'arbre et je continuerai de même. Leurs Altesses Impériales me traitent bien en apparence, et c'est tout ce que je leur demande pour le moment présent; mais je ne perds point de vue leur conduite et les intentions de l'Impératrice. C'est là ma boussole pour agir ensuite en conséquence...

Madame la grande-duchesse me fit l'honneur dernièrement de me parler à la cour. Je la laisse venir et je profite du moment où elle veut bien s'ouvrir avec moi. J'eus l'honneur de lui dire que Mme de L'Hôpital avoit eu celui de faire sa cour à Mme la princesse de Zerbst[6], qu'elle étoit enchantée de son esprit, de ses grâces et de sa figure. J'ajoutai que Mme de L'Hôpital me prioit de lui présenter ses hommages et son profond respect plus encore comme à la fille de Mme la princesse de Zerbst que comme à la grande-duchesse. Ce compliment fut très bien reçu...

---

1. *A. E. Russie*, t. LVII, fol. 180.
2. Nous avons vu que Poniatowski avait été, sur les instances de la cour de France et du comte de Broglie, rappelé par le roi de Pologne (lettre du 30 octobre 1757, dans *La cour de Russie*, etc., p. 173). Le chancelier Bestoujef, qui tenait alors à faire sa cour à la grande-duchesse, s'était entremis, et Poniatowski, tout en perdant son titre de ministre plénipotentiaire, resta ou revint à Pétersbourg en qualité de commissaire extraordinaire pour régler les difficultés pendantes entre la Russie et la Pologne. Mais ce ne fut pas pour longtemps, car la Tsarine elle-même intervint auprès du roi de Pologne pour obtenir le rappel complet et définitif de Poniatowski : ce qui fut un coup nouveau et plus cruel pour la grande-duchesse.
3. Ivan Ivanovitch Chouvalof. — Voyez ci-dessus, pp. 17 et 67, notes.
4. Bernis était cardinal depuis le 2 octobre, mais n'était plus ministre depuis le 1er novembre.
5. *A. E. Russie*, t. LVIII, fol. 274.
6. La mère de la grande-duchesse, alors retirée en France. — Voyez des lettres d'elles dans BILBASSOF, ouvrage cité, t. I, pp. 510 et suiv.

M. DE L'HÔPITAL A M. DE BERNIS.

Pétersbourg, 20 mai 1759 [1].

... La jeune cour, Monsieur, ne peut avoir de poids que lorsque la santé de l'Impératrice est chancelante ; mais, grâces au ciel, elle se porte très bien, et, si elle vit longtemps, elle laissera de côté le grand-duc et la grande-duchesse pour mettre sur le trône de Russie le jeune grand-duc qu'elle élève dans cette intention [2]...

---

M. DE L'HÔPITAL A M. DE BERNIS.

Pétersbourg, 22 mai 1759 [3].

... M. le grand-duc étoit à l'école des Cadets, où il exerça pendant six heures ces malheureux élèves. Le prince Czartoryski [4] et le jeune Schwerin [5] étaient de cette partie. M. le grand-duc, se trouvant seul avec Schwerin et Czartoryski, commença l'éloge du roi de Prusse et dit en propres termes au comte Schwerin qu'il se feroit gloire et honneur de faire une campagne sous les ordres du roi de Prusse et que, s'il étoit le maître, il ne seroit pas ici prisonnier. M. le baron d'Osten [6] m'a fait cette confidence...

Le propos du grand-duc, quoique ridicule, n'est qu'une suite de son enthousiasme pour le roi de Prusse. Peut-être même étoit-il un peu chaud de vin, car M. de Lieven, qui a été lui faire sa cour, et qui a vu ces exercices, m'a dit, en haussant les épaules, qu'il avoit été scandalisé et honteux de se trouver avec M. le grand-duc de Russie, qui l'avoit fait asseoir auprès du feu et fumer avec lui une pipe de tabac et boire de l'eau-de-vie.

Voilà, Monsieur, l'héritier présomptif du trône de Russie. Ce que j'ai l'honneur de vous mander pourroit être relevé comme une chose importante si ce discours ne partoit pas d'un cerveau mal timbré ; mais j'ai cru ne devoir pas vous le laisser ignorer...

Pour achever ce tableau de la cour de Russie, il nous faut insister sur cette mauvaise santé de l'Impératrice, dont les défaillances revenaient périodiquement, jetant l'émotion, la crainte ou l'espérance dans les cours amies comme dans les cours adverses, les nouvelles fâcheuses étant atténuées ou exagérées, suivant les intérêts et les désirs contraires des uns et des autres. Ce fut l'ambassadeur de

---

1. *A. E. Russie*, t. LX (non folioté).
2. Le jeune grand-duc Paul Pétrovitch, le futur Paul I<sup>er</sup>, alors âgé de cinq ans.
3. *A. E. Russie*, t. LX.
4. Le prince Adam Czartoryski, fils du palatin de Russie, et vice-chancelier de Lithuanie.
5. Fils du comte de Schwérin, qui devait signer à Pétersbourg le traité russo-prussien de 1762.
6. Ministre de Danemark à Pétersbourg. Voyez ci-dessus, p. 69, note 5.

France qui prit l'initiative d'une sorte de mission médicale à Pétersbourg, la proposa à sa cour et la fit accepter.

M. Poissonnier était alors un chirurgien fameux à Paris; c'était aussi un spécialiste dans les maladies des femmes. Premier médecin des armées du Roi, il se trouvait en 1757 attaché à celle que commandait en Westphalie le maréchal de Richelieu. Par sa femme, nourrice du duc de Bourgogne [1], il jouissait d'un certain crédit à la cour. Voici comment le marquis de L'Hôpital fut amené à souhaiter le concours de sa science médicale pour le succès de sa propre mission politique:

LE MARQUIS DE L'HÔPITAL A M. DE BERNIS.

Pétersbourg, 18 novembre 1757 [2].

Je m'entretenois, il y a quelques jours, avec M. le vice-chancelier sur la santé de Sa Majesté Impériale, sur les inquiétudes qu'elle me donnoit depuis son dernier accident à Zarkozelo [3]. M. le comte de Woronzow, voyant l'effusion sincère de mon cœur, m'ouvrit le sien sur cet objet important, et me dit qu'il me confioit qu'il avoit été dans les plus grandes alarmes le jour de l'accident de l'Impératrice; qu'elle avoit été très longtemps sans connaissance; qu'elle n'étoit revenue de son évanouissement que lorsque le chirurgien lui avoit ouvert une veine et qu'elle avoit été un peu de temps tenant des propos hors du bon sens; qu'on croyoit cependant que ce n'avoit été qu'une forte vapeur et que, depuis ce jour, l'Impératrice étoit dans des craintes d'une rechute. Je profitai de la confiance de ce ministre pour découvrir davantage ce qu'il pensoit de l'état de la santé de Sa Majesté Impériale. Je lui dis que je savois que son mal venoit principalement du temps critique où elle se trouve et qu'il passoit pour constant qu'elle avoit envoyé au dehors faire des consultations; que l'Europe entière étoit imbue que cette princesse n'eût un abcès dans la matrice ou qu'elle en fût menacée; que le Roi étoit alarmé de son état et que l'attachement personnel que j'avois voué à Sa Majesté Impériale, joint au malheur qu'entraîneroit sa perte pour son Empire et pour ses favoris, dont il étoit un des principaux, qui seroient immanquablement perdus si elle venoit à mourir, m'engageoit à lui parler avec toute la vivacité et la franchise dont je suis capable; que je m'en faisois un devoir très essentiel et que je l'assurois que sa personne et celle du chambellan, Yvan Schwalow, y entroient pour beaucoup. Je me souvins alors, Monsieur, que, quelque temps avant de partir pour mon ambassade, j'avois eu une conversation avec M. Poissonnier, mari de M<sup>me</sup> Poissonnier, nourrice de M. le duc de Bourgogne, sur l'état de Sa Majesté Impériale. Ce médecin, très habile, et qui a de l'esprit et du mérite, est principalement accrédité sur le pavé de Paris pour les cures singulières qu'il a faites sur les maladies de femmes et, entre autres, il conserve depuis longtemps les jours de M<sup>me</sup> ***, amie ancienne de M. de Machault, ci-devant garde des sceaux. Je dis donc à M. Poissonnier que je connoissois son zèle pour le service du Roi. Comme il est mon médecin et mon ami, je cherchai aussi à le toucher par l'amitié, et je lui fis promettre que, si l'état de l'Im-

---
1. Sur le duc de Bourgogne, voyez ci-dessus, p. 21, note 1.
2. *A. E. Russie*, t. LIV, fol. 242.
3. La résidence impériale de Tsarskoé-Sélo.

pératrice demandoit sa présence, j'exigeois sa parole d'honneur de tout sacrifier pour venir au secours de l'Impératrice. Il me le promit, et j'en suis resté là avec lui. M. de Woronzow, à qui j'avois dit que nous avions un médecin à Paris très fameux pour ces sortes de cures, et que si Sa Majesté Impériale vouloit s'en servir, j'aurois l'honneur de vous en écrire, me demanda son nom. Je lui dis aussi, comme je le crois, qu'il étoit un des médecins du Roi. M. de Woronzow n'eut rien de plus pressé que d'en faire part à l'Impératrice, qui a suivi cette idée au point qu'elle a dit à M. de Woronzow de m'en parler de sa part et qu'elle me le dit elle-même lorsque je lui ai remis les lettres du Roi. Mais elle nous demanda le plus grand secret. Elle désire qu'il n'y ait dans cette confidence que le Roi, vous, Monsieur, M. de Woronzow, M. Poissonnier et moi. M. Poissonnier pourroit venir à Pétersbourg sous quelque prétexte de recherches et de curiosité ou comme chargé de quelque commission particulière, sans se découvrir médecin. Ce dernier parti ne me paroît cependant pas le meilleur; car il est connu de mon chirurgien. Ainsi je crois qu'il vaudroit mieux qu'il vînt comme voyageur curieux, m'étant recommandé par la Cour...

Sa Majesté Impériale est très impatiente d'apprendre le succès de cette négociation. Elle m'a dit : « Je crois que je ne puis donner une plus grande marque de ma confiance à M. l'abbé de Bernis, qu'en me remettant à lui du soin de ma santé et du secret que j'exige. »

Le Roi accueillit avec empressement la proposition de son ambassadeur. La santé de la Tsarine avait une importance capitale dans les combinaisons politiques : Élisabeth disparue, Voronzof et son parti, alors si dévoués à l'alliance française, retombaient dans le néant; Bestoujef recouvrait toute son autorité, et la faction anglo-prussienne faisait son avènement avec le grand-duc et la grande-duchesse.

Dans une lettre du 31 décembre [1], M. de Bernis annonce « qu'on s'occupe de trouver un successeur à M. Poissonnier auprès de l'armée de Westphalie ». Puis il écrit au marquis de L'Hôpital :

### M. DE BERNIS AU MARQUIS DE L'HÔPITAL.

Versailles, 28 janvier 1758 [2].

La santé de l'Impératrice de Russie est, Monsieur, trop précieuse pour que je ne m'occupe pas sans cesse de ce qui peut y avoir rapport. Je sens combien il seroit important que M. Poissonnier fût à Pétersbourg. J'ai eu l'honneur de vous mander qu'il est à l'armée de Westphalie en qualité de premier médecin. Il faut l'en retirer sous un prétexte convenable. Le secret que cette commission exige étant réservé à Sa Majesté seule, de qui je prendrai les ordres à cet égard, je ne puis le communiquer à M. le marquis de Paulmy [3]. En rappelant M. Poissonnier qui a la confiance de l'armée, il faut lui donner un successeur capable de le remplacer. C'est ce qui demande

---

1. *A. E. Russie*, t. LIV, fol. 444.
2. *A. E. Russie*, t. LV, fol. 124.
3. Marc-Antoine-René d'Argenson, marquis de Paulmy, était ministre de la guerre depuis 1757. En 1760, il fut nommé ambassadeur de Pologne.

des arrangements. Je ne perdrai pas un instant pour procurer, autant qu'il dépendra de moi et des circonstances, le soulagement de l'Impératrice, dont le mal peut faire des progrès. Je vous prie, Monsieur, de le dire à M. le comte de Woronzow, et que les ménagements qu'exige le secret si recommandé sont la seule cause du retardement du départ de M. Poissonnier. Sans cette raison, il auroit eu ordre de se rendre à Pétersbourg avec la plus grande diligence pour répondre aux intentions de Sa Majesté. Elle désire vivement d'être rassurée sur la santé d'une princesse à qui elle est si intimement liée, et dont elle verra avec le plus grand plaisir que le rétablissement soit dû à un de ses sujets.

---

LE MARQUIS DE L'HÔPITAL A M. DE BERNIS.

Pétersbourg, 12 février 1758[1].

Monsieur, aussitôt que j'eus reçu la lettre dont vous m'avez honoré le 31 décembre, n° 78, j'ai été chez M. le comte de Woronzow, à qui j'ai laissé copie de votre lettre, afin qu'il la fît lire à l'Impératrice. Je l'ai vu depuis, et il m'a dit, de la part de Sa Majesté Impériale, qu'elle étoit sensible à l'attention que vous avez prise pour accélérer le départ de M. Poissonnier. Il m'ajouta que lorsqu'il sera en chemin, Sa Majesté Impériale en fera confidence à M. Condoidi, son premier médecin. Je dois vous observer, Monsieur, que ce premier médecin a le rang de lieutenant général et en a les honneurs : ce qui doit, ce me semble, exiger que M. Poissonnier arrive avec le titre de médecin du Roi pour lui donner plus de confiance et de considération. J'oserois même dire que cela est nécessaire à ses succès. Quoique Sa Majesté Impériale jouisse d'une parfaite santé, c'est toujours dans les changements de saison où elle se dérange. Ainsi, Monsieur, je crois qu'il n'y a pas un moment à perdre pour le faire partir.

M. le comte de Woronzow ne m'ayant point proposé de conditions pour le voyage, le séjour et le retour de M. Poissonnier, il m'en a assez dit pour pouvoir vous répondre qu'il aura tout lieu d'être content du sacrifice qu'il fait en perdant la place de premier médecin de l'armée. D'ailleurs, j'ai dit à M. de Woronzow que le Roi se chargeroit volontiers de récompenser M. Poissonnier pour une commission aussi honorable qu'importante, dont vous le chargez et qu'il est plus en état que personne de remplir au gré de Sa Majesté Impériale, par les connoissances que nous avons de son esprit, de ses talents et de son expérience dans son art. M. le vice-chancelier me répéta plusieurs fois qu'il falloit, sur toutes choses, garder le secret que vous promettez à l'Impératrice, parce qu'elle seroit très fâchée qu'il se découvrît.

L'abbé de Bernis annonce encore, le 17 mars 1758[2], que le départ de M. Poissonnier a souffert du retard : « Dans la circonstance

---

1. *A. E. Russie*, t. LV, fol. 160.
2. *A. E. Russie*, t. LV, fol. 262.

actuelle où l'armée du Roi a beaucoup de malades et où il est mort plusieurs médecins et chirurgiens », il est difficile de donner une raison valable de ce départ, sans s'exposer à faire deviner le secret auquel la Tsarine attache tant d'importance. M. Poissonnier ne put partir qu'en septembre et n'arriva en Russie qu'en octobre 1758. D'autre part, Élisabeth a son médecin, un Italien, nommé Condoidi. Celui-ci ne voit pas arriver avec plaisir un confrère de France. Il faut cependant, pour la garantie du fameux secret, qu'il se prête à ce qu'on exigera de lui, c'est-à-dire qu'il consente à entrer en rapports avec M. Poissonnier et à lui donner tous les renseignements nécessaires sur l'Impératrice. Mais il se targue de son grade de lieutenant général dans l'armée russe : il faudrait, pour désarmer son orgueil, que le nouveau venu pût ajouter, au titre de médecin du Roi, qu'on vient de lui conférer, celui de conseiller d'État. Alors seulement Condoidi « le regardera comme un homme dont le mérite, la science et les services le mettent au même rang que lui ». L'Hôpital croit cette grâce « aussi nécessaire en ce moment qu'elle est vaine en soi, puisque ce n'est qu'un titre sans fonctions ; tout est ici prestige et fumée ; les rangs sont des vertus ; mais l'essentiel est de conserver des jours bien précieux [1] ». La résistance de Condoidi se prolongeait ; le chirurgien français n'avait pu encore voir « de plus près et de suite l'Impératrice », car « Sa Majesté Impériale est très difficile sur cet article et n'aime point à parler de sa santé ». La mauvaise volonté de l'Italien tenait en échec les bonnes dispositions de Voronzof, et le favori Chouvalof était aussi embarrassé que le chancelier [2]. Cela dura jusqu'au printemps de 1759 : si bien que le duc de Choiseul, par dépêche du 19 mars, prescrivit à l'ambassadeur de faire rentrer en France M. Poissonnier. Mais, dans l'intervalle, à l'occasion des fêtes pour l'anniversaire du couronnement de la Tsarine, l'Académie des sciences de Pétersbourg décernait à M. Poissonnier le titre d'associé honoraire ; le 8 mai, il y prononçait un discours. Comme Élisabeth avait été très flattée du titre de médecin du Roi accordé à M. Poissonnier et que Condoidi avait fini par trouver le titre d'académicien russe équivalent à celui de conseiller d'État français, les difficultés s'aplanirent. M. Poissonnier put conférer avec Condoidi, être reçu intimement par Élisabeth. Celle-ci, le 12 juin 1759, signa en sa faveur un brevet de médecin de l'Impératrice et M. Poissonnier prêta serment en cette qualité. Il avait refusé les appointements de 5 000 roubles attachés à cette charge ; mais le chambellan Chouvalof insista pour qu'il les acceptât, « disant que c'est un moyen de couvrir le secret qu'il faut garder sur les premiers motifs du voyage de M. Poisson-

---

1. Dépêche de L'Hôpital, 27 octobre 1758. *A. E. Russie,* t. LVIII, fol. 144.
2. Idem. 3 novembre 1758. *Ibid.,* fol. 203.

nier¹ ». Voici en quels termes M. Poissonnier et le marquis de L'Hôpital rendaient compte de la situation au cardinal de Bernis :

LE MARQUIS DE L'HÔPITAL AU CARDINAL DE BERNIS.

Pétersbourg, 27 octobre 1758².

.... L'Impératrice a enfin paru hier dans tout le brillant appareil de sa cour. J'eus l'honneur de lui présenter M. Poissonnier. Elle m'ajouta en souriant : « Il y a entre le Roi et moi une ancienne sympathie depuis notre enfance, et vous pouvez l'assurer que je serai toujours la même et que je lui donnerai constamment des preuves bien sincères de mon amitié et que je compte également sur la sienne. J'ai appris avec joie l'avantage que les troupes françoises ont eu en Bretagne contre les Anglois³. Je vous prie de mander au Roi la part que j'ai prise à cet heureux événement. Dites-lui aussi que ma santé est assez bonne, comme vous voyez. Cependant⁴ le petit abcès que j'ai à la jambe n'est pas encore fermé et je souffre en marchant. M. Poissonnier, m'ajouta-t-elle, aura bien souffert dans son voyage. Il faut qu'il se repose. Je lui répondis qu'il venoit de me dire l'étonnement où l'avoient jeté sa présence et sa beauté, et qu'il avoit oublié en la voyant toutes ses peines et ses fatigues; qu'il attendroit ses ordres, n'étant venu à Pétersbourg que pour son service et que le Roi apprendroit avec plaisir qu'il étoit arrivé...

M. POISSONNIER AU CARDINAL DE BERNIS.

Pétersbourg, 30 novembre 1758⁵.

Monseigneur,

Depuis mon arrivée ici, j'ai cherché à remplir les intentions de Votre Éminence, en dirigeant toutes mes démarches sur les instructions de M. l'ambassadeur. J'ai vu presque tous les jours M. le comte de Woronzow, qui m'a donné des témoignages d'estime et de confiance. Il m'a donné ces jours derniers un mémoire sur sa santé qui a toujours été très fragile, et qui dans ce moment même est assez délabrée, quoiqu'elle ne lui fasse rien perdre de son activité pour les affaires. Il désire de se conformer à mes avis pour la réparer. Indépendamment des autres considérations, je sais combien la conservation d'un ministre aussi bien disposé pour la France peut lui devenir utile. C'est pour moi une raison de plus de m'en occuper. J'espère que ce sera avec un prompt succès, en changeant seulement son régime que je n'approuve point.

1. Lettre de M. Poissonnier, 25 juin 1759. *A. E. Russie*, *Supplément*, t. X (non folioté).
2. *A. E. Russie*, t. LVIII, fol. 148.
3. Il s'agit de la descente des Anglais en Bretagne et de leur défaite à Saint-Cast, par le duc d'Aiguillon à la tête de la noblesse et des milices de la province.
4. Ce qui suit est chiffré dans la dépêche; ce qui précède est en clair.
5. *A. E. Russie*, t. LVIII, fol. 289.

J'ai vu aussi quelquefois M. le chambellan Schwalow. Nous eûmes ensemble chez lui, lundi dernier, un entretien fort long, qui roula principalement sur les sciences, pour lesquelles il a l'air d'être passionné. S'il eût été seul, j'avois quelque chose de plus à lui dire; mais j'en retrouverai sans doute les occasions par la liberté qu'il m'a donnée de venir le voir aussi souvent que je le voudrois.

Je me suis approché de M. Condoidi autant qu'il m'a été possible de le faire sans mettre de l'affectation dans mes empressements. Je ne l'ai trouvé chez lui qu'une seule fois, et le temps de la visite se passa à parler de choses indifférentes. Il est ensuite venu me voir. J'étois chez M. l'ambassadeur, où nous passâmes tous trois environ une heure ensemble. M. l'ambassadeur, après lui avoir dit que je voyageois avec l'agrément du Roi pour étendre mes connoissances par la fréquentation de tous les plus grands médecins de l'Europe, que sa réputation avoit contribué à m'attirer jusqu'à Pétersbourg, autant que mon ancien attachement pour l'ambassadeur de France, mit en avant quelques propos sur la santé de l'Impératrice. Mais il répondit avec circonspection, comme un homme qui se défendoit d'entrer en matière. Je n'ai donc fait encore aucun progrès de ce côté-là. M. l'ambassadeur m'a dit qu'il avoit appris, peu de jours après mon arrivée, que ce premier médecin ne consulteroit avec moi sur la santé de l'Impératrice que lorsqu'il seroit assuré que j'avois à la cour de France un titre égal au sien; qu'il n'ignoroit pas que le premier médecin du Roi avoit celui de conseiller d'État, ce qui, jusqu'à un certain point, pouvoit répondre à celui qu'il a ici de lieutenant général. Je confiai à M. l'ambassadeur que j'avois demandé cette distinction à Votre Éminence avant mon départ de Paris; que M. de Saint-Florentin avoit trouvé quelque difficulté à me l'accorder; mais que je n'avois point insisté, étant alors bien éloigné de croire qu'elle pût être aussi utile au succès de ma mission. Il m'a dit qu'il feroit sur tout cela ses réflexions, et qu'il en rendroit compte à Votre Éminence. Il est sans doute très ridicule de se trouver arrêté sur un objet aussi important par de petites considérations de cette espèce. Ce n'est point la qualité de lieutenant général des armées russes, ni celle de conseiller d'État à brevet en France qui peuvent augmenter les lumières de deux médecins. Au surplus, Monseigneur, ces formalités doivent moins étonner dans un pays où l'on ne juge les hommes que sur la surface, et où la première question que l'on fait sur un étranger est toujours : « Quel rang a-t-il? » Mais il est très fâcheux qu'elle puisse retarder les secours que je suis venu apporter à la santé de l'Impératrice, qui, quoique assez bonne en apparence, me paroît fort menacée. On m'a fait ici tous les détails qui sont connus de Votre Éminence; mais ce que j'ai observé de particulier aux spectacles et principalement pendant deux séances qu'elle a faites à la cour où je me suis placé très près d'elle, c'est qu'elle est tourmentée d'une petite toux convulsive qui peut bien être en partie hystérique, mais qui, jointe à une respiration courte, à du boursouflement autour des paupières, de l'enflure aux jambes et des défaillances, que l'on dit assez fréquentes, me fait craindre quelques dispositions à l'hydropisie de poitrine, ou du moins à l'infiltration des poumons.

Je vais, Monseigneur, continuer mes observations jusqu'à ce que je sois parvenu à interroger Sa Majesté elle-même sur l'espèce et le concours des accidents qu'elle éprouve. C'est de cette manière seulement que je puis être solidement éclairée, et en état de pouvoir dessiller les yeux de son médecin, pour concerter ensuite avec lui tous les moyens qui peuvent assurer la guérison de Sa Majesté Impériale.

LE MARQUIS DE L'HÔPITAL AU CARDINAL DE BERNIS.

19 décembre 1758 [1].

M. Poissonnier prend on ne peut pas mieux ici ; le chambellan Schwalow aime son esprit, et sa conversation l'amuse. M. le chancelier [2] lui a confié sa santé et s'en trouve bien.

Quant à M. Condoidi, notre conduite sage et mesurée ne nous a pas menés au point de confiance où il faut parvenir. Cependant, l'Impératrice a donné ordre à M. le comte de Woronzow de parler de sa part à M. Condoidi, pour lui annoncer que l'intention de Sa Majesté Impériale est qu'il ait des conférences avec M. Poissonnier sur sa santé, l'assurant qu'il n'y aura que le Roi, l'Impératrice, M. Poissonnier et moi qui soyons dans la confidence. J'ai dit à M. de Woronzow qu'il fera bien de parler à M. Condoidi au nom même du Roi, lui disant que Sa Majesté a envoyé un de ses médecins pour conférer avec lui sur la conservation d'une santé qui est si chère à Sa Majesté ; que le Roi a choisi M. Poissonnier afin qu'à son retour il puisse tranquilliser Sa Majesté, qui est toujours inquiète depuis les bruits affreux que le chancelier Bestucheff avoit eu l'art d'accréditer par toute l'Europe sur le danger imminent et continuel où étoit, selon ce ministre infidèle, la vie de l'Impératrice.

M. de Woronzow doit parler demain à M. Condoidi. Comme je dépends du départ du courrier de M. d'Esterhazy, je ne sais si je pourrois avoir l'honneur de vous mander par cette lettre comment M. Condoidi aura pris l'ordre de l'Impératrice. J'espère qu'avec du temps, mes soins et l'adresse de M. Poissonnier, nous parviendrons, non seulement à gagner la confiance de M. Condoidi, mais encore à déterminer Sa Majesté Impériale à voir et à parler avec intimité et vérité avec M. Poissonnier. Si le brevet de conseiller d'État arrive, cela avancera bien nos affaires ; mais nous ne négligerons rien pour parvenir à nos fins.

---

LE MARQUIS DE L'HÔPITAL AU DUC DE CHOISEUL.

Pétersbourg, 28 juillet 1759 [3].

... M. Poissonnier vous rend compte dans la lettre ci-jointe des progrès qu'il a faits, depuis le voyage de Petershoff [4], dans la confiance de Sa Majesté Impériale et de son premier médecin. Il a fallu assurément une constance et une patience extrêmes ; mais tout est surmonté, et nous sommes sûrs d'avoir, dans l'intérieur du palais de l'Impératrice, un homme

---

1. *A. E. Russie*, t. LVIII, fol. 370.
2. C'est alors Voronzof ; nous verrons plus loin à la suite de quels événements il avait succédé à Bestoujef.
3. *A. E. Russie*, t. LX (non folioté).
4. Péterhof, l'ancienne villa de Pierre le Grand, dont la construction fut commencée en 1720 par l'architecte français Leblond.

sage, judicieux et éclairé qui contribuera beaucoup à maintenir notre crédit, de concert avec moi, et à assurer nos vues pour l'avenir.

M. Poissonnier croit que nous n'avons rien à craindre pour la vie de cette princesse, et qu'avec un genre de vie convenable Sa Majesté Impériale, née d'une complexion robuste et d'un âge peu avancé, vivra très longtemps. Aussi, l'illusion que Bestucheff avoit répandu sur l'état menaçant de l'Impératrice va cesser et le parti de la jeune cour baisser.

P.-S. — Je suis bien persuadé, Monsieur, que mes lettres pour vous seul restent secrètes et que vous ne les communiquez qu'au Roi dans votre travail avec Sa Majesté. L'Impératrice désire et demande toujours que l'objet du voyage de M. Poissonnier, quoique déclaré son médecin, reste secret entre le Roi, elle, vous, Monsieur, M. le chancelier, le chambellan et moi.

La faveur du chirurgien français grandissait chaque jour auprès de l'Impératrice, qui lui était reconnaissante de l'amélioration de sa santé et surtout de la confiance qu'elle avait reprise en celle-ci; auprès du chancelier Voronzof, qui le consultait pour lui-même; auprès du favori Chouvalof, qui passait de longues heures à s'entretenir avec lui, d'un esprit ouvert et d'une curiosité infatigable, sur les choses d'Occident et sur les sciences. L'Hôpital pensa que le moment était bien choisi pour tâcher d'employer ce crédit naissant à favoriser les vues de notre cabinet. De médicale la mission du docteur français devenait politique. Le chirurgien Poissonnier héritait de la faveur du chirurgien Lestocq. Le duc de Choiseul agréa ces propositions de l'ambassadeur :

LE DUC DE CHOISEUL AU MARQUIS DE L'HÔPITAL.

Versailles, 24 novembre 1759 [1].

... Les nouvelles que M. Poissonnier m'a données de la santé de l'Impératrice de Russie sont très satisfaisantes et le Roi les a apprises avec le sincère intérêt qu'il prend à la conversation de cette princesse.

Je ne puis, au reste, que m'en rapporter à l'intelligence et au zèle de M. Poissonnier et à la sagesse des conseils que vous lui donnerez, par rapport à l'usage qu'il se trouvera à portée de faire, pour le service du Roi, des bontés et de la confiance dont l'Impératrice l'honore.

Et nous voyons M. Poissonnier, dans sa correspondance avec la cour de France, mêler à ses bulletins médicaux des nouvelles politiques. Par exemple :

M. POISSONNIER AU DUC DE CHOISEUL.

Péterhof, 27 août 1759 [2].

Sa Majesté Impériale commence à jouir d'une beaucoup meilleure santé...

1. *A. E. Russie*, t. LXI, fol. 307.
2. *A. E. Russie*, t. LX. — Cette lettre est écrite de la main de d'Éon de Beaumont.

Dès que Sa Majesté Impériale eut reçu la nouvelle de la première victoire de M. le général Soltikoff[1], je m'empressai d'aller lui en marquer toute ma joie. Elle me fit appeler pour dîner avec elle dans ses petits appartements. Elle eut la bonté de m'entretenir pendant longtemps des dispositions où elle étoit d'employer tous les moyens qui sont en sa puissance pour ramener le roi de Prusse à des sentiments de paix et d'humanité et pour en faire enfin un bon chrétien, s'il est possible : ce sont ses propres expressions.

. . . . . . . . . . . . . . . . . . . . . . . . . .

Cependant les choses n'allèrent pas bien loin dans cette direction. M. Poissonnier n'était pas un diplomate, et la Tsarine avait surtout confiance en lui comme médecin. Quand il crut la santé d'Élisabeth rétablie, il prit congé d'elle, et quitta Pétersbourg le 11 septembre, porteur d'une lettre en date du 28 août, dans laquelle l'Impératrice remerciait le Roi de l'envoi de son médecin et rendait justice aux bons soins qu'il lui avait prodigués.

Revenons donc à la politique générale, et reprenons-la au point où nous avions dû la laisser.

La disgrâce d'Apraxine[2] eut des conséquences graves et faillit en avoir de plus graves encore. Les papiers qu'on saisit chez lui compromettaient Bestoujef et la grande-duchesse. Le premier fut arrêté le 25/14 janvier 1758, et on lui fit son procès. Catherine, reniée et presque dénoncée par son mari, fut sur le point d'être réexpédiée en Allemagne. Elle fut soumise à une surveillance, à un internement rigoureux. Ses amis furent persécutés : après Poniatowski renvoyé en Pologne, Stambke renvoyé en Holstein, Bernhardi et Yélaguine exilés à Kazan, Adadouroff à Orenbourg.

Dans sa disgrâce, Catherine n'eut avec L'Hôpital que des relations indirectes, mais, de son côté, entachées de méfiance :

« Je restai sans sortir de ma chambre jusqu'à ce que le comte Poniatowski me fît parvenir l'avis que l'ambassadeur de France, marquis de L'Hôpital, donnait beaucoup de louanges à la conduite ferme que j'avais, et disait que cette résolution de ne pas sortir de ma chambre ne pouvait tourner qu'à mon avantage. Alors, prenant ce propos pour un éloge perfide d'un ennemi, je pris la résolution de faire le contraire de ce qu'il louait[3]. »

Ce fut seulement en avril 1759 que la grande-duchesse fut relevée de cette déchéance, après s'être humiliée cruellement devant l'Impératrice[4].

1. Victoire de Kunersdorf. Voyez ci-dessous, pp. 90 et suiv.
2. Voyez sur les regrets qu'il laissa dans l'armée, *Archives Voronzof*, t. VII, p. 501.
3. CATHERINE II, *Mémoires*, p. 350.
4. Voyez, *Papiers de Catherine II*, dans *Soc. imp. d'hist. de Russie*, t. VII, p. 74, la lettre si humble et si contrite qu'elle lui adressa le 29 mai 1758.

La chute de Bestoujef, la défaite et les divisions de la jeune cour, l'influence désormais dominante de Voronzof[1], nommé chancelier, donnèrent aux opérations russes de l'année 1758 une impulsion plus énergique.

Cette année fut signalée par les batailles de Minden et de Crevelt, du côté des Français, la perte de Schweidnitz et la victoire de Hochkirch, du côté des Autrichiens. Le 22 janvier 1758, le généralissime russe Fermor fit son entrée à Kœnigsberg; le 1ᵉʳ juillet, son entrée à Posen. Le 15 août, il commença le bombardement de Küstrin; le 25 août, il livra au roi de Prusse la sanglante bataille de Zorndorf, où Frédéric fut vainqueur, mais avec une perte de 12 000 hommes et de 26 canons, et hors d'état d'inquiéter la retraite imposante des Russes[2]. Ceux-ci avaient perdu 20 000 hommes, 100 canons et 30 drapeaux. Voici quelques détails que donne la correspondance de L'Hôpital sur cette bataille, dont le ministère russe n'hésita pas à faire une victoire, et sur les impressions qu'elle produisit :

NOTE DU MINISTÈRE RUSSE A M. L'AMBASSADEUR DE FRANCE.

8 septembre (20 août) 1758[3].

... Le ministère, en faisant part de cet événement à Votre Excellence, Monsieur l'ambassadeur, ne sauroit se dispenser de lui faire remarquer les avantages essentiels que les alliés en ont retirés généralement, vu que le roi de Prusse s'est trouvé obligé de laisser au maréchal comte de Daun[4] les mains libres et de se mettre, d'une manière désespérée, avec la plus grande partie de ses forces, à qui il a fait faire des marches extrêmement fatigantes, tout au hasard d'une seule journée. Aussi, l'opiniâtreté de ce combat meurtrier a-t-elle répondu à cette résolution, puisqu'il a duré, avec tout l'acharnement qu'on puisse s'imaginer, pendant six heures de temps, et jusqu'à ce que le roi de Prusse a été forcé, à la fin, de céder le champ de bataille à l'armée russienne et de se retirer avec une perte d'un nombre considérable de son canon.

La gloire qui en revient, à si juste titre, à l'armée russienne, parce que non seulement elle est restée maîtresse du champ de bataille, mais qu'elle s'y est aussi soutenue le lendemain, est une circonstance d'autant plus agréable à l'Impératrice que cela fait voir la très grande perte que le roi de Prusse a essuyée à cette affaire et que, par là même, il a été rendu un service important aux alliés.

Cependant on ne veut pas dissimuler ici que la perte de l'armée russienne n'ait été également fort considérable, laquelle est d'autant plus

---

1. Voronzof succédait à Bestoujef comme chancelier; le poste de vice-chancelier resta vacant jusqu'à la mort d'Élisabeth (1762).
2. Solovief, *Istoria Rossii*, t. XXIV, pp. 204 et suiv; — Schæfer, *Gesch. des Siebenjæhrigen Krieges*, t. II, 1, pp. 90 et suiv; — Bolotof, *Zapiski*, t. I, pp. 767 et suiv.; — Frédéric II, *Hist. de la guerre de Sept ans*; — Schottmüller, *Die Schlacht von Zorndorf*, Berlin, 1858. — Masslovski, *l'Armée russe*, etc. (en russe), t. II, pp. 281 et suiv.
3. *A. E. Russie*, t. LVII, fol. 231.
4. Commandant l'armée autrichienne de Bohême.

sensible que la trop grande distance des lieux ne permet pas de recruter cette armée si promptement et de la pourvoir, des autres endroits, des vivres nécessaires, lesquels y manquent totalement, et que par conséquent, elle se verra peut-être dans la nécessité indispensable de tâcher à se rapprocher de la Vistule...

---

LE MARQUIS DE L'HÔPITAL A M. DE BERNIS.

Pétersbourg, 12 septembre 1758 [1].

... Sa Majesté Impériale et tous les seigneurs russes sont extrêmement piqués de la relation que le roi de Prusse a fait insérer dans la *Gazette* de Berlin, dont je joins ici l'exemplaire; le terme de *barbarie* surtout les a choqués et offensés au point que tout respire ici la vengeance et le ressentiment...

C'est, à mon avis, avoir beaucoup fait que d'être parvenu à amener les Russes jusque sur l'Oder, où ils ont vaillamment combattu, malgré le nombre supérieur de l'armée prussienne et les fautes de prévoyance du général Fermor.

L'affaire du 25 a irrité l'esprit de Sa Majesté Impériale et du ministère contre le roi de Prusse; ce prince a trouvé une résistance sur laquelle il ne comptoit pas; il a perdu beaucoup de monde, et les Russes ont cessé par cette journée de craindre le nom prussien...

Depuis quatorze mois que je suis à Pétersbourg, mes travaux n'ont pas été infructueux. Permettez-moi, Monseigneur, ce petit mouvement d'amour-propre dans un instant où je crois entrevoir des succès auxquels j'ose dire avoir contribué...

---

M. DE BERNIS AU MARQUIS DE L'HÔPITAL.

Versailles, 4 septembre 1758 [2].

... Je vois avec peine, dans la copie que vous avez jointe de la lettre de MM. Wittinghof et Ménager [3], le portrait qu'ils vous font de l'état de l'armée russe. Il contient beaucoup de traits semblables à ce que l'on sait d'ailleurs; mais je ne vous dissimulerai cependant pas que je trouve que ces deux officiers chargent presque toujours trop de noir ce qu'ils voient et ce qu'ils mandent. Je sais que les Russes, pour des raisons tirées de l'intérieur de leur gouvernement, ne sont pas en état d'agir aussi efficace-

---

1. *A. E. Russie*, t. LVII, fol. 258.
2. *A. E. Russie*, t. LVII, fol. 215. — On ne connaissait pas encore à Versailles la bataille de Zorndorf.
3. Voyez ci-dessous, pp. 103 et suiv.

ment qu'on le souhaiteroit et qu'on ne peut en attendre de grandes opérations. Mais il suffit qu'ils fassent une diversion considérable en employant une partie des forces du roi de Prusse : ce qui donne aux armées du Roi et de l'Impératrice-Reine plus de facilité pour agir contre les ennemis communs. Les Russes, éloignés de leurs États comme ils le sont et ne recrutant leurs troupes que de nationaux, sont d'ailleurs exposés à plus de dangers que d'autres armées. S'il leur arrivoit un échec, le roi de Prusse, actif et sachant profiter des moindres fautes de ses ennemis, les pousseroit très loin et détruiroit sans ressource leur armée. Alors les affaires prendroient une face toute différente. Au lieu de l'utilité dont les Russes nous sont par leur diversion, ils nous deviendroient certainement à charge par les secours qu'il faudroit leur donner pour empêcher qu'ils ne fussent écrasés tout à fait; et la Pologne en ressentiroit les contre-coups : ce qu'il importe extrêmement d'éviter.

Lorsque les Russes seront bien établis sur l'Oder, nous désirons beaucoup plus leur conservation que leurs victoires.

---

M. DE BERNIS AU MARQUIS DE L'HÔPITAL.

Versailles, 15 septembre 1758[1].

Vous aurez su, Monsieur, presque aussitôt que nous, la malheureuse affaire arrivée le 25 du mois dernier entre une partie des troupes du roi de Prusse, commandées par ce prince en personne, et celles de l'Impératrice de Russie sous Custrin[2]. Nous n'en avons point encore de détails assez précis pour porter un jugement certain; mais, par ce que nous en savons, nous pouvons croire qu'elle n'est pas aussi considérable que le roi de Prusse affecte de le répandre.

Par toutes les lettres qui viennent de Francfort-sur-l'Oder, on voit que les Russes n'ont laissé au roi de Prusse que le champ de bataille, tout en ayant emmené avec eux tout ce qui leur appartenoit, et se sont retirés en bon ordre : ce qui prouve le peu d'utilité que cette victoire, si c'en est une, peut procurer au roi de Prusse. On avoit, de plus, répandu le bruit d'une seconde action dans laquelle on disoit que ce prince avoit remporté un avantage encore plus considérable que dans la première; mais les lettres de Hollande, qui parlent du passage de ce second courrier pour aller en Angleterre, ne disent rien de ce qu'il y a porté, preuve que les nouvelles ne sont pas bonnes...

Nous souhaitions, il est vrai, que les Russes agissent; mais nous leur demandions que ce fût plutôt par des diversions, en menaçant, en intimidant les États du roi de Prusse, en y levant des contributions et en occupant les troupes de ce prince, que par un combat qui peut les affaiblir et lui procurer de nouveaux avantages. Nous pensions qu'ils devoient attendre qu'il eût été embarrassé par les armées de l'Impératrice-Reine;

---

1. *A. E. Russie*, t. LVII, fol. 279.
2. Il s'agit de la bataille de Zorndorf qu'à la différence des ministres russes le cabinet de Versailles considérait comme une défaite des Russes.

qu'ils devoient éviter toute espèce d'engagement avec lui, tant que, n'étant pas assez en force, ils ne pourroient être sûrs du succès...

Mais ces réflexions sont inutiles aujourd'hui. La valeur que les troupes russes ont montrée, par la grande résistance qu'elles ont faite au roi de Prusse, a dû lui faire payer cher sa victoire.

L'Impératrice de Russie en doit être satisfaite. La connoissance que nous avons des sentiments de cette princesse nous fait espérer que cet échec ne diminuera rien à sa fermeté. On sait que le sort des armes est journalier. Toutes les puissances engagées dans la guerre actuelle ont eu successivement des triomphes et des échecs. Ce n'est que la constante union des alliés qui peut mettre fin à une guerre si fatale à l'humanité[1].

---

LE MARQUIS DE L'HÔPITAL AU CARDINAL DE BERNIS.

Pétersbourg, 29 octobre 1758[2].

...M. le comte Esterhazy n'ayant pas jugé à propos de me communiquer la note qui lui a été remise, dont je vous ai rendu compte verbalement[3], j'ai trouvé le moyen de l'avoir en allemand. J'ai l'honneur de vous l'envoyer ci-jointe. Vous y observerez, Monseigneur, que le ministère russe déclare l'Impératrice de Russie partie principale belligérante, d'auxiliaire qu'elle étoit : ce qui annonce les vues de la Russie au moment de la paix. Je ne m'étonne pas que M. d'Esterhazy ne m'ait fait part que verbalement du contenu de cette note, vu ce qu'elle contient de plaintes contre le maréchal Daun et sur d'autres griefs...

*Extrait du texte de la note.*

... Sa Majesté Impériale déclare, en même temps, qu'autant elle seroit satisfaite et flattée, et autant ce seroit un événement glorieux pour les troupes russiennes, si ces troupes, qui n'ont pas perdu un moment pour chasser l'ennemi de tout le royaume de Prusse, et pour lui enlever une partie si considérable de ses possessions en Allemagne, avaient encore le temps de se joindre à l'armée de l'Impératrice-Reine, autant aussi est-il convenable, tant par rapport à la juste raison que par rapport à la dignité de Sa Majesté Impériale, que non seulement elle souhaite, mais que même elle persiste dans la résolution d'agir dans la guerre présente comme partie principale belligérante et nullement d'y être réduite au simple personnage d'auxiliaire...

---

1. On voit poindre ici cette répugnance de Bernis pour la continuation de la guerre qui devait amener sa disgrâce et son remplacement, le 1er novembre suivant, par le duc de Choiseul-Stainville.
2. *A. E. Russie*, t. LVIII, pièce 160.
3. C'est-à-dire sans communiquer le texte même de la pièce.

LE MARQUIS DE L'HÔPITAL AU DUC DE CHOISEUL.

Pétersbourg, 1er décembre 1758 (*post-scriptum*)[1].

... J'ai appris que mon projet d'union maritime[2] a été bien reçu du ministère. Mais on croit qu'il est de moi, et l'on voudroit que je fusse plus autorisé. C'est ce que je désirois savoir afin qu'en réponse à celle-ci Votre Excellence m'envoyât des ordres positifs et les conditions et articles à proposer si le Roi le juge à propos...

---

LE MARQUIS DE L'HÔPITAL AU DUC DE CHOISEUL.

Pétersbourg, 5 décembre 1758[3].

... Après un moment de conversation, elle [l'Impératrice] me parla avec douleur et amertume de ce qui venoit de se passer à Dresde[4], me disant en propres termes que le roi de Prusse est un tyran qu'il faut abattre : « Je vais faire tous mes efforts pour y réussir; mais je crois que nous devons tous approcher davantage de lui, et de concert, afin d'éviter les coups de surprise qu'il fait par sa promptitude. » J'assurai Sa Majesté Impériale qu'elle trouveroit dans les sentiments du Roi les mêmes dispositions et le même éloignement pour le roi de Prusse. Sa Majesté Impériale me combla de bontés, et tous ses favoris s'empressèrent de me faire connoître l'amitié qu'ils ont pour moi...

---

LE MARQUIS DE L'HÔPITAL AU DUC DE CHOISEUL.

Pétersbourg, 19 décembre 1758[5].

... Pour ne pas se tromper sur les opérations des Russes pendant la campagne prochaine, il est de la prudence de notre ministère et de celui de Vienne d'être convaincus, une fois pour toutes, du vice radical de la

---

1. *A. E. Russie*, t. LVIII, fol. 245, post-scriptum à un « mémoire secret donné à M. le comte de Woronzow pour être présenté à Sa Majesté Impériale de Russie et à son ministère ».
2. Ce projet prend comme texte « les suites de la perte de Louisbourg ». — Les Anglais s'étaient emparés de Louisbourg, le 27 juillet, ainsi que de l'île entière du Cap-Breton.
3. *A. E. Russie*, t. LVIII, fol. 330.
4. Les Prussiens avaient forcé Daun, après son succès de Hochkirch, à lever le siège de Dresde.
5. *A. E. Russie*, t. LVIII, fol. 362.

composition de leurs armées. J'ai exposé, dans plusieurs de mes lettres, le défaut de principes qui tient à la forme du gouvernement russe. L'Impératrice de Russie n'a pas un seul général capable de commander l'armée. D'ailleurs, la forme du gouvernement empêchera toujours cet esprit d'ordre et de prévoyance sans lequel il est impossible à un général d'opérer de grandes choses. Joignez ces vérités à l'indolence naturelle de l'Impératrice, qui, malgré sa ferme résolution d'abattre le roi de Prusse, ne sait pas commander avec ce ton qui fait craindre les châtiments. Le chancelier [1] est, à la vérité, très bien intentionné; mais, soit crainte, soit qu'il ne puisse ce qu'il veut, il n'a pas le nerf qu'il seroit à désirer qu'il eût. La jeune cour, quoique abattue par la disgrâce de M. Bestucheff, conserve toujours les mêmes dispositions, et, sans parler ni se compromettre, empêche l'activité qui seroit nécessaire par les inclinations angloises et prussiennes qu'on lui connoît. Ce seroit donc s'abuser que de compter sur une offensive prompte à l'ouverture de la campagne. Il faut seulement l'espérer, et je travaillerai sans relâche avec M. d'Esterhazy, pendant cet hiver, pour empêcher mes craintes de se vérifier. Mais, je le répète, il faut que la cour de Vienne et la nôtre fassent tous leurs efforts ce printemps prochain, sans croire que l'armée russe agisse aussi tôt et aussi bien qu'ils le promettent, quoique authentiquement et par écrit. Ce ne sera que la faute de la machine, qui est immense, à la vérité, mais mal montée, et qui aura toujours les vices qui tiennent au despotisme. Les inconvénients sont sans remède, par le caractère de la souveraine, par l'ignorance et par la crainte qui dominent dans le cœur des ministres et des généraux. Le soldat russe est brave et intrépide; mais sans discipline, sans ordre, sans officiers, sans chefs, tout ira toujours très lentement et très mal. Je regarde cependant comme un bien réel et d'une grande utilité notre alliance avec la Russie, par l'avantage que nos ennemis tireroient de cette puissance, si elle leur étoit unie. Déjà l'Impératrice est maîtresse de la Prusse[2], et, si la jonction se peut faire avec les Suédois pour ouvrir la campagne par le siège de Stettin, ce sera une plaie mortelle au sein du roi de Prusse. Dissimulons notre façon de penser sur la Russie; conservons son alliance. Elle est précieuse pour le moment; elle peut l'être ensuite pour nos objets politiques et de commerce. Mais connaissons le fort et le foible de cette alliance...

Les Russes continuèrent à occuper la Prusse orientale. Élisabeth se proposait de garder cette province à la paix, sauf à l'échanger peut-être contre des territoires polonais ou les droits de la Pologne sur la Courlande. Nous verrons les objections qu'opposait à ce dessein la cour de Versailles, et qu'appuyait la cour de Vienne. En attendant, les Russes imitaient les procédés de Frédéric II en Saxe et en Pologne et rançonnaient le pays occupé.

Dans l'hiver de 1758 à 1759, quelques mésintelligences se manifestèrent parmi les puissances coalisées. Les Russes accusaient les

---

1. Le nouveau chancelier Voronzof.
2. La province de Prusse orientale ou Prusse ducale.
Sur l'occupation de cette province par les Russes, voyez X. Von Hassenkampf, *Ostpreussen unter dem Doppeladler*, Kœnigsberg, 1866.

Autrichiens de rester inactifs en Saxe avec Daun ; les Autrichiens reprochaient aux Russes de se mettre toujours en retraite après la première action, et aux Français d'éterniser la guerre de Hanovre. Les Russes justifiaient la France, en faisant valoir les services rendus par elle : elle agissait sur le Danemark ; elle avait décidé la Suède à une action en Poméranie ; ses défaites mêmes l'engageaient plus avant dans la lutte.

Le successeur de Bernis au ministère des affaires étrangères, le duc de Choiseul, donna une impulsion nouvelle aux opérations. Pour la guerre d'Allemagne, il signa le second traité de Versailles avec l'Autriche, du 30 décembre 1758, qui augmentait singulièrement les charges financières de la France, portait son contingent de vingt-quatre à cent mille hommes, et nous engageait à fond dans la lutte continentale. La cour de Russie y adhéra par le traité de Pétersbourg, du 7 mars 1760. De nouveaux traités de subsides furent conclus avec la Suède et divers princes allemands. Pour la guerre maritime, Choiseul commença les négociations qui aboutiront, le 15 août 1761, au Pacte de Famille avec les Bourbons d'Espagne et d'Italie.

La campagne de 1759 fut signalée, de notre côté, par les batailles de Bergen et de Minden, la défaite navale de Lagos, la défaite de Québec et la perte du Canada ; les Prussiens sont chassés de Dresde par les Autrichiens ; une de leurs armées est cernée non loin de Pirna et signe la capitulation de Maxen (20 novembre). Mais l'honneur de la guerre fut, cette année-là, pour les Russes.

Soltykof[1], qui avait succédé à Fermor, repoussa Dohna sur l'Oder. Puis Frédéric II ayant remplacé Dohna par Wedell, avec des pouvoirs très étendus, le traitant même de dictateur, Soltykof battit Wedell, à Paltzig et à Kay, le 23 juillet[2]. Il fit son entrée à Francfort le 3 août, et, le 12 août, renforcé du corps autrichien de Laudon, comme Frédéric était accouru en personne avec l'armée de Silésie, il lui infligea la terrible défaite de Kunersdorf. Frédéric laissa sur le champ de bataille 14 000 tués ou blessés, 4 500 prisonniers, 28 drapeaux, 181 pièces d'artillerie. Il dut s'enfuir, son armée anéantie, escorté seulement d'une poignée de hussards. De son aveu même, « si les Russes avaient su profiter de leur succès... c'en était fait des Prussiens ». Comme Daun pressait Soltykof d'achever leur destruction, celui-ci répondit : « J'en ai assez fait, Monsieur, pour cette année. J'ai gagné deux batailles qui coûtent 27 000 hommes à la Russie. J'attends, pour me mettre de nouveau en action, que vous ayez remporté deux victoires ;

---

1. Le comte Pierre Séménovitch Soltykof, né en 1700, mort en décembre 1772. — Voyez sur lui, notamment, dans *Archives Voronzof*, t. IV, pp. 125-141, ses rapports, avis, correspondance, relativement à la guerre de Sept ans.

2. Les combats de Paltzig et Kay s'appellent aussi bataille de Züllichau. — C'est près de Francfort-sur-l'Oder.

il n'est pas juste que les troupes de ma maîtresse agissent toutes seules. » Et, comme tous ses devanciers, il se retira vers l'Est. A la nouvelle de la retraite des Russes, Frédéric II put écrire à son frère Henri : « Je vous annonce le miracle de la maison de Brandebourg[1]. »

La correspondance de l'ambassadeur de France fournit des données intéressantes sur la campagne de 1759 et ses conséquences politiques :

LE MARQUIS DE L'HÔPITAL AU DUC DE CHOISEUL.

Pétersbourg, 20 mai 1759[2].

... Les armées russes sont, à la vérité, sans chef et sans ordre; mais elles se sont bien battues deux fois[3] et sont aujourd'hui sur la Vistule et en possession du royaume de Prusse[4].

Il faut donc, Monsieur, prendre cette puissance pour ce qu'elle est et ne la pas comparer à la nôtre et à la maison d'Autriche. Elle n'est sortie du chaos asiatique que depuis Pierre Ier qui, étant mort, a laissé le trône mal affermi et à peine sorti des ténèbres de l'ignorance. Les vices enracinés de ce gouvernement se multiplient au lieu de diminuer. Cette puissance est grande par son étendue et petite par ses moyens. Mais elle peut un jour nous être très utile, et il seroit dangereux de l'avoir pour ennemie dans les circonstances présentes. Liés aussi intimement que nous le sommes avec la cour de Vienne, ce sont les intérêts de la maison d'Autriche que nous avons épousés et que nous soutenons en conservant l'alliance de la Russie...

---

LE MARQUIS DE L'HÔPITAL AU DUC DE CHOISEUL.

Pétersbourg, 10 juin 1759[5].

... Il est difficile, lorsqu'on n'a pas vu par soi-même ce pays-ci et les gens qui l'habitent, de se faire une idée juste de leur façon de penser, depuis la souveraine jusqu'au dernier Russe. Nos idées, nos principes, nos maximes sont si différents des leurs qu'il m'a fallu beaucoup de temps et beaucoup de patience et d'étude pour les connoître et m'y accoutumer. Il est difficile de les définir et de porter un jugement certain sur leur conduite. Cependant, Monsieur, je crois ne m'être pas trompé sur l'opinion

---

1. Solovief, t. XXIV, pp. 261 et suiv. ; — Schæfer, II, 1, p. 299; — Stiehle, *Die Schlacht bei Kunersdorf* (Berlin, 1859, et aussi dans le *Militair- Wochenblatt* de 1860, *Beiheft*); — Frédéric II, *Hist. de la guerre de Sept ans* et *Correspondance*; — Decker, *Batailles et principaux combats de la guerre de Sept ans*.
2. *A. E. Russie*, t. LX (non folioté).
3. A Gross-Jægerndorf et Zorndorf.
4. C'est-à-dire de la province de Prusse orientale.
5. *A. E. Russie*, t. LX.

que j'en ai prise, et je me flatte de les avoir amenés à nos vues autant qu'il a été possible. Je vous supplie, Monsieur, de ne pas oublier ce que j'ai déjà eu l'honneur de vous mander : que l'Impératrice a porté toutes ses forces jusque sur l'Oder, à 500 lieues de ses États; que son armée s'est mesurée avec celle du roi de Prusse, où ce prince étoit en personne; et que, sans la pusillanimité et l'ignorance du général, cette action auroit été totalement à l'avantage de la cause commune...

---

LE MARQUIS DE L'HÔPITAL AU DUC DE CHOISEUL.

Pétersbourg, 7 août 1759[1].

J'eus hier une conversation assez longue avec M. le chancelier dans laquelle je dis à ce ministre, en lui faisant mon compliment sur la victoire que les Russes venoient de remporter[2], que les suites de cette bataille devoient naturellement entraîner l'abaissement du roi de Prusse. — « Oui, me dit M. le chancelier, si M. le maréchal Daun donne de son côté un bon coup de collier; car je ne vous cacherai pas que tous les Russes ont les yeux sur lui : on n'a pas oublié sa conduite à notre égard après la bataille de Zorndorf. » Je tins ensuite quelques propos vagues sur les difficultés qui pourroient se trouver de contenter tous les alliés au moment de la paix. Il me confia alors et me pria de vous prévenir, Monsieur, que l'objet essentiel, pour ne pas dire l'unique, de l'Impératrice, pour assurer la tranquillité de son Empire, seroit de parvenir à déterminer ses limites avec la Pologne[3], afin de faire cesser à l'avenir non seulement les prétentions mutuelles, mais les brigandages des deux parts sur les confins de Russie et de Pologne...

---

LE MARQUIS DE L'HÔPITAL AU DUC DE CHOISEUL.

Pétersbourg, 8 août 1759[4].

Vous aurez appris, avant que cette lettre vous parvienne, l'heureux événement d'une victoire remportée le 12/23 juillet par l'armée russe sur les Prussiens, commandés par le général Wedell[5], dont nous n'avons pas d'autre détail que celui-ci que vous trouverez dans la relation ci-jointe. Sa

---

1. *A. E. Russie*, t. LX.
2. Il ne s'agit encore que des premiers avantages de Soltykof sur Dohna, en juin.
3. C'est précisément de cette prétendue rectification de frontières avec la Pologne que le cabinet de Versailles, et surtout le Roi, ne vouloient pas entendre parler.
4. *A. E. Russie*, t. LX.
5. Ce sont les combats de Paltzig et Kay.

Majesté Impériale se mettoit à table lorsque M. de Soltikoff, fils du général[1], dépêché du champ de bataille, arriva. En apprenant cette victoire, les larmes lui coulèrent de joie et d'attendrissement : elle quitta la table pour aller à la chapelle rendre grâce à Dieu ; elle n'en revint qu'à cinq heures. Elle a décoré sur-le-champ le jeune Soltikoff gentilhomme de sa chambre, titre qui lui donne celui de brigadier.

M. le chancelier envoya aussitôt un secrétaire à M. le comte Esterhazy et à moi pour nous faire part de ce grand événement.

---

LE MARQUIS DE L'HÔPITAL AU DUC DE CHOISEUL.

*Post-scriptum* (non chiffré).

Pétersbourg, 20 août 1759[2].

Sa Majesté Impériale a tenu sa cour dimanche 19. Elle reçut nos compliments sur le gain de la bataille de Paltzig. Elle me fit l'honneur de me dire que sa joie étoit bien troublée par les bruits qui se répandoient sur une affaire à notre désavantage en Westphalie[3] ; qu'elle étoit autant occupée du Roi que d'elle-même ; que je connoissois son cœur et qu'elle me prioit de lui faire savoir à quel point son amitié étoit sincère, et que rien ne la pouvoit faire changer. Je saisis ce moment, Monsieur, pour assurer Sa Majesté Impériale du désir du Roi de serrer de plus en plus les nœuds de nos engagements avec elle, et que deux aussi grandes puissances, constamment et fidèlement unies, seroient enfin victorieuses et donneroient la paix à l'Europe. — « C'est ce que je désire, me répondit Sa Majesté Impériale. Ne soyez point inquiet de ce qui vient de se passer à votre armée. Je suis bien persuadée que le mal n'est pas aussi grand que le roi de Prusse le veut faire croire. Il a diminué les avantages de la victoire que Soltikoff a remportée à Paltzig, et il augmente sûrement ceux que le prince Ferdinand a eus sur les François. Je vous avouerai que je ne suis point contente de M. le maréchal Daun, qui est toujours à Lauban[4] avec son armée et qui a rappelé le corps d'Hadick qui devait se joindre à Laudon...

---

LE MARQUIS DE L'HÔPITAL AU DUC DE CHOISEUL.

Pétersbourg, 25 août 1759[5].

L'Impératrice ayant appris l'importante et presque décisive nouvelle de la victoire que ses troupes, jointes au corps de M. de Laudon, viennent

1. Le comte Ivan Pétrovitch (né en 1730, mort en 1805), qui devint feld-maréchal.
2. *A. E. Russie*, t. LX.
3. Le 1er août, Ferdinand de Brunswick avait battu à Minden le maréchal de Contades et l'avait rejeté sur Cassel.
4. Lauban, sur la Queiss, dans la haute Silésie.
5. *A. E. Russie*, t. LX.

de remporter sur le roi de Prusse en personne, près de Francfort[1], Sa Majesté Impériale partit de Péterhof hier au soir pour venir à Pétersbourg y recevoir les compliments et faire chanter le *Te Deum*, où j'ai assisté, dans son palais. Sa Majesté Impériale a reçu avec une modestie et une religion infinie ce grand événement, qu'elle regarde comme une preuve de la protection divine pour la bonne cause. Cette princesse m'a répété ce que j'ai eu l'honneur de vous mander par ma dernière dépêche, en disant que le Roi étoit l'objet de son cœur et qu'elle étoit occupée de son bonheur comme du sien propre. Le comte Esterhazy et les autres ministres, n'ayant pas sans doute été avertis assez tôt, n'ont pas assisté au *Te Deum*. J'étois le seul ministre étranger, et je puis vous assurer, Monsieur, que Sa Majesté Impériale, M. le chancelier et toute la cour m'ont fait connoître combien ils s'intéressoient à la gloire du Roi, combien son alliance avec l'Empire russe leur étoit précieuse et agréable. Nos compliments réciproques finirent toujours par ces expressions : « Tout bon Russe doit être bon Français, comme tout bon Français doit être bon Russe... »

Nous devons nous flatter que le prince Henri[2] ne tiendra pas devant M. le maréchal Daun, que le reste de la campagne sera employé à mettre le roi de Prusse aux abois, et que nous pourrons lui ôter jusqu'aux ressources de ses principales forteresses. Si Dieu bénit nos entreprises en Westphalie et contre les Anglois, nos ennemis demanderont la paix; elle sera ainsi glorieuse et solide. Ce sont nos vœux les plus ardents, et nos espérances sont fondées sur la justice de la cause commune, sur la puissance du Roi et de ses alliés et sur le concert qui règne entre eux : effet de nos travaux constants et des résolutions nerveuses que le Roi a mises dans toutes les opérations de cette campagne.

---

LE MARQUIS DE L'HÔPITAL AU DUC DE CHOISEUL.

Pétersbourg, 30 août 1759[3].

... J'ai pensé, d'ailleurs, qu'après les deux batailles[4] que les Russes viennent de gagner, les choses prenant une tournure très différente du passé, vous aurez immanquablement des ordres à m'envoyer pour ma conduite; car, si les événements continuent à nous être favorables le reste de la campagne, comme il y a toute apparence, je prévois que la paix pourra se traiter pendant l'hiver. L'on est persuadé que le roi de Prusse et le roi d'Angleterre auront recours à la France. Le ministère de Russie craint

---

1. La grande bataille de Kunersdorf, le 12 août, non loin de Francfort. — C'est un autre Soltykof qui fut chargé d'apporter encore ce message de victoire : ĉo Nicolas Ivanovitch (né en 1736, mort en 1816), qui devint ensuite, sans plus de titres militaires, prince et feld-maréchal. Il est surtout connu comme le gouverneur d'Alexandre Ier et de son frère Constantin. Bogdanovitch, *Histoire d'Alexandre Ier* (en russe), t. Ier, pp. 14 et 22 des notes.
2. Frère du roi de Prusse, qui l'avait chargé de surveiller Daun, pendant que lui-même courait à la rencontre de l'armée russe.
3. A. E. Russie, t. LX.
4. Paltzig et Kunersdorf.

que la cour de Vienne, victorieuse, ne porte trop loin ses prétentions et ne devienne trop puissante. Il désire toujours que nous soyons liés avec l'Empire de Russie pour s'opposer à l'agrandissement de la maison d'Autriche, tandis que, de leur côté, ils ont pour objet, ainsi que j'ai eu l'honneur de vous le mander, un traité avec la Pologne pour régler définitivement les limites des deux États. Les deux batailles gagnées augmentent leurs espérances; ils comptent sur nous et ne demanderont pas mieux que d'avoir des engagements directs avec le Roi indépendamment de la cour de Vienne.

Choiseul ne cessait d'assurer la Russie, comme Élisabeth assurait Louis XV, de sa ferme résolution de pousser la guerre à outrance; mais il reprochait aux Russes de trop ménager les pays prussiens occupés par eux, tandis que le roi de Prusse avait complètement ruiné la Saxe et le Mecklembourg. Il fallait lever sur les Prussiens assez de contributions pour entretenir l'armée russe, au lieu de les enrichir de l'argent dépensé par les troupes de la Tsarine. Voronzof faisait répondre par Galitsyne[1] qu'on ne pouvait comparer la Prusse orientale aux provinces allemandes occupées par Frédéric : « Nous savons, par expérience, que les habitants de la Prusse ne sont pas en état de payer les contributions, soit par pauvreté, soit par le manque d'espèces courantes, que le roi de Prusse a eu soin de retirer du pays... D'ailleurs on ne doit pas suivre le mauvais exemple du roi de Prusse[2]. »

Cependant Frédéric était tellement affaibli par trois coups terribles, Hochkirch, Kunersdorf, Maxen, que, toute la campagne suivante, il se tint sur la défensive, se contentant d'infliger la défaite de Torgau à Daun qui le serrait de trop près (3 novembre 1760).

Du côté des Russes, le successeur de Soltykof pour la campagne de 1760, Boutourline[3], ne fit que des démonstrations sans portée. L'épisode de la campagne, sinon le plus important au point de vue militaire, du moins le plus intéressant pour l'effet moral, ce fut l'occupation de Berlin par les Russes. Tottleben était arrivé le 3 octobre devant cette ville, avec sept escadrons de kosaks ou de hussards et l'avait sommée. Le 4, après une vive canonnade, il fut repoussé. Renforcé du corps de Tchernychef et de troupes envoyées par Fermor, il avait recommencé l'assaut le 7, chacun des deux partis ne cessant de recevoir des renforts. Le 8, Tchernychef avait conseillé la retraite; mais Lascy survint avec 18 000 Autrichiens et Saxons, Panine avec des troupes russes. Devant ces forces portées maintenant à 40 000 hommes, les Prussiens s'étaient décidés à signaler une capitulation pour leur capitale. Elle eut lieu le 9, à quatre heures du matin,

---

1. Le prince Dmitri Alexandrovitch Galitsyne, d'abord adjoint à l'ambassadeur Tchernychef, puis, en 1761, ministre plénipotentiaire à Paris.
2. Solovief, t. XXIV, p. 260.
3. Le comte Alexandre Borisovitch (1674-1767), qui devint feld-maréchal.

et à cinq heures Tottleben occupa les portes de Berlin. La ville fut rançonnée et les établissements royaux, arsenaux, magasins, manufactures, furent détruits. Tous les témoignages s'accordent à reconnaître que les Autrichiens et les Saxons pillèrent plus que les Russes[1]. A la nouvelle de l'approche de Frédéric II, les coalisés évacuèrent Berlin, le 12 octobre 1760.

Cette année-là, les Français achevèrent de perdre le Canada; Lally fut repoussé dans Pondichéry; on battit les Hanovriens à Corbach et à Clostercamp.

---

LE DUC DE CHOISEUL AU MARQUIS DE L'HÔPITAL.

Versailles, 24 octobre 1760 [2].

... Vous aurez été presque aussitôt informés à Pétersbourg que nous l'avons été ici de l'entrée des troupes russes dans Berlin. Cette entreprise a eu le succès qu'on s'en étoit promis; mais il faut, pour n'en pas perdre tout le fruit, que l'armée de Russie hiverne ou dans le Brandebourg, ou en Poméranie, ou en Silésie. Cela est d'autant plus nécessaire que je sais, à n'en pouvoir douter, que si elle reprend ses anciens quartiers en Pologne, et si la négociation pour l'échange du Holstein[3] ne réussit pas, le ministre danois est bien déterminé à s'unir aux Anglois et aux Prussiens. C'est une particularité dont il est à propos que M. le comte de Woronzow soit instruit, et vous devez la lui confier...

---

LE MARQUIS DE L'HÔPITAL AU DUC DE CHOISEUL.

Pétersbourg, 5 novembre 1760 [4].

... Je me suis bien gardé, Monsieur, d'échauffer davantage les têtes russes. Il y a déjà longtemps que je laisse agir M. d'Esterhazy seul, et je n'ai pas oublié ce que vous m'avez fait l'honneur de me mander, l'année dernière, que je devois sur les opérations militaires être subordonné aux intentions de la cour de Vienne. Mon objet, depuis longtemps, est de disposer les esprits

---

1. Sur la prise de Berlin : SOLOVIEF, t. XXIV, pp. 323 et suiv.; — SCHÆFER, II, 2, p. 80; — BOLOTOF, *Zapiski*, t. II, p. 15; — TOTTLEBEN, rapport, dans les *Archives Voronzof*, VI, 458; — MONTALEMBERT, *Correspondance;* — GOTZKOWSKI, *Geschichte eines patriotischen Kaufmanns*, 1768.
2. *A. E. Russie*, t. LXV, fol. 114.
3. Voyez ci-dessus, p. 52, note 2.
4. *A. E. Russie*, t. LXV, fol. 142.

à la paix, de chercher à découvrir les véritables intentions de cette cour, afin d'amener le ministère de Russie à s'entendre avec vous, Monsieur, sur les moyens de pacification pendant le cours de cet hiver et de faire en sorte que cette campagne-ci soit la dernière de la guerre. On tombe toujours ici à pieds joints sur le maréchal Daun. Le ministère, les favoris, et, par conséquent, l'Impératrice sont convaincus qu'il n'auroit tenu qu'au général autrichien de battre le roi de Prusse, avant même qu'il eût le temps d'arriver en Saxe. On sait qu'après les marches forcées que ce prince a fait faire à son armée, elle étoit sur les dents, et que si le maréchal Daun eût pu l'attaquer, il en auroit eu bon marché. Cependant, Monsieur, nous ignorons entièrement ce qui se passe aux armées autrichienne et prussienne, et peut-être qu'au moment que j'écris il y aura eu quelque affaire décisive.

Le coup de main sur Berlin donne à cette cour un ton d'audace, pour ne pas dire d'insolence.

Le chancelier seul conserve son air de modestie, et une envie qui me paraît sincère de faire la paix. Je suis même bien persuadé que s'il en étoit le maître, les choses seroient bien avancées ; mais le favori d'un côté, les ministres de Conférence de l'autre, le contrarient. D'ailleurs, les engagements de l'Impératrice avec l'Impératrice-Reine, les traités renouvelés, les vues de ces deux Impératrices tiennent les affaires dans le même état. Nous verrons, lorsque la campagne sera absolument finie, ce qu'elle aura produit en faveur de la paix.

Je connois assurément le fort et le faible de cette cour, mais je ne puis changer ni la forme du gouvernement, ni le caractère des personnes qui influent dans des grandes affaires.

---

LE MARQUIS DE L'HÔPITAL AU DUC DE CHOISEUL.

Pétersbourg, 5 décembre 1760[1].

... M. le chambellan[2] me parla aussi de son désir de voir la paix faite. « Mais, me dit-il, comment y parvenir tant que le roi de Prusse sera en Saxe et que l'Impératrice-Reine n'aura pas la Silésie ? » Vous jugerez, Monsieur, par ce discours, de ce qu'on peut espérer de ce côté-ci...

Ce désir de paix dont parlait Ivan Chouvalof était sincère chez lui aussi bien que chez l'Impératrice. Il était sincère aussi à la cour de la France : Choiseul avait même eu l'idée singulière, jugée très dangereuse par le Roi, d'inviter la Russie à interposer sa médiation armée entre l'Autriche et la Prusse et de rétablir la paix sur le conti-

---

1. *A. E. Russie*, t. LXV, fol. 192.
2. Le favori Ivan Chouvalof.

nent, pendant qu'une médiation du roi d'Espagne essaierait de réconcilier la France et l'Angleterre. Il avait adressé en ce sens, le 8 juillet 1759, des instructions pressantes à l'Hôpital.

Encore à cette époque, la cour de Russie n'avait pas renoncé à s'assurer une indemnité pour tant de sacrifices en s'annexant la province de Prusse orientale; elle avait même fait part de ses intentions au marquis de L'Hôpital dans un mémoire du 26 octobre et une note du 1er décembre 1759. Le cabinet de Versailles, inquiet d'une prétention qui risquait d'éterniser la guerre continentale, chargea son ambassadeur de communiquer aux ministres russes la déclaration suivante [1]. On voit que le gouvernement royal était constamment partagé entre la crainte de voir la Russie se lasser tout à coup de la guerre et celle de la voir afficher des convoitises qui rendraient la paix impossible. Or la paix semblait d'autant plus possible que les cours de Londres et Berlin avaient, par une note du 25 novembre 1759, fait connaître qu'elles étaient disposées à prendre part à un congrès.

### DÉCLARATION

DE LA PART DU ROI.

ENVOYÉE LE 18 DÉCEMBRE 1760 A M. LE MARQUIS DE L'HÔPITAL [2].

Le Roi Très-Chrétien, touché des malheurs dont le fléau de la guerre afflige l'Europe et presque tout le monde connu, croit devoir notifier à ses alliés et principalement à l'Impératrice de toutes les Russies que son humanité et son attention particulière pour le bonheur des peuples qu'il gouverne lui font désirer que chaque partie de l'alliance concoure, ainsi que lui, au rétablissement de la paix générale.

L'Europe est embrasée par deux guerres : l'une qui regarde uniquement la France et l'Angleterre et sur laquelle la modération du Roi se fera connoître lorsque l'Angleterre paroîtra vouloir entrer dans des moyens raisonnables de conciliation.

La guerre d'Allemagne est celle sur laquelle le Roi veut principalement s'expliquer avec ses fidèles alliés, tant en vertu de sa qualité de garant des traités de Westphalie, conjointement avec la couronne de Suède, que relativement aux traités et aux engagements que Sa Majesté a contractés avec l'Impératrice-Reine, l'Impératrice de Russie et le roi de Suède.

La qualité de garants des traités de Westphalie impose au Roi et au roi de Suède l'obligation de maintenir le système germanique ainsi que les lois et constitutions de l'Empire qui en sont la base, de donner leur secours aux membres de l'Empire qui, injustement attaqués, les réclament,

---

1. La *Déclaration* fut précédée d'une « note formelle et ministérielle » que L'Hôpital fut également chargé de remettre. Voyez ci-dessous, p. 127, Instructions au comte de Breteuil.
2. *A. E. Russie*, t. LXV, fol. 232.

de leur procurer une satisfaction convenable, enfin de concourir au rétablissement de l'ordre et de la tranquillité de l'Allemagne.

Le roi et la couronne de Suède ont fait les plus grands efforts dans cette guerre pour remplir les obligations de leur garantie. Les deux puissances, quelque soupçon qu'aient voulu donner malignement leurs ennemis, n'ont aperçu aucune altération dans la liberté des trois religions établies par les traités de Westphalie.

Il est constaté que la puissance du roi de Prusse, électeur de Brandebourg, est affoiblie au point que, si l'Angleterre ne soutenoit pas ce prince, il lui seroit impossible de ne point se soumettre aux dédommagements que son invasion injuste donne droit de prétendre sur lui. Malgré les secours de l'Angleterre, l'affoiblissement de ce prince est réel, et les puissances confédérées pour le rétablissement de la paix et le maintien de la justice ne doivent pas craindre, tant qu'elles seront unies, que Sa Majesté Prussienne, après la paix, hasarde de troubler, par de nouvelles invasions, le repos et les lois de l'Empire.

Les garants de la paix de Westphalie ont donc rempli trois objets :

1° Le maintien de la liberté des trois religions établies dans l'Empire ;

2° Ils ont opposé une force considérable aux invasions du roi de Prusse ;

3° Ils ont la satisfaction de voir que la puissance prussienne est affoiblie au point que l'on a lieu d'espérer qu'on aura plus à l'avenir à craindre l'esprit ambitieux d'un prince qui comptoit trop témérairement sur ses forces.

Il ne reste, pour remplir toutes les obligations de la garantie, qu'à assurer des dédommagements aux puissances qui ont été les victimes de l'invasion prussienne. Le roi de Pologne et l'Impératrice-Reine sont les deux seules puissances qui exigent ce dédommagement, et c'est pour le constater que le Roi s'adresse avec confiance à la couronne de Suède et à ses alliés pour convenir de quelle nature peut être ce dédommagement et quelle est la possibilité de l'obtenir. Sa Majesté, en faisant cette demande, observe qu'il est essentiel de calculer les prétentions sur les dédommagements avec les pertes que l'obtention de ces dédommagement pourroient causer aux puissances garantes ; car la garantie des traités de Westphalie n'oblige point les garants à sacrifier les intérêts les plus chers de leur royaume pour procurer des dédommagements dans toute l'étendue que pourroient les désirer les puissances qui y ont recours.

Les obligations que le Roi a contractées par des traités ne sont pas moins sacrées pour Sa Majesté que celle du maintien de la paix de Westphalie. Mais ces obligations sont soumises à la loi naturelle de la possibilité ; ce qui étoit praticable et faisoit le fondement d'un traité dans telle circonstance, et singulièrement au commencement d'une guerre, diminue souvent de probabilité selon les événements de cette même guerre et finit par devenir impossible. C'est lorsque l'assurance de parvenir au but que l'on s'étoit proposé s'éloigne qu'il est de la prudence des alliés de combiner les effets de leurs efforts avec leurs espérances ; et si les moyens qu'ils emploient sont plus onéreux à leurs peuples que ce qu'ils espèrent sera avantageux, c'est alors que les puissances unies doivent se confier leurs sentiments les plus intimes, afin que d'un consentement unanime et sans manquer à la fidélité de l'alliance, elles prennent le parti de réparer, par la paix, les malheurs de la guerre et de préférer le bonheur de leurs peuples à la gloire et à l'utilité des événements de la guerre, puisque souvent le hasard y préside et qu'il détruit dans un moment les projets les plus justes et les mieux concertés.

C'est dans cette situation où se trouve l'alliance que le Roi pense qu'il est de l'humanité et de l'intérêt général que ses fidèles alliés concertent avec lui un plan de pacification avoué de tous les membres de l'alliance, et qui resserre, s'il est possible, encore plus fortement l'union qui subsiste entre la France, l'Impératrice-Reine, l'Impératrice de Russie et la couronne de Suède.

Le Roi déclarera avec d'autant plus de confiance aux alliés qu'il désire vivement qu'ils prennent une résolution sur la proposition qu'il leur fait de chercher à procurer la paix à l'Europe dans le cours de cet hiver, qu'il ne prévoit point la possibilité que la campagne prochaine mette, par ses événements, l'alliance dans une position différente de celle où elle se trouve dans ces moments-ci. Les sujets malheureux souffriront, la terre se dépeuplera davantage, les puissances épuiseront leurs finances, et il est très problématique si, après ces maux, la paix d'Allemagne se fera avec plus d'avantages pour l'alliance qu'elle ne se feroit cet hiver. D'ailleurs, et c'est la raison décisive pour le Roi, il ne doit pas dissimuler à ses fidèles alliés qu'il est obligé de diminuer ses secours militaires et que la continuation de la guerre affoiblit considérablement les ressources de son royaume, de façon que, si la guerre duroit, il ne peut pas répondre qu'il lui soit possible de remplir exactement les engagements qu'il a contractés.

La confiance que Sa Majesté marque à l'Impératrice de Russie lui fait espérer qu'elle voudra bien lui faire connoître incessamment ses intentions sur les objets dont traite ce mémoire, et qu'animée du même zèle que le Roi pour le bonheur de l'Europe, Sa Majesté l'Impératrice sacrifiera même ses intérêts personnels, comme le Roi est dans l'intention de sacrifier les siens à cet objet.

Si les ennemis de l'alliance, acharnés à la destruction, se refusent aux propositions raisonnables de paix qui leur seront faites, le Roi emploiera toute sa puissance, ainsi que ses fidèles alliés à obliger les rois de Prusse et d'Angleterre à concourir aux vues pacifiques qu'on leur propose, et c'est dans cette supposition que Sa Majesté, en même temps qu'elle fait part à ses fidèles alliés du besoin et du désir qu'elle a de parvenir à la paix, insiste auprès d'eux afin qu'ils redoublent leurs efforts pour se trouver dans une position digne de leur puissance et de l'objet qui les fait agir, si les cours ennemies s'obstinent à vouloir le malheur du genre humain.

Ainsi, le Roi de France désirait sincèrement la cessation d'une guerre qui ruinait ses finances, sa considération en Europe, ses colonies. La Russie, au contraire, persistait à vouloir être indemnisée de ses sacrifices. A cet effet, elle s'était rapprochée de l'Autriche et, à l'insu de la France, avait signé avec elle la convention de Pétersbourg, du 21 mars 1760. Dans les articles séparés et secrets de cet instrument, il avait été stipulé que les deux cours impériales essaieraient de prendre leur dédommagement aux dépens du roi de Prusse : l'Autriche recouvrerait la Silésie et le comté de Glatz; la Russie garderait la Prusse orientale. L'ambassadeur de France à Pétersbourg, sans rien savoir de précis, devinait cependant la véritable situation :

LE MARQUIS DE L'HÔPITAL AU DUC DE CHOISEUL.

Pétersbourg, 28 janvier 1761[1].

... Malgré les bonnes intentions de M. de Woronzow et les fortes raisons que j'ai cherché à mettre dans tout leur jour, je crains que cette cour ne s'entende de préférence avec la cour de Vienne[2]. Ces deux puissances voudront profiter de l'affoiblissement où se trouve le roi de Prusse pour tâcher de l'abattre l'année prochaine...

L'armée russe est en très bon état. Il y passe continuellement des recrues. Il ne manque que mille chevaux, au plus, à la cavalerie. Le plan de l'ouverture de la campagne prochaine est de faire le siège de Colberg, et l'on travaille à mettre la flotte russe en état de sortir de Cronstadt et de Revel deux mois plus tôt que l'année passée. Colberg pris, on s'avancera vers Stettin pour en faire le siège avec les Suédois, ou bien on se repliera vers Custrin, pour se procurer cette place et être ainsi à cheval sur l'Oder et à portée de Berlin. Je tiens ceci de M. le chancelier.

Cependant le marquis de L'Hôpital était âgé et goutteux : c'était un inconvénient dans une cour toujours en fêtes comme celle de Russie. Il n'avait pas le goût de l'intrigue, et, en présence des partis qui agitaient le palais, entre la vieille Impératrice et la jeune cour, entre le grand-duc héritier et sa femme, entre les adhérents de Bestoujef, ceux des Voronzof, ceux des Chouvalof, c'était toujours d'intrigue qu'il s'agissait. Enfin on reprochait à notre ambassadeur de dépenser beaucoup : « M. de L'Hôpital, écrivait le Roi à Tercier[3], coûte bien cher à Pétersbourg ; il seroit à désirer qu'il en fût déjà revenu ; mais l'embarras seroit son successeur. » Le marquis avait, en effet, déployé un grand faste ; il entretenait une suite nombreuse, de plus de quatre-vingts personnes, parmi lesquelles plusieurs gentilshommes : le comte de Fougières, de Curis, son neveu le baron de L'Hôpital, le marquis de Bermont, sans parler des attachés militaires dont il sera question plus loin. Il avait pour premier secrétaire M. Bonnet. Rien que son voyage de Paris à Pétersbourg lui avait coûté 150 000 livres.

Quelques années plus tard, L'Hôpital, écrivant à d'Éon une lettre datée de sa retraite de Châteauneuf, relevait ainsi cette accusation de prodigalité : « Je serois le plus heureux des hommes si j'étois sans dettes. On me reproche d'avoir trop dépensé dans mon ambassade ; mais l'argent est le grain que j'ai semé pour arriver à la confiance, et c'est ainsi que nous avons mené sur l'Oder cent mille Russes qui ont gagné quatre batailles. Cependant on m'a repro-

---

1. A. E. Russie, t. LXV, fol. 287.
2. Ce n'était point étonnant. Voyez ci-dessus, t. Ier, introduction, p. XLIV.
3. Boutaric, t. I, p. 240. Lettre du 11 juillet 1759.

ché presque durement que j'avois jeté l'argent par les fenêtres, mais on ne peut m'accuser de l'avoir ramassé pour m'enrichir[1]. »

Nous verrons comment, dès avril 1760, l'arrivée en Russie de M. de Breteuil, chargé d'une double mission de la diplomatie patente et de la diplomatie secrète, était venue affaiblir l'autorité de L'Hôpital et diminuer l'importance de son rôle.

En mars 1761, le marquis de L'Hôpital remit le service à M. de Breteuil et rentra en France.

---

1. BOUTARIC, t. I, p. 240, note 4; sur les dépenses de L'Hôpital d'après le *Livre Rouge*.

# XXIX

## LE MARQUIS DE MONTALEMBERT

LE BARON DE WITTINGHOF, LE CHEVALIER DE MÉNAGER, ETC.

CHARGÉS DE MISSIONS MILITAIRES

1759-1761

Plusieurs officiers français furent envoyés en mission à l'armée russe pour suivre ses opérations et au besoin l'aider de leurs conseils.

Le baron de Wittinghof, originaire de Courlande, était entré au service de France vers 1735. En 1753, il était capitaine dans le régiment d'Alsace (infanterie allemande). En 1755, le comte de Broglie et M. de Rouillé le chargèrent d'aller observer les premiers mouvements de l'armée russe. Après la retraite d'Apraxine, il se rendit auprès de notre ambassadeur en Russie, le marquis de l'Hôpital, pour le renseigner à ce sujet (1757). Il reparut à l'armée de Fermor et se distingua dans la campagne de 1758[1].

Pendant ce voyage, le chevalier de Ménager (Mesnager ou Demesnager) le remplaça au camp russe comme correspondant de l'ambassadeur et rédigea un journal des marches et des opérations de l'armée tsarienne jusqu'en 1760.

M. d'Angeul ou d'Angeuil, attaché militaire du marquis de L'Hôpital, se trouvait à cette armée en novembre 1757.

Le baron de L'Hôpital, neveu du marquis, l'accompagnait quand

---

[1]. Wittinghof fut même blessé à la bataille de Zorndorf, d'une balle dans le poignet droit. Voir la lettre de Ménager du 31 août 1758. — L. FARGES, Instructions, etc. Pologne, t. II, p. 210.

il traversa l'armée russe en juin 1757 ; son oncle obtint du général Apraxine qu'il fît de lui son aide de camp.

Le comte de La Messelière, brigadier des armées du Roi, resta presque tout le temps à l'ambassade.

Meissonnier, officier français, fut également envoyé en 1755 à l'armée russe, mais par le comte de Broglie et par notre ambassade de Varsovie. Une lettre de décembre de 1755, qu'il écrivait à M. Durand, fut livrée par son porteur le sieur Schoudi, de Metz, au chambellan Chouvalof. Meissonnier fut arrêté à Pétersbourg, le 10 mars 1756, mis aux fers et libéré seulement en août.

Le plus important de ces agents militaires était assurément M. de Montalembert.

Le marquis Marc-René de Montalembert, né en 1714 à Angoulême, mort en 1800 à Paris[1], est le grand-oncle du célèbre orateur. Tacticien et ingénieur, brigadier des armées du Roi, il a publié la *Fonte des canons* (1758), la *Fortification perpendiculaire* (1776-1796), plus tard encore le *Siège de Saint-Jean d'Acre* (1798), des *Mémoires*, et enfin une *Correspondance*.

En octobre 1756, il fut détaché par le maréchal de Richelieu à l'armée suédoise qui opérait contre les Prussiens en Poméranie, avec mission de « s'occuper surtout des moyens de rendre l'union de nos forces avec la Suède aussi utile que glorieuse aux deux nations ». Il se mit en relation avec le marquis d'Havrincourt, ambassadeur du Roi à Stockholm de 1749 à 1763[2]. Le 18 mai 1759, il reçut une courte Instruction du maréchal duc de Belle-Isle l'informant qu'on l'attachait à l'armée russe : « Il commencera par se rendre à Saint-Pétersbourg auprès du marquis de L'Hôpital, qui le présentera à l'Impératrice pour l'informer de l'objet de sa mission, et il prendra ses instructions sur la conduite qu'il devra tenir à l'armée, lorsque cet ambassadeur jugera convenable de le faire partir[3]. »

Une Instruction spéciale lui fut donnée le 19 mai 1759 (c'est celle que nous reproduisons plus loin), avec une lettre d'introduction du duc de Choiseul auprès de M. de L'Hôpital.

La présence de M. de Montalembert ne fut pas inutile au succès des armées russes.

Il assista à la prise de Berlin et y contribua beaucoup par ses conseils.

---

1. Son éloge a été écrit en 1801 par Delisle ; une notice a été rédigée sur lui en 1800 par Désaudray.
2. A. GEFFROY, *Instructions, Suède*, pp. 381 et suiv. — La correspondance de Montalembert avec d'Havrincourt, les maréchaux de Richelieu, de Belle-Isle, de Senneterre, et le duc de Choiseul, a été publiée sous ce titre : *Correspondance de M. le marquis de Montalembert*, etc. Londres, 1777, 2 volumes in-18.
3. Ce document est reproduit dans la *Correspondance*, tome II, pp. 28-29.

Les Russes étaient arrivés le 3 octobre 1760 devant Berlin ; le 8 octobre, Tchernychef, inquiet des premiers échecs de Tottleben, voulait se mettre en retraite ; ce fut Montalembert qui l'en empêcha. L'événement lui donna raison : dans la même journée, accouraient Panine et Lascy, et le 9 octobre, au matin, le ville capitulait.

M. de Montalembert avait demandé, par lettre du 12 octobre 1759, l'autorisation de rentrer en France pour mettre ordre à ses affaires personnelles. M. de Choiseul l'obligea à passer en Russie encore les deux campagnes suivantes. Il ne revint en France qu'en 1761, après la prise de Berlin, et fut alors employé à mettre en bon état de défense nos ports de l'Océan.

La correspondance *Russie* aux Affaires étrangères renferme un assez grand nombre de lettres, fort intéressantes au point de vue militaire, de Wittinghof, Ménager et Montalembert.

La cour de Vienne était représentée auprès des armées russes par le général de Saint-André et le baron de Kempel, attachés à l'ambassadeur Esterhazy.

---

INSTRUCTION POUR M. LE MARQUIS DE MONTALEMBERT, BRIGADIER DU ROI, ALLANT A PÉTERSBOURG ET, DE LA, A L'ARMÉE RUSSE. — VERSAILLES, LE 18 MAI 1759 [1].

L'intérêt que le Roi prend au succès des armes de Sa Majesté l'Impératrice de toutes les Russies lui faisant désirer d'avoir un officier principal à l'armée de cette princesse qui doit agir en Poméranie, pour y être témoin de ses opérations, s'y employer en ce qui dépendra de lui et rendre compte des événements heureux que l'on doit s'en promettre, Sa Majesté a jeté les yeux sur le marquis de Montalembert, qui, par l'expérience qu'il a acquise dans ses armées, et par ses autres qualités personnelles, lui a paru plus propre que personne à remplir cette commission.

Il commencera par se rendre à Saint-Pétersbourg auprès de M. le marquis de L'Hôpital, qui le présentera à l'Impératrice

---

1. *Correspondance de Montalembert*, t. II, pp. 28-29.

pour l'informer de l'objet de sa mission, et il prendra ses instructions sur la conduite qu'il devra tenir à l'armée lorsque cet ambassadeur jugera convenable de le faire partir pour l'aller joindre.

M. le marquis de L'Hôpital lui remettra sans doute une lettre de recommandation pour le général Fermer[1], dont il s'efforcera de gagner la confiance. On s'en remet, à cet égard, à sa dextérité et à sa prudence.

Il s'informera régulièrement de la force de l'armée russe, de ce qu'il apprendra des projets du général, de ses opérations, des mouvements de l'armée prussienne qui lui sera opposée, et généralement de tout ce qui se passera de relatif à l'objet militaire.

On lui remet deux chiffres dont il pourra se servir lorsqu'il aura des choses secrètes à mander : l'un pour sa correspondance avec le secrétaire d'État de la guerre et avec le marquis de Caulincourt, que le Roi envoie à l'armée suédoise ; l'autre, de lui à M. de Montazet qui va servir à l'armée de l'Impératrice-[Reine], commandée par le maréchal de Daun.

Fait à Versailles, le 18 mai 1759.

LE MARÉCHAL, DUC DE BELLE-ISLE[2].

---

MÉMOIRE POUR SERVIR D'INSTRUCTION AU SIEUR MARQUIS DE MONTALEMBERT, BRIGADIER DES ARMÉES DU ROI, ALLANT, PAR ORDRE DE SA MAJESTÉ, FAIRE LA CAMPAGNE A L'ARMÉE RUSSE. — VERSAILLES, 19 MAI 1759[3].

Les preuves que le sieur marquis de Montalembert a données de son intelligence et de son zèle pendant le séjour qu'il a fait

---

1. Fermor.
2. Charles-Auguste Fouquet, duc de Belle-Isle, maréchal de France, ministre de la guerre de 1758 à 1761.
3. *A. E. Russie*, t. LX. — Publié dans la *Correspondance de Montalembert*, t. II, pp. 22-24.

l'année dernière en Poméranie, avec l'armée suédoise, ont déterminé le Roi à lui donner la même commission à exécuter pendant cette campagne auprès de l'armée russe, et Sa Majesté ne doute point qu'il ne justifie parfaitement la nouvelle marque de confiance dont elle veut bien l'honorer.

Le sieur marquis de Montalembert se rendra le plus diligemment qu'il sera possible à Pétersbourg, afin d'y prendre les connoissances dont il pourroit avoir besoin pour la direction de sa conduite. Le sieur marquis de L'Hôpital, ambassadeur du Roi auprès de l'Impératrice de Russie, aura soin de lui procurer une audience de cette princesse, à qui le Roi a jugé à propos d'écrire à cette occasion la lettre ci-jointe[1]. Le marquis de Montalembert, en la remettant à l'Impératrice, lui renouvellera au nom du Roi, et dans les termes les plus expressifs, les assurances des sentiments d'amitié et de confiance de Sa Majesté pour cette princesse, du désir qu'a le Roi de cimenter de plus en plus et de perpétuer l'alliance qui subsiste heureusement entre les deux cours pour le bien général de l'Europe, et pour leur gloire et leurs avantages réciproques, et du vif et sincère intérêt que Sa Majesté prend à la conservation de cette princesse et à la prospérité de son règne.

Le sieur marquis de Montalembert, qui sera sans doute admis à faire aussi sa cour au grand-duc et à la grande-duchesse de Russie, leur dira que le Roi lui a expressément ordonné de les assurer de son amitié, de son estime, et de sa disposition constante à contribuer autant qu'il pourra dépendre de lui à leur satisfaction.

Du reste, le marquis de Montalembert réglera ses discours et ses démarches à la cour de Russie sur les instructions et les conseils qu'il recevra du sieur marquis de L'Hôpital.

La mission du marquis de Montalembert étant particulièrement relative à l'administration militaire des Russes, il se procurera, pendant le séjour qu'il fera à Pétersbourg, les notions les plus étendues et les plus exactes qu'il sera possible sur cette partie essentielle. Elles lui faciliteront les connoissances plus dé-

---

1. C'est la pièce suivante.

taillées à acquérir à cet égard, lorsqu'il sera rendu à l'armée russe.

Comme il sera vraisemblablement accrédité en quelque sorte auprès du comte de Fermer, par des lettres de l'Impératrice ou de son ministère, le marquis de Montalembert éprouvera sans doute l'accueil le plus favorable de la part de ce général, dont il doit s'appliquer à se concilier l'estime, l'amitié et la confiance, afin d'être plus en état de servir utilement le Roi, et de remplir les intentions de Sa Majesté.

L'objet principal des soins et du travail du marquis de Montalembert doit être une observation éclairée et prudente des forces de l'armée russe, du caractère, des talents, des affections et des vues du comte de Fermer et des principaux officiers qui serviront sous ses ordres. Il examinera surtout, avec l'attention la plus scrupuleuse et la plus suivie, quelle est la constitution du militaire russe, quels en sont les avantages et les inconvénients; ce qu'on peut en attendre pour le présent et pour l'avenir; quel est le projet de campagne du général, et si son activité ou son inaction sont l'effet ou des ordres qu'il a de sa cour ou de sa façon personnelle de penser.

Le sieur marquis de Montalembert tâchera surtout de pénétrer, avec précision et certitude, si l'on peut espérer que les Russes se joignent aux Suédois pour quelque opération ou entreprise commune pendant cette campagne, et en particulier pour faire le siège de Stettin.

La connoissance qu'il a du génie des Suédois et de la composition de leurs troupes le met plus en état que personne de juger si leur jonction aux Russes, à supposer qu'elle puisse avoir lieu, ne seroit peut-être pas aussi susceptible d'inconvénients que de succès.

Enfin le marquis de Montalembert ne négligera rien pour donner au Roi et à son Conseil des idées justes et claires sur tout ce qui peut avoir quelque rapport direct ou indirect avec l'armée russe.

Il trouvera, auprès du général Fermer, le chevalier Mesnager, qui lui communiquera toutes les notions que cet officier françois a déjà acquises à cet égard, et qui le secondera avec zèle et intelligence dans tout ce à quoi ils auront à travailler de concert pour le service du Roi[1].

On joint ici des tables de chiffres dont le sieur marquis de Montalembert se servira pour entretenir la correspondance avec le duc de Choiseul, ministre et secrétaire d'État au ministère des affaires étrangères, avec le comte de Choiseul, le marquis de L'Hôpital et le marquis d'Havrincourt, ambassadeurs du Roi à Vienne, à Pétersbourg et à Stockholm. Il correspondra aussi, en prenant la même précaution du chiffre, avec le sieur Durand, ministre du Roi à Varsovie, et avec le marquis de Caulincourt, que le Roi a envoyé en Poméranie, pour y faire la campagne avec l'armée suédoise.

Le Roi fera remettre au sieur marquis de Montalembert, par le ministère de la guerre, les autres instructions qui devront lui servir de règle générale de conduite pendant la durée de sa commission.

Les ordres particuliers que Sa Majesté jugera à propos de lui donner, lui seront adressés successivement, suivant que les circonstances et les événements l'exigeront.

Fait à Versailles, le 19 mai 1759.

Louis.

Plus bas :

Choiseul.

LE ROI A L'IMPÉRATRICE DE RUSSIE.

Versailles, 19 mai 1759[2].

Madame ma sœur, Je profite avec empressement de toutes les occasions de renouveler à Votre Majesté les assurances de mes sentiments pour elle et de lui donner des marques de ma confiance. C'est dans cette vue que j'ai ordonné au marquis de Montalembert, brigadier de cavalerie dans mes armées, de se rendre d'abord à la cour de Votre Majesté et de lui exprimer dans les termes les plus forts le désir que j'ai d'affermir de plus en plus et de perpétuer l'alliance qui subsiste heureusement entre nous. Mon inten-

---

1. Cet alinéa ne se trouve pas dans la *Correspondance* imprimée de Montalembert.
2. *A. E. Russie*, t. LX.

tion est qu'il fasse ensuite cette campagne dans l'armée de Votre Majesté et je ne doute point que, par la sagesse de sa conduite, il ne se concilie l'approbation de Votre Majesté et l'estime du général en chef et des autres officiers à qui elle a confié le commandement de ses troupes. J'espère que Votre Majesté voudra bien lui faire éprouver de leur part l'accueil favorable que doit attendre d'eux un officier de naissance et de mérite, sujet d'un souverain ami sincère et allié fidèle de Votre Majesté. Elle ne sauroit être trop persuadée de l'amitié invariable avec laquelle je suis,

Madame ma sœur,
De Votre Majesté bon frère,

Louis.

Suscription :

*Madame ma sœur l'Impératrice*
*de toutes les Russies.*

---

LE DUC DE CHOISEUL AU MARQUIS DE L'HÔPITAL[1].

Versailles, 19 mai 1759[2].

M. de Montalembert, qui vous remettra cette lettre, Monsieur, doit faire cette campagne dans l'armée russe, et l'intention du Roi est qu'il se rende d'abord à Pétersbourg pour y recevoir de vous les conseils et les instructions qui lui seront nécessaires pour la direction de sa conduite. Sa Majesté a jugé à propos d'écrire à cette occasion à l'Impératrice de Russie une lettre que M. de Montalembert est chargé de remettre à cette princesse et dont je joins ici une copie. Je suis bien persuadé, Monsieur, que vous regarderez comme un devoir de votre ministère de présenter cet officier à l'Impératrice, au grand-duc et à la grande-duchesse et aux ministres de la cour où vous êtes, et de lui procurer l'accueil et les agréments auxquels doit s'attendre un homme de naissance, sujet du Roi et brigadier de cavalerie dans les armées de Sa Majesté. Je crois aussi que vous jugerez convenable de faire annoncer M. de Montalembert à M. le général Fermer, ou par l'Impératrice elle-même, ou du moins sur son ordre, afin qu'il soit traité à l'armée russe avec les égards et la distinction qui sont dus à sa personne, à son grade et à la commission que le Roi a bien voulu lui confier.

L'intention de Sa Majesté étant qu'il entretienne avec vous une correspondance exacte et suivie, vous conviendrez avec lui des moyens de la rendre aussi facile et aussi sûre qu'il sera possible. Je lui ai remis pour cet effet le même chiffre dont je joins ici les tables.

1. En note marginale : — « Sur la mission de M. de Montalembert à l'armée russe. M. l'ambassadeur lui donnera les instructions qui lui seront nécessaires pour la direction de sa conduite. »
2. *A. E. Russie*, t. LX.

# XXX

## LE BARON DE BRETEUIL

AGENT DE LA DIPLOMATIE SECRÈTE
ET MINISTRE PLÉNIPOTENTIAIRE (COMME ADJOINT
AU MARQUIS DE L'HÔPITAL)

1760-1761

Nous avons vu que, dès le 24 février 1757, le Roi pensait à proposer à Élisabeth un « petit commerce » de correspondance secrète.
Il y avait plusieurs séries de questions très délicates à traiter.

D'abord celle de la jeune cour, qui avait fini par se relever de l'éclatante disgrâce de 1758. Cet événement avait désorganisé le parti anglo-prussien que Bestoujef, Williams et Poniatowski, ce « trio d'un coquin, d'un fou et d'un fat [1] », avait formé autour de la grande-duchesse. Celle-ci avait reconquis, en avril 1759, la faveur de l'Impératrice, mais elle avait perdu ses amis et confidents des premières années. Maintenant elle se déclarait prête à reconnaître pour ami quiconque contribuerait au rappel de Poniatowski [2]. On verra plus loin, dans les Instructions à Breteuil, combien la cour de Versailles était exactement informée de la situation : « Le marquis de L'Hôpital, par des motifs que la droiture de ses intentions justifie, n'a point cultivé cette jeune cour, et il a surtout indisposé contre lui

---

1. Dépêche de L'Hôpital, 14 mai 1758.
2. Dépêche de L'Hôpital, 18 septembre 1758. Il raconte que, Catherine regrettant dans une conversation intime l'absence de Poniatowski, une des personnes présentes lui aurait dit : « Il n'y a que la France qui puisse le faire revenir. » — « Eh bien ! aurait dit la grande-duchesse, qu'elle le fasse et je serai toute Française. » Déjà Bernis avait eu l'idée de la ramener à Soltykof pour lui faire oublier le Polonais : oli métier pour un cardinal ! Nous verrons que Choiseul croira avoir trouvé mieux.

la grande-duchesse à l'occasion de la part qu'il a eue au rappel de Poniatowski, pour lequel cette princesse paraissait avoir un goût décidé et une inclination très vive[1]. » L'Hôpital avouait lui-même qu'il n'avait rien tant en horreur que cette sorte de diplomatie, qu'il répugnait à intervenir dans le ménage du grand-duc et à « mettre le doigt entre l'arbre et l'écorce[2] ». Il conseillait donc à sa cour de lui adjoindre le baron de Breteuil en lui donnant des lettres de créance : il faisait remarquer que la Tsarine agissait de même, puisqu'elle avait envoyé auprès de Michel Bestoujef, son ambassadeur à Paris, le prince Dmitri Alexandrovitch Galitsyne[3].

En second lieu, le prince de Conti, en 1757, avait espéré obtenir d'Élisabeth soit le duché de Courlande, soit la couronne de Pologne, soit la main de la Tsarine avec la couronne impériale, soit le commandement de l'armée russe, dont le généralissime d'alors, Apraxine, paraissait fort suspect.

Enfin, Louis XV, quoiqu'il fût devenu l'allié de la Russie, n'avait pas renoncé à ses sympathies, qui persistèrent jusqu'à la fin, pour les Polonais. Il aurait voulu obtenir d'Élisabeth que leur territoire fût ménagé pendant le passage de l'armée russe, que l'intégrité du royaume et les libertés du pays fussent garantis : cela encore, ce n'était pas des questions à traiter officiellement avec les ministres de la Tsarine.

Du reste, les objets que pouvait comporter la correspondance secrète sont assez bien indiqués dans le mémoire suivant :

MÉMOIRE SUR LA CORRESPONDANCE SECRÈTE DE SA MAJESTÉ AVEC L'IMPÉRATRICE DE RUSSIE. — 1759[4].

L'Impératrice de Russie, prévenue en faveur de M. le prince de Conti par tout ce qu'on lui en avoit dit d'avantageux, l'avoit fait assurer, dans plus d'une occasion, de la part qu'elle prendroit toujours à ses intérêts. On sait que, pour cultiver les bonnes

1. DE MOUY, *Correspondance inédite de Stanislas-Auguste Poniatowski et de madame Geoffrin*, Paris, 1875 : sur les relations de Poniatowski, pendant son voyage en France, avec ce célèbre salon.
2. Dépêche de L'Hôpital, 23 mai 1758.
3. Dépêche de L'Hôpital, 28 octobre 1759.
4. *A. E. Russie*, t. LI, fol. 398. — Ce mémoire a dû être rédigé à la fin de 1759 par M. Tercier.
La correspondance de M. de Breteuil comprend le tome LXIII, parties de LXII à LXV, les tomes LXVI à LXIX, les tomes LXIX à LXXIII, dans lesquels il y a aussi des lettres de M. Bérenger. — Extraits dans *La Cour de Russie il y a cent ans*.

dispositions de cette princesse, il avoit envoyé des émissaires secrets à Pétersbourg dès le temps du marquis de La Chétardie [1]; mais, soit incapacité, soit quelque autre raison, leur commission n'avait pas réussi.

Lorsque le Conseil de Sa Majesté crut devoir vérifier les avis qui venoient de toutes parts du désir que l'Impératrice de Russie avoit de se réunir avec Sa Majesté et des sentiments que le comte de Woronzow faisoit paraître, le chevalier Douglas fut choisi pour cette commission. Sa qualité d'étranger et de partisan fugitif du prince Édouard le rendoit plus capable qu'un autre d'aller à Pétersbourg, sans y donner de défiance, et de rapporter les éclaircissements que l'on souhaitoit.

Il étoit attaché à M. le prince de Conti qui, sans paroître, l'avoit fait proposer pour cette commission, pendant le cours de laquelle il pouvoit travailler aussi pour les intérêts de ce prince, de qui Sa Majesté consentit qu'il prît des instructions, l'autorisant aussi à lui écrire.

Le chevalier Douglas, retournant à Pétersbourg avec caractère public, fut chargé par M. le prince de Conti de faire connoître à M. le comte de Woronzow toute la confiance que ce prince avoit en lui, et combien il espéroit qu'il lui ménageroit dans l'occasion l'appui de l'Impératrice de Russie. Les vues que, de l'aveu de Sa Majesté, M. le prince de Conti avoit sur la couronne de Pologne pouvoient être trop éloignées pour qu'il en fût question alors; mais il se présentoit deux autres objets dont la réussite pouvoit être plus prochaine.

Le premier étoit l'élection au duché de Courlande.

Le second, le commandement en chef de l'armée russe, dont les généraux, peu fidèles, étoient dans le parti de la jeune cour et du comte de Bestucheff. Leur ignorance étoit d'ailleurs si connue que les intérêts de la cause commune exigeoient nécessairement un général habile, expérimenté, et des intentions de qui on n'eût aucun lieu de se défier.

Le sieur Déon, chargé d'apporter en France l'acte d'accession de l'Impératrice de Russie au traité de Versailles, avoit eu com-

---

1. Sur ces faits et sur tout l'historique de la reprise des relations, voyez ci-dessus pp. 1 et suiv., 32 et suiv.

mission de M. le comte de Woronzow de voir M. le prince de Conti sur ces deux objets. Sa Majesté, à qui on en avoit rendu compte, l'avoit permis par son ordre du 21 juillet 1757 au sieur Tercier, qu'elle avoit de plus autorisé à une conférence secrète avec ce prince. Elle avoit ensuite fait savoir ses intentions sur ces deux objets. Un ordre particulier du 15 septembre 1757 porte expressément que, si l'Impératrice de Russie appeloit véritablement M. le prince de Conti pour commander ses armées, et qu'elle voulût lui donner la Courlande en attendant mieux, Sa Majesté en seroit très aise, mais qu'elle ne pourroit y prendre d'autre part directe que celle de ne s'y pas opposer et d'y donner son consentement, quand il ne seroit plus question que de cela.

Tout ceci se passoit en juillet, août et septembre 1757 ; mais, dès le mois de février de la même année, le Conseil avoit pensé qu'il seroit utile que Sa Majesté écrivît de sa main une lettre de confiance à l'Impératrice de Russie. Cette lettre fut envoyée. Sa Majesté fit l'honneur au sieur Tercier de lui marquer, le 24 février[1], qu'elle approuvoit un projet de lettre au chevalier Douglas pour entretenir une correspondance secrète avec cette princesse par le canal du comte de Woronzow, mais que, si sa lettre à l'Impératrice de Russie réussissoit, elle lui propose déjà ce petit commerce.

Le 29 janvier[2] précédent, Sa Majesté avoit déjà marqué au sieur Tercier que, dans la situation où M. le prince de Conti s'étoit mis avec elle[3], il n'étoit plus possible que la correspondance de Russie passât par lui, mais qu'elle croyoit bon d'y en entretenir une directement, et qu'on pourroit en user avec M. de

---

1. 1757. BOUTARIC, t. I, pp. 218-219.
2. Cette lettre ne se trouve pas dans BOUTARIC; on y trouve une lettre du 13 février 1757 avec cette phrase : « Ne me parlez plus du prince de Conti ; j'approuve que vous écriviez à mots couverts au chevalier Douglas, comme vous le proposez, en retranchant tout ce qui peut regarder le prince de Conti. » Cependant, encore dans une lettre du 19 mai 1763, il est question de la candidature de Conti au trône de Pologne : « Je ne veux aucun sacrifice de la part de M. le prince de Conti, ni ne veux plus qu'on lui reparle de rien. S'il est élu, j'en serai charmé. »
3. La brouille de Louis XV avec le prince de Conti, alors destitué de ses fonctions de chef de la diplomatie secrète et remplacé par M. Tercier, dateroit de février 1757, et même de novembre 1756, lorsque le Roi avait refusé au prince le commandement de l'armée du Rhin inférieur et se choqua fort qu'il s'en crût « déshonoré ». Louis XV à Tercier, 9 novembre 1756. BOUTARIC, t. I, p. 212.

Woronzow comme avec MM. de Vergennes et d'Havrincourt.

C'est en conséquence des intentions de Sa Majesté, si clairement exprimées dans ces différents ordres, que le sieur Tercier crut devoir profiter du retour du sieur Déon en Russie, pour écrire à M. le comte de Woronzow, lui proposer cette correspondance et lui envoyer un chiffre.

Sa Majesté eut la bonté de l'approuver. La réponse par laquelle l'Impératrice de Russie accepte cette correspondance n'est venue que dans le mois de février dernier[1].

On a cru devoir prendre la liberté de remettre sous les yeux de Sa Majesté tout l'historique de cette affaire, afin qu'elle puisse juger s'il est nécessaire ou au moins utile d'entretenir cette correspondance et donner ses ordres en conséquence.

Depuis l'élection du prince Charles de Saxe au duché de Courlande[2], l'objet primitif de cette correspondance n'existe plus.

Il en est de même du commandement des armées russes, dont vraisemblablement il ne sera plus question pour M. le prince de Conti.

Quoique les vues qui avoient fait imaginer cette correspondance soient changées, l'Impératrice de Russie l'ayant acceptée, il s'agit aujourd'hui d'examiner si elle peut être utile aux intérêts de Sa Majesté pour le présent et pour l'avenir.

On croit ne devoir pas douter de la sincérité des intentions de l'Impératrice de Russie ainsi que de son attachement à la personne de Sa Majesté. On est également persuadé de son éloignement pour le roi de Prusse, et même de l'espèce d'aigreur que les différents procédés de Sa Majesté Prussienne ont fait naître dans l'esprit de cette princesse. Elle désire le réprimer et protéger le roi de Pologne ; mais elle est très lente à se déterminer. D'un autre côté, la timidité naturelle du comte de Woronzow l'empêche, malgré ses bons sentiments, de faire à l'Impératrice

---

1. 1759. — Le chevalier d'Éon était alors à Pétersbourg et servit, à côté de L'Hôpital, d'intermédiaire pour la Correspondance secrète.
2. Charles-Christian, fils d'Auguste III (1733-1796), fut investi par le roi son père du duché de Courlande et de Sémigalle, le 5 janvier 1759, sur le vœu des États de ce pays ; mais lorsque Pierre III eut rappelé de Sibérie le vieux Biren, lorsque Catherine II eut rendu le duché à celui-ci, au commencement de 1763, le prince Charles de Saxe fut contraint de se retirer.

les représentations nécessaires. Il craindra, de plus, de s'exposer au ressentiment de la jeune cour, livrée à l'Angleterre.

Malgré ce qu'on vient de dire du caractère de l'Impératrice et de son ministre, il peut cependant arriver des circonstances heureuses où l'on profite de cette correspondance pour mettre sous les yeux de cette princesse des choses que le comte de Woronzow ne seroit pas à portée de lui dire lui-même, animer ses sentiments et prévenir ce que les ennemis de Sa Majesté ou les malintentionnés peuvent entreprendre à Pétersbourg contre la cause commune.

C'est à cet objet qu'il paroît que cette correspondance peut servir pendant la guerre et pour la négociation de la paix.

Sa Majesté donnant aussi une attention suivie aux affaires de Pologne, soit pour la conservation de ses libertés, soit pour prévoir le cas d'une élection, ses lumières lui feront voir quel avantage on pourra tirer à cet égard de cette correspondance.

C'est à Sa Majesté à juger si l'on peut par ce moyen engager l'Impératrice de Russie à ménager la République de Pologne en faisant savoir à cette princesse, ce qu'elle ne saura jamais par une autre voie, combien la conduite de ses généraux peut faire tort à ses propres intérêts.

Il en est de même du cas d'une élection, sur laquelle Sa Majesté peut s'entendre avec l'Impératrice pour appuyer le prince Xavier [1] si la nation lui est favorable, ou pour faire connoître à cette princesse combien il seroit dangereux et injuste de vouloir forcer les Polonois à continuer la couronne dans la maison de Saxe, s'ils sont déterminés à l'exclure du trône.

On peut aussi dévoiler les intrigues du comte de Bruhl [2] avec l'Angleterre relativement à la Russie sans parler de la jeune cour et en prévenir l'effet.

Après avoir mis sous les yeux de Sa Majesté ce qu'on pense de l'utilité de cette correspondance, il est du devoir d'exposer aussi les inconvénients qu'elle peut avoir.

On croit pouvoir bien augurer de la probité de M. le comte

---

1. Second fils d'Auguste III. — Voyez ci-dessous, p. 145, note 1.
2. Principal ministre du roi Auguste.

de Woronzow, mais en est-on assez sûr pour s'y fier sans réserve?

De plus, dans une cour aussi orageuse et où les ennemis de Sa Majesté ont tout le pouvoir et tant d'intrigue, ce ministre peut être disgracié, ses papiers saisis et sa correspondance mise au jour, même contre le gré de l'Impératrice, sans parler du cas de la mort de cette princesse. L'Angleterre feroit servir avec empressement cette découverte à ses vues, et présenteroit cette correspondance sous de fausses couleurs à Vienne, à Constantinople, en Pologne, et partout où elle le croiroit nécessaire à ses intrigues.

D'après cet examen, qu'on a fait le plus impartialement qu'il a été possible, il paroît que les égards dus au désir que l'Impératrice de Russie a témoigné par son ministre d'entretenir cette correspondance doivent déterminer à y répondre.

Pour éviter cependant ces inconvénients, on prend la liberté de dire que cette correspondance ne peut être dans le commencement trop circonspecte et trop réservée. On doit avoir la plus grande attention à ne point s'avancer, en employant cependant les expressions les plus affectueuses. Il est vraisemblable que le comte de Woronzow désire pénétrer les vues de Sa Majesté autant qu'il est de l'intérêt du Roi de connoître celles non seulement de l'Impératrice, mais de la cour de Russie. Il seroit bien avantageux d'engager les choses de manière à avoir le secret des autres sans donner le sien.

C'est sur ce principe qu'on a cru, dans le projet de réponse au comte de Woronzow, qu'on prend la liberté de mettre sous les yeux de Sa Majesté, se borner à des assurances de l'amitié la plus marquée de la part du Roi pour l'Impératrice de Russie, et de confiance dans son ministre pour les objets généraux et instants, sans entrer dans aucune explication particulière jusqu'à ce que l'on ait reçu une seconde réponse qui pourra faire voir plus clair. De plus, par les ordres que Sa Majesté a donnés pour l'établissement de la correspondance secrète, on saura plus précisément les choses. Cette connoissance réglera la conduite que l'on devra tenir dans la suite.

Ce sont des réflexions qu'on a cru nécessaire d'exposer à Sa

Majesté. Elle est très humblement suppliée de vouloir bien y donner toute son attention. Cet objet aussi délicat qu'important demande aussi les ordres les plus précis.

Restait à faire choix d'un agent pour la Correspondance secrète.

Or, dans le même temps que Broglie, Tercier et Louis XV cherchaient cet agent, Choiseul avait décidé, pour doubler l'action de L'Hôpital, plus impotent et plus goutteux que jamais, d'envoyer en Russie, comme adjoint à l'ambassadeur et comme ministre plénipotentiaire, Louis-Auguste Le Tonnelier, baron de Breteuil. Celui-ci était né à Preuilly (Touraine) en 1733. Il était mestre de camp de cavalerie et avait déjà occupé le poste diplomatique de Cologne (1758). Choiseul chargea L'Hôpital de « sçavoir si M. de Breteuil seroit agréable à la Czarine, soit en sous-ordre avec lui, soit seul [1] ».

Il paraît que Choiseul aurait donné des instructions plus confidentielles encore à ce plénipotentiaire de vingt-sept ans, beau, élégant et colonel de dragons. Il se serait imaginé que, par des moyens plus directs et plus efficaces, il pourrait agir sur le cœur de la grande-duchesse et peut-être lui faire oublier Poniatowski. Du moins Tercier écrivait à Broglie [2] : « Outre les inconvénients, le projet qu'on a sur M. de Breteuil ne peut-il pas occasionner le déplaisir de l'Impératrice et la jalousie du grand-duc ? Qui sait si le projet réussira ? Inspire-t-on de l'amour quand on veut ? M. de Breteuil a une femme qu'il paraît aimer. Prendra-t-il une commission dont le principal point est d'en aimer une autre ? S'il le tente et qu'il réussisse, l'Impératrice en sera piquée ; s'il ne réussit pas, il sera méprisé par la grande-duchesse. » Choiseul aurait prescrit à Breteuil, pour avoir plus de liberté là-bas, de laisser en France la baronne de Breteuil. Le jeune colonel ne comprit pas ou ne voulut pas comprendre ; car, peu de temps après, sa femme venait le rejoindre à Pétersbourg.

Le comte de Broglie eut l'idée d'enrôler dans la diplomatie secrète l'agent même dont Choiseul venait de faire choix pour un poste officiel à Pétersbourg. Le Roi agréa cette combinaison et écrivit à Tercier : « J'approuve qu'on continue l'affaire secrète. J'ai beaucoup réfléchi sur le secret à confier au baron de Breteuil et j'y réfléchirai encore [3]. »

Le 26 février 1760, ses réflexions étaient faites et il écrivait à Breteuil [4] pour lui annoncer qu'il l'avait nommé son ministre plénipo-

---

1. Louis XV à Tercier, 4 octobre 1759. BOUTARIC, t. I, p. 242.
2. Le duc DE BROGLIE, *le Secret du Roi*, t. I, p. 370, 2 septembre 1759.
3. 22 février 1760. BOUTARIC, t. I, p. 245.
4. BOUTARIC, t. I, p. 247; et FLASSAN, t. VI, p. 289.

tentiaire en Russie et admis à la Correspondance secrète « que je n'ai pas voulu qui passât par mes ministres des affaires étrangères ». Il lui annonçait l'envoi de ses Instructions : « Je vous recommande, ajoutait-il, le secret, sous les plus grandes peines, envers qui que ce soit au monde, excepté le comte de Broglie et le sieur Tercier, et je compte sur votre fidélité et votre obéissance. » Enfin Louis XV écrivait à d'Éon pour lui ordonner de donner au baron « toutes les notions que vous acquérez sur le caractère de l'Impératrice de Russie, de ses ministres et de ceux qui sont employés dans les affaires, observant d'éviter également la partialité et la prévention [1] ».

Breteuil, à la fois agent public du ministère et agent occulte du Roi, reçut donc deux séries d'Instructions, les unes de la diplomatie officielle, en date des 16 et 19 mars, les autres de la diplomatie secrète, en date du 1er avril 1760 :

MÉMOIRE POUR SERVIR D'INSTRUCTION AU SIEUR BARON DE BRETEUIL, MESTRE DE CAMP DE CAVALERIE, CHEVALIER DE L'ORDRE ROYAL DE SAINT-LOUIS, ALLANT A PÉTERSBOURG POUR Y RÉSIDER EN QUALITÉ DE MINISTRE PLÉNIPOTENTIAIRE DU ROI AUPRÈS DE L'IMPÉRATRICE DE TOUTES LES RUSSIES. — 16 MARS 1760 [2].

Toute correspondance étoit interrompue depuis plusieurs années entre la France et la Russie, d'où le Roi avoit rappelé le ministre et le consul que Sa Majesté y entretenoit [3]. On n'avoit pas même conservé à Pétersbourg de ces liaisons indirectes qu'il est d'usage de se ménager dans les autres pays, lors même que des raisons politiques ont fait cesser les relations publiques et avouées.

Ainsi on ignoroit entièrement à Versailles tout ce qui pouvoit avoir rapport au gouvernement russe, aux dispositions de l'Impératrice, aux vues de son ministère, lorsqu'en 1755 cette princesse, excitée soit par ses sentiments personnels pour Sa Majesté, soit par les conseils du comte de Woronzow, alors son vice-chancelier, fit parvenir au Roi les assurances du désir qu'elle

---

1. BOUTARIC, t. I, pp. 247-248. — Des 26 février et 7 mars 1760.
2. A. E. Russie, t. LXII, fol. 44.
3. M. d'Alion et le consul Saint-Sauveur. Voyez ci-dessus, t. Ier, pp. 479 et suiv. Au reste, presque toutes nos Instructions vont rééditer l'historique de ces faits.

avoit de rétablir entre la France et la Russie l'intelligence la plus parfaite.

Ces insinuations avoient été faites dès 1753. Mais on n'avoit pas cru alors qu'elles fussent assez autorisées. Plusieurs avis particuliers ayant confirmé successivement la sincérité de ces premières ouvertures, le Roi se détermina enfin à faire passer à Pétersbourg le sieur Douglas, pour vérifier si ces avis avoient un fondement assez solide pour mériter quelque confiance de la part de Sa Majesté.

Un premier voyage qu'il ne parut faire que par un simple motif de curiosité le mit à portée de constater l'existence réelle des dispositions qu'on avoit annoncées au Roi de la part de la Russie, et Sa Majesté jugea convenable en conséquence de renvoyer à la même cour le sieur Douglas avec le titre de chargé de ses affaires, en même temps que le sieur de Becktéeff vint en France, avec la même définition, de la part de l'Impératrice de Russie.

Cette démonstration de réunion entre les deux cours fut bientôt suivie du rétablissement éclatant de leur correspondance par la nomination qu'elles firent de leurs ambassadeurs respectifs pour résider à Paris et à Pétersbourg [1].

Le Roi confia cette importante commission au sieur marquis de L'Hôpital, qui, par ses talents et par son zèle, a parfaitement justifié le choix de Sa Majesté. Mais cet ambassadeur, dont la santé a été considérablement altérée en Russie, ayant en plusieurs occasions témoigné le besoin qu'il auroit de repasser en France pour y prévenir les suites de ses incommodités, le Roi a bien voulu avoir égard à ses représentations et lui a laissé la liberté de continuer les fonctions de son ambassade ou de revenir auprès de Sa Majesté, suivant qu'il le jugeroit lui-même le plus à propos pour le succès des négociations dont il est chargé, et pour sa convenance personnelle.

Le Roi prévoyant en même temps l'inconvénient qui pourroit résulter pour le bien de son service du retour du marquis de L'Hôpital, si cet ambassadeur n'étoit pas remplacé immédiate-

---

1. Le comte Michel Bestoujef et le marquis de L'Hôpital.

ment par un autre ministre de Sa Majesté, elle a jeté les yeux pour cet effet sur le sieur baron de Breteuil, mestre de camp cavalerie, qu'elle a nommé son ministre plénipotentiaire auprès de l'Impératrice de toutes les Russies.

Les preuves qu'il a déjà données à Sa Majesté, non seulement de son intelligence et de sa dextérité dans l'administration des affaires qu'elle lui a confiées, mais aussi de sa sagesse et de sa prudence dans la conduite qu'il a constamment tenue dans les emplois militaires et politiques qu'il a remplis, lui ont mérité la préférence que le Roi a daigné lui accorder en cette occasion, et à laquelle le sieur marquis de L'Hôpital a lui-même applaudi avec les témoignages les moins équivoques de satisfaction.

Pour mettre le baron de Breteuil en état de s'acquitter, conformément aux vues de Sa Majesté, du ministère dont elle veut bien l'honorer, il est nécessaire qu'il soit exactement instruit de l'état actuel de la cour de Pétersbourg, de la situation des affaires générales par rapport à la Russie et aux engagements qu'elle a pris surtout depuis le commencement de cette guerre, enfin du système de conduite qu'il devra suivre, tant vis-à-vis de l'Impératrice, de son ministère et de sa cour, que vis-à-vis du marquis de L'Hôpital.

La communication qui a été donnée au baron de Breteuil de toute la correspondance relative à la cour de Pétersbourg l'aura déjà informé de la nature, de l'objet, de l'étendue de la suite des négociations dont le marquis de L'Hôpital a été chargé, et des instructions et des ordres que le Roi a fait adresser à cet ambassadeur. Cependant il ne sera pas inutile de remettre ici sous les yeux du baron de Breteuil un tableau raccourci et fidèle de tout ce qui s'est passé à cet égard.

Le Roi, en terminant avec modération et générosité en 1748[1] la guerre occasionnée par la mort de l'empereur Charles VI, s'étoit non seulement proposé de procurer à ses peuples une paix qui leur étoit devenue nécessaire, mais encore de rétablir sur des fondements solides et durables le repos de l'Europe, et

---

1. La paix d'Aix-la-Chapelle, 18 octobre 1748.

l'intelligence la plus sincère entre tous les souverains qui la gouvernent. Sa Majesté auroit eu cette satisfaction si les autres puissances, animées des mêmes principes d'équité et d'humanité, avoient voulu concourir à des vues si salutaires ; mais elle ne tarda pas à s'apercevoir qu'elle étoit presque la seule qui eût négocié de bonne foi et avec des intentions pures et désintéressées. Le système de politique que l'Angleterre parut d'abord disposée à suivre fit soupçonner que cette couronne n'avoit désiré la paix que par l'impossibilité absolue où elle étoit de continuer la guerre, et qu'elle ne profiteroit de l'intervalle du calme que pour se préparer à une nouvelle guerre. L'événement n'a que trop justifié cette conjecture.

La cour de Londres, pour mieux masquer ses vues d'ambition et de cupidité, consentit à nommer des commissaires pour travailler de concert avec ceux du Roi, et, conformément à l'article 8 du traité d'Aix-la-Chapelle, à concilier les points de discussion que l'activité avec laquelle la paix avoit été négociée et signée n'avoit pas permis de régler par le même traité.

Il ne fut pas difficile de remarquer, dès les premières conférences, que l'Angleterre ne cherchoit qu'à gagner du temps pour se mettre en état de se procurer, par la force des armes, ce qu'elle prévoyoit parfaitement ne devoir ni ne pouvoir obtenir par les raisons de droit.

En effet, les Anglois ne tardèrent pas à développer, par les mesures qu'ils prenoient soit en Amérique, soit en Europe, les vastes projets qu'ils avoient formés et qu'ils ont ensuite exécutés, en manquant avec autant de violence que d'injustice et de mauvaise foi à toutes les lois et à toutes les bienséances.

Ils commencèrent la guerre sans la déclarer, et le Roi, forcé de venger sa gloire personnelle, espéra que cette guerre ne s'étendroit point jusqu'au continent de l'Europe.

Bien loin de vouloir associer aucune autre puissance à sa querelle particulière, Sa Majesté invita même la plupart des souverains à se renfermer dans les bornes d'une exacte neutralité[1]. Mais la cour de Londres, animée par des principes absolu-

---

1. En effet le traité du 1er mai 1756 avec l'Autriche, qui fut purement défensif, avait été précédé, le même jour, par une simple convention de neutralité.

ment contraires, ne négligea rien pour rendre la guerre générale afin que la France, obligée d'employer une partie de ses forces sur terre, fût moins en état de résister aux entreprises que l'Angleterre feroit sur mer.

Le roi de Prusse, excité par des vues personnelles d'ambition, se livra sans ménagement à la passion des Anglois, et, après avoir envahi la Saxe par les procédés les plus odieux et les plus violents, il attaqua injustement les États de l'Impératrice, reine de Hongrie et de Bohême.

Le Roi, engagé par un traité défensif à secourir cette princesse et par sa qualité de garant des traités de Westphalie à maintenir les droits des princes de l'Empire et les constitutions et libertés germaniques, ne pouvoit pas, sans manquer à ces deux devoirs essentiels, abandonner l'Impératrice-Reine et le roi de Pologne, électeur de Saxe. Sa Majesté a même, pour remplir ces deux objets, sacrifié son intérêt le plus immédiat aux sentiments d'honneur et de fidélité qui prévaudront toujours dans son cœur sur toute autre considération.

Le traité définitif conclu entre le Roi et l'Impératrice-Reine avoit été signé le 1ᵉʳ mai 1756, et Leurs Majestés avoient jugé à propos d'inviter l'Impératrice de Russie à y accéder.

L'acte de cette accession fut signé le 11 janvier 1757[1]. Le Roi avoit exigé absolument, comme une condition *sine quâ non*, que les Turcs fussent nommément exceptés du cas de l'alliance défensive de sa part; et cette exception, dont l'omission qui en avoit été faite dans le traité du 1ᵉʳ mai 1756 a indisposé la Porte ottomane contre la France, fut explicitement énoncée dans l'acte d'accession de la Russie. Mais le sieur Douglas, sans ordre et formellement contre ses instructions, prit mal à propos sur lui de signer en même temps, par les conseils du comte Esterhazy, une déclaration qui devoit être, disoit-on, très secrète, et qui détruisoit entièrement l'exception stipulée en faveur des Turcs. Le Roi refusa de ratifier cette déclaration, et elle doit être regardée comme nulle.

Cependant la Russie, en exécution du traité conclu en 1746

---

1. Vieux style, 31 décembre 1756. Texte dans F. Martens, *Autriche*, t. I, p. 198. — Voyez ci-dessus, p. 29.

entre elle et les cours de Vienne et de Saxe, avoit envoyé une armée auxiliaire sous les ordres du maréchal Apraxin, pour attaquer le royaume de Prusse.

Tel étoit l'état des choses lorsque le marquis de L'Hôpital partit au commencement de 1757 pour se rendre à Pétersbourg, où il n'arriva que dans les premiers jours de juillet.

Le mémoire remis à cet ambassadeur pour lui servir d'instruction lui recommandoit principalement :

1° De travailler à fortifier l'intelligence rétablie entre les deux cours, et à se concilier la confiance de l'Impératrice et du ministère de Russie ;

2° De se rendre aussi agréable qu'il seroit possible au grand-duc et à la grande-duchesse de Russie, et de leur inspirer des sentiments conformes à l'union constante des deux Empires ;

3° De s'occuper à détruire ou du moins à affaiblir l'influence des Anglois à la cour de Pétersbourg par rapport à la politique et au commerce, et de faire sentir qu'à ces deux égards l'alliance de la Russie avec la France est susceptible de moins d'inconvénients et de plus d'avantages ;

4° D'étudier avec l'attention la plus suivie quelles étoient les véritables dispositions du ministère russe relativement à la Turquie, à la Suède et à la Pologne ;

5° Dans tout ce qu'il auroit à négocier, de se conduire conformément aux désirs de l'Impératrice de Russie, dont les ministres avoient fait entendre, en plusieurs occasions, qu'elle seroit blessée si l'on admettoit un tiers dans ce qui ne devroit être traité que directement et exclusivement entre deux puissances si respectables ;

6° D'apporter tous ses soins à vérifier le degré d'intimité et de confiance qui subsistoit entre les deux Impératrices, et jusqu'à quel point elles portoient le concert établi entre elles, soit pour la continuation de la guerre présente, soit pour les conditions de la paix future ;

7° D'employer toute sa dextérité à pénétrer les dispositions intérieures les plus générales sur le successeur désigné au trône de Russie, et quels sont ses partisans, ou ceux du jeune prince Yvan.

Les mêmes objets doivent fixer l'application du baron de Breteuil, et être le sujet de ses observations les plus approfondies.

Les dix-huit premiers mois du séjour du marquis de L'Hôpital en Russie n'ont été marqués par aucune négociation importante, ni par aucun événement considérable, si l'on en excepte la disgrâce du comte de Bestucheff, grand-chancelier de Russie, qui depuis plusieurs années abusoit de la confiance entière dont l'Impératrice sa maîtresse l'honoroit.

Il y a même beaucoup d'apparence que c'est à la mauvaise intention et aux manèges artificieux de ce ministre qu'on doit attribuer les campagnes, aussi peu honorables que peu utiles, que l'armée russe a faites en 1757 et en 1758.

On n'a commencé qu'en 1759 à démêler le système politique de la cour de Pétersbourg ; mais ce système a varié suivant les circonstances, et c'est ce qu'il est important de faire connoître au baron de Breteuil.

On avoit eu en France des avis qui y étoient venus successivement de plusieurs endroits, et par lesquels on avoit appris que les Anglois cherchoient à inspirer à la Russie des pensées de paix, ou à l'engager du moins à déterminer la cour de Vienne à se réconcilier avec le roi de Prusse. On ajoutoit, avec beaucoup de vraisemblance, que ce prince avoit demandé la médiation de l'Impératrice de Russie.

Le ministère de Pétersbourg avoit même déclaré bien précisément en plusieurs occasions au marquis de L'Hôpital que cette princesse désiroit la paix et qu'il falloit y travailler.

Cette déclaration, ainsi réitérée et combinée avec ce que le Roi savoit d'ailleurs, parut mériter une attention d'autant plus sérieuse que la Russie n'avoit retiré ni gloire ni profit des opérations de son armée ; que la France n'avoit éprouvé que des revers pendant la campagne de 1758 ; qu'il y avoit peu de concert et beaucoup de jalousie entre les généraux autrichiens et les généraux russes ; et qu'on ne pouvoit pas douter que les cours de Londres et de Berlin n'eussent encore un parti puissant en leur faveur à la cour de Pétersbourg.

Toutes ces considérations engagèrent le Roi à former un nouveau plan politique, également convenable à sa dignité, à ses intérêts, et à sa fidélité à l'égard de ses alliés.

Sa Majesté avoit conclu le 30 décembre 1758 avec l'Impératrice, reine de Hongrie et de Bohême, un nouveau traité par lequel la France se trouvoit dans la nécessité de continuer la guerre en Allemagne aussi longtemps que cette princesse voudroit mesurer ses forces avec le roi de Prusse pour reconquérir la Silésie[1].

Le Roi ne pouvoit donc plus, sans rendre sa bonne foi et ses intentions suspectes, exciter la cour de Vienne à faire son accommodement avec Sa Majesté Prussienne. D'ailleurs, l'alliance du Roi avec la maison d'Autriche ne pouvoit être utile qu'autant qu'elle seroit durable, et il étoit essentiel de ne pas avoir pour cette maison des procédés qui l'obligeroient à reprendre ses anciennes liaisons avec les ennemis de la France.

La Russie, n'ayant ni les mêmes ménagements à observer, ni les mêmes dangers à craindre, pouvoit sans inconvénient proposer une médiation armée, à laquelle les cours de Vienne et de Berlin seroient forcées de déférer. Il étoit naturel de penser que la cour de Pétersbourg saisiroit cette idée avec ardeur, et chercheroit à se procurer par la paix une réputation qu'elle ne pouvoit guère se flatter alors de se procurer par le succès de ses armes.

D'un autre côté, le Roi désiroit sincèrement de faire cesser la guerre avec les Anglois, devenue par les événements trop onéreuse aux finances et à la marine de Sa Majesté, à la navigation et au commerce de ses sujets.

Le roi d'Espagne venoit de lui offrir sa médiation pour réconcilier la France avec l'Angleterre, et Sa Majesté l'avoit acceptée avec autant d'empressement que de confiance dans l'équité et l'amitié de ce prince.

Il y avoit donc apparence que le repos public pouvoit être bientôt rétabli, d'un côté par la réconciliation du Roi avec le roi d'Angleterre, sous la médiation de Sa Majesté Catholique, et, de l'autre, par la paix de l'Impératrice-Reine avec le roi de Prusse sous la médiation de l'Impératrice de Russie.

1. Voyez ci-dessus, p. 90.

D'après ce système, le Roi fit adresser des instructions en conséquence au marquis de L'Hôpital, dès le 8 juillet de l'année dernière [1], et Sa Majesté lui ordonna de profiter de la première occasion que le ministère russe lui fourniroit, pour exposer légèrement et comme de lui-même le projet qu'on vient d'indiquer.

Soit que le comte de Woronzow, devenu grand chancelier de Russie, n'eût pas mis le marquis de L'Hôpital à portée d'exécuter ce qui lui avoit été prescrit, soit que l'ambassadeur du Roi eût jugé qu'il falloit pour cet effet attendre des circonstances plus favorables, il n'avoit fait aucun usage du plan en question, lorsque deux victoires remportées par les Russes sur l'armée prussienne [2] parurent opérer un changement considérable dans le système et dans les vues politiques de la Russie.

Jusqu'à cette époque, cette puissance, dans tout ce qu'elle avoit fait pour le soutien de la cause commune en Allemagne, ne paroissoit agir que par un motif d'amitié et de générosité en faveur des cours de Vienne et de Dresde, et par fidélité aux engagements particuliers qu'elle avoit contractés en 1746 avec l'Impératrice-Reine et le roi de Pologne, électeur de Saxe.

Le ministère de Pétersbourg, qui s'étoit borné à représenter de temps en temps que les dépenses que la guerre lui occasionnoit étoient excessives, n'avoit jamais parlé de dédommagement à stipuler pour la Russie aux dépens du roi de Prusse, lorsqu'on négocieroit la pacification de l'Allemagne. Cette prétention n'a été produite que sur la fin de l'année dernière, lorsque le Roi et l'Impératrice-Reine ayant invité l'Impératrice de Russie à accéder au traité du 30 décembre 1758 entre les cours de France et de Vienne, et au traité du 4 mai de la même année entre les couronnes de France et de Danemark, la cour de Pétersbourg fit remettre successivement au marquis de L'Hôpital un mémoire, le 26 octobre, et une note, le 1er décembre dernier, qui ont été communiqués au baron de Breteuil [3].

Ces pièces s'expliquent fort clairement sur le dédommagement prétendu par la Russie pour les frais de la guerre. Cette

1. Voyez ci-dessus, p. 98.
2. Paltzig et Kunersdorf.
3. Voyez ci-dessus, p. 98.

puissance demande formellement la cession en sa faveur du royaume de Prusse[1], du moins jusqu'à ce qu'elle soit remboursée des dépenses qu'elle a faites; et elle fait entendre assez clairement que son intention est de faire dépendre son accession aux deux traités dont on vient de parler des engagements qu'elle vouloit faire prendre aux cours de France et de Vienne relativement au dédommagement dont il s'agit.

Le Roi a senti d'abord toutes les conséquences et le danger d'une pareille prétention, dont l'objet est de convertir une accession simple à des stipulations purement défensives, en un nouveau traité à conclure, dont les suites éloigneroient nécessairement la pacification, et prolongeroient les malheurs de la guerre au delà des bornes que Sa Majesté désiroit de leur donner, et au delà de ce qu'exigeoient d'elle ses alliances actuelles.

Le Roi a une guerre personnelle, et il l'a constamment soutenue par ses propres forces, sans avoir stipulé dans aucun de ses traités nulle espèce de secours, ni en troupes, ni en vaisseaux, ni en argent, de la part de ses alliés. Sa Majesté n'a même demandé aucun avantage pour elle par rapport à la guerre d'Allemagne; et, quoique cette guerre ait été et soit encore beaucoup plus onéreuse à ses finances qu'à celles de la Russie, le Roi continue de secourir avec la plus grande vigueur ses alliés dans l'Empire, sans autre fruit que la gloire de remplir avec la fidélité la plus scrupuleuse et la plus grande générosité les engagements qu'elle a contractés, soit avec le Corps germanique par les traités de Westphalie, soit avec la cour de Vienne par le traité défensif du 1er mai 1756. Enfin, Sa Majesté n'a aucune vue d'ambition, ses intentions sont pures, et bien loin d'avoir aucun intérêt secret à continuer la guerre, elle désire très sincèrement la paix; et, comme ses vues sont remplies d'équité et de modération, sa façon de procéder est conforme à ses sentiments.

Rien n'est plus contraire à de pareilles dispositions que la prétention de la Russie, à qui les succès ont fait concevoir des projets de cupidité, qui ne pourroient peut-être avoir leur exécution qu'après plusieurs campagnes heureuses.

---

1. Province de Prusse orientale ou Prusse ducale.

Dans cet état des choses, le Roi, après avoir mûrement réfléchi sur ces objets essentiels, a pris le parti qui convenoit seul à sa dignité, et qui concilie ses principes personnels avec ses alliances et avec les ménagements que Sa Majesté veut avoir pour l'Impératrice de Russie.

Le Roi a fait remettre en conséquence par le marquis de L'Hôpital au ministère russe une réponse formelle et ministériale[1] au mémoire et à la note de la cour de Pétersbourg. On joint ici une copie de cette réponse, sur laquelle le baron de Breteuil dirigera avec la plus grande précision son langage et sa conduite. Il y verra :

1° Que Sa Majesté persiste invariablement dans la distinction qu'elle doit et veut mettre entre sa guerre contre les Anglois et la guerre d'Allemagne, et que, par une suite nécessaire, les négociations de la France pour sa future réconciliation avec l'Angleterre seront absolument indépendantes et séparées de celles qui auront pour objet la pacification de l'Allemagne ;

2° Que par rapport aux négociations relatives à l'Allemagne, le Roi sera constamment disposé à se concerter avec ses alliés et à concourir à tous les moyens qui seront jugés convenables pour pacifier cette partie de l'Europe à des conditions honorables et solides ;

3° Que sur le dédommagement demandé par la Russie, c'est avec la cour de Vienne que celle de Pétersbourg doit négocier. L'Impératrice-Reine est seule partie principale et directe dans la guerre qu'elle soutient contre le roi de Prusse. Le Roi et l'Impératrice de Russie n'y jouent que le rôle d'auxiliaires. Nous avons contracté avec la cour de Vienne seule nos engagements défensifs, et nous avons ensuite invité conjointement la Russie à y accéder. Il faut que cette dernière couronne suive la même méthode, c'est-à-dire qu'elle stipule sur ses avantages personnels avec la cour de Vienne, et que les deux Impératrices invitent ensuite le Roi à accéder au traité qu'elles auront conclu.

Mais ces princesses sont trop équitables pour exiger de Sa Majesté des engagements dont le poids rendroit intolérable la

---

1. Voyez ci-dessus, p. 98, ainsi que la déclaration royale du 18 décembre 1760.

double guerre qu'elle a à soutenir. Le Roi ne refusera de se charger de nouvelles obligations à remplir que parce qu'elles le mettroient dans l'impossibilité d'exécuter les anciennes, et parce que ses forces et ses finances ne suffiroient pas pour fournir à des entreprises plus étendues et à des dépenses plus considérables.

C'est d'après ces observations que le baron de Breteuil s'expliquera sur les sentiments du Roi, et, si la réponse que le marquis de L'Hôpital a dû remettre à la cour de Russie y est accueillie avec la même bonne intention qui l'a dictée, l'Impératrice de Russie n'en sera pas moins disposée à accéder aux traités du 4 mai et du 30 décembre 1758.

On ajoutera ici, pour l'instruction du baron de Breteuil, quelques réflexions générales sur l'intérêt essentiel qu'ont toutes les puissances de l'Europe et surtout celles du Nord et de l'Allemagne à empêcher, s'il est possible, que les Russes ne demeurent en possession du royaume de Prusse. Il est heureux pour la Russie d'avoir eu des souverains qui ont travaillé avec succès à faire disparoître successivement les restes de barbarie qui y subsistoient encore à la fin du dernier siècle ; mais la saine politique ne doit pas permettre qu'on laisse la cour de Pétersbourg profiter des avantages de son état actuel pour augmenter sa puissance et étendre les bornes de son Empire. Un pays presque aussi étendu que les États réunis des plus grands princes de l'Europe, et qui, n'ayant besoin que d'un petit nombre d'hommes pour sa sûreté particulière, peut envoyer au dehors de ses frontières des armées formidables ; un pays dont le commerce s'étend jusqu'à la Chine, et qui est à portée de se procurer de l'Asie facilement et en peu de temps les denrées que les autres nations ne peuvent en tirer que par de longues et dangereuses navigations ; un pays dont les troupes sont aujourd'hui aguerries, et dont le gouvernement est absolu et presque despotique, doit avec raison paroître redoutable à ses voisins actuels, et successivement aux peuples qui le deviendroient au moyen de ses nouvelles conquêtes.

On peut assurer, sans exagération, que la puissance des Russes est presque augmentée de moitié depuis la mort de Pierre Ier, et l'on peut juger du rôle qu'elle joueroit sur la scène du monde si de nouvelles acquisitions la portoient à un plus haut état de grandeur et de pouvoir. Les cours éclairées ont senti, lorsque les armées moscovites passèrent pour la première fois en Allemagne, combien il étoit dangereux de les y avoir introduites et combien il étoit intéressant pour tous les souverains de veiller avec attention sur les vues et sur les démarches d'une nation dont la puissance commençoit déjà à devenir redoutable. Mais la cour de Vienne ne consulta que le besoin du moment présent, lorsqu'elle appela les Russes à son secours dans les deux dernières guerres occasionées l'une par la mort du roi de Pologne Auguste II, et l'autre par la mort de l'empereur Charles VI.

L'Impératrice, reine de Hongrie et de Bohême, s'est conduite dans la guerre présente par le même motif, et qui sait si elle ou du moins ses successeurs n'auront pas à se repentir quelque jour d'avoir eu recours à de pareils auxiliaires? L'Impératrice qui occupe aujourd'hui le trône de Russie n'a pas vraisemblablement des intentions qui doivent et puissent être suspectes d'une ambition démesurée; mais elle ne régnera pas toujours, et sa modération personnelle ne fait pas cesser un danger plus réel et plus durable que la vie de cette princesse.

Les violences que la Russie exerça en Pologne en 1733 et 1734; son entreprise contre la ville de Dantzick qu'elle assiégea contre toutes les lois de la justice et de la bienséance, et qu'elle punit ensuite sévèrement d'avoir voulu défendre sa liberté et ses droits; un ambassadeur de France et trois bataillons françois retenus dans une humiliante et dure captivité contre la teneur d'une capitulation formelle, mais artificieusement interprétée; un autre ambassadeur du Roi traité avec la plus grande indécence[1]; la hauteur avec laquelle la Russie a exigé le titre impérial des souverains qui n'avoient pas encore eu la complaisance de le lui accorder; le peu de fidélité qu'elle a fait paroître dans l'exécution de son dernier traité[2] avec les Turcs, qui se plaignent de ce qu'elle a établi un fort et une colonie sur un terrain qui leur appartient, et de ce qu'elle retient beaucoup de sujets de l'empire ottoman à qui la liberté devoit être rendue immédiatement après la paix de Belgrade; l'autorité qu'elle a prétendu exercer

---

1. La Chétardie.
2. Traité de Belgrade, 21 septembre 1739.

sur le gouvernement intérieur de la Suède ; la façon dont elle se conduit avec les Polonois depuis trois ans ; les vues qu'elle a déjà annoncées par rapport à une fixation de limites entre l'Empire russe et la Pologne ; enfin le système et la conduite de la Russie, la forme de son administration et son état militaire, doivent faire craindre l'agrandissement de cette puissance à tous les princes qui ont à cœur la sûreté et le repos publics. Ce motif suffiroit pour faire désirer au Roi que l'Impératrice de Russie se désistât de ses prétentions sur la Prusse ducale, quand même Sa Majesté n'auroit pas une raison plus puissante et plus prochaine de détourner un projet qui ne pourroit que multiplier les calamités de la guerre et les embarras de la paix.

Le baron de Breteuil sentira aisément que les détails dans lesquels on vient d'entrer ne doivent absolument servir que pour son instruction la plus secrète, et qu'il ne doit en faire usage que pour veiller avec attention sur les desseins de la Russie relativement à tous ces objets, et sur les mesures qu'elle pourroit prendre ou préparer pour en assurer tôt ou tard l'exécution.

Cette vigilance est d'autant plus nécessaire qu'il y a longtemps que la cour de Pétersbourg a un plan de politique tout formé[1], dont elle ne s'écarte pas, et qui paroît bien lié dans toutes ses parties, mais qu'elle ne développe que successivement et à mesure que les événements et les circonstances lui en fournissent l'occasion ; et que ses ministres défiants et soupçonneux joignent à la dissimulation naturelle à leur nation la suite la plus méthodique dans leurs propos, dans leurs écrits et dans leurs démarches.

---

1. On voit poindre ici l'idée du *Testament de Pierre le Grand*, dont Schnitzler (*la Mission d'Alexandre II*, 1860), Berkholtz (*das Testament Peters des Grossen*, Riga, 1859, et *Napoléon auteur du Testament de Pierre le Grand*, Bruxelles, 1863), puis la brochure intitulée *les Auteurs du testament de Pierre le Grand* (Dentu, 1872), ont démontré jusqu'à l'évidence le caractère apocryphe. D'Éon seroit le premier qui en auroit révélé le texte (d'après Gaillardet qui le cite, pp. 48-54), mais cette pièce paraît avoir été fabriquée en 1812 par Lesur, dans un ouvrage composé sur l'ordre de Napoléon I$^{er}$ : *Des progrès de la puissance russe depuis son origine jusqu'au commencement du xix$^e$ siècle*. — D'après la brochure de 1872, Lesur auroit forgé de toutes pièces ce testament apocryphe, et Gaillardet, dans sa première édition de 1836, auroit pris la liberté, en le remaniant, de le passer à l'avoir du chevalier d'Éon. Cependant, il est intéressant, dans ces Instructions à M. de Breteuil, de voir le gouvernement royal, dès 1760, croire à l'existence d'un « plan politique tout formé ».

On a déjà dit qu'ils ont souvent témoigné au marquis de L'Hôpital le désir qu'a l'Impératrice de Russie de négocier directement avec le Roi et indépendamment de la cour de Vienne. Ils tiennent vraisemblablement le même langage à celle-ci, et leur intention est sans doute de ménager la France et l'Autriche, et de les contenir l'une par l'autre, pour les faire servir également au succès des vues d'ambition qu'on peut leur supposer, du moins quant à l'influence à se procurer dans les affaires générales de l'Europe.

Il n'est rien moins qu'impossible que la cour de Vienne se conduise suivant les mêmes principes vis-à-vis de la France et de la Russie. Le soin d'éclairer ce jeu politique doit être un des principaux objets de l'application du baron de Breteuil, et il doit rendre le compte le plus circonstancié et le plus fidèle de tout ce qu'il pourra démêler sur une matière si intéressante. Le Roi veut maintenir son alliance avec ces deux puissances, mais sans déroger à la dignité qui convient à sa couronne.

Il seroit superflu de faire ici le portrait des principaux personnages de la cour de Pétersbourg. Le baron de Breteuil, qui a vu ce qui se trouve à ce sujet dans les relations du marquis de L'Hôpital, examinera par lui-même si les notions qu'elles renferment des talents, du caractère et des intentions des princes, ministres ou courtisans russes, sont fondées sur des réflexions et des connoissances assez approfondies et assez impartiales; et il étudiera à loisir, et avec le discernement dont il est très capable, les bonnes ou les mauvaises qualités, la capacité, le génie, les inclinations et le crédit des personnes avec lesquelles il doit vivre et négocier.

Le Roi[1] lui ordonne plus particulièrement encore de s'appliquer à connoître avec autant de précision qu'il sera possible, quelles sont les affections et les vues du grand-duc et de la grande-duchesse, et de travailler, mais sans marquer ni affectation ni trop d'empressement, à se concilier leurs bontés et leur confiance. Le marquis de L'Hôpital, par des motifs que la droiture de ses intentions justifie, n'a point cultivé cette jeune cour,

---

1. Ce paragraphe de notre Instruction inédite a déjà paru dans FLASSAN, t. VI, p. 216, et BOUTARIC, t. I, p. 250.

et il a surtout indisposé contre lui la grande-duchesse, à l'occasion de la part qu'il a eue au rappel du comte de Poniatowski, pour qui cette princesse paroissoit avoir un goût décidé et une inclination très vive. Le baron de Breteuil, à qui sans doute elle ne manquera pas de faire porter indirectement quelques plaintes à cet égard, profitera de cette occasion, et de celles qui se présenteront par rapport au même objet, pour insinuer avec dextérité qu'il connoît assez le sentiment du Roi pour le grand-duc et la grande-duchesse pour assurer que Sa Majesté seroit fort aise de contribuer à leur satisfaction, et que, s'il leur étoit agréable de revoir à Pétersbourg le comte de Poniatowski, non seulement Sa Majesté n'y feroit aucune opposition, mais seroit même disposée à concourir au succès des mesures qu'on croiroit devoir prendre pour engager le roi de Pologne à le charger de nouveau de ses affaires en Russie. Le baron de Breteuil a trop d'usage du monde pour ne pas s'expliquer sur cette matière avec la plus grande circonspection, et de façon à ménager scrupuleusement la délicatesse et l'amour-propre de la grande-duchesse.

La conduite que le baron de Breteuil doit tenir avec le marquis de L'Hôpital ne sauroit être trop simple et trop naturelle. Il faut qu'il se présente à cet ambassadeur comme disposé à ne faire aucune espèce de démarche que sous sa direction et par ses conseils, à être même à ses ordres, soit pour parler, soit pour agir, lorsqu'il jugera nécessaire ou convenable pour le bien du service du Roi ; que Sa Majesté le lui a recommandé expressément, et que son inclination personnelle secondera parfaitement sa soumission aux volontés de Sa Majesté. Le baron de Breteuil, pour témoigner au marquis de L'Hôpital les égards, les attentions et la déférence qu'exigent sa naissance, son âge, ses dignités et le caractère dont il est revêtu, ne parlera jamais d'affaires aux ministres russes que lorsqu'il en sera chargé par cet ambassadeur, dont il cherchera à cultiver par tous les moyens possibles l'amitié et la confiance.

Cette règle générale de conduite ne doit pas empêcher que le baron de Breteuil ne rende directement compte dans ses dépêches particulières de tout ce qui viendra à sa connoissance et des choses que les ministres russes pourront lui dire dans les conversations qu'il aura avec eux.

Enfin il ne paroîtra être venu à Pétersbourg que pour y aider l'ambassadeur du Roi dans les choses que celui-ci voudra bien confier, et pour y entretenir la correspondance relative aux affaires de Sa Majesté dans le cas de maladie ou d'absence du marquis de L'Hôpital. Les instructions ultérieures dont le baron de Breteuil aura besoin pour diriger sa conduite lui seront adressés successivement, suivant l'exigence des conjonctures.

On ne joint point ici les copies des traités ou mémoires dont il est nécessaire qu'il ait une connoissance exacte pour être au courant des négociations qui se suivent de la part du Roi à Pétersbourg. Toutes ces pièces sont entre les mains du marquis de L'Hôpital, que Sa Majesté autorisera à en laisser prendre des copies au baron de Breteuil.

On joint ici deux mémoires, l'un sur le commerce des grains de lin du Nord, et l'autre sur la graine de lin vivace de Sibérie. Le baron de Breteuil verra par leur lecture quel en est l'objet, et quels sont les éclaircissements que l'intérêt du commerce de France exige qu'il se procure par rapport à cette espèce de denrée.

Des quatre tables de chiffre qui sont jointes au présent mémoire :

Les premières intitulées *pour la dépêche* doivent servir à chiffrer les lettres que le baron de Breteuil écrira au ministre et secrétaire d'État ayant le département des affaires étrangères, auquel uniquement et sans aucune exception les ministres du Roi employés au dehors doivent rendre compte des affaires concernant le service de Sa Majesté. Cependant, si le baron de Breteuil se trouve quelquefois dans le cas de correspondre avec les autres ministres et secrétaires d'État sur des objets relatifs à leurs départements, il adressera ses lettres à cachet volant au ministre et secrétaire d'État des affaires étrangères, qui aura soin de les faire déchiffrer si cela est nécessaire, et d'en faire ensuite parvenir le contenu à sa destination.

Les secondes tables de chiffres sont destinées à chiffrer les pièces communiquées, et il ne faut jamais les employer à un autre usage.

Les troisièmes tables de chiffres serviront à entretenir la correspondance du baron de Breteuil avec les ministres du Roi dans les autres cours étrangères. Ceux qui résident à Vienne, à Stockholm, à Copenhague et à la Haye[1], sont les seuls avec lesquels il paroît être plus nécessaire d'entretenir un commerce de lettres ; mais lorsqu'il leur écrira par la poste ordinaire, il faudra qu'il renferme sa correspondance dans les bornes de la plus grande circonspection par rapport aux nouvelles et aux réflexions dont il croira devoir leur faire part.

Enfin les quatrièmes tables de chiffres intitulées *réserve* ne doivent servir que dans des cas extraordinaires, ou lorsque l'on aura lieu de soupçonner que le chiffre ordinaire pourroit être intercepté.

On joint encore ici la lettre du Roi à l'Impératrice de Russie en créance sur le baron de Breteuil.

L'intention du Roi étant que tous ses ambassadeurs et ministres dans les cours étrangères lui remettent au retour de leur mission une relation détaillée de ce qui se sera passé de plus important dans le pays où ils auront été employés, soit par rapport aux négociations qui leur auront été confiées, soit sur le cérémonial et sur le caractère et les talents des principaux personnages de la cour où ils auront résidé, enfin sur tous les objets qui peuvent intéresser le service de Sa Majesté, le baron de Breteuil travaillera à préparer un mémoire exact qui renfermera tous ces détails.

Le Roi veut aussi que ses ambassadeurs et ministres remettent, après qu'ils sont revenus auprès de Sa Majesté, les instructions en original, les chiffres et les papiers concernant son service, le tout accompagné d'un inventaire sur la vérification duquel on leur en donne une décharge.

Le duc de Choiseul.

---

1. C'étaient alors : à Vienne, de 1759 à 1761, César-Gabriel de Choiseul-Praslin ; à Stockholm, de 1749 à 1762, le marquis d'Havrincourt ; à Copenhague, de 1753 à 1766, le président Jean-François Ogier ; à la Haye, de 1755 à 1760, le comte d'Affry.

INSTRUCTION SÉPARÉE POUR LE BARON DE BRETEUIL. — DU 19 MARS 1760 [1].

M. le baron de Breteuil ayant désiré savoir plus particulièrement la conduite qu'il doit tenir vis-à-vis de M. de L'Hôpital, le Roi m'a autorisé à lui marquer dans cette Instruction séparée que son intention étoit qu'il suivît, dans les premiers temps et le plus qu'il lui sera possible, l'Instruction générale qui lui a été donnée sur cet objet; qu'il évitât autant que cela se pourroit toute division apparente, laquelle seroit nuisible à la considération réciproque des ministres de Sa Majesté et au bien de ses affaires. Mais, en même temps, comme il seroit possible que l'ambassadeur du Roi négligeât ou n'entendît pas l'esprit des instructions du baron de Breteuil dans la partie qui regarde les intérêts de Sa Majesté, le Roi désire que le baron de Breteuil ne revienne pas, dans ce cas, par une complaisance déplacée, à l'avis de son ambassadeur. Sa Majesté veut en conséquence que le baron de Breteuil fasse au ministre des affaires étrangères, sur chaque genre d'affaires, des relations séparées de celles de l'ambassadeur. Par ce moyen, les matières s'éclairciront et le Roi sera plus en état de juger de la possibilité ou de l'impossibilité des projets qu'il pourroit former eu égard à la cour de Pétersbourg.

Quand il arrivera que le baron de Breteuil sera chargé d'une affaire particulière, alors on lui indiquera la manière dont il devra s'en acquitter séparément de M. de L'Hôpital. En attendant, les affaires seront communes et la différence ne pourra exister que dans la façon dont elles seront aperçues.

Il n'y a, à présent, d'objet particulier pour le baron de Breteuil que sa conduite vis-à-vis la jeune cour de Russie. Elle doit être de sa part différente de celle du marquis de L'Hôpital, et quoi

---

1. *A. E. Russie*, t. LXII, fol. 58.

qu'il faille éviter sur cet article un changement de la part de la France qui pourroit indisposer l'Impératrice et critiquer la conduite de l'ambassadeur, cependant le baron de Breteuil ne doit pas négliger de faire sentir, adroitement et sans se presser, à la jeune cour de Russie que le Roi, bien loin d'être indisposé contre elle, a le désir le plus sincère de se lier d'amitié avec le grand-duc et plus encore avec la grande-duchesse pour leurs intérêts réciproques. Vraisemblablement ces dispositions ne fructifieront pas de longtemps : il faut que le baron de Breteuil ait la patience, et qu'en attendant il s'applique à examiner les moyens et le degré d'utilité que ces dispositions pourront avoir pour le service du Roi.

Il n'est pas douteux que le chambellan Schwalow, amant de l'Impératrice, ne ménage avec beaucoup d'adresse la grande-duchesse, sans cependant perdre rien de la faveur auprès de sa maîtresse. Il est essentiel que le baron de Breteuil force tous les moyens pour se mettre en liaison d'amitié et de confiance avec le chancelier[1]. J'ignore si cela lui sera facile, mais c'est l'objet le plus important de sa commission. Le chancelier est un homme d'esprit, qui est instruit, qui aime et recherche ceux avec qui il peut faire parade de ses connoissances et qui peuvent y répondre. Il trouve, en Russie, peu de sujets susceptibles d'entendre la conversation la plus commune à ce qui n'a trait ni à l'intérêt ni à l'intrigue. Il sera vraisemblablement flatté des prévenances du baron de Breteuil, et, par l'accueil qu'il a fait au médecin Poissonnier[2], nous devons juger que le ministre du Roi aura un plein succès auprès de lui. Le baron de Breteuil instruira sa cour du progrès qu'il fera ou qu'il espérera de faire sur l'esprit du chambellan Schwalow et cachera soigneusement à M. de L'Hôpital ses instructions à cet égard : de sorte que l'ambassadeur ainsi que le public et même le chambellan puissent croire que c'est une sympathie de goût qui le porte au chambellan plutôt qu'un ordre politique de sa cour.

Quant au chancelier Woronzow, comme M. de L'Hôpital est son ami, il doit conserver avec lui les dehors qu'il doit à sa

---

1. Voronzof.
2. Voyez ci-dessus, pp. 74 et suiv.

place. Le baron de Breteuil nous instruira toutefois, quand il aura été quelque temps là-bas, de l'idée qu'il se forme des connoissances, de l'esprit et des dispositions du cœur de ce ministre, ainsi que de la réalité de son amitié pour M. de L'Hôpital, que nous soupçonnons n'exister que par la facilité qu'il trouve à persuader à notre ambassadeur tout ce qui convient à la cour de Russie. M. de Breteuil m'instruira de la conduite du médecin Poissonnier qui est là-bas pour la santé de l'Impératrice.

Il reste à parler du commerce, je ne vois pas que nos projets dans cette partie aient eu le plus léger succès. MM. de Saint-Sauveur et Michel sont à Pétersbourg pour cet objet qui est intéressant, mais qui demande des vues et une suite très attentives. M. de Breteuil s'occupera de cette partie essentiellement, et, lorsqu'il en aura pris connoissance, il fera un mémoire sur cet objet qui nous indiquera la conduite que nous pourrions tenir, soit dans ce moment-ci, soit à l'avenir, avec la cour de Russie relativement au commerce.

Fait à Versailles, ce 19 mars 1760.

Duc de Choiseul.

INSTRUCTION SECRÈTE ET PARTICULIÈRE POUR LE BARON DE BRETEUIL, MESTRE DE CAMP DE CAVALERIE, ALLANT A PÉTERSBOURG EN QUALITÉ DE MINISTRE PLÉNIPOTENTIAIRE DU ROI PRÈS L'IMPÉRATRICE DE TOUTES LES RUSSIES. — 1er AVRIL 1760 [1].

Si le baron de Breteuil a dû être flatté de la marque publique de confiance dont Sa Majesté l'a honoré en le nommant son ministre plénipotentiaire près l'Impératrice de Russie, cette satisfaction doit infiniment augmenter par l'honneur qu'elle lui

1. *A. E. Russie*, t. LXII, fol. 60. — Ici commencent les instructions émanant de la diplomatie secrète.

fait de l'admettre à une correspondance directe avec elle, et à la connoissance d'une négociation secrète que jusqu'à présent elle a dirigée seule, et qui a été inconnue à tous ses ministres.

Sa Majesté s'y est déterminée sur la connoissance qu'elle a de la sagesse du baron de Breteuil, persuadée de plus qu'uniquement occupé du soin de la servir utilement et de lui plaire, il n'aura que cet objet en vue pour exécuter fidèlement les ordres secrets qui lui sont donnés et se comportera avec tant de prudence et de circonspection que jamais ce secret ne puisse être découvert.

Les instructions données par le ministre des affaires étrangères de Sa Majesté au baron de Breteuil expliquent avec beaucoup de précision ce qui s'est passé lors de la réunion du Roi avec l'Impératrice de Russie. On n'en parlera donc point dans la présente Instruction, non plus que du détail des causes de la guerre dont l'Europe est embrasée et des engagements que Sa Majesté a contractés pour la faire cesser le plus tôt qu'il sera possible [1].

Il en est de même de ce qui avoit été écrit au marquis de L'Hôpital pour engager une négociation qui, par le moyen et même la médiation de l'Impératrice de Russie, terminât la guerre d'Allemagne, ainsi que de qui en a empêché le succès. Les inconvénients qui auroient pu résulter de l'influence et de la prépondérance que, de cette manière, la Russie auroit acquise, et des avantages réels qu'elle se seroit procurés, sont trop connus pour qu'on les détaille ici. On doit donc regarder comme heureux pour les intérêts du Roi que le marquis de L'Hôpital, déférant sur cet article aux conseils prudents du sieur Déon, ait laissé échapper l'occasion qu'il lui étoit si vivement recommandé de saisir [2]. On ne traitera dans ce mémoire que l'objet de la négociation secrète, les instructions ministérielles ne parlant point de la Pologne [3], article

---

1. Voyez ci-dessus pp. 28, 29, 44, 90, 123 et suiv., sur les deux traités de Versailles, et les accessions de la Russie à ces traités : c'est ce que le Roi appelle des engagements contractés pour faire cesser la guerre !
2. Ceci est une critique formelle d'un projet conçu par Choiseul : une médiation armée de la Russie pour imposer le rétablissement de la paix entre l'Autriche et la Prusse ; ce ministre avait fait adresser à ce sujet des instructions formelles au marquis de L'Hôpital, par dépêche du 8 juillet 1759. Voyez ci-dessus, pp. 97-98, 127.
3. Voyez ci-dessus, pp. 124, 131-132.

qui a tant de relation avec la Russie. Ce seroit une raison suffisante d'instruire le baron de Breteuil spécialement sur cet objet, si Sa Majesté n'avoit encore d'autres motifs plus particuliers de le faire.

La négociation secrète paroît au premier aspect étrangère à la Russie, puisqu'elle regarde directement les Polonois; mais l'influence que la cour de Pétersbourg peut et doit y avoir fait que le ministre du Roi auprès de l'Impératrice de Russie doit y veiller avec autant d'attention que ceux que Sa Majesté a honorés de ses ordres en Pologne.

Protéger les libertés et les constitutions de la République de Pologne, la préserver de tout danger d'asservissement de la part des puissances voisines, prévenir les troubles intérieurs dans le droit qui lui est si précieux de la libre élection de ses rois[1], veiller à ce que, dans le cas de cet événement, la République choisisse pour la gouverner un prince qui soit agréable à Sa Majesté et s'opposer au succès des vues de toute faction contraire : tels sont les objets principaux de la correspondance secrète.

Il suffit de dire au baron de Breteuil qu'elle a pris naissance dans le recours que les vrais patriotes[2] ont eu à Sa Majesté pour qu'elle voulût bien les protéger dans les circonstances qui menaçoient leur liberté par l'assujettissement volontaire ou forcé d'une grande partie de la nation aux volontés de la cour de Pétersbourg.

L'article de la Pologne auquel les autres se rapportent doit être traité le premier.

Depuis le temps d'Henri III, les Rois, prédécesseurs de Sa Majesté, ont toujours entretenu avec le roi de Pologne des liai-

---

1. Il est assurément étrange de voir un Roi absolu placer au nombre des droits les plus « précieux » des Polonais celui d'élire le monarque, surtout quand on sait que la non-hérédité de la couronne, ces élections turbulentes, faussées par la violence, la vénalité et les interventions étrangères, ont été les causes les plus actives de l'anarchie et de la ruine de ce pays. On ne comprend pas non plus cette hostilité persistante contre la maison de Saxe qui seule pouvait assurer une sorte d'hérédité du trône.
2. Les Polonais du parti français. — Cette affirmation du Roi sur l'origine, le caractère et le but principal de la correspondance secrète mérite d'être retenue. — Voyez BOUTARIC, t. I<sup>er</sup>, p. 57, sur les propositions de Mokranowski et de ses amis, en 1745, au sujet de la candidature de Conti, et l'autorisation donnée par Louis XV à ce prince d'écouter ces propositions et d'organiser la correspondance secrète. — Voyez ci-dessus, p. 3.

sons fondées sur l'amitié mutuelle et les intérêts réciproques. La Pologne n'a rien à craindre, mais peut espérer de la France, qui, de son côté, ne peut rien appréhender de cette République, à qui elle doit reconnoissance de son ancien attachement.

Ce royaume est utile à la France par sa position entre des puissances[1] dont la communication par les terres de la République seroit dangereuse si le système n'étoit plus le même qu'aujourd'hui. Les Turcs et les Suédois, également voisins de la Russie et anciens alliés du Roi, ne sont pas moins intéressés au sort de la République, et il est à désirer que les Polonois soient en état d'arrêter la marche des armées russes, et, par conséquent, de former des obstacles aux entreprises que la cour de Pétersbourg peut tenter contre l'une ou l'autre de ces puissances. L'honneur exige de plus de Sa Majesté qu'elle protège la liberté des Polonois toutes les fois qu'on voudra y porter atteinte. C'est un des principaux attributs de sa couronne de défendre les princes opprimés; les Rois ses prédécesseurs l'ont regardé comme un de leurs premiers devoirs, et le règne de Sa Majesté offre plus d'un exemple de la manière glorieuse dont elle a imité en ce point ses ancêtres[2]. Quoiqu'un motif aussi noble détermine seul les résolutions de Sa Majesté, on peut cependant dire que [cette politique est] toujours, pour une grande puissance, accompagnée d'un avantage réel. La considération qu'elle s'attire par cette conduite lui donne des amis qui souvent peuvent lui être très utiles, et qui ne se bornent pas à lui marquer leur reconnoissance par le simple titre de défenseur des nations.

Deux rois de la maison de Saxe ont occupé le trône de Pologne depuis soixante-trois ans[3]. Les malheurs que le roi Auguste II avoit attirés à la Pologne, par la guerre témérairement entreprise de sa part contre les Suédois[4], avoient fait repentir les Polonois de leur choix. Mais le caractère de ce prince, bon, affable, libéral, aimant les plaisirs et la magnificence, qui, d'ail-

---

1. Russie, Autriche et Prusse.
2. La guerre de la succession d'Autriche, entreprise pour préserver la liberté du Corps germanique; celle de Sept ans, allumée, en Allemagne, par la nécessité de défendre l'électeur de Saxe contre l'invasion prussienne, etc.
3. Auguste II, de 1697 à 1733; et Auguste III, depuis 1733 (jusqu'à 1763).
4. De concert avec Pierre le Grand et le roi de Danemark. C'est la grande guerre du Nord terminée par la paix de Nystad.

leurs, s'étoit distingué à la guerre, diminuoit en grande partie le mécontentement de la nation. A sa mort, l'électeur de Saxe, son fils, qui n'avoit jamais été en Pologne et qui ne trouvoit pas en lui les mêmes ressources que le roi son père, eut recours aux Russes pour le placer sur le trône à force ouverte. Ils y réussirent, malgré les vœux unanimes de la nation, qui avoit appelé un prince qu'elle avoit déjà jugé digne de la gouverner[1]. Cette violence, dont le roi de Pologne a cru devoir marquer sa reconnoissance par une déférence aveugle aux volontés de la Russie, a dès le commencement aliéné de lui les cœurs de la nation. Le ministre de ce prince[2] n'a pas cherché, à beaucoup près, à les lui ramener. Livré, ainsi que son maître, à la Russie et ensuite à l'Angleterre, il a profité de cet appui pour tourmenter impunément la Pologne, ce qu'il avoit une entière liberté de faire par le retour du marquis de La Chétardie, Sa Majesté n'ayant plus à Pétersbourg de ministre qui pût veiller aux intérêts de la République. Le caractère, la conduite et les principes du comte de Bruhl sont trop connus pour qu'on en parle ici. Les Polonois, depuis la pacification de 1736, ont été partagés en deux partis. Les patriotes, à la tête desquels étoit la maison de Potocki, très attachée aux lois de son pays, et qui a toujours cru que la République n'avoit point de protecteur plus sûr que Sa Majesté (*lacune*)

. . . . . . . . . . . . . . . . . . . . . . . .

Des moyens qu'il est inutile d'expliquer ont formé d'abord avec eux des liaisons secrètes. Elles ont produit ensuite à Sa Majesté un parti connu et public. Les Czartorinski, d'un autre côté, liés avec le ministre saxon, qui régloit en grande partie sur leur avis la distribution des grâces, ressort si puissant pour augmenter le nombre de leurs créatures, paraissoient attachés à la maison de Saxe. Le ministre et les principaux de cette maison se sont brouillés par des motifs dont le détail seroit trop long.

Le comte de Bruhl, connoissant la préférence que le roi de Pologne donnoit sur tous ses enfants au prince Charles[3], a cherché à plaire à son maître, en procurant à ce jeune prince un éta-

---

1. Stanislas Leszczinski. C'est la guerre de la succession de Pologne.
2. Le comte de Brühl.
3. Troisième fils du roi Auguste. — Voyez ci-dessous, p. 145, note 1.

blissement qui lui frayât un chemin au trône de Pologne. De concert avec le grand chancelier Bestucheff, il a engagé le roi de Pologne à envoyer le prince Charles à Pétersbourg. L'Impératrice de Russie, malgré des vues différentes qu'elle avoit fait connoître à Sa Majesté et les sentiments particuliers du comte de Woronzoff, séduite par la présence du prince Charles, lui a promis la Curlande[1]. Le roi son père lui a confié ce fief sur l'avis seul du sénat, ce qu'il ne pouvoit faire, la République ne lui ayant donné ce droit que du consentement de la diète. D'ailleurs la destitution du duc de Biron étoit illégale et ne pouvoit être faite par la République envers laquelle il n'étoit point coupable; ce qui fait que son droit reste entier, ainsi que celui de ses descendants mâles. La maison Czartorinski a marqué son mécontentement; elle n'a été présente à aucune délibération sur cette affaire, que le marquis de Monteil[2] auroit dû empêcher en faisant agir les partisans de Sa Majesté pour arrêter le *senatus consilium*. Le grand-duc et la grande-duchesse ont été vivement peinés de ce qui s'est passé à ce sujet, l'une ayant le dessein de faire donner la Curlande au prince de Zerbst son frère et l'autre à un prince d'Holstein[3]. Cette circonstance mérite l'attention du baron de Breteuil, en ce que l'on peut en profiter, par les raisons qu'on verra ci-dessous, pour laisser détruire cet ouvrage.

Les patriotes sont alarmés; la maison Czartorinski, à qui l'on peut supposer des vues sur cette couronne pour le prince Adam, paroît opposée aux projets du comte de Bruhl : de sorte qu'il n'est pas apparent qu'une abdication, dont on a parlé, du roi de Pologne en faveur du prince Charles, puisse réussir et être acceptée par la nation, en supposant que Sa Majesté polonoise en ait eu le dessein.

L'élection du prince Charles seroit très contraire aux vues et aux intérêts de Sa Majesté : [1°] si la Pologne veut continuer à vivre sous les lois de la maison de Saxe, le prince Charles est le

---

1. Voyez ci-dessus, p. 115.
2. François-Just-Charles, marquis de Monteil (né le 28 octobre 1718), envoyé extraordinaire et ministre plénipotentiaire du Roi en Pologne, en 1758, avec une instruction du 23 juillet. L. Farges, *Instructions, Pologne*, t. II, pp. 203 et suiv.
3. La grande-duchesse Catherine était une princesse d'Anhalt-Zerbst, tandis que son mari était duc de Holstein-Gottorp.

troisième fils du roi de Pologne. Les infirmités du prince électoral[1], le soin qu'exigera de lui le rétablissement de ses pays héréditaires, l'intérêt dont il est pour la Pologne et pour la Saxe de ne plus avoir le même souverain, ce qui causera toujours la ruine de l'un et de l'autre État, l'embarras de concilier les affaires qu'un électeur de Saxe a souvent à traiter dans l'Empire qui se croisent avec le bien de la République de Pologne : tout doit donc, s'il est bien conseillé, le détourner de songer à cette couronne et de déférer à l'ambition de la princesse son épouse[2]. Sa Majesté ne le verroit qu'avec peine monter sur ce trône, où certainement il ne seroit pas porté par les vœux unanimes de la nation.

Mais après lui est le prince Xavier. En supposant toujours que la nation se décide à conserver la couronne à la maison de Saxe, le prince Xavier peut, avec autant de droit au moins, se flatter de l'obtenir. Il a des qualités estimables du cœur et de l'esprit. Il s'est distingué à l'armée dont il a su se concilier l'estime et les suffrages. Madame la Dauphine[3] l'affectionne beaucoup. Il paroît qu'on pourroit compter sur sa reconnoissance. Son frère cadet[4] a un établissement considérable, et ce prince n'en auroit aucun que de vivre peut-être feld-maréchal des armées de l'électeur son frère. De si justes motifs déterminent donc Sa Majesté à souhaiter que le prince Xavier obtienne la couronne

---

1. Frédéric-Christian, qui fut électeur de Saxe en 1763 et mourut presque aussitôt, laissant la régence à son frère Xavier (1763-1768) et le trône à son fils Frédéric-Auguste (1763-1827), dont Napoléon devait faire un roi de Saxe et un grand-duc de Varsovie. — Auguste III eut cinq fils : Frédéric-Christian, né en 1722, électeur de Saxe le 5 octobre 1763 et mort le 17 décembre de la même année; Xavier, né en 1730, mort en 1806, comte de Lusace et régent; Charles, né en 1733, mort en 1796; Albert de Saxe-Teschen, né en 1738, mort en 1822; et enfin Clément-Wenzel, né en 1739, mort en 1812, qui fut élu en 1768 archevêque-électeur de Trèves et fut le dernier à porter ce titre. — Il y eut en outre six filles, également nées du mariage d'Auguste III avec l'archiduchesse d'Autriche Joséphine. L'une d'elles, Marie-Josèphe, devint en 1747 Dauphine de France, et fut la mère des Rois Louis XVI, Louis XVIII et Charles X.
2. Le prince électoral Frédéric-Christian avait épousé Marie-Antonie, fille de l'Empereur bavarois Charles VII. En 1747 sir Charles Williams disait déjà d'elle : « Si son mari règne un jour, c'est elle qui gouvernera en souveraine absolue. »
3. Marie-Josèphe de Saxe.
4. Le prince Charles était duc de Courlande.

Quant au quatrième fils, Albert, il avait épousé Christine, la fille favorite de l'Impératrice Marie-Thérèse, qui investit son gendre de la principauté de Teschen dans la haute Silésie; elle le fit vice-roi de Hongrie, et il tenait à Presbourg une cour brillante. En 1781, Joseph II lui donna le gouvernement des Pays-Bas : c'est lui qui assiégea et bombarda Lille et fut battu à Jemmapes par Dumouriez.

de Pologne préférablement à tout autre prince de sa maison, posant toujours pour principe le libre choix des Polonois.

Il n'est pas à présumer que le baron de Breteuil, à son passage à Varsovie, reçoive à cet égard aucune insinuation des Polonois. Si le hasard lui en procure, il se contentera d'écouter, de répondre, par des propos généreux, de l'affection qu'il sait qu'a toujours eue Sa Majesté pour la Pologne et de l'empressement avec lequel il concourra pendant son ministère au bien de la République, si d'heureuses circonstances lui en procurent les moyens. Le comte de Brühl, au contraire, qui est dans l'usage de circonvenir d'abord les ministres du Roi, de qui il s'éloigne ensuite, ne manquera de lui parler comme il l'a fait au marquis de L'Hôpital.

Le baron de Breteuil, instruit des intentions de Sa Majesté, en démêlera plus facilement les vues de ce ministre, inconsidéré dans sa façon de penser. Il tâchera, par les propos les plus affectueux, de lui marquer de la confiance, pour découvrir ce qu'il pense, tant sur les intérêts du roi son maître par rapport à ses États héréditaires, que sur ce qui regarde la Pologne et le cas d'un interrègne. Il ne répondra au premier article que par des assurances de la tendre amitié de Sa Majesté pour Sa Majesté Polonoise et du désir qu'elle a de lui en donner des preuves. Il y joindra, en particulier, celle de son zèle à exécuter les ordres qui lui seront donnés à cet égard, mais, par rapport à l'interrègne, après avoir écouté le comte de Brühl, il dira que Sa Majesté, désirant sincèrement la durée des jours de Sa Majesté Polonoise, et d'ailleurs cet objet ne le regardant point, il se borne aussi à faire des vœux pour ce prince et pour les avantages de sa maison. Le comte de Brühl lui offrira peut-être d'entrer en correspondance avec lui, comme il en avoit une avec le marquis de L'Hôpital. Le baron de Breteuil l'acceptera, se montrera même favorable et tâchera de découvrir quel étoit le véritable objet de ses lettres au marquis de L'Hôpital, jusqu'à la destitution du grand-chancelier Bestucheff. Mais, si ce commerce s'établit, il le cessera peu de temps après son arrivée à Pétersbourg. Il informera aussi le sieur Durand de tout ce qu'il apprendra des Saxons et Polonois. Tels sont les principes qui doivent régler la conduite du baron de Breteuil à Varsovie. Ils sont les mêmes pour Pétersbourg.

# INSTRUCTION SECRÈTE A M. DE BRETEUIL, 1760.

La réunion de Sa Majesté avec l'Impératrice de Russie donnant la facilité de veiller auprès de cette princesse aux intérêts de la Pologne, il faut en profiter pour préserver la République et détourner ce qui pourroit lui être nuisible, tant pour le présent que pour l'avenir. La première attention de M. le baron de Breteuil doit être de reconnoître avec bien de la précision le caractère et la manière de penser de l'Impératrice de Russie et de ceux que cette princesse honore de sa principale confiance. Ce qu'il en a vu dans les dépêches du marquis de L'Hôpital et dans les lettres du sieur Déon, le mettra facilement sur la voie. D'ailleurs le sieur Déon, à qui il communiquera la présente Instruction, et qui a ordre de rester auprès de lui en qualité de secrétaire pour la correspondance secrète, lui communiquera les dépêches du marquis de L'Hôpital et les réponses qu'il recevra : ce qui ne laissera rien ignorer au baron de Breteuil de ce qu'il devra savoir [1].

Sa Majesté est persuadée de la sincérité de l'amitié personnelle de l'Impératrice de Russie, ainsi que du désir et de la satisfaction que cette princesse a eus de la réunion.

La correspondance secrète entre le Roi et l'Impératrice, dont l'origine et les suites sont rapportées dans un mémoire séparé, paroît être une preuve réelle de cette amitié.

Le comte de Woronzow, qui possède la confiance de l'Impératrice, a donné aussi, depuis plusieurs années, des assurances de son attachement au Roi. C'est par lui que la réunion a eu lieu et que la correspondance secrète passe. Ainsi, on ne devroit pas douter de ses sentiments : d'autant plus qu'on assure qu'il a de la probité. Mais, en même temps, il est timide; il conviendra donc que, dans les occasions où il s'agira de prendre des résolutions vigoureuses, le baron de Breteuil l'anime et l'encourage et qu'il l'excite à augmenter son crédit pour en faire un usage convenable aux vues du Roi. Mais on doit dire aussi que ce ministre est, comme il doit l'être, attaché à ce qu'il croit être les intérêts de sa souveraine et de sa patrie; par conséquent, il ne seroit pas étonnant qu'il n'eût en vue que l'agrandissement de la puissance de la Russie. C'est le but auquel tendent les ministres russes, et

---

1. Lettre à cet effet de Louis XV au chevalier d'Éon, du 7 mars 1760. BOUTARIC, t. I<sup>er</sup>, pp. 248-250.

ils paroissent avoir de la suite dans leurs principes et dans leurs opérations. Les instructions ministérielles expliquent avec beaucoup de clarté ce que l'on doit craindre de l'augmentation de la puissance de la Russie, et de quelle importance il est d'en prévenir les suites. Pour y parvenir, il faut observer de près les ministres russes, afin de savoir au juste leur manière de penser.

Le baron de Breteuil doit donc s'attacher à démêler sûrement toutes les liaisons du comte de Woronzow et de ce qui l'entoure, tant avec les ministres d'Angleterre[1] qu'avec le roi de Prusse, s'il en a conservé qui marquent de la reconnoissance des agréments qu'il a eus lors de son passage à Berlin.

Il convient aussi que le baron de Breteuil lui inspire beaucoup de défiance du comte de Brühl.

Après le comte de Woronzow, celui qui a eu le plus d'accès auprès de l'Impératrice de Russie, est le sieur Alsouffioff[2], secrétaire du cabinet de cette princesse et chargé d'expédier les lettres de la correspondance secrète avec Sa Majesté. Il est aussi très à observer, parce que l'on le prétend fort lié avec le comte Esterhazy; mais en même temps, le baron de Breteuil ne peut trop le ménager, ainsi que le chancelier, afin que, s'étant assuré d'avance de l'un et de l'autre par des prévenances, de l'amitié et de la confiance, il puisse, dans les occasions importantes, leur faire les propositions nécessaires pour la réussite des grands objets et ne point perdre un temps précieux à chercher les moyens de les leur faire accepter. Pour y parvenir, le baron de Breteuil étudiera ses goûts, ses inclinations, et surtout tâchera de savoir comment il est avec la jeune cour.

Quoiqu'il importe beaucoup de se faire des liaisons d'une utilité journalière, il l'est autant, et peut-être encore plus, de connoître bien certainement ceux qui décident les résolutions de l'Impératrice, afin de pouvoir s'adresser directement à eux avec l'espérance d'un succès assuré, dans le cas où il sera nécessaire

---

1. C'était alors M. Keith. Il avait succédé au chevalier Williams et demanda son rappel après la révolution de 1762. Fragments de sa correspondance dans *La Cour de Russie il y a cent ans* et dans le t. XII de *Soc. imp. d'hist. de Russie*.
2. Adam Vassiliévitch Olsoufief, alors conseiller d'État; plus tard, sous Catherine II, secrétaire d'État et député à la grande Commission pour le code. — 1721-1784. Voyez ci-dessus, p. 65, note 2.

de le faire, soit pour lever les obstacles que la Russie apporteroit à la conclusion de la paix, telle que Sa Majesté pourroit la souhaiter, soit pour le cas de l'élection d'un roi de Pologne et la faire réussir conformément aux vues du Roi. Deux ou trois millions donnés à propos, et dans une circonstance extrêmement intéressante, peuvent en épargner beaucoup.

Lorsque la confiance sera établie, le baron de Breteuil en profitera pour découvrir les sentiments de l'Impératrice et de son ministère sur la maison de Saxe. Il paroît que ces sentiments ne sont pas douteux; mais il faut du moins le savoir, ou pour en détourner l'effet, ou pour s'en rendre maître en faveur du prince de cette maison le plus agréable à Sa Majesté. Ce qu'on a dit ci-dessus annonce la manière dont il doit se conduire à l'égard du prince Charles. Il aura grande attention à ne point joindre sa voix aux éloges que la cour ou le ministère pourra faire de ce prince. S'il s'aperçoit même que les dispositions ne lui soient pas favorables, il gardera le silence plutôt que de chercher à les changer. Il ne convient pas qu'il déprécie ouvertement un frère de Madame la Dauphine, mais les intérêts du Roi ne permettent pas qu'il l'exalte. Il doit se joindre adroitement à ce qu'on dira de contraire, mais surtout ne laisser rien échapper qui puisse découvrir la manière de penser de Sa Majesté au sujet du prince Xavier. Le sieur Déon pourra lui indiquer les moyens de se procurer des intelligences pour détruire l'effet des liaisons du prince Charles à Pétersbourg. Surtout il doit avoir une grande attention à ne pas laisser renouveler, ni effectuer l'idée qu'on a eue de donner le commandement de l'armée russe au prince Charles. Les succès lui donneroient trop de crédit et augmenteroient trop la puissance et les prétentions de la Russie, et ses fautes pourroient être très fâcheuses à la cause commune.

Le baron de Breteuil s'appliquera à vérifier si les regrets de l'Impératrice sur la Curlande sont véritables, si on regarde cet arrangement comme permanent, et ce que l'on peut faire pour le détruire.

En passant par la Curlande, s'il prend cette route, il s'appliquera à connoître la manière de penser de la noblesse sur son nouveau duc, et si elle ne craint pas que le prince Charles, élu roi de Pologne, ne remette son fief à la République, qui le partageroit en palatinats : ce qui, selon les apparences, seroit très préjudiciable aux gentilshommes curlandois. Lorsqu'il sera question avec les ministres russes de l'affaire de la Curlande, le baron de Breteuil, sans paroître faire autre chose que dire son sentiment particulier, s'expliquera sur les nullités de cette élection, sur les embarras qu'elle peut, un jour, causer à la Russie et à la Pologne. Enfin, il cherchera, sans affectation, tous les moyens de l'embarrasser et d'en traverser les suites. L'étude du baron de Breteuil doit donc être d'écarter autant qu'il le pourra le prince Charles du trône de Pologne, tant par ce qu'on a dit plus haut des dispositions de Sa Majesté pour le prince Xavier, que parce que le prince Charles, élu roi de Pologne par le secours de la Russie, lui en aura certainement toute l'obligation ; que cette puissance exigera de ce prince, pour prix d'un si grand service, des sacrifices, ou au moins une dépendance absolue. Par cet événement, la Russie consolideroit tellement sa domination sur la Pologne, où Sa Majesté n'auroit plus de parti ni d'influence, qu'on pourroit regarder ce royaume comme une vaste province de l'Empire russe.

Un des soins du baron de Breteuil doit être aussi de profiter de sa confiance avec le comte de Voronzow pour découvrir l'objet de la correspondance entre le comte de Brühl et le chancelier Bestucheff, dont la détention et la saisie des papiers a causé beaucoup d'inquiétude au ministre saxon. Le comte de Woronzow doit, par l'examen qui a été fait de ces papiers, avoir vu toutes les intrigues de ces deux ministres. Il cherchera de même à connoître le crédit que la princesse électorale de Saxe[1] peut avoir à la cour de Pétersbourg, ce qu'on pense sur son compte, si elle y entretient des correspondances, avec qui, et quel en est l'objet.

La protection de Dantzig[2] est un article dont le baron de Breteuil doit toujours s'occuper. Les Russes ont formé plusieurs fois, depuis le commencement de la guerre, le projet de s'emparer de cette place, sur le vain prétexte qu'elle leur étoit néces-

---

1. Marie-Antonie de Bavière. Voyez ci-dessus, p. 145, note 2.
2. Dantzick formait une ville libre dans la province polonaise de Prusse occidentale ou Prusse royale.

saire. On est parvenu jusqu'à présent à l'empêcher ; on leur a représenté que ce seroit violer gratuitement la justice que de forcer une ville neutre, dont la possession ne leur est point essentielle. Le baron de Breteuil détournera l'exécution de ce projet autant qu'il lui sera possible, en faisant connoître au ministère russe que, dans le cas où l'armée de l'Impératrice feroit le siège de cette place, elle mettroit le roi de Prusse extrêmement à l'aise ; que, si cette diversion lui donne la facilité de rassembler une grande partie de ses forces, il pourroit venir attaquer les Russes ; que, s'ils étoient battus, ils seroient perdus, ce prince profitant de l'avantage et les poursuivant à travers la Pologne jusqu'en Prusse[1], dont leur déroute lui donneroit la facilité de s'emparer de nouveau.

Le baron de Breteuil donnera aussi ses soins à faire rendre aux Polonois justice sur les plaintes que les excès des troupes russes en Pologne occasionnent à Pétersbourg. Il informera exactement le sieur Durand[2] du succès de ses sollicitations, afin que ce ministre puisse le faire valoir aux parties intéressées, et que la République voie l'intérêt que le Roi prend à ce qui la regarde.

La maison Czartorinski a eu des liaisons intimes avec la cour de Pétersbourg. Le prince Adam, fils du palatin de Russie, y a fait, l'année dernière, un voyage[3] : il a paru peu content de l'accueil qu'il y a reçu. Le but de ces liaisons seroit important à découvrir, ainsi que de savoir si elles existent encore, à quel degré, et ce que l'on pense de la maison Czartorinski, afin de juger si les avances qu'elle a faites depuis quelque temps aux ministres du Roi seroient un effet du mécontentement qu'elle peut avoir de la cour de Pétersbourg, et du peu d'espérance qu'elle protège un jour ses vues[4]. Un point bien essentiel encore est celui qui re-

1. La Prusse orientale, alors occupée par les Russes.
2. Ministre du Roi en Pologne depuis le départ du comte de Broglie, et pour la seconde fois. Instruction du 5 février 1758. M. Durand restait en Pologne, depuis 1758, à la fois comme ministre plénipotentiaire chargé d'assister l'ambassadeur en titre et comme agent de la correspondance secrète. Il y resta presque sans interruption depuis 1754, pendant les ambassades du comte de Broglie en 1754, du marquis de Monteil en 1758, et enfin de Marc-Antoine-René d'Argenson, marquis de Paulmy, fils unique du marquis d'Argenson, l'ancien ministre des affaires étrangères. Sur le marquis de Paulmy, voy. L. FARGES, ouvrage cité, pp. 197 et suiv.
3. Voyez ci-dessus, p. 74, note 2.
4. Sur le trône de Pologne.

garde la jeune cour, les sentiments de l'Impératrice pour le grand-duc et la grande-duchesse et l'attachement de la nation à ces princes. Quelques avis disent que le Sénat, connoissant la foiblesse de l'Impératrice, cherche à reprendre une partie de son ancienne autorité; que le prince Yvan a une grande partie de la nation, qui, le regardant comme Russe, lui obéira plus volontiers qu'à un prince allemand. Quoique Sa Majesté soit bien éloignée de vouloir exciter aucune révolution en Russie, le baron de Breteuil sera cependant attentif à cet objet. Mais, la délicatesse de la matière exigeant la plus grande circonspection, il ne mandera ce qu'il en apprendra que par des voies très sûres. Il observera cependant sur cet article que, Sa Majesté n'étant point engagée à soutenir les arrangements faits en faveur du grand-duc, elle ne doit former aucune opposition à ce qui les détruiroit; que même il lui seroit plus favorable de voir régner en Russie le prince Yvan, à qui le trône appartient de droit, que le grand-duc, le premier ne possédant point d'États en Allemagne où il n'aura que des liaisons de parenté très foibles. A tout événement, les troubles que leur concurrence exciteroit dans l'Empire russe ne pourroient être qu'avantageux au Roi, tant pour l'affoiblissement de cet Empire que parce que les puissances voisines, au moins pendant la durée de ces troubles qu'il seroit facile de prolonger, n'auroient rien à craindre des Russes.

La cour de Russie est remplie d'intrigues, de brigues, de cabales. Le baron de Breteuil, sans entrer dans aucune, s'étudiera à les démêler et à connoître ceux qui ont le plus de crédit près de la souveraine ou dans la nation. Les grands, qui se plaignent du despotisme avec lequel on les gouverne, paroissent vouloir sortir de l'esclavage. Il seroit dangereux de se laisser séduire par ces plaintes et d'en inférer une révolution prochaine. Il ne faut cependant pas négliger de connoître jusqu'à quel degré ce mécontentement est porté afin d'en prévoir les suites.

Les Instructions ministérielles[1] portent que le marquis de L'Hôpital, par des raisons que la droiture de ses instructions justifie,

---

1. C'est-à-dire de la diplomatie officielle : voyez ci-dessus, pp. 73, 112, 133, 134.

n'a point cultivé la jeune cour; qu'il a surtout indisposé contre lui la grande-duchesse à l'occasion du rappel du comte Poniatowski, auquel il a contribué. On l'autorise à faire entendre à cette princesse, s'il lui revient de sa part des plaintes indirectes, qu'il contribuera volontiers à la satisfaire sur cet article et que Sa Majesté non seulement ne formera aucune opposition au retour du comte Poniatowski à Pétersbourg, mais qu'elle sera même disposée à concourir au succès des mesures qu'il croiroit devoir prendre pour engager le roi de Pologne à le charger de nouveau de ses affaires[1].

La conduite de la grande-duchesse et les sentiments du comte Poniatowski prouvent assez que le marquis de L'Hôpital a dû faire ce qu'il a fait. Il est certain qu'il n'auroit pas changé les dispositions de l'un et de l'autre, et que sa complaisance sur cet article n'auroit servi qu'à indisposer contre lui l'Impératrice de Russie. La connoissance que le baron de Breteuil a des vues secrètes de Sa Majesté lui doit faire juger que le retour du comte Poniatowski à Pétersbourg seroit dangereux; que, par conséquent, sans choquer ouvertement les sentiments de la grande-duchesse, il doit éviter de se prêter à ce qu'elle désire. Non seulement, ce seroit déplaire à l'Impératrice, faire renaître la jalousie du grand-duc, mettre le roi de Pologne dans l'embarras, ce prince n'ayant pas voulu déférer aux sollicitations qu'on avoit engagé la cour de Vienne de lui faire à cet égard; mais son retour nuiroit infiniment aux affaires de Sa Majesté. En supposant même que sa maison[2] recherche sincèrement les ministres du Roi, il n'est pas à croire que le comte Poniatowski, élevé dans des principes anglois, y renonce; et, se conduisant toujours de son chef, il embarrasseroit infiniment, tant sur les objets qui regardent la Pologne et que l'on vient d'expliquer que sur ceux qui ont rapport à la guerre entreprise par la Russie, et aux prétentions qu'elle annonce. Les Instructions ministérielles et les pièces qui les accompagnent font connoître au baron de Breteuil les prétentions que la Russie a commencé à développer vers la

---

1. A rapprocher des lettres secrètes du Roi à M. de Breteuil, 16 août 1760, et de Tercier à Voronzof, même date. BOUTARIC, t. I$^{er}$, pp. 257-261.
2. Stanislas-Auguste Poniatowski était apparenté aux Czartoryski.

fin de l'année dernière, et le système que Sa Majesté se propose de suivre à cet égard.

On pourroit répondre aux demandes de la Russie, déjà entrevues dans la dernière lettre secrète du comte Woronzow, que le temps n'est pas encore venu de les exposer; que la campagne qui va s'ouvrir peut produire beaucoup d'événements capables de changer le plan que l'on a suivi jusqu'à présent; et que les succès des armes du Roi et de ses alliés pourront seuls décider de ce que l'on devra faire. Mais, Sa Majesté ayant fait expliquer au baron de Breteuil la conduite que l'on a dessein de tenir avec la cour de Russie, que l'on renvoie, sur ses demandes, à la cour de Vienne, il se conformera sur cet article à ce que portent ses Instructions, auxquelles on ajoutera ici quelques réflexions.

L'Impératrice de Russie n'a d'abord entrepris la guerre que par une pure grandeur d'âme, qui l'a portée à secourir le roi de Pologne si injustement opprimé, et par sa fidélité à remplir ses engagements avec la cour de Vienne, portés dans le traité de 1746[1]. Elle est donc dans le même cas que Sa Majesté, qui n'a fait passer ses troupes en Allemagne qu'en vertu du traité du 1ᵉʳ mai 1756 et de sa garantie du traité de Westphalie. Les Instructions ministérielles contiennent tout ce que l'on peut dire sur la générosité du Roi par rapport à cette guerre et à celle qu'il soutient seul et sans aucun secours contre l'Angleterre.

Le baron de Breteuil fera usage de ces raisons; il y joindra tout ce qu'il croira le plus capable d'exciter la gloire de l'Impératrice de Russie. Elle y est sensible ainsi que son ministère. C'est par ce sentiment qu'il faut l'attaquer, en lui représentant que l'Europe perdra l'idée qu'elle a conçue de la magnanimité de cette princesse si l'on voit que deux victoires lui inspirent des projets d'agrandissement qu'elle n'avoit pas en commençant la guerre.

Le baron de Breteuil présentera ce motif sous toutes les formes les plus capables de faire impression. Les dépenses que la Russie a faites dans cette guerre seront la première objection des ministres russes. On leur répondra que celles de Sa Majesté sont

---

1. Voyez ci-dessus, t. Iᵉʳ, pp. xli et 478.

beaucoup plus considérables, non seulement en elles-mêmes, mais parce qu'elles ont empêché de porter toutes ses forces contre les Anglois; que cependant Sa Majesté ne demande aucun dédommagement; que, n'agissant, ainsi que l'Impératrice de Russie, qu'en qualité d'auxiliaires de l'Impératrice-Reine, les ministres russes feroient un tort irréparable à la gloire de leur souveraine, si elle obtenoit seule des dédommagements; que, partageant avec le Roi les engagements, mais ses dépenses étant infiniment au-dessous de celles que deux guerres aussi ruineuses occasionnent à Sa Majesté, ce seroit renoncer à partager l'honneur : ce qu'on ne peut croire les ministres russes capables de conseiller à leur maîtresse. On croit que leur objet est de conserver la Prusse ou d'en profiter pour faire un échange avec les Polonois et régler les limites sur lesquelles les deux puissances sont en contestation depuis 1686 [1]. La réussite de l'un ou de l'autre de ces deux projets est également dangereuse. La demande de la Prusse est une suite de vues de Pierre I$^{er}$, qui a toujours désiré d'approcher son Empire de l'Allemagne. La Prusse possédée par la Russie gêneroit trop la Pologne, qui a déjà une si grande étendue de frontières communes avec cet Empire. Une nuit seule peut décider du sort de Dantzick, et, en ce cas, la Pologne est sous le joug des Russes. On doit donc tout employer pour prévenir ce coup. Il paroît que les ministres russes prévoient les obstacles qu'ils rencontreront. Aussi insinuent-ils qu'ils pourroient en faire un échange avec les Polonois. Il faudroit en premier lieu que le sort des armes mît le roi de Prusse dans la nécessité de céder, à la paix, ce royaume qui fait son titre [2], et en second lieu, savoir s'il est de l'intérêt de tous les alliés de l'abaisser à ce point; mais, sans entrer dans cette discussion, l'échange proposé seroit extrêmement nuisible aux Polonois. La République acquerroit, il est vrai, la souveraineté du royaume de Prusse, mais elle per-

---

1. Date du traité conclu entre Sophie et le roi Sobieski, par lequel les frontières établies par les trêves de 1667 et 1678 (voyez ci-dessus, t. I$^{er}$, pp. 53 et 65) furent définitivement reconnues, et par lequel la Pologne renonça, moyennant deux millions de livres, à toutes prétentions sur les pays cédés antérieurement.
2. Les deux premiers rois de la maison de Brandebourg n'étaient que rois *en* Prusse, et non pas rois *de* Prusse, la Prusse proprement dite étant alors partagée entre les dominations brandebourgeoise et polonaise : la Prusse ducale ou orientale appartenait à la première, la Prusse royale ou occidentale à la seconde.

droit une étendue très considérable de terrain du côté de la Russie, que cet échange mettroit en état de s'approcher des Turcs, à qui il importe tant de ne point donner d'inquiétudes. La Porte est peu touchée des accroissements de la Russie du côté de la mer Baltique, mais elle ne peut voir les Russes si près de ses frontières. Les déserts entre les deux Empires tiennent lieu aux Turcs de fortifications. De plus, beaucoup de seigneurs polonois perdroient à cet échange des biens considérables. Les conditions pour le régler à l'avantage commun ne pouvant être arrêtées que dans une diète, la Russie se mettroit en possession de tout, sans qu'on pût s'y opposer. Sa vue secrète peut être de se débarrasser de la Prusse, qu'elle sent devoir, malgré une cession formelle par un traité, lui susciter un jour une guerre qu'elle laissera, par cet échange, à soutenir à la Pologne, trop faible pour défendre ce royaume contre le roi de Prusse, et pour exercer son recours sur les terres qu'elle auroit cédées à la Russie en échange de la Prusse. Ainsi toute la perte retomberoit sur la Pologne. Le sieur Durand communiquera au baron de Breteuil les mémoires qu'il a sur cet objet intéressant.

Ces considérations doivent donc faire désirer que ce projet n'ait pas lieu. Pour faire perdre aux ministres russes cette idée, le baron de Breteuil leur observera que, si l'on veut réaliser ces prétentions, on s'expose à prolonger une guerre que l'on ne peut plus soutenir, et à perdre les avantages que l'on peut avoir actuellement; que l'intérêt commun exige, par conséquent, que l'on continue à se conduire avec le désintéressement annoncé d'abord.

Sa Majesté ne s'opposera cependant point à ce que les dédommagements que la Russie prétend lui soient payés en argent; mais ce n'est que de l'ennemi commun qu'on peut les exiger; car il ne seroit pas juste de prétendre que Sa Majesté y entrât pour la moindre chose. C'est la cause de l'Impératrice-Reine qui, si elle rentre en possession de la Silésie, ne devra pas regretter ce que le secours de la Russie pourra lui coûter. Si ces deux princesses s'accordent sur cet article, et si la Russie obtient cet argent du roi de Prusse ou du roi d'Angleterre son allié, Sa Majesté en sera satisfaite, et désireroit vivement que la guerre se terminât à ce prix.

La Russie n'est pas la seule puissance qui, dans cette guerre, puisse prétendre des dédommagements. Les malheurs de l'électorat de Saxe sont si grands que cet État ne s'en relèvera pas de longues années. Le roi de Pologne, qui n'avoit aucune part à cette guerre, mérite donc des dédommagements, mais ils ne seront jamais proportionnés à ses pertes.

Il seroit bien à désirer que la Russie voulût se charger de les lui procurer : ils peuvent se trouver dans des cessions que le roi de Prusse peut faire à ce prince, ou dans l'extinction de créances de la maison de Hanovre sur celle de Saxe. Le roi d'Espagne doit désirer la satisfaction du roi son beau-père [1], non seulement par les sentiments et les liens si intimes qui l'attachent à ce prince et de le voir rétabli dans ses États et dédommagé, autant qu'il sera possible de le faire après les pertes qu'il aura souffertes. Mais, sans parler de ce motif, l'intérêt de la monarchie d'Espagne l'exige aussi. Deux princes de cette maison possèdent des États en Italie [2]. Plus la maison d'Autriche reprendra de crédit et de force en recouvrant la Silésie, plus il est à craindre qu'elle ne tourne un jour ses vues sur l'Italie. L'Espagne doit donc souhaiter que, pour prévenir ce danger, les cessions que le roi de Prusse pourra faire à l'Impératrice-Reine lors de la conclusion de la paix, ne soient pas assez considérables pour augmenter, d'une manière préjudiciable au repos de l'Italie, la puissance de cette princesse, et qu'elle contribue au dédommagement du roi de Pologne.

De tout ce que l'on vient de dire, il résulte qu'en même temps qu'il seroit fâcheux que l'Angleterre, reprenant son crédit à la cour de Russie, la détachât de l'alliance, à quoi le baron de Breteuil doit veiller attentivement; on doit également craindre les effets d'une trop grande influence ou de grands succès des Russes dans cette guerre. Plus ils se croiront être ou avoir été nécessaires, plus ils se feront valoir et plus leurs prétentions embarrasseront.

Quoique le principe général d'une alliance soit de désirer que tous les alliés agissent avec une égale vigueur, le cas actuel est

---

1. Marie-Amélie, troisième fille d'Auguste III, avait épousé en 1738 Charles III, alors roi des Deux-Siciles, et depuis roi d'Espagne.
2. Bourbons de Naples et Bourbons de Parme.

cependant différent. Le baron de Breteuil ne doit ni exciter vivement les Russes, ni les retenir, mais régler sur les circonstances le plus ou moins d'activité qu'il leur demandera et sa complaisance à ne point exiger d'eux des efforts qu'ils refuseroient de faire sous prétexte d'impossibilité. Il suffira que, pendant cette campagne, ils ne s'exposent à aucun échec. Si les armées du Roi ont, comme on l'espère, la supériorité qu'elles doivent avoir[1], son influence dans les conditions de la paix en sera plus considérable. Les Russes ne pourront dire qu'on leur devra la fin de la guerre; on tirera de leur inutilité des arguments contre leur jactance; la hauteur avec laquelle ils soutiendront leurs prétentions en diminuera d'autant, et l'on pourra conclure la paix à des conditions moins embarrassantes et moins dangereuses. Plus le roi de Pologne sera redevable aux efforts que le Roi fait en sa faveur, plus Sa Majesté obligera dans la personne de ce prince Leurs Majestés Catholiques, dont il est si nécessaire d'entretenir les bonnes dispositions pour terminer la guerre avec l'Angleterre.

L'échange du Holstein, sollicité par le roi de Danemark, est une affaire particulière au grand-duc, mais dans laquelle Sa Majesté ne peut se dispenser d'entrer, par rapport à ses engagements avec Sa Majesté Danoise[2].

Cet échange n'ayant qu'un rapport très indirect aux vues secrètes de Sa Majesté qui font l'objet de la présente Instruction, le baron de Breteuil la traitera par la voie ordinaire du ministère. On observera seulement que l'Impératrice n'est point portée pour cet échange; que le grand-duc ne le désire point, parce que, les États qu'on lui offre n'étant point sur la mer Baltique, il ne peut les secourir en cas d'attaque; que, de plus, il perdroit son suffrage à la diète de l'Empire. Le baron de Breteuil se conduira dans cette affaire de manière à ne point déplaire à l'Impératrice et à ne point donner lieu au ministre danois[3] d'indisposer sa cour.

L'alliance de Sa Majesté avec l'Impératrice-Reine exige que

---

1. Cette année-là, Lally fut repoussé et bloqué dans Pondichéry; la capitulation de Montréal livra le Canada; en Allemagne, les Français furent vainqueurs à Corbach, puis à Clostercamp. — Les Russes n'ont à leur actif que l'occupation de Berlin.
2. Voyez ci-dessus, pp. 52, note 2, et 70. Notre traité d'alliance avec le Danemark st du 4 mai 1758.
3. Le comte d'Osten.

ses ministres vivent dans une grande intimité avec ceux de cette princesse, mais cette liaison ne doit pas être portée trop loin. Le baron de Breteuil marquera beaucoup de confiance au comte Esterhazy, mais en même temps il sera sur ses gardes avec ce ministre, pour ne lui laisser rien pénétrer de l'objet de la présente Instruction. Il doit toujours se rappeler que le comte Esterhazy, lors de l'accession de l'Impératrice de Russie au traité de Versailles, fut l'auteur de la déclaration secrétissime que Sa Majesté refusa constamment de ratifier[1]. Cependant il doit permettre au sieur Déon de le voir de temps en temps, pour profiter de la confiance que ce ministre lui a marquée et savoir par ce canal ce qu'il pense.

Toute cette Instruction se réduit donc à veiller aux intérêts de la Pologne, pénétrer les sentiments de la Russie sur l'élection, écarter du trône le prince électoral de Saxe et le prince Charles, y porter si c'est possible le prince Xavier, en supposant que les Polonois veuillent continuer d'être gouvernés par la maison de Saxe; comme il est vraisemblable qu'on pourra difficilement engager la Russie à convenir avec Sa Majesté du choix d'un roi de Pologne, obtenir au moins que cette puissance laisse une liberté entière à la nation, sans prendre part à cette affaire; prévoir, par conséquent, les moyens qu'on pourroit prendre d'avance pour réussir dans cette vue, afin que la nation puisse choisir un roi qui convienne aux intérêts du Roi. Ces moyens paroissent consister dans le soin de se concilier les principaux ministres de l'Impératrice, pour les faire agir selon les vues de Sa Majesté, soit sur l'élection au trône de Pologne, soit sur la paix. Par rapport à cet article, détruire l'idée de la cession de la Prusse, même pour être échangée contre des terres de la Pologne; travailler à faire convertir en argent par le roi de Prusse ou l'Angleterre le dédommagement demandé; ralentir, si les circonstances le permettent, les opérations des Russes, pour qu'ils ne puissent mettre leurs services et leurs succès à un trop haut prix, et qu'au contraire les armes de Sa Majesté lui donnent la principale part à la négociation de la paix.

---

1. Voyez ci-dessus, pp. 29-30.

L'étude du baron de Breteuil, pour ne point se trouver embarrassé par des ordres contraires, doit être de s'en procurer du ministère qui soient analogues à la présente Instruction. Il doit, pour les obtenir, dresser ses relations de manière à faire connoître l'importance de veiller au trop grand accroissement de la Russie, aux dangers qui peuvent en résulter, à l'avantage dont il seroit de la faire rentrer dans ses anciennes limites, ce qu'on ne peut attendre que du temps, aux risques que court la liberté des Polonois; représenter de quelle importance il est pour Sa Majesté de se conserver un parti puissant dans cette République, ce que l'on ne peut espérer si l'on ne s'intéresse ouvertement à ce qui la concerne; par conséquent en être, en quelque sorte, l'avocat à Pétersbourg, mais de manière cependant qu'il paroisse qu'on n'a en vue que l'objet présent et que les soins qu'on se donne ne cachent aucun projet pour l'avenir.

Il correspondra sans réserve avec le sieur Durand, chargé des ordres secrets de Sa Majesté en Pologne, et qui sont ignorés du marquis de Paulmy[1], à qui, par conséquent, il n'écrira que d'une manière à ne point compromettre le secret, mais dans le même esprit de ses relations au ministre des affaires étrangères.

Il entretiendra aussi une correspondance réglée avec les ambassadeurs du Roi à Stockholm et à Constantinople[2]. Ils ont des ordres secrets qu'ils ignorent respectivement, ce dont le baron de Breteuil ne doit point leur paroître instruit; mais la correspondance avec eux, quoique voilée, doit toujours se rapporter à l'objet secret.

Sa Majesté a confié la direction de cette négociation secrète au comte de Broglie, et le sieur Tercier est chargé de dresser et d'expédier tous les ordres qui y ont rapport[3]. C'est donc par le canal du sieur comte de Broglie, et en son absence par celui du sieur Tercier, que le baron de Breteuil informera Sa Majesté et en recevra les ordres.

---

1. Voyez ci-dessus, p. 151, note 2.
2. A Stockholm, de 1749 à 1762, le marquis d'Havrincourt; à Constantinople, de 1755 à 1768, le comte de Vergennes.
3. La lettre du Roi au baron de Breteuil, du 26 février 1760 (Boutaric, t. I, p. 247), se termine par ces mots : « Je vous recommande le secret, sous les plus grandes peines, envers qui que ce soit, excepté le comte de Broglie et le sieur Tercier, et je compte sur votre fidélité et votre obéissance. »

Le chiffre qu'on lui remet avec la présente Instruction est destiné à cette correspondance. Il regardera tout ce qui lui sera mandé avec ce chiffre comme étant signé de la main de Sa Majesté.

On joint à la présente Instruction une lettre de Sa Majesté au sieur Durand, pour l'informer de la confiance qu'elle marque au baron de Breteuil; une autre au sieur Déon, concernant les ordres de Sa Majesté sur ce qu'il doit faire[1]; et une du sieur Tercier au comte de Woronzow[2], pour instruire ce ministre que le baron de Breteuil a une connoissance entière de la correspondance secrète.

Le baron de Breteuil écrira tous les quinze jours à Sa Majesté, tant sur les objets qui feront la matière de ses dépêches au ministre, que sur ceux qui auront trait à la présente Instruction et qui ne devront jamais entrer dans ses dépêches ordinaires.

Il enverra la copie des lettres qu'il recevra du ministre, afin que Sa Majesté, voyant l'esprit dans lequel on lui écrira, puisse lui donner des ordres plus sûrs et plus précis. Il enverra des paquets au sieur Durand, qui aura soin de les faire passer.

Fait à Versailles, le 1er avril 1760.

Approuvé par Sa Majesté[3].

Avant que Breteuil fût arrivé à Pétersbourg (en juin 1760), et pour lui assurer un meilleur accueil auprès la grande-duchesse, Choiseul avait fait informer celle-ci que la France travaillait auprès du roi de Pologne à obtenir qu'il accréditât de nouveau Poniatowski à la cour de Russie. Et en effet Durand, notre ministre à Varsovie, en fit l'insinuation au comte de Brühl, premier ministre d'Auguste. Élisabeth eut vent de cette démarche, et, par le canal de la Correspondance secrète, c'est-à-dire par une lettre de Voronzof à Tercier, elle protesta énergiquement[4]. Louis XV envoya copie de cette lettre à Breteuil et ajouta :

« Le duc de Choiseul, ignorant mes instructions secrètes, s'est conduit sur un autre principe... Vous direz donc à M. de Woronzow que l'intention de mon ministre (Durand) n'a jamais été de contribuer

---

1. Lettre de Louis XV au chevalier d'Éon, du 7 mars 1760. BOUTARIC, t. I, pp. 248-250.
2. Lettre de Tercier à Voronzof, 16 août 1760. *Ibid., ibid.*, p. 260.
3. La rédaction est de M. Tercier.
4. Voronzof à Tercier, 26 mai 1760. — FLASSAN, t. VI, p. 227; BOUTARIC, t. Ier, p. 255.

à quelque chose qui pût être désagréable à l'Impératrice... Quant à la grande-duchesse, quelle que puisse être sa vivacité sur cet article, vous pourrez lui faire entendre, si elle vous en donne l'occasion, qu'il n'est pas possible de la favoriser dans une affaire à laquelle l'Impératrice est contraire... La manière dont cette princesse recevra tout ce que vous lui direz vous fera connoître ses intentions, et vous en profiterez pour régler votre conduite en conséquence, soit en la ramenant à des principes plus convenables à ce qu'elle est, soit en se précautionnant contre ce que sa passion pourroit lui conseiller[1]. »

Ainsi le rôle que Choiseul, c'est-à-dire la diplomatie officielle, avait réservé à Breteuil, c'était celui d'un séducteur, ou par lui-même, ou par le Polonais; le rôle que Louis XV, c'est-à-dire la diplomatie secrète, lui imposait, c'était celui d'un mentor et d'un moraliste, chargé de ramener une jeune princesse dans la bonne voie.

Catherine, tenue au courant des nouveaux incidents, n'en accueillit pas moins bien notre ministre plénipotentiaire : « Le Roi[2], lui dit-elle, a voulu m'obliger depuis peu dans la chose du monde qui me touche le plus, et, quoique le succès n'ait pas répondu à ses bontés, je ne les sens pas moins vivement... Je me suis ouverte avec vous avec confiance, quoique je ne vous connoisse pas, parce que tout le bien qui m'est revenu de vous me fait juger que vous êtes incapable de me trahir ici, et que je cherchois depuis longtemps une occasion de faire passer mes sentiments au Roi, même avant l'obligation que ses bontés m'ont fait contracter.[3] »

Nous avons vu plus haut les résultats de la campagne de 1760. Cette double guerre, sur terre et sur mer, commençait à peser lourdement à Louis XV : témoin la Déclaration du 18 décembre 1760[4]. Elle était adressée nominalement à L'Hôpital; mais, comme il était malade à ce moment, il apparaît clairement, par la lettre du Roi et l'Instruction suivante au baron de Breteuil, que c'est Breteuil surtout qui est chargé d'en faire valoir les arguments auprès de l'Impératrice et des ministres russes.

---

1. Flassan, t. VI, p. 229; Boutaric, t. Ier, p. 257. — 16 août 1760.
2. Le Roi, par son ministre des affaires étrangères, cherchait en effet à obliger Catherine, mais, par ses agents occultes, persistait à la désobliger.
3. Lettre de Breteuil, du 5 septembre 1760. — Vandal, *Louis XV et Élisabeth*, p. 382.
4. Voyez ci-dessus, pp. 98 et suiv.

MÉMOIRE POUR SERVIR D'INSTRUCTION A M. LE BARON DE BRETEUIL.
VERSAILLES, 18 DÉCEMBRE 1760[1].

Le Roi, ayant pris le parti de confier à chacun de ses alliés le désir qu'il a de terminer cette guerre par une paix solide et prompte, a prévenu l'Impératrice-Reine, la principale alliée de Sa Majesté en Allemagne, de la démarche qu'il comptoit faire et lui a demandé préalablement son avis.

La confiance que le Roi a marquée dans cette occasion à la cour de Vienne avoit trois objets :

Le premier, de lui prouver, par la déférence de Sa Majesté, la fidélité du Roi pour ses engagements et son désir de maintenir dans la conclusion de la paix, comme elle a soutenu pendant la guerre la plus désavantageuse, son union avec l'Impératrice-Reine.

Le second objet étoit de faire sentir enfin à la cour impériale l'épuisement de la France, occasionné par une guerre dont les suites ne pouvoient qu'augmenter les pertes du royaume, sans laisser même l'espérance de lui procurer des dédommagements; en même temps que, par la façon dont cette guerre étoit conduite, outre le peu d'avantages que la France avoit à espérer et les malheurs qu'elle avoit à craindre, il n'y avoit pas de vraisemblance que les alliés du Roi parvinssent au but qu'ils s'étoient proposé : de sorte qu'il étoit contraire à toute politique de continuer à se ruiner sans objet.

Enfin le Roi a fort bien senti que lui seul pouvoit avec fruit dire à la cour de Vienne des vérités qu'il falloit qu'elle connût et qui devoient la déterminer abandonner les projets de vengeance et d'ambition qu'elle avoit formés.

Ces motifs ont donc déterminé le Roi à parler clairement à Vienne sur le besoin qu'avoit la France de la paix et sur le parti qu'il y avoit à prendre pour y parvenir.

1. *A. E. Russie*, t. LXIII, fol. 389. — Cette pièce émane du duc de Choiseul, et non plus de la diplomatie secrète.

L'Impératrice-Reine a d'abord marqué de la répugnance à acquiescer aux sentiments du Roi. Le mémoire remis sur cet objet par l'ambassadeur de Sa Majesté à Vienne[1] a été reçu avec humeur; la réponse a été tardive; nous avons soupçonné que l'Impératrice [-Reine] avoit communiqué ce mémoire à Pétersbourg, quoiqu'on assurât à Vienne que l'on ne le communiqueroit pas. Cette confidence ne nous alarmoit pas, car elle alloit à notre objet. Au reste, sans pénétrer dans ce mystère, nous sommes toujours partis du point que notre premier mémoire n'avoit pas été communiqué à Pétersbourg.

La cour de Vienne y fit une réponse sage et adroite, dans laquelle elle montroit sa répugnance à concourir actuellement à la paix; mais, en même temps, elle convenoit que, si le Roi persistoit à désirer le rétablissement de la tranquillité, elle y acquiesceroit, et que la question *an* seroit décidée en faveur du sentiment de la France, sauf l'avis et le concours des alliés sans lesquels l'Impératrice-Reine ne pouvoit et ne vouloit pas traiter. Elle demandoit au Roi, en supposant que les alliés consentissent à la question *an*, de lui confier ses idées sur la question *quo modo*.

Le Roi ne s'est pas pressé de répliquer à la réponse de la cour de Vienne; il a cru devoir attendre les suites des événements de la campagne. Les Russes et les Autrichiens étoient à Berlin lorsque l'Impératrice-Reine a répondu, et les opérations militaires, sans rien changer à la question *an*, à laquelle le Roi étoit déterminé à tout événement, pouvoient fournir des idées très différentes sur la question *quo modo*. Il étoit nécessaire aussi, avant de se déterminer sur cette question, d'attendre le début de la diète de Suède, dont on avoit raison de craindre le tumulte, par la force du parti des malintentionnés. Enfin le Roi avoit des mesures à prendre vis-à-vis de l'Espagne[2].

La fin de la campagne, dans toutes les parties, n'offre pas une

---

1. En 1759, le comte de Choiseul (plus tard duc de Choiseul-Praslin) avait succédé dans ce poste à son cousin le duc de Choiseul-Stainville, appelé au ministère des affaires étrangères. Instruction de juin 1759. A. SOREL, *Instructions, Autriche*, pp. 381 et suiv.
2. Allusion aux négociations conduites par Choiseul et qui aboutirent, le 15 août 1761, à la conclusion du Pacte de Famille.

perspective plus décidée que la fin des campagnes précédentes. Il est vraisemblable que les États de Suède concourront très volontiers aux mesures du Roi pour la paix, et le roi d'Espagne a déclaré qu'il applaudiroit à tous les moyens qui pourroient rétablir la tranquillité générale.

En conséquence, le Roi a répliqué par le mémoire ci-joint[1] à la réponse de l'Impératrice [-Reine]. Cette réplique du Roi est pour votre seule et unique information. Le mémoire sera présenté par M. le marquis de L'Hôpital avec l'instruction simple de faire sentir à l'Impératrice de Russie et à son ministère que, les opérations des armées ne mettant pas l'alliance dans le cas d'espérer la réussite entière des projets qu'elle avoit en vue, et la continuation de la guerre étant plus nuisible au Roi que les succès ne peuvent lui être utiles, Sa Majesté déclare, par cette note, à Sa Majesté Impériale de toutes les Russies que son désir est que les alliés concourent unanimement au rétablissement de la paix, et avec un tel concert que leur union augmente en temps de paix, de même qu'elle ne s'est point démentie pendant le cours de la guerre.

M. de L'Hôpital aura ordre, en même temps, de presser le ministère russe de lui donner une réponse à sa Déclaration, et de faire connoître que, si l'Impératrice de Russie acquiesce aux désirs du Roi, que Sa Majesté a notifiés pareillement en Suède et à Vienne, il est de la gloire et de l'humanité de cette princesse de s'éviter le regret de voir commencer la campagne, et l'effusion du sang humain ainsi que le malheur des peuples continuer, tandis que Sa Majesté Impériale ainsi que ses alliés auroient la volonté de procéder au rétablissement de la paix générale.

Voilà en quoi consisteront les instructions de M. de L'Hôpital, dont il est nécessaire que M. de Breteuil soit instruit.

M. de Breteuil, de son côté, remettra une lettre de moi, qu'il trouvera ci-jointe, à M. de Woronzow, où je lui mande que le Roi a chargé le marquis de L'Hôpital de lui remettre pour l'Impératrice, sa maîtresse, une Déclaration qui instruira Sa Majesté Impériale des sentiments du Roi relativement à la paix; que

---

1. Ce document, désigné sous le nom tantôt de *Mémoire* et tantôt de *Note,* n'est autre que la Déclaration du 18 décembre. Voyez ci-dessus, pp. 98 et suiv.

l'ambassadeur y ajoutera l'expression de ceux qui sont particuliers entre Sa Majesté et l'Impératrice de Russie ; mais qu'en même temps, comme la santé de M. de L'Hôpital pourroit l'empêcher de vaquer à tous les détails d'une négociation aussi instante et en même temps aussi intéressante pour l'union des deux couronnes, le Roi a envoyé à M. le baron de Breteuil des instructions particulières pour traiter cet objet vis-à-vis M. le chancelier et en accélérer l'heureuse conclusion.

Alors M. de Breteuil approfondira la matière avec M. le chancelier de Russie. Il lui confiera que le Roi a bien senti que la cour de Pétersbourg, portée à accélérer la conclusion de la paix, étoit retenue par la crainte de désobliger la cour de Vienne ; que Sa Majesté est entrée, comme elle le fera toujours, dans les embarras que pouvoit avoir l'Impératrice de Russie et qu'elle a généreusement, pour le bien commun, voulu affronter le danger qu'il y avoit pour la France d'être la première à donner une Déclaration pacifique à chaque membre de l'alliance.

M. de Breteuil fera sentir et répétera souvent à M. de Woronzow que le Roi a considéré que l'Impératrice-Reine n'avoit pas plus d'avance pour la conquête de la Silésie que la première année de la guerre, et qu'il étoit hors de toute vraisemblance militaire que la cour de Vienne pût conquérir dans une campagne une province où il se trouve plusieurs places de guerre, tandis qu'après quatre campagnes et plusieurs batailles gagnées elle n'a pu y réussir. Sa Majesté a réfléchi que le projet d'anéantir la puissance prussienne, utile en lui-même, et peut-être possible la première campagne, est devenu presque impossible, à raison de la continuation de la guerre, et destructif pour les puissances qui y sont engagées : de sorte qu'à la longue le roi de Prusse pourra bien ne plus exister, mais la puissance des alliés se trouvera en même temps affaiblie, et l'utilité de la destruction de la puissance prussienne, qui ne consiste que dans une tête, ne sera pas comparable au dommage réel que produira l'affaiblissement des monarchies qui auront contribué à cette destruction.

L'Impératrice de Russie trouvera-t-elle jamais dans la continuation de la guerre un avantage qui compense la perte énorme qu'elle fait en argent et en hommes, lorsqu'elle éloigne à 500 lieues de son Empire une armée aussi considérable que celle qu'elle a fait agir en Poméranie et sur l'Oder? Une grande puissance comme la Russie peut, pour soutenir sa prépondérance, ses engagements et sa considération, pour faire connoître les attentions et les égards qui lui sont dus, éloigner, pour une ou tout au plus deux campagnes, des forces considérables de son Empire; mais ce même Empire ne peut pas, sans altérer sa constitution fondamentale, renouveler plusieurs années de suite les déchets en tout genre que les opérations militaires et l'éloignement produisent dans son armée.

Le Roi n'ignore pas le désir que l'on a inspiré à l'Impératrice de Russie de posséder la Prusse. Les armes russes ont conquis cette province; mais l'on ne peut pas se flatter à Pétersbourg que le roi de Prusse cède le pays auquel est attaché son titre de roi sans y être absolument forcé par l'impossibilité de résister aux efforts de ses ennemis. L'on doit croire aussi que l'Angleterre est engagée, et d'honneur et d'acharnement, à soutenir son allié et à empêcher qu'il ne fasse une cession honteuse. Ainsi, pour que l'Impératrice de Russie conserve paisiblement la conquête de la Prusse et s'en assure la possession à la paix, sans parler des inconvénients de cet agrandissement vis-à-vis de la Pologne, de la Porte Ottomane[1] et des puissances du Nord[2], il est vraisemblable que, suivant la constitution de la guerre actuelle et les dispositions des ennemis, il faudra encore plusieurs années de guerre avant que d'amener le roi de Prusse à la volonté de céder son royaume[3].

M. de Breteuil demandera à M. de Woronzow si l'on pense que les pertes que l'Impératrice de Russie fera, pendant les trois ou quatre ans de guerre qu'elle sera obligée de soutenir, n'excéderont pas

---

1. « L'on présume que les négociations du roi de Prusse à Constantinople ont pour objet de faire garantir par la Porte le royaume de Prusse. Je n'ai nulle notion sur cette idée qui me vient dans le moment, mais il me paroît que cette garantie est tout ce qui auroit pu être négocié de mieux à Constantinople. Or, comme il y a certainement une négociation prussienne favorisée par la Porte, l'on peut conclure que c'est celle qui est la plus simple et la plus utile au roi de Prusse que ce prince soutient à Constantinople. » Note en marge de l'original.

2. Suède et Danemark.

3. Dans tous nos documents, quand on parle d'une occupation ou d'une annexion de la Prusse par la Russie, ce n'est pas du royaume de Prusse qu'il s'agit, mais de la province de Prusse orientale, à laquelle était attaché, en effet, le titre royal des Hohenzollern. Voyez ci-dessus, p. 155, note 2.

de beaucoup l'avantage de l'acquisition de la Prusse, sans parler des hasards qui peuvent n'être pas toujours favorables. L'Impératrice perdra plus de Russes, ses anciens et fidèles sujets, dans une seule campagne, qu'elle n'acquerra de sujets prussiens, et le fonds de la dépense d'une guerre éloignée n'aura pas de proportion avec le revenu de sa nouvelle acquisition : de sorte qu'il paroît démontré que l'Impératrice de Russie ruine le fonds de sa puissance pour un objet éloigné et médiocre, qu'à grands frais, et toujours au détriment de l'Empire russe, elle aura bien de la peine à soutenir en temps de paix.

Ce raisonnement paroît si solide qu'il est vraisemblable que M. le baron de Breteuil saura le présenter sous un jour assez favorable pour qu'il soit senti de M. le grand-chancelier et que le ministère russe, en étant pénétré, s'en servira pour ramener sa maîtresse aux principes sages qui doivent la déterminer dans la situation présente.

On objectera peut-être à M. de Breteuil qu'il est juste que la cour de Pétersbourg, ayant fait les efforts destructifs dont lui-même il convient, ait, du moins pour l'honneur de ses armes, si utiles à la cause commune, un dédommagement, et qu'on ne peut pas en imaginer d'autre que celui de la Prusse. On parlera aussi d'un arrangement avec la Pologne, avantageux à l'Empire de Russie, sur le règlement des frontières de l'Ukraine.

Quant au premier point, M. de Breteuil répétera tout ce qui a été dit par rapport à la Prusse. Sur le second, il dira que le Roi concourra avec grand plaisir aux désirs de Sa Majesté Impériale, afin que la République de Pologne se prête aux vues que Sa Majesté Impériale pourroit avoir pour un changement de limites; mais que Sa Majesté pense que, cet arrangement étant un objet de négociation épineuse et de nature à être suivie sur le terrain, qui d'ailleurs pourroit être contrariée par la Porte Ottomane (qu'il est de l'intérêt essentiel des puissances de ne pas faire entrer actuellement dans les différends qui agitent l'Europe), le Roi pense que la négociation des limites avec la Pologne ne doit pas embarrasser celle de la paix et que, sur cet objet, les alliés peuvent, avec le consentement du roi de Pologne, se borner à faire entre eux une convention particulière.

M. le baron de Breteuil dira à M. de Woronzow que le véritable avantage que l'Impératrice sa maîtresse s'est acquis dans cette guerre est celui d'avoir fait connoître à l'Europe combien sa puissance étoit recommandable, avec quelle fidélité et quelle générosité l'Impératrice soutient ses engagements avec ses alliés; et effectivement le Roi pense que l'union qu'il a contractée avec l'Impératrice de Russie, et qu'il compte de consolider de plus en plus, sera un avantage réel pour le commerce de la Russie, qui précédemment étoit maîtrisé par les Anglois et qui sera partagé à l'avenir par la France et l'Angleterre, si la Russie veut profiter pour cet objet de l'alliance de la France et des sentiments véritables du Roi pour l'Impératrice.

Quand M. de Breteuil aura prouvé à M. de Woronzow que la vraisemblance ne permet pas d'espérer que la cour de Vienne acquière la Silésie et que cette puissance doit être satisfaite des efforts de ses alliés s'ils lui procurent la conservation du comté de Glatz[1]; quand il aura démontré au grand-chancelier que le véritable intérêt de la Russie est que la paix se fasse, il lui représentera que celui de la Suède n'est pas moins instant pour la paix ; que l'on se rappelle les campagnes des Suédois et les dépenses que ces campagnes inutiles ont occasionnées ; l'impossibilité militaire et physique dont il est que l'armée de Suède, qui ne sera pas jointe par l'armée russe ou par l'armée autrichienne pour s'emparer de Stettin, puisse faire autre chose que ce qu'elle a fait jusqu'à présent, et que l'on ne perde pas de vue que c'est la France qui s'épuise pour mettre en état la Suède de faire des efforts aussi infructueux. Enfin, que M. de Woronzow veuille bien considérer le danger où cette guerre met la constitution et le gouvernement de Suède, ce ministre jugera que cette puissance, si elle peut sauver son honneur à la paix, doit désirer, pour son commerce et l'affermissement de sa constitution, que la paix se fasse et que la France, qui y est disposée, lui prolonge les subsides dont elle a besoin pour réparer les pertes qu'elle a faites.

Le roi de Pologne, électeur de Saxe, est la puissance sans

---

1. L'Autriche, au traité d'Hubertsbourg, ne gardera même pas le comté de Glatz.

doute qui, par ses malheurs, mérite le plus de la part des alliés. Mais jusqu'à présent qu'a servi à ce prince la continuation de la guerre? Chaque année augmente les malheurs de la Saxe[1] et éloigne le rétablissement de l'électorat. Pour procurer au roi de Pologne des dédommagements, il faut les conquérir sur l'ennemi. Jusqu'à présent, l'alliance a été occupée de la conquête de la Silésie, qui n'étoit pas destinée à dédommager le roi de Pologne. Si la guerre continue, il n'est pas vraisemblable que les intérêts et les positions des puissances alliées varient sur l'objet de la Silésie; et cet objet seroit si long et si coûteux à obtenir qu'il est certain que, quand même on y parviendroit, on ne voudroit ni l'on ne pourroit prolonger la guerre pour acquérir Magdebourg et les autres pays à la bienséance de l'électorat de Saxe. Mais, en attendant, la puissance saxonne sera anéantie et réduite à un point de foiblesse dont des dédommagements ne pourroient pas la tirer qu'après un siècle de paix et de bonne administration.

Il est fâcheux de dire que le roi de Pologne doit être peu favorisé à la fin d'une guerre aussi injuste à son égard : c'est le malheur de sa situation, que les alliés peuvent adoucir à la paix par des arrangements particuliers et pécuniaires.

Quant à la France, il sera facile à M. de Breteuil de faire sentir à M. de Woronzow que cette puissance soutient par son argent une partie du fardeau de la guerre qui est faite par l'alliance; que Sa Majesté a négligé sa guerre personnelle, ses possessions en Amérique, l'intérêt du commerce de ses sujets, pour être utile à ses alliés dans une guerre très étrangère à la France; que le Roi auroit soutenu avec courage le tort qui en résultoit pour sa puissance si Sa Majesté avoit vu le succès de ses alliés compenser les pertes qu'elle faisoit, mais que, bien loin d'avoir eu cette satisfaction, elle n'a pas celle de l'entrevoir dans l'avenir.

Comme tout a ses bornes, ces mêmes bornes se rapprochent et sont plus sensibles en proportion du danger que court une monarchie. Ainsi le Roi ne peut pas prendre d'autre parti que celui de borner ses efforts, si la guerre continue, à l'entretien de l'armée qu'il conservera en Allemagne.

1. Cruellement rançonnée et foulée par Frédéric II.

M. de Breteuil n'aura peut-être pas le moyen d'étendre dans une seule conversation le tableau qu'on lui présente. Il faudra qu'il s'en procure plusieurs, car il ne faut rien négliger pour convaincre la cour de Pétersbourg de l'absurdité, même pour elle, de la continuation de la guerre.

Ce premier point convenu, M. de Breteuil s'attachera à persuader et à convenir avec le ministère russe que, la cessation de la guerre étant jugée utile, les moyens pour parvenir à la paix ne peuvent être trop prompts. Il proposera verbalement deux projets au ministère de Russie.

Le premier : que l'Impératrice de Russie se charge des intérêts de l'alliance et fasse connoître à l'Angleterre et au roi de Prusse qu'étant instruite des intentions de ses alliés, elle est à portée de traiter la paix générale pour toute l'alliance à des conditions raisonnables ; qu'elle invite en conséquence les rois d'Angleterre et de Prusse à lui communiquer, sans délai et pour éviter les malheurs d'une nouvelle campagne, à quelles conditions ils voudroient concourir au rétablissement général de la paix. Elle pourra ajouter que la voie du congrès a paru trop longue pour parvenir à un bien si désirable et que toutes les puissances, ses alliées, désirent de si bonne foi la paix qu'elle espère que, quand les sentiments des rois d'Angleterre et de Prusse seront connus, cet ouvrage si salutaire au genre humain souffrira peu de retardement.

Il y a un avantage réel à ce que la cour de Russie se charge de cette démarche vis-à-vis des rois d'Angleterre et de Prusse[1] : c'est que cette cour n'a rien à craindre du mécontentement de ses alliés ; au lieu qu'il y auroit des dangers à ce que la France mécontentât la maison d'Autriche dans la négociation de la paix. Cependant cet avantage n'est pas en proportion des désavantages que la paresse de l'Impératrice, les intrigues de son ministère, ses liaisons avec l'Angleterre, qui pourroient s'étendre jusqu'à réunir la cour de Vienne avec la puissance britannique, nous doivent faire craindre.

Ainsi, après avoir fait cette proposition à la Russie et lui

---

1. C'est un retour à l'idée d'une médiation russe, que le Roi avait d'abord écartée. Voyez ci-dessus, pp. 97-98 et 140.

avoir marqué notre déférence et notre confiance, il seroit très utile[1] que M. de Breteuil lui suggérât de proposer au Roi de se charger lui-même des intérêts des alliés dans la confection de la paix, sous prétexte que le Roi, intéressé comme les autres puissances dans la guerre d'Allemagne, a de plus à arranger avec l'Angleterre des intérêts considérables et étrangers à l'Allemagne.

Si la cour de Russie approuvoit et donnoit son consentement par écrit sur cet article, alors il seroit nécessaire qu'elle instruisît M. de Breteuil du plan de pacification que, tant pour elle que pour les alliés, elle jugeroit le plus raisonnable.

Pour résumer tout ce qu'on vient de dire, le Roi charge M. de Breteuil de quatre points essentiels :

Le premier, de faire convenir la cour de Pétersbourg de la nécessité de la paix ;

Le second, que cette nécessité reconnue demande que l'on procède le plus promptement possible à la conclusion et que l'on évite la campagne prochaine ;

Le troisième, après avoir offert à la cour de Russie d'être chargée de la négociation de la paix, de lui faire désirer et demander que ce soit le Roi qui entame cette négociation ;

Et en quatrième lieu, pour marcher d'un pas sûr et peu sujet à inconvénient, d'obtenir du ministère russe un plan de pacification relativement à l'Allemagne, en réponse à la Déclaration qui lui sera présentée par M. de L'Hôpital.

Il reste à indiquer à M. de Breteuil les moyens que le Roi l'autorise d'employer pour parvenir à la réussite de sa commission, ainsi que le motif qui a engagé Sa Majesté à envoyer le sieur Favier en Russie.

M. de Breteuil, après avoir employé tous les moyens de raisonnement que le texte de ses Instructions lui fournit, emploiera ceux de séduction pour parvenir à obtenir les quatre points essentiels de sa négociation.

Pour cet effet, outre la somme considérable qui est due au Roi par M. de Woronzow et dont il ne sera plus parlé, le Roi autorise M. de Breteuil à partager un million de livres entre les

---

1. « C'est le second moyen ». Note marginale.

différents membres du ministère qu'il jugera nécessaire de séduire; et cette somme, selon les engagements de M. de Breteuil, sera payée exactement dès que nous aurons entre les mains, signé de la main de l'Impératrice, un instrument qui nous autorise à traiter ouvertement de la paix et à la conclure cet hiver.

M. de Breteuil pourra de plus faire espérer à la cour de Russie que, si la paix est faite cet hiver et que cette paix ne dérange pas les sentiments de l'alliance que le Roi veut consolider avec la cour de Pétersbourg, si l'Impératrice de Russie convient avec le Roi d'un traité de commerce avantageux aux deux nations, Sa Majesté se déterminera volontiers à conclure un traité de subsides avec la cour de Pétersbourg à l'avantage de l'Impératrice de Russie; mais M. de Breteuil observera que ce traité de subsides ne peut avoir lieu qu'à la paix et ne peut avoir d'objet qu'autant que le traité de commerce nous sera favorable.

Le sieur Favier[1], qui sera chargé de cette Instruction, est annoncé à Pétersbourg comme secrétaire d'ambassade de M. de L'Hôpital et sa principale commission consiste à faire de son mieux pour que M. de L'Hôpital suive ses avis et ne fasse pas de démarche qui contrarie la négociation de M. de Breteuil. Si M. de L'Hôpital se refusoit aux conseils du sieur Favier, celui-ci avertiroit M. de Breteuil des démarches de l'ambassadeur pour que de concert ils pussent en prévenir les mauvais effets. MM. de Breteuil et Favier mettront une grande précaution pour que le concert qui sera établi entre eux, et qui est si nécessaire au service du Roi, ne soit pas soupçonné de M. de L'Hôpital.

M. Favier s'occupera beaucoup des objets de commerce et

---

1. Favier, secrétaire du comte de Broglie en France pour la Correspondance secrète, fut plus tard arrêté, en août 1772, ainsi que Dumouriez et autres agents de cette Correspondance, par ordre du duc d'Aiguillon, successeur de Choiseul, et mis à la Bastille. BOUTARIC, t. I, p. 182. — En décembre 1760, il venait à Pétersbourg remplacer, comme secrétaire de l'ambassade, en même temps que pour la Correspondance secrète, d'Éon qui rentrait en France. Dans la *Correspondance diplomatique de Catherine II* (*Soc. imp. d'hist. de Russie*, t. XLVIII, pp. 350 et 391), à la date du 29 février et du 17 mars 1763, il semble qu'il soit question de lui. Favier aurait fait écrire à l'Impératrice qu'il désirait entrer au service de Russie, qu'autrement « il étoit persuadé, pour peu qu'il fût connu à Londres, qu'il trouvera facilement de l'emploi ». Annotation de l'Impératrice : « Je ne sais point qui est M. Favier. » Réponse du chancelier Voronzof: « Ce Favier désire être pris au service de Russie et attaché à notre ministre à Londres; mais il demande un trop gros traitement et un grade trop élevé; et, quoiqu'il ait beaucoup de mérite, on peut se passer de lui. »

marquera à M. de L'Hôpital l'envie qu'il a d'être instruit dans cette partie. Si le traité de commerce projeté avec la Russie avoit lieu, M. Favier seroit employé fort utilement dans cette négociation. Il doit chercher à se lier fort intimement avec le consul de la nation[1], qui est un homme de mérite dont il tirera des lumières et à qui il en communiquera. Quand M. de L'Hôpital sera parti, M. Favier restera à Pétersbourg et continuera à travailler sur le commerce. Il m'enverra des mémoires sur cet objet et aidera M. de Breteuil dans toutes les parties dont ce ministre voudra le charger.

1. M. de Saint-Sauveur. Voyez ci-dessus, t. I, pp. 481 et suiv. et t. II, pp. 15, 28, 53.

# XXXI

## LE BARON DE BRETEUIL

MINISTRE PLÉNIPOTENTIAIRE

1761-1763

Quoique le marquis de L'Hôpital fût encore à Pétersbourg en qualité d'ambassadeur, l'état de sa santé et la confiance plus grande que Choiseul et Louis XV avaient également en Breteuil faisaient que toutes les affaires, de plus en plus, passaient par les mains de celui-ci.

Quand les Russes entreprirent d'occuper Dantzick, au moyen d'une entente préalable avec les magistrats de cette ville, et d'en faire leur base d'opérations contre la Poméranie prussienne, la France et l'Autriche s'émurent. Louis XV considérait qu'il y avait là une menace pour l'indépendance ou l'intégrité de la Pologne. Le baron de Breteuil, par le canal de la Correspondance secrète, reçut une longue lettre signée du Roi, lui enjoignant de « ne rien négliger auprès du comte Woronzow pour empêcher l'exécution de ce projet[1] ».

On obtint gain de cause pour Dantzick. Il restait, pour faciliter cette paix générale, dont la France après tant de désastres (Pondichéry allait capituler le 31 janvier 1761) éprouvait un si pressant besoin, à obtenir de la Tsarine qu'elle renonçât à la Prusse orientale. Ce n'était pas impossible; car, bien qu'Élisabeth persistât énergiquement dans sa résolution de « réduire » Frédéric II, elle avait déclaré dans l'automne de 1760, pour supprimer une cause de mésintelligence entre les coalisés, que la Prusse orientale ne ferait pas une question. La négociation en vue de faciliter la paix fut confiée au baron de

---

1. VANDAL, *Louis XV et Élisabeth*, pp. 386-389. Lettre du 3 janvier 1761.

Breteuil, auquel on avait dépêché, ainsi que nous l'avons vu[1], pour aider et stimuler son zèle, le sieur Favier. Voici les documents qui se rapportent à cette négociation :

MÉMOIRE POUR SERVIR D'INSTRUCTION A M. LE BARON DE BRETEUIL.
VERSAILLES, 31 JANVIER 1761[2].

Des notions qui ont été communiquées au Roi et à son Conseil, tant sur le caractère de l'Impératrice de Russie que sur la méthode à suivre pour négocier avec succès auprès d'elle, ont fait juger à Sa Majesté que le moyen le plus efficace à employer pour cet effet étoit que le Roi écrivît lui-même avec amitié et confiance à cette princesse la lettre qu'on envoie au baron de Breteuil pour la remettre à Sa Majesté Impériale, et dont on lui adresse une copie pour son instruction personnelle.

Il est essentiel qu'il obtienne une audience particulière de l'Impératrice, et il doit faire tout ce qui pourra dépendre de lui pour engager M. le grand-chancelier à la lui procurer. Dans cette vue, le baron de Breteuil confiera à ce ministre l'objet de sa mission et l'ordre qu'il a reçu du Roi de présenter lui-même à l'Impératrice la lettre de Sa Majesté.

En supposant, ce qui est très vraisemblable, que l'audience dont il s'agit sera accordée au baron de Breteuil et que cette princesse lira en sa présence la lettre du Roi, ce ministre aura une extrême attention à observer l'impression que cette lecture fera sur l'esprit de l'Impératrice ; et il s'expliquera, conformément aux intentions de Sa Majesté, dans les termes les plus propres à flatter Sa Majesté Impériale sur les sentiments du Roi pour elle, et à la déterminer à ne pas différer à donner ses ordres au grand-chancelier relativement à la Déclaration à faire remettre aux ministres des cours de Londres et de Berlin.

Le baron de Breteuil représentera à l'Impératrice de Russie, si elle lui en laisse le temps, tous les motifs de justice et d'humanité qui doivent engager cette princesse à adopter le projet salu-

1. Voyez ci-dessus, pp. 173-174.
2. *A. E. Russie*, t. LXVI, fol. 111.

taire d'arrêter l'effusion du sang de tant de nations belligérantes et de prévenir, s'il est possible, les hasards d'une nouvelle campagne. Il lui fera sentir qu'il n'y a pas un moment à perdre pour travailler au rétablissement de la paix, qu'on ne peut plus raisonnablement espérer d'obtenir par une guerre dont l'expérience n'a que trop appris que les dangers sont plus certains que les succès. Enfin, il ajoutera qu'une aussi grande princesse, après avoir donné les preuves les plus authentiques de fidélité à ses engagements, ne doit ambitionner actuellement d'autre gloire que celle de procurer le repos et le bonheur publics. Il renouvellera aussi les assurances de la sincère disposition où est le Roi de resserrer de plus en plus et de perpétuer les nœuds de l'amitié et de la confiance la plus intime entre Sa Majesté et l'Impératrice.

M. le comte de Woronzow devant assister à l'audience que le baron de Breteuil aura de Sa Majesté Impératrice, il est essentiel qu'il soit informé d'avance de tout ce que le ministre du Roi se proposera de dire à cette princesse. Ainsi, le baron de Breteuil commencera par lui en faire la confidence et concertera avec lui la manière la plus convenable de traiter vis-à-vis de l'Impératrice l'objet important de la négociation qu'il s'agit de mettre en activité. L'opinion que M. le grand-chancelier a donné lieu de concevoir de ses intentions personnelles ne permet pas de douter qu'il ne seconde de tout son crédit les démarches du baron de Breteuil.

Quant aux autres ministres de conférence[1], le baron de Breteuil ne s'ouvrira avec eux qu'autant que M. de Woronzow le jugera nécessaire ou convenable. Les deux comtes de Schwalow[2] sont ceux qui paroissent avoir la plus grande influence dans les résolutions de l'Impératrice, et le baron de Breteuil doit se conduire avec eux de façon à se concilier leur confiance; mais il doit renfermer la sienne dans des propos généraux sur la nécessité de faire la paix, et il n'entrera avec eux dans des détails plus cir-

---

1. Membres de la Conférence ou Conseil de gouvernement. Le titre russe était *Conferenz-Ministre*.

2. Pierre et le chambellan Ivan. Celui-ci, le favori en titre d'Élisabeth, avait été mis dans la confidence de la Correspondance secrète. Louis XV écrivait à Tercier, le 11 octobre 1760 : « Je suis fâché que M. Schwalow ait été mis dans le secret, puisqu'il ne nous aime pas ; voilà bien du monde qui y est ; je souhaite qu'il ne transpire pas. » BOUTARIC, t. I, p. 272.

constanciés que lorsque, de concert avec le grand-chancelier, il croira utile de leur parler avec plus de précision et d'ouverture.

On croit devoir joindre sous le n° 1 à ce mémoire quelques particularités sur des principaux personnages de la cour de Pétersbourg. C'est au baron de Breteuil à examiner si les portraits qu'on en fait sont ressemblants et quel parti il pourroit tirer, pour le succès de sa négociation, de leur caractère, de leurs affections, de leurs liaisons et de leurs préjugés.

---

JOINT A LA DÉPÊCHE A M. DE BRETEUIL DU 31 JANVIER 1761[1].

Le chambellan Schwalow et le grand-maître d'artillerie Pierre Schwalow[2] sont, après M. le chancelier, les ministres de la Conférence dont la voix est la plus prépondérante.

Il est difficile d'entrer en composition avec le chambellan; mais le comte Ivan Czernichew[3], son ami le plus solide, est le maître d'arrêter les idées de ce favori. Il a sur lui l'ascendant que donnent un esprit plus nerveux et des connoissances plus raisonnées et mêlées de moins d'enthousiasme sur les véritables intérêts de la Russie. Le comte Ivan Czernichew doit être accoutumé à la séduction par la place de procureur du sénat qu'il occupe depuis six mois. Il est d'ailleurs pressé par un nombre infini de créanciers, et sa dépense excessive laisse ses finances dans un continuel épuisement. C'est principalement en profitant de ces moments favorables qu'on parviendra sans doute à s'assurer des dispositions du comte Czernichew et, par conséquent, de

---

1. *A. E. Russie*, t. LXVI, fol. 115.
2. Ivan Chouvalof et Pierre Chouvalof. — Voyez ci-dessus, pp. 17, 46, 67, 73, 177.
3. Le comte Ivan Grigoriévitch Tchernychef (1726-1797), général en chef, chambellan, désigné pour le congrès d'Augsbourg, qui n'eut pas lieu; sous Pierre III, ambassadeur en Chine; sous Catherine II, président du Collège d'amirauté, membre de l'Académie des sciences, ambassadeur à Londres; sous Paul Ier, feld-maréchal.

celles du chambellan Schwalow. On observe, de plus, que la séduction du comte Czernichew pourra servir à faire diriger les instructions de l'ambassadeur son frère [1] conformément aux vues de la France, ou du moins à en obtenir la communication.

Le grand-maître d'artillerie est certainement aisé à séduire; mais, comme les Anglois sont peut-être les seuls jusqu'à présent qui ont employé ce moyen auprès de lui, il sera difficile d'y arriver par des routes qu'ils n'aient point pratiquées. Il a pour maîtresse titrée la princesse Kourakin [2], qui est dévouée à l'Angleterre. Cette femme d'ailleurs a peu d'esprit, elle est foible, indiscrète, et après s'être prostituée dès l'âge de quinze ans par tempérament à tous les agréables de la cour de Russie, elle paroît s'en tenir, actuellement qu'elle a perdu sa beauté, au grand-maître d'artillerie par intérêt ou par habitude. La jalousie de cet amant, qui va jusqu'à l'excès, est encore un obstacle qui ne permettra aucune démarche de ce côté-là. On aura la ressource de corrompre le sieur Charpentier, son secrétaire; c'est un François qui lui est attaché depuis longtemps, qui parle la langue russienne et qui sera du moins à portée d'indiquer les voies que l'on pourra prendre sans risquer de se compromettre.

L'ancien procureur général prince Troubeskoï [3], qui est à présent président du Conseil de guerre, a été malade et hors d'état d'assister aux conférences. On ignore son état actuel. Ce ministre passe pour très éclairé sur les affaires de Russie. On le dit inaccessible à la séduction.

Le prince Tcherkaskoï [4], qui l'a remplacé, jouit de la même réputation.

---

1. Le comte Pierre Grigoriévitch Tchernychef (né en 1747), sénateur, fut ministre auprès des cours de Danemark, Prusse, Angleterre, et, deux fois en 1760 et en 1762, auprès de la cour de France. DOLGOROUKOF, *Mémoires*, p. 175, le représente comme « un homme d'esprit et de talent, mais d'un orgueil démesuré, d'une vanité outrecuidante et d'une hauteur insoutenable ».
2. La princesse Hélène Stépanovna, fille du maréchal Apraxine, femme du prince Boris Alexandrovitch Kourakine, et célèbre par sa beauté. Née en 1735, morte en 1769. — DOLGOROUKOF, *Mémoires*, p. 429, dit du maréchal Apraxine : « Il n'hésita point, pour gagner la bienveillance et l'appui du comte Pierre Chouvalof, à se faire, en sa faveur, le porteur de ses paroles d'amour auprès de sa propre fille, la princesse Hélène Stépanovna Kourakine. » Celle-ci fut la mère de Kourakine, ambassadeur de Russie auprès de Napoléon.
3. Le prince Nikita Iouriévitch Troubetskoï (1699-1767) fut, en effet, procureur général auprès du Sénat, puis feld-maréchal et président du Collège de guerre.
4. Le prince Pierre Pétrovitch Tcherkaskoï.

Le plus corruptible des Russes est le sénateur et chambellan Woronzow[1], frère du chancelier; il est adroit dans ses intrigues et suit son objet à toute outrance; mais il n'est pas estimé de son frère; le chambellan s'en défie, et je le crois peu lié avec le grand-maître de l'artillerie.

M. Gross[2] influe beaucoup sur les résolutions de la Conférence. Il n'est pas au fond très dévoué à la France, mais le désir qu'il a de voir la paix pour demander son congé et venir réparer sa santé dans un climat tempéré pourroit le porter à favoriser les vues du Roi. On pourroit lui insinuer que, s'il vouloit fixer son séjour à Paris, dont il dit que l'air lui avoit toujours été salutaire, il y trouveroit une pension de Sa Majesté et tout ce qui pourroit convenir à son bien-être.

M. Wolcow[3], secrétaire de la Conférence, a toujours été livré aux intérêts de la cour de Vienne plus qu'à ceux de la cour de Versailles; mais c'est un joueur passionné et un dissipateur en tout genre, qui a souvent besoin de réparations: ceux qui peuvent ou veulent les lui procurer trouvent auprès de lui un accès facile. Le résultat des conférences est ordinairement dressé plutôt sur l'avis de ce secrétaire que sur ceux des ministres.

Cependant, le 25 mars 1761, s'étaient réunis dans la maison même du duc de Choiseul les représentants des cours d'Autriche, Russie, Suède et Saxe-Pologne. Un texte de déclaration collective avait été discuté et arrêté. Voici ce document:

DÉCLARATION. — 26 MARS 1761[4].

Les dispositions à la paix, très conformes aux sentiments de toutes les parties belligérantes, que les rois d'Angleterre et de Prusse ont marquées l'année passée, ayant éprouvé des difficultés qui en ont éloigné le succès, les cours de France, de Vienne, de Pétersbourg, de Stockholm et de Varsovie sont convenues unanimement de proposer à celles de Londres

---

1. Le comte Roman Ilarionovitch Voronzof (1707-1783), général en chef, etc. — Voyez ci-dessus, p. 4, note 1. — Il y avait un troisième frère, Ivan Ilarionovitch (1719-1786), général-major.
2. Mort en 1765. L'ancien chargé d'affaires en France. V. ci-dessus, t. I, pp. 476, 486.
3. Dmitri Vassiliévitch Volkof (1718-1785), secrétaire de la Conférence sous Élisabeth, secrétaire intime sous Pierre III. — Voyez sur ce personnage la *Rousskaïa Starina* de 1874, t. IX, p. 163, t. XI, p. 478, avec des lettres de lui sur la révolution de 1762.
4. *A. E. Russie*, t. LXVI, fol. 113.

et de Berlin de renouer une négociation aussi salutaire au bonheur du monde et qui doit intéresser l'humanité de toutes les puissances qui se trouvent en guerre.

Il y a deux moyens de procéder au rétablissement de la paix : le premier, en assemblant un congrès dans une ville neutre et à portée de toutes les parties intéressées. Si les rois d'Angleterre et de Prusse adoptent ce moyen[1], le Roi Très Chrétien, l'Impératrice-Reine, l'Impératrice de Russie, le roi de Suède et le roi de Pologne, électeur de Saxe, proposent la ville d'Augsbourg pour le lieu du congrès, en observant que Leurs Majestés n'indiquent Augsbourg que comme une ville qui paroît remplir par son emplacement la convenance de tous les États et qu'elles ne se refuseront pas au choix d'une autre ville si Leurs Majestés Britannique et Prussienne le jugent plus convenable.

Le Roi Très Chrétien, l'Impératrice-Reine, l'Impératrice de Russie et les rois de Suède et de Pologne déclarent, en outre, qu'ils ont choisi les plénipotentiaires qui seront chargés de leurs intérêts au congrès, dans l'espérance que le roi d'Angleterre, le roi de Prusse et leurs alliés, pour ne pas différer la négociation, feront promptement de leur côté le choix de leurs ministres respectifs.

Le second moyen, qui accéléreroit vraisemblablement la négociation, parce qu'il éviteroit les longueurs inséparables d'un congrès et le cérémonial que cette forme entraîne après elle, seroit que toutes les puissances en guerre convinssent qu'il y eût deux assemblées de ministres : l'une à Paris et l'autre à Londres, selon les alliances réciproques. Dans ce cas, la cour de Londres traiteroit directement pour elle et ses alliés vis-à-vis de la France qui, de son côté, seroit chargée de conduire la négociation de ses alliés ; et le roi d'Angleterre enverroit un ministre à Paris pour correspondre avec la cour et poser les objets de détail : à moins que Sa Majesté Britannique ne jugeât plus à propos que le Roi Très Chrétien envoyât pendant la négociation un ministre françois à Londres. Il est évident que, les plénipotentiaires de toutes les couronnes belligérantes se trouvant rendus dans les deux capitales où la négociation seroit établie, elle sera infiniment plus prompte; et ce moyen proposé, s'il ne convenoit pas pour la confection du traité général et définitif, pourroit du moins être adopté pour l'arrangement des préliminaires.

Le Roi Très Chrétien, les deux Impératrices et les rois de Suède et de Pologne proposent l'alternative de ces deux moyens aux rois d'Angleterre et de Prusse et à leurs alliés, en y joignant l'offre d'une suspension d'armes dans toutes les parties où le feu de la guerre est allumé, laquelle suspension d'armes sera limitée ou n'existera pas au choix de Leurs Majestés Britannique et Prussienne.

La simplicité de cette Déclaration que, pour le bien général, les cours de France, de Vienne, de Pétersbourg, de Stockholm et de Varsovie se sont déterminées à faire aux cours de Londres et de Berlin, leur fait espérer que Leurs Majestés Britannique et Prussienne voudront bien notifier par une réponse prompte leurs sentiments sur un objet aussi essentiel au repos et au bonheur de l'Europe.

En réponse à cette déclaration, le gouvernement britannique avait répondu par une contre-déclaration du 3 avril : il acceptait la

---

1. Ils l'avaient proposé par leur note du 25 novembre 1759.

proposition des cinq cours coalisées et acceptait Augsbourg comme lieu du congrès ; mais, en même temps, à une lettre où Choiseul avait demandé que les hostilités cessassent partout le plus tôt possible, et qu'on prît pour base l'*uti possidetis* actuel, Pitt répondait, le 8 avril, que la guerre ne pouvait cesser dans les pays d'outre-mer qu'après la conclusion de la paix définitive. Il se réservait donc d'achever la conquête des colonies françaises. Le congrès se réunit en juin à Augsbourg, tandis que des négociations séparées se poursuivaient entre la France et l'Angleterre ; mais ni l'un ni les autres ne devaient aboutir.

Élisabeth était disposée à restituer la Prusse orientale. Mais elle entendait que cela pût assurer quelques avantages à ses alliés et à elle-même : à la France, la restitution d'une partie de ses colonies américaines et la cession de Minorque ; à elle-même, une rectification de sa frontière en Ukraine, du côté de la Pologne, la France s'engageant, par acte secret, à appuyer ses revendications. A cette condition, elle offrirait sa médiation pour nous procurer la paix avec l'Angleterre. Elle souhaitait aussi que l'alliance indirecte, précaire, toute d'occasion, qui l'unissait à la France se transformât en une alliance directe et durable. Voronzof en fit la proposition formelle à Breteuil. Choiseul l'avait acceptée avec joie. L'influence de Louis XV, qui subordonnait à l'intérêt polonais même l'intérêt français, fit tout échouer. Après avoir fait écrire dans ce sens à Breteuil par Tercier, il lui adressa lui-même une lettre où il lui interdisait de s'engager sur les questions de Pologne et d'Ukraine et, parlant de l'alliance avec les Russes, déclarait que le plus grand avantage qu'en pût tirer la France, c'était « d'empêcher le mal qu'ils pourraient nous faire par d'étroites liaisons avec mes ennemis[1]. »

Breteuil, entravé par ces instructions, n'osa plus répondre aux instances de Voronzof. Quand celui-ci lui parlait traité d'alliance, il répondait traité de commerce. Voronzof comprit et n'insista plus. A Paris, le prince Galitsyne[2] cessa toute démarche en vue de la paix maritime. L'Angleterre, nous sentant isolés, redoubla d'âpreté. Elle demandait à garder toutes ses conquêtes coloniales dans les deux mondes ; elle exigeait le démantèlement de Dunkerque et l'évacuation préalable de toutes les places que nous occupions en Allemagne pour le compte de l'Autriche. La guerre reprit avec une nouvelle fureur,

---

1. Le Roi au baron de Breteuil, 8 juin 1761. — Cité par VANDAL, pp. 399-401.
2. Dmitri Alexiévitch Galitsyne, alors chargé d'affaires à Paris (1761), où il succédait au comte Pierre Grigoriévitch Tchernychef ; il fut ensuite remplacé à Paris par ce même Tchernychef ; puis il revint à Paris, mais comme ministre plénipotentiaire, en 1763. — Ne pas confondre avec le prince Dmitri Mikhaïlovitch Galitsyne, qui fut, vers cette époque, ministre plénipotentiaire à Vienne.

sur terre et sur mer. Nous perdons Pondichéry, Mahé, la Dominique, Belle-Isle. L'accession de l'Espagne à la coalition, par le Pacte de Famille du 15 août 1761, ne fait qu'étendre les ruines et accroître les conquêtes des Anglais. Sur le continent, les seuls événements importants, c'est la prise de Schweidnitz par les Autrichiens et de Colberg par les Russes.

Or, le 5 janvier 1762[1], Élisabeth, cette amie passionnée du Roi, cette Impératrice sous le règne de laquelle la civilisation française s'était substituée à la civilisation allemande en Russie[2], mourait. Elle laissait le trône à son neveu Pierre III, que son admiration fanatique pour Frédéric II allait jeter dans la coalition anglo-prussienne.

Breteuil reçut, à neuf jours d'intervalle, une lettre de Choiseul et une lettre de Louis XV, qui sont de véritables Instructions, l'une pour la diplomatie officielle, l'autre pour la diplomatie secrète, en vue de la situation nouvelle, et à certains égards imprévue, qui était faite en Russie à notre ambassadeur et à notre politique.

LE COMTE DE CHOISEUL[3] AU BARON DE BRETEUIL. — VERSAILLES, 31 JANVIER 1762[4].

J'ai reçu, Monsieur, jeudi dernier une lettre de M. du Châtelet[5], venue par un courrier de M. de Kaunitz[6], à laquelle il étoit joint la copie de celle que vous avez écrite à cet ambassadeur pour lui apprendre la catastrophe arrivée en Russie et sur laquelle nous étions rassurés par les nouvelles favorables que vous nous aviez envoyées en dernier lieu.

Le courrier que vous avez dépêché le 11 est arrivé vendredi et m'a remis vos dépêches numéros 2, 3, 4 et 5 et une cinquième non numérotée.

1. Style russe : 25 décembre 1761. — Sur cette mort, extraits des dépêches de Breteuil et de Keith, l'envoyé anglais, dans *La Cour de Russie*, etc., pp. 178 et suiv.
2. A. RAMBAUD, *Histoire de la Russie*. — L. PINGAUD, *les Français en Russie et les Russes en France*, Paris, 1886.
3. Le comte de Choiseul, plus tard duc de Praslin, qui avait déjà succédé à son cousin en 1759, à l'ambassade de Vienne (A. SOREL, *Instructions, Autriche*, pp. 381 et suiv.), l'avait remplacé, le 12 octobre 1761, au ministre des affaires étrangères, pendant que le duc de Choiseul prenait ceux de la guerre et de la marine. Il occupa ce ministère jusqu'au 8 avril 1766, époque où le duc de Choiseul y revint.
4. *A. E. Russie*, t. LXVIII (non folioté).
5. Le comte Du Châtelet-Lomon, ambassadeur de France à Vienne, de 1761 à 1764. A. SOREL, *Instructions, Autriche*, pp. 393 et suiv. — Voyez son Instruction du 29 juin 1761.
6. Chancelier de l'Impératrice-Reine.

Enfin M. de Czernichew[1] est venu ici samedi dernier pour demander quel jour il pourroit faire au Roi la notification de la mort de l'Impératrice et remettre ses nouvelles lettres de créance. J'en joins ici une copie par laquelle vous verrez qu'elles sont écrites d'un style assez amical et qui sembleroit indiquer que Pierre III veut suivre les mêmes principes que l'Impératrice Élisabeth.

Je vous envoie aussi, Monsieur, de nouvelles lettres de créance que vous remettrez à l'Empereur. Vous ajouterez verbalement tout ce qui peut concourir à cimenter l'union des deux cours. Vous ferez connoître à ce prince la satisfaction qu'a eue Sa Majesté des assurances que lui a données M. de Czernichew des dispositions de l'Empereur son maître pour le maintien du système, et vous donnerez de pareilles assurances de l'intention où est le Roi de resserrer de plus en plus les liens qui unissent les deux monarchies et du désir qu'il a de retrouver dans le nouvel Empereur les sentiments d'amitié dont l'Impératrice défunte lui a donné des marques en toute occasion.

Vous direz encore, Monsieur, que le Roi, invariable dans ses sentiments ainsi que dans les principes de sa politique, n'a jamais manqué à ses amis ni à ses alliés, qu'il a toujours rempli ses engagements avec la plus scrupuleuse exactitude, et que sa fidélité inébranlable lui donne droit d'attendre en retour de pareils procédés.

Après ces généralités que vous pouvez, Monsieur, étendre et détailler suivant que vous le jugerez à propos, je conçois que vous désiriez recevoir des instructions claires et précises pour vous guider dans la circonstance critique et intéressante où vous vous trouvez; mais vous sentirez aisément combien il nous est difficile de vous donner des règles de conduite assez étendues et assez positives pour diriger vos démarches dans la route épineuse et obscure où vous allez peut-être entrer.

En poussant aussi loin qu'il est possible les spéculations sur l'avenir, il semble qu'on ne peut faire que trois hypothèses : la première, que le nouvel Empereur suivra l'ancien système ; la seconde, qu'il en adoptera un tout opposé en se liant avec nos

---

1. Tchernychef, ministre de Russie à Paris. Voyez ci-dessus, p. 179, note 1.

ennemis; la troisième, qu'il prendra un parti intermédiaire.

La première est sans doute la plus désirable, mais malheureusement elle est la moins vraisemblable. Si elle a lieu, vous n'avez pas besoin de nouvelles instructions : vous vous conformerez à celles que je vous ai ci-devant envoyées, et vous suivrez la même conduite que si l'Impératrice étoit encore sur le trône. Vous observerez cependant qu'il faut se défier des apparences : l'Empereur pourroit afficher extérieurement ce système, quoiqu'il soit contraire à ses inclinations véritables. C'est pourquoi il est important de pénétrer quels sont ses sentiments secrets, soit pour prendre nos mesures en conséquence et nous précautionner contre ses mauvaises intentions, soit pour éviter de l'indisposer et de le cabrer par des instances trop vives sur des objets qui pourroient lui déplaire. Vous entendez, Monsieur, que ceci tombe sur les opérations de guerre; c'est pourquoi, dans le cas que je viens de prévoir, vous laisseriez porter les grands coups à M. de Mercy[1] et vous vous contenteriez d'appuyer avec beaucoup de ménagement et de circonspection les demandes de la cour de Vienne; car, pour vous dire notre secret, ce qui nous importe essentiellement, c'est que la Russie demeure attachée à la grande alliance; qu'elle ne rappelle pas ses armées; qu'elle persiste dans l'ancien système et qu'elle ne fasse point sa paix particulière. Du reste, le plus ou le moins de vigueur de ses opé-

---

1. Florimond-Claude, comte de Mercy-Argenteau, était né à Liège en 1722. En 1756, il avait accompagné Kaunitz à Paris et assisté à la conclusion du traité de Versailles. Lorsque Kaunitz devint chancelier, le jeune diplomate fut nommé envoyé à Turin. En 1761, il fut nommé ambassadeur à Pétersbourg, en remplacement du comte Esterhazy. En 1764, nous le retrouvons à Varsovie, à l'époque de l'élection de Stanislas Poniatowski. En 1766, il est ambassadeur à Paris, se mêle de nos affaires intérieures, négocie le mariage de Louis XVI avec Marie-Antoinette, gouverne celle-ci comme Dauphine, puis comme Reine. Il essaie, en 1790, par le comte de La Marck, d'attirer Mirabeau au parti de la cour. A cette date, il quitte Paris pour représenter l'Autriche au congrès de la Haye, auquel prirent part la Prusse, l'Angleterre et la Hollande, et qui, par le traité du 10 décembre, rétablit l'autorité impériale en Belgique. Enfin, envoyé à Londres, il y travaille à faire entrer l'Angleterre dans la coalition contre la France, et y meurt le 26 août 1794. — Sa très curieuse correspondance, pendant sa mission de Russie, pour les années 1762 à 1764, a été publiée (en allemand, avec traduction russe), par M. S. Tatischtchef, dans les tomes XVIII et XLVI de la *Soc. imp. d'hist. de Russie* (Pétersbourg, 1876 et 1885). — Des lettres de lui comme ministre de France ont été publiées par MM. A. Geffroy et Alfred d'Arneth, *Correspondance secrète entre Marie-Thérèse et le comte de Mercy-Argenteau*, 3 volumes, Paris, Didot, 1874, et par MM. Alfred d'Arneth et Jules Flammermont, *Correspondance secrète du comte Mercy-Argenteau avec l'Empereur Joseph II et le comte de Kaunitz*, Paris, Imprimerie nationale, 1889.

rations est un objet subordonné et beaucoup moins intéressant.

La deuxième hypothèse n'exige pas de grands éclaircissements[1]. Je ne doute pas que vous ne mettiez en usage tous les moyens possibles pour prévenir un parti si dangereux et que vous n'employiez à cet effet la force du raisonnement, les représentations amicales, la fermeté, la douceur, la séduction et la perspective du déshonneur qui rejailliroit sur la Russie d'un pareil procédé. Dans cette occasion, vous devriez vous concerter sans aucune réserve avec l'ambassadeur impérial et agir conjointement sur des principes uniformes.

Enfin, Monsieur, la troisième hypothèse me paroît la plus naturelle et celle qui présente le plus de probabilité; mais on peut l'envisager sous différentes faces et elle est susceptible de plusieurs modifications.

1° Le grand-duc[2] pourroit chercher à faire sa paix particulière, à des conditions plus ou moins avantageuses pour lui, sans s'embarrasser de ses alliés et sans prendre à l'avenir aucune part à la guerre présente. Quoique ce parti fût moins fâcheux qu'une union avec nos ennemis, ce seroit cependant une violation manifeste des traités et une défection honteuse, à laquelle nous devons mettre tous les obstacles possibles.

2° Une suspension d'armes entre les Russes et le roi de Prusse, toutes choses demeurant en état, pourroit avoir pour objet de parvenir à une paix générale par la médiation de la Russie. Une pareille convention seroit un peu moins fâcheuse qu'une paix particulière, mais elle seroit encore fort contraire à nos intérêts. Cette médiation, de la part d'un prince dont nous connoissons la partialité, nous seroit fort suspecte et nous ne pourrions nous dispenser de la refuser. Ainsi nous devons encore nous opposer à ce parti et faire sentir aux ministres russes qu'il est tout à fait contraire aux engagements des puissances alliées et aux exemples de fidélité que le Roi a donnés en dernier lieu dans sa négociation avec l'Angleterre. Vous observerez cependant qu'il faut mettre de la gradation dans l'opposition que vous

---

1. C'est pourtant cette hypothèse, la plus fâcheuse de toutes, qui se réalisa.
2. On s'exprime ainsi par un reste d'habitude; mais il s'agit bien de l'Empereur Pierre III.

mettrez à ces différents partis. Celui-ci, par exemple, ne mériteroit pas tout à fait les qualifications odieuses des autres et exigeroit des ménagements dans les représentations que vous feriez pour le prévenir. Un prince du caractère dont on nous a dépeint le grand-duc doit être traité comme un enfant ou un malade; il faut éviter de l'aigrir et de le pousser aux extrémités. La cour de Vienne souffriroit encore plus que nous de ce parti; ainsi nous pourrions nous en rapporter à elle et laisser agir son ambassadeur, qui y mettra certainement toutes les entraves qu'il pourra. Cependant il faut examiner avec attention quelle sera sa conduite et son système dans cette occasion. En suivant ses principes de complaisance et d'asservissement aux volontés de la Russie que nous lui avons connus jusqu'à présent, elle chercheroit peut-être à gagner le nouvel Empereur en entrant dans ses vues et en se conformant à ses désirs. D'ailleurs l'épuisement où elle est, et le penchant que nous lui soupçonnons depuis quelque temps pour la paix, s'accorderoient assez avec les sentiments que je suppose à Pierre III. Alors elle ne lui résisteroit pas et elle se fonderoit vis-à-vis de nous sur la nécessité où elle est de se conformer aux désirs de la Russie et sur l'impossibilité de continuer la guerre sans le concours de cette puissance. C'est à vous, Monsieur, de pénétrer la politique de la cour de Vienne. Si elle prenoit le parti de la fermeté, il faudroit la laisser agir en la secondant. Si, au contraire, elle penchoit à la foiblesse et à la complaisance, nous ne pouvons partager ces sentiments et nous devons faire valoir, avec noblesse et fermeté, les engagements et les stipulations des traités. Il y a surtout l'article 13 de celui de Versailles [1], auquel la Russie a accédé, que la cour de Vienne n'a

---

1. Le second traité de Versailles du 1er mai 1757. Voyez ci-dessus, p. 44.
L'article 13 de ce traité stipule que « les puissances contractantes emploieront toutes leurs forces pour affaiblir considérablement la puissance du roi de Prusse et d'Angleterre ». En conséquence, « elles feront tous leurs efforts pour dépouiller le roi de Prusse, outre la Silésie et le comté de Glatz, de la principauté de Crossen, du duché de Magdebourg, du pays de Halle, de la principauté de Halberstadt, de la Poméranie ci-devant suédoise, des domaines qui ont appartenu aux anciens ducs de Clèves, et de la haute Gueldre, pour être lesdits États cédés et transférés ainsi qu'il sera convenu à la couronne de Suède, à l'électeur de Saxe, roi de Pologne, à l'électeur Palatin et à la République de Hollande ». L'Impératrice-Reine pourrait se mettre en possession de quelques domaines à sa bienséance dans le voisinage de ses États héréditaires de Bohême. Minorque serait assuré à la France, ainsi que les îles Guernesey, Jersey et Aurigny, et les clauses du traité d'Utrecht concernant

pas manqué de nous opposer quand nous voulions la paix. Nous pouvons à notre tour l'invoquer avec avantage et en demander l'exécution.

3° L'Empereur, voulant servir le roi de Prusse et se retirer de la guerre, pourroit nous faire des insinuations de paix, nous communiquer le désir qu'il auroit de pacifier les troubles de l'Europe et nous proposer différents moyens de parvenir à une pacification générale ou limitée à la guerre d'Allemagne. Dans ce cas-là, Monsieur, vous rappellerez tout ce qu'a fait le Roi pour procurer la paix, les avances qu'il a faites pour parvenir à un but si salutaire et les sacrifices auxquels il s'était déterminé. Vous ajouterez que Sa Majesté persiste dans les mêmes sentiments d'humanité; qu'elle ne s'éloignera jamais de la paix quand on lui en proposera une juste, solide et honorable et qu'elle sera toujours disposée à entrer dans la situation, dans les besoins et même dans les désirs de ses alliés, toutes les fois qu'elle le pourra sans manquer à sa dignité et à ses engagements. Mais vous représenterez que la situation du Roi est changée, qu'il ne pourroit souscrire aux conditions qu'il avoit lui-même proposées pendant la négociation avec l'Angleterre et que son union avec l'Espagne [1] ne lui permet plus de traiter sans la participation de cette couronne. Vous voudrez bien aussi, Monsieur, observer que les ennemis véritables de la France sont les Anglois; que nous ne sommes qu'indirectement en guerre avec le roi de Prusse; et, si vous vous apercevez que le nouvel Empereur prenne véritablement à cœur les intérêts de ce prince, vous pourrez faire entendre adroitement, mais sans nous faire de tracasserie avec la cour de Vienne, que nous ne sommes point acharnés à la destruction de Sa Majesté Prussienne; que nous ne lui voulons du mal qu'en tant qu'il est l'ennemi de nos alliés et l'allié de nos ennemis, et que, si l'objet du Czar est de tirer ce prince du danger qui le menace, il ne trouvera pas de notre part une grande opposition, pourvu qu'il prenne en main nos intérêts vis-à-vis de l'Angleterre. Vous sentez combien cet article doit être traité avec

Dunkerque annulées. Au roi d'Espagne on restituerait Gibraltar. Les territoires de Brême et Verden seraient donnés, soit à la Suède, soit au Danemark, si celui-ci accédait au présent traité. L'Autriche céderait à la France les Pays-Bas.

1. Depuis le Pacte de Famille du 15 août 1761.

dextérité et qu'il exige surtout que vous puissiez démêler si l'inclination du nouvel Empereur est pour le roi de Prusse ou pour les Anglois. S'il aime ceux-ci de préférence, nous ne pouvons rien espérer de lui et nous avons tout à craindre. Si, au contraire, c'est le roi de Prusse qu'il affectionne, il ne seroit pas impossible de nous entendre avec lui. Je ne vous ferois pas, Monsieur, cette ouverture si je comptois moins sur vos lumières et sur votre adresse.

4° En partant de l'inimitié qu'on connoissoit au grand-duc pour le Danemark[1] et de la licence de ses propos à l'occasion de cette puissance, on pourroit supposer qu'il suivroit l'animosité qu'il a témoignée contre elle jusqu'à présent en cherchant à faire valoir ses prétentions sur le duché de Sleswick. Cette spéculation ne paroît pas sans fondement, et il faut avouer que, si elle se réalisoit, nous nous trouverions dans d'assez grands embarras, puisque, d'un côté, nous avons un traité d'amitié et d'alliance avec le Danemark et que, de l'autre, nous lui avons garanti la possession du Sleswick. La cour de Vienne à cet égard est dans le même cas que nous, et nous aurions à nous concerter avec elle si cette conjecture avoit lieu. Ainsi, sur cet article, je n'ai point d'instructions à vous donner. Cette entreprise de la Russie feroit dans le système politique de l'Europe un nouvel incident, qui intéresseroit d'autres puissances et sur lequel nous ne pouvons aujourd'hui asseoir d'idées fixes. Je ne veux pas à ce sujet, Monsieur, omettre de vous faire part de l'arrivée de M. le baron de Bernstorff, neveu du ministre[2]. Il m'a remis un mémoire assez long et très bien fait qui établit la nécessité de prévenir les troubles qui pour-

---

1. A cause des territoires pour lesquels, en sa qualité de duc de Holstein, le Tsar se trouvait en conflit avec le roi de Danemark. Voyez ci-dessus, p. 52.
2. Le ministre était le baron Jean-Hartwig-Ernest Bernstorff. Après avoir résidé de 1732 à 1736 à la cour de Saxe, de 1737 à 1744 auprès de la diète de Ratisbonne, de 1744 à 1750 à la cour de France, il avait pris, en 1751, la direction des affaires étrangères du Danemark. Sur ses rapports avec Choiseul, voyez leur *Correspondance* de 1758, éditée à Copenhague (en français) en 1871. Il jouit de la confiance des rois Frédéric V et Christian VII, jusqu'au moment où Struensée, étant devenu prépondérant, l'exila comme un rival d'influence, en 1770. Rappelé après la disgrâce de celui-ci, il se hâtait de revenir à Copenhague lorsque la mort le surprit, le 19 février 1772. Pendant sa faveur, il n'avait pas été seulement ministre des affaires étrangères : membre du conseil intime, il fut un grand réformateur pour l'industrie, le commerce, les sciences, l'assistance publique. — Cette famille de Bernstorff se rattachait au ministre de George I<sup>er</sup> d'Angleterre (voyez ci-dessus, t. I, pp. 155 et 184) par une adoption que ce ministre avait faite de son beau-fils et neveu Joachim de Bernstorff.

roient survenir par la suite entre le Danemark et le duc de Holstein devenu Empereur de Russie, et qui nous propose avec de vives instances de reprendre à Pétersbourg la négociation rompue. La mort de l'Impératrice est la réponse à ce mémoire, et vous pouvez croire que dans ce moment-ci nous nous garderons bien de traiter cette affaire en Russie et de témoigner aucun intérêt pour le Danemark. Si M. d'Haxthausen[1] vous en parloit, vous lui diriez qu'un nouveau règne exige de nouvelles instructions et que nous n'en avez point encore reçu.

On m'a dit que M. Keith avoit remis une note à Pétersbourg, par laquelle il paroît que le Danemark a tenté d'engager l'Angleterre à se lier avec lui, mais que la cour de Londres s'y est refusée. Je vous prie de me mander si cette anecdote est vraie[2].

J'ai laissé, Monsieur, un libre cours à mes réflexions dans cette lettre et je vous ai communiqué toutes les idées qui me sont venues. Je m'en remets à votre prudence pour en faire l'usage que vous jugerez à propos, suivant les circonstances. On ne sauroit tout prévoir, et cet événement est plus capable qu'aucun autre de mettre en défaut la prudence humaine. J'ai tâché de vous faire connoître notre intérêt politique; c'est le meilleur guide que vous puissiez suivre, et bien plus sûr que les instructions que je pourrois vous donner. Notre objet véritable et principal, c'est la continuation de la guerre et le maintien du système, quant à présent. En partant de ce principe, nous devons chercher à entretenir l'union avec les deux cours impériales. Mais, si elles entroient dans des vues opposées, nous devons faire valoir avec force et sans ménagement leurs engagements avec nous, qui ne leur permettent pas de traiter sans notre consentement. Ce n'est pas, Monsieur, que nous soyons éloignés de la paix : mais nous ne croyons pas qu'elle puisse nous être avan-

---

1. Le comte de Haxthausen, ministre de Danemark à Pétersbourg.
2. M. Keith, ministre d'Angleterre, était, de même que Goltz, envoyé de Frédéric II, naturellement fort en faveur à Pétersbourg. Les extraits de sa correspondance, publiés dans *La Cour de Russie il y a cent ans*, le montrent occupé à pallier les folies et les violences du nouvel Empereur. Ce qu'il constate le plus nettement, ce sont ses sentiments antifrançais. Le 12 février 1762, Keith écrivait : « Sa Majesté Impériale saisit toutes les occasions de marquer son aversion pour la France; et, pour en donner une preuve, la troupe des comédiens français vient d'être renvoyée du service de la cour. »

tageuse si elle vient par le canal de la Russie. D'ailleurs nous ne pouvons nous y prêter qu'avec la participation de l'Espagne.

Il me reste à vous recommander, Monsieur, de prendre toutes les mesures possibles pour être bien informé et de vous ménager quelque voie secrète pour être instruit de bonne heure des résolutions que l'on pourra prendre.

Le chancelier de Woronzow[1] est, je crois, un assez honnête homme ; mais il est si foible qu'on ne peut compter sur lui, et qu'il ne faut pas espérer qu'il ait jamais le courage de combattre les caprices de son maître. Cependant il faut le ménager parce qu'il me paroît assez ouvert et que vous pourrez tirer de lui les choses mêmes qu'il ne voudroit pas vous dire. Le Roi, Monsieur, vous autorise à dire à ce ministre toutes les choses gracieuses que vous jugerez capables de le retenir dans nos intérêts. Si ce M. Glebow[2], qui paroît avoir la confiance de l'Empereur, n'étoit pas si dévoué à l'Angleterre, il faudroit tâcher de le séduire, et nous ne plaindrions pas une somme d'argent qui nous assureroit de lui.

Je vous ai fait part de la déclaration verbale que M. d'Eckeblad[3] a faite à M. d'Havrincourt[4]. Je savois qu'elle devoit être commune aux deux cours impériales et je crois qu'elle s'est effectuée. J'ai répondu préalablement que nous attendions l'avis de nos alliés sur cette démarche. Vous voudrez bien m'informer de ce qu'on en pense à Pétersbourg.

Je vous recommande, Monsieur, de témoigner à M. de Mercy beaucoup de confiance en cette occasion et de paroître ne vouloir agir que de concert avec lui sur tout ce qui a rapport à la situation présente. Il est également important pour nous de marquer aux deux cours impériales que nous sommes dans la plus

---

1. Quelques jours avant son avènement, Pierre lui avait fait savoir qu'il lui conserverait son poste de chancelier. Tatischtchef, ouvrage cité, pp. 11-12. — Il fut en effet maintenu, mais Pierre III lui adjoignit le prince Alexandre Mikhailovitch Galitsyne (1723-1807), à titre de vice-chancelier, fonction qui était restée vacante depuis le jour où Voronzof l'avait quittée pour succéder à Bestoujef, en janvier 1758.
2. Alexandre Ivanovitch Gliébof, nommé procureur général du sénat, eut beaucoup d'influence sur Pierre III ; mais il s'occupa surtout des affaires intérieures et refusa de se mêler des affaires étrangères.
3. Le comte Ekeblad, un des nobles suédois du parti français. A. Geffroy, *Instructions, Suède*, pp. 317, 420.
4. Le marquis d'Havrincourt, ambassadeur du Roi en Suède, de 1749 à 1763. *Ibid.*, pp. 381 et suiv.

grande intimité avec celle de Vienne et que nous faisons cause commune avec celle de Pétersbourg.

Il est nécessaire aussi, Monsieur, que vous affichiez la même intimité, dans l'apparence et dans la réalité, avec le ministre d'Espagne [1].

---

LOUIS XV AU BARON DE BRETEUIL. — 9 FÉVRIER 1762 [2].

Monsieur de Breteuil, la mort de l'Impératrice de Russie m'a fait une véritable peine, par les sentiments de l'amitié sincère qui m'unissoit à elle. Cette union, fondée autant sur des principes que sur des intérêts communs dans la circonstance actuelle, me devenoit de plus en plus chère et me donnoit lieu d'espérer de parvenir, par nos efforts réunis, à la paix qui fait l'objet de tous nos soins.

Il est inutile d'entrer aujourd'hui dans ce qu'il auroit peut-être été convenable de faire pour engager cette princesse à changer, selon le dessein qu'on lui supposoit, les dispositions qu'elle avoit faites pour sa succession. La tranquillité avec laquelle le nouvel Empereur est monté sur le trône ne nous laisse plus que le soin de nous occuper à le maintenir dans les mêmes principes que l'Impératrice défunte a suivis, et à veiller sur toutes ses démarches, pour n'être pas surpris s'il en adopte d'autres, malgré ce qu'il doit à la mémoire de cette princesse. Mais, son goût pour la guerre et l'admiration qu'il a toujours marquée pour le roi de Prusse pouvant faire craindre du changement dans les opérations des armées russes, vous devez être extrêmement attentif à cet objet, ainsi qu'à découvrir ce que ce prince peut penser par rapport à la paix de l'Allemagne.

Je sens que, dans ces premiers moments, il n'a pu encore se déclarer et qu'on n'a pu rien pénétrer ; mais lorsqu'il aura donné

---

1. Le marquis d'Almadovar. C'est lui qui fut chargé de notifier à la cour de Russie le Pacte de Famille du 15 août 1761. TATISCHTCHEF, *Soc. imp. d'hist. de Russie*, t. XVIII, pp. 47-49.

2. Rédigé par Tercier, mais revu et approuvé par le Roi. *A. E. Russie*, t. LXII, fol. 92. (Seul texte complet et correct.). FLASSAN, t. VI, p. 328. *La cour de Russie*, p. 414. BOUTARIC, t. I, p. 271.

ses soins les plus pressants à l'intérieur de son empire, il s'occupera des affaires extérieures. La connoissance que vous avez de tout ce qui peut intéresser mon service me dispense d'entrer aujourd'hui dans des détails, me proposant d'ailleurs de vous envoyer de plus amples instructions sur ce qui fait l'objet de celles qui vous ont été remises particulièrement.

Il est heureux que ce prince ait conservé le chancelier Woronzow en place[1]. Vous direz à ce ministre que je ne doute pas qu'il ne continue à me donner sous ce nouveau règne les mêmes preuves d'attachement qu'il m'a données sous le précédent, et qu'il doit être sûr que non seulement je lui en saurai le même gré, mais que même, dans toutes les occasions, il pourra compter sur les bons offices que mes ministres en Russie et ailleurs pourroient lui rendre. Je suis persuadé qu'il tâchera d'inspirer à l'Empereur des sentiments convenables à sa gloire et qu'il l'excitera à continuer ce que l'Impératrice avoit si heureusement commencé. Les sentiments de ce prince pour M$^{lle}$ de Woronzow[2] pourront contribuer à maintenir ce ministère, si elle sait se servir utilement de sa faveur et si elle est bien conseillée.

Quoique l'Impératrice[3] ne paroisse pas avoir du crédit, vous devez cependant, autant que vous pourrez, tout concilier avec ce qui est dû à l'Empereur et tâcher de mériter la continuation de la confiance qu'elle vous a marquée n'étant que grande-duchesse.

Je ne sais si les Czartoriski, connoissant les raisons que le grand-duc avoit d'éloigner Poniatowski, oseront proposer au roi de Pologne de le renvoyer à Pétersbourg pour complimenter l'Empereur, et si l'Impératrice le reverroit avec le même plaisir qu'autrefois. Vous pourriez vous entendre sur cet article avec mon ambassadeur en Pologne, qui feroit sentir au comte de Brühl que ce qui a pu se faire lorsque le grand-duc, pendant la vie de l'Impératrice, n'avoit aucune autorité, ne seroit pas admis aujourd'hui qu'il est Empereur, et que ce seroit le blesser que de lui envoyer quelqu'un qui a pu l'offenser sur un point aussi délicat ; mais ce seroit une chose à traiter avec toute l'adresse

---

1. Voyez ci-dessus, p. 191, note 1.
2. La favorite Catherine Voronzof. Voyez ci-dessous, p. 195.
3. La future Catherine II.

possible pour ne point déplaire à l'Impératrice, si vivement peinée lors du départ de Poniatowski.

Quoique les Czartoriski aient fait vers moi quelques avances, je ne crois cependant pas qu'on doive y compter dans ce moment-ci, où ils pourront renouer leur ancienne liaison avec la Russie et l'Angleterre. Ainsi, le meilleur seroit toujours d'éloigner de Pétersbourg un agent aussi dangereux que Poniatowski. C'est à quoi vous devez, ainsi que M. de Paulmy[1], mettre l'art possible, par rapport à l'Empereur, à l'Impératrice, à la maison des Czartoriski et au comte de Brühl, de qui en particulier il faut observer soigneusement les intrigues à Pétersbourg.

Tout ce que le Roi et ses alliés avaient pu craindre de l'avènement du nouveau prince fut encore dépassé par la réalité. Pierre III, dans son enthousiasme pour Frédéric II, lui avait laissé le soin de rédiger le projet de traité de paix. Le roi de Prusse, en l'envoyant à l'Empereur, lui écrivait : « Arrangez ce projet comme il vous plaira. Je signerai tout. Ce qui vous est avantageux l'est aussi à moi. Je ne puis comprendre autrement la question. La nature m'a gratifié d'un cœur sensible et reconnaissant. Je ne pourrai jamais rendre tout ce que je vous dois... J'étais sur le point de désespérer de ma situation quand j'ai découvert un ami fidèle dans le plus grand monarque de l'Europe. » Pierre III accepta le projet sans modification. Vainement le chancelier Voronzof hasarda de proposer quelques modifications : le baron de Goltz interrompit les conférences avec lui, se rendit tout droit chez l'Empereur, et, le lendemain, retournait le traité à Voronzof avec ce billet ironique : « J'ai l'honneur de transmettre ci-après à Votre Excellence le projet du traité de paix, que j'ai eu hier matin le bonheur de lire à Sa Majesté Impériale et qui fut approuvée par elle dans toutes les parties. » Deux jours après, le 5 mai, le traité était définitivement conclu et signé[2] : le Tsar renonçait à toutes les conquêtes en Prusse. Par le traité d'alliance du 19 juin, Frédéric II et Pierre III promettaient de s'assister réciproquement d'un corps de 12 000 fantassins et de 8 000 cavaliers. Le roi de Prusse garantissait au Tsar ses États du Holstein et l'autorisait à faire valoir toutes ses anciennes prétentions contre le Danemark. Les deux souverains s'entendaient pour désigner un duc de Courlande, qui serait un prince de Holstein, et pour faire valoir les griefs des dissidents religieux en Pologne, c'est-à-dire pour ouvrir la question polonaise.

1. Ministre du Roi à Varsovie. Voyez ci-dessus, p. 151, note 2.
2. F. MARTENS, *Recueil des traités et conventions conclus par la Russie*, etc., *Allemagne*, t. I, pp. 368 et suiv.

Toute la politique russe était changée[1] : on n'avait plus la guerre contre la Prusse, mais on allait avoir deux guerres : l'une contre l'Autriche et ses alliés, l'autre contre le Danemark. Keith et surtout Goltz, les envoyés d'Angleterre et de Prusse, étaient en haute faveur; les ministres de France, d'Autriche, de Suède, étaient en disgrâce. Breteuil s'en vengeait en décrivant la vie « honteuse » que menait l'Empereur, dans la fumée des pipes et de l'ivresse, entre l'Impératrice humiliée, injuriée, menacée de divorce, et la maîtresse triomphante, Catherine Voronzof, que Breteuil nous dépeint « quant à la figure... comme une servante d'auberge de mauvais aloi ».

La politique allemande, les mœurs allemandes, les favoris allemands qui s'imposaient de nouveau à la nation, comme au temps d'Anna Ivanovna et de Biren, la manie de l'Empereur de tourner en moquerie les coutumes et la religion nationales, favorisèrent une révolution nouvelle.

Ce fut celle du 9 juillet (28 juin) 1762 qui mit Catherine II sur le trône et Pierre III au tombeau [2].

1. Voyez dans l'*Archive russe*, de 1866, pp. 284 et suiv. et dans la *Rousskaïa Starina*, t. III, 1871, la correspondance de Pierre III et Frédéric II, notamment sur les affaires de Courlande.
2. Sur cette révolution, à consulter comme documents contemporains : la princesse DASCHKOF, *Mémoires*, dans la *Bibliothèque russe et polonaise*, et dans *Archives Voronzof*, t. XXI; — Semen VORONZOF, frère de la princesse, *Autobiographie*, dans le tome VIII des *Archives Voronzof*; — Lettres de Catherine II à Poniatowski, dans *La Cour de Russie il y a cent ans*, p. 202, et Paul LACROIX, Paris, 1873; — Dépêches de KEITH et BÉRENGER, dans *La Cour de Russie*; — Dépêches de KEITH dans le t. XII de *Soc. imp. d'hist.*; — BRETEUIL, lettre de Varsovie, du 21 juillet 1762, analysée par M. VANDAL, ouvrage cité; — FRÉDÉRIC II (très bien renseigné par Goltz), *Hist. de la guerre de Sept ans*; — BOLOTOF, *Pamiétnik* (addition à ses *Zapiski*), édité par KISSÉLEF, Moscou, 1875; — MERCY-ARGENTEAU, dans le tome XVIII de la *Soc. imp. d'hist. de Russie*; — RULHIÈRE, *Histoire et anecdotes sur la révolution de Russie en* 1762. Rulhière était très bien informé; il était secrétaire de l'ambassade de Breteuil; grâce à l'opposition que fit Catherine II auprès du gouvernement français, cet opuscule ne fut publié qu'en 1797 (voyez dans *Soc. imp. de Russie*, t. XVII, pp. 44, 259, 288, les négociations à ce sujet par l'intermédiaire de Falconet et Diderot); voyez dans *Archives Voronzof*, t. VII, p. 643, et dans les *Mémoires* de la princesse DASCHKOF les critiques du livre de Rulhière; — Dieudonné THIÉBAULT, *Souvenirs de vingt ans de séjour à Berlin*, Paris, édition Barrière, Paris, 1860, t. II, pp. 85 et suiv.; — VOLKOF, *Correspondance sur Pierre III*, dans la *Rousskaïa Starina*, t. XI, p. 478, 1874; — KHRAPOVITSKI, secrétaire de Catherine II, *Journal*, Pétersbourg, 1474; — GOUDAR, *Mémoires pour servir à l'histoire de Pierre' III*, 1763; — SCHTÉLINE, *Mémoires sur Pierre III* (en russe), dans les *Tchténia* de 1866, IV; — SCHWAN DE LA MARCHE, *Anecdotes russes ou Lettres d'un officier allemand*, Londres, 1769; — LAFERMIÈRE, secrétaire du grand-duc Paul, *La Cour de Russie en* 1761, dans la *Rousskaïa Starina* de 1878, t. XXIII; — Jérémie PAUZIÉ, Genevois, *Mémoires d'un orfèvre de la cour* (en russe), dans la *Rousskaïa Starina* de 1870, t. I<sup>er</sup>. — Comte GORDT, *Mémoires*, dans l'*Archive russe* de 1877, t. II.

A consulter comme travaux modernes : SOLOVIEF, *Istoria Rossii*, t. XXV; — CHTCHÉBALSKI, *Système politique de Pierre III* (en russe), Moscou, 1870; — SÉMEVSKI *Pétersbourg en juin et juillet* 1762, article de la *Rousskaïa Starina*, t. XXXV, pp. 393 et suiv., 1882; — LONGHINOF, *Les conseillers de Catherine II* dans l'*Archive russe* de 1870; — BILBASSOF, *Histoire de Catherine II*.

Dans cette révolution, qui devait avoir pour nous l'avantage de briser l'alliance russo-prussienne, Breteuil n'avait pas su jouer le rôle qui, dans celle de 1741, avait si bien réussi à La Chétardie. Catherine II avait cependant espéré qu'il l'aiderait à renverser Pierre de Holstein comme La Chétardie avait aidé à renverser la maison de Brunswick. Quelque temps avant le coup d'État, elle lui avait fait faire les insinuations les plus nettes par un des conjurés, le Piémontais Odard. Pour mener à bien l'entreprise, elle avait besoin d'une certaine somme. Breteuil, qui n'avait aucune instruction pour ce cas imprévu, fit une réponse évasive. Il ne prévint même pas sa cour de cette ouverture. Bien plus, par une aberration inconcevable, c'est ce moment critique qu'il choisit pour demander un congé et se rendre à Varsovie. La veille de son départ, il reçut une nouvelle visite d'Odard : l'Impératrice confiait à Breteuil le secret de sa détermination : « Elle vous fait demander, ajoutait le Piémontais, si le Roi peut l'aider en cette circonstance de soixante mille roubles, et si vous avez assez de crédit à Pétersbourg pour laisser cette somme déposée entre les mains d'une personne qui les lui remettra sur son propre reçu. » Breteuil répondit d'abord que « le Roi avait pour principe de n'entrer dans aucune affaire domestique ». Puis il se ravisa et promit l'argent, mais demanda un mot écrit de l'Impératrice. Comme, malgré une communication de cette importance, il ne jugea même pas à propos de différer son départ, qui eut lieu le 25 juin 1762, ce mot devait être remis à M. Bérenger, qu'il laissait à Pétersbourg pour gérer la légation. Ainsi, au moment d'une révolution si importante pour nous, l'ambassadeur de France avait quitté son poste, le Roi n'était représenté que par un chargé d'affaires. L'Impératrice, mécontente, envoya bien Odard à M. Bérenger, mais le billet qu'elle lui fit remettre était ainsi conçu : « L'emplette que nous devions faire se fera sûrement bientôt, mais à beaucoup meilleur marché; ainsi on n'a pas besoin d'autres fonds. » Catherine cessa dès lors toutes relations avec l'ambassade. Huit jours après, « l'emplette », c'est-à-dire la révolution du 9 juillet, se réalisait.

Breteuil apprit l'événement à Varsovie. Il en informa le ministère, par ses lettres des 14 et 21 juillet.

Au lieu de revenir à son poste, il continua son chemin et se rendit à Vienne. On ne peut donc trouver trop sévères les semonces que lui adressèrent, d'une part, le comte de Choiseul, d'autre part, M. de Broglie et Louis XV, ceux-ci dans des lettres qui contenaient, en outre, les instructions de la diplomatie secrète.

L'Instruction du comte de Choiseul est du 9 août, celle de M. de Broglie du 11 août, celle de Louis XV du 10 septembre 1762.

LE COMTE DE CHOISEUL AU BARON DE BRETEUIL. — VERSAILLES, 9 AOUT 1762[1].

J'ai reçu vos lettres de Varsovie des 14 et 21 du mois dernier.

Vous avez déjà vu, par les dernières dépêches que je vous ai adressées successivement par deux différents courriers, combien j'aurois souhaité que vous eussiez suivi le premier mouvement de zèle que la révolution de Russie vous avoit d'abord inspiré. Vous n'auriez perdu que les premiers moments du nouveau règne, au lieu du temps considérable que vous allez employer pour retourner à Saint-Pétersbourg si mes ordres ne vous sont parvenus qu'après votre arrivée à Vienne. Je ne saurois, en cette occasion, Monsieur, m'empêcher de vous faire quelques reproches : 1° sur l'ignorance où vous nous avez laissés des apparences d'une révolution dont vous me dites actuellement avoir eu connoissance, et 2° sur ce que l'attente de cet événement ne vous a pas déterminé à rester à Pétersbourg. Quant à votre silence, vous le motivez de la crainte que votre chiffre ne fût pas assez sûr; mais tous vos chiffres ne sont pas dans le même cas, et d'ailleurs j'en ai un particulier que vous m'avez remis à Vienne et dont vous auriez pu faire usage dans cette circonstance importante. Pour ce qui est de votre départ, votre santé vous offroit un prétexte très plausible pour le différer. A ces premiers torts, j'ajouterai celui de ne vous être pas au moins arrêté à Varsovie pour y attendre nos résolutions. Vous seriez actuellement auprès de la nouvelle Impératrice, en état de mettre à profit pour le service du Roi les dispositions que cette princesse paroît avoir apportées au trône; et, quoique je compte infiniment sur vos soins, sur votre adresse et sur la confiance personnelle et particulière que vous avez su lui inspirer, il sera toujours vrai que vous avez

1. *A. E. Russie*, t. LXX (non folioté).

perdu un temps précieux et dont nos ennemis et même nos alliés n'auront pas manqué de tirer parti à notre préjudice.

Je vous envoie la réponse du Roi à la lettre de notification et de créance que le comte de Czernichew [1] a remise à Sa Majesté de la part de l'Impératrice. Cette réponse vous servira en même temps de créditif auprès de cette princesse. Je n'ai pas besoin de vous recommander de mettre dans vos entretiens avec elle toute l'attention et les compliments flatteurs qui peuvent faire effet sur un caractère tel que le sien. Vous exprimerez au reste la vraie façon de penser du Roi en entretenant Sa Majesté Impériale de la haute opinion qu'il a de son intelligence et de l'élévation de son esprit. Mais vous ne manquerez pas surtout de lui dire positivement que votre cour a fort désapprouvé que vous soyez parti de Pétersbourg avec la connoissance d'un projet si important que celui de la révolution qui l'a placée sur le trône; que le Roi vous a pareillement su mauvais gré de n'être pas retourné sur-le-champ à Pétersbourg aussitôt que vous en avez appris le succès; et qu'enfin Sa Majesté a été très fâchée que vous n'ayez pas pris sur vous de fournir les 60 000 roubles qu'elle vous avoit fait demander. Vous y ajouterez que le Roi auroit été ravi de pouvoir donner cette preuve d'amitié et ce secours à Sa Majesté Impériale; qu'elle lui offre sincèrement tous ceux qu'elle jugeroit à propos de lui demander et qu'il regrette infiniment que son ministre n'ait pas pu jouer dans cette grande occasion un personnage conforme à ses sentiments et à ses vœux. Cette espèce de confession de votre part ne pourra que produire un bon effet sur le cœur de l'Impératrice, et ce ne sera qu'une tournure plus adroite pour lui faire votre cour et exciter sa confiance.

Tout annonce en cette princesse des dispositions très heureuses, non seulement en faveur de l'ancienne alliance, mais particulièrement même pour la nation françoise [2]. Ce sont des germes qu'il faut cultiver; personne mieux que vous ne peut savoir les moyens de détail qui sont propres à y réussir, et la

---

1. Le comte Pierre Grigoriévitch Tchernychef, ambassadeur en France. Voyez ci-dessus, p. 179, note 1.
2. A. RAMBAUD, *Catherine II et ses correspondants français*, dans la *Revue des Deux Mondes*, du 15 janvier et du 1er février 1877.

situation dans laquelle vous allez vous trouver en Russie devra vous dédommager de ce que vous avez eu à y souffrir sous le règne de l'empereur Pierre III.

Nous voyons clairement, par ce qui nous est revenu de la conduite du chancelier[1], que ce ministre, aussi maladroit que foible, a touché le moment de sa chute et que probablement il sera déjà privé de ses emplois lorsque vous arriverez en Russie. Ce changement ne vous importeroit guère si M. de Woronzow étoit remplacé par un ministre dont les bonnes intentions nous fussent connues; mais il semble que le rappel de l'ancien chancelier Bestucheff annonce le désir de l'employer de nouveau dans les affaires. Celui-ci a toujours témoigné beaucoup d'éloignement pour nous; il a été entièrement livré à l'Angleterre. Il est vrai que le mobile de cet attachement étoit l'intérêt pécuniaire, le plus puissant de tous sur son âme. Il s'agira de voir actuellement de quelle manière il s'annoncera en rentrant dans le ministère. Nous souscririons volontiers à des dépenses utiles, mais nous ne voudrions pas donner de l'argent pour de vaines promesses.

Le Roi ne s'éloigneroit pas de faire des libéralités au sieur Odard[2] si son crédit prenoit de la consistance et s'il peut nous servir, soit par son influence dans les affaires, soit par les avis qu'il pourroit nous donner. C'est à vous de juger de l'utilité que nous pourrons en retirer et de proportionner les promesses de récompenses à cette utilité.

Vous ne négligerez pas d'annoncer au ministre de Sa Majesté Impériale, avant la remise de votre lettre de créance, la nécessité où vous êtes d'exiger la même reversale que l'empereur Pierre III vous a fait délivrer. Vous mettrez toute l'honnêteté possible dans cette demande, afin de faire sentir que ce n'est qu'une affaire de forme et qui ne tient aucunement aux sentiments d'amitié et de complaisance dont Sa Majesté est remplie, et dont elle est prête à donner des marques en tout ce qui pourroit plaire à l'Impératrice.

---

1. Voronzof. Voyez ci-dessus, p. 191, note 1.
2. Voyez ci-dessus, p. 196, et les indications bibliographiques sur Rulhière et la princesse Daschkof, dans la note 2 de la page 195.

Je suis fort content de la conduite qu'a tenue le sieur Bérenger[1] dans cette crise importante. Le compte qu'il m'en a rendu annonce de l'esprit, de la sagesse et du talent. Je profiterai avec plaisir des occasions de lui en témoigner ma satisfaction.

Il est très essentiel que vous éclairiez de près la conduite et les démarches de M. de Mercy ainsi que les propositions qu'il fera à la cour de Pétersbourg. Nous sommes bien sûrs que celle de Vienne va jouer tout son jeu pour reprendre son ancienne influence et pour y primer sans concurrence. Nous n'avons ni le même objet ni la même prétention; aussi n'achèterons-nous pas si chèrement le crédit que nous désirons d'y avoir et nous ne nous abaisserons pas pour cela à d'aussi basses complaisances; mais il faut employer tous les moyens décents et honnêtes, et notre intention est de prendre toutes les tournures qui pourront s'allier avec la dignité de la couronne. C'est dans ce sens que vous devez vous conduire, en témoignant une grande union avec la cour de Vienne et beaucoup de confiance en son ambassadeur; mais il faut tâcher en même temps d'établir en cette cour un crédit indépendant de nos liaisons avec l'Impératrice-Reine; il ne peut jamais convenir à la France d'être à la suite d'une autre puissance[2], et, si elle n'a pas de prépondérance, elle doit avoir au moins une existence par elle-même.

Je désirerois, Monsieur, que vous pussiez pénétrer jusqu'à quel point M. de Mercy a poussé les confidences sur notre négociation avec l'Angleterre. Je vous avoue que j'ai été extrêmement choqué de l'infidélité de la cour de Vienne qui a révélé un secret qu'elle nous avoit promis de garder inviolablement. Soit qu'elle ait eu pour principe la foiblesse ou un raffinement de politique, c'est un très mauvais procédé de sa part et dont j'ai dit très sèchement mon avis à M. de Starhemberg[3], mais dont vous ne devez rien dire à M. de Mercy; et, s'il vous en parle le premier, vous devez lui répondre que, n'ayant aucune connoissance de cette

---

1. Voyez ci-dessus, page 196, et, ci-dessous, pp. 219 et suiv., les papiers relatifs à sa mission ultérieure.

2. C'était pourtant ce qu'on avait fait jusqu'alors. Voyez ci-dessus, t. I, p. XLIV et t. II, pp. 28, 129, 182.

3. Le comte Georges de Starhemberg, ambassadeur d'Autriche en France, de 1757 à 1766, époque où il y fut remplacé par le comte de Mercy-Argenteau.

négociation, vous m'avez mandé tout simplement et sans conséquence les ouvertures qu'il vous en a faites ainsi qu'à la cour de Pétersbourg.

J'ai lieu de penser que la cour de Vienne, qui a besoin de la paix, qui la désire et qui n'a rien de mieux à faire tant que la Russie ne reprendra pas l'ancien système de l'impératrice Élisabeth, cherchera à la négocier par la médiation de Pétersbourg, soit sans l'espérance d'obtenir de meilleures conditions, soit pour faire sa cour à la nouvelle Impératrice. J'ai déjà cru pénétrer cette intention dans un mémoire que M. de Mercy a donné en réponse d'une note qui lui a été remise par la cour de Pétersbourg. Cette note, au reste, disoit très nettement que l'Impératrice régnante vouloit maintenir la paix conclue avec le roi de Prusse. On ne sauroit blâmer un parti aussi raisonnable, et il faudroit qu'elle fût aussi folle que son mari, si, dans la circonstance où elle se trouve, elle tenoit ses troupes éloignées de son Empire.

Je suis informé par M. de Vergennes[1] qu'il y a beaucoup de mouvement et de fermentation à Constantinople, et qu'on y fait des préparatifs de guerre. On ne sait encore de quel côté cet orage doit fondre, et notre ambassadeur n'a pu pénétrer quels engagements la Porte Ottomane avoit pris avec le roi de Prusse. Je ne doute pas que la cour de Russie n'en soit informé, parce que le Czar étoit de moitié dans les secrets du roi de Prusse et que, selon toute apparence, ces deux princes étoient d'intelligence sur leurs négociations en Turquie. Il seroit intéressant, Monsieur, d'approfondir ce mystère. J'espère que vous emploierez vos soins à le pénétrer et que vous nous informerez exactement de vos découvertes.

M. de Mercy ayant confié à la cour de Pétersbourg, même sous le règne de Pierre III, le secret de notre négociation avec l'Angleterre, vous ne devez pas la dissimuler, et même vous devez vous en faire un mérite auprès de l'Impératrice régnante, en disant que le Roi, la regardant comme son alliée, n'aura jamais de secret pour elle et qu'il lui confiera toujours ce qui pourra avoir rapport à ses intérêts et à ceux de la grande alliance. Vous

1. Ambassadeur du Roi à Constantinople, de 1755 à 1768, époque où il y fut remplacé par M. de Saint-Priest.

ajouterez que le ministère de France, ayant regardé votre mission comme finie et ayant compté sur votre départ de Pétersbourg, ne vous avoit point informé de cette négociation que nous n'aurions jamais confiée à l'empereur Pierre III, et qu'il n'a pas encore eu le temps de vous en déduire le détail ; mais que vous en serez instruit par la suite et que vous en communiquerez les progrès à mesure que vous les apprendrez.

On m'a assuré que l'Impératrice se disposoit au voyage de Moscou pour son couronnement. Si cette nouvelle est vraie et que les ministres étrangers soient admis à ce voyage, vous ne devez pas balancer à accompagner l'Impératrice, et vous devez même lui témoigner de l'empressement pour assister à une cérémonie aussi intéressante.

Si cette princesse se met sur le pied de traiter ses affaires par elle-même et de donner des audiences aux ministres étrangers, vous ferez bien d'en demander de temps en temps et d'établir entre elle et les ministres du Roi, soit vous ou vos successeurs, cet usage et cette manière de négocier.

---

LE COMTE DE BROGLIE AU BARON DE BRETEUIL. — BROGLIE[1], 11 AOUT 1762[2].

Les grands et singuliers événements arrivés en Russie depuis le commencement de cette année ont, comme vous le croyez bien, attiré l'attention de Sa Majesté. Vous en aurez pu juger par les dépêches de la correspondance secrète qui vous seront parvenues

---

1. Le comte de Broglie avait été exilé sur ses terres, le 17 février 1762, par un ordre de la main du Roi, Choiseul ayant exigé qu'il fût compris dans la disgrâce du maréchal ; mais, de son exil, il continuait à jouir de toute la confiance du Roi et à diriger la Correspondance secrète.
2. A. E. Russie, t. LXXII. — Le duc DE BROGLIE, le Secret du Roi, t. II, pp. 19 et suiv., a donné des fragments de cette pièce.

depuis cette époque, et vous en auriez reçu de plus détaillées et des instructions plus étendues si le parti de changer votre destination n'avoit pas été pris aussitôt après l'avènement du Czar. Nous avons donc cru, M. Tercier et moi, qu'il suffisoit pour le moment de vous faire passer les ordres les plus pressés de Sa Majesté, et nous attendions celui de votre arrivée pour vous entretenir plus particulièrement sur des points dignes de toute votre attention. Mais, comme le parti qui a été pris de vous renvoyer à Pétersbourg après l'intéressante révolution qui vient d'y arriver va vraisemblablement vous y fixer au moins pour quelque temps, je ne saurois plus différer à vous parler avec l'ancienne amitié que vous me connoissez et la franchise dont vous savez que j'ai toujours fait profession. Aucune circonstance de ma vie n'a altéré en moi ce style, et aucune, je l'espère, ne l'altérera.

Depuis le moment où M. Déon[1] a été destiné à vous succéder à la cour de Russie, je me suis occupé, de concert avec M. Tercier, quoique éloigné de lui, à préparer par ordre du Roi à ce futur résident des instructions relatives à la position où les choses étoient alors à Pétersbourg, et elles étoient prêtes à être mises sous les yeux de Sa Majesté lorsque la nouvelle de la révolution du 9 juillet nous est parvenue. Je me suis depuis ce moment occupé à en faire de nouvelles pour vous approprier aux circonstances. Quand le Roi les aura corrigées et arrêtées, elles vous seront adressées, et j'imagine que vous pourriez bien les recevoir en même temps que cette lettre que j'adresse à Paris à M. Drouet[2] pour la chiffrer avec le chiffre de M. Tercier.

Mon dessein, Monsieur le baron, n'est pas de vous entretenir ici des affaires de votre ministère. Je ne dois pas m'ingérer à vous donner par une lettre particulière des instructions sur votre conduite. Ce sont les ordres du Roi qui doivent vous en faire la règle. Vous ne trouverez donc ici que les conseils d'un ami, qui est d'autant plus autorisé à vous en donner sur cette matière qu'il est en partie cause de la confiance dont il a plu au

---

1. Ainsi c'est d'Éon qui devait remplacer à Pétersbourg le baron de Breteuil.
2. Agent de la correspondance secrète. Il fut arrêté en janvier 1765, à peu près en même temps que d'autres affiliés, par ordre du duc de Praslin. BOUTARIC, t. I, pp. 124 et suiv.

Roi de vous honorer, et que, par là, il est doublement intéressé à vous y voir répondre comme il avoit lieu de l'espérer.

C'est par ce motif que je ne saurois vous cacher que, depuis le commencement de votre ministère à Saint-Pétersbourg, vous ne paroissez pas avoir donné aux ordres secrets que vous avez reçus à votre départ toute l'attention qu'ils exigeoient. Vous ne devez pas avoir oublié qu'il vous étoit recommandé de rendre compte par la voie secrète, avec la plus grande exactitude, de toute votre correspondance directe. Vous deviez aussi la tourner de façon à vous attirer des ordres analogues aux instructions particulières que vous aviez reçues, et vous ne sauriez vous dissimuler que tout cela n'ait été négligé. Vous sentirez facilement, en y réfléchissant, que cela a ôté le moyen de vous faire passer à temps des ordres qui vous eussent été bien utiles. Je n'entrerai pas ici dans l'énumération des occasions où cela eût été fort avantageux. Je dirai seulement que si Sa Majesté eût été informée à temps des moyens que vous pouviez entrevoir de faire éclore, à la mort de l'impératrice Élisabeth, la révolution qui vient d'enlever le trône au Czar, elle vous eût sûrement autorisé à préparer cet événement, au lieu que nous avons appris depuis que le ministère a rejeté les propositions[1], à la vérité trop vagues, que vous lui avez faites de chercher à mettre en jeu le mépris et la haine que les Russes portoient à l'Empereur. La rareté de votre correspondance avec le Roi ne sauroit être excusée ni par la multiplicité de vos occupations, ni par la maladie du sieur Duprat[2] : en prenant un secrétaire de plus vous en auriez été quitte. Vous ne pouvez non plus vous disculper d'avoir proposé pour agent à

---

1. Nous saisissons ici un nouveau désaccord entre les vues de la diplomatie officielle et celles de la diplomatie secrète.
2. Duprat, ou de Prat, ou de Prades, affilié à la Correspondance secrète. C'est l'abbé de Prat, qui avait eu des difficultés pour une thèse en Sorbonne et avait dû se réfugier en Prusse : là, il servait d'intermédiaire à Breteuil. Louis XV, dans une lettre à Tercier, du 31 août 1762, ordonne de l'inscrire sur l'état du personnel secret pour une somme de 1 200 livres. — Du 18 septembre 1763, ordre de lui payer 120 ducats. — Du 16 mai 1769, ordre de porter son traitement à 2 000 livres. — Du 2 mars 1771, lettre au comte de Broglie l'informant que de Prat est proposé pour un prieuré, que le Roi lui a accordé. Celui-ci ajoute : « J'ai bien compté me soulager de ce que je lui donnais par vos mains. Il a déjà reçu plus de grâces qu'il n'en a méritées. S'il se conduit à l'avenir avec prudence et exactitude, et hors d'intrigue avec tout autre parti que le mien, il pourra participer de nouveau à mes bontés. » BOUTARIC, t. I, pp. 278, 298, 408, 419.

Saint-Pétersbourg le sieur Michel [1], sans savoir si cela étoit approuvé de Sa Majesté. En prenant cette précaution vous auriez vu les raisons qu'elle avoit pour s'y opposer. Enfin vous auriez dû également lui demander ses ordres pour le choix de celui que vous laisseriez à Pétersbourg, et, dans tous les cas, avant de les avoir reçus vous ne deviez pas vous dispenser d'y laisser le sieur Duprat, au lieu d'y placer quelqu'un [2] qui peut apprendre par des accidents le secret du Roi et le découvrir même sans le vouloir à notre ministère. Permettez-moi de vous dire que non seulement ceux à qui le Roi daigne le confier doivent le garder scrupuleusement, mais qu'ils doivent encore prendre toutes les précautions nécessaires pour prévenir les cas imprévus. Ce n'est que par ce moyen que, malgré bien des événements extraordinaires, nous le conservons depuis dix ans, et cela n'est dû qu'à l'attention et à la prévoyance la plus grande de la part de ceux qui en sont chargés.

Je viens actuellement aux dernières époques de votre séjour à Pétersbourg, et je vous demande comment il est possible, par exemple, que depuis la mort de l'Impératrice vous n'ayez pas senti l'indispensable nécessité de redoubler d'attention pour instruire Sa Majesté. C'est avec le dernier étonnement que j'ai appris, depuis très peu de jours, que vous étiez instruit de la révolution qui se tramoit avant qu'elle ait eu lieu, et que même la nouvelle Impératrice vous avoit fait des ouvertures à cet égard, si précises que vous ne pouviez pas vous y tromper. C'est dans de pareilles circonstances que, sans le mander ni au Roi, ni au ministère, vous partez de Saint-Pétersbourg dans le moment où votre présence pouvoit y être le plus utile; lors même que vous auriez cru ne pas devoir contribuer aux vues de cette princesse, et vous laissez pour démêler cette fusée un secrétaire à peine en état d'en rendre compte.

Je ne saurois concevoir comment vous avez manqué une pareille occasion de vous procurer à la cour de Pétersbourg la plus grande considération. Je ne regrette pas pour vous, quand

---

1. Voyez ci-dessus, pp. 2, 4-5, 18, 28, 139.
2. M. Bérenger. Nous avons vu ci-dessus, p. 200, l'éloge que fait de lui notre ministre des affaires étrangères.

je ne vous regarderois que comme le ministre de ma patrie, de n'avoir pas été le conseil de l'Impératrice dans toute sa conduite avec le Czar, depuis son avènement au trône; mais je regrette que vous ne soyez pas resté à Pétersbourg pour profiter des premiers moments du règne de cette princesse, pour prendre sur elle le crédit qu'il seroit utile de vous y voir.

M. de Mercy n'aura pas manqué cette époque heureuse, et vous allez voir la cour de Vienne reprendre son ascendant à Pétersbourg : ce qui, selon moi, est fort opposé à nos intérêts. Je crains qu'au contraire vous n'y soyez vu de très mauvais œil. La souveraine ne vous pardonnera pas de l'avoir abandonnée dans un moment aussi intéressant, au lieu que vous pouviez répondre aux ouvertures qu'elle vous a fait faire par des assurances de la satisfaction qu'auroit le Roi dans toutes les occasions où les choses succéderoient à ses désirs; mais que le caractère de ministre d'un prince aussi grand et aussi sage que celui que vous servez ne vous permettoit pas d'entrer dans les affaires intérieures des cours, et que le plus profond secret qui étoit pour le moment la seule marque d'attachement et d'intérêt que vous puissiez lui donner ne devoit pas lui laisser de doute sur la façon de penser de Sa Majesté. Avec un langage aussi circonspect et une conduite si intacte vous pouviez vous donner le temps d'attendre les ordres du Roi, à qui il auroit fallu les demander ainsi qu'à son ministre avec la plus grande diligence, et vous vous mettiez à portée de profiter de l'événement.

Vous apprendrez sûrement, par M. l'abbé de Breteuil, que le ministre[1] a fort blâmé votre départ. Quoique éloigné, j'en suis positivement instruit, et, sans son intimité avec M. le duc de Choiseul, qui a besoin de lui[2] auprès de M. le duc d'Orléans pour mener ce prince à sa volonté, sûrement vous vous apercevriez du mécontentement des deux cousins. Quant à Sa Majesté, je vous laisse à penser si elle est contente; c'est sur ce point si capital pour votre fortune, et encore plus sûrement pour votre cœur, que j'aurois bien voulu pouvoir me taire; mais j'ai cru indispensable que vous en fussiez instruit.

---

1. Le comte de Choiseul. Voyez ci-dessus, p. 164, note 1.
2. C'est-à-dire de l'abbé de Breteuil.

J'imagine que vous avez pensé que Sa Majesté, dans la multiplicité des objets qui l'occupent, avoit perdu de vue ceux dont elle avoit bien voulu me confier la direction, et que la contrariété qu'ils éprouvoient avoit peut-être engagé le Roi à les abandonner. Détrompez-vous de cette opinion, Monsieur le baron : des motifs qu'il ne nous appartient pas de pénétrer peuvent quelquefois obliger Sa Majesté de permettre des arrangements assez contraires au but où elle tend ; mais je ne puis douter qu'elle soit fort attachée au succès de l'affaire qu'elle prend la peine de diriger elle-même depuis près de vingt ans, et tous ceux qu'il lui a plu d'y employer doivent s'y sacrifier. Je ne vous soupçonne pas d'avoir craint, en paroissant y être attaché, d'encourir la disgrâce, si la chose venoit à se découvrir, de ceux pour qui elle auroit été cachée, moins encore de vous faire un mérite inestimable auprès d'eux en la leur découvrant. Tout ce que je connois de vous exclut une pareille opinion, et c'est en conséquence que j'avois eu l'honneur de vous proposer à Sa Majesté, comme la personne la plus remplie de ses devoirs et dont je pouvois le plus lui répondre. Justifiez, Monsieur le baron, ce que j'ai avancé et soyez sûr que la faveur des gens les plus puissants, et tous les avantages qui en peuvent résulter, ne valent pas la satisfaction intérieure d'avoir toujours sacrifié son intérêt à son devoir et la sûreté d'être connu de son maître comme un homme qui ne sert que lui. Je sais que ce n'est pas la route ordinaire et qu'il peut s'y rencontrer des épines ; mais c'est celle que l'honneur dicte et que je veux que mes amis suivent. Je me flatte que ce conseil aura votre approbation et qu'à l'avenir, uniquement occupé de suivre nos instructions secrètes, avec la dextérité nécessaire pour vous attirer des ordres du ministre qui y soient conformes, vous prouverez à Sa Majesté qu'elle n'a pas de sujet plus rempli d'obéissance, de zèle et de la reconnoissance qu'exige la confiance dont elle vous honore.

Je vous ai déjà dit au commencement de cette lettre que ce seroit dans la dépêche du Roi[1] que vous trouveriez les instructions dont vous avez besoin. J'ajouterai seulement ici, et c'est

---

1. Il s'agit de la pièce qui va suivre celle-ci.

par là que je finirai, que vous pouvez acquérir beaucoup d'honneur en Russie, non en cherchant à en faire une alliée (elle ne peut jamais l'être de la France ; vous devez en savoir les raisons), mais en employant toute votre habileté à empêcher qu'elle ne s'occupe des affaires du dehors et en préparant les moyens de lui donner beaucoup de besogne dans son intérieur quand cela nous conviendra, qui puisse servir de prétexte aux gens en faveur auprès de la souveraine de lui donner les conseils que vous aurez intérêt de lui faire passer. Je m'imagine que la princesse d'Askoff[1] est très importante à ménager et à gagner. L'amant de l'Impératrice, quel qu'il soit, sera dans le même cas. C'est de tout cela qu'il faut vous occuper, sans en communiquer surtout avec M. de Mercy, qui a des intérêts diamétralement opposés aux nôtres à suivre à Pétersbourg.

J'espère que la marque d'amitié que je vous donne aujourd'hui et qui me coûte, dans l'incertitude de la manière dont vous la recevrez, mais dont je n'ai pu me dispenser, vous sera une nouvelle preuve des sentiments invariables et du sincère attachement avec lequel j'ai l'honneur d'être, Monsieur le baron, etc.

*P.-S.* — Vous pouvez me faire réponse par le même chiffre dont je me sers aujourd'hui, dans le paquet de M. Tercier. En mettant sur le dessus de la lettre : *P. M. D. B.*, elle me sera envoyée ici fidèlement.

J'oubliois de vous dire qu'il est de la dernière nécessité que vous retiriez ou fassiez brûler devant vous tout ce qu'a M. de Woronzow sur l'affaire secrète[2]. Vous avez eu tort de ne pas le retirer plus tôt ; cela a inquiété le Roi. Dans un pays de révolutions comme la Russie, il ne faut rien laisser par écrit qui puisse intéresser son secret et compromettre personnellement Sa Majesté.

Au bas de la minute de cette lettre le Roi, de sa main, a mis : *Approuvé.*

---

1. Daschkof.
2. La Correspondance secrète.

LOUIS XV A M. DE BRETEUIL [1]. — 10 SEPTEMBRE 1762 [2].

Monsieur de Breteuil, j'ai reçu la lettre que vous m'avez écrite de Vienne le 7 août dernier, n° 25. Si vous ne pensiez pas, ainsi que vous le dites, vous trouver si tôt dans cette ville, je ne devois pas non plus m'y attendre. Mon ministre des affaires étrangères vous a mandé ce que j'ai jugé de votre départ de Pétersbourg dans un moment si intéressant, dont vous étiez instruit, ainsi que de votre précipitation à vous éloigner de plus en plus de la Russie. Si vous partiez, malgré ce que vous saviez d'une révolution prochaine, dont vous aviez appris l'issue à Varsovie, il étoit naturel d'y attendre sous quelque prétexte les ordres que vous demandiez et que je vous y aurois fait adresser, au lieu de vous mettre dans le cas de différer à les exécuter en vous rapprochant de la France. Quoi qu'il en soit, l'aveu que vous faites à mon ministre de votre tort dans cette occasion me fait juger que vous redoublerez de zèle pour mon service et pour réparer tout ce que votre conduite a pu y porter de préjudice. Je l'attends de votre fidélité et du désir que vous devez avoir de répondre à la confiance que je vous marque.

La conduite, les procédés et les opérations de Pierre III, le silence et la patience affectée de l'Impératrice, tout annonçoit que ce prince ne resteroit pas longtemps sur le trône; mais on ne prévoyoit pas que l'événement dût être si prochain. Le changement de gouvernement en Russie change aussi la conduite de toutes les puissances étrangères avec cet Empire. Deux objets doivent aujourd'hui exciter votre vigilance: ce qui se passera dans l'intérieur de la Russie, et les principes que la nouvelle Im-

---

1. Cette lettre a été rédigée par Tercier.
2. Publié en partie dans FLASSAN, t. VI, p. 340; BOUTARIC, t. I, p. 279; DUC DE BROGLIE, *le Secret du Roi*, t. II, p. 22. — Fragments dans VANDAL, *Louis XV et Élisabeth de Russie*, pp. 423 et suiv. — Nous donnons ici le texte complet et correct (il est incomplet et souvent inexact dans Boutaric) d'après *A. E. Russie*, t. LXII, fol. 98, et LXXII, pièce 54 (en double).

pératrice se formera par rapport aux puissances alliées ou ennemies de l'Impératrice Élisabeth.

La dissimulation de l'Impératrice régnante et son courage au moment de l'exécution de son projet, ainsi que la manière dont elle a traité ce prince, indiquent une princesse capable de concevoir et d'exécuter de grandes choses.

Il n'est pas douteux que la mémoire de Pierre III a peu de partisans : ainsi l'on ne doit point prévoir des troubles fomentés par le désir de le venger ; mais l'Impératrice, étrangère par sa naissance, qui ne tient en aucune manière à la Russie, et nièce du roi de Suède[1], a besoin de toute l'adresse imaginable pour se conserver sur un trône qu'elle ne doit ni à l'amour de ses sujets, ni à leur respect pour la mémoire de son père, comme on le vit lors de la révolution qui y plaça l'Impératrice défunte. Quelque attention qu'elle apporte, il y aura des mécontents. Si cette princesse a l'âme haute, elle a le cœur sensible. Elle aura un favori, une confidente. Les choix qu'elle fera nous importent peu. Il ne s'agit que de connoître ceux qui auront la principale part à sa confiance et de chercher à se les concilier.

La princesse Dascow[2] doit certainement être bien avant dans ses bonnes grâces. Mais peut-on répondre qu'une entreprise conçue par une princesse si jeune n'ait eu d'autre motif que le bien de l'État ou l'attachement à sa souveraine ? La passion du Czar pour Mlle de Woronzow a pu exciter la jalousie de sa sœur. Si cette raison n'existe plus par la mort de ce prince, la princesse Dascow, romanesque et encouragée par le succès, peut ne pas se trouver assez récompensée[3], et croire qu'on ne lui marque pas assez de confiance, enfin, pour quelque motif que ce soit, ne fût-ce que pour le désir d'intriguer, chercher à brouiller de nouveau. L'Impératrice, si elle en découvre quelque chose, peut l'en punir, ce qui changeroit encore la face de cette cour. On doit s'attendre à y voir naître bien des factions : elles sont encore plus certaines si cette princesse a un favori.

1. La mère de Catherine II était fille de Christian-Augusto de Holstein-Gottorp et sœur du roi de Suède Adolphe-Frédéric.
2. Catherine Romanovna Voronzof, veuve à dix-huit ans du prince Daschkof.
3. C'est ce qui arriva. Elle fut obligée de quitter la Russie, et passa plusieurs années à voyager.

En choisissant un Russe, le crédit qu'il aura excitera sans doute la haine des autres. Si elle choisit un Allemand, tous les Russes en seront peinés, surtout s'il profite de sa faveur pour distribuer les grâces à ceux de sa nation. Enfin, si M. Poniatowski retourne à Pétersbourg[1], l'éclat que ce voyage fera ne peut manquer de préjudicier à la gloire de l'Impératrice, et par conséquent d'affoiblir son gouvernement, en aliénant d'elle le cœur de ses sujets. Votre principal soin, dans ces premiers moments, doit être d'examiner avec attention la conduite de cette princesse, de voir quels seront ceux qu'elle honorera de ses bontés particulières, de chercher à vous assurer de leur amitié pour tourner les résolutions de la cour de Russie d'une manière favorable à mes intérêts, soit pour le présent, soit pour l'avenir. Vous me marquerez exactement ce que vous découvrirez sur ces objets, et les moyens que vous croirez propres à vous concilier ces favoris, afin que, sur vos relations, je vous donne mes ordres.

Je suis persuadé de l'empressement que non seulement les courtisans, mais même les étrangers et tous les ministres qui résident auprès de cette princesse, auront à lui marquer leurs respects, et même à chercher à se faire distinguer d'une manière particulière, pour attacher la Russie plus intimement aux intérêts de leurs maîtres. C'est ce respect dû aux têtes couronnées qui doit faire la base de votre conduite et de vos discours avec l'Impératrice, que vous assurerez dans toutes les occasions de mes dispositions favorables pour tout ce qui peut l'intéresser. Tout autre principe seroit peu convenable à ma dignité et à ma manière de penser, et je n'y fonderai jamais ma politique; mais, comme le cœur d'une princesse telle que l'Impératrice entre toujours pour beaucoup dans ses résolutions, soit qu'il s'accorde avec ses intérêts, soit qu'il s'y trouve opposé, je suis persuadé que vous me rendrez à cet égard le compte le plus exact et le plus fidèle.

S'il est dans la suite des secrets que, par des raisons particulières, vous ne croyiez pas devoir confier à mon ministre, vous savez qu'il ne doit point y en avoir pour moi, et que vous devez m'en instruire par la voie secrète, en observant cependant les pré-

---

1. Il n'y revint pas. La place étoit déjà prise par Grigori Orlof.

cautions nécessaires pour garantir vos lettres de l'interception et prévenir ce qui occasionna la disgrâce du marquis de La Chétardie.

Il paroît que l'Impératrice a confirmé le comte de Woronzow dans la place de chancelier[1]. La conduite qu'il a tenue sous le règne précédent, l'éloignement qu'il avoit pour son frère et pour la demoiselle Woronzow, et peut-être la part que la princesse Dascow a eue à l'avénement, font espérer qu'il aura la confiance de l'Impératrice pour les affaires. Je ne doute pas qu'il ne conserve le même attachement qu'il m'a toujours marqué. Vous devez vous servir de votre ancienne liaison avec lui pour l'engager dans les occasions à inspirer à sa maîtresse des résolutions telles que je puis les souhaiter.

Votre conduite dans le moment présent exige une grande circonspection. Tout ce qui s'est passé depuis sept ans demandoit de ma part des liaisons avec la Russie; je les avois fondées sur l'amitié mutuelle qui m'unissoit à l'Impératrice défunte; la mort de cette princesse avoit fait naître un autre système.

La conduite du Czar défunt et son attachement à nos ennemis, outré et destitué de vues et de prudence, pouvoit n'avoir rien de dangereux pour mes intérêts. Peut-être même n'y étoit-il pas contraire, puisqu'il faisoit cesser l'union entre les deux cours impériales. Cette union, nécessaire contre l'ennemi commun, avoit été interrompue depuis six mois. Aujourd'hui il est à craindre que la cour de Vienne ne cherche à reprendre son ancien crédit à Saint-Pétersbourg et à renouveler l'ancien système. Le comte de Mercy aura sans doute profité des premiers moments du nouveau règne et de votre absence pour ranimer cette union; l'Impératrice-Reine lui en aura fourni les moyens, tant en lettres qu'en présents, et je ne doute pas que ce ministre n'ait gagné bien du terrain avant votre arrivée. Vous devez donc vous attendre à ne plus trouver dans l'ambassadeur de Vienne auprès

---

1. Voronzof conserva, en effet, ce titre jusqu'à sa mort en 1767; mais toute l'influence passa à Nikita Ivanovitch Panine, avec le simple titre de *Premier membre* du Collège des affaires étrangères. Alexandre Mikhaïlovitch Galitsyne conserva de même, mais sans plus d'autorité, jusqu'en 1775, son titre de vice-chancelier. — Quant à Bestoujef, Catherine II le traitait fort bien, l'appelait *mon père*, mais ne lui laissa reprendre aucune influence.

de l'Impératrice Catherine celui que vous avez laissé auprès de Pierre III. Cette différence exige beaucoup de circonspection dans votre conduite avec cet ambassadeur, de qui il convient que vous vous défiez, en conservant cependant le même extérieur avec lui, d'autant plus qu'il est très capable.

Vous ne devez pas négliger non plus d'observer la conduite que la cour de Pétersbourg va tenir avec celles de Londres et de Berlin. Il est vraisemblable que les liaisons de l'Angleterre avec la Russie vont reprendre une nouvelle force. Si l'intimité de M. Keith avec le feu Empereur a pu rendre ce ministre désagréable à l'Impératrice[1], le roi d'Angleterre y a pourvu en lui donnant le comte de Buckingham pour successeur. Si le comte de Bestucheff a quelque influence, on doit compter qu'il l'emploiera en faveur de l'Angleterre. Son ancien attachement à cette nation et l'éloignement qu'il a toujours eu pour la France, irrité encore par ce qui lui est arrivé, ne permettent pas d'espérer que vous puissiez former aucune liaison avec ce ministre. Il faudroit, pour le croire et le tenter, qu'il fût bien changé.

Le roi de Prusse, heureux que la Russie lui ait rendu ses conquêtes, ne paroît devoir désirer que l'inaction de cette puissance ; peut-être même que ce prince, en consultant ses vrais intérêts, peut, sans se concerter avec nous, tendre au même but.

Vous savez déjà, et je le répéterai ici bien clairement, que *l'unique objet de ma politique avec la Russie est de l'éloigner autant qu'il sera possible des affaires de l'Europe.* Sans rien faire personnellement qui puisse donner lieu à se plaindre de vous, l'objet de votre attention doit être de donner de la consistance à tous les partis qui se formeront immanquablement dans cette cour. C'est par la division qui y régnera qu'elle sera moins en état de se livrer aux vues que d'autres cours pourroient lui suggérer. Vous devez chercher à gagner l'amitié et la confiance des personnes puissantes dans cette cour et de celles qui peuvent le devenir.

---

1. Au lendemain de la révolution, le 13 juillet 1762, M. Keith avait écrit à George Grenville, secrétaire d'État pour les affaires étrangères : « Cela m'oblige, comme fidèle sujet du Roi, à vous déclarer que les affaires de Sa Majesté souffriraient à passer par mes mains. » En conséquence, il fut remplacé par John Hobart, comte de Buckinghamshire, plus tard lord Buckingham. *La Cour de Russie il y a cent ans*, p. 222, et *Soc. imp. d'hist. de Russie*, t. XII, p. 13.

Le crédit du moment sera utile pour donner une tournure favorable à toutes les affaires de Pologne et pour changer le ton de la cour de Pétersbourg avec cette République. Le crédit futur doit porter sur les moyens d'empêcher la Russie de prendre part à une guerre contre moi, ou contre mes alliés, et principalement de contrarier mes vues dans le cas d'une élection en Pologne. Tout ce qui pourra contribuer à remplir cet objet sera toujours avantageux. C'est à vous à indiquer les moyens d'y parvenir, afin qu'on puisse vous autoriser à les employer. Mais vous devez surtout vous appliquer à donner à vos relations la tournure nécessaire pour vous procurer des ordres convenables de la part de mon ministre, qui ne peut vous les envoyer que d'après vos dépêches.

La révolution a sans doute ranimé le comte de Brühl. Ce ministre, qui a toujours fondé ses principales espérances sur la Russie, va se donner de nouveaux mouvements pour donner des intrigues à cette cour. Le sieur Pruss, son confident, sait tous les détours de ce labyrinthe; il trouvera bien des facilités si l'ancien chancelier Bestucheff rentre dans les affaires. Vous ne pouvez veiller de trop près à leurs démarches, ainsi qu'à celles du comte Poniatowski, que l'on dit avoir reçu un exprès de cette princesse pour l'engager à retourner à sa cour. Si ce qu'il vous a dit est vrai, qu'il sera toujours bon Polonois préférablement à tout, il ne se trouvera jamais en opposition avec mes vues, puisque je ne désire que le bien de sa patrie. Mais il est à craindre que, dans les autres affaires, sa prévention pour l'Angleterre ne lui inspire des sentiments différents. De plus, malgré les assurances que l'Impératrice vous a données qu'il ne la gouverneroit jamais, il sera difficile qu'il n'ait au moins un grand crédit.

Ce sera à vous à l'observer et à voir quel parti vous pouvez en tirez. *Vous savez que la Pologne est le principal objet de la correspondance secrète*, et que, par conséquent, tout ce qui concerne ce pays doit l'être de même de votre attention. Il est nécessaire que vous entreteniez une correspondance avec MM. d'Havrincourt, de Paulmy et de Vergennes. Vous ne devez leur laisser rien ignorer de ce qui regarde la Russie, et vous apprendrez par eux, mieux et plus tôt, ce qu'il conviendra que vous fassiez à

Pétersbourg, que par les ordres de mon ministre, qui, vu l'éloignement, ne peuvent être que tardifs.

Je laisse à votre prudence et à la connoissance que vous avez de mes intérêts et de mes intentions à régler vos démarches, lorsque vous ne croirez pas avoir le temps de demander directement des ordres. Vous savez dans quelles bornes vous devez resserrer votre correspondance avec le marquis de Paulmy, qui n'est pas admis à la correspondance secrète.

Je crois superflu de parler de l'affaire du Danemark, qui paroît entièrement terminée, à moins que la régence du Holstein[1] n'occasionne de nouvelles discussions.

Le sort du prince Yvan doit aussi entrer dans vos recherches. C'est beaucoup qu'il vive. Je ne sais s'il est possible qu'avec beaucoup d'adresse et de circonspection vous formiez des liaisons avec lui, et si, en supposant qu'elles fussent praticables, elles ne seroient pas dangereuses pour vous et pour lui. On croit qu'il a des partisans; tâchez, sans donner de soupçons, de découvrir ce qu'il en peut être.

On assure aussi que les seigneurs russes, commençant à connoître la différence qu'il y a entre les maximes de leur gouvernement et celles des autres États, ne seroient pas éloignés de s'affranchir du despotisme en formant une république, ou du moins en bornant l'autorité du souverain. Je sens qu'à moins d'un événement subit, ce ne peut être qu'un ouvrage long. Mais comme, d'une manière ou d'une autre, il en résultera l'affaiblissement de cet Empire, je ne doute pas que vous ne vous occupiez sérieusement à examiner les dispositions de la nation par rapport à l'Impératrice, au prince Yvan et aux désirs qu'elle peut former pour sa liberté. Tout ce qui peut la plonger dans le chaos et la faire rentrer dans l'obscurité est avantageux à mes intérêts. Il ne doit pas être question de ma part de former des liaisons avec la Russie; il suffira d'entretenir celles qui sont de bienséance et de détourner adroitement les engagements qu'on pourroit prendre contre mes vues. C'est là que vos soins doivent se

---

1. C'est-à-dire l'organisation de la régence du duché, en l'absence du grand-duc Paul Pétrovitch, qui en était maintenant l'héritier, et que sa mère retenait à Pétersbourg. — Voyez ci-dessus, p. 52, note 2.

borner. On vous a déjà écrit que mon intention est que vous demandiez avec empressement et sincèrement à mon ministre des affaires étrangères le sieur Déon pour travailler sous votre direction en qualité de résident. Il est en Angleterre[1], où son séjour ne peut être long : ce qui ne doit pas vous empêcher de le demander d'avance pour qu'on vous l'envoie quand sa mission sera finie. J'approuve et je confirme tout ce qui a été écrit à ce sujet.

Je ne pense pas que le chancelier Woronzow craigne aujourd'hui, autant qu'il le craignoit sous le règne précédent, de brûler toute ma correspondance secrète avec la feue Impératrice. Ainsi, vous devez insister auprès de lui, en mon nom, pour qu'il vous remette toutes les pièces, ou qu'il les brûle en votre présence[2], et pour qu'il n'en reste aucune trace. Je vous le recommande de nouveau. Votre correspondance secrète a été jusqu'à présent trop tardive, puisque je reçois à peine en juin les copies des lettres écrites en février ou au commencement de mars. Il en est résulté beaucoup d'inconvénients, il faut y remédier en envoyant régulièrement les copies de ces lettres, afin que je sois à temps de vous donner des ordres suivant les circonstances.

J'ai ordonné de mettre le sieur Duprat[3] sur mes états de dépense, à commencer de cette année, pour la somme de douze cents livres.

Les expéditions secrètes doivent faire sa principale si ce n'est son unique occupation.

*Au bas, de la main du Roi :*

Approuvé.

Breteuil dut recevoir presque toute cette correspondance à Pétersbourg, où il s'était réinstallé le 4 septembre 1762. Le 26 septembre, il assistait au couronnement de la nouvelle Impératrice à Moscou. Sa correspondance, notamment sa lettre du 16 décembre au Roi, indiquait très nettement la situation : la nouvelle Impératrice allait se séparer de l'alliance prussienne et rentrer dans la neutralité ; elle

---

1. Sur cette mission d'Éon et sur les folies qu'il y commit, comme secrétaire d'ambassade, tant du duc de Nivernais que de M. de Guerchy, — voyez BOUTARIC, t. I, pp. 114 et suiv.
2. Voyez ci-dessus, p. 208. C'est à ce dernier parti qu'on s'arrêta.
3. Voyez ci-dessus, p. 204, note 2.

avait lieu d'être inquiète des mouvements et des conspirations avortées qui avaient été la queue de la révolution du 9 juillet. Poniatowski avait cessé d'être l'amant regretté et Grigori Orlof occupait sa place[1]. Elle avait en vue plus que jamais les affaires de Pologne et songeait à donner son ancien favori polonais comme successeur, en cas de mort de ce prince, au roi Auguste, car « l'Impératrice doit être bien aise de lui témoigner (à Poniatowski), à cet égard, une augmentation de chaleur qui lui serve de dédommagement ».

Toutes ces prévisions se réalisèrent : Catherine II enjoignit à Tchernychef[2], le généralissime russe, de ramener son corps d'armée, et tout ce que put obtenir Frédéric II, ce fut que Tchernychef retardât son départ de quelques jours, occupant l'arme au bras une position qui couvrait l'armée prussienne, pendant que Frédéric remportait sur Daun la victoire de Burkersdorf (21 juillet 1762). La neutralité de la Russie amena la fin de la guerre de Sept ans (traités de Paris, 10 février, et d'Hubertsbourg, 15 février 1763). Catherine II, pour dédommager la Russie de n'avoir pas acquis un pouce de terre dans une guerre si onéreuse, inaugura son *Système du Nord*, c'est-à-dire une alliance étroite avec la Prusse (traité du 11 avril 1764), l'Angleterre et le Danemark. C'est ce qui lui permit, en 1763, de rétablir Biren comme duc de Courlande, ce qui était annexion déguisée de ce pays à la Russie, et, le 6 septembre 1764, de faire élire Poniatowski roi de Pologne.

A l'égard de Breteuil, elle affecta une attitude bienveillante et courtoise[3]; mais, sachant les menées des agents français à Stockholm, Varsovie et Constantinople, elle ne pouvait lui accorder sa confiance. L'affaire de la *reversale*, c'est-à-dire des engagements d'étiquette et de préséance que Catherine devait prendre en échange de la reconnaissance du titre impérial, acheva de refroidir les deux cours de Versailles et Pétersbourg, et de rendre difficile la situation de Breteuil en Russie. Il sollicita et obtint son rappel. Il eut son audience le

---

1. Catherine l'avait fait comte, ainsi que ses deux frères Alexis et Vladimir, et l'avait nommé chambellan. Grigori poussait plus loin ses ambitions : il aspirait à partager le trône de sa maîtresse. Breteuil assure, dans une lettre du 18 mai 1763, que Bestoujef, du consentement de l'Impératrice, persuada à quelques évêques de lui adresser une pétition pour la supplier de prendre un mari parmi ses sujets. Mais le chancelier Voronzof, Panine, Razoumovski, s'élevèrent avec force contre l'idée même du mariage. Quelques bruits coururent dans Moscou, et une sorte d'émeute éclata, pendant laquelle le nom d'Ivan VI fut acclamé. Grigori Grigoriévitch Orlof (1734-1783) devint grand maître de l'artillerie, député à la grande Commission pour le code, chargé de visiter Moscou pendant la grande peste de 1771. — Alexis (1735-1807) fut amiral et s'illustra par la destruction de la flotte turque à Tchesmé (1770) : d'où son surnom de Tchesmenski. — Vladimir (1743-1831) fut nommé en 1793 directeur de l'Académie des sciences. — Ils étaient tous fils de Grigori Ivanovitch Orlof (1677-1746), colonel sous Pierre le Grand.
2. Le comte Zachar Grigoriévitch Tchernychef (1722-1784), feld-maréchal.
3. Sur la mission de Breteuil, voyez *Correspondance diplomatique de Catherine II*, dans Soc. imp. d'hist. de Russie, t. XLVIII, *passim*.

3 décembre 1762 et quitta Pétersbourg le 19 mai 1763. On l'envoya à Stockholm comme successeur du marquis d'Havrincourt.

Lorsqu'il prit congé de Catherine, celle-ci lui dit : « Vous y serez mon ennemi. » Comme il protestait : « Vous le serez, j'en suis sûre, » reprit-elle ; et, comme il glorifiait la bonne foi et la droiture de notre politique, elle ajouta : « Si votre ministère est tel que vous me le dépeignez, sa franchise est une fausseté de plus[1]. »

Breteuil, après sa mission de Russie[2], puis sa mission de Suède (1763-1769)[3], fut envoyé en Hollande. En 1770, il fut désigné pour le poste de Vienne, mais la disgrâce de Choiseul l'empêcha de s'y rendre. Envoyé d'abord à Naples, le comte de Vergennes l'y reprit pour l'ambassade de Vienne, où il se rendit avec une Instruction du 28 décembre 1774 (A. Sorel, Instructions, Autriche, pp. 453, et suiv.). C'est à ce titre qu'il représenta la France au congrès de Teschen, en 1779. Il fut ensuite, en 1783, nommé ministre de la maison du Roi, et se consacra à la réforme des prisons. Calonne avait essayé de le faire renvoyer, mais c'est seulement en 1788, sous le ministère de Loménie de Brienne, qu'il donna sa démission. Il combattit le projet de convocation des États généraux, fit partie du ministère de réaction qui succéda à Necker, tomba du pouvoir à la prise de la Bastille, émigra et resta un agent secret de Louis XVI auprès du roi de Prusse[4]. Il ne rentra en France qu'en 1802, reçut de Napoléon une pension de 12 000 livres, grâce à la protection de l'Impératrice Joséphine, rédigea de curieux Mémoires (imprimés seulement en 1859) et mourut en 1807.

---

1. Saint-Priest, Études diplomatiques, t. I, p. 88. — Vandal, ouv. cité, p. 427. — Correspondance diplomatique de Catherine II, dans Soc. imp. d'hist. de Russie, t. XLVIII, LI, LVII et LXVII, passim, sur l'attitude de Breteuil à Stockholm.
2. Louis XV enjoignit à Breteuil, après son départ de Pétersbourg, de remettre « tous les détails relatifs à sa mission à la cour de Russie » entre les mains de Broglie et Tercier, ainsi qu'un « mémoire détaillé sur la situation de cet empire ». Compiègne, 13 juillet 1763. Flassan, t. VI, p. 366. Boutaric, t. I, p. 296.
3. A. Geffroy, Instructions, etc., Suède, pp. 402 et suiv.
4. Frédéric Masson, le Département des affaires étrangères pendant la Révolution.

# XXXII

## M. BÉRENGER

CHARGÉ D'AFFAIRES

1763-1765

M. Bérenger, secrétaire du baron de Breteuil, avait d'abord été, comme nous l'avons vu, chargé des affaires pendant l'absence de ce ministre, du 25 juin 1762 au 4 septembre de la même année. Il vit donc s'accomplir la révolution de juillet 1762 et en fit passer à sa cour, dans des dépêches souvent éloquentes dans leur concision, les détails et les péripéties[1]. Il fut de nouveau chargé des affaires lors du départ définitif du baron de Breteuil, le 19 mai 1763, jusqu'à l'arrivée du marquis de Bausset le 29 avril 1765.

Les principaux événements qui s'accomplirent là-bas, pendant sa mission, furent la mort du roi de Pologne, l'élection de Stanislas, le 6 septembre 1764, et la fin tragique d'Ivan VI, mis à mort par ses gardiens quand Mirovitch essaya de le délivrer pour opérer une nouvelle révolution en sa faveur, en décembre de la même année.

M. Bérenger n'avait pas d'Instruction proprement dite. Sa lettre de crédit est du 28 août 1763.

Nikita Ivanovitch Panine (1718-1783), créé comte quelques années plus tard, avait pris, après la révolution de 1762, la direction des

---

1. Voyez les extraits de ces dépêches dans *La Cour de Russie il y a cent ans.* — Sa correspondance occupe les tomes LXIX à LXXVIII de *A. E. Russie.* — Catherine ne l'aimait pas et se défiait de lui. Dans une lettre à Panine, parlant d'un certain Moutousof, elle lui demande s'il ne serait pas « un petit-maître » et s'il ne serait pas en relation avec les Français, car « les réflexions qu'on rapporte de lui sont précisément de la façon de M. Bérenger : cela pue du moins après lui. » *Papiers de Catherine II*, dans *Soc. imp. d'hist. de Russie*, t. X, p. 247.

affaires étrangères de Russie, tout en laissant à Voronzof un vain titre de chancelier et à Alexandre Mikhaïlovitch Galitsyne le titre non moins vain de vice-chancelier[1]. Panine fut placé à la tête du Collège des affaires étrangères comme « Premier membre » : *pervenstvoïouchtchii tchlen*. Il garda cette situation jusqu'à 1783.

Pendant cette même période, la Russie fut représentée auprès la cour de Versailles par le chambellan Serge Soltykof[2], envoyé extraordinaire et ministre plénipotentiaire, qui, paraît-il, contracta beaucoup de dettes à Paris, si bien que le gouvernement français prétendait le retenir jusqu'à ce qu'il les eût payées, et que le gouvernement russe fût obligé de protester, au nom des immunités diplomatiques[3] ; puis par le prince Dmitri Alexiévitch Galitsyne[4]. Celui-ci était chargé par Catherine II de proposer à Louis XV une entente au sujet du candidat au trône de Pologne ; mais, comme l'avait très bien démêlé Breteuil, son choix était déjà irrévocablement arrêté sur son ancien favori polonais. C'était dans le même temps que Stanislas Poniatowski, à Varsovie, chargeait M. Hennin, sous le sceau du plus grand secret, de demander l'appui de la France, au moins lorsque celle-ci se serait assurée que son candidat saxon n'avait pas de chances suffisantes[5]. Mais le gouvernement français était divisé, désorganisé : Louis XV cachait à son ministre des affaires étrangères les dépêches de Varsovie ; le ministre des affaires étrangères, Choiseul-Praslin, ainsi que son cousin, Choiseul-Stainville, penchaient pour l'abstention ; la Dauphine employait toute son influence pour qu'on soutînt le prince son frère, et le comte de Broglie l'appuyait. On ne sut ni agir ni s'abstenir. Catherine II s'entendit avec la Prusse par le traité du 11 avril 1764, et Poniatowski fut élu sous la pression d'une invasion russe.

---

1. Voyez ci-dessus, p. 212, note 1.
2. Voyez ci-dessus, pp. 71, note 3, et 111, note 1.
3. Lettre du ministère russe, le 10 décembre 1763, au prince Dmitri Galitsyne, *Correspondance diplomatique de Catherine II*, dans *Soc. imp. d'hist. de Russie*, t. LI, pp. 137-138.
4. Le prince Dmitri Alexiévitch Galitsyne avait déjà été, en 1761, chargé d'affaires à Paris ; il y était resté jusqu'à l'arrivée de Soltykof en 1762, et remplaça ensuite celui-ci comme ministre plénipotentiaire. — Voyez ci-dessus, p. 95, note 1.
5. Duc DE BROGLIE, *le Secret du Roi*, t. II, p. 229.

LE DUC DE PRASLIN[1] A M. BÉRENGER, CHARGÉ D'AFFAIRES A PÉTERSBOURG. — VERSAILLES, 21 MAI 1763[2].

Je présume, Monsieur, que M. le baron de Breteuil aura quitté la Russie depuis plus de quinze jours lorsque cette expédition vous parviendra. Je saurai, par les dernières lettres de ce ministre ou par les vôtres, comment auront été remplis les derniers ordres que j'ai envoyés relativement à la préséance[3], et j'espère que, si vous avez eu à les exécuter, vous y aurez mis toute l'exactitude et la circonspection que portoit ma dépêche. La fermeté commune du Roi et de Sa Majesté Catholique ne fait pas douter que la Russie n'ait plus rien à répliquer : en sorte que je regarde cette affaire comme terminée sans retour.

Je ne trouve, dans les dépêches de M. de Breteuil en date du 29 mars et du 10 avril, aucun article qui exige réponse ou instruction de ma part. L'on aura été bientôt éclairci à Moscou sur la non-existence de la déclaration prétendue faite par le roi d'Espagne à la Russie au sujet de la Courlande[4].

C'est un malentendu qui aura produit un mauvais effet passager. Il seroit à désirer que M. de Brühl n'eût pas rendu public un extrait de la dépêche du sieur Saul[5] qui s'est très mal expliqué et a très mal rendu une conversation qu'il avoit eue avec M. Wall[6].

1. Le comte de Choiseul avait été fait duc de Praslin.
2. *A. E. Russie*, t. LXXIII (non folioté).
3. Il s'agit de la question de la *reversale* ou du titre impérial ; la cour de Versailles, en reconnaissant ce titre, entendait garder la préséance aussi bien que le roi d'Espagne. Voyez VANDAL, *Louis XV et Élisabeth*, pp. 427-429, et le duc DE BROGLIE, *le Secret du Roi*, t. II. Cette affaire ne sera terminée qu'en 1772. Voyez la lettre de Panine à Choiseul, du 27 août 1767, *Corresp. diplom. de Catherine II*, dans *Soc. imp. d'hist. de Russie*, t. LXVII, pp. 437 et suiv. — Voyez ci-dessus, pp. 199, 217.
4. On sait que Catherine II expulsa de Courlande le prince Charles de Saxe et y rétablit le duc de Biren.
5. Le sieur Saul était une personne en qui le comte de Brühl avait confiance et qui servait parfois d'intermédiaire entre lui et les ambassadeurs du Roi en Pologne. L. FARGES, *Instructions, Pologne*, t. II, pp. 73-74. Il semble avoir été à ce moment envoyé du roi de Pologne à Madrid.
6. Wall, ministre des affaires étrangères du roi d'Espagne.

Les relations de M. de Repnine [1] auront sans doute été plus exactes et je pense qu'aujourd'hui il n'est plus question de cet événement qui auroit pu mettre de l'aigreur entre les deux cours. Ce qui est vraiment intéressant, c'est de savoir la manière dont la Russie aura pris la contre-déclaration de l'Espagne et la réponse qu'elle y aura faite.

Parmi tous les objets de recherches et de découvertes dont vous devez être occupé, Monsieur, nous souhaitons que vous donniez une attention particulière à ce qui se passera relativement au traité de commerce avec l'Angleterre [2]; en sorte que nous soyons fidèlement informés de son progrès ou des difficultés et des retards qu'il éprouvera.

Je n'ai pas besoin d'ailleurs de vous prescrire ici les points principaux de votre conduite tant avec les ministres que vis-à-vis des particuliers qui peuvent nous être utiles. Les exemples de M. de Breteuil et les instructions qu'il vous aura données à son départ seront sûrement les meilleures règles que vous ayez à suivre. Je compte que vous réglerez votre correspondance avec moi de manière à ne me laisser ignorer rien d'intéressant, et quant à la route que vous donnerez à vos expéditions, il est à propos que ce soit toujours celle de Vienne, afin que M. le comte du Châtelet [3] puisse avoir connoissance de tout ce que vous manderez et qu'il agisse suivant l'exigence des cas dans une cour dont les intérêts auront toujours de grands rapports avec ceux de la Russie.

---

1. Le prince Pierre Ivanovitch Repnine, alors envoyé de Russie à Madrid.
2. Le traité de commerce que négociait alors à Pétersbourg lord Buckingham et à Londres Alexandre Romanovitch Voronzof, puis M. Gross. Voyez *Correspondance diplomatique des agents britanniques en Russie* (1762-1769), dans *Soc. imp. d'hist. de Russie*, t. XII; Solovief, *Istoria Rossii*, t. XXV, pp. 347, 361 et suiv.; t. XXVI, pp. 111 et suiv.; 200 et suiv. — Les négociations traînaient en longueur parce que la Russie faisait dépendre le traité de commerce de la conclusion d'un traité d'alliance en vue des affaires de Pologne, de Turquie ou de Suède, ou tout au moins d'un traité de subsides. Le traité ne fut signé qu'en juin 1766 à Pétersbourg, par George Macartney, et reçut des modifications en août.
3. Le comte du Châtelet, ambassadeur à Vienne, avec une Instruction du 29 juin 1761. A. Sorel, *Instructions, Autriche*, pp. 393 et suiv.

# XXXIII

## LE MARQUIS DE BAUSSET

MINISTRE PLÉNIPOTENTIAIRE

1765-1767

Le Roi de France n'était représenté auprès de la Tsarine, depuis mai 1763, que par un chargé d'affaires, M. Bérenger.

Il résolut d'y envoyer un ministre plénipotentiaire, M. le marquis de Bausset, qui reçut une Instruction du 18 décembre 1763. Son départ ayant été différé par le Roi[1], il y arriva seulement seize mois après, le 29 avril 1765. Il remit ses lettres de créance le 26 mai.

Sa mission[2] devait surtout consister à surveiller les menées russes en Pologne et à faire échec à la politique de la Tsarine. Ses efforts furent inutiles. Il mourut à Pétersbourg le 28 avril 1767, pendant que la cour était à Moscou.

Les principaux faits qui durent l'occuper pendant sa mission, ce furent l'ouverture de la question polonaise, par les réclamations des dissidents religieux appuyés par Frédéric II et Catherine II; la *confédération* des dissidents orthodoxes à Sloutsk, celle des dissidents protestants à Thorn, et celle des catholiques intransigeants à Radom (1765); enfin la diète de 1766, où Repnine[3], le ministre russe en Pologne, fit enlever par ses grenadiers les évêques de Cracovie et de

---

1. Louis XV à Breteuil, août 1764. — Flassan, t. VI, p. 325. — Boutaric, t. Ier, p. 329.

2. Voir quelques documents relatifs à cette mission, dans *Correspondance diplomatique de Catherine II*, Soc. imp. d'hist. de Russie, t. XLVIII, pp. 350, 441, 449, 491, 521.

3. Le prince Nicolas Vassiliévitch Repnine, alors général-major, par la suite feld-maréchal. Né en 1734, mort en 1801. — Il fut le dernier des princes Repnine.

Kief, et qui consentit alors à donner aux dissidents l'égalité des droits politiques.

Choiseul-Praslin et Choiseul-Stainville occuperont successivement, dans cette période, le ministère des affaires étrangères.

---

MÉMOIRE POUR SERVIR D'INSTRUCTION AU SIEUR MARQUIS DE BAUSSET, CHEVALIER DE L'ORDRE DE SAINT-LOUIS, ALLANT EN QUALITÉ DE MINISTRE PLÉNIPOTENTIAIRE DU ROI PRÈS L'IMPÉRATRICE DE RUSSIE. — 18 DÉCEMBRE 1763[1].

Les intérêts naturels de la France, et sa position géographique par rapport à la Russie, ne permettent guère de concevoir un système d'une grande union de vues et de mesures entre ces deux puissances. Les arrangements de la politique n'ont jamais permis que les deux cours fussent directement unies, parce que, bien loin d'avoir les mêmes intérêts, il s'est trouvé que la Russie, en commençant à figurer dans les affaires de l'Europe, s'est liée avec la maison d'Autriche et l'Angleterre, et qu'elle a été l'ennemie de la Porte Ottomane et des puissances du Nord, à la conservation desquelles nous sommes toujours essentiellement intéressés[2]. Il ne convenoit pas d'ailleurs aux nations éclairées par une saine politique de voir sans inquiétude la Russie, à peine dépouillée d'une écorce vraiment barbare, profiter rapidement de son nouvel état pour étendre ses bornes et s'approcher de nous. Un pays presque aussi étendu que les États réunis des plus grands princes de l'Europe, et qui, n'ayant besoin que d'un petit nombre d'hommes pour sa sûreté particulière, peut envoyer au dehors de ses frontières des armées formidables; un pays

---

1. *A. E. Russie, Supplément*, t. XI (non folioté). — La correspondance de M. de Bausset se trouve dans les tomes LXXVII à LXXXI de *A. E. Russie*.

2. Ce qui suit est la répétition de ce qui se retrouve dans plusieurs des Instructions précédentes et des Instructions ultérieures.

dont le commerce s'étend jusqu'au sein et aux extrémités de l'Asie, et qui est à portée de se procurer facilement et en peu de temps les denrées de cette partie du monde que les nations de l'Europe ne peuvent en tirer que par de longues et dangereuses navigations; un pays dont les troupes sont aujourd'hui aguerries, et dont le gouvernement est absolu et despotique, doit avec raison paroître redoutable à ses voisins actuels et successivement aux peuples qui le deviendroient au moyen de ses nouvelles conquêtes.

Il a été heureux pour l'Europe que les événements arrivés dans l'intérieur de la Russie depuis deux ans l'aient détournée, dans le moment de la pacification[1], de l'espèce d'arbitrage qu'elle auroit voulu exercer dans les affaires générales, et des vues d'agrandissement qu'elle auroit pu manifester; mais on ne sauroit se flatter que cet esprit de conquête soit tout à fait éteint. Il fait le fond de la politique russe, et doit constamment attirer la méfiance et l'attention des cours éclairées.

La vacance du trône de Pologne[2] offre aujourd'hui matière à des présomptions et même à des craintes très importantes. Les liaisons qui semblent si étroitement établies depuis quelque temps entre l'Impératrice de Russie et le roi de Prusse ont fait soupçonner que ces deux souverains projetoient de disposer de cette couronne et peut-être de la faire acheter à quelque piast[3] au prix des démembrements qui peuvent leur convenir. Il est bien vrai qu'un pareil plan ne sauroit avoir son exécution sans rencontrer de très grandes difficultés, puisqu'il ne faut pas moins que braver toutes les puissances intéressées à l'équilibre du Nord, et mettre en même temps sous le joug une nation brave et jalouse de ses prérogatives. Mais, les moyens du succès nous étant aussi inconnus jusqu'à présent que le projet en lui-même, on ne peut que veiller attentivement sur les démarches de ces deux puissances, et c'est dans cette situation que Sa Majesté a jugé à propos

---

1. Paix de Paris et d'Hubertsbourg.
2. La mort d'Auguste III est du 5 octobre 1763, et l'élection de Poniatowski est du 6 septembre 1764. Ces deux faits se sont donc accomplis avant l'arrivée de M. de Bausset à son poste.
3. Gentilhomme polonais; candidat national par opposition aux candidats étrangers.

de faire partir promptement[1] en qualité de son ministre plénipotentiaire auprès de l'Impératrice de Russie, le marquis de Bausset, dont les talents et le zèle, déjà éprouvés dans la carrière politique, sont de sûrs garants de l'intelligence avec laquelle il s'attachera à percer le mystère de ces négociations, ainsi qu'à exécuter les ordres qui lui seront envoyés en conséquence. Le système de Sa Majesté relativement à la future élection d'un roi de Pologne consiste en trois points très simples, et parfaitement conformes à ses vues générales pour le maintien de la balance du Nord, ainsi qu'à l'intérêt particulier qu'elle prend à la nation polonoise. Elle désire : 1° que les constitutions de la République ne soient altérées en aucune manière dans la circonstance présente ; 2° que l'élection soit libre, et 3° que le territoire de la Pologne soit maintenu dans son intégrité. Sa Majesté a déclaré qu'elle reconnoîtroit pour roi de Pologne celui que le choix libre de la nation auroit appelé au trône, et que, quel qu'il fût, elle le considéreroit d'abord comme son allié puisqu'il seroit le chef des Polonois. Elle leur a seulement recommandé dans ce moment-ci l'électeur de Saxe[2], en qualité de frère de Madame la Dauphine, et comme celui de tous les candidats qui conviendroit peut-être le mieux à la tranquillité intérieure de ce royaume. L'ambassadeur du Roi a eu ordre de manifester ces sentiments à Varsovie et de faire connoître aux Polonois combien l'adoption des trois points spécifiés ci-dessus est conforme à ce qu'ils doivent à leur patrie, et même à leurs intérêts particuliers.

On n'a pas encore pénétré jusqu'où s'étendent les vues et les engagements réciproques des cours de Pétersbourg et de Berlin relativement à la Pologne. Les dépêches du sieur Bérenger ont annoncé qu'il avoit été signé un traité[3] sur ce sujet depuis la

1. Avec quelle promptitude, on l'a vu plus haut, p. 223.
2. Frédéric-Christian. — Cependant, voyez ci-dessus, p. 145, les raisons d'une préférence en faveur du prince Xavier.
3. Le traité du 11 avril 1764 en vue d'assurer l'élection de Stanislas Poniatowski comme successeur d'Auguste III. Le traité était fait pour une durée de huit ans ; les deux contractants devaient s'assister réciproquement de 10 000 hommes et 2 000 chevaux. Mais, en cas de guerre de la Prusse sur le Rhin ou de l'Impératrice contre les Turcs ou les Tatars, le contingent pourrait être remplacé par un subside en argent. Texte du traité dans F. MARTENS et dans l'ancien MARTENS.
Voyez, sur les affaires de Pologne : *Correspondance diplomatique de Catherine II* dans *Soc. imp. d'hist. de Russie*, t. XLVIII, LI, LVII, LVII ; — la correspondance (en français) des agents prussiens à Pétersbourg de 1767 à 1772, *ibid.*,

mort du roi de Pologne; mais ce chargé d'affaires n'a pu en marquer les stipulations, parce que l'Impératrice ne met qu'un très petit nombre de personnes dans sa confidence, et que même elle négocie directement sur cet objet avec Sa Majesté Prussienne. Cependant la réponse que cette princesse a faite à l'électeur de Saxe et qui contient en termes exprès le conseil de ne pas songer au trône de Pologne; la manière équivoque dont s'est exprimé le roi de Prusse dans le premier moment de la vacance du trône, en marquant à l'électeur qu'il ne pouvoit prendre aucun engagement, ni promettre de bons offices à cet égard, que de concert avec la Russie; la confirmation qu'il a donnée ensuite des dispositions peu favorables de l'Impératrice Catherine, et l'aveu qu'il a fait de ne pouvoir prendre d'engagement contraire aux vues de cette princesse; les propos du comte de Keyserling à Varsovie[1], et les espérances que le parti des Czartoryski fonde publiquement sur la protection de ces deux puissances : tout concourt à nous persuader qu'elles ont déjà leur plan arrêté, et qu'elles ne sont occupées actuellement que des moyens d'en assurer l'exécution. Or ce plan peut être fait de deux manières : ou il consiste seulement à placer un piast sur le trône de Pologne, ou bien il va jusqu'à projeter le démembrement de quelques provinces de ce royaume. Il est certain que, si la Russie n'avoit en vue que le premier de ces deux projets, et que les constitutions de la République ne souffrissent aucune altération dans cet arrangement, nous n'y verrions rien de contraire à nos principes de politique, et nous regretterions peu le succès de notre recom-

---

t. XXVIII; — RULHIÈRE, *Histoire de l'anarchie de Pologne*, 1807; — SAINT-PRIEST, *Études diplomatiques*, t. I, *le partage de la Pologne*, 1850; — Le duc DE BROGLIE, *le Secret du Roi*, t. II; — FR. DE SMITT; *Frédéric II, Catherine et le partage de la Pologne*, 1861; — A. SOREL, *Question d'Orient au XVIII$^e$ siècle*, 2$^e$ édition, 1889, pp. 14 et suiv.; — FERRAND, *les Trois démembrements de la Pologne*, édition Ostrowski, 1865; — ARNETH, *Geschichte Maria Theresias*, tomes VII et VIII, Vienne, 1877; et *Maria Theresia und Joseph II*, Vienne, 1867; — D'ARNETH et A. GEFFROY, *Correspondance entre Marie-Thérèse et le comte de Mercy-Argenteau*, Paris, 1874; — BEER, *Die Erste Theilung Polens*, Vienne, 1873, et *Die Orientaliche Politik Œsterreichs*, Vienne, 1883; — FRÉDÉRIC LE GRAND, *Œuvres*; — SOLOVIEF, *Histoire de la chute de la Pologne* (en russe), Moscou, 1863, et *Istoria Rossii*, tomes XXV et suivants. — KOSTOMAROF, *les Derniers jours de la République polonaise* (en russe), Pétersbourg, 1870; — VIAZEMSKI, *Politique de Frédéric le Grand, de 1763 à 1775*, dans le *Dix-huitième Siècle* de BARTÉNIEF, t. I$^{er}$.

1. Le comte Hermann-Karl Keyserling (1695-1764), alors ambassadeur de Russie à Varsovie. — Voyez *Corresp. dipl. de Catherine II*, t. LI de *Soc. imp.*

mandation en faveur de l'électeur de Saxe dès que l'équilibre du Nord ne seroit pas dérangé. Mais nous ne voyons de bénéfice en ce projet que pour la vanité de l'Impératrice de Russie, et nous ne saurions imaginer que la seule envie de plaire à cette princesse détermine gratuitement le roi de Prusse à y concourir. Si la cour de Pétersbourg se conduisoit aujourd'hui sur les principes d'une politique raisonnée, plutôt que d'après les passions particulières de sa souveraine, elle sentiroit aisément qu'avec le désir qu'elle a d'entrer dans les affaires d'Allemagne et d'y jouer un rôle important, il lui convient bien plus d'avoir pour roi de Pologne un électeur de Saxe qu'un prince absolument borné à ce trône et qui n'auroit au dehors aucune espèce d'influence qu'elle pût mettre à profit. Au reste, ce n'est pas à nous à éclairer cette nation sur ses vrais intérêts. Ainsi le marquis de Bausset se gardera de faire aux ministres russes cette observation, qui n'est que pour son instruction particulière.

En établissant donc que le roi de Prusse est d'accord avec l'Impératrice de Russie pour placer un Polonois sur le trône, il est tout simple de soupçonner que cet arrangement ne doit avoir son exécution qu'au prix de quelques cessions en faveur des deux puissances protectrices; et nous n'avons pas de peine à présumer de quels prétextes la Russie coloreroit son ambition, en nous rappelant la note qu'elle a fait remettre il y a peu de temps au résident du roi de Pologne pour demander un règlement de limites du côté de l'Ukraine polonoise. Nous pensons bien aussi que les désirs de Sa Majesté Prussienne auroient pour objet la cession de la Prusse polonoise et l'occupation de Dantzig[1]. Ce sont là les points capitaux auxquels le ministre du Roi devra toute sa vigilance. Il ne bornera même pas ses soins à nous rendre un compte exact de ce qu'il auroit pu découvrir à cet égard; mais il tâchera, dans les conversations qu'il pourra se procurer avec les ministres russes, de leur insinuer adroitement, et par forme de conversation, que si jamais le roi de Prusse devenoit maître de Dantzig, toute vue de commerce et de marine seroit anéantie pour la Russie, et que ses sujets mêmes n'oseroient

---

1. En effet, ce sera, moins Dantzick, à peu près le lot de la Prusse lors du premier partage de la Pologne.

plus montrer son pavillon dans la Baltique que sous la permission d'un nouveau despote. On peut avec d'autant plus de confiance échauffer l'intérêt de la cour de Pétersbourg pour la conservation de Dantzig que probablement le roi de Prusse est trop éclairé pour souffrir qu'elle s'en rendît maîtresse. La part que nous prenons à l'équilibre et au commerce du Nord ne nous permet pas de voir sans beaucoup d'inquiétude le danger dont cette petite république est menacée, et nous n'avons que ce moyen politique pour l'en garantir. Le système que Sa Majesté a adopté sur les affaires présentes de la Pologne est si impartial et si noble que ses ministres dans toutes les cours ont eu ordre de le manifester hautement. La cour de Vienne a bientôt été d'accord de le suivre, et les instructions qu'elle a envoyées à ses ministres dans les cours intéressées sont absolument conformes aux nôtres, tant pour ce qui concerne le maintien des constitutions de la République et l'intégrité de son territoire que relativement aux intérêts de l'électeur de Saxe, que nous désirerions également de voir succéder au trône de son père. Nous n'avons pas manqué dans cette circonstance de tâcher de faire remarquer à la Porte Ottomane le danger dont la Pologne étoit menacée de la part de la Russie, et nous lui avons fait insinuer de donner une déclaration dans laquelle elle exprime l'intérêt qu'elle prend à ce royaume et la protection qu'elle seroit intentionnée de lui accorder si ses libertés ou ses possessions étoient menacées. Nous ne doutons pas que ce langage de la part du Grand Seigneur n'en impose beaucoup à la Russie, et nous ne saurions trop recommander au marquis de Bausset d'entretenir sur ces objets une correspondance suivie avec l'ambassadeur du Roi à Constantinople [1].

Le langage que Sa Majesté a fait tenir dans toutes les cours au sujet de la Pologne est littéralement le même qu'elle prescrit à son ministre en Russie. Sa conduite et ses discours devront être dirigés sur les trois points dont il a été question ci-dessus, et il doit s'exprimer de manière qu'en évitant avec la plus grande attention de compromettre le Roi, ni d'employer le ton de menace,

---

1. M. de Vergennes. Voyez ci-dessus, p. 38, note 2.

il fasse sentir à Pétersbourg les difficultés qui s'opposeroient à l'exécution des projets d'agrandissement de l'Impératrice et l'inquiétude que toutes les puissances ont conçue sur les seuls soupçons qu'elle en a laissé naître.

Les seuls rapports directs que la France peut avoir avec la Russie ne sauroient s'envisager que du côté du commerce. Il est certain qu'à cet égard un traité apporteroit des avantages réciproques, et que les deux nations trouveroient également leur compte à l'établissement d'une correspondance immédiate. La Russie renferme la matière première de toutes les choses les plus précieuses au fondement et à l'entretien d'une marine, et nous devons convenir qu'étant obligés d'avoir recours à ses productions pour cet objet, l'avantage de les tirer directement ne peut être que très considérable, tant pour la diminution du prix des denrées que pour la formation d'une marine militaire et marchande ainsi que d'une grande quantité de matelots[1]. On peut même ajouter à ces considérations que notre influence politique gagneroit infiniment à cette espèce de liaison. C'est le commerce qui a donné aux Anglois le crédit dont ils jouissent en Russie. Ils ont supplanté à cet égard les Hollandois qui, dans le dernier siècle, étoient presque seuls en possession d'aller négocier chez les Russes. Cette nation, qui manque de la matière représentative des richesses, et qui, par son génie ainsi que par la forme de son gouvernement, est très peu propre à aller chercher dans les autres pays ce qui ne se trouve pas chez elle, s'est affectionnée naturellement au peuple qui a pris le plus la peine de suppléer à son inaction et à ses entraves. Elle a connu nos marchandises, mais elle n'a presque point vu nos négociants : en sorte qu'il en est résulté une prévention, aisée à établir et à soutenir par nos ennemis, que la France ne peut être d'aucune utilité à la Russie dans la balance du commerce, et que, même sur ce point, la Russie souffre un grand désavantage vis-à-vis de la France par l'introduction multipliée de nos vins, de nos étoffes et de nos modes, pour lesquels on est généralement persuadé à Pétersbourg que nous enlevons les espèces circulantes préféra-

---

1. Le duc de Choiseul-Stainville, cousin du ministre des affaires étrangères, était alors ministre de la marine : de 1761 à 1766.

blement aux productions du pays. Quelques gens sensés, et particulièrement les ministres, sont cependant revenus de cette fausse idée, et sentent que nous avons autant besoin de leurs productions qu'eux des ouvrages de nos manufactures. Ils voient clairement qu'un commerce par échange et direct entre les deux nations leur feroit partager le bénéfice des entreposeurs étrangers, et nous avons tout lieu de croire que cette persuasion les a déterminés à retarder depuis plus de deux ans le renouvellement de leur traité de commerce avec l'Angleterre[1], dans la vue d'en étendre les avantages à toutes les nations et d'établir entre elles la concurrence. Ce système est sans contredit le meilleur que la Russie puisse adopter, et c'est aussi celui que nous désirons le plus de lui voir suivre. Lorsqu'il a été question de dresser entre cette puissance et nous les articles d'un traité de commerce, nous n'avons jamais établi pour base de la négociation que la parité de traitement avec les Anglois et tous autres. Nous avons remis sur cet objet plusieurs mémoires d'observations raisonnées auxquelles il nous est encore dû une dernière réponse. Soit que le ministère russe attende la conclusion de son traité avec l'Angleterre pour nous proposer d'en faire un pareil, ou qu'il ait le projet de rendre le commerce également libre à tout le monde, nous voyons que cet objet de négociation est resté suspendu pour tout le monde depuis la mort de l'Impératrice Élisabeth. Il est vrai qu'en différents temps on en a touché quelques mots au baron de Breteuil et depuis son départ au sieur Bérenger. Mais comme il ne nous convient pas de paroître poursuivre cet arrangement avec un empressement dont les Russes chercheroient à tirer avantage, le sieur marquis de Bausset évitera d'avoir l'air de mettre le premier cet objet sur le tapis. Il attendra que le ministère russe lui en parle. M. Panin[2] avoit paru mettre assez d'intérêt à cette affaire, et probablement il la rappellera au ministre de Sa Majesté. Le marquis de Bausset alors se bornera à répondre que nous n'avons point varié dans les intentions que nous avons fait connoître à cet égard et que nous attendons la réponse que l'on doit donner aux dernières observations et propositions

---

1. Voyez ci-dessus, pp. 50, 139 et 222, note 2.
2. Voyez ci-dessus, p. 212, note 1, 219-220.

que nous avons envoyées. Le marquis de Bausset trouvera d'ailleurs, dans les papiers que lui remettra le sieur Bérenger, tout ce qui a été traité sur cette matière qu'il a déjà étudiée ici, et il sera en état de la reprendre du point où l'on en est resté, dès que les ministres russes lui en auront témoigné un désir efficace, en lui remettant la réplique qu'ils doivent à notre dernier mémoire. Mais il prendra *ad referendum* tout ce qui lui sera communiqué sur cette matière, et attendra les instructions qui lui seront envoyées d'ici.

La communication qui a été donnée au marquis de Bausset de toute la correspondance relative à la cour de Pétersbourg l'aura suffisamment informé de ce qui s'est passé sur deux objets de cérémonial qui ont occasionné de grandes discussions entre les deux cours pendant le ministère du baron de Breteuil. Ces objets sont la préséance de la couronne de France sur celle de Russie[1] et l'étiquette du baisement de main auquel on a voulu soumettre ce ministre du Roi envers le défunt Empereur et le Czarevitz[2], et M^me de Breteuil envers l'Impératrice. Mais le marquis de Bausset n'essuiera aucune tracasserie sur ce dernier article, puisqu'il ne mène point la marquise de Bausset à Pétersbourg; et quant à lui, l'intention de Sa Majesté est qu'il baise seulement la main de l'Impératrice et que, s'il arrivoit qu'on voulût exiger cette déférence pour le Czarevitz, il s'y refuse nettement, et déclare que c'est uniquement par forme de galanterie et non de soumission qu'il s'est conformé envers la souveraine à cet usage, dont la réciprocité n'est point établie en France.

Pour ce qui est de la préséance, on ne présume pas qu'il se présente aucune occasion où la Russie veuille renouveler une prétention sur laquelle les sentiments du Roi ont été manifestés d'une manière aussi décisive. Ce n'est guère qu'à Varsovie où il pourroit arriver quelque discussion du cérémonial entre les ambassadeurs des deux couronnes. Le marquis de Paulmy a eu ordre dans le temps de soutenir la dignité du caractère dont il est revêtu, et de ne céder le pas qu'au nonce du Saint-Siège et à l'ambassadeur de l'Empereur. Mais on prévient toujours le mar-

---

1. Voyez ci-dessus, pp. 199, 217, 221.
2. Paul Pétrovitch, le futur Paul I^er.

cabinet de Vienne s'est tellement accoutumé à regarder son intimité avec cette puissance comme un principe fondamental de sa politique que rien ne lui coûte pour tâcher de la maintenir. C'est pourtant un problème aujourd'hui si la maison d'Autriche a le même besoin de l'alliance de la Russie; mais la force de l'habitude l'emporte encore sur les considérations actuelles. L'orgueil russe a bien senti cette supériorité. Il a semblé se plaire fréquemment à abaisser la hauteur autrichienne et à traiter avec indifférence tout ce qui concernoit la cour de Vienne. Cependant, par un effet de l'inconséquence qui caractérise la conduite de l'impératrice Catherine, elle a fait depuis peu quelques ouvertures à la maison d'Autriche pour reprendre leurs anciennes liaisons. Mais on doit rendre à l'Impératrice-Reine la justice qu'elle a reçu ces ouvertures avec noblesse, et qu'elle a affiché hautement qu'elle ne vouloit prendre aucun engagement qui pût contrarier son alliance avec la France, et qu'elle étoit résolue à maintenir cette union avec la plus exacte fidélité.

Malgré ces assurances, qui sont probablement très sincères, le marquis de Bausset doit veiller avec la plus grande attention sur la conduite du ministre de la cour de Vienne, et, en lui témoignant la plus grande confiance, il doit l'observer de très près et chercher soigneusement à connoître l'objet de ses négociations avec la cour de Pétersbourg.

Au surplus, il faut convenir que l'Impératrice de Russie a mal entendu ses vrais intérêts en abandonnant les anciens alliés de son Empire[1]. Après avoir annoncé des sentiments plus justes dans les premiers moments de son intronisation, elle s'est conduite à cet égard avec autant de fausseté que d'inconséquence, et l'on peut dire qu'elle a agi tout aussi aveuglément vis-à-vis de ses sujets. Son ingratitude a été marquée principalement envers ceux qui avoient contribué le plus à lui placer la couronne sur la tête. Elle les traite avec hauteur; aucun d'eux n'a reçu la récompense qu'il espéroit du succès de son zèle. Elle n'a suivi en rien la forme et le plan d'administration qu'ils attendoient de sa reconnois-

---

1. C'est-à-dire en s'éloignant de l'Autriche pour former le *Système du Nord*. Voyez ci-dessus, p. 217.

quis de Bausset que, dans le cas où il auroit à s'expliquer sur quelque fait de cette nature avant d'avoir reçu les ordres du Roi, il ne doit pas hésiter à parler dans le sens prescrit au baron de Breteuil, et exprimé dans les déclarations que nous avons remises à ce sujet, et à soutenir que la reversale donnée par l'Impératrice Élisabeth et renouvelée par le défunt Empereur est toujours en vigueur, et ne sauroit être anéantie par le temps ni par la volonté particulière de leurs successeurs.

La cour de Pétersbourg, ayant privé les ministres étrangers des franchises journalières dont ils jouissent chez tous les autres princes de l'Europe, avoit borné il y a plusieurs années cet avantage à l'exemption des droits de douane sur tous les effets de leur premier ameublement. Ce défaut de réciprocité n'avoit point excité de plaintes de la part du Roi, parce que Sa Majesté a jugé au-dessous d'elle de faire discuter en son nom des intérêts de cette nature. Mais, comme il a convenu depuis à l'avidité des personnes chargées de la perception des douanes à Pétersbourg de réduire encore cette franchise, en en fixant le taux d'une manière indécente, Sa Majesté désapprouveroit que ses ministres reçussent d'une puissance étrangère une grâce aussi médiocre, et elle ordonne au marquis de Bausset de refuser la remise qu'on voudra lui faire en Russie sur l'entrée de ses effets et de déclarer au ministère de l'Impératrice que, la réciprocité devant être la base des procédés que les souverains ont les uns envers les autres, on ne sauroit pas ici établir des fractions économiques sur les privilèges dont jouissent les ambassadeurs et ministres, et que Sa Majesté se réserve ou d'en laisser jouir gratuitement le ministre de l'Impératrice, ou de l'en priver à l'exemple de ce qui se pratique à Pétersbourg envers le sien.

Les rapports du sieur Bérenger nous ont appris que l'ambassadeur de la cour de Vienne[1], après avoir déclamé parmi les autres ministres étrangers contre cette innovation, s'y étoit soumis secrètement. Une pareille conduite caractérise parfaitement le système de complaisance et de crainte que les Autrichiens n'ont pas encore absolument abjuré vis-à-vis de la Russie. Le

---

1. Le comte de Mercy-Argenteau. Voyez ci-dessus, p. 185, note 1.

règne parmi le peuple, la licence des propos si inconnue jusqu'à présent en Russie, les marques de mécontentement que la nation a données, et le travail perpétuel auquel l'Impératrice a dû se livrer pour tenir les rênes d'un gouvernement toujours prêt à lui échapper, on ne sauroit se refuser à croire que cette princesse ne finira pas ses jours sur le trône.

Il est plus malaisé de présumer quel souverain ou quel gouvernement lui succédera. Quant au souverain, il pourra s'élever un parti pour les princes de la maison de Brunswick qui disputera la couronne au fils de Pierre III. Mais, quant au gouvernement, il est bien probable que les Russes chercheront à mettre des bornes à l'autorité de leurs maîtres, parce que l'espèce d'avant-goût qu'ils ont eu de la liberté leur fait supporter impatiemment la servitude. Le comte Panin et ses amis, qui joueroient sûrement le principal rôle dans la révolution si elle avoit lieu en faveur du grand-duc, sont imbus de la nécessité de resserrer les droits abusifs de l'autorité czarienne, et personne n'est dans des sentiments plus républicains que ce ministre qui les a sucés en Suède où il a été employé longtemps. Le marquis de Bausset devra le cultiver particulièrement et tâcher de gagner sa confiance. La place qui vient de lui être donnée dans le Collège des affaires étrangères[1] autorisera le ministre du Roi à lui parler de toutes les affaires qui seront confiées à ses soins. Le comte Panin est honnête et désintéressé. Il veut le bien de son pays, et d'ailleurs est assez porté pour la France. On le peint comme un homme dont on peut tirer des connoissances lorsqu'il est ému par la colère. Très sensible à la louange et aux marques d'amitié, il aime les petits rapports qui indiquent l'intérêt qu'on prend à sa position, et se plaît à entendre dire que ce sentiment est particulier à sa personne et indépendant des affaires et du besoin qu'on peut avoir de lui. Cependant il est fin et méfiant : ainsi ces moyens ne sauroient être employés que lentement pour avoir leur effet; mais le marquis de Bausset peut s'autoriser pour lui faire des avances de l'amitié et de l'espèce de confiance qu'il avoit témoignées au baron de Breteuil.

1. Voyez ci-dessus, pp. 219-220, 231.

sance, et le clergé n'a pas eu plus lieu de s'en louer que la noblesse. Après avoir désapprouvé les vexations de Pierre III à l'égard des possessions ecclésiastiques¹, elle n'a fait que changer les mesures de ce prince pour enlever aux prêtres la plus grande partie de leurs revenus. Et, quant à la noblesse, elle voit, avec douleur et colère, les difficultés et les retards que sa souveraine apporte à la confirmation de la liberté accordée par Pierre III, et des privilèges dont cette liberté veut être appuyée pour devenir fondamentale, et anéantir pour jamais le despotisme ². Enfin la passion effrénée de Catherine pour le comte Orloff, le rôle qu'elle fait jouer à ce jeune homme, ce qu'elle a osé laisser connoître de ses intentions pour lui ³, tout cela, mis à côté de ses droits, en a réveillé la nullité, et démontré aux auteurs de son élévation ce qu'ils avoient à en craindre pour la gloire de l'État, pour la leur et pour leur sûreté particulière. Excepté les Orloff, dont l'existence est aujourd'hui attachée à celle de Catherine, il n'y a peut-être plus aucun des conjurés qui ont détrôné Pierre III qui ne se repente d'avoir élevé sa femme, et qui ne s'occupe en secret des moyens de réparer le tort fait au Czarewitz⁴. Le comte Panin n'a pas dissimulé ces sentiments dans les ouvertures auxquelles il s'est livré quelquefois vis-à-vis du baron de Breteuil. Ce ministre sent avec peine que son élève⁵ aura un jour à lui reprocher d'avoir disposé de ses droits en élevant sa mère au rang d'Impératrice, au lieu de ne la faire que régente. En rapprochant donc les sentiments des principaux de l'Empire russe avec l'esprit qui

---

1. Pierre III avait repris les desseins de Pierre le Grand sur la réunion au domaine impérial des possessions des couvents, dont les moines subsisteraient à l'avenir des pensions que leur ferait l'État. Catherine II, qui, à la différence de son mari, affectait la dévotion pour le culte orthodoxe, n'en exécuta pas moins le plan de Pierre le Grand. Elle plaça les possessions des couvents, peuplées de près d'un million de paysans mâles, sous l'administration d'une *Commission économique* et indemnisa les moines par des allocations annuelles.
2. Pierre III, par un manifeste de février 1762, avait affranchi les nobles de l'obligation rigoureuse et absolue que leur avait faite Pierre le Grand, comme corollaire de leur situation de seigneurs à l'égard des paysans, de se consacrer au service de l'État. La noblesse russe avait même parlé d'élever une statue d'or à Pierre III. Catherine II, ne pouvant revenir sur cette mesure, avait du moins retiré le droit de suffrage, dans les élections pour le *maréchal de la noblesse* et dans les *assemblées de la noblesse* de chaque province, aux gentilshommes qui n'auraient pas obtenu le grade d'officier, et les avait privés de quelques autres privilèges de leur ordre.
3. Le projet de mariage. Voyez ci-dessus, p. 217, note 1.
4. Paul Pétrovitch, écarté du trône par sa mère.
5. Il avait été le gouverneur de Paul Pétrovitch.

Le vice-chancelier prince Galitzin[1] étant à la tête des affaires étrangères pendant les voyages que vient d'entreprendre le chancelier comte de Woronzow, il conviendra aussi de rechercher sa confiance. C'est un homme d'un génie fort au-dessous de sa place et que l'Impératrice regarde comme assez peu profond dans les affaires. Il est vif et haut dans la discussion, quoique assez susceptible d'être ramené à la raison. A notre égard on l'a toujours reconnu dans des principes assez sages. Il a pour le roi de Prusse une haine invincible, et il croit que les liens avec la cour de Vienne sont les plus conformes aux vrais intérêts de la Russie.

Le vieux comte de Bestucheff[2] est actuellement dans un crédit médiocre auprès de l'Impératrice, qu'il a contrariée hautement en plusieurs occasions, et notamment sur les affaires de Pologne, en soutenant qu'il seroit plus avantageux à cette princesse que le choix de la République tombât sur l'électeur de Saxe que sur un Polonois isolé. Cependant, comme sa vieille expérience, l'usage qu'il a de la cour et le besoin qu'on pourroit avoir de ses conseils, le ramèneront toujours momentanément dans le secret des affaires, il ne sera pas hors de propos de chercher à se le concilier, quoiqu'il y ait peu d'apparence d'y réussir, attendu l'éloignement qu'il a toujours témoigné pour la France, et le souvenir de la part que nous avons eue à sa disgrâce.

Parmi les subalternes qui sont immiscés dans les secrets de l'État, il sera peut-être possible de se procurer quelque créature. La vénalité est dans le cœur de tous les Russes; mais le double espionnage est si commun et si sûr pour ceux qui l'exercent qu'on ne sauroit aventurer avec trop de précaution les ouvertures auxquelles on veut se livrer à ce sujet. Nous venons d'en faire l'épreuve dans la personne du sieur Yelaguin[3]. Le baron de Bre-

---

1. Voyez ci-dessus, pp. 212, note 1, et 220.
2. L'ancien chancelier d'Élisabeth, Alexis Bestoujef. Né en 1692, il avait alors soixante et onze ans, et mourut quatre ans après, en avril 1767. Voyez ci-dessus, p. 212, note 1.
3. Ivan Perfiliévitch Yélaguine (1725-1796), un des amis personnels de la grande-duchesse Catherine, confident de ses amours d'alors avec Poniatowski, auxquels il prêtait sa maison. Il avait été disgracié à cause d'elle et exilé en 1758 (voyez ci-dessus, pp. 64 et 83); mais il ne trouvait pas qu'il fût traité par l'Impératrice comme le méritaient les services rendus et la disgrâce soufferte, et, quoiqu'il eût été nommé secrétaire d'État et sénateur, il était parmi les mécontents.

Malgré tout ce qu'on vient de dire du caractère de l'Impératrice et de l'incertitude de la durée de son règne, malgré son enthousiasme pour nos ennemis et l'éloignement qu'elle nous témoigne, il faut que le ministre du Roi ne néglige rien pour tâcher de lui plaire, et de faire changer les dispositions de son cœur. En lui remettant la lettre du Roi, que l'on joint à cette Instruction, il lui fera un discours également noble et affectueux, où il exprimera la haute opinion que Sa Majesté a du génie et des sentiments de cette princesse. Il y ajoutera les assurances de l'intérêt que le Roi prend à la prospérité de son règne et du désir qu'il a de resserrer la correspondance des deux couronnes et des deux Empires, par tous les moyens possibles; et, toutes les fois qu'il trouvera dans la suite occasion de faire sa cour à l'Impératrice, il s'appliquera à lui tenir les discours les plus flatteurs et les propres à se rendre personnellement agréable à cette princesse, puisque ce doit être le premier devoir et le soin le plus important des personnes qui sont revêtues d'un caractère représentatif auprès des souverains.

Le marquis de Bausset aura une extrême attention à pénétrer les dispositions intérieures des sujets de l'Impératrice, et à s'instruire des menées secrètes qui pourroient tendre à opérer une révolution dans le gouvernement; mais, en faisant ces importantes observations pour nous en rendre compte, il prendra garde de se laisser entraîner dans des liaisons suspectes, et de n'entrer dans aucune cabale. Il affichera, au contraire, une entière impartialité dans les divisions particulières et se bornera au rôle d'un observateur éclairé et intelligent, en s'attachant à gagner l'estime et la confiance des personnes qui sont à la tête des affaires ou de celles qui tendent à y arriver.

Le comte Orloff[1], renfermé dans l'intérieur du palais impérial et dans les assiduités qu'exige sa position auprès de l'Impératrice, sera probablement peu accessible pour le ministre du Roi. D'ailleurs ce favori ne sait point le françois : ainsi on ne peut avoir pour lui que des politesses d'extérieur, et lui faire dire dans les occasions des choses honnêtes.

---

1. Le favori Grigori Orlof. Voyez ci-dessus, p. 217, note 1.

ceux qui résident à Vienne, Stockholm et Copenhague [1], et même avec les autres lorsqu'il le jugera utile au service du Roi.

Sa correspondance avec l'ambassadeur de Sa Majesté en Suède devra rouler principalement sur ce qu'il pourroit découvrir des liens particuliers de l'Impératrice avec la reine, sœur de Sa Majesté Prussienne [2]. On ne sauroit douter qu'il n'y ait entre les deux princesses un commerce tendant à faire changer la forme du gouvernement suédois en faveur de l'autorité royale [3]; mais il a paru depuis peu que l'attention de la cour de Pétersbourg aux affaires de Pologne a suspendu celle qu'elle avoit envie de donner à ce projet. Le ministre du Roi n'en sera pas cependant moins attentif à pénétrer ce qui se passera à cet égard, et il se méfiera du comte Duben [4], qui est l'organe commun des deux princesses et très zélé pour le parti royaliste.

Il n'est plus question des négociations que la cour de Danemark avoit entamées en Russie sous le règne de l'Impératrice Élisabeth pour l'acquisition de la partie du Holstein qui appartient au Czarewitz, et il n'est pas à présumer que cette affaire se renoue [5]. Cependant, dans le cas où le ministre danois en parleroit au sieur marquis de Bausset, il lui répondra que l'intérêt que Sa Majesté a manifesté pour le succès de cet arrangement n'a point changé; mais il ne s'engagera à aucune démarche envers le ministre de Russie, sans avoir pris les ordres du Roi sur ce sujet. Le baron d'Osten, qui réside en Russie de la part du Danemark, est un intrigant du premier ordre, bien moins occupé des affaires de sa cour que de ses manœuvres particulières. Il a été le confident du goût de l'Impératrice pour le comte Poniatowski dans le temps qu'elle n'étoit que grande-duchesse. Ses intrigues déter-

1. C'étaient alors le marquis du Châtelet, le baron de Breteuil et le président Ogier (celui-ci de 1753 à 1766).
2. Le roi de Suède Adolphe-Frédéric (1751-1771) avait épousé Louise-Ulrique, sœur de Frédéric II.
3. C'est douteux. En Suède comme en Pologne, la politique de Catherine II ne tendait qu'à affaiblir l'autorité royale et à fomenter l'anarchie nobiliaire (des articles secrets du traité russo-prussien du 14 avril 1764 concernaient le maintien de la Constitution suédoise de 1730); et la cour de Versailles ne prenait pas toujours les meilleurs moyens pour empêcher ce résultat, car elle soutenait trop souvent, sous les noms de liberté suédoise ou de liberté polonaise, les institutions et les hommes qui affaiblissaient le pouvoir royal et perpétuaient l'anarchie.
4. Le comte Düben, envoyé de Suède à Pétersbourg.
5. Voyez ci-dessus, p. 52, note 2.

teuil ayant représenté ici ce particulier comme plus susceptible d'être gagné par des présents qu'avec de l'argent, et nous ayant engagé à lui envoyer une voiture, il est arrivé que, soit appréhension d'être soupçonné de connivence, ou par une suite de fausseté de sa part, le sieur Yelaguin a refusé ce présent, et n'a pas manqué de se faire honneur auprès de l'Impératrice de cette tentative infructueuse de notre part[1]. Cet exemple doit mettre extrêmement en garde contre les marchés de ce genre, et faire sentir au ministre du Roi combien il devra être assuré de la fidélité de ces sortes d'émissaires et de leur utilité réelle avant de nous proposer de les soudoyer.

Le marquis de Bausset entretiendra une correspondance très exacte avec l'ambassadeur du Roi à Varsovie[2] et lui fera part de tout ce qu'il découvrira des dispositions de la cour de Pétersbourg au sujet du trône de Pologne. Il établira le même commerce avec

---

1. L'histoire est encore plus singulière que ne le croyait le rédacteur de notre Instruction. Dans les *Papiers de Catherine II*, édités par Pékarksi, dans *Soc. imp. d'hist. de Russie*, t. VII, p. 331, on trouve une pièce se rapportant à l'année 1763 et relative à un refus de voiture. Le savant éditeur nous informe que la minute est de la main même de Catherine II, mais au nom d'une *personne inconnue*. L'Instruction que nous publions ici donne le nom de cet inconnu : c'est Yélaguine. Il est curieux de voir dans quel style mordant et ironique l'Impératrice a dicté ce refus. Voici cette lettre, qui est une des jolies de Catherine II :

« Monsieur, la visite que vous avez bien voulu me faire m'a laissé, comme de raison, dans le plus grand étonnement. Quoique M. de Breteuil m'ait honoré d'un accueil distingué que je ne pouvais attribuer qu'à son extrême politesse, je ne croyais pas que son attention sur ma personne s'étendrait jusqu'à nommer mon nom en France. Et encore à qui? Au duc de Praslin! Au Roi même! Je ne me supposais ni un assez grand mérite, ni un crédit aussi distinctif, ni enfin aucune faculté propre à être démêlé du nombre immense des serviteurs fidèles et zélés de ma souveraine. Mais enfin, puisqu'il a plu à M. le baron de Breteuil de m'honorer d'une façon si particulière, je me sens en devoir de répondre par mes sentiments au bonheur d'avoir été nommé à Sa Majesté le Roi votre maître. C'est ce qui me met dans la nécessité, Monsieur, de vous prier de témoigner la dernière reconnaissance de ma part au Roi, par la bouche de M. le duc de Praslin, pour qui je n'en ressens pas moins. Des bontés de Sa Majesté je dois me rendre digne en remplissant la bonne opinion que M. de Breteuil a donnée de moi, et c'est pour cela que je me trouve obligé de déclarer que je ne puis recevoir le carrosse dont Sa Majesté me fait don. J'ai fait vœu de n'en recevoir que de l'Impératrice ma souveraine. D'ailleurs je me rendrais indigne de ses bontés, que je tâche de mériter uniquement par mon zèle et par ma fidélité pour sa personne et son service. Je tâcherai surtout à éviter d'accréditer les discours des ennemis de la France, qui divulguaient malicieusement autrefois qu'elle paye quasi tous ceux qui ont le bonheur d'approcher leurs souverains en Russie. Je ne serai jamais du nombre. Voilà, Monsieur, ce que je vous prie de faire parvenir à votre cour, de laquelle je suis, avec autant de reconnaissance que d'estime pour vous, Monsieur, etc. »

2. Après le départ du marquis de Paulmy, le Roi fut représenté à Varsovie en 1763, par M. Hennin, chargé d'affaires, et le général de Monet, consul général. L. Farges, *Instructions, Pologne*, t. II, pp. 231 et suiv.

quées est uniquement destiné pour les pièces qui lui seront remises par la cour de Pétersbourg ou par des particuliers, et qui seront assez importantes pour mériter la précaution du chiffre. Enfin il lui remettra en même temps celui de CORRESPONDANCE GÉNÉRALE, qui lui servira avec les ambassadeurs et ministres du Roi dans les cours étrangères auxquels il sera dans le cas d'écrire.

---

SUPPLÉMENT D'INSTRUCTIONS DONNÉ AU MARQUIS DE BAUSSET
LE 30 SEPTEMBRE 1764[1].

La résolution où étoit Sa Majesté à la fin de l'année dernière touchant le prompt départ du marquis de Bausset pour la Russie ayant été changée par quelques circonstances et par des considérations qui n'ont pu être suffisamment traitées dans l'Instruction remise à ce ministre plénipotentiaire, et d'ailleurs l'état des affaires politiques étant devenu différent à quelques égards par ce qui s'est passé depuis en Pologne[2], il convient de lui tracer un nouveau tableau de cette situation, avec un détail des événements qui l'ont précédée, de la part que Sa Majesté y a prise, et de l'esprit dans lequel elle veut que ces matières soient traitées.

Lorsqu'on a adressé le mémoire qui devoit servir d'Instruction au marquis de Bausset, les vues de l'Impératrice de Russie et du roi de Prusse relativement à la vacance du trône de Pologne étoient encore sous le voile de leur politique. Leur traité n'étoit pas fait[3]. L'on savoit seulement que ces deux puissances étoient occupées à prendre des arrangements ensemble, et la connoissance de ces négociations importoit beaucoup à l'Europe,

1. *A. E. Russie, Supplément*, t. XI.
2. L'élection de Poniatowski, le 6 septembre 1764.
3. Le traité du 11 avril 1764. Voyez ci-dessus, pp. 217, 226, n. 3, et 240, n. 3.

minèrent alors l'Impératrice Élisabeth à demander son rappel, et il fut envoyé à Varsovie, d'où il est revenu depuis que l'Impératrice Catherine est montée sur le trône. L'accès qu'il a dans l'intérieur de cette princesse rendra peut-être sa connoissance utile au ministre du Roi; mais aussi cette même considération devra le mettre extrêmement en garde sur toutes les choses qu'il pourroit lui dire.

Le sieur Bérenger a annoncé, il y a quelque temps, qu'il avoit ouvert une voie de correspondance avec le prince Héraclius qui règne actuellement sur la majeure partie de la Perse[1]. Le ministre du Roi ne négligera pas de l'entretenir quand ce ne seroit que pour avoir des nouvelles certaines de ce qui se passera dans cette partie, et paroître y prendre quelque intérêt.

Pour ce qui est du cérémonial, le caractère dont le marquis de Bausset est revêtu n'exigeant aucune distinction particulière, on ne lui donne aucun mémoire à cet égard. Il lui suffira de se conformer à ce qu'il apprendra avoir été pratiqué pour le baron de Breteuil ainsi que les autres ministres du second ordre, et notamment pour le marquis de La Herreria, ministre plénipotentiaire d'Espagne. Le ministre du Roi observera seulement de ne pas laisser prendre le pas sur lui, dans les occasions où il pourroit y avoir de la compétition, à aucun ministre étranger, si ce n'est à celui de l'Empereur, et au marquis de La Herreria, attendu l'article du Pacte de Famille où il est convenu que, lorsqu'il se rencontrera deux ministres de France et d'Espagne dans la même cour, le plus ancien arrivé précédera l'autre.

Pour assurer la correspondance du marquis de Bausset avec le ministre des affaires étrangères, on lui remet un chiffre intitulé : ORDINAIRE, et même un autre intitulé : RÉSERVE.

Mais il ne devra se servir de celui-ci que lorsqu'ayant des raisons fondées de soupçonner l'interception du premier, il ne devroit plus y avoir de confiance. Le sieur Bérenger lui remettra les chiffres du baron de Breteuil dont *l'ordinaire* doit être brûlé, ainsi que le second intitulé : *réserve*. Celui de PIÈCES COMMUNI-

---

1. Héraclius, roi de Géorgie. Plus tard, ayant accepté le protectorat de Catherine II (vers la fin du règne de cette princesse), il attira dans ses États une invasion du roi de Perse Mohammed, qui brûla sa ville capitale Tiflis. Ce fut l'origine de la guerre de Perse, la dernière qu'ait faite Catherine.

lier incessamment cet avantage[1]. Mais, l'intention du Roi étant de faire servir cette négociation au maintien de son influence en Pologne par le rétablissement des patriotes opprimés, et d'obtenir même les dédommagements possibles et raisonnables en faveur des princes de la maison de Saxe, le marquis de Bausset devra régler exactement son langage et sa conduite sur ce système, en ne recevant ni ne rendant de visite à Pétersbourg à l'ambassadeur ou ministre qui pourroit s'y trouver de la part du nouveau roi de Pologne, en évitant de faire aucun acte ni de tenir aucun discours qui pût être interprété comme un aveu de cet événement, d'attendre à cet égard les ordres de Sa Majesté et de s'en expliquer même clairement, quoique avec sagesse et circonspection, s'il en étoit requis.

Quelques avis ont annoncé, depuis, que la Porte Ottomane témoignoit quelque répugnance à voir élever le comte Poniatowski sur le trône de Pologne, et qu'elle s'étoit même expliquée sur ce sujet en des termes qui n'avoient pas laissé d'inquiéter l'Impératrice de Russie et son ministère. Il sera très à propos que le marquis de Bausset se tienne au fil des nouvelles qui arriveront de Constantinople. Le sieur Bérenger lui indiquera les canaux d'où il a tiré celles qu'il nous a mandées en différents temps, et le ministre plénipotentiaire du Roi entretiendra d'ailleurs avec M. de Vergennes la correspondance la plus suivie qu'il lui sera possible, en observant cependant d'y mettre beaucoup de circonspection, jusqu'à ce qu'il ait appris que le nouveau chiffre de CORRESPONDANCE GÉNÉRALE soit parvenu à cet ambassadeur.

Il paroît que la cour de Pétersbourg attribue en partie aux intrigues et à l'influence de la France la déclaration que la Porte a faite en dernier lieu sur les affaires de Pologne. Si l'on tient quelques discours au marquis de Bausset sur ce sujet, il aura attention à s'exprimer de manière qu'on ne puisse en inférer que nous nous vantons ni que nous nous défendons d'y avoir part. L'un auroit l'air de jactance et l'autre de foiblesse ou de complai-

---

1. Il l'avait déjà essayé. Voyez ci-dessus, p. 220. Il tendra constamment à se rapprocher du Roi, et ce sera l'une des erreurs de la diplomatie française que de s'être obstinée à combattre un Roi faible, ayant besoin de notre appui, mais bien intentionné, et qui avec les Czartoryski, ses parents, finira par se placer à la tête du parti réformateur.

sance pour une cour avec laquelle nous devons conserver toute notre dignité. Le marquis de Bausset doit laisser entrevoir que le Roi, ayant tenu la conduite le plus impartiale dans les affaires de Pologne et n'ayant eu d'autre désir que de voir les Polonois maintenus dans leur liberté et leurs privilèges, ainsi que dans l'intégrité des possessions de la République, a tâché de communiquer ces principes équitables à ses alliés et à toutes les cours intéressées à l'élection d'un roi de Pologne. Ce langage noble et vrai doit être celui de tous les ministres de Sa Majesté.

La discussion dont on a parlé dans l'Instruction du marquis de Bausset au sujet des franchises respectives des ministres des deux puissances s'est renouvelée depuis avec assez de vivacité. Le Roi, qui prétend avec raison que la réciprocité doit être la base des égards des souverains les uns envers les autres, n'a pas voulu que le ministre de l'Impératrice de Russie jouît en France d'exemptions qui ne seroient pas également accordées au sien à Pétersbourg. Cette affaire n'est pas encore arrangée ; mais les propos de conciliation que M. Panin a tenus au sieur Bérenger, les facilités qu'y a fait entrevoir le grand-chancelier comte de Voronzow pendant le séjour qu'il a fait ici, la manière dont s'est exprimé depuis le prince Galitzin [1], le désir et l'intérêt même qu'a ce dernier de voir cette difficulté bientôt aplanie, tout concourt à faire penser que l'Impératrice reconnoîtra la justice de cette réciprocité. Mais, dans le cas où elle continueroit à s'y refuser, l'intention de Sa Majesté est toujours que le marquis de Bausset refuse de profiter en Russie du petit avantage accordé sur les droits d'entrée, en faisant sentir adroitement aux ministres de l'Impératrice que de pareils bénéfices sont aussi peu faits pour les représentants des grandes puissances que le fond de la discussion est indigne de la majesté des deux souverains.

Le marquis de Bausset ayant pris la résolution de mener avec lui son épouse, il est à propos de prévoir le cas où l'Impératrice de Russie renouvelleroit les difficultés faites à la baronne de Breteuil au sujet du baisement de main. Sa Majesté a permis que son ministre se conformât à cet usage par forme d'honnêteté et

---

1. Le prince Dmitri Alexiévitch Galitsyne, ministre plénipotentiaire en France depuis 1763, date du rappel de Serge Soltykof.

de galanterie ; mais, pour la marquise de Bausset, elle s'abstiendra d'aller à la cour, s'il ne lui est pas permis de s'y refuser ; et, dans toutes les autres occasions où il sera question de cérémonial, ainsi que d'égards à témoigner, elle conformera sa conduite à celle de la marquise de La Herreria, qui devra la précéder et lui servir de guide, suivant la teneur et l'esprit du Pacte de Famille.

On remet au marquis de Bausset deux paquets contenant le nouveau chiffre de correspondance qu'il remettra au baron de Zuckmantel[1] et au sieur Dumont[2], à son passage à Dresde et à Dantzig. L'intention du Roi n'est point que son ministre passe par Berlin ; mais, comme il ne lui sera pas possible d'éviter Mittau[3], il tâchera d'arranger sa route de manière à n'y point séjourner ; et, dans le cas où il seroit forcé de s'y arrêter, il s'abstiendra de voir le duc de Biren, que Sa Majesté n'a point encore reconnu en qualité de souverain de Courlande.

Fait à Versailles, le 30 septembre 1764.

1. Le baron de Zuckmantel, ministre plénipotentiaire du Roi à Dresde, de 1764 à 1769.
2. M. Dumont, résident du Roi à Dantzick, de 1756 à 1768.
3. Capitale du duché de Courlande.

# XXXIV

## M. ROSSIGNOL

CONSUL GÉNÉRAL DE FRANCE A SAINT-PÉTERSBOURG,
CHARGÉ DE LA CORRESPONDANCE SECRÈTE DU ROI

1765-1767

Louis XV n'avait pas jugé à propos de mettre le défunt ministre dans la confidence de sa diplomatie occulte : « Je ne pense pas qu'on puisse mettre M. de Bausset dans le secret, » écrivait-il à Tercier, le 19 mai 1763[1].

Au contraire, il avait accordé sa confiance à Jean-Baptiste-François Rossignol. Né à Paris le 1er mars 1724 (mort vers 1795), il avait été secrétaire de l'ambassade de Stockholm (1744-1764), et fut consul général de France à Pétersbourg (mars 1764 — août 1770).

Dans une lettre de Louis XV à Tercier du 13 juillet 1763, nous lisons : « S'il est nécessaire, on pourra mettre le sieur Rossignol sur l'état des dépenses secrètes[2]. »

Enfin, dans les « Instructions au sieur Gérault retournant en Pologne », du 31 juillet 1766, il est dit : « Il entretiendra aussi, autant qu'il lui sera possible, une correspondance particulière avec le sieur Rossignol, qu'il sait honoré de la confiance secrète de Sa Majesté[3]. »

La correspondance de cet agent n'offre rien de particulier[4] ; elle pourrait se confondre avec celle du ministre plénipotentiaire ; elle n'eut d'autre résultat que de rendre méfiant le marquis de Bausset et d'éveiller inutilement ses susceptibilités.

---

1. Boutaric, t. I, p. 293.
2. Ibid., ibid., p. 297.
3. L. Farges, Instructions, etc., Pologne, t. II, p. 268.
4. La correspondance de M. Rossignol, ainsi que celle de l'abbé Guyot d'Ussières, se trouve dans les tomes LXXXI à LXXIII de A. E. Russie.

INSTRUCTIONS SECRÈTES POUR LE SIEUR ROSSIGNOL, CONSUL DE FRANCE A PÉTERSBOURG. — VERSAILLES, 20 JUIN 1765[1].

Le Roi a trop d'intérêt à connoître les dispositions et les projets de la Russie pour en négliger les occasions, et, quoique le marquis de Bausset soit chargé plus particulièrement du soin d'en instruire Sa Majesté, elle croit devoir se procurer par ceux du sieur Rossignol les notions les plus étendues sur des sujets si importants.

Le séjour que le sieur Rossignol a fait en Suède, pendant lequel il a répondu à la confiance de Sa Majesté d'une manière à l'augmenter, l'a mis à portée de contempler dans son vrai point de vue cette puissance dont l'essor a si fort altéré l'équilibre dans le Nord et qui tient dans l'effroi les nations sur lesquelles le Roi pouvoit le plus compter pour opérer des diversions utiles quand il étoit attaqué. Ses nouveaux succès vont rendre le mal encore plus sensible.

C'est en vain que ceux qui voient les choses de plus près voient que ses soldats sont plus propres au métier de la guerre par la patience avec laquelle ils endurent ce qu'ils ont à souffrir que par leur bravoure et leur ardeur; que ses officiers sont sans connoissance des arts qui ont rapport à la guerre; que ses ministres ignorent et les usages et les affaires; que le nombre des personnes capables d'une certaine vigueur d'esprit et d'application y est très petit; que la bagatelle et les plaisirs les séduisent de préférence; que le peu de soin qu'elles prennent d'approfondir les choses fait qu'on les dispose à faire ce qui est le plus opposé à leur intérêt. Il n'en est pas moins vrai que son éloignement la met à l'abri de nos ressentiments; que sa supériorité sur ses voisins lui fait regarder avec mépris leurs forces; qu'après avoir donné pour la troisième fois la couronne de Pologne[2], devenue plus entrepre-

---

1. *A. E. Russie, Supplément*, t. XI (non folioté).
2. Auguste II, Auguste III et Stanislas-Auguste Poniatowski.

nante, elle ne restera pas dans l'inaction, et que son union avec le roi de Prusse servira de base à des ligues dont nous avons à craindre les efforts.

Le sieur Rossignol s'appliquera donc sans relâche à examiner quels sont les projets actuels de la Russie et s'il n'y auroit pas des moyens de l'en distraire. Le temps n'est point propre à former des alliances avec elle. C'est de plus aux Russes à faire les premières démarches à cet égard, et la France auroit toujours dû avoir pour politique de les y accoutumer, car ils sont trop avantageux dès qu'ils sont recherchés. D'ailleurs, malgré les soins que la Russie a pris d'entretenir l'illusion au dehors, l'expérience a fait connoître à Sa Majesté que cette puissance est une alliée peu utile; que, si elle est respectable, c'est dans le cas d'une défensive, par la facilité qu'elle a, lorsque ses troupes sont sur ses frontières, de les soutenir et de leur fournir des subsides; et que le seul avantage que nous puissions tirer de nos liaisons avec elle seroit d'empêcher le mal qu'elle pourroit nous faire par celles qu'elle auroit avec nos ennemis. Des mouvements convulsifs, une politique changeante rendent ses forces presque toujours inutiles à ses alliés. Il faut, par conséquent, se borner à étudier les facilités que le pays a toujours fournies pour le maintenir dans un état d'inquiétude, de crise et de faction. Cette cour a elle-même pour principe d'entretenir les divisions entre ses différents conseils et ses ministres, précaution à la vérité nécessaire dans un pays despotique. Cette mésintelligence qui règne dans l'intérieur est d'une grande ressource aux ministres étrangers qui résident à Pétersbourg. C'est par là qu'ils pénètrent quelque chose de ce qui se passe. Ils tâchent encore d'avoir à leur dévotion des gens d'un rang distingué; mais il est fort difficile de les fixer, et c'est plutôt dans les subalternes qui les environnent, gens que l'indigence rend accessibles, qu'il faut chercher à s'insinuer. Le sieur Rossignol ne négligera pas cette voie pour parvenir aux éclaircissements qu'on attend de lui et pour se faire initier dans les secrets d'une cour très active, mais très silencieuse.

Il usera dans ses discours de la plus grande circonspection, et, loin de chercher à déprimer la puissance des Russes dans ses conversations avec les étrangers, il s'attachera à fortifier l'idée qu'ils peuvent en avoir, leur laissant à juger l'ébranlement que l'équilibre du Nord en reçoit jusque dans ses fondements. Ce projet mérite d'être cultivé, puisque c'est celui qui nous a suscité tant d'ennemis et l'un de ceux qui doit tôt ou tard nuire le plus à la Russie. Elle a vraisemblablement quelque idée nouvelle sur la Courlande [1], car il ne seroit pas possible que le duc régnant y trouvât autant de résistance à son autorité que ses plaintes le manifestent, si la Russie cherchoit sérieusement à le maintenir dans sa possession, et le roi de Prusse n'auroit pas refusé avec mépris au fils de Biron [2] une fille du margrave de Schwedt [3]. L'Impératrice voudroit-elle, après avoir donné la couronne de Pologne au comte de Poniatowski, faire passer celle de Courlande au comte Orloff et l'approcher par là du trône de Russie auquel ses vœux semblent l'appeler [4] ?

Ce nouveau favori passe pour être contraire au comte Poniatowski, et il y a lieu de le présumer. Dans ce cas, l'union entre la Pologne et la Russie cesseroit d'être aussi grande qu'on a lieu de le craindre, et le nouveau roi seroit dans le cas de rechercher, avec plus d'empressement que nous n'en attendons, l'appui et l'amitié de Sa Majesté.

Comme il faut que, tôt ou tard, cet événement arrive, l'intention du Roi n'est pas d'exciter la Russie à mettre des entraves au redressement du gouvernement de la Pologne. Plus la République prendra de forces, et plus la Russie et les puissances voisines en doivent perdre. Les efforts que fait la Pologne pour rétablir ses finances, ses troupes et la police intérieure seront dans peu la source de mésintelligence entre elles, et il est difficile de concevoir comment elles ont pu conspirer à un établissement si peu désirable pour elles, qui disposoient du territoire de la République sans la moindre réserve.

Le sieur Rossignol ne peut trop s'étudier à nous développer

---

1. Voyez ci-dessus, pp. 8, 113, 221 et notes.

2. Pierre Biren, fils aîné du duc Biren, associé au pouvoir de son père dès 1769, lui succéda en 1772 et régna jusqu'en mars 1795.

3. Schwedt, ville du Brandebourg, sur l'Oder, à 90 kilomètres de Berlin. La famille est une ligne cadette des Hohenzollern.

4. Le favori Grigori. Voyez ci-dessus, p. 217, note 1, sur le projet de son mariage avec la Tsarine.

les ressorts d'une conduite si étrange[1], les suites qu'elle doit avoir et ce que l'envie de se satisfaire ou de figurer dans l'Europe peut suggérer à l'Impératrice.

A l'égard du commerce, il seroit aisé de faire voir que la Russie n'en peut avoir de moins désavantageux que celui de la France. Elle a mis en ferme les eaux-de-vie de France, dont elle tire un revenu considérable. Depuis que le luxe s'est introduit dans le pays, le besoin de nos marchandises et de nos denrées y est augmenté. Nous ne pouvons, de notre côté, nous passer de ses mâts ni de ses chanvres. Les besoins respectifs nous feroient trouver un intérêt mutuel dans un traité mutuel. Il auroit certainement de grands objets; mais la France aura bien de la peine à faire en Russie un grand commerce. Le despotisme s'étend même sur cette partie : les douanes sur les marchandises françoises sont exorbitantes ; des particuliers y ont toutes les branches du commerce en monopole; ils ont souvent manqué à leurs engagements et ils sont partisans déclarés de l'Angleterre, avec laquelle de longues habitudes et un commerce moins précaire que le nôtre, dans l'état imposant de sa marine, ont formé des liaisons indissolubles. Ainsi, quelques raisonnements qu'on ait pu faire à ce sujet, il faut regarder comme chimériques toutes les propositions qui ont été faites et ne songer à tirer d'autre parti de nos liaisons avec cette puissance que celui de pouvoir éclairer ses démarches et la détourner de celles qui seroient contraires aux vues du Roi.

D'après la présente Instruction, le sieur Rossignol sentira qu'il doit se borner à examiner avec attention tout ce qui se passera sous ses yeux à la cour de Pétersbourg, afin d'être en état d'en rendre un compte exact à Sa Majesté. Il doit, par sa conduite avec M. le marquis de Bausset, trouver le moyen de s'attirer la confiance de ce ministre, afin qu'il lui communique son travail et ses relations à la cour. Il ne manquera pas, de son côté, à lui faire part des découvertes qu'il pourra faire et s'occupera de lui inspirer le même système sur la Russie que celui qui est dicté

---

1. Étrange, en effet. Mais ce n'est pas la politique que comptaient suivre à l'égard de la Pologne la Russie et la Prusse : elles entendaient bien y maintenir et y développer les anciens éléments d'anarchie, et même en susciter de nouveaux.

dans cette Instruction. Il tâchera même de l'engager à présenter toujours au ministre des affaires étrangères les objets sous un point de vue qui y soit relatif, afin de tâcher de détruire les préventions qu'on avoit prises sur cette puissance et que diverses circonstances générales ou particulières ont entretenues jusqu'à présent.

Le sieur Rossignol recevra avant son départ un ordre particulier du Roi pour lui prescrire la forme de correspondance qu'il doit entretenir directement avec Sa Majesté. La confiance qu'elle daigne lui témoigner suffit pour exciter son zèle à s'en rendre digne par l'exactitude de ses rapports, et ne laisse aucun doute sur le soin qu'il prendra de ne rien laisser ignorer au Roi de tout ce qu'il pourra découvrir en Russie, soit dans la situation intérieure de cette cour, soit dans ses négociations avec les cours étrangères et ses projets à l'extérieur. Enfin tout, jusqu'aux brigues et cabales, qui y existent toujours plus qu'en aucun autre pays du monde, doit être connu du Roi. Et le sieur Rossignol n'omettra rien dans ses relations qui puisse intéresser le service ou satisfaire la curiosité de Sa Majesté.

Fait à Versailles, le 20 juin 1765.

Approuvé.

ORDRE DU ROI AU SIEUR ROSSIGNOL[1].

Le sieur Rossignol, conformément à l'instruction qu'il aura reçue de ma part, me rendra un compte exact et la plus fréquemment qu'il lui sera possible de tout ce qu'il saura se passer en Russie, des ordres qu'il recevra de mes ministres, de ses réponses et de ce qu'il pourra découvrir ou envoyer au marquis

1. *A. E. Russie*, à la suite de l'Instruction précédente. — Cette pièce se trouve également aux Archives nationales, K. 157. — BOUTARIC, t. I, p. 343.

de Bausset, et de ses réponses : le tout avec ménagement pour le ministre, pour qu'il ne lui devienne pas suspect. Il observera le plus grand secret sur cette correspondance avec quelque personne que ce puisse être, même avec mes ministres, et notamment avec le marquis de Bausset, à qui il aura la plus grande attention de n'en rien laisser pénétrer. Il recevra mes ordres directement par la voie du comte de Broglie ou du sieur Tercier, et il regardera comme de moi tout ce qui lui sera adressé par eux avec des chiffres qu'il recevra en même temps que l'Instruction, et il se servira des adresses qui lui seront indiquées. Je compte sur sa fidélité et son exactitude.

A Versailles, ce 21 juin 1765.

Signé : Louis.

# XXXV

## L'ABBÉ GUYOT D'USSIÈRES

CHARGÉ D'AFFAIRES

1767

L'abbé Guyot d'Ussières, secrétaire du marquis de Bausset, fut, pendant la maladie de celui-ci, envoyé à Moscou, où se rendait l'Impératrice le 18 février 1767. Il y suivit les affaires du Roi.

C'est de lui qu'il est question dans la lettre de Louis XV, du 13 mars 1767, au comte de Broglie : « Le sieur Rossignol reste consul à Pétersbourg; le secrétaire de M. de Bausset doit suivre la cour à Moscou. L'on dit que c'est un abbé. Au retour à Pétersbourg, je ne sais encore lequel des deux y restera chargé des affaires[1]. »

Aucune Instruction écrite ne fut donnée à l'abbé Guyot. La première lettre lui fut adressée après la mort du marquis de Bausset, le 20 mai 1767. Par une autre lettre, du 18 juin, datée de Versailles, on lui annonça la fin de sa mission et la nomination de M. Rossignol, consul à Pétersbourg, en qualité de chargé d'affaires. Il partit le 9 août 1767 de Moscou, après avoir remis les affaires à M. Rossigno· Il quitta Pétersbourg vers le 15 septembre de la même année, ramenant en France le fils du marquis de Bausset.

L'événement important de cette courte période, c'est l'aggravation en Pologne de la question des dissidents, appuyés par la Russie et la Prusse, et la résolution que prit la Tsarine de faire « marcher des arguments munis de canons et de baïonnettes pour convaincre les évêques polonois des droits que ces dissidents polonois prétendent avoir[2] ».

---

1. BOUTARIC, t. I, p. 357.
2. Lettre de Frédéric II à Voltaire, 24 mars 1767.

LE DUC DE CHOISEUL[1] A L'ABBÉ GUYOT, CHARGÉ DES AFFAIRES DU ROI A MOSCOU. — MARLY, 20 MAI 1767[2].

M. le marquis de Bausset m'a envoyé, Monsieur, la relation que vous lui avez adressée en date du 2 avril de tout ce qui vous étoit revenu d'intéressant sur les affaires de Pologne et sur celles de la Russie. Je ne puis qu'approuver l'attention que vous paroissez donner à tous ces objets qui peuvent intéresser le service du Roi ou la curiosité de Sa Majesté[3]. Vous serez exact à recueillir les notions que vous pourrez vous procurer et vous m'adresserez désormais en droiture vos relations. Comme la voie de la nouvelle poste établie par Smolensko à Varsovie doit être plus prompte que celle de Pétersbourg, je ne doute pas que vous ne vous serviez de la première pour accélérer le cours de votre correspondance. Vous aurez le plus grand soin de distinguer[4] les différents degrés de certitude des notions ou des faits que vous me transmettrez. Vous m'indiquerez même la source où vous les aurez puisés lorsque cela se pourra sans inconvénients, ou du moins vous me mettrez toujours à portée de juger de leur vérité et de l'authenticité des événements importants qui doivent probablement se passer sous vos yeux. Au surplus, M. de Bausset doit vous avoir prescrit les règles de votre conduite; et je ne puis que vous exhorter à vous y conformer et à donner au Roi des preuves de zèle et d'intelligence dans une cour qui vous fournit une ample matière d'observations.

L'affectation que Catherine II met à faire l'éloge[5] de l'Impé-

---

1. Le duc de Choiseul avait repris, le 8 avril 1766, le portefeuille des affaires étrangères à son cousin le duc de Praslin, qui reçut alors celui de la marine.
2. *A. E. Russie*, t. LXXXI, fol. 118.
3. Ce sont exactement les mêmes expressions que dans l'Instruction secrète à M. Rossignol. Voyez ci-dessus, p. 252. Elles se retrouvent d'ailleurs dans la plupart de nos Instructions.
4. Note marginale : — « Règle à observer pour s'assurer de la vérité des notions et des faits qui en doivent faire la matière. »
5. Note marginale : — « L'éloge affecté que l'Impératrice Catherine fait de l'Impératrice-Reine a pour but d'endormir et de flatter le prince Lobkowitz. — Approfondir les notions à ce sujet. »

ratrice-Reine ne pourroit bien ne partir que du désir d'endormir la cour de Vienne et de flatter le prince Lobkowitz[1], qui a paru assez enclin à se repaître de la chimère de l'union indestructible des deux cours impériales. Vous tâcherez néanmoins d'approfondir la notion que vous me donnez à ce sujet et d'observer l'impression que la manœuvre de Catherine II produit sur l'esprit du ministre autrichien.

Quant[2] à tout ce que vous dites de l'arrangement prétendu fait avec le Danemark concernant le Holstein, nos nouvelles de Copenhague nous portent à croire non seulement que cette négociation n'est point terminée, mais qu'elle est même entamée dans un sens et sous des conditions à ne jamais permettre à Sa Majesté Danoise d'y donner les mains. Je ne puis non plus ajouter foi à l'avis que vous avez eu touchant les préparatifs militaires que la cour de Vienne fait en Bohême et en Moravie et les interpellations de Catherine II à ce sujet. Je présume que l'importance extrême de ces faits vous aura engagé à les approfondir plus particulièrement et que nous ne tarderons pas à être instruits du résultat de vos recherches.

---

1. Joseph, prince de Lobkowitz, ambassadeur de l'Impératrice-Reine à Pétersbourg. Le 18 mars 1764, dans une conférence avec lui, les ministres de l'Impératrice-Reine lui avaient exprimé le désir qu'avait leur souveraine de marcher d'accord avec l'Autriche dans la question polonaise. L'ambassadeur avait demandé si la Russie admettrait la candidature de l'électeur de Saxe; les ministres de la Tsarine répondirent que cette candidature n'avait aucune chance de succès. L'électeur de Saxe, Charles-Christian, ne survécut que deux mois à son père Auguste III, et Poniatowski fut élu en septembre 1764. Dans l'intervalle, la Russie, en présence des hésitations de l'Autriche, avait signé avec la Prusse le traité du 11 avril 1764. Dès lors, la cour de Vienne s'était abstenue de prendre part aux affaires de Pologne. F. Martens, *Traités de la Russie, etc. Autriche*, t. II, pp. 7 et suiv.

2. Note marginale : — « Nous n'ajoutons aucune foi à l'arrangement prétendu fait avec le Danemark concernant le Holstein, non plus qu'à l'avis touchant les préparatifs militaires de la cour de Vienne en Bohême et en Moravie. » — C'est pourtant en 1767 que fut conclu le premier traité avec le Danemark relatif aux arrangements de Holstein, le traité de Copenhague. Voyez ci-dessus, p. 52, note 2.

# XXXVI

## M. ROSSIGNOL

CONSUL GÉNÉRAL. — CHARGÉ D'AFFAIRES
CHARGÉ DE LA CORRESPONDANCE SECRÈTE

1767-1769

M. Rossignol, consul à Pétersbourg, fut chargé des affaires après la mort du marquis de Bausset, et reçut l'ordre de se rendre à Moscou où était l'Impératrice. Voici les lettres que lui fit parvenir le duc de Choiseul :

LE DUC DE CHOISEUL A M. ROSSIGNOL. — VERSAILLES, LE 15 JUIN 1767 [1].

Le Roi, Monsieur, ne voulant pas laisser d'interruption dans la correspondance avec la cour de Russie, a bien voulu jeter les yeux sur vous pour vous charger de la suivre jusqu'à nouvel ordre. Je vous adresse en conséquence une lettre pour M. le prince Galitzin [2], afin de vous accréditer auprès du ministère russe. L'intention de Sa Majesté est que vous vous rendiez sans délai à Moscou pour prendre la fonction que Sa Majesté veut bien vous confier. Vous

---

1. *A. E. Russie*, t. LXXXI, fol. 160.
2. En 1767 mourut le vieux chancelier Voronzof. Dès lors, c'était au vice-chancelier Alexandre Mikhaïlovitch Galitsyne qu'il convenait de s'adresser officiellement. Voyez ci-dessus, pp. 191, note 1, et 212, note 1.

garderez par devers vous tous les chiffres que M. le marquis de
Bausset vous a laissés, ainsi que ceux que M. l'abbé Guyot avoit
pour sa correspondance, à l'exception de ceux qui ne pourront
vous être d'aucun usage, que vous remettrez à cet abbé pour me
les apporter. Quant aux papiers qui font partie des correspondances politiques du feu marquis de Bausset, vous ferez un état
de ceux qu'il a laissés à Pétersbourg.

M. l'abbé Guyot en usera de même avec ceux qu'il peut avoir
entre les mains, et il rapportera le tout en France, pour être, conformément à la règle établie, placé au dépôt des affaires étrangères. Vous pourrez néanmoins, Monsieur, garder copie du mémoire qui a été remis à M. le marquis de Bausset pour lui servir
d'Instruction [1] et vous aurez soin d'en prendre le contenu pour
la règle de votre conduite. L'abbé Guyot vous fera part des instructions verbales que ce ministre peut lui avoir laissées, ainsi
que des connoissances locales qui pourront vous être utiles et
vous faciliter les moyens de bien servir le Roi. Je ne vous laisserai pas manquer d'instructions ultérieures lorsque les circonstances en exigeront de plus particulières.

Je suis persuadé, Monsieur, que le même zèle dont vous avez
déjà donné des preuves vous animera dans les fonctions qu'il a
plu au Roi de vous confier et que, par votre vigilance, votre exactitude et votre intelligence, vous parviendrez à rendre de nouveaux services à Sa Majesté que je me ferai un plaisir de faire
valoir auprès d'elle.

Je vous recommande particulièrement, Monsieur, de prendre
soin des plans et des cartes sur les frontières de la Russie et
nommément sur la Nouvelle-Servie, que le feu marquis de Bausset
m'a annoncé avoir recueillis, ainsi que des renseignements et
des mémoires sur le commerce de cet Empire, qui doivent se
trouver parmi ses papiers. Vous prendrez soin de me faire parvenir le tout par le retour de M. Guyot.

Je vous envoie, Monsieur, la copie de ma lettre à M. Panin.
Le Roi a cru à propos de saisir cette occasion pour s'expliquer définitivement sur la discussion concernant le titre de « Majesté

---

1. Voyez ci-dessus pp. 224 et suivantes.

Impériale[1] ». Vous conformerez votre langage au contenu de cette lettre, et vous pourrez puiser des instructions plus amples à ce sujet dans la lettre n° 7, du 4 mai 1766, que j'ai écrite à M. de Bausset, et qui vous mettront en état d'entrer dans des détails de cette question si on veut la discuter avec vous.

Je vous envoie, Monsieur, le nouveau chiffre de CORRESPONDANCE GÉNÉRALE qui est déjà entre les mains des ministres du Roi à Vienne, à Constantinople, à Stockholm, à Copenhague et à Hambourg[2]. Vous ne correspondrez par ce chiffre qu'avec les ministres ci-dessus jusqu'à ce qu'il ait été envoyé dans toutes les autres cours : ce dont j'aurai soin de vous instruire. La lettre-circulaire qui y est jointe et qui est adressée à M. de Bausset contient l'instruction nécessaire pour l'usage de ce chiffre.

Je vous adresse aussi, Monsieur, deux tables d'un chiffre particulier dont je vous indiquerai l'usage dans la suite.

Je vous prie d'ouvrir le paquet ci-joint à l'adresse de M. de Bausset et de donner les éclaircissements qui lui sont demandés.

Ce sera, Monsieur, M. l'abbé Guyot qui ramènera en France le fils de feu M. le marquis de Bausset, et toute sa maison. Vous voudrez bien lui communiquer cette lettre afin qu'il s'y conforme en tout ce qui le concerne.

M. Rossignol arriva à Moscou au commencement d'août 1767. Il en revint le 4 janvier 1768, et continua à suivre les affaires jusqu'à l'arrivée à Pétersbourg de M. Sabatier de Cabre, le 5 août 1769. Il redevint alors simple consul général.

Ainsi, pendant que les plus graves événements s'accomplissaient en Pologne, le Roi n'était représenté à Pétersbourg que par un agent subalterne ! M. Rossignol restait chargé de la correspondance secrète. Dans une lettre du Roi au comte de Broglie[3], il est question d'une gratification de six mille livres qui lui est accordée.

Son rôle dans la diplomatie secrète, qui n'était plus un mystère pour personne, le rendit suspect à Choiseul et à Praslin. En mai 1771,

---

1. Voyez ci-dessus, pp. 199, 217, 221, 232.
2. A Vienne, le marquis de Durfort, de 1766 à 1770 ; à Constantinople, le comte de Vergennes, de 1755 à 1768 ; à Stockholm, le baron de Breteuil, de 1763 à 1768 ; à Copenhague, le marquis de Blosset ; à Hambourg, le Roi fut représenté, depuis 1762, par M. Boch, chargé d'affaires, et le comte Raymond de Modène, envoyé et ministre plénipotentiaire, jusqu'en 1768.
3. Versailles, 12 juin 1768. — BOUTARIC, t. I, p. 363.

il fut destitué de son emploi. La lettre suivante du comte de Broglie à Louis XV, du 25 mai, nous met au courant de cette situation :

LE COMTE DE BROGLIE A LOUIS XV

Paris, 25 mai 1771[1].

... J'ai différé, Sire, d'avoir l'honneur de vous entretenir du sieur Rossignol. A mon arrivée à Ruffec, il m'apprit que MM. les ducs de Choiseul et de Praslin l'avoient l'un et l'autre dépouillé des places de consul et de résident qu'il occupoit à Pétersbourg... Comme il est extrêmement tourmenté de son sort, je me suis déterminé à mettre à vos pieds, Sire, ses très humbles prières. C'est un ancien serviteur, qui est depuis vingt-cinq ans dans les affaires et qui a toujours été chargé de la correspondance secrète avec M. d'Havrincourt, jusqu'au moment qu'il a été placé comme consul et résident à Pétersbourg. Il me paroît digne de recevoir des marques de la bonté et de la générosité de Votre Majesté, et la médiocrité de sa fortune le met dans le cas d'en avoir le plus grand besoin...

Le comte de Broglie.

Par lettre du 25 juin[2], Broglie proposa au Roi, en faveur de Rossignol, de « lui continuer le traitement qu'il a sur la caisse secrète, en considération des malheurs qu'il a éprouvés lorsque M. le duc de Choiseul l'a retiré de Russie, et à condition d'aider au travail de la correspondance lorsque les circonstances l'exigeront ». Et le Roi écrit de sa main sur cette lettre de Broglie : « J'approuve ce que vous proposez pour le sieur Rossignol. »

Pendant la mission de Rossignol (1767-1769), les principaux événements qui purent l'intéresser sont le traité du 24 février 1768 entre la Russie et la Pologne, par lequel celle-ci s'engage à n'apporter aucune modification à sa constitution sans le consentement de celle-là ; la dissolution de la confédération de Radom et la formation de la confédération de Bar (Podolie) ; l'intervention énergique de Choiseul en faveur des confédérés ; la déclaration de guerre faite à la Russie par la Turquie[3], travaillée par Choiseul et notre ambassadeur Vergennes ; la première campagne des Russes, sous le prince Alexandre Mikhaïlovitch Galitsyne, contre les Ottomans, signalée par la prise de Khotin (1769).

1. Boutaric, t. I, p. 423-424.
2. Boutaric, t. I, p. 425.
3. Le 6 octobre 1768, le ministre de Russie, Obriézkof, avait été enfermé aux Sept-Tours.

# XXXVII

## M. SABATIER DE CABRE

CHARGÉ D'AFFAIRES

1769-1772

M. Sabatier de Cabre avait déjà été ministre auprès de l'évêque de Liège, lorsqu'il fut nommé chargé d'affaires à Pétersbourg, où il arriva le 5 août 1769. M. Rossignol y conserva ses doubles fonctions de consul général et d'agent de la correspondance secrète.

La Russie fut représentée, de 1767 (septembre) à 1778, également par un simple chargé d'affaires, Nicolas Constantinovitch Khotinski, qui avait rempli les fonctions de secrétaire d'ambassade à Madrid [1].

Des fragments de la correspondance de Sabatier de Cabre ont été publiés dans *La Cour de Russie il y a cent ans*. En outre, il a paru en 1869 un mémoire de lui, sous ce titre *Catherine II et sa cour et la Russie en 1772* [2]. Il explique ainsi l'origine de ce mémoire : « J'ai reçu, le 27 décembre 1771, les ordres de Sa Majesté en date du 2 du même mois, concernant la rédaction d'un mémoire relatif à l'état politique intérieur, à l'administration de la Russie, au caractère et aux passions du souverain, aux sentiments et aux affections des gens en place, de tous ceux qui ont une influence directe ou sourde, qui paraissent être sur le chemin du crédit, aux faits les plus récents et même aux anecdotes particulières et secrètes qui peuvent faire connaître les différents personnages de la cour de Saint-Pétersbourg et intéresser d'une manière quelconque la curiosité du Roi. »

---

1. Voyez les lettres de Panine à Choiseul, du 27 août 1767, à Dmitri Alexiévitch Galitsyne, du 31 août, et, même date, à Khotinski. *Correspondance diplomatique de Catherine II*, dans *Soc. imp. d'hist. de Russie*, t. LXVII, pp. 437-446.

2. Berlin, Asher et Cie. In-8º, 114 pages.

Quoique l'auteur se flatte de « l'impartialité la plus austère », ce mémoire, de même que sa correspondance diplomatique, est systématiquement malveillant pour Catherine II et pour la Russie. Il est vrai qu'il n'était guère en faveur à la cour de Pétersbourg. L'Impératrice écrivait de lui : « Sabatier, que vous attendez avec tant d'impatience, est un gueux, qui vous mentira. Quoi qu'il vous dise, personne ne déteste plus la Russie, et moi particulièrement, que lui. S'il me loue, soyez assuré qu'il trahit sa pensée[1]. »

C'est d'ailleurs le moment où la lutte diplomatique, mêlée de faits de guerre indirects, est à son paroxysme entre la France et la Russie. Nos protégés les Turcs sont partout battus. La Pologne est occupée par les troupes de la Tsarine. Le ministère français y envoie de vaillants aventuriers, Dumouriez, de Viomesnil, Dussaillans, Choisy, qui livrent le combat de Landskron (1771) et surprennent le château de Cracovie. Catherine II prépare avec les deux autres puissances du Nord le partage de la Pologne et intrigue en Suède contre notre allié Gustave III[2]. A l'intérieur de la Russie, la révolte et l'émigration des Kalmouks (1770), la peste et l'émeute de Moscou (1771), les premiers symptômes de la révolte de Pougatchef.

La France officielle, comme son représentant, est en hostilité très vive avec la Russie ; mais Catherine est déjà entrée en relation avec la France philosophe, littéraire, artistique, avec Voltaire, Diderot, D'Alembert, Falconet[3], et celle-là tourne l'opinion en sa faveur.

---

MÉMOIRE POUR SERVIR D'INSTRUCTION AU SIEUR SABATIER DE CABRE, ALLANT EN RUSSIE EN QUALITÉ DE CHARGÉ DES AFFAIRES DU ROI. — 30 MAI 1769[4].

La difficulté occasionnée par la prétention de la cour de Pétersbourg, relativement au titre de Majesté Impériale[5], n'ayant

---

1. Lettre à M<sup>me</sup> de Bielke, 16 février 1773. *Papiers de Catherine II*, dans *Soc. imp. d'hist. de Russie*, t. XXX, p. 302.

2. A. GEFFROY, *Gustave III et la cour de France*, t. I, pp. 32 et suiv. M. Geffroy est le premier qui nous ait fait connaître l'article secret du traité russo-danois du 13 décembre 1769, concernant le partage éventuel des États suédois.

3. *Soc. imp. d'hist. de Russie*, tomes VII, X, XIII, XVII, XXIII, XXVII, XLII. A. RAMBAUD, *Catherine II et ses correspondants français*, dans la *Revue des Deux Mondes*, des 15 janvier et 1<sup>er</sup> février 1877. — PINGAUD, *les Français en Russie et les Russes en France*. Paris, 1880.

4. *A. E. Russie*, t. LXXXIII (non folioté). — La correspondance de M. Sabatier de Cabre se trouve dans les tomes LXXXIII à XC de *A. E. Russie*.

5. Voyez ci-dessus, pp. 199, 217, 221, 232, 261.

pas permis au Roi d'écrire à Catherine II depuis la mort du sieur marquis de Bausset, ni par conséquent d'accréditer un ministre caractérisé auprès de cette princesse dans les formes ordinaires, le sieur Rossignol, consul de Sa Majesté en Russie, est demeuré chargé par intérim de suivre la correspondance avec le ministre des affaires étrangères. Mais, jugeant que dans les circonstances actuelles ces fonctions doivent être séparées, elle a résolu d'envoyer le sieur Sabatier de Cabre, son ministre à Liège, pour exécuter ses ordres en Russie, sous la simple dénomination de chargé d'affaires, conformément à ce qui a été convenu entre les deux cours[1]. Le sieur Sabatier a vu ce qui s'est passé sur cette matière dans les pièces qui lui ont été communiquées. Cependant, comme il est possible que, tôt ou tard, la cour de Pétersbourg revienne de ses prétentions déplacées, Sa Majesté munit le sieur Sabatier d'une lettre de créance pour Catherine II; mais il ne la remettra dans aucun cas à cette princesse, sans y être préalablement autorisé par des ordres formels du Roi.

La mission du sieur Sabatier n'aura aucun objet actif de négociation.

Depuis l'avènement de Catherine II au trône, les préventions de cette princesse contre la France, ou plutôt la conviction où elle étoit que la saine politique devoit inspirer au Roi un plan d'opposition perpétuelle à tous les projets enfantés par sa vanité et son ambition, n'ont pas permis de former aucune liaison, ni d'établir aucune intelligence avec elle. Toutes les négociations précédentes, celles surtout d'un traité de commerce qui devoit servir à cimenter l'union des deux cours et à lui donner une base constante et utile, ont depuis été abandonnées. Le système dangereux d'oppression et d'envahissement de Catherine II ayant d'abord éclaté de tous les côtés, le Roi, trop grand et trop juste pour trahir les intérêts des puissances ses anciennes amies et alliées, et ceux même de l'humanité, et pour imiter la lâche complaisance de quelques autres cours[2], n'a pu dissimuler de quel

1. La Russie n'était également représentée à Paris que par un chargé d'affaires, Nicolas Constantinovitch Khotinski, de 1767 à 1773. Il y a de très curieux extraits de sa correspondance, notamment sur ses entretiens avec les ministres français, Choiseul et d'Aiguillon, dans Solovief, *Istoria Rossii*, t. XXVIII, pp. 95 et suiv., 383 et suiv.
2. Allusion à la cour de Prusse à cause du traité russo-prussien du 11 avril 1764,

œil il regardoit des entreprises injustes, violentes et révoltantes dont l'effet seroit bientôt de bouleverser l'Europe entière. Les affaires de Suède[1], et surtout celles de Pologne, et la part que l'on sait à Pétersbourg que la France a eue au réveil de la Porte Ottomane[2], ont achevé d'opérer une indisposition secrète et réciproque, et les circonstances actuelles ne peuvent manquer de nourrir l'animosité et les défiances mutuelles.

Le moment n'est pas venu où le Roi croie qu'il soit de son intérêt et de sa dignité de changer sa position vis-à-vis de la Russie. Catherine II est engagée trop avant dans ses projets destructeurs, tant en Pologne qu'en Suède, pour qu'elle puisse reculer. Peut-être même cette princesse cherche-t-elle à occuper ses armes et sa politique au dehors par de grands objets capables de fixer l'attention des peuples de la Russie et de flatter leur orgueil de succès que sa présomption lui fait envisager comme certains ; et c'est dans cette gloire même que cette princesse habile a paru chercher, et trouve jusqu'ici, la sûreté d'un sceptre que tout sembloit conjurer à lui arracher des mains peu après son élévation. Des revers pourront seuls désormais la forcer de revenir à un système plus pacifique et plus conforme à la justice et au bien de l'Europe, et ces revers ne peuvent venir que de la part de l'empire ottoman, dont les ressources et l'animosité, tournées contre la Russie, doivent à la longue prévaloir contre une puissance dont les forces ont beaucoup moins de solidité que de superficie, si l'on

et de la négociation par laquelle elle avait amusé, depuis janvier 1769, le comte de Guines, ministre de France à Berlin, et cela uniquement pour se faire valoir auprès des cours de Pétersbourg et de Vienne, les inquiéter et les amener à ses fins; en février 1769, il avait chargé Solms, son ministre à Pétersbourg, d'entretenir la Tsarine d'un projet de partage de la Pologne. — Allusion aussi à la cour de Vienne : son internonce à Constantinople, Brognard, avait reçu le 21 février 1769 l'ordre de cesser ses démarches pacifiques auprès de la Porte; sous prétexte d'assurer sa frontière contre les belligérants russes et turcs, elle avait commencé à empiéter sur le territoire polonais ; c'est en août 1769 que Joseph II allait avoir sa première entrevue à Neisse (Silésie) avec Frédéric II.

1. Le parti des Bonnets avait repris le dessus sur le parti des Chapeaux et rendait impossible le gouvernement au roi Frédéric-Auguste.
2. Vergennes avait repris à Constantinople le travail interrompu par l'alliance temporaire avec la Russie d'Élisabeth; et le 6 octobre 1768, à la suite de la violation de la frontière turque à Balta, la Porte, en enfermant le résident russe Obriézkof aux Sept-Tours, avait déclaré la guerre à la Russie. « La guerre a été déclarée, écrivait M. de Vergennes, et telle était la volonté du Roi, que j'ai exécutée dans tous ses points; mais je rapporte les trois millions qu'on m'avait envoyés pour cela; je n'en ai pas eu besoin. » L'exaspération des Turcs contre les procédés russes avait suffi.

peut se servir de ce terme, et qui, quoique capable d'un grand effort momentané, tant à raison de sa position que de la nature de son gouvernement, ne trouve pas néanmoins, dans ses vastes déserts, les ressources toujours renaissantes d'un État opulent et peuplé tel que l'empire ottoman.

Le vœu du Roi est donc que la guerre actuelle entre la Russie et les Turcs dure assez de temps pour que la cour de Pétersbourg, humiliée ou du moins épuisée, ne puisse de longtemps penser à abuser de la puissance que sa position au milieu de plusieurs États foibles rend formidable, pour consommer l'oppression de ses voisins et s'immiscer aussi avant dans les affaires générales de l'Europe qu'elle a été tentée de le faire vers la fin des deux dernières guerres[1].

Le cabinet de Pétersbourg paroît avoir depuis longtemps à cet égard un plan fixe[2], qu'il a suivi méthodiquement malgré les révolutions survenus relativement à la personne du souverain, tantôt avec plus de chaleur et plus ouvertement, et tantôt sourdement et avec plus d'art que d'ostentation.

La France seule s'est montrée constamment résolue de s'y opposer. La maison d'Autriche, par un reste de ménagement pour la Russie et dans l'attente d'un retour possible à ses liaisons avec cette puissance, ne la heurtera jamais de front, tant qu'elle éprouvera elle-même des ménagements de sa part et qu'elle ne portera pas son ambition sur des objets qui intéressent directement sa politique. La froideur que les deux cours se sont témoignée, depuis que Catherine II a changé de système avec autant de fausseté que d'imprudence, et qui paroît subsister encore malgré les adulations personnelles du ministre autrichien à Pétersbourg[3], ne tient qu'à des procédés personnels à Catherine II. Mais, au fond, les deux cours paroissent se nourrir également d'opinions, d'espérances et de desseins trop semblables pour qu'on ne regarde pas toujours leur réunion comme pouvant s'effectuer d'un moment à l'autre[4].

Deux obstacles néanmoins la rendront difficile. C'est, pre-

---
1. Guerre de la succession d'Autriche et guerre de Sept ans.
2. Sur ce « plan fixe » attribué à la Russie, voyez ci-dessus, p. 132.
3. Sur le prince Lobkowitz, voyez ci-dessus, p. 257.
4. On ne peut contester ici la sagacité du duc de Choiseul.

mièrement, le désir sincère que la cour impériale d'Allemagne a de conserver l'alliance du Roi, et, deuxièmement, les défiances qu'elle aura toujours des vues et des dispositions de la Russie, tant que la souveraine de cet Empire aura avec le roi de Prusse des liaisons si étroites et si fortes que, quoique le secret n'en ait encore pu être exactement pénétré, ce prince paroisse concourir au succès des vues de l'ambition russe, dont il chercheroit à tout prix à contenir le débordement s'il consultoit ses vrais intérêts [1].

Il paroît que c'est, en effet, la crainte de provoquer une rupture avec la cour de Vienne qui empêche ce prince de fournir à la Russie les secours stipulés par un traité défensif qui est connu [2]. On ne peut néanmoins guère se défendre de soupçonner des vues plus éloignées et plus dangereuses à une union aussi peu naturelle. Celles que les deux cours ont manifestées ci-devant, l'une sur l'Ukraine polonoise, et l'autre sur Dantzick et la Prusse royale, et peut-être sur la Poméranie suédoise, semblent indiquer avec assez de vraisemblance le prix qu'elles se promettent de leurs complaisances réciproques.

Deux moyens semblent pouvoir les conduire à leur but : le premier seroit si les Russes, faisant une guerre heureuse contre les Turcs, affermissoient leur domination dans le Nord et sur la Pologne ; le second, si, les Russes étant occupés contre les Turcs, le roi de Prusse trouvoit à lier si bien sa partie qu'il pût braver le ressentiment et la jalousie de la cour de Vienne en commençant par s'emparer du lot qui doit lui échoir en partage.

Les menées que nous sommes avertis que ce prince, toujours entraîné dans sa politique par le soin souvent inconsidéré de l'objet du moment, emploie pour exciter l'Angleterre à la guerre

---

1. Frédéric II le sentait. A l'entrevue de Neisse, il disait à Joseph II : « Avec le temps, ni vous ni moi [nous ne le pourrons] ; mais il faudra toute l'Europe pour contenir ces gens-là [les Russes]. Les Turcs ne sont rien à côté d'eux. » Et encore : « Vous verrez, je ne serai plus, mais dans vingt ans notre alliance ensemble sera nécessaire à tous deux contre le despotisme russe. »

2. Le traité du 11 avril 1764. Il fut renouvelé le 23 octobre 1769, toujours en vue des affaires de Pologne et d'Orient ; de plus, la Russie garantissait la succession des margraviats d'Anspach et Bayreuth, et la Prusse garantissait la constitution anarchique de Suède, promettant même une diversion dans la Poméranie suédoise ; elle choisissait ce point d'attaque dans l'espérance que cette province pourroit lui rester. L'alliance devait durer jusqu'en 1780. — Voyez ci-dessus, pp. 217, 226, 240, 242, 264, note 2.

contre la France, semblent indiquer qu'il est tenté de réaliser la seconde des suppositions dont on vient de parler; mais tout nous persuade que les Anglois ne sont pas disposés à suivre ses impressions.

Ils sont, d'un côté, convaincus qu'ils ne peuvent nullement compter sur la fidélité de cette alliance, et, de l'autre, ils voient la Russie hors d'état d'entrer avec eux dans des liaisons utiles à leurs connexions continentales. Ils doivent d'ailleurs craindre de donner au roi de Prusse la domination de la Baltique, que ce prince s'arrogeroit s'il étoit maître des côtes de cette mer depuis l'embouchure de l'Oder jusqu'à celle du Memmel[1].

Toutes ces considérations réunies ont sans doute occasionné l'interruption de la négociation d'un traité de subsides dont les cours de Londres et de Russie s'occupoient depuis longtemps, quciqu'avec peu d'empressement de la part de l'Angleterre pour finir, et qui paroît dans ce moment-ci abandonnée, ou du moins éludée par le ministère anglois.

Les affaires de Suède formeront un objet plus réel et plus actuel des efforts réunis des deux cours. Elles ont opéré de concert la révolution de la dernière diète[2], et elles agiront encore pour maintenir le gouvernement actuel, qui leur est dévoué. Elles y emploient déjà des moyens pécuniaires et l'on n'est pas sans crainte qu'elles ne méditent même de faire usage de la force, ou, du moins, de menaces et de démonstrations. Celles que le Danemark fait paroissent être l'effet du désir d'obtenir de l'Angleterre des secours pour rétablir sa marine et son militaire, autant que de la dépendance où Sa Majesté Danoise s'est mise vis-à-vis de la Russie par le traité qui doit lui assurer la possession du Sleswick contre la réclamation de la branche de Gottorp, et qui lui fait envisager dans une perspective éloignée un arrangement favorable pour le Holstein[3].

1. Mémel, nom allemand du bas Niémen.
2. La diète de 1765 où les Bonnets avaient repris le dessus.
3. Il s'agit du traité de Copenhague (1767), qui sera, en effet, suivi du traité de Tsarkoé-Selo (1772); Catherine II, stipulant au nom de son fils, abandonna, par le premier, les droits de Paul sur le Sleswig, par le second ses droits sur le Holstein, en échange d'autres territoires. Voyez ci-dessus, p. 52, note 2. Catherine II avait, dès son avènement, arrêté la guerre que Pierre III avait déclarée au Danemark, et rappelé les troupes russes sur le point d'en venir aux mains avec les Danois.

Les armements du Danemark doivent être, selon des avis assez sûrs, soutenus d'une déclaration commune des cours de Londres, de Pétersbourg et de Berlin contre toute innovation dans le gouvernement de la Suède; mais l'effet de cette déclaration sera moins à craindre pour les patriotes suédois que l'apparition d'une flotte angloise ou russe sur les côtes de la Scanie et devant Norkioping[1].

Cette scène importante sera peut-être terminée lorsque le sieur Sabatier arrivera à Pétersbourg; mais on a cru devoir l'instruire, à tout événement, de la position des affaires, afin d'exciter sa vigilance sur les projets et les mesures de la Russie, dont il informera exactement le ministre du Roi à Stockholm[2].

Sa Majesté veut que le sieur Sabatier sache aussi, mais pour son instruction secrète seulement, qu'elle soutient en Suède le parti patriotique[3], dans la vue de lui rendre son ancienne prépondérance et de le mettre en état de remédier, par les moyens que la nation choisira, aux abus qui ont mis la Suède à deux doigts de sa ruine. Mais c'est faussement qu'on suppose à la France le projet d'exciter les Suédois à déclarer la guerre à la Russie. Sa Majesté n'a jamais eu cette pensée, et le sieur Sabatier n'hésitera pas, dans l'occasion, de contredire les bruits qu'on cherche à semer à cet égard. Il se tiendra d'ailleurs sur les affaires de Suède dans le ton de circonspection et dans la réserve que la délicatesse et l'importance de l'objet exigent.

Le tableau succinct qu'on vient de tracer suffira au sieur Sabatier pour saisir la position politique actuelle de l'Empire russe et l'esprit qui doit diriger sa vigilance et ses observations.

Son objet doit être de rechercher à s'instruire promptement et sûrement des vues, des projets et des dispositions de la cour de Russie; de l'objet et de la nature de ses alliances et de ses négociations avec les autres cours; des moyens qu'elle se propose, seule ou de concert avec ses alliés, d'employer pour parvenir à ses fins; quel est l'objet précis de ses liaisons avec le roi de Prusse et l'issue à laquelle les deux souverains de concert

---

1. Norrkœping, port suédois sur la Baltique propre.
2. Le comte Raymond de Modène, ministre à Stockholm de 1768 à 1770.
3. Le parti français ou des Chapeaux.

prétendent amener les affaires de Pologne; quel est le degré d'intelligence et de confiance qui règne entre l'Angleterre et la Russie, et si ces deux cours reprendront la négociation que la rupture avec les Turcs paroît avoir fait échouer.

Les liaisons serviles du Danemark avec la Russie forment aussi un objet de spéculations et d'observations, plus digne d'attention par ses conséquences et par sa connexité avec le système général de la Ligue du Nord [1] que par sa propre importance.

Enfin la cour de Saxe intrigue sourdement pour se rendre Catherine II favorable, dans l'espérance, sans doute, que, forcée d'abandonner Stanislas-Auguste, son ancien favori, cette princesse, que le cabinet saxon suppose devoir demeurer maîtresse de disposer à son gré de la couronne de Pologne, voudra bien la mettre sur la tête du jeune électeur [2]. Cette idée, tout absurde qu'elle est, paroît avoir aveuglé cette jeune cour, et la Russie cherchera probablement à flatter le fol espoir dont elle se nourrit, afin de jouir en attendant des adulations du ministère saxon, et afin de grossir, au moins en apparence, du nom de l'électeur la liste des adhérents de la Ligue du Nord, dont l'existence, si longtemps redoutée, paroît se former sourdement par la force même des circonstances actuelles, et qui seroit probablement consolidée si la Suède demeuroit dans les entraves où elle languit, et si la Russie terminoit heureusement sa guerre avec les Turcs.

Le sieur Sabatier tâchera d'ailleurs d'être informé de tout ce qui sera relatif à cette guerre, du plan des opérations de la Russie, de ses ressources et des dispositions intérieures qui peuvent influer sur ces objets. Il adressera régulièrement les notions qu'il pourra se procurer à cet égard au sieur chevalier de Saint-Priest [3]. Mais, comme il ne convient pas qu'il entretienne une

---

1. L'alliance de la Russie avec l'Angleterre, la Prusse, le Danemark, système préconisé par Panine, ou *Système du Nord*.
2. L'électeur Frédéric-Auguste qui, en 1763, avait succédé à son père Frédéric-Christian (mort dans l'année même de son avènement, 1763) sous la tutelle de son oncle Xavier.
3. Le chevalier François-Emmanuel Guignard de Saint-Priest, d'abord ministre de France à Lisbonne (1763), puis ambassadeur du Roi à Constantinople, où il avait succédé, en novembre 1768, à M. de Vergennes. Il fut ensuite ministre en Hollande, 1787; puis ministre de l'intérieur en 1789. Il fut contraint de se démettre en novembre 1790, émigra, revint en France avec les Bourbons et fut ministre de la Maison sous Louis XVIII. Il est l'auteur des *Mémoires sur l'ambassade de France*

correspondance ouverte avec cet ambassadeur, qui réside dans une cour ennemie de la Russie, il masquera sa correspondance en adressant des feuilles chiffrées sans direction au sieur marquis de Durfort[1], qui sera prévenu de les faire passer à Constantinople, ainsi que les nouvelles courantes qu'il lui mandera. On remettra au sieur Sabatier un chiffre particulier pour assurer le secret de sa correspondance avec le sieur de Saint-Priest. Il pourra en même temps s'en servir avec le sieur Gérard[2], résident du Roi à Dantzick, et avec le sieur Ruffin[3].

Si le sieur Sabatier peut trouver quelque autre voie pour donner plus directement aux sieurs de Saint-Priest et Ruffin des nouvelles sans se compromettre, il remplira dans les desseins du Roi un des objets les plus utiles de sa mission.

Il a vu dans la correspondance du sieur Rossignol qu'un général russe s'est offert de nous donner des nouvelles de l'armée moscovite et même d'en faire passer aux sieurs de Saint-Priest, de Val[4] et Ruffin. Il demande des agents subalternes qui, devant connoître le local et être eux-mêmes connus chez les Russes, ne peuvent être envoyés de France, ainsi que ce consul le propose.

Le sieur Sabatier tâchera de trouver, parmi les François dont la Russie fourmille, un ou deux hommes fidèles et capables de cette commission délicate. Il leur promettra des récompenses proportionnées aux services qu'ils rendront, et il leur accordera en attendant un traitement raisonnable. Quand nous saurons le

en *Turquie*, publiés (Paris, 1877) par notre École des langues orientales. Né en 1735, mort en 1821. — Son fils Guillaume-Emmanuel émigra comme lui en 1791, servit dans l'armée de Condé, puis dans l'armée russe, perdit une jambe dans la campagne de 1806, et fut blessé mortellement à la bataille de Reims (1814).

1. Le marquis de Durfort, qui avait rempli plusieurs missions en Allemagne, à Vienne, à Naples, avait été nommé ambassadeur du Roi à Vienne avec une Instruction du 21 septembre 1766. A. Sorel, *Instructions, Autriche*, pp. 408 et suiv.

2. Joseph-Mathias Gérard de Rayneval fut d'abord secrétaire de légation à la cour Palatine, en Saxe, auprès de la diète de Ratisbonne, résident du Roi à Dantzick du 15 juillet 1768 au 7 janvier 1774, premier commis aux affaires étrangères, puis chef de la première direction politique de 1774 à 1792, envoyé au Congrès des États-Unis en 1779 (voyez l'Instruction dans Doniol, t. III, p. 153), employé à plusieurs missions pendant la Révolution et l'Empire. — Son fils François-Maximilien fut ministre à Berlin (1821), ambassadeur à Berne (1825), ministre intérimaire des affaires étrangères, ambassadeur à Vienne (1829), à Madrid. Le frère et le petit-fils de Joseph-Mathias s'illustrèrent également dans la carrière diplomatique. Frédéric Masson, *le Département des affaires étrangères*, pp. 21 et suiv.

3. Pierre Ruffin était un ancien élève des Jeunes de langues, chargé d'affaires auprès du khan de Crimée, pris par les Russes en 1770. Mort le 19 janvier 1824.

4. De Val, agent français en Orient.

nom de ce général, nous pourrons faire prendre par les sieurs de Val et Ruffin d'autres mesures pour faciliter sa correspondance avec lui.

Nous savons, par une voie secrète, qu'un général russe a offert au prince Lobkowitz[1] de faire parvenir des nouvelles à sa cour pourvu qu'elle veuille les communiquer à la France. Peut-être cet officier est-il le même que celui dont parle le sieur Rossignol et qui paroît craindre l'indiscrétion de ce consul. En tout cas, le sieur Sabatier n'aura rien à faire à cet égard dans ce moment-ci. On lui fera connoître les intentions du Roi lorsqu'on verra le parti que la cour de Vienne aura pris sur l'ouverture du général russe.

Un des moments les plus importants pour la vigilance du sieur Sabatier sera celui où la Russie commencera à s'occuper des pensées de paix. L'usage de l'empire ottoman est de la traiter par médiateur, et l'animosité des deux nations, que la guerre n'amortira pas, rendra cette méthode encore plus indispensable.

La cour de Vienne, l'Angleterre et le roi de Prusse[2] peuvent aspirer à s'arroger l'honneur de cette médiation à l'exclusion de la France ou à la partager avec elle.

Nous avons lieu de croire qu'il ne dépendra pas de la Porte Ottomane que l'on accorde au Roi une préférence qui lui est due à tant de titres. Mais la cour de Pétersbourg, de son côté, fera probablement tous ses efforts pour faire déférer ces fonctions à la cour de Vienne. Elle se flatteroit que cette circonstance pourroit opérer un rapprochement. L'intérêt essentiel qu'a la cour impériale d'affoiblir la puissance ottomane garantiroit d'ailleurs sa bonne volonté pour la Russie; mais, comme nous n'avons pas de moyens de balancer ces avantages ni de surmonter l'animosité de la Russie, il faut au moins nous conduire de manière à ne pas lui donner des sujets légitimes et manifestes de récuser

---

1. Ambassadeur d'Autriche à Pétersbourg. Voyez ci-dessus, p. 257, note 1.
2. La médiation fut proposée d'abord par l'Angleterre en juin 1770, mais les Turcs, irrités des secours que la flotte russe avait trouvés chez elle, refusèrent. Le 12 août, ils demandèrent la médiation de l'Autriche et de la Prusse, et Frédéric II en profita pour limiter les exigences de la Russie et proposer qu'on l'indemnisât en Pologne. L'Autriche alors signa avec les Turcs le traité de garantie du 6 juillet 1771. Voyez ci-dessous, p. 291, note 2.

notre entremise. Cette considération doit influer sur l'extérieur de la conduite du chargé des affaires du Roi et redoubler son attention à éviter tout ce qui pourroit compromettre Sa Majesté. Sa dextérité lui suggérera les moyens d'allier cette décence et cet intérêt avec l'exécution des instructions qui viennent de lui être tracées.

Ces objets extérieurs de politique ne doivent point détourner le sieur Sabatier de porter un œil attentif sur les mouvements intérieurs de la cour de Pétersbourg.

L'Impératrice paroît tenir les rênes du gouvernement d'une main assez ferme. Peut-être qu'il est à peu près indifférent à son système de quel instrument elle se sert. Cependant il a paru que dans les affaires de Pologne sa conduite a varié selon les impressions différentes que lui donnoient ou M. Panin[1], ami de Stanislas-Auguste, ou M. Orlow[2], antagoniste de M. Panin[3]. C'est probablement le besoin que Catherine II a de ménager ces deux hommes, à qui elle a dû son salut et son élévation, qui est l'âme de sa conduite à cet égard. Mais ce besoin même mettroit cette princesse dans la dépendance absolue de celui des deux partis qui parviendroit à abattre l'autre, et leur animosité qui a déjà souvent paru sur le point d'éclater, peut mettre la vie et la couronne de Catherine II en danger. Le grand-duc n'ignore point les forfaits de sa mère ni les circonstances de son usurpation. M. Panin lui-même a paru quelquefois se repentir d'avoir cédé à l'impulsion du moment et d'avoir déféré la couronne, qui appartenoit à son pupille, à une princesse qui ne pouvoit tout au plus qu'aspirer à la régence.

1. Nikita Ivanovitch Panine, le même qui était chargé de la direction des affaires étrangères. Il avait été le gouverneur de Paul et l'avait élevé avec une extrême sévérité. Son influence sur Catherine venait en partie de l'influence qu'elle lui supposait sur son élève et de la crainte où elle était qu'il ne prît en mains ses intérêts. Voyez ci-dessus, pp. 212, 219-220, 231, 233, 236, 248, 260.
M. Bourée de Corberon, dans une dépêche du 9 avril 1778, nous le dépeint ainsi : « Il est foible comme tous les individus d'une cour de faveur, et son crédit est quelquefois inutile... Voluptueux par tempérament, et paresseux par système autant que par habitude. » *La Cour de Russie il y a cent ans*, pp. 246-247.
2. Le favori. Voyez ci-dessus, p. 217, note 1.
3. L'hostilité entre Panine et les Orlof, qui s'expliquerait suffisamment par la rivalité d'influence, avait encore une autre cause : c'est Panine qui avait fait la plus vive opposition au projet de mariage de Catherine II avec Grégori Orlof, jusqu'à la menacer de se retourner du côté de son fils le grand-duc. Voyez ci-dessus, p. 217, n. 1. *La Cour de Russie il y a cent ans*, dépêche de M. Gunning, pp. 253-254.

Les dispositions secrètes des grands, du clergé et du peuple concourent à rendre la position de Catherine II très critique. Les grands et la noblesse voient avec douleur la faveur et les grâces envahies par des hommes nouveaux, qui n'ont d'autre mérite que celui d'avoir été les complices de cette princesse. La liberté dont Pierre III leur avait montré le fantôme[1] a réveillé dans leurs cœurs des espérances et des désirs dont ils se voient frustrés par la conduite pleine d'artifice de Catherine II. Le clergé, dépouillé par elle et réduit à l'exact nécessaire, a perdu en même temps ses richesses et sa considération. Le peuple, qui n'est point assez éclairé pour distinguer dans le mécontentement des prêtres et des moines leur intérêt personnel d'avec celui de la religion, partage son aversion. Il supporte d'ailleurs avec impatience le joug d'une usurpatrice étrangère, et il désire de voir la nation gouvernée par un prince de grande espérance, issu du sang adoré de Pierre le Grand[2]. Le mécontentement qu'excite dans tous les ordres la guerre que Catherine lui a attirée, sans aucun objet d'utilité réelle pour l'Empire russe, et uniquement pour soutenir en Pologne l'ouvrage de sa passion et de son ambition, achève de former un tableau qui fait sentir tous les dangers auxquels cette princesse peut être exposée d'un moment à l'autre. C'est même une espèce de miracle, dont elle est plus redevable à son étoile qu'à sa prudence, qu'elle ait échappé jusqu'ici à tous les complots formés contre elle.

Si de nouveaux orages devoient se former pour la précipiter d'un trône où elle n'auroit jamais dû monter, le Roi ne doit point former de vœux pour elle, et l'équité naturelle applaudiroit à une révolution qui remettroit le sceptre entre les mains de son légitime propriétaire. Si on faisoit part de quelque projet semblable au chargé d'affaires du Roi, il demanderoit les ordres de Sa Majesté, et dans un cas extrême, il prendroit conseil de la prudence et des circonstances.

Il s'attachera à plaire au grand-duc, autant que l'ombrage que sa mère a déjà commencé à prendre de lui le permettra. Ce

---

1. Voyez ci-dessus, p. 235, note 2.
2. Il s'agit évidemment du grand-duc, dont le père (Pierre III) était fils d'Anna de Holstein, fille de Pierre le Grand.

n'est que de l'attachement du parti de M. Panin à nos intérêts que nous pourrons espérer quelque chose. Celui qui lui est opposé[1] est si intimement attaché à la personne de l'Impératrice qu'il suivra aveuglément la prévention de cette princesse tant qu'elle régnera, et qu'il s'anéantira si le sceptre s'échappe de ses mains.

Cependant le sieur Sabatier conservera les apparences de ménagement pour tout le monde et évitera soigneusement de donner prise sur lui par sa conduite extérieure.

Il peut et doit chercher à plaire à l'Impératrice par sa conduite personnelle, sans s'affecter ni s'inquiéter des marques de froideur qu'elle pourra lui donner lorsqu'elle aura lieu de croire ou de soupçonner que ses relations ne lui seront pas favorables. Cette princesse est vaine et ambitieuse de toutes sortes de gloires; ainsi il n'est pas impossible d'allier les moyens de lui plaire à l'exécution sourde d'instructions qui ne demandent aucun éclat et nulle démarche positive.

Il seroit bien intéressant d'approfondir les dispositions, les sentiments et la capacité du jeune grand-duc. Plusieurs relations assurent qu'à de grandes qualités ou plutôt au germe de grands talents, il joint une dissimulation profonde et l'austérité de caractère que son gouverneur[2] lui a communiquée; qu'il connoît sa mère et qu'il la déteste. Le sieur Sabatier doit sentir de quelle importance il seroit de pouvoir nous donner des notions précises sur cet objet.

M. Panin seroit un ministre habile si sa paresse lui permettoit de mettre dans les affaires l'activité qu'elles exigent[3]. On l'a accusé d'avoir attiré la guerre actuelle par sa rigueur inconsidérée envers les Polonois et par la sécurité dans laquelle il a entretenu sa maîtresse par rapport aux dispositions pacifiques des Turcs. Son crédit en a paru souffrir, mais outre les ménagements que l'Impératrice a pour lui, pour les raisons qu'on a déjà touchée, l'incapacité des Orlow et celle du vice-chancelier[3] rendent ses conseils nécessaires à l'Impératrice.

M. Panin a toujours paru pencher pour le système de l'union

---

1. Le parti des Orlof.
2. Sur l'austérité de Panine, voyez ci-dessus, p. 274, note 1, et ci-dessous, 294, note 3.
3. Le prince Alexandre Mikhaïlovitch Galitsyne.

de la Russie avec la France, et le vice-chancelier pense de même, en supposant néanmoins que la France demeure unie à l'Autriche.

Quant à ce dernier ministre, c'est un homme borné, mais qu'on croit vertueux et bien intentionné; il a peu de crédit et d'influence. Sa place et ses sentiments personnels méritent néanmoins qu'on le ménage, et le sieur Sabatier lui marquera toutes sortes d'empressements et d'attentions.

Il cherchera en général à gagner l'estime et la confiance de toutes les personnes qui ont quelque part aux affaires de l'État ou qui par leur position ou leurs talents peuvent aspirer à jouer un rôle.

Le Roi avoit autorisé le sieur Rossignol à tâcher de s'assurer de quelque correspondant secret qui nous instruise de ce qui se passe dans l'intérieur du cabinet de Saint-Pétersbourg. Sa Majesté est résolue de sacrifier à cet objet des sommes proportionnées à son importance et à l'utilité dont pourra être le correspondant qui voudra prendre des engagements avec nous. Le sieur Rossignol paroît s'être ménagé un commencement de liaison, que le sieur Sabatier suivra avec soin ou fera suivre par ce consul. Il pourra sacrifier quelques petites sommes pour des essais dans lesquels il cherchera néanmoins à se garantir du double espionnage bien ordinaire aux Russes, dont la vénalité ne connoît point de bornes. Il doit avoir une attention perpétuelle à ne rien communiquer à ses correspondants secrets qui puisse le compromettre.

Quant à sa conduite avec les ministres étrangers, elle doit être réglée sur le degré d'intimité qui règne entre le Roi et leurs cours.

L'alliance étroite qui unit la France et la maison d'Autriche veut que les ministres des deux maisons aient l'air de la plus parfaite union. Le personnel du prince Lobkowitz prête peu à cette union, soit par rapport à son humeur, soit à cause de ses sentiments personnels sur l'union des deux impératrices. Mais, en éclairant de très près ses démarches rampantes et humiliantes et en observant le moment où la politique de la cour de Vienne pourra agir sous le masque de l'engouement de son ministre, le sieur Sabatier ne négligera rien pour avoir personnellement la confiance du prince Lobkowitz. Son indiscrétion et sa pétulance lui serviront souvent à faire des découvertes utiles[1]. Le chargé d'affaires du Roi doit suivre ces instructions avec d'autant plus d'attention qu'il est plus important en Russie qu'ailleurs d'afficher l'union la plus intime entre la France et la cour de Vienne, et que c'est peut-être le meilleur moyen de déconcerter les petites intrigues du prince Lobkowitz, qui peut avoir à cet égard des vues que sa cour ignore, ou auxquelles elle ne connivera qu'autant que des faits trop marqués ne nous autoriseront pas à lui en porter des plaintes.

La confiance vis-à-vis du ministre d'Espagne[2] doit être plus entière et ne doit avoir essentiellement de bornes que celles que le sieur Sabatier se fixera lui-même d'après la connoissance des dispositions personnelles de ce ministre.

Le ministre de Suède[3] est absolument vendu à la Russie; le sieur Sabatier se méfiera de lui.

L'ambassadeur d'Angleterre[4] n'aura probablement de considération qu'autant que sa cour se prêtera aux vues de Catherine II. Le moment de conclure le traité de subsides paroît manqué; les affaires de Suède peuvent seules servir de point de ralliement aux intérêts des deux puissances. Le sieur Sabatier observera avec soin ses démarches et le degré de crédit et d'ascendant qu'il prendra.

Le jeune comte de Sacken[5], ministre de Saxe, sera probablement chargé d'exécuter le système d'adulation par lequel sa

1. Cela ne manqua pas; voyez ci-dessous, p. 280, note 2.
2. Le marquis de La Herreria. Voyez ci-dessus, pp. 241 et 246.
3. Le sénateur baron Ribing, envoyé de Suède depuis 1766. Il touchait une pension de 3000 roubles du gouvernement russe. *Correspondance diplomatique de Catherine II*, dans *Soc. imp. d'hist. de Russie*, t. LXVII, pp. 316 et 454. Lettres de Catherine II, du 31 janvier, et de Panine, du 31 août 1767.
4. A Buckingham avait succédé, vers la fin de 1765, sir George Macartney.
5. Le comte Jean-Gustave Sacken. Le comte de Solms nous le dépoint comme ayant « un grand penchant pour la France », « pas du tout bon Autrichien », vivant « sur un qui-vive » avec le prince de Lobkowitz, ayant « la passion de parler politique », ce qui l'expose à des indiscrétions; zélé pour le protestantisme, ce qui lui a fait prendre en main la cause des dissidents religieux de Pologne; prompt à recevoir « les impressions qu'on lui donnera », facile à séduire avec des décorations et des prévenances, « extrêmement vain et glorieux », et racontant partout qu'il est destiné à succéder prochainement au comte de Flemming, premier ministre de Saxe. Solms à Frédéric II, 29 mars 1768, *Soc. imp. d'hist. de Russie*, t. XXXVII, p. 145.

cour croit rendre Catherine II favorable à ses vues sur la couronne de Pologne. Cependant nous avons lieu de croire que ce ministre connoît le faux et le ridicule de la conduite de sa cour et qu'il est intérieurement attaché à la France. Le sieur Sabatier cherchera à exciter sa confiance en lui montrant l'opinion favorable qu'on lui a donnée de ses lumières et de ses intentions.

Il vivra avec le ministre de Prusse[1] d'une manière convenable à la situation des deux cours qui se sont entièrement rapprochées; mais il ne lui accordera aucune confiance. Il éclairera au contraire ses démarches et tâchera de démêler ce qu'il faut penser de l'objet final des liaisons secrètes qui subsistent certainement entre Sa Majesté Prussienne et Catherine II.

Quant au ministre de Danemark[2], sa cour est trop asservie à cette princesse et joue un rôle trop subalterne dans ses projets pour qu'on puisse le regarder autrement que comme une créature et un serviteur de la Russie.

La cour de Pétersbourg ayant jugé à propos de retrancher une partie des franchises des ministres étrangers et de les fixer à un taux indécent, le Roi a jugé qu'il ne convenoit pas que ses ministres reçussent une grâce aussi médiocre d'une puissance étrangère, ni qu'on pût établir des fractions économiques sur les privilèges dont les ministres publics ont joui de tout temps[3]. Sa Majesté a voulu en conséquence que le sieur Bérenger et le feu marquis de Bausset payassent tous les droits, soit de leur premier ameublement, soit de leurs consommations journalières sur le pied des tarifs ordinaires. Le sieur Sabatier se conformera à cette règle. Sa Majesté se réserve de le dédommager de ce qui concerne son premier établissement sur la note qu'il enverra des droits qui en auront été perçus.

Il s'étoit élevé une difficulté concernant l'étiquette du baisement de mains que l'Impératrice exigeoit comme une marque de respect et un hommage qui lui étoit dû de droit; mais, cette prétention étant contraire à nos usages et à nos principes, le Roi a seulement permis au baron de Breteuil et au feu marquis de

---

1. Le comte Victor-Frédéric de Solms. Voyez sa correspondance avec Frédéric II, de 1767 à 1772, dans le t. XXXVII de *Soc. imp. d'hist. de Russie*.
2. Le baron Osten. Voyez ci-dessus, pp. 69, note 5, et 240.
3. Reproduction de passages ci-dessus, pp. 233, 245.

Baussct de baiser la main de l'Impératrice, par forme de galanterie et nullement à titre d'étiquette. Le sieur Sabatier observera la même chose, et, par conséquent, ne baisera pas la main du grand-duc de Russie[1].

On remet au sieur Sabatier plusieurs chiffres pour assurer le secret de sa correspondance. L'usage qu'il doit faire de chacun et la manière de s'en servir seront expliqués dans un mémoire particulier.

Il est nécessaire qu'il sache que l'on a eu des notions que le chiffre du feu marquis de Bausset avoit été intercepté. Il le brûlera à son arrivée à Pétersbourg. Il aura vu dans la correspondance du sieur Rossignol les notions que ce consul donne sur la source de l'infidélité par laquelle il prétend que ce chiffre est parvenu aux Russes[2]. L'avis est de si grande importance que le sieur Sabatier ne peut mettre trop d'activité ni de dextérité pour l'approfondir et nous mettre en état d'en porter un jugement certain. Il apportera de son côté la plus grande attention à la garde de ses chiffres ainsi qu'à tout ce qui pourroit aider les déchiffreurs russes à en deviner la clef[3].

On lui remet un chiffre particulier, qu'il ne confiera jamais à personne, et dont il se servira pour mander au ministre des affaires étrangères les choses qui exigeront un secret absolu.

Au surplus, sa correspondance ne se bornera pas aux objets politiques qu'on vient de parcourir. Il mandera, en outre, tous les événements publics et particuliers qui peuvent intéresser le bien

---

1. Voyez ci-dessus, pp. 232 et 245.
2. *A. E. Russie*, t. LXXXIII, fol. 1 : dépêche de M. Rossignol au duc de Choiseul, du 3 janvier 1769 : « La crainte de découvrir mon secret et de perdre l'homme de confiance que j'ai me retient, persuadé qu'il subsiste dans vos bureaux une ancienne infidélité dont j'ai eu lieu de reconnoitre les effets, n'ignorant pas qu'il a été payé 30 000 roubles pour le chiffre de M. de Bausset, et que M. Chotinski, qu'on m'a dit très adroit en intrigues, passoit en compte 100 000 roubles pour de pareilles dépenses secrètes. »
3. M. Sabatier de Cabre ne sera pas plus heureux que son prédécesseur, car, dans une lettre de Solms à Frédéric II, du 30 décembre 1771, nous lisons : « Le prince Lobkowitz, engoué de Sabatier, avoit eu l'indiscrétion de lui en faire confidence [des conditions de la paix avec la Turquie], quoique sa cour le lui eût défendu et quoiqu'il eût promis positivement de ne vouloir pas les révéler. On a appris ceci par les lettres de Sabatier lui-même, qu'on lit ici parfaitement, et où l'on a trouvé qu'il se vante envers sa cour d'avoir tiré ce secret du prince Lobkowitz, et que celle-ci lui recommande de cultiver l'amitié de ce ministre ; mais c'est avec la même certitude qu'on sait que jusqu'ici ledit chargé d'affaires n'a pas dit un mot dans ses lettres du démembrement de la Pologne. »

du service du Roi ou la curiosité personnelle de Sa Majesté. Tout ce qui peut faire juger de la position intérieure de la cour et de l'Empire de Russie, même de ses parties les plus éloignées, ainsi que des succès des diverses entreprises de Catherine II pour changer quelques parties de la constitution[1] et pour rendre la Russie florissante au dedans et formidable au dehors. En un mot, il ne doit regarder comme indifférent rien de ce qui peut concourir à former un tableau de ce vaste Empire dont l'ambition effrénée devroit exciter la vigilance et la défiance de toutes les puissances de l'Europe.

Comme l'intention du Roi est que ceux qui sont chargés de ses ordres dans les pays étrangers remettent à la fin de leur mission les originaux de tous les papiers relatifs à son service au dépôt des affaires étrangères, le sieur Sabatier aura soin de se conformer à cette règle, et il délivrera lesdits papiers sur un inventaire au bas duquel il lui en sera donné une décharge.

Le Roi désire d'ailleurs que le sieur Sabatier fasse à la fin de chaque année, dans un mémoire détaillé, le résumé de toutes les négociations dont il aura été chargé et des événements les plus intéressants qui seront arrivés à Pétersbourg et dans l'Empire russe. Sa Majesté ne doute pas de l'attention et de l'exactitude qu'il apportera à ce travail pour le rendre utile et intéressant.

Fait à Versailles, le 30 du mois de mai 1769.

Louis.

Plus bas :

Le duc de Choiseul.

---

1. Le 30 juillet (10 août) 1767, Catherine II avait convoqué à Moscou une assemblée de 652 députés de toutes les provinces et de tous les corps de l'Empire en vue de travailler à la confection d'un code. Elle avait rédigé pour elle sa fameuse *Instruction* pour le code (11 mars 1768). Cette assemblée ou *Commission des lois* siégea d'abord à Moscou, puis à Pétersbourg jusqu'à la fin de cette année, et tint près de deux cents séances. Le texte de l'*Instruction* et les procès-verbaux des séances ont été publiés par M. Poliénof, dans les tomes IV, VIII, XIV, XXXIII, XXXVI, XLII, LXVIII de la *Soc. imp. d'hist. de Russie*. — A. Rambaud, *Histoire de la Russie,* pp. 476-478.

# XXXVIII

## M. DURAND

MINISTRE PLÉNIPOTENTIAIRE

1772-1775

Le duc de Choiseul avait été disgracié le 24 décembre 1770.

Voici ce qu'écrivait Catherine II de ce ministre et de ses agents en Russie : « J'ai si peu de rancune contre M. de Choiseul que je le plains d'avoir été exilé. Cet homme-là, en croyant me faire le plus grand mal, s'est toujours trompé... Il était étourdi comme un hanneton. Les employés[1] dont il se servait ici étaient des monstres de méchanceté. Mais qu'est-ce que c'est que la mauvaise volonté? Elle devient ridicule lorsqu'elle se montre dans de pareils individus[2]. »

Après une sorte d'intérim du comte de Saint-Florentin, le duc d'Aiguillon avait été nommé aux affaires étrangères, le 6 juin 1771. C'est à lui que l'opinion fait incomber la responsabilité du partage de la Pologne; mais c'est en réalité la politique brouillonne de Choiseul, à Varsovie comme à Constantinople, qui l'avait préparé.

D'Aiguillon, dans ses conversations avec le chargé d'affaires russe, Khotinski[3], paraissait très ému de cette situation. Le 27 mars 1772, il lui disait[4] : « Si les Turcs évacuent la Crimée, dans deux ans elle sera dans vos mains, et dans quatre ans Constantinople... La cour de

---

1. C'est-à-dire les ambassadeurs, ministres et agents français, tant avoués que secrets, depuis M. de Breteuil jusqu'à M. Rossignol.
2. Catherine II à M<sup>me</sup> de Bielke, janvier 1771. — *Papiers de Catherine II*, édités par Pékarski, dans *Soc. imp. d'hist. de Russie*, t. XIII, p. 62.
3. Nicolas Constantinovitch Khotinski, chargé d'affaires à Paris, de septembre 1767 à 1773. — Voyez ci-dessus, p. 280, note 2.
4. Solovief, *Istoria Rossii*, t. XXVIII, pp. 383 et suiv. — Dépêches de Khotinski.

Vienne a commis une grosse faute ! » Et comme le Russe observait : « Vraiment, duc, vous rendriez un grand service aux Turcs, et à nous, et à toute l'humanité, en persuadant aux Turcs d'être plus conciliants. » — « Comment voulez-vous, s'écriait d'Aiguillon, que nous donnions un tel conseil, quand c'est nous qui avons excité les Turcs ! » *Nous*, c'était Choiseul.

Les traités du 15 janvier 1772, entre la Russie et la Prusse, des 19 février et 25 juillet 1772, entre la Russie et l'Autriche, avaient réglé le partage de la Pologne. Ils furent signifiés au roi et au sénat de Pologne en septembre[1].

Dès le 26 avril, la cour de France, sans rien savoir de précis, était persuadée qu'il y aurait un partage de la Pologne entre les trois puissances. Le duc d'Aiguillon essayait de démontrer à Khotinski combien ce partage rendrait la Prusse dangereuse pour la Russie. Et il ajoutait : « Voilà où nous ont conduits les menées du duc de Choiseul, tandis que, par la situation des deux monarchies, nous étions faits pour vivre en bonne amitié, à l'avantage de vous et de nous. »

Le Roi et son nouveau ministre sentirent que la gravité des circonstances obligeait la France à être représentée en Russie autrement que par un chargé d'affaires. D'Aiguillon fut donc autorisé à y nommer M. Durand, comme ministre plénipotentiaire.

M. Durand de Distroff, né en 1714, fils d'un conseiller au Parlement de Metz, avait été nommé, en 1748, secrétaire du plénipotentiaire français au congrès d'Aix-la-Chapelle ; en 1749, chargé d'affaires à Londres ; à la fin de 1751, résident à la Haye ; en novembre 1754, ministre en Pologne[2]. Il avait été rappelé de ce poste en 1760, par Choiseul, après que ses lettres relatives à la Correspondance secrète avaient été interceptées et livrées à ce ministre[3]. Après quelques années de disgrâce officielle et d'emploi dans la diplomatie intime du Roi, en même temps qu'il était garde des archives[4], il est chargé d'une mission à Londres avec des instructions secrètes de Louis XV ; il sollicite la place de secrétaire du Dauphin[5] ; enfin on lui confie l'in-

---

1. Pour la bibliographie de la question polonaise, voyez ci-dessus, p. 226, note 2.
2. L. Farges, *Instructions, Pologne*, t. II, pp. 153 et suiv. Instruction du 30 novembre 1754. — Sur le rôle que joua Durand, alors résidant à Varsovie, lorsque Choiseul essaya de faire revenir Poniatowski à Pétersbourg, voyez Boutaric, t. I, p. 255, et ci-dessus, pp. 69, note 1, 151, note 2.
3. Boutaric, t. I, p. 108 ; L. Farges, t. II, p. 229.
4. C'est alors que Louis XV dit de lui : « M. Durand témoigne un peu trop que la paix que nous venons de faire n'est pas bonne ni glorieuse ; personne ne le sait mieux que moi, mais dans les circonstances malheureuses, elle ne pouvait être meilleure, et je vous réponds que, si nous avions continué la guerre, nous en aurions fait encore une pire l'année prochaine. » Le Roi à Tercier, 26 février 1763. — Boutaric, t. I, p. 288.
5. Le dauphin (depuis Louis XVI). Boutaric, t. I, p. 358. Louis XV au comte de Broglie, 16 avril 1767.

térim de la légation de Vienne, entre le départ du marquis de Durfort et l'arrivée du comte de Breteuil, avec le titre de ministre plénipotentiaire et une Instruction du 30 mai 1770[1]. Kaunitz est assez habile pour lui cacher les engagements pris par Joseph II à l'entrevue de Neustadt avec Frédéric II (3 septembre 1770); mais M. Durand contribue à organiser les secours que Viomesnil et d'autres officiers français allaient porter aux confédérés polonais[2].

M. Durand, à Pétersbourg, comme précédemment à Varsovie et à Vienne, continue à cumuler la double situation d'agent officiel de la France et d'agent de la diplomatie occulte du Roi[3]. Le 6 avril 1774 le Roi écrivait à Dubois-Martin, secrétaire du comte de Broglie pour la Correspondance secrète :

« A Vienne, on a découvert le chiffre avec Durand, et toute sa correspondance y est découverte avec le comte de Broglie. C'est le prince Louis[4] qui me le mande secrètement. Ne lui envoyez plus de lettre passant par les États de l'Impératrice (d'Autriche); non plus qu'à Constantinople où il pourroit y aller de la vie de mon ministre à la Porte[5]. »

Et Dubois-Martin répondait : « Nous ne concevons pas comment on peut deviner un chiffre, mais bien qu'on ait pu avoir à Vienne celui de M. Durand, comme M. de Saint-Priest a à Constantinople la correspondance de l'ambassadeur d'Angleterre, ou par quelque moyen équivalent. Il ne faut pas moins que la constance, supérieure à tout, de Sa Majesté pour que la Correspondance résiste à tant d'échecs. »

Il y avait alors longtemps que le secret était découvert : depuis l'arrestation de Dumouriez et Favier (1773), d'Aiguillon savait à quoi s'en tenir sur l'organisation de la Correspondance.

Quoi qu'il en soit des relations de Durand avec la diplomatie occulte, il se montra un bon agent de la diplomatie officielle.

A ce moment, comme nous le verrons par ses Instructions, la cour de Versailles commençait à se rendre compte que la Russie ne resterait pas toujours attachée exclusivement au *Système du Nord*.

Déjà, pendant la durée de la mission de M. Sabatier de Cabre, la Russie, liée à la Prusse par les traités d'alliance du 11 avril 1764 et du 23 octobre 1769, qu'elle renouvellera cependant le 1er avril 1777,

---

1. A. SOREL, *Instructions*, etc. *Autriche*, pp. 25, 298, 439, 440, 447, 449, 497.
2. BOUTARIC, t. I, pp. 154 et suiv., où l'on trouvera à ce sujet des extraits de la correspondance de Durand.
3. Il avait été initié au secret du Roi en décembre 1754 ou janvier 1755. BOUTARIC, t. I, p. 197; t. II, p. 430.
4. Le prince Louis de Rohan, coadjuteur de l'évêque de Strasbourg et cardinal, ambassadeur à Vienne depuis janvier 1772. — A. SOREL, *Instructions*, etc., *Autriche*, pp. 447 et suiv. — Consulter sur lui les *Mémoires de l'abbé* GEORGEL, son secrétaire, 6 volumes, Paris, 1820.
5. Louis XV à M. Dubois-Martin. BOUTARIC, t. II, p. 376.

commence à trouver cette alliance un peu lourde. Si elle a besoin de la Prusse pour ses intérêts en Pologne et en Orient, elle a besoin aussi de l'Autriche pour les mêmes raisons. Catherine II, en vue de rendre sa tâche plus facile, voudrait pouvoir rapprocher et concilier les deux puissances allemandes. Elle conçut, au début de 1772, l'idée d'une triple alliance entre la Russie, l'Autriche et la Prusse. Frédéric II approuvait fort cette idée, et, en mars 1772, il écrivait au comte de Solms, son ministre à Pétersbourg : « Cette alliance deviendrait assurément fort respectable pour tout le reste de l'Europe et le boulevard le plus assuré de la tranquillité générale[1]. » En attendant, les deux puissances allemandes luttaient de complaisance pour la Russie et cherchaient, séparément, à s'assurer son alliance.

Voici l'Instruction qui fut remise à M. Durand, au moment de son départ pour la Russie, par le duc d'Aiguillon :

MÉMOIRE POUR SERVIR D'INSTRUCTION AU SIEUR DURAND, CHEVALIER DES ORDRES MILITAIRES ET HOSPITALIERS DE NOTRE-DAME DU MONT-CARMEL ET DE SAINT-LAZARE, ALLANT RÉSIDER AUPRÈS DE L'IMPÉRATRICE DE RUSSIE EN QUALITÉ DE MINISTRE PLÉNIPOTENTAIRE DE SA MAJESTÉ. — 24 JUILLET 1772 [2].

La difficulté qui s'est élevée sur l'épithète *Impériale* ayant empêché les deux souverains de s'écrire [3], la correspondance est suivie depuis plusieurs années par de simples chargés d'affaires. Mais, cet état de refroidissement paroissant à Sa Majesté contraire aux règles d'une bonne politique et à ses intérêts, elle se détermine à entretenir désormais à la cour de Saint-Pétersbourg un ministre caractérisé, dont la considération personnelle et les talents le mettent à la portée, d'un côté, de se procurer des informations exactes de tout ce qui se passe dans ce pays-là, et de l'autre, de suivre les négociations importantes que les conjonctures peuvent occasionner. L'expérience que Sa Majesté fait

---

1. F. MARTENS, *Actes diplomatiques concernant le congrès de Teschen*, tirés des archives du prince Repnine, dans *Soc. imp. d'hist. de Russie*, t. LXV, p. IV.
2. *A. E. Russie*, t. LXXXV (non folioté). — La correspondance de Russie de M. Durand se trouve dans les tomes XC à XCVIII de *A. E. Russie*. Fragments dans *La Cour de Russie il y a cent ans*.
3. Voyez ci-dessus, pp. 199, 217, 221, 232, 261, 264.

depuis si longtemps du zèle et de l'habileté du sieur Durand dans les différentes commissions dont il l'a successivement chargé, et qu'il a toujours remplies à son entière satisfaction, a guidé le choix qu'elle a fait de sa personne pour remplir ce poste délicat, dans lequel elle est persuadée qu'il lui rendra des services aussi utiles qu'agréables. Le dessein du Roi est de le revêtir du caractère de ministre plénipotentiaire, dont il a joui dans d'autres cours et qui est dû à ses services et à ses talents. Cependant, la discussion dont on a fait mention ci-dessus subsistant encore, les démarches de Sa Majesté doivent être mesurées de manière à ne pas compromettre sa dignité.

Le sieur Durand a vu, par les papiers qui lui ont été communiqués, l'origine, les progrès et l'état actuel de cette discussion, et il seroit d'autant plus inutile d'en résumer ici les particularités que le Roi a ordonné de lui remettre copie des principales pièces relatives à cette affaire afin qu'il les ait toujours sous les yeux. Elles seront jointes au présent mémoire, conformément à l'état ci-annexé.

Il est aisé de sentir qu'il faut recourir à un expédient pour éluder une difficulté relativement à laquelle les deux cours sont trop engagées pour pouvoir reculer. Le mémoire aussi ci-joint contient l'exposé de la manière dont le Roi a cru devoir envisager cette affaire. On se bornera à rapporter ici le résultat de l'examen qu'il en a fait dans son Conseil.

Sa Majesté considère donc que l'égalité et la réciprocité sont les seules lois indispensables entre de grandes puissances, et d'après ce principe, elle n'hésitera pas à donner à l'Impératrice de Russie l'épithète *Impériale* dans le corps de ses lettres, ainsi qu'elle lui donne le titre d'*Impératrice* dans la suscription, pourvu toutefois que cette princesse lui rende de la même manière, dans le corps de ses lettres et dans l'allocution directe, l'épithète relative au titre usité dans la suscription, c'est-à-dire qu'elle joigne au substantif *Votre Majesté* le prédicament *Très Chrétienne*. Cependant, comme cet expédient ne pourroit être pratiqué en écrivant en françois sans se départir des motifs sur lesquels nos refus se sont fondés, Sa Majesté se détermine à rédiger ses lettres en langue latine, dans laquelle cette manière de s'exprimer est usitée et conforme au génie de l'idiome[1].

Le ministre plénipotentiaire du Roi sentira néanmoins que la loi de l'égalité ne sera parfaitement observée qu'autant que l'Impératrice de Russie répondra en latin ; et c'est d'après ce plan que Sa Majesté le munit d'une lettre de créance conçue en cette langue. La remise de cette lettre sera donc précédée d'une négociation par laquelle le sieur Durand s'assurera que la cour de Russie observera la réciprocité dont Sa Majesté ne peut pas se départir. Tout concourt à faire présumer que Sa Majesté Impériale s'y portera sans peine. L'aigreur que cette discussion avoit causée paroît en effet calmée, à en juger par les ouvertures qui nous ont été faites, à plusieurs reprises et de différents côtés, et témoignant le désir qu'a cette princesse de renouer une correspondance directe. La crise actuelle des affaires générales pourra d'ailleurs favoriser le rapprochement des deux cours. Mais, malgré ces apparences, la prudence et la dignité du Roi exigent que le sieur Durand ne déploie pas son caractère à son arrivée à Saint-Pétersbourg et qu'il fasse auparavant adopter l'expédient auquel le Roi s'est arrêté. Il sera donc muni d'une simple lettre du ministre des affaires étrangères, pour l'accréditer auprès des ministres russes comme chargé d'affaires, en attendant qu'il puisse déployer son caractère pour la remise de la lettre du Roi à l'Impératrice de Russie.

On passe aux objets politiques qui doivent fixer l'attention du sieur Durand.

La crise violente où se trouvent les affaires du Nord et de l'Orient de l'Europe n'est point encore assez développée pour que le Roi puisse former un plan de conduite déterminée. Les affaires de Suède[2], celles de Pologne, la guerre entre la Russie et l'empire ottoman[3], sont autant d'objets majeurs à l'issue desquels

---

1. C'est pour de telles minuties que le gouvernement de Louis XV s'était décidé à renoncer à toute action sur la cour de Pétersbourg et à ne pouvoir rien empêcher de ce qui s'accomplit alors en Pologne !
2. Gustave III avait succédé le 12 février 1771 à son père Adolphe-Frédéric et avait commencé, dès l'ouverture de la Diète le 13 juin, sa lutte contre l'aristocratie. Il préparait la révolution royale qui devait éclater le 19 août 1772.
3. La Turquie, qui n'avait éprouvé que défaite sur défaite depuis le commencement de la guerre, avait envoyé ses plénipotentiaires au congrès de Foktchany, qui s'ouvrit le 19 avril 1772. Catherine avait confié la direction des négociations au

la grandeur du Roi et sa puissance ne lui permettent pas d'être indifférent. Nous devons être attentifs à saisir et à faire naître, s'il se peut, l'occasion d'exercer le rôle de puissance dominante qui appartient à Sa Majesté à tant de titres. Mais, l'esprit de modération et d'équité qui anime sa politique la portant à vouloir épargner à ses sujets et à la chrétienté les dangers et les maux d'une guerre ruineuse, l'attention de son ministre doit se borner à observer le cours des événements, à prévoir et à préparer, s'il se peut, les moyens de déployer son influence d'une manière à la fois glorieuse et utile.

Le partage de la Pologne, que les cours de Vienne, de Pétersbourg et de Berlin ont arrêté entre elles, fixe dans le moment actuel son attention principale, tant à raison de son ancienne alliance avec la République et de la protection qu'elle lui a toujours accordée que par rapport au maintien de la balance des puissances. Ce concert, vague sans doute, trop précipité et trop injuste pour être réfléchi et solide, semble encore susceptible de beaucoup d'incidents. La Russie n'a pu sans doute se résoudre qu'avec peine à voir le roi de Prusse recueillir le fruit principal de ses victoires : Catherine II doit sentir qu'elle prépare à l'Empire russe des dangers instants, dont cette puissance nouvelle, nécessairement inquiète et entreprenante par constitution, menacera la mer Baltique et les provinces russes les plus importantes. Cette princesse s'est à la vérité trouvée enchaînée par l'intérêt momentané d'en imposer à la fois à la Porte Ottomane et à la maison d'Autriche ; mais les prétentions de la cour de Berlin pourroient devenir si exorbitantes, ou d'autres conjonctures si favorables, que, rendue aux vrais intérêts de l'Empire, cette princesse cherchera peut-être à renverser un ouvrage que ses entreprises inconsidérées l'ont forcée de favoriser.

D'un autre côté, la cour de Vienne, entraînée par sa pusilla-

---

comte Grigori Orlof et à Obriézkof, que les Turcs avaient dû remettre en liberté. Les deux belligérants avaient écarté la médiation de l'Autriche et de la Prusse, représentées par MM. de Thugut et Zégelin. Le congrès se rompit en octobre. Il devait se réunir de nouveau à Bucharest, où un armistice fut conclu jusqu'au 21 mars 1773. Les hostilités recommencèrent le 13 juin 1773. Roumiantsof passa le Danube, éprouva d'abord quelques échecs ; les Russes repassèrent le fleuve, puis revinrent et battirent les Turcs à Choumla. Enfin, le 21 juillet 1774, fut signée la paix de Koutchouk-Kaïrnadji.

nimité et son irrésolution dans un système également destructif de ses intérêts les plus précieux et les plus immuables, de sa gloire, de sa considération et de sa sécurité, conservera secrètement le désir de maintenir l'équilibre dans sa proportion actuelle, plutôt que d'en chercher avec peine et danger une autre qu'elle devroit être certaine de ne pas trouver. La maxime fondamentale de son union avec la Russie, qu'elle paroît avoir conservée malgré le refroidissement réel qui a éclaté depuis plusieurs années entre ces deux cours, reprendra probablement son activité et son énergie à mesure que les liaisons qui résultent du concert sur le partage de la Pologne opéreront le rapprochement des esprits, et à mesure que le ministère autrichien pourra saper sourdement l'ascendant que le roi de Prusse conserve encore dans le cabinet de Pétersbourg, ascendant qui ne paroît tenir qu'à des dispositions personnelles, et à des antécédents qu'une cour aussi avide et aussi ambitieuse que celle de Pétersbourg peut oublier aisément. Enfin, le roi de Prusse a subjugué le Conseil de Russie par ses complaisances, par ses souplesses et par l'effet de sa position. On a soupçonné, dès le commencement des troubles actuels, que le prix d'une conduite pareille devoit être déterminé et capable de flatter l'ambition de Sa Majesté Prussienne. L'événement semble justifier aujourd'hui cette conjecture, et le roi de Prusse, commençant à se nantir de la portion que la Russie lui a accordée ou qu'il s'assigne lui-même, paroît bien résolu à ne pas lâcher sa proie, et emploiera sans doute pour la conserver la même contenance qui l'a conduit à préparer un événement aussi extraordinaire et aussi incroyable.

Tels sont les principaux traits d'un tableau dont le sieur Durand connoît d'autant mieux les détails qu'il a vu l'origine des affaires actuelles, et qu'il a depuis été témoin des gradations par lesquelles la complication de tant d'intérêts est parvenue au dernier période de sa crise.

On n'ajoutera ici qu'un coup d'œil léger sur la diversité des intérêts de ces trois puissances relativement à la Porte Ottomane. Le roi de Prusse devroit la regarder comme un contrepoids qui lui est également utile contre la Russie et contre la maison d'Autriche. Celle-ci, en s'applaudissant de voir les Turcs humiliés et affaiblis, appréhende que la Russie ne pousse ses avantages ou ne profite de ses dépouilles au point de rompre toute balance, et, par conséquent, de détruire l'intérêt capital qui fondoit l'union essentielle des deux Empires, pour ne laisser subsister que des semences de jalousie et de division dans les différents points physiques et moraux de leur contact.

La Russie, de son côté, triomphante vis-à-vis des Turcs, ne cherche peut-être qu'à jouir à son gré du fruit de ses victoires, en tenant les cours de Berlin et de Vienne en échec l'une par l'autre. Si l'accroissement de la monarchie prussienne doit lui faire ombrage, le traité de Leurs Majestés Impériales [1] avec la Porte [2] et leur foiblesse actuelle ne doivent pas présenter l'image d'une alliance ferme, solide et utile. Du côté des Turcs, rien n'engage Catherine II à borner ses prétentions, dès que la cour de Vienne a décelé la crainte décidée de faire la guerre; et, par une suite de cette même position, cette princesse se flatte peut-être de trouver, à l'issue de la guerre, l'alliance du Nord toute formée. Elle seroit redevable à sa bonne fortune d'un ouvrage qu'elle ne pouvoit sans présomption regarder comme possible. La seule conclusion qu'il soit, dans l'instant présent, possible de tirer de tant de considérations opposées, c'est que le concert établi entre les trois cours et l'ouvrage de la pacification pourront encore être susceptibles de beaucoup de difficultés, et c'est l'observation exacte de tout ce qui pourra y être relatif, qui doit faire une des principales occupations du ministre plénipotentiaire du Roi. Sa Majesté s'en remet à son expérience, à son zèle et à sa dextérité pour se ménager les moyens d'être instruit, avec précision et à temps, des négociations qui occuperont le cabinet

---

1. Marie-Thérèse et Joseph II.
2. C'est le traité du 6 juillet 1771 que les Turcs, effrayés par les victoires des Russes, conclurent avec M. de Thugut, internonce impérial à Constantinople. L'Autriche s'engageait à faire restituer à la Porte, ou « par la voie des négociations ou par la voie des armes », les territoires ou forteresses conquis par Catherine II, et de faire hâter la conclusion de la paix. Pour prix de cette alliance, le sultan promettait un subside en argent, s'engageait à assurer aux sujets autrichiens dans ses États le traitement de la nation la plus favorisée et à céder une partie de la Valachie. Le traité ne fut pas ratifié; les Turcs ne purent payer qu'une partie des subsides. L'Autriche changea de vues politiques et, le 9 mai 1772, Thugut décida les ministres du sultan à décharger l'Autriche de ses engagements, à la condition qu'elle s'emploierait à leur faire obtenir des conditions de paix honorables. En 1774, l'Autriche accepta sa part des dépouilles de son alliée de 1771 en s'annexant la Bukovine.

russe, des suites du rapprochement des deux Impératrices et des variations qui pourront survenir dans l'intimité qui règne entre le roi de Prusse et Catherine II. Les résolutions de la Russie vis-à-vis de la Porte et de la Suède sont également dignes de l'attention du ministre plénipotentiaire du Roi.

Il concevra aisément, d'après l'exposé qui vient d'être fait et d'après la connoissance qu'il a du tableau actuel de l'Europe et de l'éloignement extrême du Roi à paroître participer en quelque manière que ce soit au partage inique des États d'une République amie, que Sa Majesté n'a point d'instructions actives à lui donner sur tous ces objets; et elle se borne à lui recommander de s'appliquer à détruire les préjugés personnels et particuliers qui paroissent avoir occasionné et augmenté l'éloignement des deux cours[1]. Il tâchera de faire comprendre que jamais le Roi n'a mis dans sa conduite aucun ressentiment ni aucune animosité personnelle; que Sa Majesté rend justice aux talents et à la façon de penser de l'Impératrice de Russie; qu'elle n'a cessé de conserver le désir de vivre en bonne intelligence avec elle; qu'elle a souvent regretté, pour le bien général, qu'elle ne fût pas aussi intime que l'intérêt des deux Empires et de l'Europe l'eût peut-être exigé; et que sa conduite convaincra bientôt cette puissance de la sincérité de ces dispositions si elle marque de son côté les mêmes sentiments.

Quant au ministère de Sa Majesté, il se flatte que Sa Majesté Impériale rend justice aux sentiments de respect et d'admiration qu'il a conçus pour elle, et il sera très empressé à lui donner des preuves efficaces du désir qu'il a de resserrer les liens de la bonne amitié. L'envoi même de M. Durand peut tenir lieu de preuve.

On ne doit pas néanmoins se dissimuler que Catherine II peut nourrir un ressentiment secret contre la France, à laquelle elle impute tous les obstacles qu'elle a successivement éprouvés en Suède, en Pologne et de la part des Turcs, et peut-être de la maison d'Autriche. Mais les intérêts politiques qui divisent les souverains, dans certaines conjonctures, ne doivent pas produire des animosités personnelles et impuissantes, que la poli-

---

1. De France et de Russie.

tique réprouve; et on doit assez présumer de la prudence de Catherine II pour croire que les impressions qu'elle avoit manifestées à cet égard sont parvenues à leur terme; et les insinuations dont on a parlé plus haut semblent donner une sorte de certitude à cet égard.

Comme la position intérieure du gouvernement et de l'Empire russe doit faire l'objet perpétuel de l'attention et de l'observation du ministre plénipotentiaire du Roi, il convient de lui en tracer ici l'esquisse.

Il sait combien de sortes de dangers paroissent s'être accumulés sur la tête de Catherine II au commencement de son règne, combien de conjurations ont été formées contre elles[1], à quel point le gros de la nation abhorroit le joug d'une étrangère et les moyens par lesquels elle s'étoit approprié le sceptre qui sembloit devoir échapper de ses mains. Les sentiments du grand-duc paroissoient formés sur ceux de M. Panin, qui regrettoit d'avoir donné à sa mère la puissance souveraine qui lui appartenoit. Le clergé, avili et réduit au simple nécessaire, étoit censé armer sourdement la puissance irrésistible du fanatisme, et plusieurs d'entre les propres complices de son élévation, mécontents et maltraités, étoient regardés comme les plus ardents à détruire leur ouvrage.

Il semble que ce ne soit que par une espèce de miracle que Catherine II a pu échapper aux périls multipliés de sa position, et ce miracle, elle l'a dû plus à son étoile qu'à sa prudence.

Le moyen le plus apparent qu'elle avoit opposé au torrent qui sembloit l'entraîner à sa perte a consisté dans l'éclat de ses entreprises. Elle chercha à fixer l'attention de la nation russe sur des objets frappants au dehors et à nourrir son orgueil par de grandes vues et de grands succès. C'est peut-être le premier

---

1. Voyez, sur les années 1771 et même 1772, les rapports des envoyés britanniques dans *La Cour de Russie il y a cent ans*, pp. 254-255. Cathcart, dans une dépêche du 10 août 1771, dit que, des bruits fâcheux ayant couru sur la santé du grand-duc, « la populace ne vouloit rien moins que détrôner l'Impératrice et mettre le grand-duc à sa place... Soupçonnant qu'il était empoisonné, elle ne se gênait pas pour accuser de très hauts personnages. Dans cet instant, l'Impératrice sentit, outre les émotions d'une mère, le danger qui la menaçait si le grand-duc venait à mourir. » Gunning rapporte des troubles analogues en août 1772 et les précautions militaires dont s'entoura l'Impératrice. Enfin la grande jacquerie de Pougatchef allait commencer.

mobile de son activité inquiète et ambitieuse, et il faut convenir que l'événement a justifié son attente, peut-être au delà de ses espérances, car rien n'indique qu'il subsiste encore le moindre germe de fermentation, et l'issue vraisemblable de la guerre des Turcs achèvera de consolider son règne dont des revers soutenus eussent probablement amené la fin.

Malgré ces apparences, les Russes sont si inconstants et leur amour pour le sang de Pierre I$^{er}$ [1] est si puissant sur le gros de la nation, qu'une révolution qui auroit pour but de placer le grand-duc de Russie sur le trône seroit toujours facile. Cet objet exige donc l'attention du sieur Durand. Le développement du caractère et des sentiments de ce jeune prince est surtout de la dernière importance, et, l'âge devant continuer à opérer d'une manière marquée, le ministre plénipotentiaire du Roi se trouvera probablement en état de satisfaire la juste curiosité du Roi à cet égard et de fixer l'idée que Sa Majesté doit se former des symptômes de vigueur et d'impatience que le grand-duc a quelquefois laissé échapper, et qui paroissent déceler une âme d'une trempe à laquelle la foiblesse de sa constitution physique ne répondoit pas [2].

Quant à l'administration, Catherine II paroît tenir les rênes d'une main ferme. La rivalité qui a longtemps régné entre MM. Orlow et Panin sembloit conduire à des divisions d'autant plus funestes que l'âme austère et républicaine [3] de ce ministre gémissoit de l'ascendant d'un favori sans lumières, qu'il ne regar-

---

1. Le grand-duc Paul, arrière-petit-fils de Pierre le Grand. Voyez ci-dessus, p. 9, note 3.
Il y avait toujours de temps à autre des complots, en faveur du grand-duc. L'une des plus curieuses parmi ces tentatives fut la révolte au Kamtchatka (1771-1772) de Beniowski, ce gentilhomme hongrois qui devait jouer plus tard un si grand rôle dans les affaires françaises de Madagascar. Voir l'*Archive russe* de BARTÉNIEF, année 1865, pp. 637 et suiv.

2. L'envoyé britannique Henry Shirley le jugeait mieux : « Il n'a pas assez de courage ni assez de résolution pour agir contre sa mère. La faiblesse de son caractère égale celle de sa constitution. » Panine est tout aussi « incapable d'une action hardie; il est trop irrésolu et trop indolent ». Dépêche du 31 juillet 1768. *La Cour de Russie il y a cent ans*, pp. 249-250, et Soc. imp. d'hist. de Russie, t. XII, p. 334.

3. L'austérité républicaine de Panine! Les agents britanniques nous le représentent comme habile et intelligent, mais « indolent », n'ayant jamais hâte de terminer les affaires, « aimant les plaisirs et la dissipation », lancé dans la galanterie, passant pour être le père de la princesse Daschkof, pris ensuite d'une « passion d'écolier » pour la princesse Strogonof, née Voronzof. Mais sir George Macartney, qui, comme tous les agents britanniques, devait être bien renseigné sur le tarif des consciences de courtisans, dit : « C'est certainement un homme incorruptible ». *La Cour de Russie il y a cent ans*, pp. 232, 242-244. — Voyez ci-dessus, pp. 212, 219, 220, 235, 274.

doit que comme un soldat. Mais, si M. Panin lui-même étoit nécessaire à Catherine II pour la préserver des complots dont son fils pouvoit être le prétexte, le comte Orlow lui étoit tout aussi nécessaire pour contenir par la crainte le peuple et les grands. De là, les complaisances de Catherine II furent partagées, et sa politique, cédant tantôt à l'une et tantôt à l'autre influence, détermina les variations qu'on remarqua longtemps dans sa conduite, surtout relativement à la Pologne. Le comte Panin étoit l'ami de Stanislas-Auguste et le comte Orlow le haïssait comme s'il eût encore été son rival.

Livrée aux Orlow dans son intérieur, l'Impératrice assaisonnoit de grâces la confiance indispensable qu'elle accordoit au comte Panin dans les grandes affaires. A force de cajoleries, de patience et de bienfaits, elle est parvenue à subjuguer ce ministre, et les premiers succès de la guerre contre les Turcs furent le signal et l'occasion de sa réconciliation avec le comte Orlow, dont les intentions droites, le bon sens et la modestie sont dignes d'estime et suppléent les talents[1]. La suite des événements tels qu'on les connoît paroît garantir la sincérité de cette réconciliation, depuis que l'éloignement du général Panin[2], dont l'âme est plus audacieuse et l'humeur plus exigeante que celle de son frère, eut cimenté l'intelligence des deux chefs et l'union des deux partis pour le bien de l'Empire.

Telles sont les notions que nous avons sur la position actuelle de cette cour. Ce sera au ministère du Roi à la vérifier, à en observer les variations et à fixer successivement, par ses découvertes ou par ses réflexions, l'idée que le Roi et son ministère doivent s'en faire.

L'influence des autres personnes en place paroît nulle ou du moins peu considérable.

1. Dépêche de lord Cathcart, 17 mars 1769 : « Le comte Orlof est un homme doux, poli, humain, accessible, et ses manières avec sa souveraine sont très respectueuses. Il a très peu d'éducation, mais il a un très remarquable esprit naturel, sans la moindre prétention, ce qui, dans ce pays, est un éloge qu'on ne peut donner qu'à très peu de gens. Il a pris beaucoup de peine, dans ces dernières années, pour s'instruire, et non sans succès... Je crois pouvoir affirmer que c'est un galant homme, sincère, véridique et plein de bons sentiments. » *La Cour de Russie il y a cent ans*, p. 241, et *Soc. imp. d'hist. de Russie*, t. XII, p. 429.

2. Le général Paul Ivanovitch Panine, envoyé à l'armée contre les Turcs, où il se distingua.

Le prince Galitzin, vice-chancelier[1], qui, par son poste, a part aux affaires, n'est guère qu'un instrument mécanique dans les mains de l'Impératrice, et l'ascendant de M. Panin l'éclipse totalement. Cependant le ministre plénipotentiaire du Roi lui rendra les hommages dus à la dignité dont il est revêtu et à ses bonnes intentions. On le regarde comme étant de bonne foi le partisan du système de l'union de la Russie avec la France, pourvu que cette alliance fût liée avec celle de la maison d'Autriche.

M. Panin, plus décidé peut-être pour cette union prise indéfiniment[2], doit inspirer plus de crainte que de confiance à cet égard, parce qu'il préféreroit l'alliance de la France à toute autre, principalement par la raison que l'éloignement et le manque d'intérêts communs ne comporteroient pas que des alliés s'imposassent des chaînes embarrassantes.

Les Czernichew[3] paroissoient devoir jouer un rôle. Les talents du ministre de la guerre et la souplesse du vice-président de la marine[4] sembloient devoir consolider leur crédit, mais les divisions de MM. Panin et Orlow faisoient leur unique force, ainsi que l'événement de la réconciliation de ces derniers paroît l'avoir justifié.

Nous ne voyons pas, dans ce moment-ci, que d'autres personnes soient dignes d'une attention particulière. Le Roi recommande néanmoins à son ministre plénipotentiaire de lui rendre un compte exact de tout ce qui peut concerner les personnes qui peuvent avoir du crédit ou être sur le chemin de la faveur ou de l'autorité. La Russie est un pays si sujet à révolutions que les notions de ce genre doivent y avoir plus d'étendue que dans d'autres.

Il tâchera, au surplus, d'être instruit de tous les événements intérieurs de l'Empire russe et de tous les moyens que le gouvernement emploie pour achever de dissiper la barbarie et pour augmenter les ressources dans tous les genres. Il ajoutera à ses relations des notions sur la situation des Russes vis-à-vis des

---

1. Voyez ci-dessus, p. 191, note 1. Il fut remplacé en 1775 par le comte Ivan Andréévitch Ostermann (1725-1811).
2. C'est-à-dire sans traité formel ni stipulations précises.
3. Voyez ci-dessus pp. 178-179.
4. Du Collège de la marine.

peuples qui remplissent et bordent les vastes contrées de l'Empire russe en Asie. En un mot, le Roi désire d'être instruit de tous les événements, soit publics, soit particuliers, qui pourroient intéresser le bien de son service ou sa curiosité personnelle, contribuer à rendre la Russie florissante au dedans et formidable au dehors, et former des traits dans le tableau de ce vaste Empire dont les accroissements et la politique doivent exciter la vigilance de toutes les puissances de l'Europe.

Un objet qui mérite particulièrement l'attention du ministre plénipotentiaire du Roi, c'est le commerce actif et passif de la Russie du côté de la Chine, de la Perse, de la Géorgie, sur la mer Baltique et surtout vers la mer Noire, dans le cas où la paix avec les Turcs leur en accorderoit la navigation. Jusqu'ici les Anglois ont été à peu près les maîtres du commerce extérieur, et ils tiennent, soit par leur traité[1], soit par leurs arrangements, la Russie dans une telle dépendance que, malgré la résolution souvent annoncée et l'intérêt vivement senti d'établir la concurrence des différentes nations dans les ports de la Baltique, le ministère russe a toujours éludé de conclure avec nous le traité de commerce nécessaire pour tourner les spéculations de nos armateurs vers ces contrées septentrionales.

La nature même des productions et du commerce respectif sembloit cependant inviter les deux nations à former ces liaisons. Le seul objet des diverses fournitures pour notre marine militaire et marchande seroit immense, et nous aurions de quoi les payer abondamment par nos vins, nos eaux-de-vie, nos fruits, nos huiles, café, sucre, etc., que les Hollandois et d'autres nations portent en faisant un bénéfice de la seconde main sur les matériaux russes qu'ils apportent en échange au consommateur françois.

Des intérêts si évidents doivent tôt ou tard produire leur effet. Le zèle du ministre du Roi doit s'occuper à en préparer à en hâter l'événement, de concert avec le consul général de Sa Majesté. On ne peut, au surplus, que s'en rapporter aux instructions qu'il recueillera sur les lieux. La seule pièce essentielle qu'on

---

1. Du 19 août 1765. Voyez ci-dessus, pp. 50, 139, 222, note 2, 231.

puisse lui communiquer ici sur cet objet consiste dans le projet de traité de commerce rédigé et discuté pendant la mission du sieur baron de Breteuil[1], avec des observations qui donnent quelques notions fixes sur cette matière; cette pièce sera jointe au présent mémoire.

Il resteroit à donner ici une idée du caractère et des affections des différents ministres étrangers résidant en Russie. Mais, le sieur Sabatier devant attendre son arrivée à Saint-Pétersbourg pour remplir cette tâche d'une manière plus instructive et plus intéressante, on se contentera de donner au ministre plénipotentiaire du Roi communication des dernières dépêches de ce chargé d'affaires où il rend compte du caractère de M. le prince Lobkowitz, sur la confiance duquel le ministre du Roi auroit dû le plus particulièrement compter, attendu la liaison intime des deux cours, qui n'a souffert aucune atteinte et que les ministres autrichiens devroient cultiver avec plus de soin que jamais. Le sieur Durand dissimulera néanmoins une conduite qui peut avoir des motifs personnels et préviendra M. le prince Lobkowitz de politesse, d'empressement et de confiance.

Celle qu'il convient de témoigner au ministre d'Espagne[2] doit néanmoins être plus entière; l'alliance indissoluble qui unit les deux souverains doit se manifester dans la conduite mutuelle de tous leurs ministres, et leur union ne peut particulièrement que produire des effets salutaires à Saint-Pétersbourg.

Nous n'avons, au surplus, rien de particulier à prescrire au sieur Durand vis-à-vis des autres ministres étrangers. Il saura de lui-même se conduire avec les égards dus au caractère dont ils sont revêtus. On se bornera à lui recommander que, s'il trouve le ministre d'Angleterre[3] disposé à s'ouvrir à lui sur les affaires actuelles, il doit ménager sa confiance et sa bonne volonté.

1. Voyez ci-dessus p. 173-174.
2. Le marquis de La Herreria. Voyez ci-dessus, pp. 241 et 246.
3. Lord Cathcart avait été rappelé à la fin de 1771, donnant pour prétexte la mort de sa femme; mais, d'après une lettre de Solms à Frédéric II, du 23 décembre 1771, sa cour était mécontente, « parce qu'on l'accuse de n'avoir pas mis assez d'activité dans ses négociations et d'avoir négligé de faire un traité d'alliance : en quoi j'oserais croire qu'on lui fait tort, et que qui que ce soit ne réussira pas mieux, à moins que l'Angleterre ne veuille se prêter aux vues de la Russie mieux qu'elle n'a fait jusqu'ici ». Il avait été remplacé par M. Gunning, dont on trouve également des extraits dans *La Cour de Russie il y a cent ans*.

Pour assurer le secret de la correspondance, on remet au sieur Durand plusieurs tables de chiffres dont l'état sera ci-joint et qui seront accompagnées d'un mémoire particulier sur leur usage et leur destination. Il n'est pas inutile de le prévenir que l'expérience a prouvé qu'on ne peut pousser trop loin en Russie la précaution pour garder les chiffres avec sûreté[1].

Quant au cérémonial, il n'existe aucune difficulté sur le traitement dû à un ministre plénipotentiaire, et le sieur Durand aura devant lui l'exemple de celui de Leurs Majestés Impériales. Il seroit par conséquent superflu de s'arrêter à cet objet.

La seule difficulté de ce genre qui se soit élevée regardoit l'étiquette du baisement de main, que l'Impératrice exigeoit comme un hommage qui lui étoit dû de droit; mais, cette prétention étant contraire à nos usages et à nos principes, et ne pouvant être assujettie à la réciprocité, Sa Majesté permit au baron de Breteuil, au marquis de Bausset et aux chargés d'affaires qui ont succédé à ce dernier de baiser la main à l'Impératrice, mais à titre de galanterie seulement, et nullement par l'effet nécessaire d'une étiquette de cour. Il leur fut en conséquence défendu de baiser la main du grand-duc de Russie, comme il fut défendu à madame la marquise de Bausset de baiser la main à l'Impératrice même[2]. Le sieur Durand se conformera à cette décision de Sa Majesté.

La cour de Pétersbourg ayant jugé à propos vers 1763 de retrancher une partie des franchises des ministres étrangers résidant à Pétersbourg et de les fixer à un taux indécent, le Roi jugea qu'il ne convenoit pas que ses ministres reçussent une grâce aussi médiocre d'une puissance étrangère, ni qu'on pût établir des fractions économiques sur les privilèges dont les ministres publics ont joui de tout temps. Sa Majesté ordonna en conséquence au sieur Bérenger et après lui au sieur marquis de Bausset et à ses successeurs de payer tous les droits, soit de leur premier ameublement, soit de leurs consommations journalières, sur le pied des tarifs ordinaires. Le sieur Durand se conformera à cette règle. Sa Majesté se réserve de le dédommager de ce qui concerne

---

1. Voyez ci-dessus, t. I, pp. 430 et suiv., 475 et suiv.; t. II, p. 280.
2. Voyez ci-dessus, pp. 232, 244-245, 279-280.

son premier établissement sur la note qu'il enverra des droits qui en auront été perçus[1].

Le Roi désire qu'à la fin de chaque année son ministre plénipotentiaire fasse dans un mémoire particulier le résumé non seulement de ses négociations pendant le cours de l'année, mais aussi celui des événements principaux qui se seront passés sous ses yeux. Il fera aussi entrer dans ses relations tout ce qui peut connoître l'état intérieur de la cour de Pétersbourg, ses forces de terre et de mer, son commerce et ses ressources en tout genre. Il comprendra aussi dans ce tableau général tout ce qui sera relatif au caractère et aux affaires de Catherine II, du grand-duc, des ministres et de toutes les personnes qui ont le plus de part à l'administration des affaires : en un mot, tous les objets qui pourront intéresser le service de Sa Majesté ou sa curiosité personnelle.

Le sieur Durand terminera sa mission par la rédaction d'un mémoire général qui constatera la situation où la cour de Pétersbourg se trouvera au moment de son départ relativement à tous les points qui pourront fixer l'attention du Roi.

Sa Majesté voulant au surplus que ses ministres après leur retour auprès d'elle remettent en original les instructions, les chiffres et tous les papiers concernant son service, le tout avec un inventaire sur la vérification duquel il leur est donné une décharge, le ministre plénipotentiaire du Roi voudra bien se conformer à cette règle.

Fait à Compiègne, le 24 juillet 1772.

Signé : Louis.

Plus bas :

Duc d'Aiguillon.

---

1. Déjà vu dans les Instructions précédentes. Voyez ci-dessus, pp. 233, 245, 279.

### INSTRUCTION SECRÈTE[1].

Comme le sieur Durand ne trouvera point à Pétersbourg de liaisons établies dans la vue de faciliter les moyens de s'instruire des événements qui peuvent intéresser le service du Roi dans des conjonctures aussi importantes que celles où la cour de Russie se trouve actuellement, Sa Majesté désire que son ministre plénipotentiaire cherche à se ménager quelques canaux secrets par lesquels il puisse être averti des résolutions du cabinet et des événements qui sont par eux-mêmes de nature à être tenus cachés.

Le Roi se confie dans la dextérité et dans la prudence du sieur Durand pour remplir un objet aussi délicat qu'important.

Plusieurs François occupent des places de confiance à Pétersbourg, l'affection nationale ménagée avec adresse et circonspection pourra offrir des ressources intéressantes. On a d'ailleurs fait part au sieur Durand de toutes les notions qui peuvent aider à le guider dans cette entreprise.

Le Roi sent néanmoins que des liaisons de cette espèce ne peuvent être formées sans des moyens pécuniaires. Sa Majesté autorise en conséquence son ministre plénipotentiaire à prendre à cet égard les engagements qu'il croira convenables. Sa façon de penser répond à l'attention qu'il aura de ménager les finances du Roi et de proportionner les rétributions à la valeur des services qu'on rendra à Sa Majesté. Comme il est d'ailleurs indispensable de semer avant de recueillir et de tâter les dispositions par de petites donations distribuées à l'occasion de quelques services isolés, le sieur Durand pourra employer dans cette vue quelques sommes modiques dont le remboursement sera ordonné sur le compte qu'il en rendra.

Compiègne, le 24 juillet 1772.

Signé : D'AIGUILLON.

---

1. Cette Instruction, qualifiée de *secrète*, n'en émane pas moins de la diplomatie officielle, et non pas de la Correspondance secrète. *A. E. Russie*, t. LXXV, à la suite de la pièce précédente.

INSTRUCTIONS SECRÈTES. — PROJET D'INSTRUCTIONS POUR M. DURAND NOMMÉ MINISTRE DU ROI A LA COUR DE PÉTERSBOURG. — JUILLET 1772 [1].

La distinction avec laquelle le sieur Durand a rempli les différentes commissions dont il avoit successivement été chargé en Pologne et en Angleterre, l'avoit fait choisir pour aller résider en qualité de ministre plénipotentiaire auprès de Leurs Majestés Impériales dans un moment où il falloit autant de pénétration que d'activité pour y découvrir et pour y suivre les négociations délicates que les circonstances les plus critiques devoient naturellement y occasionner; les nouvelles preuves qu'il y a données de son zèle et de ses talents l'ayant fait juger utile auprès de la cour de Russie dans les circonstances présentes, Sa Majesté s'est déterminée à la choisir pour aller y résider en qualité de ministre plénipotentiaire.

Cette nouvelle destination peut être sujette à différents désagréments, vu le peu de concert qui existe entre les deux cours et les prétentions d'égalité et peut être de préséance que Catherine II paroît avoir formées. Mais elle peut devenir aussi intéressante que distinguée relativement à la réunion intime qui doit se faire des deux Impératrices pour arrêter, comme il seroit de leurs intérêts réciproques, les projets d'agrandissements du roi de Prusse, puisqu'en partant de notre alliance présente avec la maison d'Autriche, nous devons nécessairement nous trouver dans le cas de prendre au moins quelque part indirecte à ce qui doit se traiter entre elles avant qu'elles puissent parvenir à terminer les troubles actuels du Nord.

Personne n'est mieux instruit que M. Durand des suites que peut avoir la paix qui se traite aujourd'hui entre la cour de Pé-

[1]. *A. É. Russie*, t. LXXXV (non folioté). — Pièce émanant de la Correspondance secrète. Voyez le Mémoire de Broglie au Roi, en date du 7 juin 1772, « sur la paix du Nord, le démembrement de la Pologne, et les suites que ces événements peuvent et doivent avoir sur le système politique de la France ». BOUTARIC, t. I, pp. 432 et suiv.

tersbourg et l'empire ottoman; personne ne voit mieux celles qui doivent résulter de la réunion des deux cours Impériales. Il est parfaitement au fait de l'intérêt que la France peut avoir d'empêcher le démembrement de la Pologne [1]; il est en état de bien apprécier ce qui doit résulter, pour le reste de l'Europe, de laisser tout le commerce de cette République entre les mains du roi de Prusse et celui de la mer Noire entre celles des Russes; il connoît les suites inévitables qu'auroit pour l'empire ottoman l'indépendance projetée des Tartares de Crimée et du Budgiack [2]. Il seroit donc inutile de lui en faire ici le tableau : il suffit de lui en rappeler une succincte idée pour qu'il dirige toute son attention vers ces différents objets, en attendant qu'un changement de circonstances entre la France et la Russie puisse le mettre à portée de développer sa sagacité dans des négociations directement analogues aux intérêts de notre commerce et à l'établissement de quelque apparence d'équilibre entre le Nord et le Midi.

Les connoissances exactes et recherchées que le sieur Durand a données au Roi relativement à la cour de Vienne [3], soit sur les différentes personnes qui composent la famille impériale, soit sur la façon de penser, le génie et le caractère des ministres qui ont la confiance de Sa Majesté l'Impératrice-Reine et de l'Empereur son fils, soit sur les personnes distinguées à la cour par leurs emplois, leurs talents ou par la faveur dont elles jouissent, soit enfin par le tableau intéressant qu'il a donné du militaire et des finances de cette même cour; tant de soins redoublés, qui constatent la continuation de son zèle, promettent au roi la même attention et les mêmes recherches de sa part, quand il aura résidé quelque temps à la cour de Pétersbourg, pour ne rien laisser ignorer à Sa Majesté de ce qui concerne tous ces différents objets.

Comme il est probable qu'on dirigera la route du sieur Durand par Berlin et par Varsovie, la connoissance qu'il a du génie du roi de Prusse le mettra peut-être à portée de pénétrer les vues

1. Il était trop tard. Voyez ci-dessus, p. 284.
2. Ce sera une des conditions du traité de Kaïrnadji, et le premier pas vers l'asservissement de ces peuples à la Russie. — Le Budgiak ou Buggiak est la région du Boug.
3. Pendant sa mission à Vienne de 1770 à 1772. Voyez ci-dessus, pp. 284-285.

de ce prince. L'étendue énorme des usurpations qu'il projette peut servir à cacher la détermination où il est de se restreindre à l'acquisition sûre de quelques-unes des provinces qui sont le plus à sa bienséance, et particulièrement de celles qui lui assurent la plus grande partie du commerce de Pologne. Mais, sans entrer dans une dissertation entre ce qui nous intéresse aujourd'hui et l'utilité que nous pourrions retirer dans la suite de l'agrandissement du roi de Prusse[1], M. Durand se bornera, autant que le peu de séjour le lui permettra, à tâcher de découvrir si les ouvertures d'alliance qu'il a paru faire lui ont été inspirées en vue de semer des soupçons ou de la mésintelligence entre le ministre d'Autriche et le nôtre[2], ou pour donner de la jalousie à Catherine II, ou bien si effectivement il cherche à s'allier avec la France dans la crainte que la réunion intime des cours de Vienne et de Pétersbourg ne devienne nuisible aux intérêts futurs de la maison de Brandebourg. M. Durand ne sauroit au reste être trop circonspect vis-à-vis d'un prince dont il est aussi difficile de pénétrer les véritables intentions qu'il seroit dangereux de lui déplaire ou de donner trop de confiance aux ouvertures insidieuses d'amitié et de liaison qu'il sait prodiguer à propos.

Quant au roi de Pologne, comme il a déjà fait toutes les tentatives que la position dans laquelle il se trouve peut lui permettre pour témoigner au Roi le désir qu'il a de former des liaisons intimes avec la France[3], et qu'il lui est naturel de souhaiter de parvenir à secouer le joug de la Russie, M. Durand entretiendra ce prince dans l'espérance dont on l'a flatté de saisir les occasions qu'il nous fournira d'établir une parfaite harmonie avec lui, de tâcher de le réunir aux confédérés et de s'opposer au démembrement de son royaume dès qu'il nous aura facilité les moyens de prendre part au traité qui doit mettre fin aux troubles actuels en réclamant les bons offices et l'assistance du Roi, après avoir protesté à la tête d'un parti quelconque de sa nation contre tout ce que la force et la violence sont à la veille d'opérer à son pré-

---

1. En vue de contenir l'Autriche ou la Russie.
2. A la cour de Berlin, la France était représentée par le duc de Guines depuis le début de 1769 (voyez les *Mémoires* de THIÉBAULT) et l'Autriche par le baron Van Swieten.
3. Voyez ci-dessus, pp. 220, 244, 250.

judice. M. Durand assurera ce prince qu'il n'y a rien eu jusqu'à présent de personnel contre lui ni contre l'Impératrice de Russie ; que toutes nos démarches n'ont eu pour but que de sauver la liberté polonoise, de conserver l'intégrité du territoire de la République et de témoigner le vif intérêt que Sa Majesté et son Conseil ont toujours pris au bien général de la Pologne.

Au reste, les instructions qui seront données au sieur Durand par le ministre des affaires étrangères [1] serviront à diriger sa conduite dans le courant des affaires qui lui seront confiées. Mais, quoiqu'il ne puisse rien être inséré de contraire à ce qui lui est permis dans celle-ci, le Roi se réserve de lui faire passer par la Correspondance secrète ce qu'il jugera à propos d'y changer ou d'y ajouter, et Sa Majesté lui recommande de la suivre avec le plus d'exactitude et d'activité possible, se conformant au surplus pour cette correspondance à la forme qui lui est prescrite par l'ordre qu'il trouvera joint à la présente Instruction.

Fait à Compiègne, le .... juillet 1772 [2].


La présence de M. Durand à Pétersbourg [3] n'empêcha pas les événements de s'accomplir. En septembre 1772, les trois puissances du Nord signifient au roi et à la diète de Pologne les traités de partage [4]. Mais, comme une compensation à notre échec diplomatique, la Suède, grâce à l'habileté et à l'énergie de Gustave III, par le coup d'État du 19 août, s'affranchit de l'anarchie qui lui préparait un sort semblable à celui de la Pologne et échappa aux conséquences d'une entente entre la Russie, la Prusse et le Danemark qui aurait eu pour conséquence le démembrement de la monarchie [5]. Les Turcs, battus dans toutes les campagnes, furent forcés de signer la paix de Kaïrnadji (21 juillet 1774), qui leur coûta Azof, Kinburn, les forteresses de Crimée ; ils reconnurent l'indépendance des Tatars du Boug, de la Crimée, du Kouban, le droit d'intervention des ambassadeurs russes en faveur des populations chrétiennes, le droit des navires marchands

---

1. Le duc d'Aiguillon.
2. Comme pour toutes les dépêches où manque la date précise, on peut douter si celle-ci a été envoyée à destination.
3. Voir des extraits de ses dépêches dans *La Cour de Russie il y a cent ans*.
4. Voyez ci-dessus, p. 226, note 3, la bibliographie de la question.
5. A. Geffroy, *Gustave III et la cour de France*. Voyez ci-dessus, p. 264, note 2.

de la Russie à passer par les détroits. Ainsi notre système de politique orientale était bouleversé : la Pologne démembrée, la Turquie démantelée ; la Suède seule se maintenait encore.

Dans l'Instruction du 28 décembre 1774 au baron de Breteuil s'en allant comme ambassadeur extraordinaire à la cour de Vienne, on apprécie en ces termes les services qu'avait rendus M. Durand pendant sa mission en Russie et l'état des relations entre les deux cours[1] :

« Le sieur Durand est parvenu à éclairer une bonne partie de la nation (russe) sur la fausse politique que le gouvernement suit ; mais ses progrès pour dissiper les préventions de la souveraine ne sont pas encore sensibles, et le ministère continue à être livré à des insinuations étrangères. Dans cette position, le Roi ne peut former aucun plan de négociation positive ni même éventuelle avec cette cour, et il ne peut qu'attendre les événements pour juger si la cour de Vienne, malgré le changement des circonstances, reprendra ses projets d'unir les trois puissances. »

En France, un règne nouveau et un système nouveau de politique extérieure commençaient. Le 10 mai 1774, Louis XV mourait et laissait le trône à Louis XVI. Le comte Gravier de Vergennes[2], qui avait été ambassadeur à Constantinople (1755-1768) et à Stockholm (1771-1774), que le feu Roi avait initié à la Correspondance, succédait à d'Aiguillon le 21 juillet 1774. Alors eut lieu la liquidation de la Correspondance secrète[3] et l'examen des pièces qui l'avaient constituée : l'examen en fut confié par Louis XVI à MM. de Vergennes et du Muy. En ce qui concerne M. Durand, cette enquête fit ressortir sa parfaite loyauté, son entière fidélité et même son habileté à remplir les diverses missions dont il avait été chargé[4]. En tout cas, avec l'avènement de Louis XVI se clôt la Correspondance secrète.

En août 1775, M. Durand eut pour successeur à Pétersbourg le marquis de Juigné.

---

1. A. Sorel, *Instruction*, etc. *Autriche*, p. 497.
2. Voyez ci-dessus, p. 38, note 2.
3. Le duc de Broglie, *le Secret du Roi*, t. II, pp. 521 et suiv.
4. Boutaric, t. II, Mémoire du comte de Broglie au comte du Muy et de Vergennes. Voyez, en ce qui concerne les missions de M. Durand : pp., 464, pour la mission de Pologne ; 457-458, pour la mission d'Angleterre ; 457, pour la mission de Vienne ; 467, pour la mission de Russie. — Le comte de Broglie, chef de la Correspondance, fut lui-même justifié par une lettre de Louis XVI du 1er mai 1775 ; *ibid.*, p. 496.

XXXIX.

## LE MARQUIS DE JUIGNÉ

MINISTRE PLÉNIPOTENTIAIRE

1775-1777

L'objet pour lequel les diplomaties française et russe avaient été surtout en lutte, c'est-à-dire l'intégrité de la Pologne, n'existait plus ; restait à savoir si la Russie, après avoir porté une si grave atteinte à l'ancien système d'équilibre européen, ne voudrait pas se prêter au maintien de cet équilibre sous une forme nouvelle, et si, assez mal partagée en somme dans les actes de 1772, forcée d'abandonner aux deux cours allemandes de si vastes provinces de cette Pologne qu'elle eût pu garder tout entière sous son protectorat, elle ne se montrerait pas inquiète des ambitions de la Prusse et de l'Autriche, et plus disposée à écouter les conseils désintéressés de la France. C'est ce sentiment que nous avons vu déjà percer dans les instructions données par le duc d'Aiguillon à M. Durand[1].

La mort de Louis XV (10 mai 1774) faisait disparaître de la scène une influence qui s'était presque toujours exercée dans un sens hostile à la Russie ; ce prince pouvait difficilement oublier tant de mécomptes personnels, tant de froissements d'amour-propre, tant d'échecs de sa diplomatie officielle et surtout de sa diplomatie secrète, et il y avait des offenses, également personnelles, que Catherine II pouvait difficilement lui pardonner. L'avènement de Louis XVI amenait donc une détente dans les relations des deux cours ; le jeune Roi congédiait les ministres de son grand-père et liquidait les affaires embrouil-

---

1. Voyez ci-dessus, p. 292.

lées de la Correspondance secrète; il inaugurait une période de rapports plus amicaux entre les deux cours.

Pour une politique nouvelle, il fallait un représentant nouveau. M. Durand avait été trop engagé dans la politique de lutte à outrance contre la Russie; Louis XVI et de M. de Vergennes[1] attendaient autre chose du marquis de Juigné, maréchal des camps et armées du Roi, envoyé comme ministre plénipotentiaire à Pétersbourg.

Le marquis de Juigné partit de Paris, en juin 1775, accompagné du chevalier Bourée de Corberon, son secrétaire; il arriva le 12 août à Moscou, où la cour se trouvait alors, et y séjourna jusqu'au départ de celle-ci pour Pétersbourg, dans les premiers jours de janvier 1776.

Dans l'Instruction qui va suivre, il n'est pas encore question de nouer des relations politiques, mais de dissiper les malentendus et les préjugés, de travailler à rapprocher les deux cours et les deux peuples, de préparer la conclusion d'un traité de commerce.

Catherine II vit arriver le marquis avec plaisir. Elle écrivait à Grimm, le 16 août 1775 : « Votre M. de Juigné est arrivé. Je l'ai vu hier. *Sti-là*[2] n'a pas l'air d'un étourdi. Je prie Dieu qu'il lui élève l'esprit au-dessus des rêves creux, des fièvres chaudes, des grosses et lourdes calomnies, des bêtises et des transports au cerveau politiques de ses prédécesseurs, et surtout qu'il le préserve du radotage sur toutes les matières du dernier[3], et du fiel, bile et hypochondrie noire et atrabilaire de la petite canaille ministérielle qui les a devancés tous les deux. *Amen*[4]. »

---

1. M. de Vergennes, dont nous connaissons déjà (voyez ci-dessus, p. 38, note 2) la carrière et les services diplomatiques, prêta serment au Roi comme ministre des affaires étrangères le 21 juillet 1774. D'Aiguillon avait donné sa démission à l'avènement de Louis XVI, et le ministre d'État Bertin avait fait l'intérim des affaires étrangères.

2. Celui-là. *Sti-là* est une façon assez ordinaire à Catherine II dans ses lettres à Grimm, avec lequel elle ne se piquait pas d'autant de tenue classique qu'avec Voltaire.

3. M. Durand.

4. Lettres de Catherine II à Grimm, dans le tome XXVII de *Soc. imp. d'hist. de Russie*. Les lettres de Grimm à Catherine sont dans les tomes XXXII et XLIV. Voyez aussi le tome II, pp. 324 et suiv., qui contient un mémoire de Grimm exposant l'histoire de ses relations épistolaires avec l'Impératrice de 1774 à 1796.

MÉMOIRE POUR SERVIR D'INSTRUCTION AU SIEUR MARQUIS DE JUIGNÉ, CHEVALIER DE L'ORDRE ROYAL ET MILITAIRE DE SAINT-LOUIS, MARÉCHAL DES CAMPS ET ARMÉES DU ROI, ALLANT RÉSIDER EN QUALITÉ DE MINISTRE PLÉNIPOTENTIAIRE DE SA MAJESTÉ AUPRÈS DE L'IMPÉRATRICE DE TOUTES LES RUSSIES. — 20 MAI 1775[1].

L'opinion avantageuse qu'on a donnée au Roi du zèle, des talents et de la prudence du marquis de Juigné, a déterminé Sa Majesté à lui confier une mission aussi délicate et aussi importante que celle de Russie. Elle est bien persuadée qu'elle aura lieu de s'applaudir de son choix, qu'il lui rendra des services également agréables et utiles et qu'il s'acquittera de ses fonctions à son entière satisfaction et au contentement réciproque de la cour de Moscow. C'est pour lui en faciliter les moyens que le Roi a ordonné de résumer brièvement dans le présent mémoire les objets relativement auxquels Sa Majesté croit nécessaire de le prévenir de ses intentions. On se dispensera de rappeler les détails que le ministre plénipotentiaire du Roi a vus dans la correspondance de son prédécesseur, ainsi que dans celle du ministère avec lui, et on se bornera à quelques résultats et aux points de vue les plus intéressants et qui méritent le plus de fixer son attention et sa vigilance.

Comme la position intérieure du gouvernement et de l'Empire russe doit faire l'objet perpétuel de l'observation du ministre plénipotentiaire du Roi et la mesure de l'intérêt politique et des entreprises de cette cour, il convient de commencer par en tracer une légère esquisse.

Le marquis de Juigné sait combien de sortes de dangers paroissoient s'être accumulés sur la tête de Catherine II au commencement de son règne[2]. La nation abhorroit le joug d'une

1. *A. E. Russie*, t. XCVIII, fol. 142. — La correspondance du marquis de Juigné se trouve dans les tomes XCVIII à C de *A. E. Russie*.
2. Le développement qui suit se retrouve dans plusieurs des Instructions précédentes. Voyez ci-dessus, pp. 274 et suiv., 293 et suiv.

étrangère et les moyens par lesquels elle s'étoit approprié un sceptre qui sembloit devoir lui échapper des mains. Le clergé, avili et réduit au simple nécessaire, réunit sourdement contre elle la puissance irrésistible du fanatisme et plusieurs d'entre les complices de l'élévation de cette princesse, mécontents et mal traités, étoient regardés comme les plus ardents à détruire leur ouvrage.

Ce n'est que par une espèce de miracle que Catherine II est échappée à tant de périls, et ce miracle, elle le doit plutôt à son étoile qu'à sa prudence.

En effet, l'amour extrême des peuples russes pour le sang de Pierre Ier eût rendu facile une révolution qui eût eu pour objet de placer le grand-duc de Russie sur le trône. C'est un problème de savoir s'il ne s'est pas trouvé un homme audacieux qui ait osé se servir de ses droits et de son nom comme d'un instrument pour la délivrance de la nation ou si le caractère de foiblesse et d'ineptie, qu'on a souvent supposé au grand-duc, a dégoûté de l'idée de le porter sur un trône qu'il eût mal rempli. Quelques preuves de dissimulation, qui rarement est séparée d'une sorte de force d'esprit, quelques symptômes de vigueur et d'impatience avoient à la vérité fait soupçonner que son âme étoit d'une trempe à laquelle la foiblesse physique de sa constitution répondoit mal. Mais, quoique l'opinion du Roi ne soit point entièrement fixée à cet égard, elle paroît indiquée par la sécurité même que l'Impératrice a montrée en se séparant, d'un côté, des Orlow[1] qui

---

1. Pendant que le favori Grigori représentait la Russie au congrès de Foktchany, un nouveau favori, le chambellan Alexandre Sémènovitch Vassiltchikof, qu'on appelait le beau Vassiltchikof, avait pris sa place. Au retour de Grigori Orlof, qui avait rompu le congrès en partie pour venir veiller à ses intérêts, « l'Impératrice a marqué la plus grande frayeur; la garde du palais a été doublée; on a changé toutes les serrures; tout le monde a été sur pied pendant plusieurs nuits... Le comte Orlof se conduit comme un homme qui veut reprendre sa manière d'être, ou se faire enfermer, pour ne rien dire de plus ». Lettres de M. Sabatier de Cabre du 2 octobre et du 30 octobre 1772. — M. Gunning écrivait : « L'élévation du nouveau favori pourrait bien être la cause de quelques changements; on a entendu dire à Alexis Orlof que c'était lui qui avait mis l'Impératrice sur le trône. » Dépêche du 15 septembre 1772. *La cour de Russie il y a cent ans,* pp. 268 et suiv. — La cour parut divisée en deux factions, pour ainsi dire, armées l'une contre l'autre. L'Impératrice eut du repentir ou de la crainte et parut sur le point de rappeler Grigori Orlof. Panine fit une résistance très vive; le grand-duc montrait contre les Orlof une violente animosité; une sorte de traité de paix survint : les Orlof furent comblés d'honneurs, de terres, d'argent. Grigori fut fait prince du Saint-Empire et grand-maître de l'artillerie.

Quant à Vassiltchikof, M. Durand, dans une dépêche du 18 mars 1774, assurait

paroissoient les appuis les plus solides de sa sûreté personnelle, et, de l'autre, en traitant avec légèreté et mépris le comte Panin, dont l'ascendant sur l'esprit du grand-duc lui a si longtemps concilié les égards et les cajoleries les plus soutenus. Si ce ministre conserve sa place, ce ne sera désormais que par l'influence du roi de Prusse, aux intérêts duquel il est entièrement dévoué.

Le ministre plénipotentiaire du Roi aura remarqué que Catherine II sait tenir les rênes de son autorité intérieure d'une main également ferme et adroite. Elle a balancé pendant longtemps l'ascendant des Orlow, qui lui étoient nécessaires, par le crédit du comte Panin, qu'elle craignoit. Alors ses complaisances furent partagées et sa politique même, en cédant tantôt à l'une et tantôt à l'autre influence, détermina les variations qu'on remarqua plusieurs fois dans sa conduite, surtout relativement à la Pologne. Le comte Panin étoit l'ami de Stanislas-Auguste, que le prince Orlow haïssoit comme s'il eût encore été son rival. Lorsqu'il convint aux intérêts de Catherine II de réunir ces deux personnages, elle effectua sans peine leur réconciliation. Mais cette époque parut marquer qu'elle secouoit le joug du favori et du ministre. De nouveaux goûts l'entraînèrent bientôt. Ce favori fut éloigné, et le comte Panin, essuyant toutes sortes de désagréments, ne pouvoit demeurer désormais en place que parce que son inertie ne lui laisse pas la force de la quitter [2].

Le résultat de ce tableau est que, malgré le mécontentement secret et réel de la nation, malgré le germe que la révolte de

---

que c'était un de ceux qui avait eu part à la mort de Pierre III. M. Gunning, dans sa dépêche du 15 mars 1774, le représente comme « d'esprit trop borné pour avoir aucune influence dans les affaires et pour partager la confiance de sa maîtresse ».

Aussi l'agent britannique annonce-t-il, dans la même dépêche, l'élévation du général Grigori Alexandrovitch Potemkine. *La Cour de Russie il y a cent ans*, p. 280. — L'Impératrice parlait alors de Grigori Orlof avec la dernière violence : « Il aime comme il mange, s'accommode autant d'une Kalmouke ou d'une Finnoise que de la plus jolie femme de la cour, et voici le *bourlaque* [hâleur de bateau, manant, rustre] tel qu'il est. Cependant il a un esprit naturel; il n'est pas méchant; sa passion est l'avarice. » Dépêche de Durand, 4 mai 1773. *Ibid.*, p. 273.

1. Gunning, dépêche du 25 mai 1775 : « Le crédit du comte Panine auprès de l'Impératrice diminue visiblement, et on m'assure que deux ou trois affaires différentes ont été expédiées dans les derniers temps par M. Ostermann et à l'insu de M. Panine. » *Ibid.*, p. 289.

2. Gunning, dépêche du 8 octobre 1772, dit « qu'il entra dans ces basses intrigues d'antichambre indignes d'un galant homme et surtout du premier ministre d'un grand Empire ». *Ibid.*, p. 270.

Pugatschew[1] peut avoir laissé parmi le peuple, malgré la politique destructive de l'intérêt de l'Empire que Catherine II a adoptée, et enfin malgré les craintes secrètes dont on sait que la timidité, qui forme essentiellement son caractère, la rend susceptible, cette princesse paroît assise solidement sur un trône auquel elle vient de procurer un nouveau degré de gloire et un accroissement d'avantages par sa paix triomphante avec les Turcs.

Il paroît évident que le moyen le plus apparent et le plus puissant qu'elle ait opposé au torrent qui sembloit l'entraîner à sa perte, a consisté dans des entreprises en elles-mêmes inconsidérées, mais dont l'éclat éblouissoit. Elle chercha à fixer ou plutôt à divertir l'attention de la nation russe par des objets frappants au dehors et à nourrir son orgueil par de grandes vues et par de grands succès. Ce fut là peut-être le premier mobile de son activité inquiète et ambitieuse, et il faut convenir que l'événement a justifié son attente peut-être au delà de ses espérances. Une paix glorieuse semble désormais consolider sa puissance, dont des revers soutenus eussent probablement marqué le terme.

Jusqu'à cette époque, la multitude des embarras qui sembloient devoir accabler cette princesse ne lui avoient pas permis de consulter les vrais intérêts de son Empire, ni peut-être de suivre les conseils de sa propre conviction. Enchaînée par l'intérêt momentané d'en imposer à la fois à la Porte Ottomane et à la cour de Vienne, Catherine II a cru devoir chercher un point d'appui dans une union étroite avec le roi de Prusse, que des convenances personnelles et quelques antécédents avoient déjà préparée. Les dangers instants que ce prince, également habile, avide et redoutable, savoit faire entrevoir, l'étourdissoient sur les suites de l'ambition inquiète d'une puissance entreprenante par constitution et par nécessité. Le désir de se venger de la Suède et de la faire rentrer dans le désordre dont la révolution glorieuse de

---

[1]. Émélian Pougatchef, un Kozak du Jaïk, s'était donné en 1773 pour Pierre III, avait soulevé toute la Russie orientale, battu des armées, menacé Moscou. Il fut pris en 1774 et exécuté à Moscou en 1775. Quoique la Tsarine, dans ses lettres à Voltaire, affectât de rire du « marquis de Pougatchef », il fit courir à l'Empire des dangers mortels. Voyez *le Faux Pierre III*, de Pouchkine, traduit par le prince Augustin Galitsyne, Paris, 1858.

1772 l'avait fait sortir[1], la crainte de l'issue d'une guerre en elle-même inégale et ruineuse, celle de se voir enlever une influence ancienne et prépondérante dans les affaires de Pologne, ont produit un système soutenu de complaisance et de foiblesse. Mais, les prétentions de la cour de Berlin devenant de jour en jour plus exorbitantes et son amitié plus impérieuse, il n'est pas hors de vraisemblance que Catherine II, rendue aux vrais intérêts de son Empire, rassurée sur tout ce qui intéresse sa sécurité personnelle, modérant désormais son ambition et calmant ses ressentiments, verra qu'elle n'a plus besoin du roi de Prusse; qu'elle n'a que trop favorisé les accroissements de sa puissance; qu'elle s'est donné en Pologne un concurrent dangereux, qu'elle devoit écarter des affaires de ce royaume; qu'elle lui a fourni les moyens de s'approprier les productions et le commerce des Polonois; qu'elle a mêlé, encore plus qu'ils ne l'étoient, les intérêts contraires des deux monarchies; qu'elle a mis ce prince en état de soutenir ses forces de terre sur un pied formidable et de fonder, d'un autre côté, une puissance maritime qui lui fournira un moyen de plus d'attaquer la Russie et de la tenir séparée du reste de l'Europe; enfin, qu'elle a procuré à ce prince entreprenant les moyens de jouer le premier rôle dans les affaires du Nord, sur lesquelles la Russie a prétendu jusqu'ici s'arroger une sorte de dictature.

Des résultats aussi évidents de tant de fautes accumulées ne peuvent échapper à la pénétration de Catherine II, dans un moment où, rendue à elle-même, elle jette un coup d'œil réfléchi sur le passé, le présent et le futur.

On peut donc, sans trop de présomption, prévoir que, tôt ou tard, le désir de renverser son ouvrage succédera à la faveur que ses entreprises inconsidérées l'avoient forcée à accorder à l'ennemi naturel de la Russie. Elle ne verra peut-être pas sans regret que le roi de Prusse partage, en quelque manière, les fruits de ses victoires, ni sans inquiétude qu'il se soit fortifié dans un point si voisin des provinces les plus importantes de l'Empire et qu'il mette une sorte d'ostentation dans des dispositions menaçantes.

---

1. Voyez ci-dessus, p. 305.

Ce prince est léger et inconsidéré ; il ne ménage ses amis qu'autant que l'exigence du besoin lui en fait une nécessité pressante[1]. Son caractère le porte sans cesse à donner sur lui des prises dont il est important de se tenir en mesure de profiter. L'humeur pourra faire en un jour ce que la saine raison et le sentiment d'un intérêt bien réfléchi ont été impuissants à opérer depuis si longtemps. On sent que l'aliénation personnelle de Catherine II contre la cour de Vienne, ainsi que contre nous, pourra soutenir encore pendant quelque temps Sa Majesté Prussienne dans l'esprit d'une princesse qui défère plus à l'enthousiasme qu'à la réflexion : mais ce même enthousiasme peut aussi rendre la révolution plus prompte qu'on ne l'envisage. Un seul dégoût suffiroit pour la déterminer et pour l'effectuer. Il est donc important que le ministre plénipotentiaire du Roi se tienne en mesure de profiter d'un moment aussi favorable, et c'est l'objet principal que Sa Majesté ne peut trop recommander à ses soins.

C'est beaucoup que l'Impératrice de Russie ait commencé à s'apercevoir des inconvénients de son système et à en appréhender les suites. Lorsque l'esprit est ébranlé, le retour semble plus facile. On ne voit pas d'ailleurs ce qu'elle auroit à craindre de la part du roi de Prusse quant à sa sûreté personnelle. Le tableau de la situation politique de cette princesse est en général on ne peut plus singulier. Elle redoute le roi de Prusse, dont elle ne croit pas pouvoir se séparer ; elle hait la cour de Vienne, avec laquelle il lui conviendroit cependant de se tenir plus unie ; elle n'a pas plus d'affection pour nous ; elle a beaucoup d'indifférence pour l'Angleterre, qu'elle ne considère que comme une société de marchands avides de gains et sans autre intérêt que celui de leur trafic. Il faut bien cependant, si elle ne veut pas être entièrement isolée, qu'elle fasse un choix. Le pis seroit de se remettre dans les brassières du roi de Prusse, qui ne cherchera sûrement pas à lui procurer l'influence prépondérante ni en Pologne ni ailleurs, et qui n'encouragera son amour pour la gloire que pour arriver plus sûrement à ses fins particulières. Si le Roi désire d'établir une liaison directe avec la Russie, elle ne doit jamais

---

[1]. La cour de France n'en avait fait que trop souvent l'expérience. Voyez les études de M. le duc de Broglie.

être l'ouvrage de l'influence de ce prince. Sa Majesté n'est disposée ni à la chercher ni à s'en servir. Ferme dans le système de son alliance avec la maison d'Autriche, elle ne veut se permettre aucune vue, même éloignée, qui pourroit troubler une union qu'elle croit aussi intéressante pour le bonheur général de l'Europe que pour la tranquillité des États respectifs. C'est sur cette base que le marquis de Juigné établira ses spéculations politiques et les démarches ou les insinuations qu'il sera à portée de faire. Si nous désirons de voir naître plus de confiance entre nous et la Russie, c'est moins par des vues d'utilité propre que pour la préparer à partager les dispositions qui nous sont communes avec la cour de Vienne pour la conservation d'une paix si nécessaire au bonheur de l'humanité. Ce sera la France qui pourra devenir le point de réunion des deux Impératrices, que des jalousies personnelles tiennent éloignées, et ce rôle honorable sera aussi conforme à la gloire personnelle du Roi qu'aux intérêts de sa couronne.

Le sieur Durand paroît avoir travaillé avec fruit à détruire les préjugés de la nation contre la France ; il s'agit de détruire également les préventions et l'animosité de la souveraine et de déterminer son opinion ou plutôt peut-être sa résolution.

Les intentions et les vues de Sa Majesté sont si justes et si nobles que son ministre plénipotentiaire ne risquera rien à les expliquer lorsque l'occasion s'en présentera. Le système qu'elle a invariablement adopté tend constamment à maintenir la paix avec ses voisins et la meilleure intelligence avec toutes les puissances de l'Europe. Incapable de former aucune vue qui ne se rapporteroit pas à la prospérité de ses sujets, elle verra sans inquiétude comme sans jalousie les avantages que d'autres pourront se procurer, pourvu qu'ils ne tendent pas à troubler la tranquillité générale. C'est à l'affermir sur les fondements les plus solides que Sa Majesté étend sa prévoyance et ses soins. Elle sera toujours très disposée à s'entendre et à se concerter amicalement avec celle des puissances qui se proposeront le même but. Nous ne nous flattons pas que ce soit celui du roi de Prusse : son génie inquiet et son ambition qui ne reposent jamais ne peuvent que l'en éloigner.

On doit ajouter ici une dernière observation. Il est possible que le nouveau favori[1] pense à changer le système auquel sa souveraine s'est montrée si affectionnée jusqu'à présent et à lui en substituer un plus analogue au véritable intérêt de l'Empire. Quelques-uns de ses discours peuvent lui faire supposer cette pensée et plus d'un motif peut lui en faire naître le dessein. S'il a la force de l'effectuer, il aura sans doute le courage d'en parler au ministre du Roi lorsqu'il sentira le besoin d'un concours plus désintéressé et moins onéreux que celui que le roi de Prusse a vendu et vend encore si chèrement à la Russie. Le marquis de Juigné se mettra donc en mesure d'exciter la confiance de M. Potemkin et de lui faciliter des ouvertures que Sa Majesté ne croit pas, dans l'état actuel des choses, devoir prévenir.

Elle a cru nécessaire de lui donner cette connoissance de ses sentiments et de ses vues pour régler son langage et sa conduite dans les occasions qui pourront se présenter et que la révolution du temps et des événements semble devoir amener. L'éloignement des lieux est trop grand pour pouvoir donner des conseils et des instructions au moment précis où ils pourroient être nécessaires. Une conjoncture favorable se perd avant qu'on puisse être autorisé à la saisir. Le ministre plénipotentiaire du Roi se trouve en état de ne pas laisser échapper celles qui pourront se présenter. Sa Majesté prend toute confiance dans son zèle, sa dextérité, sa sagesse

---

1. Il s'agit de Grigori Alexandrovitch Potemkine, dont la faveur date de la fin de 1772. Né en 1736, mort le 5/16 octobre 1791. Il fut feld-maréchal, gouverneur général de la Russie méridionale ou Nouvelle-Russie et du Caucase, prince de Tauride. Voyez sur lui les mémoires du duc de Richelieu dans le tome LIV de *Soc. imp. d'hist. de Russie*. M. Gunning, dans une dépêche du 15 mars 1774, rappelant la part qu'il avait prise au détrônement de Pierre III et ses services à l'armée contre les Turcs, ajoute qu'il « y était universellement détesté... Il est d'une taille gigantesque et disproportionné et sa physionomie est loin d'être agréable... Il paraît avoir une grande connaissance des hommes, et, quoiqu'il soit notoirement de mœurs très débauchées, il a d'étroites liaisons avec le clergé. » Il se rapprocha de Panine, afin d'obtenir, par lui, l'appui du grand-duc. Aussitôt après son élévation, il fut nommé, de général-major, général en chef, président du Collège de la guerre, membre du Conseil privé. Mais Gunning ajoute, le 22 novembre 1774 : « M. Potemkine s'occupe encore moins, s'il est possible, des affaires étrangères que faisait le prince Orlof. » *La Cour de Russie*, pp. 280-289. — Un moment, en 1777, Grigori Orlof parut reprendre de l'influence dans les affaires politiques, en même temps que l'Impératrice donnait, dans sa faveur personnelle, une série de rivaux à Potemkine, comme Zavadovski, fait prince en 1776, et congédié avec une riche dotation en 1777. Mais Potemkine garda la prépondérance, malgré ceux-là et malgré d'autres qui succédèrent, sans influence politique, à Zavadovski. Tout le tome XXVII de *Soc. imp. d'hist. de Russie* (*Papiers de Catherine II*) est capital pour l'histoire de Potemkine.

et son activité, et elle s'en rapporte à l'usage qu'il estimera convenable de faire selon les occurrences des sentiments qu'elle lui confie.

Elle lui recommande particulièrement de s'appliquer à achever de détruire les préventions personnelles et particulières qui paroissent avoir fomenté et augmenté l'éloignement des deux cours. Il tâchera de faire comprendre que la conduite personnelle du Roi, depuis qu'il est sur le trône, et celle de son ministre n'ont porté aucune empreinte de ressentiment d'animosité ou de mauvaise volonté; que Sa Majesté rend justice aux talents et à la façon de penser de l'Impératrice de Russie; qu'elle a constamment formé le désir de vivre en bonne intelligence avec elle; qu'elle a souvent regretté, pour le bien général, qu'elle ne fût pas aussi intime que l'intérêt des deux Empires et de l'Europe l'eût peut-être exigé; et que sa conduite convaincra de plus en plus cette princesse de la sincérité de ces dispositions, si elle la juge avec impartialité et si elle marque de son côté les mêmes sentiments.

Au surplus, il paroît qu'à moins d'une révolution totale dans les vues de Catherine II ce n'est pas le moment de former avec elle des liaisons purement politiques, qui sont toujours sans solidité lorsqu'elles manquent d'objets.

Le Roi auroit néanmoins un intérêt essentiel, pour son cœur et pour sa politique, s'il pouvoit espérer consolider la sécurité de la Suède par un traité formel ou par quelque moyen équivalent. Il a été question, à cet effet, de renouveler l'ancien traité de la Suède avec la Russie; mais le moment où cette négociation a été mise sur le tapis opposoit à son succès un obstacle invincible dans le dépit récent de Catherine II. Aujourd'hui, son ressentiment paraît calmé, et le temps qui adoucit tout, surtout dans une âme qui, comme celles de toutes les femmes, est susceptible des vives impressions du moment, semble l'avoir accoutumée à voir l'indépendance d'un voisin désormais trop bien affermie pour entreprendre de le réduire par la force dans l'état de son ancien avilissement. Catherine II est convaincue que son injustice envers lui ne s'exerceroit pas sans danger pour elle-même, et peut-être la certitude de fournir à la cour de Berlin de nouvelles occasions de s'approprier les fruits des triomphes de la Russie n'est-elle pas le moindre des motifs qui déterminent l'inaction de cette princesse, qui se bornera probablement à inquiéter par des intrigues un gouvernement qu'elle ne se flatte plus de renverser.

Cette position, qui rend le danger de la Suède moins pressant, pourra rendre plus faciles les moyens de l'en préserver. Mais le Roi ne croit pas de sa sagesse de faire des avances formelles à cet égard : ce sera à la dextérité du marquis de Juigné à démêler les dispositions de Catherine II à ce sujet, et à indiquer à Sa Majesté la possibilité et les moyens d'effectuer une vue aussi importante que celle qu'on vient de considérer.

Un autre point plus capable d'intéresser la Russie, si elle se livroit une bonne fois au sentiment de son intérêt, seroit le danger que l'ambition toujours active de la cour de Berlin, satisfaite en Pologne, ne refluât sur l'Allemagne et n'entraînât l'Empereur dans un projet de partage presque aussi facile à effectuer que celui de la Pologne[1], si l'on suppose que la Russie et la France soient disposées à le voir avec indifférence. Catherine II sentira facilement que le roi de Prusse pèseroit plus fortement sur la Russie par le poids que de nouvelles acquisitions en Allemagne, et particulièrement sur la mer Baltique, ajouteroient à la masse de la puissance prussienne. Elle concevra aisément que si la France entroit dans ce partage, où elle pourroit trouver son avantage, si elle ne comptoit pas la justice naturelle, les traités et les droits de propriété pour quelque chose, nulle puissance ne seroit en mesure de s'y opposer. Elle concevra, par une conséquence nécessaire, que le seul moyen d'empêcher un événement aussi funeste sera l'opposition du Roi, et que cette opposition, combinée avec celle de la Russie, élèvera une barrière insurmontable à l'avidité prussienne, quand même, contre toute attente et toute vraisemblance, la contagion pourroit être supposée gagner la cour de Vienne.

Quelque solide et en même temps quelque apparente que puisse être cette combinaison, dont au surplus le ministre plénipotentiaire du Roi ne fera aucun usage vis-à-vis la cour de Russie

---

1. Allusion à la succession éventuelle de Bavière, ou peut-être à des projets contre la Poméranie suédoise.

sans un ordre formel, on ne peut pas se flatter que l'Impératrice de Russie puisse en être frappée assez vivement pour en faire un objet principal de sa politique; et le résultat du coup d'œil qu'il n'a pas paru indifférent de jeter sur les deux objets qui viennent d'être traités conduit à répéter l'observation qui a occasionné cette discussion, c'est-à-dire que nous ne pouvons pas compter sur un intérêt politique réciproque et également senti entre la Russie et nous, et que, par conséquent, une alliance directe et formelle ne présenteroit point d'utilité réelle et palpable.

Le commerce peut seul démontrer cette utilité à la Russie. C'est pourquoi il est très important que le ministre plénipotentiaire du Roi suive l'ouverture que le ministère russe a faite à cet égard et les errements des instructions et des démarches de son prédécesseur.

On sait que Catherine II s'est procuré le moyen d'effectuer le projet que Pierre le Grand avoit formé de partager avec les Turcs l'empire et le commerce de la mer Noire[1].

Cette princesse est trop éclairée pour ne pas sentir tous les avantages qu'elle peut tirer de ses nouvelles acquisitions soit par des vues de conquêtes ou par des vues d'utilité. On ne s'arrêtera ici qu'à ces dernières.

Il est certain que si la cour de Pétersbourg veut tirer parti de la liberté, qu'elle vient d'obtenir, du commerce sur la mer Noire, nous sommes de toutes les nations de l'Europe celle qui, par notre situation, nos produits et nos besoins, peut lui donner plus d'activité et plus d'essor. On ne sait pas encore si la Porte, obligée de laisser battre le pavillon russe sur une mer dont tout pavillon étranger avoit été exclu jusqu'ici malgré les traités les plus formels, voudra étendre cette faveur à toutes les nations qui commercent en Turquie. La justice et la politique concourent à le lui conseiller. Ces motifs ne sont pas, à la vérité, toujours déterminants pour les Turcs; mais, quand bien même cette facilité nous manqueroit, nous n'en serions pas moins en état de donner les plus grands encouragements au commerce de la

---

[1]. Projet qui sera en partie réalisé par la colonisation de la Nouvelle-Russie, par l'acquisition de la Crimée et du Kouban, par les conquêtes dans le Caucase, et enfin par la fondation d'Odessa (1792-1794).

Russie. Il ne s'agiroit que d'être assuré d'un lieu d'entrepôt où l'on pourroit traiter des échanges ou des achats respectifs. Si on l'établissoit dans le canal de la mer Noire[1], qui y seroit très propre, il faudroit être rassuré contre le droit d'étape attribué à la ville de Constantinople qui s'étend à toutes sortes de denrées de subsistance et de munitions navales. Le port de Kersche[2] seroit plus propre au commerce que celui de Kinbourn[3], où l'affluence des marchandises seroit beaucoup plus bornée, eu égard aux cataractes qui rendent la navigation du Borysthène[4] très difficile. Mais, pour que le commerce dans cette partie puisse devenir utile, il ne faut ni privilèges ni faveurs pour une nation plutôt que pour l'autre, mais une liberté entière et la sûreté de n'être pas exposé à des vexations particulières. La Russie a cru donner un plus grand mouvement à son commerce dans la Baltique et dans la mer du Nord en accordant des préférences et des avantages aux Anglois. Elle en a exclu par là les autres nations, dont la concurrence auroit tourné au bénéfice de ce même commerce. Elle en a fait une espèce de monopole dont l'Angleterre seule tire un profit que la Russie auroit bien pu se réserver. On a lieu de penser que l'expérience a détrompé de cette erreur et que les Anglois ne trouveront pas la même facilité à accaparer le commerce du port de Kinbourn, pour lequel ils sollicitent un privilège exclusif, qu'ils ont trouvée ci-devant à se rendre maîtres de celui de Pétersbourg.

On croit en Russie que notre commerce y est absolument passif. Nous consommons néanmoins une quantité immense de denrées de cet empire; mais il nous tourne plus à compte de les acheter de la main des Anglois, parce qu'elles nous reviennent à meilleur marché que si nous les tirions directement de la source. Dans cette position, il ne s'agiroit que de nous donner les moyens de soutenir la concurrence, et, comme on a témoigné des dispositions à nous accorder des facilités, il s'agit de tâcher de savoir

---

1. Le Bosphore.
2. L'ancienne Panticapée ou Bosporos, port situé dans le détroit de Kertch, en face d'Iénikalé sur la côte d'Asie. Cédé à la Russie par le traité de Kaïnadji.
3. Kilbourn ou Kinburn, port situé à l'embouchure du Dniéper. Pris par les Français et les Anglais le 17 octobre 1855.
4. Dniéper.

en quoi elles peuvent consister. Le Roi se prêtera volontiers à tout ce qui sera praticable et d'un avantage mutuel.

Il y a longtemps que nos projets pour nous ménager les moyens de commercer et de naviguer dans la Baltique sont accueillis avec une sorte de faveur; mais ils n'en sont pas moins demeurés infructueux, malgré la résolution souvent annoncée et l'intérêt vivement senti d'établir la concurrence des différentes nations. Le ministère russe, gêné par les Anglois, qui sont à peu près les maîtres du commerce de l'Empire par leur traité et par leurs arrangements, a toujours éludé de conclure avec nous le traité de commerce nécessaire pour tourner les spéculations de nos négociants et de nos armateurs vers ces contrées septentrionales.

La nature même des productions et du commerce respectif semble cependant inviter les deux nations à former des liaisons suivies. Les diverses fournitures directes qui se feroient pour notre marine militaire et marchande feroient seules un objet immense. Nous aurions abondamment de quoi les payer par nos vins, nos eaux-de-vie, nos fruits, notre huile, notre café, sucre, etc., que d'autres nations portent en faisant un bénéfice de seconde main sur les consommateurs russes, comme ces mêmes colporteurs le font également sur les matières du produit de la Russie qu'ils apportent en échange au consommateur français.

Des intérêts si évidents devroient tôt ou tard germer et produire leur effet. Le zèle du ministre plénipotentiaire du Roi doit s'occuper à préparer et à hâter cet événement, de concert avec le consul général de Sa Majesté. On ne peut au surplus que s'en rapporter aux notions que le sieur Raimbert, vice-consul, homme très versé dans cette matière, pourra lui communiquer. La seule pièce essentielle qu'on puisse lui remettre sur cet objet consiste dans un projet de traité de commerce ébauché pendant la mission du baron de Breteuil. On y joint des observations qui donnent quelques notions fixes sur cette matière. Cette pièce sera jointe au présent mémoire.

Indépendamment des objets qui viennent d'être indiqués à l'activité de M. de Juigné, il tâchera d'être instruit de tous les événements intérieurs de l'Empire russe, de l'état de ses finances, de son militaire, de sa marine, de tous les moyens que le gouvernement emploie pour achever de dissiper la barbarie et pour augmenter ses ressources et ses avantages dans tous les genres.

Il ajoutera à ses relations des notions sur la situation de la Russie vis-à-vis des peuples qui remplissent ou bordent les vastes déserts de cet Empire en Asie. En un mot, le Roi désire d'être instruit de tous les événements, soit publics, soit particuliers, qui peuvent intéresser le bien de son service ou sa curiosité personnelle, qui peuvent tendre à rendre la Russie florissante au dedans et formidable au dehors et former des traits intéressants dans le tableau de ce vaste Empire dont les accroissements et la politique doivent à plus d'un titre exercer la vigilance et la prévoyance de toutes les puissances de l'Europe.

Pour assurer le secret de sa correspondance, on remet au marquis de Juigné plusieurs tables de chiffres, dont l'état sera ci-joint et qui seront accompagnées d'un mémoire instructif sur leur usage et leur destination. Il ne sauroit être trop attentif à faire observer par sa secrétairerie les règles indiquées, qui peuvent seules préserver ces chiffres du danger de l'interception. Au surplus, il n'est pas inutile de prévenir le ministre plénipotentiaire du Roi que l'expérience a prouvé qu'il ne sauroit pousser trop loin les précautions pour garder les chiffres avec sûreté[1].

Quant au cérémonial, il n'existe aucune difficulté sur le traitement dû au ministre plénipotentiaire du Roi. Le marquis de Juigné sera guidé à cet égard par le sieur Durand, et on est dispensé, en conséquence, de traiter cette matière en détail.

Sa Majesté désire qu'à la fin de chaque année son ministre plénipotentiaire fasse dans un mémoire particulier le résumé, non seulement de ses négociations pendant cette année et des négociations des autres cours à Pétersbourg, mais aussi celui des événements principaux qui se seront passés sous ses yeux, de ce qui concerne le cérémonial, de ce qui sera relatif au caractère et aux inclinations des princes et de leurs ministres, en un mot de

---

[1]. Voyez ci-dessus p. 280, notes 2 et 3, et l'affaire de La Chétardie.

tous les objets qui pourront intéresser le service ou la curiosité de Sa Majesté.

Enfin il terminera sa mission par la rédaction d'un mémoire général, qui constatera la situation où la cour de Pétersbourg se trouvera au moment de son départ relativement à tous les points qui pourront fixer l'attention du Roi.

Sa Majesté voulant au surplus que ses ministres, après qu'ils sont revenus auprès d'elle, remettent en original les instructions les chiffres et tous les papiers concernant son service, le tout avec un inventaire sur la vérification duquel il leur est donné une décharge, le ministre plénipotentiaire du Roi voudra bien se conformer à cette règle.

Fait à Versailles, le 20 mai 1775.

Louis.

Plus bas :

De Vergennes.

Voici la situation qui s'offrit au marquis de Juigné dès son arrivée en Russie. C'était un axiome parmi les diplomates que les cours de France et de Russie, surtout depuis le démembrement de la Pologne, étaient irréconciliables. La cour de Vienne[1], beaucoup parce qu'elle était notre alliée, un peu par suite de la différence de caractère entre les deux Impératrices, par conflit d'ambition entre Joseph II et Catherine II, n'était guère plus que la France en faveur à Pétersbourg. La Tsarine poussait l'animosité contre l'Autriche au point de favoriser les empiétements de Frédéric II et de lui permettre de reculer les limites du lot qui lui était échu dans le partage de la Pologne. Nikita Ivanovitch Panine, « premier membre » du Collège des affaires étrangères, était alors tout acquis, de même que sa souveraine, au *Système du Nord*, c'est-à-dire à l'alliance avec la Prusse et l'Angleterre ; mais son influence était balancée quelquefois par celle du favori en titre et toujours par celle d'Ivan Andréévitch Ostermann, nommé vice-chancelier en 1775.

L'Instruction au marquis de Juigné se compléta bientôt par des lettres importantes :

---

1. Voyez ci-dessus pp. 200, 233-234, 265-266, 277-278, 289-290. L'ambassadeur d'Autriche à Pétersbourg était alors le comte de Lascy. Voyez ci-dessous, p. 330, note 1.

LE COMTE DE VERGENNES A M. DURAND[1]. — VERSAILLES.
3 SEPTEMBRE 1775[2].

J'ai reçu vos lettres numéros 6, 7 et 8 des 24, 27 et 31 juillet.

J'ai fait lecture de toutes ces dépêches au Roi dans son cabinet. Sa Majesté a été très satisfaite de vos relations et des réflexions dont vous les accompagnez.

Elle a donné l'approbation la plus entière au sens dans lequel vous avez dirigé les recherches et les insinuations de M. le comte de Branicki[3]. Elle pense en effet que le langage que vous lui avez suggéré est le mieux adapté à la circonstance et le plus propre à porter la lumière tant sur les ouvertures faites par M. de Stackelberg[4] au roi de Pologne que sur le fond des dispositions de la Russie.

Il y a longtemps que nous avons démêlé dans la conduite de Catherine II en Pologne le désir de réparer les fautes dans lesquelles une déférence aveugle pour le roi de Prusse, sans doute fortifiée par les embarras de la circonstance, l'avoient entraînée. Toute sa conduite depuis la paix a concouru à nous affermir dans cette conjecture. Sa résistance ouverte et décidée à tout accrois-

---

1. La lettre est bien adressée à M. Durand, mais le marquis de Juigné avait déjà pris possession de son poste, et c'est lui qui la reçut.
2. *A. E. Russie*, t. XCVIII, fol. 465.
3. François-Xavier Branicki, grand hetman de la couronne de Pologne, faisait de l'opposition, de concert avec le prince Adam Czartoryski, au roi Stanislas Poniatowski. Il était en lutte également avec Stackelberg : il vint à Pétersbourg demander le rappel de ce ministre. Potemkine soutenait Branicki, et Panine défendait Stackelberg. SOLOVIEF, *Histoire de la chute de la Pologne*, p. 150. — Ce Branicki, plus tard, épousa une nièce de Potemkine, Alexandra Vassiliévna Engelhardt. Potemkine, en 1782, demanda pour lui l'ordre de Saint-Alexandre Nevski; mais Catherine II le pria de consentir à un ajournement, invoquant ses sentiments d'amitié pour lui, et ajoutant, en français : « Car, m'amour, je n'en ai point d'autres pour toi. » En 1788, Branicki sera nommé colonel du régiment de dragons de Pétersbourg. *Papiers de Catherine II* dans *Soc. imp. d'hist. de Russie*, t. XXVII, pp. 221 et 487. — Par quelle aberration M. Durand et son gouvernement pouvaient-ils, en 1775, appuyer ce brouillon suspect?
4. Le comte Otton Magnus Stackelberg (1736-1800), qui avait joué un rôle considérable dans les affaires du premier partage, était resté à Varsovie comme ministre de Russie.

sement de partage semble ne devoir plus laisser de doute sur ses véritables intentions aux yeux mêmes du roi de Prusse, et les différentes particularités que vous venez d'ajouter à celles que nous savions déjà démontrent la route qu'elle suit secrètement pour parvenir à son but et qu'elle ne craint pas de manifester, lorsque l'occasion s'en présente, le système de ménagement et de séduction qu'elle a adopté vis-à-vis des Polonois.

En considérant les effets immédiats ainsi que le but éloigné d'une politique aussi sage, on ne peut que prévoir que Catherine II sentira, tôt ou tard, le besoin de s'unir de principes et de mesures avec celles des puissances de l'Europe dont l'intérêt, sans aucun retour d'ambition ni de convoitise, est le plus analogue au sien. Cette princesse ne peut se dissimuler que c'est la France, et, si les préventions qui l'ont éloignée de nous étoient détruites ou affoiblies, on pourroit espérer qu'elle se livreroit au sentiment d'une vérité si palpable. Nous voyons avec plaisir que la conduite du Roi et les procédés de son ministère aient commencé cette révolution et que M. le prince Bariatinsky[1] y coopère par ses relations. Nous aurons soin de lui fournir sans affectation matière fréquente pour continuer à éclairer et à ramener sa souveraine à nous rendre la justice qu'elle doit à la politique également franche, noble et désintéressée du Roi. M. le marquis de Juigné est chargé de travailler de son côté à remplir le même objet.

Il faut convenir néanmoins que, cette réunion opérée, il n'y auroit encore que la moitié du chemin de fait et que pour parvenir au but du maintien de l'état actuel de l'équilibre du Nord, sans mettre en danger la tranquillité générale qui fixe sans doute les vœux de l'Impératrice de Russie comme ceux du Roi, l'intelligence de deux puissances aussi éloignées, et aussi peu à portée de combiner leurs mesures coercitives, ne suffiroit pas s'il restoit à la cour de Berlin l'espoir d'entraîner la cour de Vienne dans

---

1. Le prince Ivan Sergiévitch Bariatinski (1740-1811), général-major, ministre plénipotentiaire de Russie en France, de 1773 à 1783. Voyez une lettre adressée à ce ministre par Mme Denis, nièce de Voltaire, le 28 janvier 1779, en remerciement des fourrures et des bijoux que lui avait adressés l'Impératrice et aussi à propos de la bibliothèque de son oncle. *Papiers de Catherine II*, dans *Soc. imp. d'hist. de Russie*, t. XXVII, pp. 157-158.

ses projets envahisseurs et dans les moyens qu'il pourroit vouloir opposer au rétablissement de l'ancien ascendant de la Russie en Pologne. Ce prince semble en effet ne vouloir rien laisser à faire à ses successeurs pour élever la monarchie prussienne au niveau de celle de ses deux alliés, et prépare surtout les moyens de s'étendre sur la mer Baltique, où la masse de sa puissance seroit plus imposante pour la Russie et plus hors de portée de la puissance autrichienne.

Ce coup d'œil fait sentir qu'un concert étroit et solide avec la cour de Vienne est indispensable pour donner à l'union qui doit contenir ce prince ambitieux la consistance et l'efficacité désirables. Nous sentons bien que l'animosité personnelle et excessive de Catherine II contre Leurs Majestés Impériales[1] est un obstacle puissant au concert direct entre les deux cours. Cependant les dernières ouvertures que vos dépêches précédentes ont annoncé que le ministère russe avoit passées à Vienne calmeront peut-être l'Impératrice de Russie si les réponses de la cour de Vienne annoncent, comme nous avons lieu de l'espérer, des sentiments modérés et de l'éloignement pour les projets envahisseurs et turbulents de la cour de Berlin.

Quoi qu'il en arrive, cet éloignement même des deux Impératrices peut nous rendre plus nécessaires à Catherine II, afin de parvenir par notre entremise à s'assurer des sentiments de la cour de Vienne, qu'elle a sans doute de la répugnance à sonder directement et sur lesquels elle peut se permettre jusqu'ici de conserver quelque défiance.

C'est vers ce double point de vue que le Roi désire de diriger tous ses efforts, et, comme l'obstacle le plus réel que Catherine II, revenue des préventions de toute espèce qui l'ont jusqu'ici captivée, envisagera, sera l'opposition que la Russie a toujours éprouvée de la part de la France dans toutes ses mesures en Pologne, Sa Majesté n'hésite pas à vous autoriser d'insinuer, lorsque vous croirez le moment venu de le faire efficacement et sans danger, que nous sommes bien éloignés de regarder désormais son influence dans cette République comme dangereuse au

---

[1]. Marie-Thérèse et Joseph II.

maintien de la paix et de l'équilibre et que nous la regardons au contraire comme un des moyens les plus certains de contenir l'ambition des autres voisins de la Pologne et d'empêcher que la rivalité, qui existera désormais secrètement à cet égard, ne devienne le germe de mécontentements et de démêlés sérieux.

Telles sont les instructions que le Roi me charge de vous adresser et que vous voudrez bien transmettre à votre successeur, comme un supplément dicté par les circonstances à celles dont il est parti muni. Sa Majesté est très persuadée que vous ne négligerez rien de ce qui pourroit tendre à leur exécution pendant le séjour que vous aurez encore à faire en Russie, et que vous fournirez avec zèle et empressement à M. le marquis de Juigné tous les renseignements et tous les moyens qui dépendront de vous pour l'aider à marcher sur vos traces.

Le rapprochement de M. Potemkin et des Czernichew[1] nous feroit partager la crainte, qu'il semble déceler, de l'ascendant que M. Panin pourroit prendre à l'aide de la considération de M. le maréchal de Romanzow[2] : d'autant que le crédit du roi de Prusse seroit sans doute maintenu par la conservation du principal instrument de ses fascinations. Cependant je vous avouerai que, d'après les atteintes que le crédit de M. Panin a éprouvées et d'après le caractère et l'humeur du maréchal de Romanzow, je ne vois guère d'apparence que cette ligue puisse devenir puissante. Il entroit sans doute dans les vues de Catherine II de faire du vainqueur des Turcs l'ornement de son propre triomphe; mais les récompenses qu'elle a prodiguées à son favori semblent indiquer qu'elle s'est réservé la principale gloire. Elle cédera peut-

---

1. Le comte Zachar Tchernychef avait été obligé de convenir qu'il avait puisé dans la caisse du ministère de la guerre, cent mille roubles pour ses dépenses personnelles. C'est à la suite de cette découverte que Potemkine lui avait été adjoint comme vice-président du Collège de la guerre : « C'est un si grand coup porté au comte Zachar, écrivait M. Gunning, que, malgré toute sa souplesse et la facilité avec laquelle il se soumet à ce qu'il ne peut empêcher, il ne pourra pas rester longtemps dans le poste qu'il occupe. » Dépêches des 21 juin et 26 juillet 1774. *La Cour de Russie*, pp. 284-285. — Mais ensuite Potemkine s'était rapproché des Tchernychef.

2. Pierre Alexandrovitch Roumiantsof (1725-1796), feld-maréchal, le vainqueur des diverses campagnes contre les Turcs, où il conquit le surnom de *Zadounaïski* (le héros d'outre-Danube).

être avec un plaisir réel au goût du maréchal pour la retraite : l'avidité insatiable que lui et sa femme montrent ne peut que déplaire à cette princesse, qui a certainement mis autant de grâce que de générosité et d'ostentation dans les différentes récompenses qu'elle lui a accordées.

Il paroît que l'incommodité que l'Impératrice a éprouvée s'est promptement dissipée et qu'elle n'aura pas de suites graves. Si la grossesse de la grande-duchesse de Russie[1] se confirme, elle pourra rétablir la tranquillité intérieure de la jeune cour.

On ne peut qu'applaudir à la sagesse avec laquelle la cour de Russie a rejeté les offres du gouverneur du Derbent[2] et la modération qu'elle montre relativement à la révolution de Crimée[3]. Il paroît, à l'inaction qui continue à régner à la Porte à cet égard, que ces deux puissances ne se sont pas encore expliquées positivement sur cet événement. Cependant, s'il est vrai, ainsi que les dernières nouvelles de Constantinople l'annoncent, que la Porte ait offert l'investiture à Dewelet-Guerray, on doit supposer que cette démarche a été concertée avec la Russie[4].

La cour de France, qui se disposait dès lors à entrer en lutte contre l'Angleterre pour l'indépendance de l'Amérique, put craindre bientôt que la Grande-Bretagne, après avoir pris à sa solde les troupes de Hanovre, de l'électeur de Hesse et d'autres princes allemands, ne réussît à obtenir le concours des troupes russes. Celles-ci eussent d'ailleurs retrouvé, de l'autre côté de l'Atlantique, quelques-uns de leurs adversaires polonais, car Kosciuszko et d'autres volontaires de cette nation combattaient alors dans les rangs américains. Cette préoccupation se manifeste vivement dans les lettres suivantes :

---

1. La première femme de Paul, la grande-duchesse Natalie Alexiévna, était la princesse Wilhelmine de Hesse-Darmstadt, dont Frédéric II, en 1773, avait négocié le mariage avec Paul. Elle mourut en couches le 8 mai 1776 et ne laissa pas d'enfants. Voir la lettre de Catherine II à M<sup>me</sup> de Bielke, 28 avril 1776. *Soc. imp. d'hist. de Russie*, t. XXVII, pp. 79-80.
2. Ville du Daghestan, province du royaume de Perse. Ce gouverneur était alors Feth-Ali-Khan, qui fut plus tard roi de Perse.
3. En 1775, le khan de Crimée, Sahib-Ghiréi, dévoué à la Russie, avait été renversé par Dévlet-Ghiréi, protégé du sultan. C'est le commencement des troubles qui devaient livrer la Crimée à Catherine II.
4. Elle ne l'était pas, car la Tsarine prit sa revanche en renversant Dévlet et en le remplaçant par Chakin-Ghiréi.

LE COMTE DE VERGENNES AU MARQUIS DE JUIGNÉ.

Versailles, 21 septembre 1775[1].

Nous venons de recevoir de Londres l'avis d'une négociation entamée entre cette cour et celle de Moscou par rapport aux affaires de l'Amérique[2]. On prétend même que le traité est déjà signé et qu'il porte de la part de Catherine II l'engagement d'envoyer 20 000 hommes de ses troupes sur ses propres vaisseaux en Amérique. La source de cet avis si extraordinaire est telle qu'il n'est pas possible de le mépriser, et que l'ambassadeur d'Espagne en Angleterre, à qui il a été donné, y ajoute assez de foi pour exciter sa cour à le prendre en considération sérieuse. Tous les soins doivent donc se tourner vers les moyens de constater la réalité de cet arrangement, ainsi que l'étendue des vues et des projets que l'on peut avoir liés avec l'envoi d'une armée russe dans le Nouveau-Monde.

Si l'on vouloit juger ce plan par des probabilités, elles se réuniroient en foule pour le faire regarder comme impraticable et comme chimérique.

Cependant la détresse où les ministres anglois se trouvent et la nécessité où ils se voient de hasarder le tout pour le tout peuvent leur faire enfanter les projets les plus extrêmes comme les plus extravagants. Il ne seroit pas impossible que travaillant sur l'esprit de Catherine II, déjà exalté par le succès de sa flotte dans l'Archipel[3], il [ce plan] ouvre une nouvelle carrière de gloire et peut-être de conquête en Amérique. Nous voyons, en effet, la cour de Londres s'agiter dans tous les sens et prendre en Allemagne des mesures de précaution contre la tentation que nous pourrions avoir de profiter de ses embarras. Outre les troupes hanovriennes qui paroissent destinées pour l'Amérique, elle marchande les Hessois. La prolongation du séjour de M. Gunning[4] à Moscou, ses conférences avec les ministres russes et l'expédition de ses courriers, que M. Durand a cru avoir les affaires de Pologne pour objet, donnent un nouveau degré de vraisemblance à l'avis d'une négociation quelconque secrète et importante.

Le Roi s'attend que vous lui donnerez, dans cette occasion si importante, les premières preuves de votre zèle, de votre activité et de votre dextérité. J'ai répondu à Sa Majesté de votre ardeur à la servir ainsi que de votre circonspection. Il s'agit de pénétrer quel est en effet l'objet et le but de la négociation dont il s'agit et du traité qu'on suppose conclu ou prêt à être conclu; quels sont positivement les engagements que la Russie contracte et le salaire que l'Angleterre lui paie ou lui fait envisager; comment et quand les transports de troupes doivent s'exécuter. En un mot, rien de ce qui peut tenir à cet objet ne peut être indifférent. Le Roi vous recommande de recueillir, avec la dernière exactitude, tout ce qui peut y être relatif. Sa Majesté vous autorise à ne pas épargner les moyens qui

---

1. *A. E. Russie*, t. XCVIII, fol. 484.
2. Les troubles d'Amérique avaient commencé à la fin de 1773, quand la population de Boston jeta à la mer, le 18 décembre, les cargaisons de la Compagnie anglaise. En 1774, Boston est occupé par les Anglais, mais, le 5 septembre, s'est réuni le congrès de Philadelphie. En 1775, le 19 avril, le général Gage est battu à Lexington.
3. L'expédition dans l'Archipel, en 1770, dirigée par Alexis Orlof, et la destruction de la flotte turque à Tchesmé (7 juillet).
4. Voyez ci-dessus, pp. 294, 298, 310-311, 316, 327.

vous paroîtront nécessaires pour percer le mystère dont on couvrira sans doute pendant quelque temps ces arrangements. Vous sentirez aisément que les moindres circonstances pourront contribuer à fixer notre jugement sur un événement aussi extraordinaire, à diriger nos conjectures et à tâcher de pénétrer si cette négociation n'est que simulée, pour intimider les Américains, ou si l'objet apparent ne sert que de masque à un objet plus réel. Dans tous les cas, l'envoi d'une armée russe en Amérique présenteroit des sujets d'alarmes et d'inquiétude et exciteroit la prévoyance de toutes les puissances possessionnées dans cette partie du monde.

Vous voudrez bien vous concerter pour les recherches ainsi que pour tout autre objet avec M. le comte de Lascy[1] et ne lui rien laisser ignorer de ce que vous pourrez pénétrer et qui pourra intéresser sa cour.

---

LE COMTE DE VERGENNES AU MARQUIS DE JUIGNÉ.

Fontainebleau, 17 octobre 1775[2].

Je ne puis que me référer aux instructions dont vous êtes muni et au résumé que je vous ai adressé[3], il y a quinze jours, de celles qui ont été envoyées à M. Durand et qui étoient contenues dans les expéditions que vous n'avez pas pu déchiffrer et dont vous m'avez déjà renvoyé une partie.

Nous ne pouvons qu'attendre que vous ayez eu le temps de développer et de pénétrer les dispositions de la cour où vous êtes pour diriger en conséquence les changements et les additions que la sagesse du Roi lui dictera de faire aux instructions dont vous êtes pourvu, et relativement auxquelles les événements survenus depuis n'ont apporté aucun changement dans le système et dans les vues du Roi.

Les mouvements dont le ministère russe paroît agité pourroient aboutir à changer totalement la scène, et, quoique les ressorts qui font mouvoir l'âme de Catherine II ne soient peut-être pas sujets à être dérangés par un changement du ministère[4], il ne seroit cependant pas impossible que la révolution présumée ne produisît quelque disposition plus favorable que par le passé. Nous attendons par cette raison avec intérêt le dénouement de la crise où l'on paroissoit être à cet égard. Je ne sais si nous aurions rien à espérer si MM. de Czernicheff devoient être mis à la tête des affaires: leurs maximes politiques et leurs principes personnels ne sont pas faits pour inspirer de la confiance. Au surplus, nous attendons de votre vigilance et de vos lumières les notions nécessaires pour fixer la façon de penser du Roi.

Nous ne pouvons trop vous remercier des informations que votre lettre

---

1. Ambassadeur d'Autriche à Pétersbourg, feld-maréchal autrichien, fils du feld-maréchal au service de Russie. Il était né à Pétersbourg. Voyez ci-dessus, t. I, pp. 325 et 328, note 3.
2. *A. E. Russie*, t. XCVIII, fol. 509.
3. Il s'agit de la dépêche du 3 septembre 1775, que nous avons donnée ci-dessus, pp. 324 et suiv.
4. Voyez ci-dessus, p. 327.

n° 3 contient sur les moyens qu'on emploie pour attirer nos manufacturiers et pour imiter nos fabriques. Nous prenons des mesures en conséquence. Le Roi vous saura gré de l'attention que vous continuerez à donner à cet objet.

Les notions que vous avez recueillies à votre passage en Pologne sont entièrement analogues à celles qui nous reviennent d'ailleurs sur les dispositions des esprits dans ce pays-là. Il paroît que tout est encore dans la fermentation. Quant au roi de Pologne, tout semble indiquer qu'il continue à cultiver par des liaisons particulières l'amitié de Catherine II, et que cette union doit servir de clef pour tout ce qui se fait de ce côté-là et pour la mission de M. Branicki[1]. C'est un objet digne de vos soins que votre zèle vous engagera sûrement à ne jamais perdre de vue, non plus que le système que la Russie paroît avoir pris à cœur d'exécuter de nouveau, relativement au rétablissement de son influence en Pologne.

Il ne faut pas douter que le voyage du prince Henri de Prusse à Pétersbourg, au retour de l'Impératrice dans cette résidence, n'ait un but politique ou du moins que le Roi de Prusse ne profite d'une occasion aussi favorable pour l'avancement de ses intérêts. Le séjour de ce prince à Saint-Pétersbourg sera donc un objet digne de votre vigilance et vous devez tâcher de pénétrer ce que ce prince aura pu faire ou tenter[2].

L'admission d'un nouveau régiment dans le corps des Gardes impériales a moins l'air d'une faveur que d'une précaution dictée par les défiances que l'on peut avoir conçues des anciens régiments. Il semble néanmoins que dans ce moment-ci tous les mouvements sont calmés, et c'est peut-être par cette raison qu'on a choisi cet instant pour exécuter un arrangement qui, dans un moment de crise, eût pu produire une fermentation dangereuse.

Le projet de former un tarif nouveau et mieux calculé que les anciens, dans lequel les droits soient réglés d'après l'intérêt propre de la Russie et non par des intérêts étrangers et par une faveur injuste et onéreuse, seroit de la plus grande utilité au commerce, et nous désirons d'autant plus la formation de ce tarif que c'est le moyen le plus efficace pour animer notre commerce et pour tourner les spéculations de nos commerçants vers la Baltique.

Les avis que nous recevons de Londres confirment toujours l'existence d'une négociation entre cette cour et celle où vous résidez pour le transport d'un corps de troupes russes dans l'Amérique méridionale (sic). La chose est très incroyable. Vous y prêtez foi légèrement, et je me refuserai à le croire jusqu'à ce qu'elle soit constatée d'une manière à ne laisser aucun doute. Je ne concilie point l'élévation de l'âme de Catherine II avec l'idée peu honorable de trafiquer du sang de ses sujets.

---

1. Voyez ci-dessus, p. 324, note 3.
2. Un voyage du prince Henri, frère cadet de Frédéric II (1726-1803), avait été projeté à ce moment, comme on le voit par la correspondance de Grimm et Catherine. Retardé par diverses circonstances, il n'eut lieu qu'en 1776. Le prince assista aux derniers moments de la grande-duchesse Natalie, consola le grand-duc Paul, et s'occupa immédiatement de le remarier, cette fois avec Sophie-Dorothée de Wurtemberg, qui sera l'impératrice Maria Feodorovna. Voyez ci-dessus, p. 328, note 1. — Le roi de Prusse, toujours pour s'assurer la reconnaissance des héritiers de Russie, avait déjà marié le futur Pierre III (précisément avec la future Catherine II) et maria deux fois le futur Paul I$^{er}$. Les papiers relatifs à la dernière de ces négociations sont dans Soc. imp. d'hist. de Russie, t. I, pp. 1-38.

Catherine s'était bien gardée de suivre l'exemple des princes marchands d'hommes d'Allemagne : elle avait trop à cœur sa popularité, l'honneur de son règne ; et, s'il n'y eut pas d'envoi de soldats russes en Amérique, l'influence du ministre plénipotentiaire du Roi n'y fut pour rien. En revanche, M. de Juigné contribua efficacement à dissiper les préjugés contre la France et à rendre meilleurs les rapports entre les deux cours ; mais son rôle fut surtout celui d'un observateur.

L'état de sa santé l'obligea à demander son rappel. Le 10 novembre 1777, il prit congé de l'Impératrice et, le 23 du même mois, après avoir remis le service à M. de Corberon, il quitta Pétersbourg.

# XL

## M. BOURÉE DE CORBERON

CHARGÉ D'AFFAIRES

1777-1780

Le chevalier Bourée de Corberon, protégé du comte de Vergennes et secrétaire du marquis de Juigné, fut chargé des affaires du Roi en Russie lors du départ de ce dernier le 23 novembre 1777. Il avait été présenté à l'Impératrice le 10 du même mois.

M. de Corberon connaissait très bien la situation politique. Mis uu peu à l'écart par le marquis de Juigné, il passait tout son temps à étudier la cour, la politique et l'administration russes. Quelque temps avant le départ de M. de Juigné, en septembre 1777, il avait adressé au comte de Vergennes un mémoire sur la Russie, très flatteur pour les ressources, les productions et les finances du pays, et il reçut à ce sujet des félicitations.

En partant, M. de Juigné lui remit l'Instruction suivante :

INSTRUCTION REMISE A M. LE CHEVALIER DE CORBERON PAR M. LE MARQUIS DE JUIGNÉ. — PÉTERSBOURG, 21 NOVEMBRE 1777[1].

M. le chevalier de Corberon voudra bien avoir l'attention de s'acquitter de ses fonctions à la satisfaction des deux cours.

---

1. *A. E. Russie*, t. C, fol. 398. — La correspondance de M. Bourée de Corberon se trouve dans les tomes C à CIV de *A. E. Russie*.

La situation intérieure de l'Empire de Russie doit faire l'objet principal de ses observations.

Il connoît le caractère de Catherine II, son esprit et ses talents, la manière dont elle est montée sur le trône et celle dont elle s'y soutient, l'état de sa cour, ses favoris et leur caractère, celui des ministres et leurs talents, ses relations avec les rois de Prusse et de Pologne et son influence dans les États de ce dernier. Il connoît aussi le grand-duc de Russie, son esprit et son caractère. Il seroit inutile d'entrer dans aucun détail sur tous ces objets.

Il connoît encore les raisons qui ont pu engager Catherine II à prendre un système politique qui se trouve opposé à plusieurs égards aux véritables intérêts de son Empire : à quoi l'on peut ajouter que, sans doute, les circonstances dans lesquelles elle s'est trouvée vis-à-vis de la Porte Ottomane, le désir peut-être de recouvrer en Suède l'influence qu'elle y a perdue par la révolution de 1772, et la crainte de se voir enlever la prépondérance que la Russie conserve en Pologne depuis si longtemps, lui auroient fait croire qu'elle devoit chercher un appui dans une liaison plus étroite avec Sa Majesté Prussienne, de laquelle il résulte un système soutenu de complaisance dont ce prince tire aujourd'hui les plus grands avantages. Mais, ses prétentions devenant de jour en jour plus exorbitantes et son amitié plus impérieuse, Catherine II sentira vraisemblablement que cette alliance lui est moins nécessaire; qu'elle a trop favorisé les accroissements de sa puissance; qu'elle s'est donné en Pologne un concurrent dangereux; qu'elle lui a fourni les moyens de s'approprier les productions et le commerce de ce royaume; qu'elle a mis ce prince en état de soutenir ses forces de terre sur un pied formidable, et même de former une puissance maritime qui peut un jour être nuisible à la Russie; que cet Empire se trouvera d'autant plus séparé du reste de l'Europe que la puissance prussienne sera plus grande; enfin qu'elle a donné au roi de Prusse le moyen de jouer le premier rôle dans les affaires du Nord, dont la Russie, si l'on peut s'exprimer ainsi, avoit depuis quelque temps la dictature.

Le roi de Prusse néglige quelquefois ses amis quand il n'en a pas un besoin actuel ; il faut donc se tenir à portée de profiter d'une circonstance aussi favorable, si elle se présentoit, et c'est un objet principal.

Il conviendroit sans doute à la Russie d'être liée avec la cour de Vienne et ce seroit une satisfaction fort grande pour Louis XVI s'il pouvoit être le point de réunion des deux Impératrices. Il désireroit qu'il y eût plus de confiance entre les cours de France et de Russie, moins pour son intérêt propre que pour partager avec la cour de Russie les dispositions qui lui sont communes avec celle de Vienne : la conservation de la paix, chose si nécessaire au bonheur de l'humanité. Il faut donc tâcher de détruire autant qu'il sera possible les prétentions de l'Impératrice, qui semblent être diminuées.

Ces intentions sont si justes et si nobles qu'on peut les expliquer quand l'occasion s'en présentera, toutefois avec réserve ; toute affectation deviendroit déplacée.

Incapable d'avoir aucune vue qui ne tende pas à la prospérité de ses sujets, Sa Majesté verra sans inquiétude comme sans jalousie les avantages que d'autres pourroient se procurer lorsqu'ils ne troubleront pas la tranquillité générale, et elle sera toujours disposée à s'entendre avec les puissances qui auront le même but [1].

L'éloignement de Pétersbourg à Versailles étant trop grand pour qu'on puisse toujours recevoir des instructions précises au moment où il seroit convenable dans certaines circonstances, il faut en profiter avec sagesse ; faire sentir, dans les occasions, que la conduite du Roi et celle de son ministre n'ont porté aucune empreinte de ressentiment, d'animosité ou de mauvaise volonté ; que, Sa Majesté rendant justice aux talents et à la façon de penser de l'Impératrice de Russie, elle a constamment formé le désir de vivre en bonne intelligence avec elle, et qu'elle a souvent regretté, pour le bien général, que cette intelligence ne fût pas aussi intime que l'intérêt des deux Empires et peut-être celui de l'Europe l'eussent exigé ; que la conduite du Roi convaincra Sa Majesté Impériale de la sincérité de ses dispositions si elle la juge avec

---

1. On remarquera que cette Instruction est la répétition ou le résumé de celle qu'avait reçue le marquis de Juigné. Voyez ci-dessus, pp. 316-317 et 326.

impartialité et si, comme il n'en doute pas, elle est dans les mêmes sentiments.

Au surplus, comme le moment de former des liaisons politiques avec la Russie ne paroît point encore venu, ce qui est à faire, en conséquence de ce qui vient d'être dit, ne doit avoir pour objet que de disposer les esprits d'une manière favorable.

Si, cependant, il se faisoit quelque ouverture ou s'il arrivoit quelque circonstance qui pût mener à un traité formel entre la Russie et la Suède, et assurer à cette dernière la tranquillité dont elle jouit aujourd'hui, il faudroit y apporter la plus grande attention et indiquer les moyens de parvenir à un but aussi désirable; mais il ne convient pas de faire aucune avance.

Le commerce est donc dans ce moment-ci un des objets dont on peut s'occuper davantage. M. le chevalier de Corberon en connoît la situation. Il sait combien il est nécessaire de détruire ce préjugé très enraciné que le commerce de la Russie avec la France est absolument passif. Il sait que, s'il arrive peu de vaisseaux françois dans les ports de Russie, nous n'en tirons pas moins une grande partie des denrées dont nous avons besoin, particulièrement pour la marine, et que, si nous les achetons souvent des Anglois, c'est qu'au moyen des privilèges dont ils jouissent ils peuvent nous les fournir à meilleur marché qu'elles ne coûtent quand nous allons les chercher nous-mêmes. Ces privilèges, établissant en leur faveur une espèce de monopole, privent le commerce russe de la concurrence des autres nations et nommément de la nation françoise. Il seroit donc intéressant qu'on lui accordât des facilités qui tournassent à un avantage mutuel; mais on n'y voit aucune disposition prochaine. C'est pourquoi il convient de se réduire à de simples insinuations quand l'occasion s'en présente, à moins toutefois qu'il ne survienne des événements qu'on ne sauroit prévoir. On joint ici le projet d'un traité de commerce ébauché pendant la mission de M. le baron de Breteuil, duquel on peut retirer quelque instruction.

M. le chevalier de Corberon voudra bien encore continuer à s'instruire des événements intérieurs de l'Empire, des changements qui peuvent y arriver dans les finances, dans le militaire, et dans la marine. S'il peut aussi acquérir quelques notions sur la situation de la Russie vis-à-vis des peuples qui bordent son vaste empire, il ne les négligera pas.

On lui remet tous les chiffres, avec une instruction sur la manière de s'en servir, à laquelle il voudra bien se conformer.

Il fera bien, si cela lui est possible, de faire à la fin de sa mission un mémoire de ses négociations, de celles des autres cours autant qu'il aura pu en être instruit, des événements principaux qui se seront passés sous ses yeux et de ceux qui concernent le cérémonial.

Cette Instruction que le marquis de Juigné remit à son suppléant doit être complétée par la lettre suivante, qui, quoique adressée à M. de Juigné, constitua pour M. de Corberon les premières instructions qu'il ait reçues directement de sa cour, et qui est bien plus importante que la pièce précédente.

LE COMTE DE VERGENNES AU CHEVALIER DE CORBERON. — VERSAILLES, 28 DÉCEMBRE 1777[1].

J'ai reçu votre lettre du 28 du mois passé. Je suis bien persuadé que vous ne négligerez rien pour répondre à la marque de bonté et de confiance que le Roi vous a donnée en vous chargeant de ses affaires. J'ai été votre garant, auprès de Sa Majesté, de votre zèle et de votre application, et j'espère bien que vous ne démentirez pas la bonne opinion que j'ai donnée de vous à Sa Majesté.

Les bruits qui s'étoient répandus sur l'explosion de nouveaux troubles en Crimée sont fondés; mais les Tartares seuls paroissent y avoir été impliqués jusqu'ici. Les troupes russes ne se sont pas immiscées dans la querelle. L'avis que vous nous transmettez de ce qui doit s'être passé dans le Couban seroit d'une autre nature; mais il semble qu'il exige confirmation. En général, on voit la Russie et la Porte également occupées des préparatifs

---

1. *A. E. Russie*, t. C, fol. 204.

d'une guerre prochaine, et l'activité est la même des deux côtés. Cependant nous aimons à croire, d'après des indices assez probables, qu'aucun des deux gouvernements ne désire intérieurement la guerre, et le propos de l'Impératrice de Russie qui vous a été rapporté [1] n'a été vraisemblablement que conditionnel, c'est-à-dire qu'elle se promet, si la guerre éclate, de ne la terminer que par la prise de Constantinople ; mais l'opinion que nous avons de la prudence de cette princesse et de l'étendue de ses vues nous persuade qu'elle seroit fort aise que cette querelle pût se terminer à l'amiable et de manière à exécuter les traités de paix de bonne foi, en ménageant d'ailleurs sa dignité.

Les bons offices que nous avons, d'un autre côté, constamment employés pour disposer les Turcs à la conciliation nous ont mis à portée de nous convaincre qu'ils ne sont ni assez insensés pour vouloir la guerre, ni assez timides et découragés pour l'éviter à tout prix. Ils ont même paru en dernier lieu disposés à exécuter le traité de paix pris dans son sens littéral, et, ce point fixe étant commun entre les deux puissances, ceux des cours amies qui le sont en même temps de la paix, ne doivent pas désespérer de voir encore arranger à l'amiable une discussion où on peut présumer, d'après ces considérations, qu'il y a autant de malentendu que de contrariété réelle.

C'est ainsi que le Roi a cru pouvoir envisager la situation des affaires entre la Russie et la Porte. Elle a pensé, en conséquence, qu'un ami commun qui travailleroit à calmer l'animosité qui est résultée jusqu'ici de la négociation, et à la faire reprendre dans des dispositions plus calmes et plus conciliantes, rendroit un service également agréable aux deux partis. Sa Majesté s'est d'autant plus volontiers chargée de ce rôle qu'on pourroit sans doute lui supposer des vues si elle poussoit l'une des deux puissances à la guerre ; mais qu'en cherchant à faciliter les moyens de conserver la paix, on ne peut que reconnoître dans sa démarche son amour de la paix et son amitié pour les deux cours.

Au reste, ce n'est nullement à titre de médiateur que Sa

---

1. A savoir qu' « elle ne voudra faire la paix que lorsque ses troupes seront dans Constantinople ».

Majesté s'est proposée de se présenter dans cette affaire. Elle n'en désirera jamais ni le titre ni les fonctions.

Elle est d'ailleurs bien éloignée de s'immiscer dans des affaires qui ne la regardent pas et sur lesquelles rien ne l'autorise à porter un jugement. Son unique but est de renouer entre la Russie et la Porte une négociation sous des auspices plus heureux que ne l'a été celle qui paroît au moment d'être rompue.

C'est dans cet esprit, Monsieur, que le Roi vient d'envoyer des instructions à son chargé d'affaires à Constantinople [1], afin qu'il cherche à constater les dispositions de la Porte et les points susceptibles de conciliation. Si nous parvenons à nous procurer des lumières suffisantes à cet égard, le Roi se propose d'en faire part à l'Impératrice de Russie. Mais jusque-là, Sa Majesté, qui ne veut point faire parade d'une bonne volonté qui pourroit n'être pas efficace, ne croit pas devoir communiquer ministériellement sa démarche à Catherine II. Mais, comme cette princesse et son ministère en sont instruits d'ailleurs, le Roi a jugé à propos de vous confier ce détail afin que vous puissiez en faire un usage analogue aux circonstances, soit pour sonder et préparer M. le comte Panin, soit pour être en état de traiter cet objet avec lui s'il juge à propos de vous en parler; car, dans le moment actuel, Sa Majesté n'estime pas convenable que vous en fassiez la première ouverture.

Nous avons déjà reçu plusieurs avis relativement au secours en troupes à fournir par le roi de Prusse à la Russie. Il court plusieurs versions à cet égard; celle que vous nous mandez paroît la plus vraisemblable, c'est-à-dire que ce prince aura offert à Catherine II de garder la Pologne. Le refus que cette princesse feroit seroit conséquent à la façon de penser qu'elle a déjà témoignée à cet égard lors de la dernière guerre. Cette circonstance semble indiquer, à la fois, que le roi de Prusse ne poussera pas la Russie à la guerre, et que Catherine n'a pas assez de confiance dans son allié pour ne pas craindre les hasards d'un tel engagement. On prétend d'ailleurs que cette princesse attribue l'opiniâtreté des Turcs à la maison d'Autriche. Nous

---

1. M. Le Bas, chargé d'affaires, pendant l'absence de M. de Saint-Priest, ambassadeur de 1768 à 1776 et de 1778 à 1784. Voyez ci-dessus, p. 271, note 2.

croyons Leurs Majestés Impériales trop éloignées de vouloir semer le trouble pour croire cette imputation fondée. Cependant il est intéressant de constater si la cour de Pétersbourg a en effet cette opinion de leur conduite, et nous vous recommandons de chercher à fixer notre jugement à cet égard.

Pour l'intelligence de ce document et des deux qui suivent, il est nécessaire de rappeler en quelques mots la situation des affaires en Orient, en Allemagne et en Amérique, pendant la mission de M. de Corberon.

C'est en Crimée que semblait vouloir se réveiller la question d'Orient. En 1775, le khan Sahib-Ghiréi, partisan des Russes, avait été renversé et remplacé par Devlet-Ghiréi. Un autre compétiteur, Chahyn-Ghiréi, avec une armée de Nogaïs et le secours de quelques troupes russes, battit Devlet auprès de Taman et se mit à sa place. Chahyn, dévoué à la cour de Pétersbourg où il avait passé quelque temps, suspect au sultan qui internait à Rhodes les envoyés qui venaient demander pour lui l'investiture (mars 1777), mécontenta ses nouveaux sujets par des essais de réforme à l'européenne. Une révolte éclata : les Tatars le chassèrent, attaquèrent les Russes dispersés dans la Crimée et le Kouban et en massacrèrent un grand nombre (octobre 1777). Dans le même temps, la Porte nommait un nouveau khan, Bakhty-Ghiréi, et envoyait avec lui cinq vaisseaux de ligne qui occupaient le port de Balaklava. Les Russes entrèrent aussitôt dans la péninsule, battirent les partisans de Bakhty, enlevèrent Kaffa, Kozlof et Balaklava et ravitaillèrent l'armée de Chahyn (octobre 1777).

La Porte donna l'investiture du khanat à un nouveau prétendant, Sélym. Chahyn marcha contre lui, assisté d'un corps de 8000 Russes, et le battit. Catherine fit signifier au sultan que le refus de reconnaître Chahyn équivaudrait à une déclaration de guerre. Les ministres turcs étaient disposés à la guerre ; l'Autriche les y poussait pour occuper la Russie au moment où s'ouvrait la succession de Bavière ; une armée turque se massait dans les environs de Khotin ; une grande flotte ottomane entrait dans la mer Noire. Du côté des Russes, Souvorof se concentrait en Crimée et le maréchal Roumiantsof réunissait dans la Russie méridionale une armée de 70 000 hommes. La guerre semblait imminente.

Ce fut la France, si empressée jadis à armer les Turcs, qui cette fois les retint. Vergennes, pendant son ambassade de Constantinople, avait pu se convaincre de leur faiblesse réelle. Persuadé que la guerre ne leur apporterait que désastres, il avait donné les instructions les plus précises à son successeur, M. de Saint-Priest (15 septembre 1777). Celui-ci parvint à obtenir la réunion d'une conférence à Aïn-Ehli-Qâvâq, sur le Bosphore. Elle aboutit (21 mai 1779) à une convention explicative du traité de Kaïrnadji, signée par le reïs-effendi et par Stakhief, ministre de Russie.

Chahyn reçut l'investiture du padischah, la Turquie retira ses troupes, l'indépendance de la Crimée fut de nouveau reconnue. En outre, la Porte étendit les privilèges des principautés roumaines et accorda de nouvelles facilités au commerce russe.

En Allemagne, le 30 décembre 1777, la mort de l'électeur Maximilien-Joseph ouvrit la succession de Bavière [1]. L'Autriche prétendait mettre la main sur ce pays en obtenant de l'héritier légitime, qui était le Palatin Charles-Théodore, la cession d'une grande partie de la Bavière (traité de Vienne du 3 janvier 1778). Elle avait même occupé déjà la basse Bavière. Elle comptait sur la neutralité de la France, d'ailleurs engagée dans la guerre d'Amérique. Frédéric prit alors en main les droits du duc de Deux-Ponts, héritier présomptif à la fois de la Bavière et du Palatinat, lui fit espérer le secours de la France, et, comme celle-ci paraissait hésitante, entra résolument en campagne. Des négociations entamées en juin entre les deux grandes cours allemandes échouèrent. Reprises à Braunau en août, elles furent rompues le mois suivant. L'armée prussienne, commandée par le vieux roi, se trouva bientôt, en Bohême, en présence de l'armée autrichienne commandée par Joseph II. Elles occupaient presque le champ de bataille de 1866, celui de Sadowa et Kœnigsgraetz. La Russie, débarrassée grâce à la France des affaires de Crimée, put alors intervenir énergiquement. Elle était liée avec la Prusse par les traités d'alliance du 11 avril 1764, du 23 octobre 1769, du 1er avril 1777, complétés par la convention militaire du 10 février 1772 : le cabinet de Berlin réclamait l'envoi du corps auxiliaire que ces actes avaient stipulé. D'autre part, Marie-Thérèse communiquait à Catherine II sa correspondance avec Frédéric au sujet de la succession de Bavière et cherchait à démontrer la légitimité de ses prétentions. Attachant un prix égal, surtout en vue de ses intérêts en Pologne et en Orient, à l'amitié des deux puissances allemandes, la Tsarine fut cependant bien obligée de se prononcer. Après examen des documents et des faits, elle invita Marie-Thérèse à se désister d'injustes prétentions, menaça, en cas de refus, de joindre ses forces à celles du roi de Prusse, et donna l'ordre aux 40 000 hommes de l'armée de Pologne, sous le commandement du prince Repnine, de se tenir prêts à mar-

---

1. Sur cette question, voyez A. LEBON, *Instructions, Bavière.* — F. MARTENS, *Actes diplomatiques concernant le congrès de Teschen en* 1779 (documents pour la plupart en français) tirés des archives du prince Repnine, dans le tome LXV de *Soc. imp. d'hist. de Russie.* — SAINT-PRIEST, *Etudes diplomatiques,* t. I : *le Congrès de Teschen.* — TRATCHEVSKI, *la France et l'Allemagne sous Louis XVI.* (*Revue historique,* 1880-81.)

cher [1]. Joseph II s'obstinait, mais sa mère, effrayée de cette coalition imprévue, préféra céder. Elle demanda la médiation collective de la France et de la Russie.

Catherine II accueillit avec le plus grand plaisir cette proposition, et Panine écrivit au prince Bariatinski, représentant de la Tsarine auprès de la cour de Versailles :

> L'intention de l'Impératrice est que vous réitériez, dans les termes les plus positifs, ce que porte déjà sa réponse : qu'elle est très charmée de travailler en commun avec le Roi Très Chrétien au rétablissement de la paix en Allemagne; et comme elle se flatte que sa co-médiation ou bons offices communs ne seront pas moins agréables à ce prince, Sa Majesté Impériale désireroit que, le plus tôt possible, il s'établît entre les deux cours un concert immédiat sur le moyen de remplir l'office dont elles auront agréé de se charger. Elle attendra donc avec plaisir que le Roi lui fasse part de son sentiment, relativement à la forme à donner à la négociation, ainsi que sur le lieu et le temps où elle pourra s'ouvrir.
> Et même, comme la cour de Russie reconnoît que la longue participation de la France aux affaires de l'Empire, en sa qualité de garant[2], les lui rend plus familières qu'à elle, l'Impératrice recevroit comme une marque de la confiance du Roi en elle tout ce que Sa Majesté Très-Chrétienne voudroit bien, dès à présent, lui faire connoître de ses principes et de son point de vue dans la question dont il s'agit[3]...

Dans le congrès, qui se réunit à Teschen, la France fut représentée par M. de Breteuil[4] et la Russie par le prince Repnine.

Les prétentions des deux puissances allemandes n'y furent point aisées à concilier. Repnine écrivait à Panine, le 12 août 1779 : « Il me semble que notre intérêt principal, notre gloire et notre dignité exigent que nous terminions le plus tôt possible cette affaire, afin de consolider, par la solution désirée, l'influence de notre cour en Allemagne. » Enfin le traité de paix fut conclu le 13 mai 1779 : l'Autriche gardait le quartier de l'Inn, mais consentait à la réunion future des margraviats (Anspach et Bayreuth) à la Prusse; l'électeur palatin devenait électeur de Bavière, et le droit du duc de Deux-Ponts à lui succéder était reconnu. La Russie parvint à réaliser ainsi, avec le concours de la France, une des ambitions de Pierre le Grand : avec la France, elle se trouva garante, en effet, non seulement du traité de Teschen, mais des traités de Westphalie.

---

1. Voyez le long rescrit (en français) de Catherine II au prince Repnine, en date du 22 octobre 1778, sur le plan d'opérations. F. Martens, papiers Repnine sur Teschen, pp. 30 et suiv.
2. Garant des traités de Westphalie.
3. Dépêche du 21 (10) octobre 1778. Soc. imp. d'hist. de Russie, t. LXV, p. 25.
4. Alors ambassadeur à Vienne. Voyez ci-dessus, p. 218.

Une troisième question occupa bientôt la diplomatie russe [1]. Le traité du 6 février 1778 entre la France et les États-Unis et la déclaration de guerre du Roi à l'Angleterre avaient de nouveau allumé la guerre maritime. Les cours de Versailles et de Londres travaillaient à entraîner chacune dans son parti l'Impératrice de Russie. Panine, sous l'influence de l'envoyé britannique Harris[2] (depuis lord Malmesbury), s'obstinait dans l'alliance anglaise qui était son œuvre; Potemkine penchait pour la France. Les abus de pouvoir que les Anglais se permettaient à l'égard des marines neutres devaient, pendant la mission du successeur de Corberon, trancher la question et amener un nouveau rapprochement entre les deux politiques française et russe.

Tels sont les divers sujets dont il va être question dans les dépêches suivantes du cabinet français à son chargé d'affaires en Russie :

M. LE COMTE DE VERGENNES AU CHEVALIER DE CORBERON. — VERSAILLES, 28 JUIN 1779[3].

. . . . . . . . . . . . . . . . .

Vous devez vous être aperçu qu'il y a plusieurs mois que le changement de dispositions de la Russie à notre égard nous paroissoit plus probable qu'à vous qui étiez sur les lieux, et c'étoit le principal motif de la retenue que je ne cessois de vous recommander dans votre manière de vous exprimer sur la cour et la nation. Ce nouvel ordre de choses tient à des combinaisons qui nous sont étrangères et qu'il est inutile de vous développer, mais il ne l'est pas que vous sachiez de quelle manière Sa Majesté considère un rapprochement qui n'a rien que de naturel, quoiqu'il ait dû surprendre, et que vous ayez une juste idée des suites qu'il doit avoir.

La sage prévoyance du Roi lui a fait saisir le moment où une nouvelle guerre entre la Russie et la Porte alloit donner lieu à

---

1. Voyez la grande publication de M. Doniol sur la participation de la France à l'indépendance américaine.
2. Sir George Macartney avait eu pour successeurs M. Shirley en 1767, lord Cathcart en 1769 (suppléé en ses absences par le secrétaire Gunning), puis M. Gunning en 1773, puis M. Oakes en 1776, et enfin M. Harris en 1778.
3. *A. E. Russie*, t. CIII, pièce 192.

des événements qui auroient pu influer beaucoup sur le repos de l'Europe pour peser les avantages dont la Russie pouvoit se flatter et les motifs que cette puissance pouvoit avoir de rester en paix. Sa Majesté crut voir que, si les succès précédents donnoient à la cour de Pétersbourg l'apparence de ne chercher que de nouvelles occasions de vaincre, ce sentiment n'alloit pas en elle jusqu'à la passion. Elle considéra, en même temps, que la chute possible de l'empire turc exciteroit dans le monde une révolution dont les suites pouvoient être très funestes pour la politique générale, et il lui parut qu'elle seule pouvoit prévenir ce malheur. De là l'offre de son entremise pour terminer les différends entre la Russie et la Porte. Vous avez vu, Monsieur, qu'elle fut reçue à Pétersbourg avec une sorte d'embarras, qu'on y répondit poliment, mais plutôt avec froideur qu'avec reconnoissance. Nous nous y étions attendus, et, sans juger d'après l'événement, nous pouvons dire que nous sentîmes mieux que la cour de Russie où ce premier pas devoit la conduire. Les faits subséquents vous sont connus. La guerre d'Allemagne est venue offrir aux deux cours[1] un objet d'intérêt commun très important, très brillant, qui a ouvert les yeux aux Russes sur le grand effet qui pouvoit résulter dans les affaires de l'Europe de leur union avec la France. C'est le point où ils se trouvent aujourd'hui. Tout ce qui nous revient prouve que ce sentiment, porté jusqu'à la conviction, a changé les idées de Catherine II et de son ministère, et qu'il ne tient qu'à nous de les entraîner dans les mesures les plus décidées pour consolider ce nouveau système. Le roi de Prusse lui-même s'en est engoué, et, si nous étions aussi disposés qu'on le suppose gratuitement à faire une révolution dans la politique, ce ne seroit peut-être pas l'ouvrage de trois mois. Mais le Roi ne penseroit pas que la grande machine politique puisse ainsi être démontée, quand Sa Majesté n'auroit pas des motifs qui lui sont précieux pour maintenir ses alliances et ne point faire de convulsion dans l'Europe.

Comme elle se propose de ne jamais tirer parti des événements que pour le bonheur général, il lui paroît que, si elle peut y

---

1. De France et de Russie.

parvenir sans des coups d'éclat dont l'effet est toujours incalculable, il est de sa sagesse de ne s'en permettre aucun; et c'est dans le cas présent ce qui la détermine à ne se point livrer au prestige de changer la face de l'Europe d'un bout à l'autre, quand il suffit pour remplir son but de mettre à profit les rapports où les circonstances l'ont mise avec toutes les puissances du continent.

Pour vous faire donc, Monsieur, une juste idée de la manière dont le Roi désire être avec la cour de Russie, il est nécessaire que vous posiez pour base l'alliance avec la maison d'Autriche comme un point dont le Roi n'a pas la moindre intention de se départir. Sa Majesté ne proposeroit non plus jamais à l'Impératrice de renoncer à son alliance avec le roi de Prusse; mais, puisqu'on ne peut considérer ces alliances respectives comme ayant aucun but contraire au repos de l'Europe, rien n'empêche qu'en les maintenant les cours ne se dépouillent des anciens préjugés qui les faisoient se regarder comme dans un état de guerre masqué; qu'elles n'évitent tout ce qui pourroit porter à l'offensive des alliances naturellement pacifiques; qu'en s'expliquant clairement et amiablement sur les objets qui pourroient devenir matière à querelle, elles préviennent toujours les moments où il leur seroit impossible de s'entendre; qu'enfin elles ne cherchent à tirer tout l'avantage possible de l'état de paix par des arrangements de commerce dont l'utilité doit assurer la durée.

Voilà, Monsieur, ce que nous sommes prêts à faire avec la Russie; et il y a bien de quoi satisfaire l'Impératrice et son Conseil, si l'on regarde à Pétersbourg le rapprochement avec la France comme une circonstance heureuse. Vous devez ne perdre aucune occasion de faire connoître nos dispositions à concourir, avec toute la franchise possible, à ce qui peut assurer le repos de l'Europe et la prospérité des deux Empires, sans qu'il soit nullement nécessaire que les deux cours renoncent à leurs alliances. Il est vraisemblable qu'on ne vous mettra pas dans le cas de vous exprimer précisément sur ce point; mais, pour le prévenir encore plus sûrement, vous aurez soin de faire entendre, quand il y aura lieu, qu'en vain se persuaderoit-on de faire changer le Roi de système à l'égard de ses alliés, parce que Sa Majesté est convaincue qu'elle peut être bien avec toutes les puissances en maintenant des engagements qui lui sont chers.

M. le prince de Potemkin paroît avoir été plus frappé que personne du bien que l'Empire russe pourroit retirer de sa position actuelle avec la France. L'accueil que vous recevez de ce favori annonce qu'il a réellement dessein de profiter de cette circonstance pour réaliser des projets utiles. Vous pouvez l'assurer que de notre part nous souhaitons beaucoup que l'avantage réciproque rapproche de plus en plus les deux nations, que nous sommes prêts à entrer en négociation pour cet objet, et que nous verrons avec plaisir que l'Impératrice sa souveraine lui donne sa confiance à cet effet, pour lequel M. le comte Panin, distrait par d'autres soins, sera vraisemblablement bien aise d'avoir un coopérateur. Je ne m'étendrai pas davantage sur cet objet. On voit que M. le prince Potemkin cherche à se rendre utile pour augmenter son crédit; il n'est point d'ambition plus louable. Tâchez, Monsieur, de vous tenir à portée de profiter de sa bonne volonté. Vous n'aurez pas de peine à le convaincre que nous pouvons contribuer à vivifier le commerce de Russie sans le tyranniser. La manière dont il s'est exprimé à cet égard envers l'Impératrice fait honneur à sa sagacité, je dirois presque à son courage.

Je recevrai avec plaisir tous les mémoires que vous pourrez recueillir sur le commerce de Russie, non que j'aie le temps de les examiner à loisir, mais ils formeront un dépôt dans lequel je puiserai tôt ou tard, et en ce genre on ne peut avoir trop de matériaux.

Celui sur les îles nouvellement découvertes [1] fait désirer que l'Impératrice fasse les frais d'envoyer dans ces parages des personnes vraiment capables de fixer les points géographiques, car il y a bien du vague dans cette relation, et la nouvelle carte de l'Empire russe laisse encore beaucoup de choses à désirer. Si vous pouvez vous procurer quelques exemplaires de celle que vous avez envoyée en dernier lieu, vous m'obligeriez infiniment

---

1. Les Kouriles, les Aléoutiennes, l'île Kadiak, les archipels dénommés depuis du Prince-de-Galles et de George III, tous situés entre la Sibérie et l'Amérique russe. Les découvertes avaient commencé en 1725 avec le Danois Behring, envoyé par Pierre le Grand; les Russes ne formèrent des établissements sérieux qu'à partir de 1799.

de me les adresser : celui que vous m'avez fait passer est dans le cabinet du Roi.

Le mémoire sur le commerce de la Perse fait voir combien la Russie pourroit tirer avantage de sa position s'il s'y trouvoit des maisons de commerce capables de faire de gros fonds.

Je joindrai, Monsieur, celui sur le commerce des villes de Kertch et de Ienicalé[1] aux diverses pièces sur le commerce de la mer Noire que j'ai recueillies et dont j'ai fait part à M. de Sartine[2], qui s'occupe de cet objet.

Vous ne me dites point de qui est celui intitulé : « Vue générale de l'Empire de Russie. » Il contient beaucoup de choses neuves et montre que ce pays est susceptible d'un grand accroissement de population et de richesse.

Le sieur Germain a été remboursé des frais qu'il a faits pour le port de la carte de Russie.

Le sieur Cuvilier m'a remis diverses traductions de pièces relatives au commerce de Russie. Je lui ai procuré une gratification pour ce travail. Quant aux vues que vous m'indiquez pour employer utilement ce jeune homme, je ne puis encore vous rien dire de ce que je pourrai faire en sa faveur : le bureau des interprètes est déjà assez nombreux, les occasions où l'on a besoin d'un traducteur pour les pièces russes sont rares, et nous avons une personne qui entend bien cette langue.

Je remets, Monsieur, à vous parler du projet de la ligue maritime du Nord dans la lettre où il sera question de la réponse du Roi à la déclaration de l'Impératrice[3]. Vous avez bien fait de témoigner à M. le comte de Solms[4] de la confiance dans ce que M. le comte Panin vous avoit dit à ce sujet. Il conviendra que vous remerciiez le ministre prussien de la manière dont il a exécuté les ordres du roi son maître pour arrêter les suites d'une démarche qui nous a toujours paru peu inquiétante, parce qu'elle étoit visiblement accordée aux importunités de l'Angleterre, mais qui, vu le moment, pouvoit produire une sensation fâcheuse.

---

1. Voyez ci-dessus, p. 320, note 2.
2. Alors ministre de la marine, de 1774 à 1780.
3. L'acte de neutralité.
4. Voyez ci-dessus, pp. 278-279 et les notes.

LE COMTE DE VERGENNES AU CHEVALIER DE CORBERON.
VERSAILLES 3 JUILLET 1779 [1].

Je vais traiter dans une lettre séparée ce qui regarde la médiation que l'Impératrice de Russie a offerte au Roi pour terminer ses différends avec l'Angleterre. Vous avez vu par ma lettre du 13 du mois dernier que la position où Sa Majesté se trouvoit avec l'Espagne lui faisoit une nécessité de marcher en tout de concert avec cette puissance. Je vous ai mis en état de faire à M. le comte Panin une réponse préalable qui portât principalement sur la sensibilité du Roi à l'offre de l'Impératrice Catherine et lui exposât qu'après les vains efforts de Sa Majesté Catholique pour amener les Anglois à des dispositions pacifiques on ne pouvoit pas se flatter de voir le ministère britannique céder à aucune considération pour renouer la négociation par d'autres voies. C'a été, Monsieur, le sentiment du roi d'Espagne, auquel M. le marquis de Montmorin [2] a eu ordre de faire part de la démarche de l'Impératrice de Russie. Ce prince, touché comme le Roi de la marque d'intérêt que Catherine II a donnée à Sa Majesté dans cette circonstance et qui lui devient personnelle depuis qu'il a pris la résolution d'unir ses forces à celles de la France [3], a considéré que dans l'état actuel des choses toute médiation deviendroit infructueuse, puisqu'il seroit impossible qu'elle posât sur des bases plus admissibles que celles que l'Angleterre a refusées avec hauteur. Sa Majesté Catholique avoit déjà répondu en ce sens à l'Impératrice-Reine, qui lui avoit écrit directement pour s'offrir comme médiatrice. Depuis, le roi de Suède a fait au Roi et vraisemblablement à Sa Majesté Catholique les mêmes offres. Les deux cours sont animées d'une égale reconnoissance de ces pro-

1. *A. E. Russie*, t. CIII, pièce 4.
2. Ambassadeur à Madrid de 1777 à 1783. — Voyez Frédéric Masson, *le Département des Affaires étrangères*, pp. 55 et suiv.
3. En vertu des stipulations du Pacte de Famille.

cédés et vous ne pouvez en particulier, Monsieur, employer des expressions trop fortes pour faire connoître à l'Impératrice de Russie combien le Roi a été touché de recevoir de sa part, dès la première occasion qui s'en est présentée, les assurances d'une attention marquée à seconder ses vues pacifiques. Le Roi est très fâché que la résolution irrévocable du roi d'Angleterre ait fermé la porte à toute voie de conciliation dans laquelle la dignité de sa couronne ne fût pas compromise. Les propositions que Sa Majesté Catholique avoit faites ne tarderont pas à être connues de l'Europe. On apprendra en Russie à quel point l'amour de la paix avoit porté ce prince à s'avancer pour décider la cour de Londres à la paix. On jugera facilement que, dans cet état des choses, ce n'est plus que de la réunion des forces de la France et de l'Espagne qu'on peut espérer la fin d'une guerre que les Anglois ont absolument voulu prolonger. Les deux puissances, en prenant la résolution de poursuivre désormais cette guerre avec toute l'activité possible, ne fermeront jamais l'oreille aux propositions de l'ennemi lorsqu'elles seront justes et propres à assurer une paix stable ; mais elles connoissent trop les principes des Anglois pour croire qu'aucune considération les porte à écouter les conseils même de leurs alliés avant que le sort de la guerre les y force.

Vous exposerez, Monsieur, ces considérations à M. le comte Panin ; vous le prierez de les faire agréer à sa souveraine comme la suite de la triste conviction que l'Espagne et nous avons qu'il n'y a rien à attendre de favorable de l'Angleterre, par quelque voie qu'elle y soit sollicitée, et que Sa Majesté Catholique, qui a échoué après un an de soins dans une médiation à laquelle tout conseilloit aux Anglois de donner une suite, qui sait jusqu'où elle s'est avancée pour ramener la paix, ne voit, ainsi que le Roi, aucune espérance d'entamer une nouvelle négociation sans compromettre au plus haut point sa dignité et les intérêts de ses sujets. Sa Majesté ne doute pas, Monsieur, que l'Impératrice ne soit persuadée que l'impossibilité du succès est la seule cause qui l'oblige à ne pas profiter immédiatement des dispositions amicales qu'elle lui a témoignées ; et s'il étoit nécessaire d'en donner à cette princesse une preuve sans réplique, elle lui communiqueroit les propositions qui ont été faites à l'Angleterre et la laisseroit juger de ce qu'on peut attendre d'une cour qui s'y est refusée, dans les circonstances où elles lui ont été faites de la part du Roi Catholique, qui étoit prêt à ajouter un si grand poids dans la balance contre elle. Au reste, si l'Angleterre mieux conseillée vouloit faire par le canal de l'Impératrice des ouvertures de paix qui ne pourroient compromettre la dignité du Roi et la foi de ses engagements, Sa Majesté les recevra avec plaisir et les communiquera au Roi son oncle, Sa Majesté ne pouvant plus désormais faire aucune démarche sans la connoissance et l'aveu de ses alliés.

Le 9 juillet 1780, M. de Corberon remit le service au marquis de Vérac, récemment nommé ministre plénipotentiaire en Russie. Il resta encore quelque temps à Pétersbourg pour mettre M. de Vérac au courant des affaires, et il en partit le 20 octobre 1780 [1].

---

[1]. M. Harris, le ministre d'Angleterre à Pétersbourg, très malveillant en général, porte le jugement suivant sur M. de Corberon et son successeur. « Je ne connais pas M. de Vérac; j'entends dire qu'il est plus aimable dans la société que redoutable dans le cabinet. Mais quand même il gagnerait les bonnes grâces de l'Impératrice, il sera bien moins à craindre que le présent chargé d'affaires, M. le chevalier de Corberon, qui, bien que d'un mérite médiocre, s'est acquis, par un long séjour dans ce pays, un libre accès auprès de tous les valets de chambre et agents subalternes des grandes maisons russes; et, comme quelques-uns ont beaucoup d'influence sur leurs maîtres, il a souvent conjuré de mauvais esprits lorsque je m'y attendais le moins. » Dépêche du 20 septembre 1779. *La Cour de Russie il y a cent ans*, p. 322.
— Catherine II, dans une lettre à Grimm, du 23 juin 1790, appelle M. de Corberon « un déterminé voyeur d'esprits ». *Soc. imp. d'hist. de Russie*, t. XXIII, p. 484. — Il s'occupa de l'achat, pour Catherine II, de la bibliothèque de Voltaire. *Ibid.*, pp. 103 et 106, lettres des 1er et 17 octobre 1778.

# XLI

## LE MARQUIS DE VÉRAC

MINISTRE PLÉNIPOTENTIAIRE

1780-1783

Les négociations de Catherine touchaient à nos intérêts par tant de côtés, qu'il s'agît de notre lutte contre les Anglais ou de notre influence sur les États du Nord, qu'il parut nécessaire à Louis XVI d'être représenté à Pétersbourg par un ministre plénipotentiaire. Comme le marquis de Juigné n'était pas en état de reprendre ce poste, on y nomma Charles-Olivier de Saint-Georges, marquis de Vérac, brigadier des armées du Roi, qui avait été ministre de France en Hesse-Cassel (de 1773 à 1775) et en Danemark (de 1775 à 1777).

Il arriva à Pétersbourg le 4 juillet 1780 avec M. Caillard, son secrétaire, venant comme lui de Copenhague. Il eut sa première audience à Péterhof, le 9 du même mois.

Catherine II écrivait à Grimm, le 18 juillet 1779 : « M. de Vérac sera le très bien reçu, surtout avec le timbre du comte de Maurepas. Vous savez comme je pense sur tous ceux qui occupent les premières places depuis le règne bienheureux de Louis XVI. Je dois plus d'un remerciement à M. de Vergennes. » Dans une lettre du 12 janvier 1780 au même, Catherine II reproduit une pièce humoristique sous forme d'un « Mémoire pour Son Excellence monsieur le vice-chancelier », où le marquis Vérac est censé protester contre une affreuse violation du droit des gens commis sur sa personne, ainsi que sur celles de l'ambassadeur impérial et du ministre d'Angleterre[1]. Ils auraient

---

1. Sir John Harris (le futur lord Malmesbury). Voyez ci-dessus, pp. 343 et 350, et ci-dessous, p. 484.

été enlevés de leurs hôtels, transportés à Novgorod, puis à Moscou, enfermés dans un bateau sous la garde d'esclaves noirs et enfin, à leur retour, internés dans le château de Tsarskoé-Sélo ; le grand-écuyer aurait essayé de les faire périr à force de festins et divertissements, etc. C'est une allusion au voyage de la cour à Moscou et aux fêtes auxquelles le marquis de Vérac fut invité. Ailleurs (lettre du 14 avril 1781), l'Impératrice rappelle les plats à l'ail que les diplomates auraient mangés sur le Volga dans sa galère. Ce qu'il faut retenir de ces plaisanteries, c'est le ton de cordialité qui régnait alors dans les rapports entre les cours de France et de Russie. Nous voyons enfin (lettre du 16 septembre 1781) le marquis de Vérac appuyer de la part de l'Impératrice une requête de M$^{me}$ d'Épinay [1].

Le marquis de Vérac avait reçu l'Instruction suivante :

MÉMOIRE POUR SERVIR D'INSTRUCTION AU SIEUR MARQUIS DE VÉRAC, BRIGADIER DES ARMÉES DU ROI, CHEVALIER DE L'ORDRE ROYAL ET MILITAIRE DE SAINT-LOUIS ET LIEUTENANT GÉNÉRAL POUR SA MAJESTÉ DANS LA PROVINCE DE POITOU, ALLANT RÉSIDER EN QUALITÉ DE SON MINISTRE PLÉNIPOTENTIAIRE AUPRÈS DE L'IMPÉRATRICE DE TOUTES LES RUSSIES. — DU 6 MAI 1780 [2].

Le Roi, ayant été à portée de juger du zèle et des talents du marquis de Vérac pour la manière dont il s'est acquitté des commissions dont Sa Majesté l'a honoré en Hesse et en Danemark, a cru du bien de son service de le faire passer à Pétersbourg en qualité de son ministre plénipotentiaire auprès de l'Impératrice de Russie. Sa Majesté est persuadée qu'instruit de l'état actuel de l'Europe, et ayant eu communication de la correspondance de Russie depuis quelques années, le marquis de Vérac n'a pas besoin qu'on lui retrace l'importance de l'emploi qui lui est confié.

Sous quelque aspect qu'on envisage la Russie dans ce moment, elle offre à la politique l'objet le plus digne de son attention. Cet Empire, par sa civilisation, ses conquêtes, l'ambition de ses souverains, l'espèce de merveilleux qui l'a fait sortir du néant

---

1. Soc. imp. d'hist. de Russie, t. XXIII, pp. 154, 169, 200, 221.
2. A. E. Russie, Supplément, t. XV. — La correspondance du marquis de Vérac se trouve dans les tomes CV à CXI de A. E. Russie.

et l'éclat dont ses alliés ont cherché à le faire briller, fixe aujourd'hui les regards de l'Europe, et on est forcé de convenir que, malgré l'exagération à laquelle on porte sa puissance et ses ressources, il doit nécessairement entrer pour beaucoup dans tous les calculs politiques.

La Russie est gouvernée par une princesse étrangère[1] qu'une révolution inouïe a placée sur le trône sans aucun droit, sans le concours d'aucun des corps de l'État, dont l'exaltation a paru un phénomène si extraordinaire qu'on n'a pu se persuader qu'il fût durable. Cependant cette princesse règne depuis dix-huit ans. Elle a fait de grandes choses; elle a donné à sa nation plus d'essor; elle l'a étendue, enrichie; et, dans ce moment, elle joue un rôle qui peut influer sur le sort des races futures.

L'amour de la gloire et le désir de réparer aux yeux de l'univers le vice de son élévation ont fait de Catherine II une princesse dont le règne fera époque dans l'histoire du monde. Par une heureuse singularité, ses foiblesses n'ont servi qu'à lui attacher davantage des favoris qui ont été nécessités à coopérer au bien des peuples et ont dû chercher à la faire respecter et chérir pour la maintenir sur le trône.

Il s'est trouvé à la tête du ministère et pour ainsi dire de la nation un homme modéré, indolent même, le comte Panin, qui, avec toute la facilité de faire une révolution en faveur du grand-duc son élève, a été trop ami de son pays pour la tenter, et a préféré servir la mère de son prince, plutôt que de régner lui-même sous le nom d'un enfant. Enfin une suite d'événements intéressants ont distrait la cour et la nation de tenter aucun changement et l'Impératrice est parvenue au point de régner aussi paisiblement que l'eût pu faire une fille de Pierre le Grand.

Le marquis de Vérac trouvera cette princesse dans cette heureuse position, un peu enivrée de ses succès et des louanges qu'on lui prodigue de toutes parts, mais occupée de soins dignes de son rang, travaillant à vivifier un vaste Empire, qui est encore bien éloigné du point de culture et de population qu'il comporte,

---

1. Sophie d'Anhalt-Zerbst-Dornburg, devenue l'impératrice Catherine II.

et cherchant à acquérir dans les affaires générales une prépondérance qu'elle croit importante pour sa sûreté, en même temps qu'elle satisfait sa passion pour la gloire.

Il s'en faut beaucoup que Catherine II soit entourée de gens capables d'apporter à l'exécution de ses vastes projets une célérité et une vigueur qui en précipitent le succès; mais on peut leur rendre la justice que, si les grands talents et les connoissances leur manquent, ils ont un grand désir de la seconder. On fait des efforts, on emploie beaucoup d'argent, on se procure des agents à tout prix. Il est impossible qu'il ne résulte pas de grands effets du concours de tant de volontés avec celle de la souveraine, particulièrement chez un peuple facile à diriger et qui manque plus de lumières que de capacités.

D'après le caractère connu de l'Impératrice, le marquis de Vérac n'a pas besoin qu'on lui indique les moyens de se rendre personnellement agréable à cette princesse. Applaudir à ses projets, l'entretenir d'objets qui flattent ses goûts, lui persuader que les yeux de la France comme ceux de l'Europe sont tournés sur elle, c'est à quoi l'on peut borner tout le plan de la manière d'agir du ministre du Roi dans les entretiens ordinaires qu'il aura avec Catherine II. On traitera ci-après l'objet des conversations ministérielles.

Les affaires politiques sont confiées au comte Panin[1]; son expérience et un bon esprit le rendent très propre à modérer la vivacité de l'Impératrice et de ceux qui l'entourent.

Le prince Potemkin[2], qui est regardé comme le seul favori qui s'occupe avec suite de cet objet, est aussi celui qu'on se plaît à représenter comme balançant l'influence du ministre et pouvant l'emporter dans quelques occasions. Jusqu'ici, s'il y a eu du fondement dans cette opinion, ç'a toujours été la façon de penser du comte Panin qui a triomphé. Le Roi ayant eu plusieurs raisons de se louer de la conduite de ce ministre, le chevalier de Corberon a reçu ordre de le lui témoigner. Nous sommes persuadés qu'il est, dans ce moment, plus favorable qu'aucun de ses prédécesseurs aux intérêts de la France. Le marquis de Vérac

---

1. Voyez ci-dessus, pp. 294 et 311.
2. Voyez ci-dessus, pp. 311, 316, 324, 327.

cherchera à lui inspirer de la confiance, et à lui faire connoître en toute occasion le désir de Sa Majesté de se tenir avec la Russie dans les rapports les plus amiables. Il ne négligera pas non plus de cultiver le prince Potemkin et de chercher à s'en faire écouter, parce que l'âge et les infirmités du comte Panin pourroient concentrer dans le seul favori toute l'influence sur les affaires du dehors et que, supposé que le comte Panin restât encore longtemps à la tête du ministère, la voix du prince Potemkin, unie à la sienne, doit nécessairement décider l'Impératrice.

Le marquis de Vérac s'attachera aussi à démêler, parmi les aspirants au ministère, ceux qui ont le plus d'avantages pour y parvenir.

Un des principaux est le prince Repnin[1], neveu du comte Panin, homme dont le début dans la carrière politique n'a pu être justifié que par des succès presque incroyables, puisque c'est lui qui a mis la Pologne en feu et attiré la guerre entre la Russie et la Porte. Une disgrâce assez longue et l'âge ont, à ce qu'il paroît, mis un frein à la légèreté, sinon à la hauteur, du prince Repnin. On croira difficilement qu'il lui reste des préjugés de son ancienne liaison avec les Anglois, parce qu'il est de ces ambitieux sans caractère qui prennent moins couleur en Russie qu'ailleurs. Pendant la négociation de Teschen, il s'est conduit avec le baron de Breteuil d'une manière très convenable. Ce doit être un homme facile à gagner, en présageant son élévation, paroissant la désirer et lui parlant toujours comme si son suffrage influoit sur les affaires de l'Empire.

Le comte Strogonow[2] est bien traité par l'Impératrice; il ne cache pas ses vues pour le ministère. Nous avons lieu de croire

---

1. Voyez ci-dessus, pp. 223, 341, 342.
2. Descendant de ces Strogonof qui colonisèrent la Russie de l'Oural et de ce Semen Ankiévitch Strogonof, qui, par le kosak Yermak, fit la conquête de la Sibérie sous Ivan le Terrible (1581) et fonda une dynastie de riches manufacturiers. — Le comte Alexandre Sergiévitch Strogonof (1738-1811) fut grand-chambellan, membre du Conseil d'Empire, président de l'Académie des Beaux-Arts. Il aimait la France, y avait beaucoup voyagé, s'y était lié avec Grimm, d'Holbach, d'Alembert : « singulier mélange d'encyclopédiste et de vieux boïar russe », dit Adam Czartoryski dans ses *Mémoires* (Paris, Plon, 1887). Il avait donné pour précepteur à ses fils Romme, le futur membre de la Convention et l'un des auteurs du calendrier révolutionnaire. — Son fils Paul était né en France, en juin 1774 : c'est lui qui devint un des confidents d'Alexandre Ier, un des inspirateurs de ses premières réformes, adjoint au ministère de l'intérieur, lieutenant général, etc.

qu'ayant vécu longtemps à Paris, et y ayant été bien accueilli, il est difficile qu'il n'ait pas conservé de l'affection pour la France. Le marquis de Vérac pourra tirer parti de lui, ne fût-ce que pour être instruit, et, en saisissant les occasions d'en dire du bien à l'Impératrice, il s'en fera un ami.

On ne poussera pas plus loin les observations relatives aux personnes avec lesquelles le ministre du Roi aura principalement à traiter dans cette cour. Les informations qu'il prendra sur les lieux règleront sa manière d'agir envers toutes celles qui ont quelque influence, et les nouveaux favoris que l'intrigue amènera pour un temps sur la scène[1]. Sans perdre de vue ce moyen de réussir, le marquis de Vérac aura attention de ne pas s'écarter de la voie ministérielle pour traiter les affaires, et ne mettra à profit la bonne volonté des personnes qui n'en seront pas chargées directement que pour être mieux instruit, inspirer à l'Impératrice les idées qu'il conviendra que cette princesse adopte et la décider à se prêter à ce que nous aurons à lui demander.

Après avoir commencé par établir les moyens de réussir, l'ordre veut qu'on détaille successivement au marquis de Vérac les objets de sa mission, et, pour le faire de la manière la plus claire, on tracera d'abord le tableau véritable de notre position actuelle à l'égard de la Russie, on lui dira jusqu'à quel point le Roi désire de se rapprocher de cette princesse, ce que Sa Majesté en attend pour le présent et pour l'avenir.

On passera ensuite aux intérêts qui obligent Sa Majesté à

---

[1]. Sur les favoris de l'époque, presque tous subordonnés à l'influence de Potemkine, Vassiltchikof, Zavadovski, Zoricz, Korsakof, Lanskoï, Ermolof, Mamonof, leur succession rapide, les dons énormes que leur fit l'Impératrice, soit pendant leur faveur, soit en les congédiant, voyez les lettres de Harris, dans *la Cour de Russie il y a cent ans*, pp. 354 et suiv., et notamment p. 375 ; Helbig, *les Favoris russes*. A propos de ce Von Helbig, secrétaire de la légation de Saxe à Pétersbourg, de 1787 à 1795, voyez la curieuse lettre de Catherine II à Grimm, 20 septembre 1795, ouvrage cité, p. 651 : elle se plaint que, tandis que ses amis louent son règne de trente-trois ans, « un petit secrétaire de la cour de Dresde, qui est ici depuis longtemps, nommé Helbig, en dit et en écrit tout le mal possible ; il s'arrête dans la rue pour en parler sur ce pied aux passants ; c'est un vrai ennemi du nom russe et de moi personnellement. » On a demandé vingt fois son rappel à la cour de Saxe, « mais apparemment elle trouve cette correspondance charmante. » Enfin, *ibid.*, p. 674, lettre du 3 mars 1796, elle a la satisfaction d'annoncer que ce « gueux de Helbig a été rappelé ». — On peut encore consulter les *Mémoires de Masson et de Castéra*, et Alexei prince de G., *Catherine II et ses favoris, d'après des papiers de famille*, Wurtzburg [1874].

faire mouvoir ou à retenir les Russes relativement aux affaires générales, à celles de l'Allemagne, à la Turquie, à la Suède, etc., et le mettra à portée, autant qu'il sera possible, de prendre de lui-même un parti dans toutes les circonstances qui peuvent s'offrir sur lesquelles la distance des lieux ne permettroit pas de lui faire parvenir à temps des instructions. Les principes posés, Sa Majesté compte sur la prudence de son ministre plénipotentiaire pour en déduire toutes les conséquences et pour le plus grand bien de son service.

Le principal objet de la mission du marquis de Vérac est de faire en sorte que la cour de Russie s'accoutume à compter sur la justice et la franchise du Roi ; que l'Impératrice et ses ministres soient persuadés qu'il ne peut résulter que de très bons effets de la confiance qui a commencé à s'établir entre les deux cours ; et, pour y parvenir, il aura toujours soin de prouver que les idées qu'il exposera, les propositions qu'il sera à portée de faire seront également utiles à la France et à la Russie et ne nuiront en rien aux engagements respectifs de ces deux puissances.

Il suffiroit au marquis de Vérac de jeter les yeux sur les Instructions[1] données au marquis de Juigné lors de son départ pour Pétersbourg pour être étonné du changement que des circonstances imprévues alors, mais saisies depuis sans empressement et sans affectation, ont apporté dans la manière d'être entre la France et la Russie. Les retracer et montrer par quel heureux enchaînement elles ont rapproché, sans secousse, sans renversement des alliances subsistantes, deux cours qu'on regardoit alors comme irréconciliables, ce seroit donner à ce mémoire plus d'étendue qu'il n'en comporte et rappeler inutilement au ministre plénipotentiaire du Roi ce que ses observations particulières et la lecture des correspondances lui ont suffisamment appris. Il sait comment d'une offre gratuite de simples offices est résultée la paix entre la Russie et la Porte par l'intervention du Roi, événement dont l'importance est incalculable, mais qui présente aux esprits les moins éclairés la base d'une politique nouvelle d'où peut dépendre la plus grande augmentation de richesses pour les

---

1. Voyez ci-dessus, pp. 309 et suiv.

deux empires. Il a vu la médiation pour la paix d'Allemagne naître sans effort de ce premier événement, devenir la source d'une conciliation nécessaire sur les points les plus essentiels à la tranquillité de l'Europe, et, ce qu'on ne peut trop remarquer, établir entre les deux cours une confiance réfléchie, telle qu'on n'auroit pu l'espérer du traité d'alliance le mieux fondé. C'est de ce point que le marquis de Vérac doit partir pour asseoir ses idées sur l'espèce de liaison que Sa Majesté a établie et veut conserver avec l'Impératrice. Tout ce qui peut tendre au bien général de l'Europe et à l'avantage des deux empires est le but de cette liaison ; et, comme elle est formée sans que Sa Majesté ni Catherine II aient porté la moindre atteinte à leurs alliances respectives, l'intention de Sa Majesté est qu'en se perpétuant elle n'altère en rien celle qui l'unit à la maison d'Autriche, comme elle ne demandera rien à la Russie qui puisse rompre son union avec le roi de Prusse. On a suffisamment reconnu depuis deux ans qu'il n'étoit nullement nécessaire de changer les rapports des deux cours pour les mettre en état de se concerter sur leurs vrais intérêts, et il est très heureux que cet exemple ait appris au monde que la politique peut rapprocher deux puissances sans briser les liens qui leur sont respectivement chers, et que, pour tenir l'équilibre de l'Europe, il n'étoit pas nécessaire, comme on le croyoit autrefois, de changer le poids de chaque balance.

Le marquis de Vérac se fera un point capital de ne pas s'écarter du principe qui vient de lui être exposé. Il éloignera, tant dans les affaires que dans la société, tout ce qui pourroit faire croire que l'alliance de Sa Majesté avec la cour de Vienne ait été altérée par ce qui s'est passé depuis quelque temps[1], ou puisse l'être par les suites que doit avoir son rapprochement de celle de Pétersbourg.

Il est d'autant plus nécessaire d'insister sur cet article que l'on peut prévoir que plusieurs personnes, par différents motifs, essaieront de persuader que le Roi a sacrifié ou est prêt à sacrifier ses alliés à une puissance avec laquelle Sa Majesté a entrepris et achevé des affaires qui supposent un parfait concert et ont presque

1. Les affaires de la succession de Bavière.

toujours opéré des révolutions dans la politique des cours. On peut croire que le ministre de Prusse à Pétersbourg[1] cherchera les occasions de répandre cette opinion, et peut-être le ministre autrichien[2] contribuera-t-il à la propager par sa manière de juger des liaisons de la France avec la Russie et de s'exprimer dans les cas particuliers où le ministre du Roi ne suivra pas son impulsion ou ses avis.

Si le marquis de Vérac s'apercevoit que le comte de Cobentzl, cédant au désir de diriger toutes les démarches du ministre du Roi au gré de sa cour, se fît de fausses idées de ce que notre alliance avec Leurs Majestés Impériales[3] nous prescrit, il cherchera par tous les moyens possibles à les rectifier. Il exposera sans feinte à ce ministre en quoi telle ou telle proposition, telle ou telle mesure s'accordent avec les devoirs de cette alliance et tendent à la cimenter quoiqu'elles aient rapport à un tiers. Il cherchera à bannir de son esprit toute inquiétude et tout soupçon; mais, s'il découvroit que ses soins à cet égard fussent inutiles, il en rendra compte afin que le Roi pourvoie à détromper Leurs Majestés Impériales et à les rassurer sur ses sentiments, dont il leur donne chaque jour les preuves les plus convaincantes.

La position du marquis de Vérac vis-à-vis du ministre de Prusse sera rendue plus délicate en proportion de l'opinion que le comte de Cobentzl concevra de leur liaison et des obstacles qu'il cherchera à y mettre.

Sa Majesté Prussienne a incontestablement suivi, lors de la paix d'Allemagne, la conduite la plus propre à mériter les éloges

---

1. Le comte de Solms avait eu pour successeur à Pétersbourg, en 1779, le comte de Goertz, envoyé extraordinaire et ministre plénipotentiaire. « Il ne parle que par oui et par non; on pourra le ranger parmi le genre glacial », écrit Catherine II à Grimm, 15 septembre 1779. — Voyez encore, sur le diplomate prussien, les papiers de Ségur, ci-dessous, pp. 394, 397.
2. Le successeur du comte de Lascy avait été le comte Louis de Cobentzl, né à Bruxelles, en 1753; entré au service d'Autriche en 1772; ministre à Copenhague en 1774, à Berlin en 1779, à Pétersbourg où il occupa le poste de 1779 à 1797. C'est lui qui, en septembre 1795, y négocia l'alliance de la Russie, de l'Autriche et de l'Angleterre contre la France; c'est lui qui négocia à Udine avec Bonaparte et signa avec lui la paix de Campo-Formio. Enfin il prit part au congrès de Rastadt, reparut à Pétersbourg en 1798, signa la paix de Lunéville avec Joseph Bonaparte, et se démit de ses emplois après la paix de Presbourg. Il mourut à Vienne le 22 février 1809.
3. Marie-Thérèse et Joseph II. Marie-Thérèse touchait à la fin de sa carrière : elle mourut le 29 novembre 1780.

du Roi, et, depuis, ce prince a donné des preuves non équivoques du désir d'obliger Sa Majesté dans des circonstances assez essentielles[1]. Elle peut se montrer sensible et reconnoissante à de pareils procédés sans offenser son allié; elle le doit même; mais elle est très éloignée de pousser l'expression de ses sentiments au point d'exciter la défiance de Leurs Majestés Impériales. Tout ce qui ne produira pas raisonnablement cet effet, le marquis de Vérac pourra se le permettre vis-à-vis du comte de Goertz. Il vivra avec ce ministre comme avec le représentant d'un prince que le bien général et l'intérêt particulier de Sa Majesté veulent qu'elle maintienne dans les bonnes dispositions qu'il a montrées dans ces derniers temps.

Il est hors de doute que le ministre prussien cherchera à lui rendre des services et à l'aider dans les affaires dont il croira pouvoir faire au roi son maître un mérite vis-à-vis de la France. Le ministre du Roi peut tirer grand parti de ces dispositions, en évitant cependant l'apparence d'intimité avec le comte de Goertz, et en ne favorisant pas l'opinion que celui-ci voudroit donner d'une union totale d'intérêt entre nous et Sa Majesté Prussienne. La paix d'Allemagne, étant assurée, ne peut plus être un point de négociation entre le Roi et l'Impératrice; mais elle offre un objet d'attention continuelle également intéressant pour les deux cours. Le marquis de Vérac profitera de toutes les occasions pour rappeler cet événement à l'Impératrice, à ses ministres, et pour les engager à s'occuper d'écarter tout sujet de trouble. En un mot, il s'en servira comme d'un sujet d'entretien qui disposera à l'écouter volontiers sur d'autres. On doit aimer à Pétersbourg à se rappeler cette époque, et il peut être fort utile de le faire dans plus d'une circonstance.

Ce seroit ici le lieu de traiter du projet que l'Impératrice vient de manifester d'opposer une ligne aux vexations des puissances belligérantes contre les bâtiments neutres[2].

Ce projet, qui n'est qu'une conséquence du système de neutralité auquel Catherine II s'est vouée, après de mûres réflexions sur ses véritables intérêts, par un sentiment de reconnoissance

---

1. Affaires de Bavière et affaires de la neutralité maritime.
2. Voyez ci-dessus, pp. 343, 347, et ci-dessous, pp. 371-372.

pour le Roi et d'après les conseils du roi de Prusse, devient aujourd'hui un des plus favorables événements pour la cause de Sa Majesté. Selon toute apparence, il aura pris consistance lorsque le ministre plénipotentiaire du Roi arrivera à Pétersbourg. Sa Majesté a témoigné à l'Impératrice combien elle applaudissoit à sa résolution, en approuvoit les principes, en désiroit les conséquences et, effectivement, si cette affaire est conduite comme elle débute, on peut espérer qu'elle donnera lieu à des engagements qui fixeront pour jamais la liberté de la mer, et rendront le sort des puissances neutres beaucoup plus heureux qu'il ne l'a jamais été pendant toutes les guerres maritimes.

L'intérêt de la France se réunit à la justice pour faire désirer à Sa Majesté que ce système s'établisse par un concert de toutes les puissances qui ne prennent point de part à la guerre actuelle. Elle a donné le mouvement à cette grande affaire en traitant le plus favorablement qu'il a été possible les bâtiments neutres [1]. Elle témoigne hautement aujourd'hui le désir que son exemple devienne la loi générale. Il est inutile de tracer au marquis de Vérac la conduite qu'il devra suivre s'il reste encore quelque chose à faire à son arrivée pour consolider cet arrangement. Les papiers de la correspondance devant lui être remis par le chevalier de Corberon, il y puisera les instructions nécessaires sur cet objet.

Après les affaires directement relatives à la France, celles qui mériteront le plus l'attention du ministre plénipotentiaire du Roi sont les affaires de Turquie. Un nouvel ordre de choses vient de changer toutes les combinaisons sur cette partie du monde, et offre beaucoup d'objets d'une grande importance, dignes que Sa Majesté s'en occupe et prescrive à ses ministres d'en faire un des principaux points de leur travail.

La Russie, libre de naviguer sur la mer Noire et de faire franchir les Dardanelles à ses vaisseaux, se livre aujourd'hui, avec une ardeur sans égale, à mettre à profit cette concession, fruit précieux d'une guerre qu'elle s'étoit attirée sans raison. La part que le Roi a eue à la convention [2] qui a empêché l'Impératrice de faire une seconde

---

1. Par la déclaration royale du 26 juillet 1778.
2. La convention d'Aïn-Ehli-Qâvâq. Voyez ci-dessus, pp. 340-341.

guerre pour s'assurer cet avantage, la position de la France, l'influence ancienne et nécessaire de Sa Majesté à la Porte, tout met désormais les deux cours dans des relations indispensables sur cet objet. On peut s'attendre que les Turcs, étonnés de la rapidité des progrès des établissements formés par les Russes sur le Borysthène[1], voyant les vaisseaux russes se multiplier dans la mer Noire et une marine militaire se former à Kerson, vont concevoir des inquiétudes de la révolution à laquelle ils ont été forcés de donner les mains. Ils s'adresseront au Roi pour lui faire part de leurs alarmes ; ils demanderont à Sa Majesté si la Russie ne pousse pas trop loin le résultat de ce qu'ils lui ont accordé, pour ainsi dire, de notre aveu. Il naîtra vraisemblablement des différends de plus d'un genre sur l'usage qu'il est permis aux Russes de faire de la mer Noire, et nous allons nous trouver les arbitres de ces différends. Le marquis de Vérac doit entretenir une correspondance avec l'ambassadeur du Roi à Constantinople[2], pour être averti à temps de tous les incidents qui pourroient altérer la paix que le Roi a favorisée comme également utile aux deux Empires et au commerce de la France. Il s'attachera surtout à convaincre le ministère russe que l'avantage que la Russie s'est procuré est assez grand pour ne pas risquer de le perdre en mettant les Turcs au désespoir ; que c'est à la politique à achever ce que les armes ont commencé, à rassurer en toute occasion la Porte, à traiter amiablement avec elle toutes les affaires qui lui seroient désagréables. Il fera sentir combien il convient d'empêcher les navigateurs russes de donner lieu à des querelles par l'usage peu réglé qu'ils feront du droit qui leur est acquis. Enfin, il profitera de toutes les occasions pour éloigner de l'esprit des Russes l'idée de porter plus loin leurs conquêtes vers le Midi et leur persuader qu'ils ont tout à gagner à ne pas réveiller les Turcs de leur engourdissement, et à jouir en paix des fruits de la dernière guerre.

Nous aurons ici les yeux constamment ouverts sur les suites du changement survenu dans les rapports de la Russie et de la Turquie, et nous nous occuperons des moyens de hâter le moment

---

1. Kinburn et Kherson sur le Dniéper.
2. Le comte de Saint-Priest. Voyez ci-dessus, pp. 271-272, 340-341.

où la nouvelle route frayée au commerce des Russes deviendra favorable au nôtre. Il est impossible de décider les Turcs à rendre la mer Noire libre à toutes les nations, ce que la saine politique leur conseilleroit ; nous ferons en sorte que la plus grande partie des exportations de la Russie par cette voie tourne à notre profit. C'est un vaste champ ouvert à l'industrie française. Selon toute apparence, il en doit naître un rapprochement d'intérêts entre les deux nations. Le marquis de Vérac observera avec soin l'effet qu'il produira. Plus on voit à Pétersbourg ce débouché comme une source de richesses, plus on sera attentif à examiner quelles sont les nations qui contribueront le plus à réaliser cette idée. La France est, à tous égards, celle qui s'offrira sous l'aspect le plus favorable. Il s'agit de profiter de cette circonstance pour lier de plus en plus les deux nations, non seulement par le Midi, mais même par le Nord. En effet, le commerce repose sur la confiance ; si une fois les Russes éprouvent que la voie de la Méditerranée leur offre dans les François des correspondants sûrs et intelligents, on peut espérer qu'ils chercheront à faire des entreprises avec eux par tous les débouchés possibles.

Comme le commerce paroît un des objets de l'Impératrice et ses ministres s'occupent le plus volontiers[1] et que l'abus que les Anglois ont fait des préférences sans nombre dont ils ont joui jusqu'à ce jour a contribué à donner aux Russes des idées plus saines sur leurs convenances à cet égard, nous avons déjà eu plusieurs occasions de nous persuader que la cour de Russie entendra volontiers à la proposition d'un traité qui mît la France à l'égale de la nation la plus favorisée. Jusqu'ici, nous n'avons fait que manifester nos dispositions à cet égard et rassemblé tous les matériaux qui peuvent donner à un pareil ouvrage la perfection dont il est susceptible. Il est probable qu'après la paix[2] le Roi s'en occupera sérieusement. En attendant que Sa Majesté puisse faire rédiger des instructions qui embrassent tous les points qui doivent être pris

---

1. Sur les traités de commerce conclus alors par la Russie, voyez N. GRIGOROVITCH, *le Chancelier prince Alexandre Andréévitch Bezborodko*, dans *Soc. imp. d'hist. de Russie*, tomes XXVI et XXIX, surtout le premier de ces volumes, pp. 132 et suiv.
2. La paix avec l'Angleterre : elle n'aura lieu que par les préliminaires de Paris (20 janvier 1783) et le traité de Versailles du 3 septembre 1783.

en considération dans un traité de cette importance, le marquis de Vérac doit chercher à approfondir toutes les branches du commerce de Russie dans leur rapport actuel et possible avec celui de France. Il importe surtout qu'il examine les obstacles qui se sont opposés jusqu'ici à l'accroissement de notre commerce et les moyens de les lever. Plus il aura étudié cette matière, plus il sera en état d'exécuter les ordres du Roi. Sa Majesté ne juge pas à propos de lui en donner d'autres aujourd'hui, le commerce direct de France en Russie étant comme nul. Il existe à Pétersbourg beaucoup de mémoires sur ce point. Le sieur Raimbert[1], négociant françois, s'en est beaucoup occupé et peut contribuer à donner au ministre plénipotentiaire du Roi les notions détaillées dont il aura besoin. Si le marquis de Vérac étoit cependant recherché à cet égard, il pourra s'expliquer que la France n'aspire à aucune autre préférence que celle qui naît de la supériorité de l'industrie et que, pourvu que la loi soit générale et uniforme pour toutes les nations, elle n'en sollicitera point d'exceptions.

La Suède, au moment de la révolution[2], avoit fixé l'attention de l'Impératrice de Russie d'une manière inquiétante. Cette princesse, accoutumée à voir dans le gouvernement qu'on venoit de renverser la certitude de n'avoir jamais rien à craindre des Suédois, si même elle n'espéroit pas parvenir à les maîtriser, se montra mécontente d'un changement qui sembloit présager la renaissance des beaux jours de la Suède. De plus grands intérêts empêchèrent qu'elle ne cherchât à troubler Gustave III dans la possession des droits qu'il venoit de recouvrer. Depuis, la conduite de ce prince et le peu de progrès qu'il a faits pour rendre à ses États la prospérité dont il avoit eu l'augure, paroissent avoir éteint le désir de lui nuire. Le marquis de Vérac s'attachera à démêler les vrais sentiments de l'Impératrice envers la Suède, à connoître le système des ministres russes, s'ils en ont formé un nouveau relativement au changement des circonstances, et, autant qu'il en trouvera le moyen, il cherchera à éteindre tout germe de division entre ces deux voisins et à

---

1. Voyez ci-dessus, p. 321.
2. De 1772.

rendre au ministre de Suède [1] les services les plus analogues à ce but.

Une longue habitude et des motifs qui ne sont pas également décisifs tiennent depuis longtemps le Danemark dans la dépendance de la Russie [2]. Les circonstances actuelles ne font entrevoir aucun danger dans cette manière d'être d'une cour fort insignifiante ; mais il peut être intéressant d'être toujours à portée de connoître à quel point les Danois sont disposés à suivre l'impulsion de la cour de Pétersbourg. Le marquis de Vérac ne perdra pas de vue cet objet et le fera entrer dans ses relations toutes les fois qu'il lui paroîtra que la politique générale, ou les affaires du Nord seulement, demanderont de connoître les sentiments de la cour de Danemark.

L'union et les rapports du roi de Prusse avec la Russie sont d'une toute autre importance, et le ministre plénipotentiaire du Roi n'emploiera jamais trop de soins à être constamment en état d'instruire Sa Majesté de tout ce que Sa Majesté Prussienne entreprendra pour faire mouvoir son allié, des moyens que ce prince mettra en usage et des personnes qui lui seront dévouées. L'âge du roi de Prusse [3], les dispositions pacifiques qu'il a témoignées lors de l'ouverture de la succession de la Bavière, semblent devoir assurer que ce prince s'occupera plus désormais de conserver ses acquisitions que de les augmenter. Mais il peut arriver que des soupçons bien ou mal fondés le remettent en activité, et, comme le Roi a la plus forte volonté et le plus grand intérêt d'éloigner tout ce qui peut troubler la tranquillité de l'Europe, plus Sa Majesté sera avertie promptement de ce qui tendroit à y donner atteinte, plus elle aura de facilité à le prévenir.

Il faudroit un mémoire à part pour mettre le marquis de Vérac parfaitement en état de suivre la politique de la cour de Vienne à l'égard de la Russie, de discerner dans les démarches du comte de Cobentzel ce qui peut tendre au bien général, aux plans particuliers du cabinet de Vienne et aux projets réservés pour l'avenir.

1. Le ministre de Suède était alors le baron Nolken. Voyez Solovief, *Istoria Rossii*, t. XXIX, p. 219.
2. Voyez ci-dessus, pp. 52, note 2; 264, note 2; 269, 271.
3. Frédéric II était né le 24 janvier 1712; il avait donc alors plus de soixante-huit ans. Il mourut le 17 août 1786.

Le ministre plénipotentiaire du Roi ne risquera pas de se tromper s'il part du principe qu'on est sans cesse occupé à Vienne de regagner toute la confiance de la Russie et qu'on est disposé à faire de grands sacrifices pour y réussir[1].

Quoique le Roi ne pense pas que ce renversement de l'ordre actuel soit nécessaire pour rassurer Leurs Majestés Impériales sur les craintes que l'union de la Russie avec le roi de Prusse leur donne, Sa Majesté désire savoir quel sera successivement le produit des efforts du ministre autrichien. Le marquis de Vérac peut s'attendre que cette partie de son travail sera celle où il aura le plus besoin de sagacité et de prudence pour ne pas partager l'ardeur du comte de Cobentzl et avoir sa part des dégoûts qu'elle pourra lui attirer. Ceci doit suffire pour montrer au ministre du Roi combien il a d'écueils à éviter en servant la cause qui nous est commune avec la maison d'Autriche. Nous sommes alliés de cette maison et des alliés fidèles ; mais elle diffère de nous dans sa manière d'envisager les objets, dans ses procédés et dans ses plans politiques. Ne pouvant la faire changer, il est indispensable que nous nous mettions en mesure de n'être pas victimes de ces fausses démarches, et il est bien à craindre que Pétersbourg ne soit le lieu où elle tentera le plus d'en faire.

Depuis le commencement de ce siècle, si l'on en excepte quelques années de la fin du règne d'Élisabeth, l'Angleterre a disposé de la Russie à son gré. Elle a dirigé ses alliances, mis ses troupes en mouvement, élevé ou renversé ses ministres, et l'Autriche elle-même n'a eu du crédit à Pétersbourg que sous son bon plaisir. Il doit être pénible pour la cour de Londres de perdre un pareil ascendant : d'autant plus que la Russie deviendroit toujours entre ses mains un instrument plus fort et dont elle se serviroit pour étayer son système d'envahir le commerce du monde. Si la politique de la cour britannique est déjouée par les résolutions de la Russie de ne plus suivre aveuglément son

---

1. C'était exact : l'Autriche, alarmée de voir la Russie liée à la Prusse par les traités du 11 août 1764, du 23 octobre 1769, du 1er avril 1777, redoublait de prévenances auprès de la cour de Pétersbourg. Elle réussit, car, avant même que le terme de ce dernier traité fût atteint, Joseph II s'assura le traité d'alliance russe du 12 avril 1781, renouvelé le 12 mai 1789. La Russie trouvait son compte à cette perpétuelle compétition des deux cours allemandes : dans une même année, la critique année 1792, nous la voyons s'allier le 14 juillet à l'Autriche et le 7 août à la Prusse.

impulsion, l'avidité de la nation angloise se ressentira encore plus vivement de ne plus avoir le monopole du commerce de cet Empire. C'est à tous égards un objet digne de l'attention du ministre plénipotentiaire du Roi que les efforts de l'Angleterre pour recouvrer son crédit ébranlé, éloigner les autres puissances, et surtout la France, de toute liaison avec les Russes, redonner la vie aux anciens préjugés qui commencent à s'éteindre, entraver enfin, par des manœuvres qui lui ont réussi autrefois, toute opération qui attaquera son despotisme.

Il paroît que le ministre anglois à Pétersbourg [1] est l'homme le plus capable de mettre à profit ce que la ruse et les petits moyens peuvent faire pour suppléer aux avantages qu'il sent bien avoir perdus. Le marquis de Vérac l'observera pour connoître sa marche et se garder de l'imiter. Nous sommes à l'égard des Anglois dans une position beaucoup moins embarrassante qu'à l'égard du roi de Prusse.

Ce prince est allié à la Russie et regardé comme l'ennemi de nos alliés. Notre conduite, dans tout ce qui le touche, demande beaucoup de combinaisons pour ne déplaire ni à Pétersbourg ni à Vienne. La Russie, au contraire, ne tient aux Anglois que par habitude, par un traité de commerce qui lui est désavantageux [2] et elle est pressée de s'éloigner d'eux par le roi de Prusse qui les déteste. Le ministre du Roi peut donc se mettre en opposition avec les Anglois sans danger, mais non sans ménagement. Si le sieur Harris use avec peu de mesure d'un crédit expirant, le ministre de Sa Majesté doit profiter avec prudence d'un accueil auquel ses prédécesseurs n'ont pas été accoutumés. C'est un devoir pour lui de paroître ne vouloir détacher la cour de Russie de l'Angleterre que par la considération de son propre intérêt, d'annoncer que le Roi ne prétend exclure aucune puissance de concourir à la prospérité de l'Empire russe et de calquer toutes ses démarches et tous les projets qu'il essaiera sur la modération qui fait le caractère distinctif de la conduite du Roi. Que les Anglois en voyant déchoir leur influence en Russie aient à s'en

---

1. Sir John Harris. Voyez ci-dessus, pp: 343, 350-351, et ci-dessous, p. 484, note 2. — Il quitta Pétersbourg dans les premiers mois de 1783.
2. Voyez ci-dessus, p. 222, note 2.

prendre plus aux lumières tardives de la nation qu'aux efforts de la France et que, s'il est possible, il ne s'établisse pas à la cour deux partis, l'un en notre faveur, l'autre dévoué à l'Angleterre ; mais que tout le monde soit convaincu que nous ne demandons que l'égalité : telle est la règle dont le ministre du Roi ne doit pas se départir.

Si la Pologne avoit une force réelle, un roi susceptible de la mettre en action, elle mériteroit qu'on prescrivît au marquis de Vérac de s'occuper attentivement de son état[1] ; mais ce malheureux royaume, devenu le jouet de ses voisins, démembré en partie, prêt à ne plus exister, s'ils pouvoient s'accorder encore pour consommer sa ruine, n'a plus pour ainsi dire qu'à choisir entre ses oppresseurs. Toute spéculation sur son sort à venir devient superflue, parce qu'il dépend de combinaisons trop incertaines que le moindre événement peut déranger. Aujourd'hui, la Russie reste maîtresse d'y maintenir ce qu'elle appelle l'ordre et la tranquillité, et qui n'est qu'une inertie qui empêche l'exécution de tout plan utile et de tout changement qui rende la moindre vie à ce royaume.

Il ne sera pas inutile cependant que le ministre plénipotentiaire du Roi cherche à pénétrer si l'Impératrice a des projets ultérieurs sur la Pologne, et de quelle nature ils sont. On parle d'un échange qu'elle veut faire des provinces qui lui ont été cédées contre la partie de l'Ukraine que les Polonois ont conservée. Ce seroit une chose de grande importance : 1° parce qu'elle ajouteroit beaucoup à la force et à la richesse de la Russie, l'Ukraine étant incontestablement le pays le plus fertile de l'Europe, celui qui invite le plus les hommes à s'y fixer ; 2° parce qu'il formeroit une frontière respectable contre les Turcs ; 3° parce qu'il rapprocheroit les Russes des États de la maison d'Autriche, objet dont on ne peut calculer les conséquences. Il est très intéressant de savoir si ce projet a de la réalité, tant à cause des raisons qu'on vient d'alléguer que parce qu'il seroit

---

[1]. Il est impossible de marquer plus nettement, on pourrait dire plus brutalement, le changement de point de vue et la rupture avec les traditions de la diplomatie officielle et surtout de la diplomatie secrète de Louis XV. Cependant, à ce moment déjà, s'élaborait en Pologne ce mouvement admirable de régénération qui devait aboutir à la Constitution du 3 mai 1791.

possible qu'il réveillât la cupidité des voisins et donnât lieu à de nouveaux démembrements. En tout, la Pologne n'exige de la part du ministre plénipotentiaire du Roi aucunes démarches, vu qu'elles seroient infructueuses et peut-être déplaisantes à l'une des trois puissances ou à toutes les trois. Mais ce point ne doit point lui paroître indifférent, puisqu'il peut faire naître des querelles et devenir une pomme de discorde après avoir été l'objet d'un accord dont l'histoire ne fournit point d'exemples.

Dantzick[1] est spécialement intéressant par le désir que le roi de Prusse montre de l'enfermer dans ses États, et la résistance que la Russie a apportée à ce projet. Le marquis de Vérac fera bien d'approfondir si l'Impératrice n'a pas changé d'opinion sur le sort de cette ville. Elle le doit moins que jamais, aujourd'hui que le roi de Prusse, par la manière dont il a vexé les Polonois et circonscrit Dantzick[2], est parvenu à faire prendre en partie au commerce de la Pologne la route du Midi, et à favoriser ainsi les nouveaux établissements commencés à l'embouchure du Borysthène. Une révolution aussi grande dans le commerce d'un royaume mérite certainement d'être approfondie, ne dût-elle servir qu'à prouver que l'avidité mal dirigée fait tort aux princes qui s'y livrent. D'ailleurs, si Dantzick tombe, si Kerson profite de sa ruine, ce seront les Russes, les Turcs et la France qui en tireront avantage; l'Angleterre, la Hollande, la Suède et le Danemark perdront le bénéfice d'une grande partie du commerce de la Pologne, et une pareille révolution est bien loin d'être indifférente aux yeux de la politique.

On a tracé succinctement au marquis de Vérac tous les objets qui rendent sa mission importante; on ne lui en a pas caché les difficultés. Il a à asseoir la manière d'être d'un ministre du Roi dans un pays où la France a presque toujours été vue de l'œil de la haine ou du moins de l'envie et écoutée avec prévention. Des circonstances encore récentes annoncent qu'on peut se flatter d'y avoir quelque succès en y parlant le langage de la vérité et montrant des dispositions amicales, tant pour contribuer à la considération du souverain que pour procurer l'avantage des

---

1. Voyez-ci-dessus, pp. 7, 131, 150-151, 228.
2. Au moyen d'un cercle de douanes.

sujets. Le marquis de Vérac remplira les intentions du Roi et se fera des mérites auprès de Sa Majesté s'il parvient à convaincre l'Impératrice, ses ministres, et tous ceux qui ont part aux affaires, que la Russie peut et doit rechercher l'amitié de la France, au moins à l'égal de l'Angleterre, et que jamais une liaison qui n'a pas besoin d'être exclusive pour être utile aux deux Empires ne pourra entraîner aucun des inconvénients qu'un gouvernement sage doit éviter lorsqu'il change quelque chose dans sa politique.

Le ministre plénipotentiaire du Roi entretiendra une correspondance exacte avec les ambassadeurs et ministres de Sa Majesté à Constantinople, à Vienne, en Danemark, en Suède[1] et autres suivant l'exigence des cas. Mais il aura soin de la circonscrire dans les choses nécessaires et d'éviter toutes les particularités dont la connoissance pourroit nuire aux affaires de Sa Majesté, parce que le chiffre de correspondance nécessairement le plus multiplié est par là même le moins sûr.

Parmi les affaires particulières qui sont en suspens à Pétersbourg et sur lesquelles le marquis de Vérac recherchera dans la correspondance qui restera entre ses mains les ordres donnés à ses prédécesseurs, il en est une dont Sa Majesté désire surtout qu'il presse la conclusion. Il s'agit du dédommagement promis par l'Impératrice aux négociants françois qui ont essuyé des pertes par le fait des Russes pendant la guerre entre la Russie et la Turquie. La Porte ayant commencé à payer les sommes convenues par le traité de Kaidnargi, il semble qu'un des usages les plus équitables que l'Impératrice puisse faire d'une partie de ces sommes est de satisfaire des étrangers dont elle a reconnu que les réclamations étoient fondées.

On joint ici un état des chiffres qu'on remet au marquis de Vérac avec des instructions particulières sur la manière dont il les fera employer. Il convient de l'avertir de donner la plus grande attention à la sûreté de ses chiffres, parce qu'on est fort peu délicat à Pétersbourg sur les moyens de les intercep-

---

[1]. A Constantinople, M. de Saint-Priest; à Vienne, le baron de Breteuil; à Copenhague, le baron de la Houze (de 1779 à 1792); à Stockholm, un chargé d'affaires, M. Gérault.

ter et qu'on se pique même d'y parvenir de façon ou d'autre[1].

Comme il n'existe aucune difficulté sur le traitement dû au ministre plénipotentiaire du Roi en Russie et que d'ailleurs le chevalier de Corberon pourra lui donner des renseignements sur ce qui s'est pratiqué à l'égard du marquis de Juigné, on est dispensé de traiter cette matière en détail.

Sa Majesté ayant ordonné à tous ses ministres dans les cours étrangères de remettre à la fin de leur mission une relation exacte de tout ce qu'ils auront appris de plus important dans le pays où ils auront résidé tant sur le caractère, les affections des princes et de leurs ministres que sur tous les autres objets qui peuvent intéresser le service ou la curiosité du Roi, le marquis de Vérac se conformera en conséquence aux intentions de Sa Majesté.

Le Roi veut aussi que ses ministres rapportent les chiffres et tous les papiers concernant son service avec un inventaire, sur la vérification duquel il leur en sera donné une décharge.

Fait à Versailles, le 6 mai 1780.

Signé : Louis.

Plus bas :

Signé : Gravier de Vergennes.

Reprenons la suite des faits qui peuvent servir de commentaire à cette Instruction.

Catherine II se montrait de plus en plus irritée des prétentions des Anglais à l'égard de la marine neutre, mais les Espagnols, qui, depuis le 16 juin 1779, faisaient cause commune avec la France contre l'Angleterre, ne se conduisaient pas mieux.

Ils arrêtèrent dans la Méditerranée deux vaisseaux de commerce russes, la *Concordia* et le *Saint-Nicolas*, et les conduisirent à Cadix. Catherine demanda réparation au chargé d'affaires espagnol de l'insulte faite à son pavillon. Puis, par la déclaration du 28 février 1780, elle proclama les principes bien connus des droits des neutres, qui d'ailleurs avaient été formulés dans le règlement français du 26 juillet 1778[2]. Cette déclaration était un acte de neutralité ; mais, avec la

1. Voyez ci-dessus, pp. 280-281, et l'aventure de La Chétardie.
2. Les choses avaient failli prendre d'abord une tournure fort différente. L'initiative vint assurément de M. de Vergennes : dès le 22 novembre 1778, il insistait auprès de Catherine II pour qu'elle prît en main la protection des petits États, l'assurant qu' « elle en retirerait de la gloire sans courir aucun risque ». Panine était bien disposé, mais Potemkine voulait tourner la ligue contre la France. La Suède

sanction que lui donnait la réunion d'une flotte russe à Cronstadt, c'était un acte de *neutralité armée*[1]. C'était l'incident espagnol qui y avait donné lieu; en fait, comme au temps de Paul I$^{er}$, c'était contre les Anglais que cet acte était en réalité dirigé. La Tsarine notifia sa déclaration, le 28 février 1780, aux cours de France, d'Espagne et d'Angleterre : les deux premières s'empressèrent d'y adhérer. Catherine travailla ensuite à enrôler dans une ligue des neutres le Danemark, qui devait adhérer le premier par l'acte du 9 juillet 1780, puis la Suède, la Hollande, la Prusse, l'Autriche, le Portugal, les Deux-Siciles. Nous avons vu ci-dessus[2] que le ministère français attribuait au roi de Prusse une influence notable sur cette politique de Catherine II.

Ainsi les rapports devinrent de plus en plus intimes entre des deux cours. La France avait procuré à la Russie la paix en Orient; à elles deux, elles avaient fait la paix de Teschen; la Russie proclamait et sanctionnait nos principes de droit maritime et nous donnait son appui moral contre l'Angleterre. En mai 1782, le grand-duc héritier (le futur Paul I$^{er}$) fit avec sa femme, sous les noms de comte et comtesse du Nord, le voyage de Paris[3]. Ce fut le sceau de la réconciliation entre les deux cours.

En janvier 1781, Catherine prit l'initiative de conférences pour la paix entre la France et l'Angleterre : elles s'ouvrirent à Vienne, furent dirigées par Kaunitz et échouèrent; elles reprirent à Paris en mai 1782; puis la France et l'Angleterre négocièrent directement à Londres en septembre. Les pourparlers n'aboutirent que l'année suivante aux traités de Paris et de Versailles (articles préliminaires le 20 janvier, traité définitif le 3 septembre 1783).

De son côté, la Russie allait mettre une fois de plus encore notre bonne volonté à l'épreuve.

A l'influence de Panine, disgracié le 1$^{er}$ octobre (20 septembre) 1780[4], avait décidément succédé celle du prince Potemkine. Mal

---

et Frédéric II, à qui M. de Vergennes fit demander officiellement son appui, soutinrent la France, et celle-ci, ayant arrangé l'incident russo-espagnol, la politique de Panine l'emporta sur celle de Potemkine, et la déclaration russe du 28 février 1780 fut lancée.

1. Voyez C. BERGBOHM (professeur à l'Université de Dorpat), *die Bewfanete Neutralität*, 1780-1783. Berlin, 1884.
2. Ci-dessus, pp. 347, 359, 361.
3. Sur ce voyage, voyez *La Cour de Russie il y a cent ans*, pp. 361 et suiv., et la correspondance de Catherine II avec le couple princier pendant cette absence, dans *Soc. imp. d'hist. de Russie*, t. IX, pp. 38-195.
4. Cette disgrâce, comme l'avait bien prévu Panine, qui s'opposait à ce voyage, coïncida avec le départ du grand-duc et de sa femme pour leur voyage en Europe, à la date indiquée ci-dessus. « Le vice-chancelier (le comte Ivan Andréévitch Ostermann) reçut un ordre signé de l'Impératrice, portant que c'était son plaisir qu'il fît désormais toute la besogne du département des affaires étrangères; que tous les actes et rescrits fussent signés par lui; qu'il lui fît le rapport de tout ce que lui

disposé au début pour la France, il finit par se rallier. Mais il réveilla les ambitions turbulentes de la Tsarine, son goût pour la grande politique et les conquêtes. En 1780, le voyage de Joseph II en Russie, son entrevue avec Catherine à Mohilef (23 mai), les projets discutés entre eux pour le partage de l'empire ottoman (traité secret de 1781) avaient inquiété la Turquie. Elle excita de nouveaux troubles dans le Kouban, dans le pays des Nogaïs, en Crimée. En juin 1782, elle souleva contre le khan Chahyn ses deux frères. Il dut appeler encore les Russes. Le 8 avril 1783, au moment où les troupes de Catherine II allaient passer la frontière de Crimée, la Tsarine publiait un manifeste portant que « le maintien de la paix avec la Porte exige que nous prévenions les attaques de nos ennemis ». Elle déclara réunir à son empire la Crimée, l'île de Taman et le Kouban, « comme une juste indemnité des pertes et des dépenses que nous avons supportées pour la conservation de la paix ». La Crimée fut aisément conquise, Chahyn obligé d'abdiquer, ses États réunis à la Russie, la dernière trace des invasions mongoles effacée.

De nouveau la guerre fut sur le point d'éclater entre la Russie et la Turquie.

M. de Vergennes avait essayé de résister aux ambitions russes, en faisant appel à l'intérêt bien entendu de Joseph II et de l'Angleterre. Il constata que l'Empereur était disposé à prendre sa part des dépouilles de la Turquie; Fox refusa de « se mêler des affaires des Turcs ou d'agir de concert avec la France » et continua à exciter la Porte[1].

Voilà où en était le conflit russo-turc au moment où le marquis de Vérac quitta Pétersbourg. Au mois de juin 1783, il avait demandé à rentrer en France pour raisons de santé; la tournure que prirent les affaires d'Orient l'avait obligé à rester; il ne quitta Pétersbourg que le 3 novembre 1783, en remettant le service à M. Caillard. Le marquis de Vérac était un homme d'esprit, mais un diplomate peut-être insuffisant, car il oubliait trop que la diplomatie était alors l'art qu'a si bien défini le Figaro de Beaumarchais.

diraient les ministres étrangers et de ses réponses; que la correspondance étrangère lui fût adressée et que les dépêches fussent écrites par lui seul. » Le prince Potemkine « affecte de blâmer la dureté de la mesure, quoiqu'il admette qu'elle soit juste ». Panine avait déplu à l'Impératrice en s'opposant au voyage du grand-duc et de la grande-duchesse, faisant croire à ceux-ci qu'ils ne rentreraient jamais en Russie et ne reverraient jamais leurs enfants, provoquant ainsi des scènes de pâmoison de la grande-duchesse et des émotions populaires à leur départ. L'Impératrice avait dit qu'il se conduisait toujours « comme si ses enfants et ses petits-enfants lui appartenaient autant qu'à elle. Mais, a-t-elle ajouté, s'il croit qu'il sera jamais rétabli dans les fonctions de premier ministre, il se trompe grandement. Il ne sera jamais autre chose que garde-malade ». A la suite de sa disgrâce, lui-même tomba malade. L'Impératrice parut se repentir de sa dureté, mais il ne revint plus aux affaires et mourut en 1783. — Dépêches de sir John Harris et du marquis de Vérac, dans *La Cour de Russie il y a cent ans*, pp. 357 et suiv.

1. Voyez *Question d'Orient : correspondance diplomatique, du 6 janvier au 30 octobre 1783*. Paris, Imprimerie impériale, 1855.

# XLII

## M. CAILLARD

CHARGÉ D'AFFAIRES

1783-1784

M. Caillard, agent consulaire, attaché à la légation de Copenhague en 1780, avait suivi, en qualité de secrétaire, le marquis de Vérac à Pétersbourg.

Quand le marquis de Vérac quitta Pétersbourg le 3 novembre 1783, M. Caillard, qui devait rester chargé des affaires jusqu'à l'arrivée d'un nouvel ambassadeur, ne reçut aucune instruction spéciale ; mais il s'était mis au courant des affaires comme secrétaire du marquis de Vérac, qu'il avait souvent assisté de ses conseils, étant plus délié et plus habile que lui [1].

La seule question pendante était l'occupation par les Russes de la Crimée et du Kouban. M. de Saint-Priest, sur l'ordre qu'il en avait reçu de Versailles, calma les Turcs et les amena à accepter le fait accompli, c'est-à-dire l'annexion par la Russie, de la Crimée, de l'île de Taman et d'une grande partie du Kouban. Une convention de paix et d'amitié fut conclue sur cette base à Constantinople entre les Russes et les Turcs, le 8 janvier 1784. L'Impératrice offrit des présents et le cordon de Saint-André à M. de Saint-Priest; mais, se souvenant de l'opposition que M. de Vergennes lui avait faite au début, elle n'adressa que de « froids remerciements » à la cour de Versailles.

L'attitude de Saint-Priest au cours de ces négociations avait été blâmée par sa cour. « Ce n'est pas un ambassadeur de France que

---

[1]. M. Caillard occupa, dans la suite, des postes importants ; en 1800, il représentait la République française à Berlin et ouvrit les négociations avec Paul I<sup>er</sup>.

nous avons à Constantinople, disait-on, c'est un ambassadeur de Russie. » Après la convention de Constantinople, il fut rappelé et remplacé, en 1784, par le comte de Choiseul-Gouffier. La même disgrâce, pour les mêmes causes, semble avoir pesé sur le marquis de Vérac.

---

LE COMTE DE VERGENNES A M. CAILLARD. — VERSAILLES, 2 OCTOBRE 1783 [1].

... Vous connoissez trop bien, Monsieur, l'état de l'affaire qui a occasionné l'expédition de ce courrier et les motifs qui avoient déterminé le Roi à offrir ses bons offices à l'Impératrice, pour douter que la réponse verbale de cette princesse n'ait été agréable à Sa Majesté. La seule chose qui pourroit causer quelque inquiétude est la manière dont Sa Majesté Impériale articule la volonté déterminée de ne se désister en rien des mesures qu'elle a cru devoir prendre. Mais on doit toujours supposer que lorsqu'une puissance veut terminer une grande affaire par les voies amiables, elle se réserve de se relâcher de quelque chose, suivant les circonstances, pour consolider son ouvrage. Tout ce qui est soumis à la négociation est susceptible de variations parce que, même dans les circonstances où l'on donne la loi, on doit tendre à la faire recevoir de la manière la moins pénible à ceux qui sont obligés de céder. Quoi qu'il en soit, vous verrez dans la réponse du Roi, dont je joins ici la copie, que Sa Majesté regarde les dispositions que l'Impératrice a manifestées comme un premier pas pour empêcher la guerre d'éclater, et qu'elle va faire ce qui dépendra d'elle pour engager la Porte Ottomane à s'entendre avec la cour de Russie. La distance des lieux ne permet pas que nous sachions de si tôt les résolutions du Divan. Mais, comme jusqu'ici

---

1. *A. E. Russie*, t. CXI, fol. 314. — La correspondance de M. Caillard se trouve dans les tomes CXI et CXII de *A. E. Russie*.

M. le comte de Saint-Priest a été assez heureux pour l'engager à ne rien précipiter, on peut espérer que les choses resteront d'ici à l'hiver dans cet état et qu'on aura, jusqu'au mois de mai, tout le temps nécessaire pour terminer l'arrangement.

Vous devez, Monsieur, en réfléchissant sur la différence du ton de l'office verbal avec la première conversation entre M. le marquis de Vérac et M. le comte d'Osterman, avoir reconnu qu'il étoit survenu quelque grand changement dans l'état des affaires. M. le marquis de Vérac a soupçonné que c'étoit l'Empereur qui avoit conseillé d'accepter l'offre des bons offices du Roi et de témoigner à Sa Majesté que l'Impératrice désiroit qu'ils eussent du succès. Nous ne pouvons pas trouver dans les dispositions que Joseph II nous a témoignées récemment la solution de ce problème. La réponse de ce prince porte, au contraire, le caractère du chagrin de voir le Roi opposé à ses projets de conquête, et elle annonce que ni la crainte du roi de Prusse, ni les autres considérations que Sa Majesté lui avoit exposées, ne l'avoient pu faire changer de sentiment. Il faut donc chercher ailleurs la cause de la détermination de l'Impératrice. Selon toute apparence, ce sont les nouvelles d'Angleterre qui y ont donné lieu. J'avois commencé à le soupçonner en apprenant l'arrivée du dernier courrier anglois à Pétersbourg en y ramenant par ordre celui que M. Harris avoit expédié. Depuis, j'ai eu quelque avis que le conseil de Saint-James, d'abord divisé sur le parti qu'il avoit à prendre, s'étoit enfin réuni pour contribuer à éviter la guerre[1]. Enfin je ne puis plus douter que ce ne soit de l'aveu de l'Angleterre que la cour de Pétersbourg a accepté les bons offices du Roi.

Vous ne pouvez, Monsieur, être trop attentif à pénétrer tout ce qui peut avoir rapport au changement qui vient d'avoir lieu. Je regarde la manière dont vous serez traité comme un thermomètre d'après lequel on pourra asseoir un jugement sur le degré de confiance que l'Impératrice mettra dans les bons offices du

---

1. Il s'agit du cabinet Portland, qui allait être disloqué le 18 décembre 1783 par la démission de Fox et lord North, et remplacé ensuite par un cabinet Pitt, qui ferait des efforts énergiques pour assurer le maintien de la paix en Orient. — STANHOPE, *Life of William Pitt*, 1879, t. I, pp. 117 et suiv. RUSSELL, *The Life and Times of Ch. J. Fox*, 1886, t. II, pp. 1 et suiv.

Roi et sur les facilités qu'elle apportera pour les rendre efficaces. Mais je ne puis trop vous recommander d'éviter de marquer ni vivacité ni empressement pour vous immiscer dans l'affaire dont il est question. Vous attendrez qu'on vous recherche, et, si l'on vous proposoit quelque expédient conciliatoire où l'on désireroit notre concours, vous pourrez le transmettre directement à M. le comte de Saint-Priest. Cet ambassadeur est autorisé à seconder M. de Bulgakof[1] lorsqu'il en sera requis.

On fait fort bien si on ne compte à Pétersbourg que sur la neutralité du roi de Suède. Les bruits qu'on y avoit semés d'arrangements conclus entre l'Impératrice et ce prince à Frederikshamm[2] se dissipent chaque jour et le voyage de Sa Majesté Suédoise confirme l'opinion qu'il ne s'est rien passé d'essentiel entre eux.

Je crois la cour de Russie assez embarrassé vis-à-vis du roi de Prusse. D'ailleurs la manière dont M. le comte Osterman a parlé à M. de Goertz justifie ce que je vous ai dit ci-dessus des résolutions de l'Angleterre.

M. Caillard ne fut qu'un simple observateur jusqu'à son départ; il prit congé de l'Impératrice le 1er octobre 1784 et remit le service au chevalier de La Colinière, secrétaire du comte de Ségur qui venait d'être nommé ambassadeur en Russie.

---

1. Jacob Ivanovitch Boulgakof (1743-1809), envoyé de Russie à Constantinople.
2. Ville de la Finlande suédoise méridionale. L'entrevue de Catherine II et Gustave III y eut lieu en juin 1783. Catherine se moque fort, dans ses lettres à Grimm, du ridicule accoutrement à l'espagnole du XVIe siècle, que le roi de Suède avait imposé à ses courtisans. Voyez surtout la lettre du 16 août 1783, et dans les *Papiers de Catherine II*, Soc. imp. d'hist. de Russie, t. IV, p. 266, lettre du 29 juin 1783 à Potemkine : « Tu le connais... J'ai trouvé qu'il était excessivement occupé de sa parure, se tenant fort volontiers devant le miroir, et ne permettant à aucun officier de se présenter autrement à la cour qu'en habit noir et ponceau, et point en uniforme. Ceci m'a choqué, parce que, selon moi, il n'y a point d'habillement plus honorable et plus cher qu'un uniforme. » — Gustave III fit ensuite un voyage en Europe et à la cour de France. Voyez A. Geffroy, *Gustave III et la Cour de France*.

# XLIII

## LE CHEVALIER DE LA COLINIÈRE

CHARGÉ D'AFFAIRES

1784-1785

Après le départ de M. Caillard, en octobre 1784, le chevalier Charrette de La Colinière se trouva chargé des affaires. C'est lui dont le comte de Ségur avait arraché la nomination comme secrétaire de la légation de Pétersbourg à M. de Vergennes, qui prétendait se réserver ce choix. Ségur répondit qu'il ne pouvait « accorder sa confiance à une personne qu'il ne connoîtroit pas... qu'il ne lui montreroit pas un portefeuille et ne lui laisseroit pas lire une dépêche ». Le ministre céda et proposa au Roi la nomination de celui qu'avait désigné Ségur. Celui-ci nous dit : « C'était le chevalier Charrette de La Colinière, capitaine de cavalerie; sa conduite répondit à mon attente; et, bien que la nature l'eût maltraité dans ses formes extérieures, son caractère liant, la justesse de son esprit, sa discrétion et sa loyauté le firent parfaitement réussir à la cour de Russie [1].

Le chevalier partit le 26 juillet et arriva dans la capitale russe le 1ᵉʳ septembre 1784. Il précéda donc en Russie le comte de Ségur, qui ne quitta Paris qu'en décembre 1784 et n'arriva à Pétersbourg que le 10 mars 1785 ; et, quoiqu'il fût seulement destiné à remplir auprès du comte de Ségur les mêmes fonctions de secrétaire que M. Caillard avait remplies auprès du marquis de Vérac, il se trouva occuper d'abord celles de chargé d'affaires.

Sa situation n'y fut pas d'abord facile. Trois Français ayant été expulsés de Russie, il n'en fut même pas informé; à ses plaintes

---

1. Ségur, *Mémoires*, t. I, p. 279-280, édit. Barrière. — Cf. aussi pp. 318, 365, 385.

les ministres firent une réponse « vague et peu satisfaisante », car, dit Ségur, « alors, dans toutes les occasions, il semblait qu'on se fît un plaisir de nous désobliger ».

La première dépêche du chevalier est du 5 octobre 1784 ; par celle du 14 octobre, il demanda des instructions au comte de Vergennes, qui lui adressa celles qui suivent :

LE COMTE DE VERGENNES AU CHEVALIER DE LA COLINIÈRE.
— VERSAILLES, 27 OCTOBRE 1784[1].

Ne doutant pas, Monsieur, que M. Caillard n'ait maintenant quitté Pétersbourg, j'ouvre la correspondance avec vous en vous annonçant la réception des cinq dernières lettres de ce chargé d'affaires des 24 août et 24 septembre.

Ces lettres, ne renfermant presque que des nouvelles successives de la manière d'être de l'Impératrice jusqu'à son retour à Pétersbourg[2], ne me mettent pas dans le cas de vous faire passer des ordres. M. Caillard vous aura instruit de tout ce qui doit fixer votre attention, ainsi que des moyens dont il se servoit pour être au fait des événements de cette cour et de ses dispositions tant générales que particulières sur les différentes affaires qui peuvent survenir.

Un de vos premiers soins, Monsieur, doit être de chercher à découvrir[3] s'il y a du refroidissement entre Catherine II et l'Empereur, et quel en peut être le motif ; ou s'ils n'ont point projeté, à mesure que les circonstances peuvent les porter à un concert plus intime, de le rendre plus secret. Le temps paroît venu où l'on doit apprendre à quel point l'Impératrice est engagée avec son nouvel allié, puisque, si Joseph II est résolu à forcer les Hollandois de lui accorder l'ouverture de l'Escaut[4], il ne peut mettre

1. *A. E. Russie*, t. CXII, fol. 351.
2. Retour de Tsarkoé-Sélo à Pétersbourg.
3. Variante en marge : « Découvrir s'il y a du refroidissement entre Catherine II et l'Empereur, et quel en peut être le motif, ou si ce n'est pas un jeu joué pour mieux cacher l'exécution des projets contre la Hollande. »
4. Joseph II réclamait aux Hollandais la cession de Maëstricht et une somme de soixante millions de florins.
Contrairement aux traités qui liaient l'Autriche à la Hollande, Joseph II avait

à fin cette entreprise sans s'assurer du concours de la Russie. C'est incontestablement la chose la plus importante à savoir dans ce moment, après la résolution de l'Empereur que nous ignorons encore. La résistance des Hollandois doit avoir fait une grande sensation à Pétersbourg, soit qu'on y ait prévu que l'Impératrice pourroit faire cause commune avec l'Empereur, soit qu'on ait été incertain sur le parti qu'elle prendroit. J'attends de votre part des détails à ce sujet. De quelque façon que Catherine II envisage ce qui vient de se passer à l'embouchure de l'Escaut, son sentiment aura de grandes conséquences et les yeux de l'Europe sont aujourd'hui tournés vers cette princesse.

Je vous crois trop prudent, Monsieur, pour n'avoir pas évité de manifester d'autres souhaits dans cette occasion que ceux qui tendent au maintien de la tranquillité générale. C'est le langage auquel je vous recommande de vous fixer.

LE COMTE DE VERGENNES AU CHEVALIER DE LA COLINIÈRE.

Versailles, 19 novembre 1784 [1].

Je ne doutois pas que vous eussiez tout lieu d'être content de la manière d'agir de M. Caillard à votre égard pendant le temps que vous deviez passer ensemble. Il est trop bon serviteur du Roi pour ne s'être pas fait un devoir de vous instruire de tout ce qui pouvoit être utile à votre direction, et trop honnête pour n'avoir pas cherché à faciliter votre début dans un pays qu'on ne peut assez bien connoître qu'avec beaucoup de temps.

Vous êtes arrivé à Pétersbourg dans un moment bien extraordinaire et où l'attention devoit se porter uniquement sur l'état physique et moral de l'Impératrice. A peine les doutes ont-ils été dissipés à cet égard que la politique aura repris son cours, et que malheureusement elle aura eu à s'occuper des affaires de la plus grande importance.

prétendu s'assurer la libre navigation de l'Escaut : un bâtiment autrichien, chargé à Anvers, avait essayé de forcer le passage et avait été canonné par les Hollandais (octobre 1784). Les troupes autrichiennes s'étaient mises en marche. La France, ayant un égal intérêt à se concilier les deux belligérants, tendait cependant à maintenir les droits des Provinces-Unies. Le duc de La Vauguyon, ambassadeur de France, sondé par les Anglais, les assura de la disposition où était Louis XVI de s'interposer entre les deux parties. M. de Vergennes, dans un mémoire du 14 octobre 1784, examina les chances d'une intervention à main armée, passa en revue les États dont on pourrait obtenir un concours, moyennant un subside, étudia aussi les moyens de contenir, à l'aide de la Turquie et de la Suède, la Russie alliée de l'Empereur en vertu du traité de 1781, mais montra le peu de fond qu'on pouvait sur elles, la Suède étant « si disetteuse » et la Turquie « si faible et si lâche ». Louis XVI, dans sa déclaration du 17 novembre, fit des représentations à l'Empereur et lui offrit sa médiation. Ce fut sous cette médiation que la paix fut rétablie entre les deux parties par le traité de Fontainebleau, du 20 septembre 1785. (FLASSAN, t. VII, pp. 399 et suiv.)

1. *A. E. Russie*, t. CXII, fol. 310.

Je ne puis qu'approuver la réserve que vous avez mise dans vos rapports. Quand le voile qui couvre les dispositions de cette cour seroit moins épais, à moins que quelqu'une des personnes pour lesquelles il n'y a point de secret ne se fût ouverte à vous, il vous auroit été impossible de les pénétrer. Chaque jour dorénavant doit vous donner de nouvelles lumières : d'autant plus que les événements vont obliger l'Impératrice à faire connoître ses prétentions.

Vous sentez de quelle importance il est que nous connoissions la vraie façon de penser de cette souveraine. Ce que renferme votre dernière lettre à cet égard n'est pas sans vraisemblance, mais en matière pareille il importe de ne pas se presser, de donner de la réalité aux choses qui ne sont qu'un projet. D'ailleurs il paroît que les personnes qui ont formé les conjectures dont vous rendez compte calculent sur la non-existence de l'alliance du Roi avec les Provinces-Unies : en quoi elles se trompent[1].

Il est très naturel de croire que si l'Impératrice peut trouver moyen de jouer un grand rôle dans les affaires actuelles, sans compromettre ses troupes et son argent, elle préférera ce parti à tout autre. Mais l'Empereur se contentera-t-il de bons offices, et, surtout depuis que ce prince paroît avoir adopté la voie des armes, n'exigera-t-il pas de son alliée de le seconder de toutes ses forces ? L'obscurité qui règne encore sur l'espèce d'accord entre les deux cours impériales[2] peut faire penser qu'il y a eu au moins quelque diversité de sentiments, et que l'Empereur, pour décider son alliée, a fait connoître à M. le prince Galitzin[3] le dessein où il étoit d'attaquer la Hollande, sans charger M. le comte de Cobentzel de faire aucune démarche avant que l'Impératrice eût développé sa façon de penser. C'est ainsi qu'on pourroit expliquer l'envoi du courrier russe dont M. le comte de Cobentzel n'a pas eu connoissance. Quoi qu'il en soit, la nouvelle du premier coup de canon tiré sur l'Escaut aura vraisemblablement fait explosion à Pétersbourg, et j'espère ne pas tarder à apprendre par vous quelque particularité qui dévoilera les véritables sentiments de l'Impératrice à l'égard de l'Empereur.

Si le projet de voyage de Kerson avoit été formé après qu'on auroit su à Pétersbourg ce qui s'est passé sur les frontières de Flandre, il prouveroit que l'Impératrice ne songe pas à seconder l'Empereur ; mais ce projet est formé de longue main ; il est possible cependant que M. le prince Potemkin n'en presse l'exécution que pour se faire valoir auprès de sa souveraine. Il a de plus en ce moment la raison de la distraire de ses chagrins. Au reste la peste qui vient de se renouveler à Kerson pourroit bien faire renvoyer ce voyage[4]. D'ailleurs, s'il est entré dans le plan que l'Empereur eût dans cette ville une nouvelle entrevue avec Catherine II, les circonstances n'annoncent pas qu'elle puisse avoir lieu.

---

1. Il y avait eu, avant le conflit austro-hollandais, grâce à l'insistance du duc de La Vauguyon, des négociations pour un traité d'alliance entre le Roi et les Provinces-Unies. Quoi qu'on en dise ci-dessus, elles avaient été retardées par ce conflit et n'avaient pas abouti. La Hollande n'était toujours liée à la France que par les traités de 1648, 1713 et 1748. Mais, le jour même où la Hollande, sous la médiation de la France, fit sa paix avec l'Empereur, fut conclu, également à Fontainebleau, le traité d'alliance entre le Roi et les Provinces-Unies (10 novembre 1785).

2. Le traité de 1781.

3. Le prince Dimitri Mikhaïlovitch Galitsyne, ambassadeur de Russie à Vienne. Voyez ci-dessus, p. 182, note 2.

4. Il n'eut lieu, en effet, que beaucoup plus tard, en 1787. Voyez ci-dessous, p. 414.

LE COMTE DE VERGENNES AU CHEVALIER DE LA COLINIÈRE.

Versailles, 16 février 1785 [1].

Sans doute nous sommes plus instruits ici qu'on ne peut l'être à Pétersbourg de l'état journalier de la négociation que le Roi suit pour prévenir une rupture entre l'Empereur et la Hollande; mais nous n'avons aucun moyen pour savoir par Vienne ce que Sa Majesté Impériale fait pour s'assurer tôt ou tard du concours de Catherine II, ou même pour la disposer à faire dès à présent montre de ses forces en faveur de la cause autrichienne.

En résumant les différents faits et les propos que vous avez recueillis, je crois voir qu'on se flatte de faire sortir l'Impératrice du système de neutralité qui lui convient à tant d'égards; que M. le prince Potemkin est le principal et presque le seul mobile de ce projet et qu'on emploie tous les moyens pour animer Catherine II contre la politique bienfaisante du Roi. J'attendrai la confirmation de la nouvelle de l'assemblée d'une armée vers les frontières de Pologne pour juger si l'Impératrice est décidée à se montrer d'une manière menaçante pour le roi de Prusse [2]. Quant au projet d'attaquer les Turcs, quelque mépris que les Russes aient pour cette nation, je doute qu'ils voulussent les attirer sur leurs frontières tandis qu'ils auront à faire au roi de Prusse. L'Empereur me paroît aussi devoir craindre d'être obligé d'avoir trois armées en activité. Il est donc nécessaire d'être plus instruit avant de fixer son opinion sur ce qui va résulter des mouvements que vous remarquez.

Nous connoissons le goût des ministres russes pour les médiations; mais le meilleur moyen de jouer souvent ce rôle est de se tenir dans une exacte neutralité et de paroître occupé du bien général. Tant que l'Impératrice professera un dévouement absolu pour la cour de Vienne, peut-elle se flatter que les puissances qui auront des démêlés avec cette cour s'adresseront à elle pour les concilier? Si cette princesse prétend obliger les Hollandois à recourir à elle en les menaçant de se joindre à l'Empereur, c'est encore un mauvais calcul : on ne se fie point à une puissance qui a pris ouvertement parti. Ces réflexions seroient susceptibles d'application si les ministres russes étoient plus accessibles et moins prévenus; mais je ne prévois pas que vous soyez dans ce cas : tout au plus pourriez-vous en faire usage vis-à-vis de quelques ministres étrangers qui blâmeroient les Hollandois de ne s'être pas jetés dans les bras de Catherine II.

M. de La Colinière ne put qu'étudier les affaires et renseigner le gouvernement du Roi. Sa mission se termina en mars 1785, à l'arrivée du ministre plénipotentiaire. Il quitta la Russie en 1786. M. Belland le remplaça comme secrétaire du comte de Ségur.

1. *A. E. Russie,* t. CXIII, fol. 89.
2. Sur ce renversement des alliances allemandes de Catherine II, voyez ci-dessous, pp. 407 et suiv.

# XLIV

## LE COMTE DE SÉGUR

MINISTRE PLÉNIPOTENTIAIRE

1785-1789

Le comte Louis-Philippe de Ségur était petit-fils du comte Henri-François, mort lieutenant général en 1751, après avoir fait les guerres de la Succession de Pologne et de la Succession d'Autriche. Il était le fils aîné du marquis Philippe-Henri, qui fut maréchal de France en 1783, ministre de la guerre en 1780, et qui mourut en 1801.

Le comte Louis-Philippe de Ségur, né en 1753, avait d'abord souhaité faire comme volontaire la guerre d'Amérique. La cour et son père ne l'ayant pas permis, il s'embarqua seulement en 1782 pour les États-Unis, cette fois sous les drapeaux du Roi. Il s'y distingua et revint en Europe, avec des idées libérales et la décoration républicaine de Cincinnati. Il fut alors nommé colonel de dragons (1783). L'influence de son père le fit préférer au comte Louis de Narbonne[1] pour le poste de ministre plénipotentiaire en Russie (1784). Il était jeune (trente-deux ans), beau, élégant et spirituel, très instruit. Il s'était préparé à sa mission en travaillant au ministère des affaires étrangères et s'entretenant avec les personnes qui, à Paris, connaissaient bien la cour de Russie : notamment avec le baron de Breteuil, avec Grimm,

---

[1]. Le comte Louis de Narbonne-Lara (1755-1814), né à Colorno (Parme), élevé à la cour de Versailles, colonel à vingt-trois ans, était appelé à jouer un certain rôle pendant la Révolution comme ministre de la guerre (décembre 1791 — 10 mars 1792). Décrété d'accusation, puis émigré, il revint et servit Napoléon comme militaire et comme diplomate : en 1809, il fut ministre à Munich; en 1813, ambassadeur à Vienne et plénipotentiaire au congrès de Prague.

le correspondant de Catherine II, qui s'intéressa au jeune diplomate et fit valoir ses mérites à la souveraine. Il était donc amplement renseigné sur la situation en Russie, comme on le voit dans la Note suivante, qu'il remit le 15 octobre à M. de Vergennes, aussitôt après sa nomination, et qui servit de canevas à la rédaction de son Instruction.

« Au mois de décembre 1784, écrit Ségur dans ses *Mémoires*[1], ayant reçu de M. de Vergennes des instructions amples et détaillées, de M. de Castries et de mon père les plus sages conseils, du ministre des finances les compliments les plus flatteurs et les présages les plus encourageants, enfin de précieux témoignages de bonté du Roi et de la Reine, je fis, avec un bien vif regret, mes adieux à mes dragons, à mes foyers, à ma famille[2]. »

Voici le texte de sa Note et de son Instruction :

NOTE REMISE PAR M. LE COMTE DE SÉGUR A M. LE COMTE DE VERGENNES LE 15 OCTOBRE 1783.

Dans une circonstance aussi nouvelle en politique que celle-ci, il est difficile de prévoir ce qui arrivera. Les prétentions de l'Empereur ont été si extraordinaires, ses démarches si précipitées et celles des Hollandois si nerveuses que la raison ordonne de se préparer à tout et de ne rien prédire. Si la fermentation de cet instant n'est pas calmée d'ici à fort peu de temps, il est difficile de prévoir jusqu'où s'étendra l'incendie qu'allume l'inquiétude de Joseph. Quoique ses projets ne semblent pas calculés, depuis qu'il règne, d'après les saines idées de politique, on n'ose pas penser qu'il se soit exposé à voir armer contre lui la France, la Hollande et la Prusse, sans être sûr au moins d'un autre appui. Il a fait de grandes dépenses pour assurer à l'Impératrice de Russie l'acquisition de la Crimée, et c'est peut-être dans ce moment qu'il espère retirer le fruit de ses avances. D'un autre côté,

1. C'est la première fois que nous trouvons, au cours de cette étude, ce précieux commentaire des documents officiels, les *Mémoires* mêmes de l'envoyé. Ceux de Ségur sont non seulement intéressants, riches en aperçus et en anecdotes, mais très exacts, et l'on y trouve souvent la substance même des Instructions et de la Correspondance. Nous citons d'après l'édition Barrière.
2. *Mémoires*, t. I, p. 280.
3. *A. E. Russie*, t. CXII, fol. 338.

Catherine a des liens avec le roi de Prusse qu'il lui seroit difficile et dangereux de rompre. Je crois pouvoir, sans exagération, regarder le parti qu'elle prendra comme décisif pour le repos de l'Europe. Les yeux de tous les souverains vont se fixer sur elle et les efforts de leurs ministres vont avoir pour principal objet de la déterminer suivant leurs intérêts respectifs. Elle n'a que trois partis à prendre : celui d'arrêter l'Empereur, en lui faisant craindre de se joindre au roi de Prusse ; — celui de seconder l'Empereur dans ses ambitieux projets; — et le troisième, de demeurer neutre et de se donner encore la gloire d'être médiatrice.

De ces trois partis, le premier est celui qui assureroit le plus promptement le repos public. C'est celui qu'elle paroissoit vouloir suivre au commencement de la querelle de Bavière, avant qu'on eût accepté sa médiation. Mais M. de Panin n'existe plus, le système russe est changé et les obligations que Joseph a fait contracter dernièrement à Catherine lui font une loi de ne pas se déclarer contre lui.

Peut-être espère-t-il de la porter à se joindre à lui, et ce second parti est le seul qu'il faille craindre et éviter. Sans cette espérance, l'Empereur oseroit-il faire passer une forte armée dans les Pays-Bas et rester en présence du roi de Prusse avec des troupes si dégarnies et une si grande infériorité. Il y auroit trop d'imprudence dans ce calcul pour le supposer possible. Mais Catherine, qui manque absolument d'argent, qui voit ses papiers baisser de quatre pour cent au moindre bruit de guerre et qui d'ailleurs a pour le moment tout ce qu'elle peut raisonnablement désirer, peut-elle se décider aisément à entreprendre sans utilité une guerre injuste qui doit la ruiner et qui pourroit renverser son Empire [1] ?

Le troisième parti est sans doute celui qui convient le mieux à ses intérêts, à l'état de ses finances, à son manque de crédit [2], à l'incomplet de son armée, à la paresse du cabinet russe. Il offre un appât à sa vanité par l'espoir d'une médiation, genre de gloire auquel l'Impératrice s'est toujours montrée sensible. Je vois donc

1. Variante en marge : « Sa gloire, intéressée à soutenir l'établissement de la Neutralité armée, n'a pu la porter dernièrement à soutenir comme elle l'auroit dû contre l'Angleterre l'accession de la Hollande. »
2. Le cours du rouble papier était alors très bas.

plusieurs moyens de la porter à prendre ce parti en se faisant seconder par son véritable intérêt et par son amour-propre.

Mais l'Angleterre va mettre en œuvre tous ses artifices et tous ses moyens de corruption pour la porter à se déclarer du parti de l'Empereur, l'intérêt de la cour de Londres étant toujours : — de favoriser celle de Vienne, qui peut nous affoiblir et ne peut jamais lui donner l'ombrage, — d'abattre la Hollande, qui est sortie de ses liens et qui fut toujours sa concurrente en commerce, — et d'appauvrir la Russie pour la tenir davantage sous sa dépendance.

L'influence du cabinet de Vienne sur celui de Pétersbourg n'est pas moins à craindre. L'Empereur fera valoir les dépenses énormes qu'il a faites, les engagements que l'Impératrice a contractés avec lui ; il flattera encore sa chimère de Constantinople[1] ; et, s'il a l'art de lui présenter des projets bien éblouissants pour sa vanité, on sait que Catherine les a toujours préférés aux partis utiles et raisonnables.

Si l'Empereur échoue dans cette négociation, il sera obligé de reculer. La Russie contre lui ou neutre, il ne peut rien tenter, et il ne retirera de ses grands mouvements que le ridicule de leur précipitation.

S'il réussit, au contraire, je vois une guerre universelle, toute l'Europe déchirée, ses grandes armées presque également partagées, par conséquent des dépenses immenses, des pertes affreuses certaines et des succès douteux. Pétersbourg est donc le point où la politique doit porter toute son activité. C'est de la promptitude et du succès des négociations qui vont s'y entamer que dépend le sort de l'Europe. C'est ce qui me porte à demander à M. le comte de Vergennes s'il ne trouve pas utile, et même indispensable, que je parte avec des Instructions qui me guident dans un moment aussi critique, et qui me mettent à portée de mériter son approbation et justifier son choix.

Signé : LE COMTE DE SÉGUR.

---

1. Variante en marge : « En 82, pour soutenir les dépenses de ses premiers préparatifs contre les Turcs, elle manquoit absolument d'argent et ayant ouvert un emprunt sur la Hollande, elle a vu qu'elle n'en pouvoit tirer que 4 ou 5 000 roubles. »

MÉMOIRE POUR SERVIR D'INSTRUCTION AU SIEUR COMTE DE SÉGUR, CHEVALIER COMMANDEUR DE L'ORDRE DE SAINT-LAZARE, COLONEL DE DRAGONS, ALLANT RÉSIDER A LA COUR DE RUSSIE EN QUALITÉ DE MINISTRE PLÉNIPOTENTIAIRE DU ROI. — 16 DÉCEMBRE 1784[1].

Dans le dessein où est le Roi de continuer à entretenir un ministre plénipotentiaire à la cour de Russie pour maintenir les relations entre Sa Majesté et Catherine II et travailler à les rendre plus importantes et plus utiles, Sa Majesté a jeté les yeux sur le sieur comte de Ségur, qui, sans avoir été honoré jusqu'à présent d'aucune mission politique, s'est fait avantageusement connoître par son application aux études relatives à cette partie et par une conduite propre à le garantir des écueils qui s'opposent au succès d'un ministre de France à Pétersbourg.

Lorsque, pour rédiger les instructions du comte de Ségur, on a voulu revoir celles qui avoient été données à ses deux derniers prédécesseurs, on a reconnu, non sans peine, qu'elles ne renfermoient presque rien qui pût s'adapter aux circonstances présentes. Tout étoit presque changé en bien par rapport à la France, du moment où le marquis de Juigné alla à Pétersbourg à celui où le marquis de Vérac le remplaça; et, pendant la mission de ce dernier, tout est presque revenu au même point où nous en étions à la mort du feu Roi. Ces révolutions, absolument indépendantes des talents et des travaux de ces deux ministres, ont eu leur source dans l'intérieur de la cour de Russie et dans l'opposition que le Roi a témoigné qu'il mettroit aux grands desseins de l'Impératrice contre l'empire turc.

En 1780, terme du départ du marquis de Vérac, le comte Panin avoit la principale influence dans les affaires à Pétersbourg. Ce ministre sage et expérimenté étoit parvenu, sinon à vaincre

---

1. *A. E. Russie, Supplément*, t. XV. — La correspondance de M. de Ségur se trouve, ainsi que celle de M. Belland (t. CXXIII) dans les t. CXIII à CXXX de *A. E. Russie*.

l'éloignement personnel de l'Impératrice pour la France, du moins à la soustraire de la dépendance de l'Angleterre. Le Roi avoit eu part à la pacification entre la Russie et la Turquie. Sa Majesté avoit donné lieu à Catherine II d'établir la Neutralité armée et avoit applaudi aux principes comme aux dispositions de cette princesse. Il s'établissoit une confiance suffisante entre ces deux cours, parce que Sa Majesté ne demandoit rien à l'Impératrice qui tendît à rompre ses alliances.

Les Anglois avoient beaucoup perdu de leur influence en Russie. On commençoit à désirer de se soustraire à leur despotisme. On parloit de faire un traité de commerce avec la France qui nous auroit procuré les mêmes avantages dont ils jouissoient.

La disgrâce et la mort du comte Panin[1] laissèrent les grandes affaires entre les mains du prince Potemkin; et le comte Osterman, nommé ministre des affaires étrangères, sans crédit, sans talent, ne fut que le rapporteur passif des affaires courantes. Mal disposé pour la France, ce ministre n'étoit pas propre à maintenir l'Impératrice dans les sentiments auxquels le comte Panin étoit parvenu à la ramener à notre égard. Ce fut l'esprit ardent et ambitieux du prince Potemkin qui dirigea tout, et ce favori étoit livré à l'Empereur qui, pour regagner l'affection de Catherine II, se montroit disposé à seconder ses desseins contre l'empire ottoman, desseins auxquels le Roi ne pouvoit donner son approbation[2].

Par une fatalité que vingt-huit ans d'expérience ont démontré être dans la nature des choses, l'alliance de la France avec la maison d'Autriche n'a jamais pu détourner les ministres autrichiens de l'ancienne habitude de nous contrecarrer partout.

Le comte de Cobentzl[3] a suivi cet exemple jusqu'à l'indécence; il a contribué à faire oublier le mécontentement qu'on avoit à

---

1. Voyez ci-dessus, pp. 310-311, 316, 372, 387.
2. On oublie ici Alexandre Andréévitch Bezborodko (1747-1799), fait comte en octobre 1784, fait prince en avril 1797, qui, d'abord sous l'autorité de Potemkine, sans autre titre que celui de simple membre du Collège des affaires étrangères, dirigea en effet la diplomatie russe, depuis la disgrâce de Panine jusqu'à la mort de l'Impératrice, c'est-à-dire de 1781 à 1796. — N. GRIGOROVITCH, *le Chancelier prince Alexandre Andréevitch Bezborodko*; les deux volumes de son ouvrage forment les tomes XXVI et XXIV de Soc. imp. d'hist. de Russie, 1879-1881.
3. Voyez ci-dessus, p. 359, note 1.

Pétersbourg contre l'Angleterre; on nous a traités comme si nous eussions été alliés du roi de Prusse qu'on abandonnoit, tandis que nous l'étions de l'Empereur, devenu l'allié et l'ami particulier de Catherine II.

L'affaire de Crimée, dans laquelle le Roi, cédant de bonne grâce à la nécessité, a fait pour la Russie tout ce qu'il étoit possible, n'a pas produit de changement dans la façon de penser de l'Impératrice. Cette princesse s'est bornée à de froids remerciements et à des présents d'apparat pour l'ambassadeur du Roi à Constantinople. Le marquis de Vérac n'a pas été mieux traité; nous n'avons pas obtenu plus de justice sur les affaires particulières[1].

C'est dans ces dispositions que le comte de Ségur trouvera Catherine II et sa cour. Nous ignorons l'effet qu'auront produit sur cette princesse la querelle entre l'Empereur et les Provinces-Unies et la conduite que le Roi suit dans cette affaire. Il ne nous paroît pas jusqu'ici que l'Impératrice ait dessein de faire cause commune avec Joseph II; mais nous pouvons tenir pour certain qu'elle voit avec peine l'alliance de la France avec la Hollande, et qu'elle voudroit bien avoir la gloire de tirer les Hollandois d'embarras en procurant satisfaction à son allié.

Le Roi est persuadé que tous les efforts qu'il pourroit faire pour gagner l'amitié de Catherine II seroient inutiles; que, tant que cette princesse existera, sa conduite personnelle vis-à-vis d'elle doit se borner à de simples égards; et que, quant aux affaires générales, le ministre de Sa Majesté à Pétersbourg doit s'attacher uniquement à prouver que la politique de Sa Majesté tend à conserver à chacun, sans réserve, ses droits et ses propriétés.

Le comte de Ségur n'a pas besoin néanmoins d'être excité à chercher les moyens de se rendre agréable à Catherine II et à gagner, s'il est possible, la confiance de quelqu'une des personnes qui approchent cette princesse. Quelque peu d'apparence qu'il y ait que l'état des choses change, il importe d'être toujours prêt à profiter d'un bon moment.

---

1. Les affaires des particuliers, notamment l'indemnité réclamée pour les négociants français qui ont souffert de la guerre russo-turque. Ce qui montre combien cette affaire traînait, c'est qu'il en est déjà question dans les Instructions précédentes. Voyez ci-dessus, p. 370.

Nous ne pouvons nous flatter que la cour de Russie soit disposée à faire un traité de commerce avec nous; mais l'avidité des ministres russes peut les porter, dans un temps d'inaction, à entamer cette affaire, dans l'espoir d'obtenir quelques présents. Le comte de Ségur doit se montrer toujours prêt à négocier sur cet objet, en annonçant que nous ne demandons qu'à être traités à l'égal de l'Angleterre et que nous offrons nécessairement aux Russes, par la manière dont les choses sont arrangées en France à l'égard du commerce, des avantages que jamais cette puissance ne peut leur donner.

Le peu de justice que nous éprouvons dans les affaires particulières seroit bien fait pour engendrer de l'aigreur entre les deux cours; mais le comte de Ségur doit avoir toujours présente la distance qui nous sépare de la Russie et le peu de moyens que nous avons pour forcer cette puissance à être juste. Cependant, s'il arrivoit des occasions où il reconnût une mauvaise volonté trop marquée, il pourroit ne s'y pas montrer insensible, presser les ministres russes, et même aller jusqu'à l'Impératrice, en lui rappelant les procédés du Roi envers ses sujets.

Il a été un temps où l'on sacrifioit beaucoup d'argent pour se faire des créatures à la cour de Russie et pour avoir de bons avis de ce qui s'y passoit. Le peu de fruit qu'on a tiré de cette dépense l'a fait supprimer. Cependant le Roi n'a point renoncé à employer ce moyen, si l'utilité lui en étoit démontrée.

Le comte de Ségur aura besoin de mettre beaucoup de prudence dans sa conduite à l'égard du grand-duc et de la grande-duchesse, tant pour ne pas déplaire à l'Impératrice que pour ne pas compromettre ces princes. Il devra éviter toute liaison marquée avec eux et les personnes connues pour leur être dévouées, sans négliger cependant les occasions de les assurer des sentiments que le Roi leur conserve et de l'intérêt que Sa Majesté prend à leur bonheur.

L'attention du comte de Ségur doit se porter d'abord à bien examiner la marche du gouvernement russe, ses forces, ses moyens de prospérité.

Il doit regarder ensuite comme les points les plus importants de sa mission de découvrir les projets que l'Impératrice ne cessera vraisemblablement pas de former sur l'empire turc ; d'approfondir la nature et l'étendue des liaisons de cette princesse avec l'Empereur[1], le degré d'union qui subsistera entre elle et l'Angleteterre, ses dispositions à l'égard de la Suède, ainsi que ses efforts pour avoir de l'influence à Naples.

Il suffit d'indiquer ces objets au ministre plénipotentiaire du Roi, puisque, par la lecture des correspondances de ses prédécesseurs, il a reconnu le degré d'importance que Sa Majesté met à être instruite sur chacun d'eux. D'ailleurs, comme il est vraisemblable qu'il n'aura de longtemps rien à traiter à Pétersbourg relativement aux autres puissances, ses instructions en ce point doivent se borner à l'exciter à la vigilance.

Le comte de Ségur, en rendant compte de ce qu'il croira mériter d'être mis sous les yeux du Roi, s'attachera soigneusement à distinguer les actions des discours, les préparatifs des annonces. Il évitera également de croire à tout ce que la jactance des Russes leur fait dire et de mépriser leurs propos qui, quoique souvent hasardés, ont presque toujours pour motif de se conformer à la façon de penser de l'Impératrice.

Le grand projet de cette princesse de rétablir l'empire grec semble être aujourd'hui l'objet auquel Catherine II subordonne tous les autres. On se plaît à Pétersbourg à en parler et à le représenter comme de très facile exécution. C'est du moins la façon de penser et de parler de cette cour. Le ministre du Roi doit s'étudier à détromper ceux qui sont susceptibles de l'être de la facilité d'une aussi grande révolution, et, sans se permettre ni des propos choquants ni des menaces, laisser entrevoir que la Russie risqueroit, en poussant les Turcs à bout, non seulement de les porter à faire usage de tous leurs moyens, mais de forcer les grandes puissances à prendre leur défense, et qu'elle s'exposeroit à perdre les avantages que d'heureuses circonstances lui ont procurés.

La conduite du comte de Ségur avec les ministres étrangers résidant à Pétersbourg ne sera pas sans difficultés. Il est prévenu

---

[1]. Le traité d'alliance austro-russe de 1781 fut renouvelé en mai 1789 ; plus tard en 1792, en 1794 et 1795 : ces traités ont toujours pour objets principaux la Pologne et la Turquie.

de la façon d'agir du ministre impérial; mais il sait aussi quelles sont les liaisons entre le Roi et l'Empereur.

Le comte de Cobentzl[1] croit effacer par quelques propos et par quelques politesses son antipathie pour la France, qui perce de tous les côtés. Le comte de Ségur lui rendra mots pour mots, politesses pour politesses, aura à l'extérieur des liaisons les plus marquées avec lui et profitera de tous les moyens qui s'offriront pour l'observer.

Le comte de Goertz[2], ministre de Prusse, est un homme actif, mécontent de la cour de Russie, et qui ne manque pas de ressource de savoir ce qui se passe. Il cherchera sûrement à se lier avec le comte de Ségur; celui-ci, en évitant l'apparence de l'intimité, doit le ménager, lui témoigner de la confiance, sans jamais le mettre en jeu, et en tout le traiter comme le ministre d'un prince avec lequel Sa Majesté n'est point en alliance, mais qu'il lui importe de ne point éloigner d'elle.

La Suède a un très grand intérêt à être bien instruite de ce qui se passe en Russie. Le ministre[3] de cette puissance recherchera sûrement le comte de Ségur, qui doit, sans se charger de le diriger, le disposer à garder un juste milieu entre la soumission à la cour de Russie et une attention trop marquée à se tenir loin d'elle. Le roi de Suède a bien saisi depuis quelque temps la manière d'être qui lui convenoit vis-à-vis de cette puissance. Il faut croire que ce prince s'y maintiendra.

Tous les ministres des puissances amies demandent à être cultivés avec empressement quant à la société, mais, quant aux affaires, en proportion de l'utilité dont ils peuvent être.

Quelquefois même des liaisons avec ceux des puissances malveillantes ont leur importance.

Le comte de Ségur entretiendra une correspondance exacte, mais peu détaillée, avec l'ambassadeur du Roi à Constantinople[4]

---

1. Voyez ci-dessus, p. 359, note 1.
2. Voyez ci-dessus, p. 359, note 1. — Ségur avouait à Bezborodko que Goertz avait essayé de l'indisposer contre les hommes d'État russes en les lui dépeignant comme les vrais démons de l'Europe. Lettre de Bezborodko au comte Alexandre Voronzof, 8 juillet 1785. N. Grigorovitch, ouvrage cité, t. I, pp. 113 et 377.
3. Le ministre de Suède était alors le baron Nolken.
4. C'était alors le comte de Choiseul-Gouffier, de septembre 1784 à juin 1792. Voyez L. Pingaud, *Choiseul-Gouffier*. Paris, 1887.

et aura le plus grand soin de veiller à ce que ses lettres soient chiffrées de manière à ne pas compromettre la table.

Le ministre du Roi usera de la même circonspection dans ses relations avec les ministres de Sa Majesté à Vienne [1], Stockholm [2] et Copenhague [3]. Il aura soin de les circonscrire dans les choses nécessaires et d'éviter toutes les particularités dont la connoissance pourroit nuire aux affaires de Sa Majesté, parce que le chiffre de correspondance, nécessairement le plus multiplié, est par là même le moins sûr.

Parmi les affaires particulières qui sont en suspens à Pétersbourg et sur lesquelles le comte de Ségur recherchera les ordres donnés à ses prédécesseurs, il en est une dont Sa Majesté désire surtout qu'il presse la conclusion. Il s'agit du dédommagement promis par l'Impératrice aux négociants françois qui ont essuyé des pertes par le fait des Russes pendant la guerre entre la Russie et la Turquie. La Porte ayant effectué le paiement des sommes convenues par le traité de Kaïnardgi [4], il semble qu'un des usages les plus équitables que l'Impératrice puisse faire d'une partie de ces sommes est de satisfaire les étrangers dont elle a reconnu que les réclamations étoient fondées [5]. Le comte de Ségur verra dans la correspondance où le sieur Caillard a laissé les choses à son départ de Pétersbourg, et ne négligera rien pour hâter l'effet des promesses que cette cour vient encore de renouveler.

On remettra au ministre plénipotentiaire du Roi un chiffre de nouvelle composition avec des instructions particulières sur la manière de s'en servir. On y joindra l'état, soit des chiffres que le comte de Ségur devra conserver pour correspondre avec la cour et les ministres du Roi en pays étrangers, soit de ceux qu'il devra supprimer. Il convient de l'avertir de donner la plus grande attention à la sûreté de ses chiffres, parce qu'on est fort

---

1. Le marquis de Noailles, ambassadeur de 1783 à 1792. Pendant son absence de 1786, il fut suppléé par M. de La Gravière, chargé d'affaires. M. de Noailles succédait lui-même à M. Barthélemy, chargé d'affaires. A. SOREL, *Instructions, Autriche*, pp. 523 et suiv.
2. Le marquis de Pons, ambassadeur de 1784 à 1790. Pendant son absence de 1786, il fut suppléé par le chevalier de Gaussen, chargé d'affaires. A. GEFFROY, *Instructions, Suède*, pp. 465 et suiv. — Pons fut ensuite ambassadeur en Espagne.
3. Le baron de Blôme, ministre, de 1779 à 1792.
4. Traité de Koutchouk-Kaïnardji, 21 juillet 1774.
5. Voyez ci-dessus, pp. 370, 391.

peu délicat à Pétersbourg sur les moyens de les intercepter, et qu'on se pique même d'y parvenir de façon ou d'autre [1].

Comme il n'existe aucune difficulté sur le traitement dû au ministre plénipotentiaire du Roi en Russie et que d'ailleurs il trouvera dans la correspondance les renseignements sur ce qui s'est pratiqué à l'égard du marquis de Vérac, on est dispensé de traiter cette matière en détail.

Sa Majesté ayant ordonné à tous ses ministres dans les cours étrangères de remettre à la fin de leur mission une relation exacte de tout ce qu'ils auront appris de plus important dans le pays où ils auront résidé, tant sur le caractère, les affections des princes et de leurs ministres que sur tous les autres objets qui peuvent intéresser le service ou la curiosité du Roi, le comte de Ségur se conformera en conséquence aux intentions de Sa Majesté.

Le Roi veut aussi que ses ministres rapportent les chiffres et tous les papiers concernant son service, avec un inventaire, sur la vérification duquel il leur en sera donné une décharge.

Fait à Versailles, le 16 décembre 1784.

Signé : Louis.

Plus bas :

Signé : Gravier de Vergennes.

Cette Instruction n'était pas très encourageante : on y disait à Ségur qu'il n'y avait rien à espérer de l'Impératrice, que l'influence de Potemkine, tout acquis à la Grande-Bretagne, avait succédé à celle que Panine exerçait dans un sens plus favorable à nos intérêts ; qu'il ne fallait que tâcher de se faire bienvenir et d'obtenir un bon traité de commerce.

Ségur partit de Paris, le 14 janvier 1785. Il passa par Vienne, puis par Berlin, où il s'entretint avec Frédéric II et le prince Henri ; puis par Varsovie, où il vit le roi Stanislas. Il compléta ainsi ses informations sur l'Impératrice et la cour de Russie. Il arriva le 10 mars à Pétersbourg, et fut reçu le 11 par le comte Panine et le 23 par Catherine II.

A l'audience qu'il eut de la Tsarine, Ségur raconte qu'il se troubla,

1. Voyez ci-dessus, pp. 280-281, notes, et ci-dessous, pp. 475, 523, 543.

oublia le discours préparé et dut en improviser un : ce trouble même, auquel il sut assigner une cause flatteuse pour cette souveraine, prévint celle-ci en sa faveur. L'accueil du grand-duc et de la grande-duchesse, qui avaient conservé un bon souvenir de leur voyage de France, fut également obligeant. La grâce, l'esprit, l'humeur enjouée du comte séduisirent la société russe[1]. Enfin il sut, par un système de courtoisie affectueuse, de dignité fière, d'ingénieuses ripostes à ses boutades, faire la conquête du fantasque et orgueilleux Potemkine.

A son arrivée, il avait trouvé le nom français presque en disgrâce, les ambassadeurs d'Autriche et d'Angleterre[2] en haute faveur. En peu de mois tout changea :

« L'intimité, la familiarité si imprévus qui s'établissoient soudainement entre le principal ministre de Catherine et l'envoyé d'une cour contre laquelle ses préventions étoient connues, surprirent étrangement tout le monde. Le corps diplomatique surtout ne savoit que penser d'un tel rapprochement. L'inquiet et ardent comte de Goertz s'efforçoit vainement d'en deviner la cause et le but. En vain je lui dis franchement la vérité... il s'obstinoit à penser qu'il étoit question de quelques négociations importantes, et contraires aux intérêts de la Prusse, entre l'Autriche, la France et la Russie[3]. »

En réalité, il s'agissait surtout du traité de commerce. Potemkine, qui avait commencé à coloniser les steppes de la Russie méridionale, désormais affranchies des incursions des Tatars et des Zaporogues, comprenait que, pour assurer la prospérité de cette région, il devait développer le commerce avec la France, qui était alors la première puissance de négoce dans la Méditerranée, le Levant, l'empire turc et la mer Noire.

Ségur s'ingéniait donc à lui démontrer l'utilité dont serait à cette Russie nouvelle des relations régulières entre les ports récemment fondés par lui et le port florissant de Marseille. Il lui montrait les Anglais accaparant le commerce, décourageant les négociants français, apportant sur leurs navires les marchandises de Nantes et Bordeaux. Les Français pouvaient envoyer en Russie des

1. Cependant voyez les lettres du prince Bezborodko à Semen Voronzof, *Archives Voronzof*, t. XIII, pp. 81, 94, 108, 118 : « Ségur a beaucoup d'amabilité avec ses connaissances et des capacités étendues. Il faut lui rendre cette justice qu'il ne ressemble nullement à ses prédécesseurs ici, qui étaient des incohérents comme Breteuil, ou des animaux (*skoty*) comme Vérac, Juigné et Bausset. Il est très habile ; mais dès qu'on fait ses volontés, on retrouve aussitôt le Français qui veut en remontrer aux autres et qui insinue la nécessité d'être les protégés de la France. » Voyez aussi N. GRIGOROVITCH, *le Chancelier prince Bezborodko*, t. I, p. 113, lettre de Bezborodko à Alexandre Voronzof, du 8 juillet 1785, où il s'exprime à peu près dans les mêmes termes.
2. Cobentzel et Fitz-Herbert.
3. SÉGUR, *Mémoires*, t. I, p. 364.

sucres, des cafés, des vins, des articles de Paris, y acheter les cuirs, les chanvres, les résines, les blés, les salaisons et maints autres produits, potasse, cire, miel, tabac. Le commerce direct assurerait aux deux nations les bénéfices que prélevaient les intermédiaires britanniques[1]. Par nous, la Russie serait en rapports suivis avec l'Inde, l'Amérique, les Antilles, l'Afrique. Au contraire, par sa dépendance exclusive à l'égard de la Grande-Bretagne, elle se plaçait au même rang que le Portugal.

L'effet des arguments de Ségur était combattu auprès de l'Impératrice et de Potemkine par le vice-chancelier Ostermann[2]. Tous les mouvements un peu inquiétants que faisaient les Turcs étaient imputés à la France : Ostermann insinuait que le ministère ottoman était excité et aiguillonné par elle. Potemkine, à son tour, disait à Ségur : Comment, vous autres Français, si brillants, si polis, si aimables, persistez-vous à vous déclarer les protecteurs de la barbarie et de la peste ? »

Ségur se défendait de son mieux, expliquant la politique toute pacifique de la France qui, en Orient comme Occident, ne cherchait qu'à maintenir la paix entre les nations ses alliées ou ses amies[3].

Dans le courant de juin, Ségur reçut des instructions de Vergennes, qui lui prescrivaient de tenir aux Russes, à propos des affaires d'Orient et du traité de commerce, précisément le langage que de lui-même il avait tenu :

LE COMTE DE VERGENNES AU COMTE DE SÉGUR.

Versailles, 1er juin 1785[4].

... La manière dont M. le vice-chancelier vous a parlé de l'affaire du marquis d'Archies demande que vous fassiez connoître à ce ministre que le Roi a été bien éloigné de trouver mauvais que Sa Majesté Impériale ait donné l'ordre de sortir de ses États à des personnes qui s'étoient exposées à une animadversion plus grave et que Sa Majesté a été très satisfaite de la promesse que ce ministre vous a faite de vous mettre à portée de prévenir de semblables événements[5].

J'aurois désiré que vous ne désignassiez pas la personne[6] qui vous a

---

1. Voyez les Instructions précédentes.
2. Voyez ci-dessus, pp. 372, note 1, et 390.
3. Lettre de Bezborodko à Semen Voronzof, 5 juillet 1785 : « Ségur nous dit nettement que les Français dressent et fortifient les Turcs, non pour l'attaque, mais pour la défense, comme leurs anciens amis, et il nous promet gracieusement de ne pas les laisser commencer la guerre. » *Archives Voronzof*, t. XIII, p. 77; voir aussi pp. 81, 84.
4. *A. E. Russie*, t. CXIV, fol. 3.
5. Ce doit être l'affaire des trois Français, gentilshommes et recommandés par l'ambassade, mais expulsés à la suite de leur mauvaise conduite, et dont Ségur parle dans ses *Mémoires*, t. I, p. 366.
6. Tant la correspondance est toujours peu sûre ! Voyez ci-dessus, pp. 280-281.

mis au fait de la position des troupes russes du côté de la Turquie. Il pourroit arriver que, tôt ou tard, cette personne fût compromise pour vous avoir donné les moyens d'assurer notre opinion sur cet objet.

Si réellement l'Impératrice a eu le désir d'intervenir comme médiatrice dans l'accommodement entre l'Empereur et la Hollande, cette princesse ne peut s'en prendre qu'à ses ministres de n'y pas avoir réussi. L'opposition à ce dessein ne seroit pas venue de nous, parce que le Roi n'est point jaloux de calmer seul les orages qui peuvent s'étendre sur l'Europe. Il est notoire, comme vous l'observez, que les Hollandois ont dû craindre la partialité de la cour de Russie pour l'Empereur. D'ailleurs ils avoient l'exemple de la manière dont l'Empereur a servi l'Impératrice à Constantinople, et ils pouvoient penser que Catherine II en agiroit de même en faveur de ce prince; or cette idée devoit les porter à éluder une médiation qui pouvoit se réduire à des instances réitérées de satisfaire l'allié de l'Impératrice.

Il n'est pas aisé de concilier l'importance que la cour de Russie met à procurer à l'Empereur la nouvelle limite que ce prince a demandée aux Turcs du côté de la Croatie avec les dispositions que Sa Majesté Impériale vient de témoigner au Roi à cet égard. Les deux cours ayant pour principe de s'aider dans toutes leurs prétentions, je dois croire que les ministres russes ne se sont pas donné la peine d'examiner celles de l'Empereur contre les Turcs et que M. de Bulgakow a reçu l'ordre de presser la Porte de céder, comme si le droit de la cour impériale étoit incontestable[1].

Le Roi n'a pas suivi la même marche. Dès la fin de l'année dernière, le Grand Seigneur[2] fit connoître au Roi l'impossibilité où il étoit de céder à Sa Majesté Impériale les territoires au delà de l'Unna[3], par la crainte d'exciter une révolte, toutes les tentatives qu'il avoit faites pour déterminer les musulmans habitant cette frontière à se retirer dans l'intérieur de l'Empire ayant été inutiles. Le grand vizir m'écrivit la lettre la plus instante pour demander de la part de son maître que le Roi voulût bien engager l'Empereur à se désister de sa demande. Sa Majesté ne jugea pas à propos de faire sur-le-champ des démarches en conséquence auprès de sa Sa Majesté Impériale; elle attendit que les affaires de Hollande eussent pris une tournure plus tranquillisante. Ce n'est qu'au commencement du mois dernier que Sa Majesté, après avoir pris connoissance de l'objet de la discussion, a confié à l'Empereur la demande que la Porte lui avoit faite, en priant Sa Majesté Impériale de calmer les inquiétudes d'un voisin qui, par la nature de son gouvernement, se trouvoit hors d'état de lui complaire. La réponse de l'Empereur, arrivée depuis quelques jours, est aussi satisfaisante que le Roi pouvoit la désirer. Sa Majesté Impériale consent à laisser la frontière sur le pied où elle est, déclarant seulement qu'il ne souffrira plus les violences que les sujets du Grand Seigneur exercent quelquefois contre ses sujets vers la Croatie. Le Roi a fait passer cette réponse à Constantinople, et Sa Majesté ne doute pas que la Porte ne prenne les précautions les plus grandes pour ne donner aucun sujet de plainte à l'Empereur. Ainsi cette affaire qui alarmoit l'Europe se trouve en quelque sorte assou-

---

1. Voyez L. PINGAUD, *Choiseul-Gouffier*, p. 94, sur la mollesse de M. de Vergennes et de M. de Choiseul-Gouffier en cette affaire des limites de Croatie, et la lettre clairvoyante de M. Hennin, disant de notre alliée l'Autriche : « Si on faisoit du premier mot tout ce qu'elle demande et comme elle le demande, on lui mettroit tout l'univers à dos. Pour la bien servir, il faut souvent lui tenir tête. »
2. C'était toujours le sultan Abdul-Hamid III (1774-1789).
3. Affluent de la Save.

pie dans le moment où on la regarde encore à Pétersbourg comme devant avoir les suites les plus importantes.

Vous voyez pourquoi je vous ai dit ci-dessus qu'il ne m'étoit plus facile de concilier ce que vous avez entendu avec ce qui est. Je ne vous fais part de ces détails que pour votre instruction, et je vous prie de les réserver pour vous seul. Vous en serez plus à portée d'observer le moment où, la détermination de l'Empereur étant connue à Pétersbourg, on sera obligé de changer de ton sur cette affaire.

Quoique les demandes de l'Empereur ne soient fondées que sur une convenance qui n'affoibliroit pas la puissance turque, Sa Majesté a jugé devoir exhorter la Porte à ne pas regarder la négociation comme rompue et à chercher les moyens de contenter tôt ou tard Sa Majesté Impériale : en sorte que cette affaire devient un objet de complaisances réciproques dont il sera facile de tirer parti pour maintenir les deux cours dans une bonne intelligence. Vraisemblablement, les projets de commerce de l'Empereur donneront occasion à la Porte de le satisfaire sur d'autres points, et ce côté de l'Europe cessera d'avoir un aspect inquiétant.

Il y a donc lieu d'espérer que si quelqu'un veut attaquer les Turcs, ce n'est dans ce moment que l'Impératrice. Or j'ai peine à penser que, si Joseph II eût été dans le dessein de la seconder, il n'eût pas laissé subsister la petite querelle des frontières. Je ne m'étendrai pas davantage sur ce point. Je vous observerai seulement qu'on parle beaucoup à Pétersbourg et à Vienne des armements des Turcs, et que rien de ce que nous recevons de Constantinople ne confirme ces assertions.

Le Roi trouve très bon que vous donniez suite à vos conversations avec les ministres russes sur le traité de commerce avec la France, que même vous fassiez sans trop d'empressement quelques pas dans cette affaire. Vous avez assez de matériaux pour ébaucher quelques articles, si l'on se montre disposé à vous écouter. J'ai déjà reçu réponse de M. le maréchal de Castries [1] sur quelques points relatifs à son ministère. J'attends celle de M. le contrôleur général [2] ; lorsqu'elle me sera parvenue je vous donnerai la solution des questions sur lesquelles vous avez désiré d'être instruit.

En vous tenant sur le ton de la gaieté avec M. le prince Potemkin, vous pourrez apprendre, sinon beaucoup de faits, du moins ce dont est capable ce favori que les succès ont habitué à ne rien trouver d'impossible.

Je voudrois savoir un moyen de calmer l'inquiétude du roi de Prusse : elle n'est pas sans danger. En s'exagérant l'ambition de l'Empereur, il excite une agitation qui pourroit réagir sur lui-même. Si nous nous livrions à tout ce que ce prince voudroit que nous fissions, nous amasserions de l'esprit-de-vin pour prévenir un incendie.

---

1. Le maréchal de Castries était alors ministre de la marine; il le fut de 1784 à 1787.

2. Le contrôleur général était alors, de 1783 à 1787, M. de Calonne.

LE COMTE DE VERGENNES AU COMTE DE SÉGUR. — VERSAILLES, 15 juin 1785 [1].

... L'état qui vous a été remis est intéressant. Il n'annonce pas encore que la Russie se prépare à faire la guerre, du moins de sitôt.

La conversation que vous avez eue avec M. le prince Potemkin a fixé l'attention du Roi. Sa Majesté a pensé que, ce favori vous ayant parlé avec franchise, quoique avec humeur, il est convenable que vous donniez suite à ses ouvertures. Le point principal est de le dissuader de l'idée que nous cherchons à disposer les Turcs à la guerre. On voit bien que les rapports de M. de Bulgakow contribuent à établir cette opinion en Russie. Ce ministre, qui sans doute désireroit que les Turcs ne fissent rien pour prévenir l'invasion dont ils peuvent être menacés à chaque instant, représente à sa cour les foibles moyens que nous fournissons à d'anciens amis, pour se mettre en défense, comme tenant au projet de les porter tôt ou tard à attaquer la Russie.

Vous ne devez pas hésiter à dire à M. le prince Potemkin que, s'il donne sa parole d'honneur que l'Impératrice ne veut point attaquer les Turcs, vous lui donnez la vôtre que le Roi n'a nulle envie de les porter, ni pour le présent ni pour l'avenir, à attaquer la Russie ; que Sa Majesté a donné des preuves non équivoques du désir qu'elle a de maintenir la paix entre les deux Empires, et que tous ses soins sont dirigés vers ce but. Vous ajouterez que Sa Majesté, en favorisant la cession de la Crimée à l'Empire russe, a considéré que l'Impératrice avoit des motifs de grande convenance pour assurer cette frontière et se débarrasser de voisins aussi inquiets que les Tartares ; qu'elle a pensé également qu'en laissant ouvrir à l'Empire russe un grand débouché pour son commerce, elle augmenteroit la masse des richesses du monde

---

1. *A. E. Russie*, t. CXIV, fol. 35.

et ses rapports entre ses sujets et les Russes; que c'est donc de très bonne foi que Sa Majesté n'a rien vu d'alarmant pour l'Europe dans l'occupation de la Crimée par l'Impératrice[1]; et que cet état de choses est tel qu'elle désire qu'il subsiste et seroit la première à détourner les Turcs de vouloir le changer; mais qu'aussi Sa Majesté espère que l'Impératrice, contente d'avoir assuré à son Empire une limite aussi favorable, évitera tout ce qui pourroit inquiéter les Turcs et les porter à quelque coup de désespoir.

Vous aurez soin d'exprimer à M. le prince Potemkin la satisfaction que le Roi a eue de connoître à fond sa façon de penser, non que Sa Majesté le crût capable de donner dans tous les projets qu'on suppose à sa cour, mais parce que les meilleures têtes peuvent être entraînées par la prospérité. En partant de ce point et de ce que M. le prince Potemkin vous a dit sur la France, vous chercherez à lui faire le tableau le plus vrai de la politique du Roi. Vous lui exposerez comment Sa Majesté est persuadée que, sans rien changer aux alliances subsistantes, il ne tient qu'aux grandes cours de s'entendre parfaitement pour la tranquillité générale; que nous sommes toujours prêts à entrer en relation avec l'Impératrice pour ce noble dessein, et qu'elle trouvera toujours le Roi disposé à procurer à la Russie tous les avantages qui pourront se concilier avec le bonheur des nations.

Comme M. le prince Potemkin est revenu plusieurs fois sur notre conduite à l'égard des Turcs, vous pouvez le prier de ne pas faire attention à quelques propos, peut-être exagérés, et de ne pas donner aux choses plus d'étendue qu'elles n'en ont. On ne peut pas ignorer à Pétersbourg les motifs qui ont porté le Roi à faire passer à Constantinople quelques artistes[2] : je ne les ai pas

1. En 1784. Voyez ci-dessus, pp. 372-376.
2. Il y avait alors, autour de l'ambassadeur Choiseul-Gouffier, toute une mission scientifique et artistique et comme un Institut d'Orient : l'abbé-poète Delille, le diplomate-poète d'Hauterive, l'helléniste Danse de Villoison, qui visitait les bibliothèques et les manuscrits des monastères; Le Chevalier, ancien professeur au collège d'Harcourt, qui s'occupait de géographie comparée; Ferrières-Sauveboeuf et le numismate Cousinéry, qui recherchaient les médailles et autres antiquités; les naturalistes André Michaux et l'abbé de Beauchamp, l'archéologue Fauvel qui faisait des fouilles au Parthénon et en Troade avec les paysagistes Cassas et Kauffer. Choiseul-Gouffier, auteur du *Voyage pittoresque de Grèce*, était un littérateur et un archéologue distingué : il recueillait des matériaux pour l'abbé Barthélemy et son *Voyage du jeune Anacharsis*. En même temps, des officiers de marine relevaient les côtes de l'empire turc. De l'imprimerie du palais de l'ambassade, diri-

cachés à M. le prince Bariatinski[1], et récemment encore, j'ai eu à ce sujet une conversation avec M. de Simolin[2], qui n'a pu nier que nous ne soyons restés à cet égard dans les bornes que l'état de paix détermine.

Toute la difficulté qui resteroit, en supposant que M. le prince Potemkin vous ait parlé sincèrement, seroit de bien convaincre la cour de Russie que les Turcs ne songent qu'à leur conservation. Vous pourriez chercher à savoir de lui si, dans le cas où la Porte donneroit à cet égard les assurances les plus positives, l'Impératrice banniroit de son esprit la crainte d'une agression de leur part. Une pareille déclaration, faite à la demande et pour ainsi dire sous la garantie du Roi, seroit certainement bien suffisante pour ôter à l'Impératrice tout prétexte d'armements et rétablir un calme parfait de ce côté.

Vous remarquerez que je pars des discours de M. le prince Potemkin comme si leur sincérité m'étoit démontrée. C'est que, quand je penserois que ce ne seroit de sa part qu'une ruse, il me paroîtroit encore convenable et même utile de profiter de cette occasion pour dévoiler entièrement à l'Impératrice la façon de penser du Roi. Sa Majesté ne craint pas de manifester qu'elle est prête non seulement à vivre en bonne intelligence avec Catherine II, mais même à s'entendre avec elle sur tout ce qui a trait au bien général et à la prospérité de leurs États respectifs, bien entendu qu'il ne sera pas question de la destruction de l'empire turc.

Cependant l'Impératrice s'était décidée à faire le voyage de Pétersbourg à Moscou, voyage qui dura du 4 juin au 28 juin 1785, et durant lequel elle se proposait d'étudier le projet de canal de la Caspienne à la Baltique, par le haut Volga, les lacs Ilmen et Ladoga, la Néva. Ségur, invité à l'accompagner, avait chargé le chevalier de la Colinière de suivre les affaires en son absence.

---

gée par le préfet apostolique Viguier, sortaient non seulement *les Éléments de la langue turque*, mais des ouvrages d'art militaire traduits à l'usage des officiers ottomans. L. PINGAUD, *Choiseul-Gouffier*.

1. Voyez ci-dessus, p. 325, note 1.
2. Ivan Matvééevitch Simoline avait été ministre auprès de la diète de Ratisbonne en 1781. Il fut ministre plénipotentiaire en France de 1784 à 1792.

Pendant ce voyage, une intimité plus grande s'établit entre Ségur d'une part, Potemkine et l'Impératrice, de l'autre. Ceux-ci étaient mieux informés sur le véritable caractère de notre politique à Constantinople [1].

Potemkine disait ouvertement au comte de Ségur : « Ce n'est pas vous, ni votre gouvernement, qui nous la donnez (l'inquiétude) ; c'est le ministère anglais, dont l'égoïsme et la conduite démentent toutes les protestations amicales et contrarient toutes nos vues. Je l'ai dit, il y a longtemps à l'Impératrice. Elle ne voulait pas me croire. M. Pitt, qui ne l'aime pas, s'attache personnellement à lui susciter des ennemis, des obstacles, en Allemagne, en Pologne et en Turquie. » Il ajoutait que Frédéric II, mécontent que la Russie eût « quitté son incommode alliance pour l'alliance beaucoup plus sûre de Joseph II »[2] s'était rapproché des Anglais et cherchait à exciter des troubles en Allemagne. Le roi d'Angleterre, en sa qualité d'électeur de Hanovre, était entré dans le système politique de Frédéric [3], tout entier dirigé, en Allemagne, contre l'Autriche. « C'est un tour perfide que les Anglais nous jouent, concluait Potemkine. Pour ma part, j'en suis furieux, et je ne sais ce que je donnerais, pour leur rendre la pareille et nous venger d'eux [4]. »

Ségur ne perdit pas un instant pour démontrer au prince que le meilleur moyen, et le plus avantageux, de se venger des Anglais, c'était de conclure avec la France un bon traité de commerce.

Ce fut donc en juin 1785, sur une des galères qui suivaient la galère impériale sur le lac Ilmen, que les bases du futur traité furent arrêtées entre Potemkine et Ségur.

Celui-ci, avec une plume et un encrier empruntés au ministre d'Angleterre [5], rédigea la *Note confidentielle* sur la nécessité et les clauses essentielles d'un traité de commerce entre la France et l'Angleterre [6]. Nous savons, par les *Mémoires*, que Ségur l'avait fait lire

---

1. Nous étions alors moins en faveur auprès des Turcs ; nos sympathies pour la Porte s'étaient aussi fort refroidies, et l'ambassadeur Choiseul-Gouffier, qui avait affiché son philhellénisme dans son fameux *Voyage pittoresque de Grèce*, et surtout dans le *Discours préliminaire* de cet ouvrage, partageait plutôt les idées propagées par Voltaire sur la barbarie turque et sur la nécessité d'en émanciper les populations chrétiennes. — L. PINGAUD, *Choiseul-Gouffier*.
2. Depuis le traité de 1781. Voyez ci-dessus, p. 366, note 1.
3. C'est le *Fürstenbund*. Voyez TRATCHEVSKI, *la Ligue des princes* (en russe). Pétersbourg, 1877. — W. A. SCHMIDT, *Gesch. der Preussisch-Deutschen Unionsbestrebungen von 1780 bis 1790*, Leipsig, 1871. — L. v. RANKE, *Die Deutschen Mæchte und der Fürstenbund*, Leipsig, 1871.
4. SÉGUR, *Mémoires*, t. I, p. 393.
5. Fitz-Herbert.
6. Texte dans les *Mémoires*, t. I, p. 395 ; et dans *A. E. Russie*, t. CXIV, fol. 89. « Copie de la note remise à S. E. M. le vice-chancelier, le 13 juillet 1785. » Cette Note débute ainsi : « Si deux États ont jamais dû s'unir par un traité de commerce... »

aussitôt à Potemkine, et celui-ci à l'Impératrice, qui avait immédiatement assuré notre ministre de ses meilleures dispositions.

Le 28 juin, la cour et les diplomates étrangers qui avaient accompagné l'Impératrice étaient rentrés à Pétersbourg.

Les négociations pour la conclusion du traité de commerce se continuèrent à la fois à Pétersbourg et à Paris. Le 13 juillet, Ségur remettait au vice-chancelier la *Note* dont il a été question ci-dessus ; le cabinet de Versailles agissait sur M. de Simoline, ambassadeur de Russie en France, en lui remettant, à la date du 25 juillet, une note conçue dans le même sens :

NOTE REMISE A M. DE SIMOLIN POUR SON INSTRUCTION.

28 juillet 1785[1].

Les temps et l'expérience ont tellement éclairé les nations sur leurs véritables intérêts que ce seroit en vain qu'on chercheroit aujourd'hui à surprendre aucune d'elles par des calculs de commerce qui ne seroient que spécieux, pour en obtenir le monopole de ses denrées et marchandises. C'est dans la persuasion intime de cette vérité que la cour de France, sans avoir jamais perdu de vue l'espérance d'établir des liaisons de commerce avec l'Empire de Russie, n'a point cherché à presser celle de Pétersbourg de s'occuper de cet objet.

La France et la Russie sont deux puissances productives. Elles ont respectivement un grand nombre de marchandises à échanger. On peut même dire que ce besoin augmentera à mesure que la Russie deviendra plus peuplée et plus riche. Il est donc temps que ces deux puissances s'occupent des moyens de se rendre réciproquement leurs échanges plus utiles, de les multiplier, de les simplifier. Jusqu'ici, elles ont payé l'une et l'autre assez cher des tiers pour leur porter ce qu'il leur étoit très facile de se remettre directement. Ces faits sont connus ; il s'agit d'établir entre elles un meilleur mode de vivre.

Si le Roi s'en tenoit à sa persuasion, Sa Majesté réduiroit tous les traités de commerce à une parfaite uniformité et ils se borneroient à un seul article : telle ou telle puissance jouira en France de tous les avantages dont jouissent les autres[2].

Mais l'usage prévaut encore contre pareille disposition ; d'ailleurs la diversité des lois dans chaque pays exige des assurances et des précautions qu'on ne peut se dispenser de rendre publiques dans les traités de commerce pour l'instruction et la tranquillité des sujets respectifs.

Les premières bases de la négociation sont posées. Pendant la résidence de M. le baron de Breteuil à Pétersbourg, cette affaire a été poussée assez loin. Il y a eu des projets et contre-projets produits de part et d'autre, et l'on étoit presque d'accord. Les pièces de cette négociation sont entre les mains des deux cours. Il est facile de voir dans ces pièces que les circon-

---

1. *A. E. Russie*, t. CXIV, fol. 158.
2. On voit le chemin qu'avaient fait dans les conseils du Roi les idées de libre-échange : un traité de commerce avec la Grande-Bretagne précéda le traité franco-russe ; de nombreux traités de commerce furent aussi conclus vers cette époque entre les divers États européens, et la Russie ne fut pas le moins active.

stances ont appelé depuis des changements à la position respective des deux États en plusieurs points ; mais on y reconnoîtra aisément que ces changements, loin de rendre plus pénible la rédaction du traité, la faciliteront singulièrement.

On avoit déjà alors les articles relatifs à la libre navigation des neutres en temps de guerre, sur les mêmes principes que Sa Majesté Impériale a depuis consacrés d'une manière plus particulière, et qui ont toujours été ceux du Roi : ainsi nulle difficulté à cet égard [1].

Il existe dans les tarifs de Russie des distinctions marquées entre les droits qu'on exige de certaines denrées et marchandises de France, et ceux auxquels les mêmes marchandises du produit d'autres pays sont assujetties. Cette disparité, qui contrarie le commerce de France et préjudicie à celui de Russie, ne devra plus subsister dès que le Roi traitera les Russes comme la nation la plus favorisée, puisque le but des deux souverains est d'établir une parfaite réciprocité.

Ceci ne veut pas dire que Sa Majesté exige que les denrées et marchandises de France ne paient en Russie que ce que ces mêmes marchandises paient en France quand elles y sont apportées par les étrangers. Chaque pays a ses besoins et sa manière de voir en fait de douanes. Mais la France est autorisée à demander que ses marchandises ne soient soumises en Russie qu'à un droit uniforme avec celui que supportent celles du même genre qui y sont importées par d'autres nations, puisqu'elle offre d'accorder la même chose pour les marchandises de Russie qui entreront dans le royaume.

L'acquisition que l'Impératrice a faite de la Crimée, d'une partie de la Tartarie et du Cuban, multiplie nécessairement les rapports de commerce entre ses États et la France. On peut même prévoir qu'ils deviendront immenses. La prudence des deux souverains doit les porter, dès à présent, à écarter le plus qu'il sera possible les entraves qui retarderoient leurs avantages respectifs.

De quelque manière que le commerce par la mer Noire se fasse, il aura nécessairement pour principal objet les marchandises de Russie destinées pour la France, et respectivement. Or il importe de combiner les choses de façon que les deux nations aient le plus d'intérêt possible à échanger un grand nombre de marchandises.

Presque toutes celles que les François tireront de Kerson et des ports de Crimée sont de grand encombrement, comme les bois, les chanvres, les tabacs. Si, par les droits établis dans ces ports sur celles de France qui ont beaucoup de volume comme les vins et eaux-de-vie, le négociant françois ne peut entrer en concurrence avec les sujets du Grand Seigneur, il est impossible que le commerce prenne consistance par cette voie entre les deux États, parce que les marchandises de Russie paieroient un double fret et qu'on trouveroit plus de profit à aller les chercher en Amérique. On est persuadé que cette réflexion frappera Sa Majesté Impériale et ses ministres. En tout, il importe aux deux puissances d'étendre le commerce entre leurs sujets, et elles ont intérêt, non de faire un grand bénéfice sur peu de marchandises, mais de petits bénéfices répétés sur une grande quantité de marchandises. La population, la marine, toutes les parties du corps politique gagneront respectivement si on ne s'écarte pas de ce principe.

Sa Majesté Impériale ayant pris depuis peu des mesures pour assurer aux commerçants le recours à une juridiction plus expéditive et moins dis-

---

1. Voyez ci-dessus, pp. 343, 347, 361, note 1, 371-372.

pendieuse que les tribunaux ordinaires, les articles relatifs à cet objet dans les projets de traités pourront être réduits de beaucoup.

On ne parlera pas de la gêne à laquelle les François étoient soumis pour le paiement des douanes ; ces petites opérations pour attirer des matières d'or et d'argent dans un pays, qui ont pu autrefois paroître de quelque conséquence quand la Russie étoit pour ainsi dire isolée des autres nations, sont devenues une goutte d'eau dans un grand vase depuis que cette puissance a un commerce très étendu, dont la balance est à son avantage.

Pour exprimer en peu de mots les principes d'après lesquels on seroit disposé à traiter, il suffit de dire que la base pour la France seroit respectivement l'égalité de traitement avec la nation la plus favorisée, et qu'elle offre aux Russes le même avantage.

Le 30 juillet 1785, le ministère russe communiquait à M. de Ségur la Note suivante en réponse à la sienne :

NOTE. — RÉPONSE DU MINISTÈRE RUSSE[1].

Le ministère a eu l'honneur de mettre sous les yeux de l'Impératrice la note qui lui a été remise par M. le comte de Ségur[2], et dans laquelle il expose le désir de sa cour de se lier par un traité de commerce avec l'Empire de Russie.

Sa Majesté Impériale a vu avec beaucoup de satisfaction ces dispositions de Sa Majesté Très Chrétienne, ainsi que le détail des principes que le Roi est accoutumé de suivre dans ses traités de commerce et qui correspondent parfaitement à ceux de l'Impératrice.

Une pareille conformité de vues et de sentiments promettant un succès désiré à la négociation sur laquelle M. le ministre de France vient de faire les premières ouvertures, Sa Majesté Impériale est prête à y apporter de son côté toutes les facilités qui pourront dépendre d'elle.

En conséquence, elle vient d'ordonner à sa commission de commerce de s'occuper incessamment de cet objet important, et, pour se rapprocher encore de plus près des intentions de Sa Majesté Très Chrétienne, Sa Majesté Impériale a prescrit à ce département de dresser le projet préalable d'un pareil traité.

En attendant, et pour mettre M. le ministre plénipotentiaire au fait des principes fondamentaux qui ont servi de base à d'autres traités de commerce arrêtés par la Russie, le ministère a l'honneur de lui en communiquer ci-joint le précis.

Fait à Pétersbourg, ce 30 juillet 1785.

Pour la politique proprement dite, un sentiment commun aux deux cour de Versailles et de Pétersbourg, c'était la défiance du roi de Prusse. Quelques gages de bonne volonté que Frédéric II eût donnés à la

1. *A. E. Russie*, t. CXIV, fol. 166.
2. La note dont il est question ci-dessus, pp. 404-405.

Tsarine, notamment à l'époque de la Neutralité armée, ses agissements en Orient, en Pologne, en Allemagne, inquiétaient Catherine II, qui resserrait d'autant plus ses relations avec la cour de Vienne. Dans ses instructions au comte Roumiantsof, envoyé de Russie à Berlin, nous lisons : « L'alliance austro-russe inquiète le roi, parce qu'il craint que les deux cours impériales n'aient des vues sur la monarchie prussienne et ne soient convenues entre elles de la ramener à des limites plus conformes à leurs véritables intérêts. » Telle n'est point assurément l'intention des deux cours : « Personne ne veut offenser le roi, quoiqu'il doive comprendre, par sa propre pénétration de l'essence des choses, que les forces de la monarchie prussienne ont été portées par lui au delà des limites convenables pour ses voisins, et que les intérêts des deux cours impériales sont basés sur la position de leurs territoires respectifs[1]. » C'était presque le langage du chancelier Bestoujef à la veille de la guerre de Sept Ans [2].

Quand mourut Frédéric II[3], cette même tension des rapports entre les deux cabinets de Russie et de Prusse subsista sous son successeur Frédéric-Guillaume II. Les dépêches de Roumiantsof à sa cour sont pleines de persiflage à l'égard de ce monarque qui « n'a aucune aptitude pour le gouvernement », quoiqu'on eût peu espérer « beaucoup des profondes méditations où il s'était plongé pendant sa longue attente du pouvoir » ; contre ses ministres, satellites dont « cet astre modeste est éclipsé » ; contre Hertzberg qui « passe la plus grande partie de son temps à poursuivre tout ce que les journaux et les gazettes de tous les pays lui présentent de futilités dont personne ne s'occupe » ; contre Bischofswerder, « homme d'inclinations dangereuses et de vices répondant à ses inclinations », le montrant assez par « la sincérité affectée avec laquelle il prêche sur la possibilité de la connaissance de l'art », qui s'est lié avec Schrepfer et les spirites, « proclame avec une apparente conviction les miracles de ce charlatan. Il s'est entendu avec ces illuminés « pour inviter Sa Majesté Prussienne à assister à une conversation avec l'âme du feu roi; mais le roi eut peur de ce spectacle terrible et s'en alla sans attendre la fin de la séance... Beaucoup de gens assurent que le motif qui a porté le roi à se retirer a été la crainte de voir apparaître la canne de son terrible prédécesseur[4] ».

L'éloignement que la cour de Russie témoignait pour celle de Berlin, son rapprochement de plus en plus intime avec Joseph II, ne pouvaient qu'annoncer de nouveaux desseins contre l'intégrité de la Turquie.

---

1. F. MARTENS, *Recueil des traités et conventions conclus par la Russie*, t. VI, *Allemagne*, t. I, pp. 133-134.
2. Voyez ci-dessus, t. I<sup>er</sup>, *Introduction*, pp. XLII-XLIV, et t. II, p. 16, note 1.
3. A Sans-Souci, 17 août 1786.
4. F. MARTENS, *ibid.*, pp. 136-138.

Dès la fin de 1785, des troubles en Géorgie, au Caucase, des incidents de frontière du côté d'Otchakof, semblaient faire présager une nouvelle guerre entre la Russie et la Porte. Cette situation allait se tendre encore plus à la suite du voyage triomphal, en grand appareil militaire, de Catherine II dans le midi de la Russie.

En janvier 1787, Ségur fut informé qu'il était invité à accompagner l'Impératrice dans ce nouveau voyage.

Il en profita pour presser la conclusion de son traité de commerce. L'acte fut signé le 11 janvier 1787 [1].

Par ce traité la France et la Russie s'accordaient l'une à l'autre le traitement de la nation la plus favorisée. Des consuls généraux, consuls et vice-consuls étaient établis, de part et d'autre, dans les principaux ports et les grandes villes de commerce. La France accordait aux Russes l'exemption du droit de fret, l'exemption du droit de 20 p. 100 sur les marchandises venant des ports de la mer Noire à Marseille, des diminutions du tarif général sur les suifs, cires et fers de Russie. En revanche, nos vins étaient fortement dégrevés, et une diminution supplémentaire de 25 p. 100 était accordée à ceux qui arriveraient en Russie par la mer Noire. Les savons de Marseille étaient assimilés pour l'abaissement des taxes à ceux de Venise et de Turquie. Le droit d'aubaine était, de part et d'autre, aboli. On se dispensait de faire les saluts en mer ou dans les ports. Les principes de la Neutralité armée étaient de nouveau confirmés. Les conséquences de ce traité se développèrent presque aussitôt : les ports de la mer Noire prospérèrent et Marseille également; au reste, tout, dans ce traité, avait été arrangé en cette prévision, et Potemkine avait songé surtout aux provinces russes du Midi.

Ségur avait réussi là où tous ses prédécesseurs, depuis Deshayes Courmenin, en 1629, jusqu'à La Chétardie et d'Alion, jusqu'à Breteuil, puis tous les successeurs de celui-ci, avaient constamment échoué.

C'est donc l'esprit plus libre qu'il se préparait à accompagner l'Impératrice dans son voyage du Midi.

Le 15 janvier, il remit à M. Belland [2], secrétaire de la légation, qu'il chargeait des affaires pendant son absence de Pétersbourg, l'Instruction suivante :

---

1. Martens, *Recueil des traités*, t. III. — Flassan, t. VII, pp. 430 et suiv. — Le 26 septembre 1786 avait été signé le traité de commerce, par M. Eden et M. de Rayneval, entre la France et l'Angleterre, le premier qui eût été signé entre ces deux puissances depuis celui de Henri IV avec la reine Élisabeth.

2. M. Belland, parfois qualifié de vicomte ainsi qu'on le verra plus loin, parent de M. Hennin qui était premier commis aux affaires étrangères, était parti de Paris pour Pétersbourg, le 26 juillet 1784. Il accompagnait le chevalier de La Colinière allant relever M. Caillard, chargé des affaires depuis le départ du marquis de Vérac.

Après l'intérim qu'il fit pendant ce voyage de l'ambassadeur, M. Belland

INSTRUCTION POUR M. BELLAND PAR M. LE COMTE DE SÉGUR, MINISTRE PLÉNIPOTENTIAIRE DU ROI A SAINT-PÉTERSBOURG. — 15 JANVIER 1787[1].

M. Belland, restant chargé des affaires pendant le voyage du comte de Ségur, veillera avec le plus grand soin à la sûreté de la maison, de la chancellerie et du dépôt sacré des chiffres et de la correspondance, et lorsqu'il entrera ou travaillera dans le cabinet il y sera toujours seul. Il aura soin d'infliger de fortes amendes aux gens qui ne feroient pas exactement leurs jours de garde et fera corriger sévèrement les *dvorniks*[2] qui garderoient négligemment la porte.

Il mettra le plus grand ordre dans les liasses des affaires particulières et les notera toutes en marge, de manière qu'au premier coup d'œil on puisse voir celles qui ne sont qu'entamées et celles qui sont finies, ainsi que la date de leur commencement et le point où elles en sont.

Il s'adressera pour celles qui surviendront à M. d'Ostermann ou à M. de Markow[3], par des notes conformes à celles dont il a vu les modèles. Il pourra en finir d'autres par le moyen de M. Dahl[4] ou du gouverneur[5]. Il m'informera de chacune de ces

---

quitta M. de Ségur en février 1788 et fut, comme secrétaire, remplacé par M. Genet. Il était trop jeune dans la carrière pour qu'on le laissât dans une cour aussi importante, aussi agitée que celle de Pétersbourg, où cependant il aurait dû devenir chargé d'affaires au départ définitif du comte de Ségur.

1. *A. E. Russie, Supplément*, t. XV, pièce n° 12.
2. Portiers, concierges.
3. Le comte Arcade Ivanovitch Markof était alors conseiller d'État et nommé, par rescrit du 19 mai 1786, membre du Collège des affaires étrangères. Ségur l'estimait bienveillant pour la France, précisément parce qu'il y avait rempli les fonctions de chargé d'affaires de 1783 à 1784.
4. Hermann Iouriévitch von Dahl était depuis 1786 conseiller dans les affaires de commerce. Il avait été, de 1772 à 1777, inspecteur des douanes de Riga. Il occupait une maison dans la rue Grande-Morskaïa à Pétersbourg. Voyez la correspondance de Catherine II avec lui dans la *Rouskaïa Starina*, t. XVII (année 1876), pp. 1 et suiv., pendant qu'il occupait son poste de Riga.
5. Le gouverneur de Pétersbourg était déjà Pierre Pétrovitch Konovnitsyne (1764-1822), général-major, avec lequel M. Genet (voyez ci-dessous, p. 516) devait avoir des difficultés. L'*Archive russe* de 1877, t. III, p. 333, contient une lettre que lui adressa Catherine II au sujet de *pasquilles* ou pamphlets injurieux, année 1785.

nouvelles affaires, afin que je puisse appuyer ses démarches, et ne s'engagera à en entamer aucune d'aucun genre sans l'ordre de M. le comte de Vergennes ou le mien. S'il s'agit de faire acquitter les dettes de quelques seigneurs russes, il rejettera sur moi ce genre d'affaires qui ne pourroit lui donner que du désagrément.

Il écrira une fois par semaine au comte de Vergennes et à moi. Il aura soin de ne mander que ce qu'il aura recueilli de nouvelles intéressantes, informera la cour des bruits qui se répandront, en ne leur donnant que le plus ou le moins de foi qu'ils mériteront, suivant leur nature et les voies qui les lui auront fait connoître.

Il se méfiera de toutes les fausses nouvelles que l'absence de l'Impératrice fera imaginer à l'oisiveté et à la méchanceté. Il usera, sans compromettre le chiffre, de la plus grande confiance envers les ministres d'Espagne, de Suède et de Naples [1], qu'il doit voir presque tous les jours, et marquera aussi beaucoup d'égards et d'empressement au baron Seddler [2].

Il donnera au comte de Bruce [3] les mêmes marques de considération et d'égard que sa place lui attirera du corps diplomatique.

Ne faisant pas sa cour au grand-duc, il se liera avec la personne que je lui ai indiquée pour savoir exactement des nouvelles de cette cour qui doit, dans l'absence du souverain, fixer l'attention publique.

---

1. Ces ministres étaient alors M. Normandez, le baron de Nolken, et le duc de Serra-Capriola. Celui-ci s'était fixé en Russie, où il épousa une princesse Viazemski. — Le ministre de Danemark était M. de Saint-Saphorin. — Sur le corps diplomatique de Pétersbourg, voyez Ségur, *Mémoires*, t. I, pp. 350 et suiv. — Normandez, en 1788, devint fou. C'était en mars, au moment le plus critique des affaires suédoises ; les représentants de la France, de l'Autriche et de Naples, ses collègues, s'aperçurent que son esprit était dérangé ; ils essayèrent de le décider à demander son rappel, et comme ils n'en tirèrent que de mauvais propos, alors ils tinrent une conférence, ils firent savoir ce contre-temps à la Tsarine, et Ségur proposa même de faire mettre Normandez aux arrêts chez lui. Puis Ségur s'arrêta à un autre parti : celui de faire venir en toute hâte à Pétersbourg le chevalier de Galvez, ministre d'Espagne à Berlin, qui en effet fut nommé ministre en Russie, et put coopérer à la médiation exercée par Ségur et les ministres des cours amies dans le conflit russo-suédois. N. Grigorovitch, *le Chancelier prince Bezborodko*, t. II, p. 457.

2. Ministre plénipotentiaire du grand-duc de Toscane.

3. Je ne trouve à ce moment qu'un Bruce en vue, le comte Jacob Alexandrovitch (1729-1791), général en chef, sénateur, membre du Conseil (août 1787), qui avait été gouverneur de Moscou (1784).

Il ne se servira que dans la nécessité absolue du chiffre de la CORRESPONDANCE GÉNÉRALE; il ouvrira les lettres de Suède et de Prusse et ne fera qu'en accuser la réception et y répondre, sans se compromettre, en excusant mon silence.

S'il reçoit de Versailles ou d'autres cours des nouvelles qui lui paroissent devoir être mandées, il chiffrera du chiffre 6, mais il faut que le cas l'exige absolument.

Si, ce qui n'est pas à prévoir, l'absence de l'Impératrice occasionnoit à Pétersbourg quelque complot ou des soulèvements, ou tout autre indice qui feroit craindre une révolution, sous prétexte d'affaires domestiques et sans affectation, il m'enverroit le chasseur en *quibik*[1] avec une lettre chiffrée.

Dans sa correspondance ordinaire, il ne m'informera que de tout ce qui peut s'écrire en clair et évitera également dans son style la causticité, l'imprudence et même une flatterie trop chargée pour le souverain.

A l'ouverture de la navigation, il aura soin de surveiller les armements de Cronstadt, leur nombre, leur force, leur destination. Il y fera un voyage sous le prétexte plausible d'une partie de plaisir, tirera les meilleurs renseignements possibles de la personne que je lui ai indiquée, et en informera à temps la cour.

Il communiquera ce qu'il en aura eu aux ministres d'Espagne et de Suède, et ne citera ni à eux, ni même à Versailles[2], dans aucun cas, les noms des personnes qui lui auront donné ces informations. Il recueillera quelques bonnes et beaucoup de mauvaises nouvelles du ministre de Prusse et du résident de Hollande; il ne les payera qu'avec une confiance apparente, ainsi que celui d'Angleterre.

Il fera, avec l'attention requise et le secours des lumières des négociants, des observations sur les premiers effets que produira notre traité, relativement aux maisons de commerce et à la navigation.

Il entretiendra tous ceux qui sont attachés au comte de Ségur dans leurs sentiments pour lui, en les assurant de son amitié

---

1. *Kibitka*, voiture ou charrette de voyage.
2. Toujours par crainte du cabinet noir.

pour eux et en leur disant qu'il le charge dans toutes ses lettres de compliments et de souvenirs obligeants pour eux.

Il continuera des liaisons avec MM. Pallas[1], Épinus[2], de Balmaine[3], de Bekendorf[4], de Strogonof[5] et ne négligera aucune des personnes qui pourront lui être utiles pour la société et pour les affaires.

Il travaillera à tirer de tous les négociants ou même marchands françois ou étrangers, suivant le commerce différent qu'ils font, tous les matériaux nécessaires pour compléter le mémoire demandé par M. de Calonne[6], et se fera seconder dans cet ouvrage et éclairer par M. Foulon[7], essayera même en mon absence la rédaction de ce mémoire, où aucun détail doit n'être omis.

M. Belland évitera avec le plus grand soin de se laisser aller à aucun propos qui puisse, en critiquant les ministres, le pays ou les usages, aigrir une nation avec laquelle la nôtre commence à peine un rapprochement qu'il est désirable de rendre plus intime. Il évitera toute conversation avec qui que ce soit sur les détails de la négociation qui a pour objet le traité de commerce et paroîtra parfaitement ignorer les difficultés qui en ont allongé le cours et les moyens qui en ont amené la conclusion.

Il fera exactement par semaine une note pour la *Gazette de France*; il y fera entrer les nouvelles de commerce qu'il saura et les événements de cour ou de la ville qui seront publics, ainsi que l'extrait des nouvelles ukases intéressantes qui lui parviendront.

Fait à Pétersbourg, le 15 janvier 1787.

Signé : LE COMTE DE SÉGUR.

1. Peut-être Pierre-Simon Pallas (1741-1811), né et mort à Berlin, depuis 1768, membre de l'Académie des sciences de Pétersbourg et célèbre par ses voyages en Sibérie.
2. Franz Epinus, mathématicien de l'Académie des sciences, conseiller intime.
3. Le comte Antoine de Balmaine (1740-1790), d'origine française, lieutenant général, qui, en 1783, avait contribué, sous Potemkine, à apaiser les troubles de Crimée.
4. Il y avait alors deux généraux du nom de Benkendorf : l'un Jean Ivanovitch, qui avait été en 1762 commandant supérieur de Revell; l'autre Christophe Ivanovitch, dont la femme fut gouvernante des enfants de Paul Ier.
5. Sans doute le comte Alexandre Sergiévitch Strogonof (1738-1811), grand chambellan, membre du Conseil d'État, président de l'Académie des Beaux-Arts, père du ministre d'Alexandre Ier. Voyez ci-dessus, p. 355, note 2.
6. M. de Calonne, contrôleur général des finances de 1783 à 1787.
7. Foulon, alors conseiller d'État en France, puis contrôleur général, et égorgé au lendemain de la prise de la Bastille. Ségur et Belland étaient en correspondance avec lui pour les affaires de commerce.

Le voyage de l'Impératrice dans les pays du Midi dura du 17 janvier au 22 juillet 1787.

Ségur fut admis assez souvent dans la berline même de l'Impératrice et charma les longueurs du chemin par des jeux d'esprit, sur lesquels il s'étend complaisamment dans ses *Mémoires*.

A Kanéef, le roi de Pologne vient se joindre au cortège. A Kherson, ce fut l'Empereur Joseph II, gardant un incognito transparent sous le titre de comte de Falkenstein.

A Kief, où Ségur put présenter à l'Impératrice deux Français, deux de ses compagnons d'armes de la guerre d'Amérique, Alexandre de Lameth et Édouard Dillon, il reçut une lettre de Vergennes l'informant que Louis XVI s'était décidé à convoquer l'assemblée des Notables et le chargeant de communiquer cette nouvelle à l'Impératrice. Catherine en témoigna une vive satisfaction; elle parut en espérer l'affermissement de l'ordre et le rétablissement de nos finances : « Je ne saurais, dit-elle, donner trop d'éloges à un jeune Roi qui devient, dans le cœur des Français, le digne rival de Henri IV. » Tel était son langage officiel ; tout autre était celui qu'elle tenait à ses intimes. Nous l'avons vue sourire agréablement à Ségur ; elle rit amèrement avec son secrétaire Khrapovitski [1]. « C'est une entreprise qui ne réussit pas à tout le monde ; nous, nous avons pu convoquer une assemblée de notables [2]. »

Vergennes venait de mourir. Il fut remplacé, le 14 février 1787, par M. de Montmorin qui suivit une politique de faiblesse, d'hésitation et d'effacement [3]. Les instructions que M. de Ségur reçut du nouveau ministre, relativement aux affaires de Turquie, étaient d'ailleurs conformes à la conduite et au langage que l'ambassadeur avait déjà tenus [4].

Comme les Turcs s'agitaient, qu'une flotte ottomane avait paru dans le Liman près d'Otchakof, qu'on avait signalé la présence de plusieurs militaires français dans cette dernière ville, de nouveaux soupçons s'élevèrent dans l'entourage de Catherine sur l'attitude du gouvernement français et de son ambassadeur à Constantinople [5]. La vérité, c'est que ce voyage triomphal de Catherine, avec toute

---

1. Voyez le curieux *Journal de Khrapovitski*, secrétaire intime de Catherine II, 1782-1793, publié par M. Barsof, Pétersbourg. — A. Rambaud, article sur ce *Journal* dans la *Revue Bleue* du 16 octobre 1880.

2. Allusion à la grande assemblée pour la confection d'un code russe. Voyez ci-dessus, p. 281, note.

3. Sur Armand-Marc, comte de Montmorin Saint-Hérem (1745-1792), voyez Frédéric Masson, *le Département des Affaires étrangères pendant la Révolution*, pp. 55 et suiv. — Il démissionna le 20 novembre 1791 et périt, à l'Abbaye, dans les massacres du 2 septembre 1792.

4. *A. E. Russie*, t. CXX, fol. 166, du 22 mars 1787.

5. Le comte de Choiseul-Gouffier.

une armée, dans des provinces limitrophes de l'empire ottoman, le langage hautain tenu par son ministre Boulgalkof au Divan, les projets de partage qu'elle et Joseph II [1] avaient agités, inquiétaient et exaspéraient les Turcs. Tandis que la France s'étudiait à les calmer, les agents de l'Angleterre et de la Prusse les excitaient, ces deux puissances ayant intérêt à occuper Catherine pendant les affaires de Hollande [2], et le successeur de Frédéric II se proposant d'en profiter pour reprendre ses projets sur Dantzick.

Encore sous Frédéric II, la Prusse, inquiète du rapprochement entre Joseph II et la Tsarine, avait fait proposer à celle-ci, en septembre, un projet d'alliance entre la Russie, la Prusse et la Porte Ottomane. Cette proposition fut naturellement déclinée; et, dès lors, mais principalement sous Frédéric-Guillaume II, les chargés d'affaires prussiens à Constantinople reçurent des instructions hostiles à la Russie.

Catherine II était à peine rentrée à Tsarskoé-Sélo (22 juillet) que brusquement la situation devint critique en Orient. Les efforts de Ségur à Pétersbourg et de Choiseul-Gouffier à Constantinople furent inutiles. Le 26 juillet, la Porte adressa un ultimatum à la Russie : extradition du prince Mavrocordato [3]; révocation des consuls russes à Iassy, Bucarest et Alexandrie; établissement de consuls turcs dans tous les ports et villes commerçantes de Russie; abandon du protectorat sur la Géorgie; droit de visite sur les vaisseaux russes qui sortiraient de la mer Noire; commissaires ottomans en Crimée.

Le 13 août, Boulgakof était sommé de signer la restitution de la Crimée et l'annulation de toutes les conventions postérieures au traité de Kaïrnadji, et, sur son refus, envoyé aux Sept-Tours. Aussitôt après, l'armée turque entrait en campagne.

Dans de telles conditions, la guerre étant déclarée en Hollande et imminente en Orient, des intrigues dangereuses se manifestant en

---

1. Par le traité secret d'avril-mai 1781, qui sera suivi de ceux de 1789, 1792, 1794, 1795, entre Catherine et Joseph II ou les successeurs de celui-ci.

2. Le 10 novembre 1785, la France avait signé un traité d'alliance avec les Provinces-Unies. Quand la discorde éclata entre le stathouder Guillaume V, beau-frère du roi de Prusse Frédéric-Guillaume II, et le parti républicain, la France essaya d'imposer sa médiation, en accord apparent avec la Prusse. Le stathouder et sa femme, encouragés sous main par celle-ci et par l'Angleterre, résistèrent. Montmorin avait proposé de former un camp à Givet; Malesherbes s'y opposa; alors les maréchaux de Ségur et de Castries donnèrent leur démission. Devant cette inconcevable faiblesse du gouvernement français, nos rivaux crurent pouvoir tout oser. 24 000 Prussiens, sous le duc de Brunswick, envahirent la Hollande, dispersèrent les forces républicaines, rétablirent le stathouder dans La Haye, obligèrent Amsterdam à capituler (10 octobre 1787). Le traité du 15 janvier 1788, entre le stathouder, la Prusse et l'Angleterre, pour le maintien du nouvel ordre de choses, porta un coup mortel au prestige de la France. Joseph II s'écria : « La France vient de tomber, je doute qu'elle se relève. » — P. DE WITT, *Une invasion prussienne en Hollande*, Paris, 1887.

3. L'hospodar de Moldavie qui s'était réfugié en Russie.

Suède, à Dantzick, en Pologne, il semble singulier que Ségur ait pu songer à abandonner son poste, précisément en septembre 1787. Nous lisons dans ses *Mémoires* :

> Ne voyant aucune raison impérieuse qui exigeât la prolongation de mon séjour en Russie, je me décidai à profiter du congé qui m'avoit été accordé ; et l'arrivée à Pétersbourg de M. le chevalier de Sainte-Croix, que M. de Montmorin y envoyoit pour remplir en mon absence les fonctions de chargé d'affaires, me confirma dans cette résolution.
>
> En conséquence, je pris, le 5 septembre 1787, congé de l'Impératrice, et je laissai à M. de Sainte-Croix un mémoire instructif pour le mettre au fait de l'état précédent et actuel des affaires du Roi en Russie.

Le chevalier Louis-Claude Bigot de Sainte Croix[1] était né à Paris le 3 mai 1744. Il fut détaché de l'armée à la diplomatie avec le grade de capitaine de cavalerie. En 1769, il remplaça M. Sabatier de Cabre comme secrétaire de l'ambassade de Turin ; puis il y fut chargé d'affaires de 1769 à 1770. En février 1771, il reparut à Turin comme porteur des ratifications pour le contrat de mariage du comte de Provence, puis, en 1773, de nouveau comme chargé d'affaires. A Stockholm, il fut secrétaire, puis, de 1781 à 1782, chargé d'affaires ; enfin, en 1787, on l'avait envoyé à Pétersbourg en prévision du congé qu'on allait accorder à Ségur.

On avait d'abord demandé au chevalier de La Colinière, alors en France, s'il voulait retourner à Pétersbourg en qualité de chargé d'affaires ; sur son refus, c'est M. de Sainte-Croix qui fut désigné pour remplir ces fonctions. M. de Montmorin lui en donna avis ainsi qu'à M. de Ségur dans les lettres suivantes :

LE COMTE DE MONTMORIN AU CHEVALIER DE SAINTE-CROIX.

Versailles, 16 juillet 1787[2].

Le zèle avec lequel je sais que vous avez rempli les intentions du Roi, tant pour les objets politiques que pour ceux qui intéressoient les sujets de Sa Majesté, me persuade que vous continuerez dans votre nouvelle mission en Russie à vous en occuper sérieusement autant que vous croirez pouvoir le faire sans vous compromettre.

Le vicomte Belland, après le départ de M. le chevalier de la Colinière,

---

1. Voyez, sur Sainte-Croix, Frédéric Masson, *le Département des Affaires étrangères pendant la Révolution*, pp. 200 et suiv. — Après sa mission de Russie, pour laquelle il reçut une pension de 3 000 livres, Bigot de Sainte-Croix fut ministre, en 1791, auprès de l'électeur de Trèves. Le 1er août 1792, il fut appelé par le Roi au ministère des affaires étrangères. Il était partisan de la résistance à l'Assemblée et à la population de Paris. Il ne put empêcher la journée du 10 août 1792, qui mit fin à la royauté, et qu'il a racontée dans son *Histoire de la conspiration du 10 août* Londres. Émigré en Angleterre, il mourut à Londres le 25 août 1803.

1. *A. E. Russie*, t. CXXI, fol. 188.

a été chargé de suivre les affaires particulières recommandées successivement à M. le comte de Ségur. Il y en a beaucoup sur lesquelles on n'a pu encore obtenir satisfaction, par rapport aux différents prétextes dont les débiteurs couvrent leur mauvaise foi : ce dont vous serez instruit par l'état que le vicomte Belland vous en remettra.

---

LE COMTE DE MONTMORIN AU COMTE DE SÉGUR.

Versailles, 19 juillet 1787[1].

M. le chevalier de Sainte-Croix, qui aura l'honneur de vous remettre cette lettre, vous est du moins connu comme un ancien serviteur du Roi dans la carrière politique, qui s'est acquitté à la satisfaction de Sa Majesté des commissions dont il a été chargé. J'ai pensé que, le séjour qu'il a fait en Suède l'ayant mis à portée de s'occuper beaucoup de la Russie, il étoit plus propre que tout autre à suivre la correspondance de Pétersbourg pendant votre absence. Je vous prie de vouloir bien l'instruire de l'état actuel des affaires à cette cour et lui indiquer la manière dont il pourra le mieux se mettre à portée d'être instruit de tout ce qui intéressera le service du Roi. Quant aux agréments personnels, ils doivent dépendre beaucoup du plan de conduite que M. le chevalier de Sainte-Croix adoptera, et sans doute il aura soin de prendre vos conseils à cet égard et de vous prier de lui tracer la marche qu'il devra suivre pour être toujours dans la mesure convenable au pays.

Voici l'Instruction que M. de Ségur rédigea pour M. de Sainte-Croix :

MÉMOIRE POUR SERVIR D'INSTRUCTION A M. LE CHEVALIER DE SAINTE-CROIX, CHARGÉ DES AFFAIRES DU ROI EN RUSSIE. — 6 SEPTEMBRE 1787[2].

Le choix que le Roi a fait de M. le chevalier de Sainte-Croix pour lui confier ses intérêts et la conduite de ses affaires en Russie pendant l'absence du comte de Ségur épargne nécessairement à ce ministre la peine de laisser des instructions fort dé-

---

1. *A. E. Russie*, t. CXXI, fol. 175.
2. *A. E. Russie*, Supplément, t. XV (non folioté), pièce 81 ; et *A. E. Russie*, t. CXXII, fol. 25.

taillées. L'expérience et les succès connus de M. de Sainte-Croix, dans plusieurs missions précédentes, ne laissent aucun doute sur la sagesse et la mesure qui seront la base de ses succès dans celle-ci, et la lecture des dépêches qui lui sont laissées suffiroit à son esprit pour le mettre en un instant au fait de l'état des affaires en Russie, de l'espèce de révolution qui s'y est opérée en notre faveur, des obstacles qui s'opposent encore à un rapprochement plus intime et à une confiance mieux établie, enfin du système de notre cour relativement à celle de Pétersbourg, des liaisons qu'elle y désire, des avantages qu'elle en espère, des vues qu'elle y craint, des projets qu'elle y veut surveiller et, s'il se peut, même changer.

Aussi le comte de Ségur, en écrivant ce mémoire pour obéir aux ordres du Roi, ne fera qu'indiquer avec concision des idées qui seront sûrement saisies avec sagacité, et sait qu'à un œil pénétrant il ne faut présenter qu'un tableau rapide. La Russie, liée d'intérêts avec la France par leur position, lui étoit opposée par système depuis la mort de l'Impératrice Élisabeth. La dernière guerre que nous avions porté les Turcs à déclarer avoit été la base inébranlable de la gloire de Catherine II et de sa haine pour nous. Ses démarches en Pologne pour y couronner le comte Poniatowski et pour y détruire notre influence, ses prétentions en Angleterre pour la préséance avoient aigri contre elle la cour de France. Toutes les affaires se traitoient de part et d'autre avec hauteur; tous les rapports s'y rendoient avec amertume et partialité. Le partage de la Pologne, auquel on s'opposa foiblement et vainement, augmenta la mésintelligence. Dans ce temps, la séparation de nos systèmes étoit fortement et nettement prononcée, et les intérêts n'étoient ni mêlés ni compliqués comme ils le sont aujourd'hui. La Russie, alliée du roi de Prusse, se laissoit diriger par lui et abandonnoit à l'Angleterre le monopole de son commerce, qu'en vain nous avions voulu partager. Elle protégeoit le Danemark contre la Suède, où la révolution que nous avions favorisée[1] étoit encore un nouveau sujet de jalousie et d'inimitié. Notre alliance avec l'Empereur,

---

1. Celle que fit Gustave III en 1772. Voyez ci-dessus, p. 305.

notre amitié pour les Turcs et notre union avec la Suède nous plaçoient distinctement à la tête des puissances que Catherine regardoit comme ennemies de son Empire et comme les digues de son ambition. La guerre de Bavière s'éleva et parut changer pour un moment ce système politique, dont la durée sembloit devoir être plus longue. L'Impératrice, obligée d'envoyer une armée en Allemagne, dans le moment où elle étoit inquiétée par les Turcs, sentit que l'alliance avec la Prusse l'entraîneroit souvent dans de pareilles guerres, qui lui coûteroient des hommes et de l'argent, sans qu'elle en puisse retirer aucun fruit, aucune possession nouvelle ; et elle s'aperçut pour la première fois que la France pouvoit lui être utile, l'aider à conserver la paix en Allemagne et lui faire jouer en Europe le rôle honorable de médiatrice. La paix de Teschen et la convention qui se fit entre les Turcs et les Russes par notre médiation[1] excitèrent un moment sa reconnoissance ; mais ce changement de dispositions ne fut que précaire ; et l'ambition, réveillée par une circonstance imprévue, vint renverser ce que la raison et la saine politique commençoient à peine à établir.

L'Empereur, fortement frappé pendant la guerre de Bavière de l'avantage que donnoit à son ennemi l'alliance de la Russie, forma le projet d'enlever cette alliée au roi de Prusse et se flatta de pouvoir tenter Catherine II par des avantages que sa position le mettoit plus que tout autre souverain dans le cas de lui offrir. Il vint en Russie[2], flatta l'amour-propre de l'Impératrice, approuva les idées de conquêtes que ses victoires sur les Turcs lui avoient fait concevoir, parut regarder les mahométans comme des ennemis communs qu'il falloit de concert chasser en Asie et partit sans avoir conclu de traité formel, mais avec la certitude d'avoir achevé la révolution qu'il désiroit. En effet, le comte Panin, dont le système étoit prussien, perdit son crédit ; le prince Potemkin, homme d'une imagination ardente, d'un génie vaste, mais qui jusque-là n'avoit joui que d'une grande faveur, acquit bientôt un crédit sans bornes.

La Prusse, dont le traité n'étoit pas expiré, fut regardée

---

1. La convention d'Aïn-Aly-Qâvâq. Voyez ci-dessus, p. 341.
2. Voyez ci-dessus, pp. 414-415.

comme ennemie. On oublia les services que nous venions de rendre à la Russie à Teschen et à Constantinople et on ne nous envisagea plus que comme les appuis d'un empire[1] qu'on vouloit renverser. La guerre, s'allumant alors entre l'Angleterre et nous, nourrit toutes les espérances de Catherine II et aiguillonna son ambition[2]; des chimères mêmes lui parurent des réalités; elle crut enfin qu'elle pourroit donner l'empire des Grecs au jeune Constantin[3] et commença à faire les premiers pas qui devoient la conduire à l'exécution de ce grand projet. Les Tartares, autrefois maîtres de la Russie, la ravageoient sans cesse; et, depuis que la paix de Kainardgi les avoient rendus indépendants, leurs querelles intestines, fomentées par la Porte et la Russie, y établissoient entre ces deux puissances une rivalité d'influence constante et une petite guerre perpétuelle. Catherine II prit ces discussions pour prétexte; et, ayant rétabli Schain Gueray[4] sur le trône dont on l'avoit chassé, elle se fit faire par ce prince une donation forcée de ses États, et appuya par la force de ses armes et par une invasion prompte la foiblesse du titre qui lui donnoit cette possession. La Porte, indignée de cette usurpation, étoit prête à déclarer la guerre et n'avoit aucun des moyens nécessaires pour la faire avec succès.

1. L'empire ottoman.
2. La chronologie est ici bien mal observée, l'explosion de la guerre franco-britannique étant antérieure aux faits mentionnés ici.
3. Constantin fut, en effet, entouré de maîtres grecs. Voyez l'*Instruction* du 13 mars 1784 pour l'éducation des grands-ducs. BOGDANOVITCH, *Histoire d'Alexandre I*[er], t. Ier, pièces justificatives; et *Papiers de Catherine II, Soc. imp. d'hist. de Russie*, t. XXVII. Ce n'est pas sans raison qu'elle faisait savoir à son correspondant Grimm, afin qu'il les fît connaître au monde entier, les progrès du grand-duc Constantin en langue grecque. Lettre à Grimm, du 18 septembre 1790 (*Ibid.*, t. XXIII, p. 498):
« ... Le sieur Constantin est d'une vivacité qui tient de la pétulance; il a le cœur bon et beaucoup d'esprit. C'est un seigneur à bâtons rompus; il n'a pas autant de suite dans le caractère que son frère aîné, qui en a infiniment. Mais il fera parler de lui. Il parle quatre langues aussi, mais, au lieu que l'aîné parle l'anglais, celui-ci sait tous les dialectes de la langue grecque, et il dit à son frère : « Qu'est-ce que vos vilaines traductions françaises que vous lisez, mon frère? Moi je lis les originaux. » En voyant Plutarque dans ma chambre, il m'a dit: « Tel ou tel passage est bien mal traduit. Je le traduirai mieux et vous l'apporterai. » Et, à la lettre, il m'a apporté plusieurs passages qu'il a traduits à sa façon et qu'il a signé : « Traduit par Constantin. » J'aime singulièrement la conversation de Constantin. Il est fort militaire de son naturel, et son goût de préférence est la marine. Au commencement de cette guerre sur la mer Noire, un capitaine nommé Sacken, se voyant entouré de Turcs, fit voler en l'air son bâtiment. Ce Sacken est devenu son héros. Et en beaucoup d'occasions, j'ai vu que les actions héroïques lui inspirent une envie singulière d'en faire autant, et alors il s'exalte. En un mot, c'est un personnage réjouissant. »
4. Chahin-Ghiréi. Voyez ci-dessus, pp. 340 et 373.

L'Empereur faisoit marcher ses troupes pour seconder sa nouvelle alliée; l'empire ottoman, attaqué par deux grandes armées, alloit peut-être succomber. La France, par une heureuse paix[1], termina dans cet instant une guerre que l'Impératrice cherchoit à prolonger en détachant la Hollande de nous et en cherchant à lui faire faire son traité particulier avec l'Angleterre. Cette paix imprévue réprima l'ambition des deux cours impériales. La cour de Vienne surtout, qui n'avoit aucun véritable intérêt à placer une puissance européenne à Constantinople et qui croyait avoir assez acheté l'alliance de la Russie en lui donnant la Crimée, s'excusa à nos dépens et parut renoncer, au moins pour le moment, à tout projet de conquête sur les Turcs. L'Impératrice, obligée de s'arrêter, dissimula son dépit et voulut paroître n'avoir d'autre but que de jouir paisiblement d'une acquisition qui assuroit son repos. La cour de France alors, par ses bons offices, engagea la Porte à se désarmer et à céder paisiblement la Crimée à la Russie[2]. Mais ce service, loin d'exciter la reconnoissance des Russes, ne leur parut qu'une complaisance forcée; notre opposition fut autant haïe et moins respectée. La querelle de l'Escaut[3] ayant, sur ces entrefaites, amené des orages qui paroissoient devoir allumer en Europe une guerre générale, l'Impératrice se prépara à secourir son allié par ses armes, tandis qu'elle appuyoit par ses négociations les démarches qu'il faisoit près du duc de Deux-Ponts pour l'engager à l'échange de la Bavière[4]. Ce fut dans ces circonstances que le comte de Ségur arriva à Pétersbourg, et d'après ses instructions, comme on ne voyoit aucun espoir de rapprocher les deux cours et de faire disparoître les motifs de mécontentement réciproque, son poste paroissoit ne devoir être qu'un poste de surveillance et d'observation. Le

1. En 1783, les préliminaires de Paris (10 janvier) et le traité de Versailles (5 septembre), qui mirent fin à la guerre d'Amérique.
2. C'est la convention de Constantinople. Voyez ci-dessus, p. 375.
3. Entre Joseph II et les Hollandais. Voyez ci-dessus, p. 380, note 4.
4. C'est la seconde affaire de Bavière. En 1784, la Russie avait essayé de réconcilier le duc de Deux-Ponts avec l'Autriche, et la France réussit à empêcher cette intrigue. En 1785, le 23 février, la France signa un nouveau traité avec Charles-Auguste de Deux-Ponts; mais elle agit mollement dans l'affaire du projet d'échange, négocié entre Joseph II et l'électeur palatin, de la Bavière contre les Pays-Bas. La Prusse non seulement sut s'y opposer, mais entraîna le duc de Deux-Ponts dans le *Fürstenbund* (juillet 1785). A. Lebon, *Instructions*, etc., *Bavière*, etc., pp. 35, 573 et suiv.

hasard fit arriver ce qu'on n'imaginoit pas : des liaisons assez étroites avec le prince Potemkin, l'avantage d'approcher de la souveraine et d'être plus souvent avec ses ministres le mirent à portée d'expliquer avec franchise les sujets de plaintes de la France et ses véritables vues relativement à la conservation de l'empire ottoman. Il détruisit l'ancienne et injuste prévention qui portoit à croire que la cour de Versailles vouloit aiguillonner les Turcs, les rendre offensifs et formenter des troubles en Russie, et profiter de tous les moyens et de toutes les circonstances pour affoiblir sa puissance. Il s'aperçut aisément que l'Impératrice craignoit toute guerre en Allemagne; il fit sentir que c'étoit un intérêt commun qui devoit rapprocher les deux empires, et, profitant du mécontentement qu'avoit donné l'accession de l'Angleterre à la ligue des électeurs[1] et son refus d'accéder à la Neutralité armée, il entama la négociation d'un traité de commerce. Cette négociation, traversée par les intrigues angloises et portugoises, par quelques contestations au sujet de la réception des gabarres du Roi, par l'interception d'un émissaire françois en Perse[2] qui avoit formé un projet d'attaque combinée de la Perse et de la Turquie contre la Russie, fut au moment d'échouer par la querelle élevée entre les Turcs et les Russes au sujet du roi de Géorgie[3], vassal de l'Impératrice, dont la Porte prétendoit être suzeraine et dont elle faisoit attaquer les États par les Lesghis, soutenus par le pacha d'Achalzig. Le comte de Ségur amena la cour de Russie à demander dans cette occasion la médiation de la cour de France, et, cette médiation ayant réussi à rétablir le calme entre les deux empires, le traité fut conclu le 11 janvier 1787, au grand étonnement de l'Angleterre, qui ne put renouveler le sien.

A peine le traité étoit-il conclu que l'Impératrice partit pour Kiew et que l'on vit renaître toutes les inquiétudes que la cour de France, par sa médiation, avoit dissipées. De nouveaux griefs ayant donné lieu à de nouvelles plaintes, qui furent faites à la Porte avec hauteur et menaces et sans être communiquées à

1. Le *Fürstenbund*. Voyez ci-dessus, p. 404, note 3.
2. Le comte de Ferrières, allié aux La Rochefoucauld, passa en Perse en 1784. Dépêches de Vergennes à Ségur, 14 décembre 1785.
3. Héraclius.

notre ambassadeur, le prince Potemkin, ayant ramené une armée de 150 mille hommes sur les frontières, une artillerie formidable à Cherson, des bateaux de transports et une flotte redoutable à Sevastoplis[1], l'entrevue de l'Empereur[2] ajoutant encore plus d'importance à ces préparatifs menaçants, la Porte se crut attaquée et se mit en état de défense. M. de Choiseul[3], averti dès le mois de décembre par le comte de Ségur de tous ces mouvements, avoit fait mettre Oczakow à l'abri d'une surprise. Telles étaient les apparences effrayantes qui accompagnoient le voyage brillant de la cour de Russie. Cette cour, pressée de s'expliquer sur ces armements inquiétants et sur le renouvellement imprévu d'une querelle terminée sous la médiation du Roi, donna les réponses les plus rassurantes, désavoua la conduite de son ministre à Constantinople, expliqua ses sujets de plaintes et convint avec le ministre de France de se borner à des propositions justes et modérées, les communiqua à la cour de Versailles et redemanda sa médiation pour les faire accepter. La conduite de l'Empereur, qui avoit secondé les démarches pacifiques de la France, les troubles du Brabant[4], qui l'inquiétoient, et la disette qui faisoit souffrir les plus riches provinces de la Russie, n'avoient pas peu contribué à déterminer le ministère russe à adopter cette marche modérée que nous désirions lui voir suivre. Cette modération ne put pas, en effet, inspirer une longue confiance. L'Impératrice, échauffée par les conseils belliqueux du prince Potemkin et exaltée par le spectacle magique de ses nouvelles forces sur la mer Noire, ne s'étoit que trop montrée prête à s'en écarter pour peu

1. Sévastopol, fondé en 1786, comme port de guerre. Plus tard il reçut un développement important, grâce au marquis de Traversay, un Français entré au service de Russie vers 1790, et devenu général-major, puis contre-amiral. Traversay fut aussi un des fondateurs de Nikolaïef, de même que Langeron de Kherson et Richelieu d'Odessa. C'est par des Français surtout, parmi lesquels se rencontrera sous Alexandre Ier l'ingénieur Bazaine (père du trop célèbre maréchal), que se fonda la puissance de la Russie sur la mer Noire. L. PINGAUD, *les Français en Russie*, et A. RAMBAUD, *Le duc de Richelieu*, dans la *Revue des Deux-Mondes* de novembre 1887.
2. Avec Catherine II. Voyez ci-dessus, p. 414.
3. Choiseul-Gouffier.
4. Ils commencèrent pendant le voyage même de Joseph II dans le midi de la Russie. C'étaient les réformes inaugurées en 1781 qui les avaient provoqués. Le 17 avril 1787, les États de Brabant refusèrent des subsides. Joseph II fit marcher des troupes et accourut en personne (juillet 1787). Les troubles se renouvelèrent en 1789, s'étendirent à la plus grande partie de la Belgique, et le 7 janvier 1790 la République des Provinces-Unies Belgiques fut proclamée à Bruxelles.

que l'Empereur eût voulu la seconder ou que la France, cédant aux insinuations et aux offres séduisantes qu'on hasardoit de temps en temps, eût paru se désister de son opposition. Son but favori est toujours de porter la gloire de ses armes à Constantinople, et le but réel du prince Potemkin est d'acquérir la gloire qui manque seule à son bonheur, en faisant pour son pays la conquête d'Oczakow et d'Akermann; et nos efforts, en suspendant les coups, n'ont point encore fait renoncer au désir de les porter. Quoi qu'il en soit, pour le moment présent, tout pouvoit faire espérer un calme de quelque durée. La France approuvoit les propositions de la cour de Russie, et se chargeoit, de concert avec l'Empereur, de les faire agréer à la Porte. Ces propositions étoient précisément celles que M. de Choiseul croyoit, il y a quelques mois, faites pour être acceptées sans difficulté par les Turcs; et cependant, aujourd'hui c'est la Porte elle-même qui forme des prétentions inattendues, et que la Russie n'acceptera jamais; c'est elle qui menace et qui paroît prête à déclarer la guerre.

Il est à espérer que cette effervescence ne sera pas de longue durée, qu'elle s'évanouira sans effet comme elle s'est formée sans fondement, et que le ministère ottoman ne travaillera pas à sa propre ruine en se laissant aveugler par les conseils du ministre d'Angleterre, dont le seul but est, en attisant le feu, de faire perdre à la France ou les avantages de son commerce dans le Levant ou ceux qu'elle vient d'acquérir en Russie. Il paroît au reste que, la saison étant aussi avancée, les négociations, quelque tournure qu'elles prennent, dureront tout l'hiver; et, si la guerre se faisoit par la faute de la Porte et les Turcs étant agresseurs, M. de Sainte-Croix aura le temps de recevoir de nouvelles instructions pour ce cas qui ne pouvoit être prévu. Jusqu'à ce moment, son but doit être de maintenir la confiance établie nouvellement entre les deux cours; de montrer dans toutes les occasions le désir sincère qu'a le Roi de prouver à l'Impératrice son amitié en cherchant par sa médiation à faire redresser les griefs dont elle se plaint et à maintenir la paix entre elle et l'empire ottoman. Il doit faire sentir souvent combien cette paix est nécessaire à la prospérité des nouvelles acquisitions de la Russie; que sans elle le commerce de Cherson, dont les progrès l'enrichiront plus que des conquêtes, non seulement ne peut faire un pas, mais même peut tomber tout à fait. Il doit toujours conseiller la modération et assurer que nous appuierons des négociations amicales avec toute la chaleur de l'amitié. Mais, en même temps qu'il provoquera la confiance par toutes les démonstrations convenables à l'union qui existe entre les deux cours, il doit profiter de toutes les occasions pour détruire toute espérance de nous engager à abandonner l'empire ottoman, si on vouloit l'attaquer et le renverser ; et il fera bien de représenter souvent cet empire comme nul pour l'offensive par sa position actuelle, mais comme plus redoutable qu'on ne pense pour la défensive, depuis qu'on a concentré toutes ses forces en resserrant ses possessions. L'intention du Roi est, jusqu'à présent, d'être assez lié avec la Russie pour y balancer le commerce de l'Angleterre, pour être sûr de sa neutralité en cas de guerre avec les Anglois, pour être à portée de travailler de concert avec elle au maintien de la paix en Allemagne, si quelque orage en troubloit l'équilibre; mais il ne veut point sacrifier aux avantages de cette liaison ceux que l'amitié des Turcs lui assure pour le commerce du Levant; et c'est cette complication d'intérêts qui exige dans la conduite de la personne chargée des affaires de Sa Majesté en Russie d'autant plus de sagesse et d'adresse, de liant et de fermeté, qu'il faut qu'elle démontre continuellement de l'amitié sans foiblesse et de l'opposition sans aigreur, et que la France soit une amie utile aux intérêts de la Russie, tandis qu'elle reste la digue la plus ferme qui réprime son ambition. Comme cette complication d'intérêts porte l'Impératrice à nous traiter tantôt comme amis, quand elle consulte une saine politique, et tantôt comme ennemis, quand elle écoute son désir ardent de conquête et de gloire, le poste qu'occupe M. de Sainte-Croix exige une surveillance d'autant plus active que la confiance en nous n'est que momentanée et souvent suivie de la réserve la plus absolue. Il aura à se mettre en garde contre une quantité incroyable de fausses nouvelles qui se forment et se débitent et se reçoivent à Pétersbourg avec plus d'absurdité et de malignité que dans toute autre cour, et qui s'y répandent surtout avec dessein par beaucoup de gens intéressés à aigrir la

France contre la Russie et à s'opposer à leur rapprochement.

Sa conduite avec le grand-duc et la grande-duchesse doit être réglée par la circonspection la plus délicate. Le Roi veut que ce prince ne doute pas de son intérêt et de sa bienveillance ; mais, comme cette jeune cour est mal avec la grande, il doit éviter avec soin toute liaison marquée qui amèneroit l'aigreur ou la méfiance.

Les liaisons du chargé des affaires du Roi avec les membres du corps diplomatique sont actuellement suffisamment indiquées par la nature des affaires et des alliances existantes. Le ministre d'Espagne[1] a droit à sa confiance, mais lui sera peu utile. Celui de Naples sait plus de nouvelles, mais n'a plus d'affaires en Russie qui rendent sa liaison intéressante[2]. Le comte de Cobenzl, dont la conduite avoit déplu au Roi dans le temps du marquis de Vérac[3], paroît avoir changé de système. Il a rendu au comte de Ségur, pendant le cours de la négociation du traité de commerce, tous les services qu'il pouvoit en désirer, lui a toujours témoigné une confiance entière depuis la paix de son maître avec la Hollande et parfaitement secondé ses démarches pour éviter une rupture entre les Turcs et les Russes. Ce qui a été dit plus haut de la politique de la cour de Vienne, qui, en désirant qu'on abandonne des projets de conquête sur les Turcs, veut conserver le mérite de la bonne volonté et nous laisser le démérite de l'opposition, indique assez à M. de Sainte-Croix jusqu'à quel degré il peut porter sa confiance et de quelle réserve il la doit mêler. Nos liaisons avec la Suède exigent que le chargé d'affaires de France vive en bonne intelligence avec le ministre de Suède et lui communique les nouvelles qui peuvent intéresser sa cour. L'Impératrice, aigrie contre Gustave relativement à ses démarches

---

1. Pour la composition du personnel diplomatique à Pétersbourg, voyez ci-dessus, p. 411. Nous parlons plus loin, p. 489, des agents qui n'ont pas été mentionnés à cet endroit. — M. de Galvez, ministre d'Espagne, précédemment à Berlin, avait été nommé à Pétersbourg en juillet 1788. Catherine II le représente à Potemkine comme « un bon vieux bonhomme, *staritchek dobriakoï* ». *Soc. imp. d'hist. de Russie*, t. XXVII, p. 513.

2. C'est-à-dire depuis que le duc de Serra-Capriola avait conclu le traité d'amitié et de commerce entre la Russie et son maître le roi de Naples, en date de janvier 1787.

3. Voyez ci-dessus, p. 390.

pour l'affaire de Holstein¹, se borne à l'aigreur et ne forme contre la Suède aucun projet qui puisse l'alarmer. L'inconstance du roi de Suède, qui, par boutade, brave la Russie, la craint ou s'en rapproche, est trop connue à M. de Sainte-Croix pour lui indiquer la mesure de la confiance qu'il peut avoir au ministre de Suède. La conduite actuelle de cette puissance est celle que notre cour paroît désirer.

Les ministres ou chargés d'affaires d'Angleterre, de Prusse et de Danemark doivent être surveillés et sondés; mais leur opposition d'intérêt et le désir qu'ils auroient de voir l'aigreur renaître entre la France et la Russie doit empêcher de leur marquer aucune confiance.

Le ministre de Hollande, nul par lui-même², n'a nulle affaire et ne peut être d'aucune utilité, et la Russie paroît décidée à ne point se mêler des affaires de Hollande; si elles amenoient une guerre générale, elle suivroit le parti que prendroit l'Empereur.

Le Portugal, nul ici pour la politique, n'a d'autre but que de faire un traité de commerce dont la conclusion est suspendue par des demandes inacceptables qu'il a faites pour obtenir de nouveaux avantages sur les vins afin de balancer la consommation des nôtres. Les dispositions personnelles de son ministre doivent le faire ranger dans la classe des ministres anglois et prussiens³.

Il seroit désirable d'approfondir les liaisons de la république de Venise⁴ avec l'Impératrice; elles porteroient, étant bien connues, un nouveau jour sur les desseins secrets de l'Impératrice relativement à l'empire ottoman.

Le ministre de Sardaigne⁵ dans cette cour n'a aucune affaire; son seul but paroît être d'examiner avec attention si les desseins de la Russie n'amèneront point entre l'Empereur et le Roi quelque

1. Voyez ci-dessus, pp. 52, note 2, 264, note 2, 269, 271, 365.
2. Ségur, *Mémoires*, t. I, p. 351, dit du baron Wassenaer de Starenbourg : « Sa mission n'eut ni durée ni éclat, et finit par un mariage brusquement manqué, dont les circonstances furent passablement scandaleuses. »
3. Le ministre de Portugal était, en 1787, le chevalier François-Joseph d'Orta Machado, négociateur du commerce russo-portugais de décembre 1787.
4. Le ministre de Venise était, depuis 1782, le chevalier Giustiniani.
5. Le ministre de Sardaigne était le marquis de Parelo, qui occupa le poste de Pétersbourg de la fin de 1783 à 1789. N. Grigorovitch, *le Chancelier prince Bezborodko*, a donné d'assez nombreux extraits de sa correspondance.

froideur ou quelque mésintelligence qui puisse donner à la cour de Turin l'occasion de reprendre l'ancien rôle qu'elle jouoit en Europe.

Nous n'avons aucune relation avec le ministre de Pologne[1], abandonné depuis longtemps à l'influence de la Russie qui empêche seule ce malheureux pays d'armer l'ambition des cours de Vienne et de Berlin. Cependant, comme dans le cas de démarches hostiles contre les Turcs on est obligé de demander en Pologne des grains pour les magasins et d'y faire passer des troupes, il peut être utile d'être informé fidèlement de ce qui s'y passe.

M. le chevalier de Sainte-Croix verra dans la correspondance qu'il est chargé de négocier une convention pour régler les droits des consuls[2]. Il trouvera les esprits peu disposés à se concilier sur ce point avec notre système. Il traitera cette affaire avec le comte de Woronzow[3] et le comte Bedsborodko[4] et pour la forme avec le vice-chancelier[5] et fera bien de demander à la cour relativement à cette convention de nouveaux ordres et de nouvelles instructions.

Il cherchera tous les moyens que les circonstances lui fourniront pour entretenir quelques liaisons avec le prince Potemkin et le comte Bedsborodko, et trouvera sans doute important d'approfondir si la révolution favorable qui paroît s'être faite dans les dispositions de M. de Markow[6] à notre égard est apparente ou réelle. Un des objets principaux de sa mission est d'examiner tous les moyens, de multiplier ici nos relations de commerce, d'y encourager l'établissement de nouvelles maisons et d'avertir la cour de tout ce qui s'oppose aux suites heureuses que doit avoir un traité qui pourroit couvrir la mer Baltique de nos vaisseaux.

---

1. Le ministre de Pologne était Déboli ou de Boli, gentilhomme français, qui épousa la princesse Catherine Pétrovna Galitsyne. On voit par la correspondance de Bezborodko et Catherine II que ce ministre élevait cependant la voix pour se plaindre des excès des troupes russes restées en Pologne, et que la Tsarine ordonnait, en réponse, de se plaindre des *polissonneries* (*chalosti*) des Polonais. *Papiers de Catherine II* et N. GRIGOROVITCH, *Bezborodko*, t. I$^{er}$, p. 383, et t. II, p. 281.
2. Conformément aux articles 5 à 8 du traité de commerce franco-russe.
3. Voyez ci-dessous, p. 526, note 5.
4. Voyez ci-dessus, p. 390, note 2.
5. Ostermann. Voyez ci-dessus, p. 390.
6. Voyez ci-dessus, p. 410, note 3.

Les affaires particulières dont la cour le chargera et celles dont il trouvera les cartons des archives remplis sont un des devoirs de sa mission les plus difficiles à remplir. Nos démarches pour obtenir la liquidation de ces créances ne font qu'attirer des ennemis sans rien obtenir de la mauvaise foi des débiteurs et de la lenteur ou de la partialité des tribunaux. Il verra, en parcourant les liasses de ces différentes affaires, celles qu'on a terminées, celles qui laissent quelque espérance et celles qui doivent être abandonnées et en rendra compte à la cour. Depuis que le ministère de Versailles et celui de Pétersbourg s'entendent mieux, les affaires particulières se traitent, sinon avec beaucoup plus de succès, au moins avec plus de douceur et d'obligeance.

M. le chevalier de Sainte-Croix se conformera pour les dépenses extraordinaires de sa mission à l'instruction en finance ci-jointe qui a été donnée à Versailles au comte de Ségur et que ce ministre est chargé de lui remettre.

Fait à Saint-Pétersbourg le 6 septembre 1787.

Signé : LE COMTE DE SÉGUR.

Ségur était sur le point de monter en voiture pour quitter Pétersbourg, lorsque l'Impératrice le fit appeler, lui rendit compte de la situation à Constantinople. On ne savait cependant pas encore que Boulgakof eût été envoyé aux Sept-Tours. Elle combla Ségur de marques nouvelles de faveur, et, caressant en lui l'amour-propre d'auteur, fit jouer sa tragédie de *Coriolan* à l'Ermitage, lui prenant les mains, pendant la représentation, pour le forcer à s'applaudir lui-même, lui récitant une tirade de sa pièce qui semblait s'appliquer à la situation actuelle de la Russie :

> Une honteuse paix n'est qu'un affront sanglant
> Que le peuple vaincu supporte en frémissant;
> Elle aigrit son courroux; jamais il ne l'endure
> Que le temps qu'il lui faut pour guérir sa blessure.
> Il l'accepte par crainte, il la rompt sans remords,
> Et les dieux qu'il parjure approuvent ses efforts...

Ségur comprit qu'il fallait rester. Au sujet des affaires de Turquie, il reçut de Montmorin les lettres suivantes :

LE COMTE DE MONTMORIN AU COMTE DE SÉGUR.

Versailles, 7 septembre 1787[1].

Vous aurez vraisemblablement appris ce qui vient de se passer à Constantinople[2], et vous en aurez senti toutes les conséquences. Si j'étois assuré que cette nouvelle vous fût parvenue à Pétersbourg, je serois tranquille sur le parti que vous auriez pris dans une circonstance aussi importante, et je vous y adresserois directement ce courrier[2]. Mais, comme il est très probable que vous avez quitté votre résidence, je lui prescris de vous chercher sur la route en passant par Vienne et de vous remettre cette expédition partout où il pourra vous joindre.

Le Roi m'a ordonné de vous mander qu'en quelque endroit que ce courrier vous rencontrât, son intention est que vous repreniez sur-le-champ la route de Pétersbourg, d'où le bien de ses affaires ne permet plus que vous vous absentiez. Je suis bien persuadé de votre exactitude à vous conformer à cet ordre.

Aussitôt que vous aurez repris vos fonctions, vous vous empresserez de témoigner à l'Impératrice que le Roi a appris avec toute la peine possible la résolution de la Porte, dans un moment où Sa Majesté avoit lieu d'espérer que son ambassadeur, réuni à M. Bulgakow, parviendroit à faire disparoître bientôt tout sujet de division entre les deux empires. Vous ajouterez que, s'il a existé quelques moyens d'empêcher que la guerre n'éclatât, le Roi ne doute pas que M. le comte de Choiseul l'ait mis en usage et qu'il n'ait surtout persévéré à solliciter l'élargissement de M. Bulgakow.

Vous aurez soin de faire valoir autant que vous le pourrez tout ce qu'il a fait pour prévenir cet événement, ainsi que toutes ses démarches pour empêcher l'explosion qui, malheureusement, a fini par avoir lieu. Vous sentirez de vous-même que vous devez vous en tenir strictement à faire connoître à l'Impératrice la peine que le Roi ressent de cet événement, et que vous devez éviter tout propos qui pourroit donner l'idée que nous ayons le projet de soutenir ou d'abandonner les Turcs. Je ne pourrai vous faire connoître les intentions de Sa Majesté que lorsqu'elle m'aura donné ses ordres. Le parti à prendre dans cette circonstance mérite bien quelque délibération, surtout dans un moment où nous pouvions nous flatter d'avoir au moins éloigné l'époque qui exigeroit d'en prendre un.

En attendant, je vous prie de donner la plus sérieuse attention à la conduite que la cour de Londres va tenir vis-à-vis de celle de Russie. Vous verrez, dans les lettres dont je joins ici copie, que le ministre anglois à la Porte a eu beaucoup de part à la résolution de cette puissance[3].

Les arrangements entre l'Empereur et Catherine II seront plus difficiles

---

1. *A. E. Russie*, t. CXXII, fol. 15.
2. L'ultimatum de la Porte à la Russie, et l'arrestation de Boulgakof.
3. Les cabinets d'Angleterre et de Prusse croyaient devoir assurer le vice-chancelier Ostermann de la fausseté des bruits tendant à faire croire que les envoyés anglais et prussien à Constantinople, le chevalier Ainsly et Dietz, auraient contribué à allumer la guerre. GRIGOROVITCH, *Bezborodko*, t. I<sup>er</sup>, p. 195. Lord Caermarthen était alors secrétaire d'État des affaires étrangères de la Grande-Bretagne. L'internonce impérial à Constantinople était Herbert de Ratkel. Il était d'accord avec MM. de Choiseul-Gouffier et Boulgakof pour dénoncer les menées du chevalier Ainsly.

à pénétrer; mais je ne doute pas que vous n'employiez tous les moyens possibles pour en avoir connoissance.

Votre retour à Pétersbourg changeant la nature de la commission de M. le chevalier de Sainte-Croix, je m'en rapporte à ce que vous arrangerez avec lui, soit pour le retenir, soit pour le faire repasser en France.

J'ai l'honneur, etc.

---

LE COMTE DE MONTMORIN AU COMTE DE SÉGUR.

(Ostensible.)

Versailles, 2 octobre 1787[1].

Le Roi, voyant que la Porte, quoiqu'elle se fût déterminée à la guerre contre toute raison et malgré les efforts de M. le comte de Choiseul pour l'en détourner, laissoit encore à cet ambassadeur les moyens de se faire entendre, lui a ordonné de continuer à représenter le danger du parti que la Porte a pris et à chercher à ramener les ministres ottomans à des dispositions pacifiques, jusqu'à ce que Sa Majesté fût instruite de la façon de penser de l'Impératrice. Votre dernière expédition n'a laissé à Sa Majesté aucun doute sur les sentiments de cette princesse. Dès lors, Sa Majesté s'est vue avec plaisir en mesure de prescrire à M. le comte de Choiseul-Gouffier d'agir avec plus de force et de persévérance pour faire changer, s'il est possible, les dispositions de la Porte et l'engager à reprendre la négociation sur les bases qui vous ont été tracées. Je ne doute nullement du zèle avec lequel M. de Choiseul suivra cette importante affaire. Malheureusement, la distance des lieux peut faire craindre qu'il ne reçoive trop tard les nouveaux ordres de Sa Majesté. Mais quand les hostilités seroient commencées, on ne doit pas encore désespérer du succès des soins de cet ambassadeur.

Je ne puis trop vous dire combien le Roi a été touché des sentiments que l'Impératrice a manifestés dans la circonstance où elle devoit le moins s'attendre à l'agression des Turcs. Ils ont ajouté au désir que Sa Majesté a eu constamment de maintenir la paix et d'établir entre elle et l'Impératrice une confiance aussi solide qu'utile. Vous serez à portée de prouver aux ministres russes, par la communication des ordres que Sa Majesté a fait passer à M. le comte de Choiseul[2], qu'elle néglige rien pour rétablir

---

1. *A. E. Russie*, t. CXXII, fol. 125.
2. Voir, à propos de ces communications, ce que Ségur rapporte dans ses *Mémoires*, t. II, pp. 160 et suiv. Il avait reçu de Choiseul-Gouffier une très longue dépêche, rendant un compte détaillé de la conduite des ministres anglais et prussien à Constantinople et « des artifices employés par eux pour éloigner les Turcs de toute idée de trêve ou de paix ». Cette dépêche étant chiffrée, il prit sur lui d'en faire communiquer par le prince de Nassau-Siegen à l'Impératrice, dans une audience particulière qu'il lui demanda, l'original et le déchiffrement. La démarche était hasardeuse, car on s'exposait à livrer à Catherine le secret du chiffre. « Si cette princesse vous quitte et sort un moment de son cabinet, disait Ségur à Nassau-Siegen, je l'ai mal connue. Un secrétaire peut copier quelques lignes, la clef du chiffre est compromise, et je deviens coupable. » L'Impératrice lut, rendit immédiatement la dépêche et eut dès lors en Ségur une confiance absolue.

la négociation si imprudemment rompue par les Turcs. Je vous prie d'ajouter à cette communication les assurances les plus précises de l'attention avec laquelle nous suivrons ce plan jusqu'à ce qu'il soit absolument prouvé qu'il est inexécutable.

Il est difficile de trouver une circonstance plus propre que celle-ci à développer respectivement aux deux cours leur véritable façon de penser. Sa Majesté a donné une entière approbation à la conduite que vous avez tenue, tant en vous déterminant de vous-même à rester à Pétersbourg que dans la manière dont vous avez prévenu ses ordres en manifestant les intentions pacifiques de Sa Majesté. J'espère que vous trouverez toute créance lorsque la cour de Russie verra que non seulement les vœux de Sa Majesté sont pour la paix, mais qu'elle n'a pas perdu un moment pour empêcher, autant qu'il dépendoit d'elle, que la résolution des Turcs ne la rendît impossible.

---

LE COMTE DE MONTMORIN AU COMTE DE SÉGUR.

(*Confidentielle.*)

Versailles, 2 octobre 1787 [1].

La lettre qui précède celle-ci est ostensible. Elle a pour objet de prouver à l'Impératrice la satisfaction que le Roi a ressentie en apprenant qu'elle désiroit encore la paix et l'empressement de Sa Majesté à concourir à ses vues. Cette lettre ne renferme rien qui ne soit dans l'exacte vérité et vous pouvez sans crainte y ajouter l'assurance des soins que Sa Majesté va prendre pour procurer à l'Impératrice la satisfaction qu'elle est en droit de demander.

Je dois maintenant vous tracer, pour vous seul, une suite d'observations que les circonstances nous dictent et qui vous serviront de direction. Vous sentirez aisément combien elles sont délicates pour la plupart, et avec quelle prudence vous devez en faire usage dans les occasions fréquentes que vous allez avoir de traiter avec les ministres russes.

On est instruit sans doute à Pétersbourg de la conduite du roi de Prusse à notre égard; on y sait plus ou moins comment ce prince, mû par l'Angleterre, qui a tiré parti de son orgueil, s'est déterminé, contre ses promesses positives, à employer ses troupes au rétablissement du prince d'Orange et au renversement qui peut s'ensuivre de l'alliance que Sa Majesté avait formée avec les États-Généraux [2]. La part que les Anglois ont eue à cet événement, leurs armements pour appuyer une démarche dont ils ont espéré recueillir le fruit, la notification qu'ils nous ont faite qu'ils armoient par terre et par mer, tout nous annonce que cette nation veut regagner la Hollande et qu'elle dispose du roi de Prusse.

Les démarches du chevalier Ainslies à Constantinople, que les Anglois ont la mauvaise foi de dénier, semblent liées avec le projet de nous susciter une guerre, afin de nous empêcher de mettre obstacle aux projets des

---

1. *A E. Russie*, t. CXXII, fol. 127.
2. De Hollande.

deux cours impériales et de regagner au moins la cour de Russie en lui offrant des secours, ou simplement de priver les Turcs de tout appui de notre part.

Nous savons que les Anglois vont employer tous les moyens possibles à Pétersbourg pour se rapprocher de cette cour, et nous croyons très important pour le bien des affaires d'empêcher ce changement. Je ne puis trop vous exhorter à suivre leurs démarches et à les traverser. Il est encore possible que la guerre d'Orient ne devienne pas générale; si les Anglois s'allioient avec les Russes, on ne pourroit pas l'éviter. Vous connoissez d'ailleurs combien cette réunion pourroit influer sur notre commerce.

Les circonstances dans lesquelles nous nous trouvons en Europe et l'impossibilité où nous ont mis les Turcs de les soutenir, par la manière dont ils ont entamé la guerre, nous conseillent de ne pas rejeter l'idée d'un rapprochement avec les deux cours impériales, même aux dépens des Turcs si cela devenoit nécessaire. La conduite de ces derniers et la nécessité justifieroient notre abandon, et il seroit possible que nous obtinssions des équivalents qui nous consoleroient de l'augmentation de puissance qui en résulteroit pour les deux cours impériales [1]. Vous sentez qu'il importe que vous évitiez de vous expliquer sur ce point; mais vous pouvez écouter les propositions qui vous seront faites, et, en montrant le désir que le Roi a de s'unir intimement avec la Russie, laisser voir que vous êtes disposé à en rendre compte. Les motifs sur lesquels vous pouvez appuyer les senments du Roi à l'égard de cette puissance sont connus. Nous pouvons, par notre position respective, nous rendre des services, et nous sommes presque dans l'impossibilité de nous nuire [2].

Dans la supposition où nous aurions une guerre avec l'Angleterre, il seroit essentiel de savoir si la Russie, en vertu de l'alliance que nous contracterions avec elle, se porteroit à fermer ses ports aux Anglois. Cette idée ne doit être présentée qu'avec beaucoup de ménagement et comme vous appartenant uniquement.

Je pense que vous devez faire envisager toutes sortes de facilités pour établir l'union intime entre les deux cours et en montrer le désir de notre part, pourvu qu'on s'exprime avec la franchise que nous serions en droit d'attendre dans ce cas. Cette disposition, développée à propos, vous aidera à découvrir les vrais desseins de l'Impératrice sur l'empire ottoman dans le cas où on ne pourroit pas amener les Turcs à prendre les voies de conciliation qui leur sont encore offertes.

Si la guerre éclate décidément et si l'on nous demande si nous ne rappellerons pas nos officiers artilleurs, etc., qui sont maintenant en Turquie, vous répondrez que vous rendrez compte de cette question et que vous ne doutez pas que le Roi n'évite avec soin ce qui pourroit être désagréable à l'Impératrice. Mais vous ferez sentir les difficultés que nous aurons de retirer ces personnes d'entre les mains des Turcs et combien leur vie seroit compromise si l'on ne prenoit pas beaucoup de précautions à cet égard.

J'aurai soin de vous faire passer les instructions les plus précises, à mesure que les circonstances l'exigeront. Celles-ci suffisent pour vous mettre en état de montrer beaucoup de facilités à l'union des deux cours

---

1. On voit poindre ici la première idée de l'alliance entre les Bourbons et les deux cours impériales, idée qui va prendre un tel développement dans la correspondance de Ségur.

2. C'est un retour aux idées de Saint-Simon, en opposition absolue avec les vues qui avaient ensuite prévalu sous Louis XV.

et le désir que nous avons de la voir effectuer. Vous pouvez, en employant toute la discrétion possible, non aller directement au-devant des Russes, qui pourroient en abuser, mais vous montrer disposé à les écouter. Il est vraisemblable que le désir qu'ils doivent avoir de ne pas nous trouver dans leur chemin les engagera à venir au-devant de nous, pourvu qu'ils soient assurés de n'être pas rebutés de prime abord. D'ailleurs les progrès que vous pourriez voir faire aux Anglois devroient déterminer votre marche. Nous ne sommes point dans la nécessité de prendre dans ce moment un parti décisif sur les affaires de Turquie; mais il vous importe de pénétrer, avec tous les ménagements possibles, à quel point l'Impératrice seroit disposée à payer notre inaction et même notre concours, et, quoi qu'il arrive, de lui témoigner que nous désirons vivre dans la plus parfaite union avec elle.

Au moment où la guerre était le plus acharnée entre l'empire ottoman et les deux empires chrétiens, les diplomaties anglaise et prussienne préparaient à Catherine II une autre surprise : le roi de Suède, tout à coup, levait le masque.

Le 1ᵉʳ juillet 1788, Gustave III adressait son ultimatum à l'Impératrice : rappel et châtiment du comte de Razoumovski, envoyé de Russie en Suède; cession de la Finlande méridionale et de la Carélie; médiation de la Suède dans la guerre russo-turque, avec une clause préalable entraînant la restitution de la Crimée à la Porte; désarmement de la flotte russe de la Baltique.

Sans même attendre la réponse à cet ultimatum, Gustave III avait commencé les hostilités. Le 17 juillet, une bataille sanglante, indécise, s'engagea près de l'île de Hogland entre les flottes russe et suédoise. Les détonations de l'artillerie des deux escadres faisaient trembler les vitres du Palais d'Hiver.

Le bruit courut que l'Impératrice vouloit abandonner sa capitale pour Moscou. « L'avez-vous cru? » demanda-t-elle à Ségur, — « Madame, répondait le comte, les sources d'où vient ce bruit lui donnent un grand air de vraisemblance. Votre caractère seul me porte à douter » Catherine II resta et une conspiration découverte dans l'armée suédoise obligea Gustave III à regagner sa capitale.

Enfin c'est vers cette époque que se développa le fameux *plan Hertzberg*. D'après les conseils de ce ministre, Frédéric-Guillaume II travaillait à former une alliance avec la Porte; moyennant certains sacrifices de territoire faits par celle-ci à la Russie et à l'Autriche, la Russie pourroit rendre un fragment de la Finlande à la Suède, l'Autriche la majeure partie de la Galicie à la Pologne. En récompense, la Prusse recevrait de la Suède la Poméranie suédoise, de la Pologne Dantzick et Thorn. Frédéric-Guillaume devenait si insistant, si gênant, si inquiétant pour la politique de Catherine II que, de Berlin, Roumiantsof conseillait à sa cour d'envoyer quelques bâtiments de guerre russes sur les côtes de Prusse (juin 1788), et que la Tsarine commençait à faire des préparatifs militaires[1].

Dès le mois de septembre, M. de Montmorin avait essayé de faire accepter des deux parties belligérantes, Russie et Suède, la médiation du Roi. Voici, à ce sujet, ses instructions à M. de Ségur :

LE COMTE DE MONTMORIN AU COMTE DE SÉGUR. — VERSAILLES, 9 SEPTEMBRE 1788[2].

Si l'on doit s'attendre à être écouté lorsqu'on porte des paroles de paix, c'est certainement quand il est prouvé qu'on a fait tout son possible pour éloigner la guerre. Nous voici beaucoup plus tôt que nous ne pensions dans le cas de compter sur ce principe. On ne doute pas à Pétersbourg des soins que le Roi a pris pour détourner le roi de Suède d'attaquer la Russie ; néanmoins je ne crois pas inutile de vous mettre en état d'en convaincre l'Impératrice, en vous communiquant la dépêche à M. le chevalier de Gaussen[3] dans laquelle ce point est traité avec le plus d'étendue. Elle vous servira à entrer en matière pour faire des ouvertures de paix.

Lorsque cette expédition vous parviendra, vous saurez, selon toute apparence, mieux que nous les motifs qui ont pu déterminer les vœux du roi de Suède pour la paix. Gustave III n'a pas calculé la résistance qu'apporteroient à son projet ceux de ses sujets qui n'ont pas confiance en lui ou qui veulent que les lois du royaume soient rigoureusement observées. Il s'est douté de l'influence que M. le comte de Razoumowski avoit sur ce parti ; mais il a cru que l'enthousiasme qu'il avoit inspiré à la nation le réduiroit au silence. Nous sommes fondés à croire que ce prince s'est complètement trompé et qu'à peine a-t-il été à l'armée qu'une portion considérable d'officiers a refusé de le suivre ; que des corps entiers ont même demandé à retourner en Suède, et que, loin de

---

[1]. A. SOREL, *l'Europe et la Révolution française*, t. I, pp. 523 et suiv. — F. MARTENS, *Recueil des traités*, t. VI, *Allemagne*, t. II, p. 138 et suiv.
[2]. *A. E. Russie*, t. CXXVI, fol. 42.
[3]. Le chevalier de Gaussen resta chargé d'affaires en Suède pendant un congé de deux ans que prit le marquis de Pons, ambassadeur du Roi, c'est-à-dire du 29 août 1786 au 29 juillet 1788. A. GEFFROY, *Instructions, Suède*, p. 465.

pouvoir se flatter de calmer cette insurrection, il a tout lieu de craindre qu'elle ne s'étende et ne le mette entièrement à la merci des mécontents et des Russes qui les soutiendront. Cette perspective a dû non seulement modérer l'ambition du roi de Suède, mais le porter à tout sacrifier à sa sûreté. Il n'a pas fallu moins pour que ce prince s'exposât à toutes les suites désagréables qu'il doit attendre d'un changement subit de système après la manière dont il a entrepris la guerre. Quoi qu'il en soit, Gustave III a envoyé un courrier à son ambassadeur pour le charger de demander les bons offices du Roi auprès de l'Impératrice, dans la vue de l'engager à faire la paix avec la Suède. Gustave III se croit en mesure de demander que l'Impératrice lui cède le château de Nyslot et l'admette comme médiateur entre elle et les Turcs. Tel est le précis des propositions dont le roi de Suède désireroit que le Roi se chargeât auprès de l'Impératrice, sans toutefois articuler que nous sommes chargés de les offrir.

J'ai rendu compte au Roi de la demande du roi de Suède et de ce que j'ai pu tirer de M. de Stael[1] sur la position de son maître. Sa Majesté a bien senti que l'Impératrice, grièvement offensée, et assurée de l'impuissance où le roi de Suède étoit de lui nuire, ne seroit pas disposée à faire à ce prince la moindre cession, et que la manière même dont il avoit demandé la médiation, au moment d'attaquer, suffiroit pour que Catherine II ne consentît jamais à lui procurer cette satisfaction, même dans la supposition, peu vraisemblable, où elle y auroit été disposée auparavant. Mais Sa Majesté n'en a pas moins jugé convenable de faire en faveur d'un ancien allié[2] les démarches que la circonstance comporte. Vous n'avez pas besoin que je vous détaille les raisons qui engagent Sa Majesté à chercher à préserver le roi de Suède des malheurs auxquels il s'est exposé. Les torts qu'il a eus vis-à-vis du Roi[3] sont graves, mais ils ne peuvent pas anéantir l'intérêt que Sa Majesté prend à la Suède. L'intention de Sa

1. Le baron Éric-Magnus de Staël-Holstein, ambassadeur extraordinaire de Suède en France de 1783 à 1793. Il y épousa en 1786 la fille de Necker, Anne-Louise-Germaine, la célèbre M<sup>me</sup> de Staël. — Né en 1749, mort en 1802.
2. Aux traités précédents entre la France et la Suède s'étaient ajoutés la convention de Versailles du 1<sup>er</sup> juillet et le traité secret d'alliance et de subsides du 19 juillet 1784.
3. En cédant aux influences de la ligue anglo-prussienne.

Majesté est donc que vous fassiez connoître au ministère russe que les idées du roi de Suède sont entièrement changées, et qu'il est aujourd'hui aussi disposé à la paix qu'il paraissoit disposé à la guerre. Il est difficile qu'on ne soit pas très instruit à Pétersbourg des causes qui ont amené ce changement. Dans ce cas, vous ne chercherez pas à démentir des faits dont on pourroit vous donner la preuve[1]; mais vous éviterez d'être forcé d'en convenir, et vous ferez votre possible pour attribuer au moins en partie aux conseils du Roi la révolution qui s'est opérée dans la résolution de Gustave III. Il ne sauroit être question de faire agréer les propositions que ce prince nous a suggérées; je pense même qu'il seroit imprudent de les énoncer. Vous vous bornerez donc à exposer aux ministres de l'Impératrice les dispositions pacifiques dans lesquelles nous savons le roi de Suède, et vous tâcherez de connoître à quelles conditions on consentiroit au rétablissement de la paix. Il me semble qu'il ne doit pas être difficile de déterminer Catherine II à n'exiger aucune cession de la part de la Suède. Les frontières des Russes sont fixées de manière qu'il ne leur reste rien à désirer à cet égard. Quelques lieues d'un pays stérile et ingrat que pourroit acquérir l'Impératrice n'ajouteroient rien à sa puissance ni à sa sûreté, et il en résulteroit d'ailleurs un inconvénient qu'elle cherchera sûrement à éviter, celui d'indisposer la nation suédoise, que Catherine II paroît vouloir se concilier. Je crois donc que vous n'aurez plus de peine à éloigner cette idée. Mais il en est une autre que je crains beaucoup que vous n'ayez infiniment plus de peine à combattre : je veux parler du projet qu'aura très vraisemblablement l'Impératrice d'exiger pour sûreté de la paix la garantie de la nation suédoise[2]. Je reviendrai sur cet objet dans le cours de cette dépêche.

1. La preuve du complot dans l'armée suédoise était pour le ministère russe bien facile à administrer : le 9 juillet, les officiers de l'armée de Gustave III s'étaient réunis pour écrire à l'Impératrice, lui disant qu'ils étaient citoyens aussi bien que soldats, que la nation suédoise désirait la paix avec la Russie, et demandant à la Tsarine si elle était disposée à traiter avec les États du royaume quand ils auraient été rétablis à Stockholm. Catherine leur fit une réponse favorable. Sans même l'attendre, ces officiers, réunis au camp d'Anjala, avaient adressé un manifeste à l'armée suédoise. Puis ils avaient conclu une trêve avec l'Impératrice et fait évacuer par leurs régiments le territoire russe.
2. C'eût été l'intervention des États, rétablis dans leurs anciennes attributions,

Comme vous ne vous présenterez qu'à titre de porteur de paroles de paix, et uniquement de la part de Sa Majesté, il n'y a nul inconvénient que vous écoutiez l'explosion des reproches, des sarcasmes même contre le roi de Suède. Mais vous vous attacherez à obtenir une réponse, et vous mettrez tous vos soins à ce qu'elle soit convenable, non seulement à la dignité de l'Impératrice, mais même à celle du roi de Suède, qui, malgré ses torts, mérite toujours des égards.

Votre attention devra se porter à faire sentir aux ministres russes que, si le roi de Suède est embarrassé, il n'est pas vaincu; qu'il ne faudroit qu'un succès pour réduire au silence le parti qui s'oppose aujourd'hui à ses desseins. Vous leur ferez sentir aussi qu'aux termes où le Roi en est avec leur souveraine, Sa Majesté a lieu d'espérer que l'Impératrice n'appesantira pas sa vengeance sur un prince ami de la France, qui, s'il est démontré qu'il ne peut pas nuire seul à la Russie, peut lui être utile en certaines circonstances. Vous appuierez sur ce qu'en réduisant Gustave III au désespoir on risqueroit de le jeter entièrement dans les bras de l'Angleterre. Vous ajouterez, comme un fait dont nous avons la preuve, que le roi de Prusse a déclaré qu'il désapprouvoit la conduite du roi de Suède, qu'il ne le soutiendroit pas, mais qu'il ne souffriroit pas qu'il fût écrasé. Enfin, vous prendrez dans l'état des choses en Russie et dans les événements récents tout ce qui pourra vous servir pour amener le ministère russe à des dispositions pacifiques et pour en obtenir quelque réponse qui donne jour à une négociation sur des bases supportables.

Tout me persuade que le roi de Suède ne s'est déterminé à faire auprès du Roi une démarche qui devient un aveu formel de son impuissance qu'après avoir reconnu qu'il lui est impossible de continuer son entreprise. Néanmoins vous pouvez représenter que son armée est encore intacte, qu'aucun échec marqué n'a dû la décourager. Il est encore possible que la plus grande partie de la nation sente que l'humiliation de son roi rejailliroit sur elle.

On peut considérer d'ailleurs qu'en ne profitant pas du mo-

---

c'est-à-dire la restauration de cette constitution anarchique que, pour le salut de la Suède, Gustave III avait abolie par le coup d'État de 1772. Voyez ci-dessus, p. 305.

ment pour faire une paix glorieuse, l'Impératrice se conserve un ennemi dont quelques circonstances peuvent accroître la force. Nous avons lieu de croire que le siège d'Oczakow est moins avancé que le premier jour. On sait le capitan-pacha dans cette place; on prétend qu'il a fait beaucoup de mal à la flotte russe; Choczim n'est pas pris. Toutes les nouvelles que nous recevons de Constantinople s'accordent à dire qu'il sera impossible de déterminer les Turcs à la paix avant d'avoir obtenu sur eux des avantages considérables, et surtout sans s'être mis en possession des objets qu'on se propose d'acquérir. La guerre peut donc durer au delà de la campagne. Dans ces circonstances, l'Impératrice ne trouve-t-elle pas un avantage inappréciable à s'assurer la tranquillité la plus parfaite du côté du Nord? Le sacrifiera-t-elle à un désir de vengeance qui, s'il n'étoit pas rempli, feroit beaucoup de tort à sa gloire?

Telles sont les raisons dont vous pouvez tirer parti pour exécuter les ordres du Roi; mais il est un point qui pourra mettre de plus grands obstacles à la paix et dont je vous ai déjà dit un mot plus haut.

L'Impératrice de Russie, attaquée par le roi de Suède sans lui en avoir donné aucun motif, voudra sans doute lier les mains de ce prince de manière à n'en avoir plus rien de semblable à redouter. Nous ne pouvons nier que Catherine II ne soit fondée à prendre toutes les mesures qui pourront la conduire à ce but, et il n'est que trop vraisemblable qu'elle trouvera de grandes facilités pour y parvenir. Si elle exige que la paix à laquelle elle consentira soit garantie par la nation suédoise, il faudra assembler les États; le parti des mécontents, encouragé et soutenu par la Russie, y pourra devenir dominant; celui du roi aura le dessous; il est à craindre que la constitution de l'État ne soit changée et que les effets de la dernière révolution[1], que la France peut en quelque façon regarder comme son ouvrage, ne soient entièrement anéantis. Le Roi verroit cet événement avec une peine sensible. Quelque sujet qu'il ait de se plaindre de la conduite du roi de Suède, il ne peut cesser de s'intéresser à lui, et une semblable

---

1. Celle de 1772.

révolution seroit pour ce prince le comble de l'humiliation. J'ajouterai que, tout intérêt pour Gustave III à part, le Roi ne pourroit être indifférent au renversement d'un ouvrage dont la France s'est si longtemps et si constamment occupée. Il résulteroit d'ailleurs de tout ceci de nouveaux troubles en Suède, dans lesquels la Russie joueroit nécessairement un rôle, et nous nous trouverions peut-être forcés d'en adopter un opposé. Pourquoi, dans le moment où nous voulons de bonne foi nous rapprocher et même nous unir intimement, ne chercherions-nous pas à écarter dès le principe cette cause de désunion? Je sens qu'avec une tête comme celle de Gustave III et un caractère tel que celui qu'il vient de développer, l'Impératrice doit chercher des sûretés qui la garantissent des agressions folles et injustes de la Suède. Mais ces sûretés, ne les trouvera-t-elle pas dans la garantie du Roi, qui seroit stipulée de la manière qu'elle pourroit le désirer? Le Roi se prêteroit à cet égard à tout ce qui pourroit lui convenir; on considéreroit même cette garantie comme un lien de plus qui uniroit les deux puissances. Enfin Sa Majesté seroit entièrement sensible à ce procédé de l'Impératrice, et le regarderoit comme une preuve de sa confiance et de son amitié. Quelle que soit la distance qui nous sépare de la Suède, on ne peut ignorer à Pétersbourg que nous avons des moyens d'y avoir de l'influence, et surtout sur le roi qui la gouverne. Je crois que le genre de sûreté que nous pourrions procurer à l'Impératrice doit lui paraître préférable à celui qu'elle obtiendroit d'un parti dans la Suède même, qu'elle seroit obligée de soudoyer continuellement et qui finiroit peut-être par succomber, comme nous l'avons vu en 1771[1].

Le Roi m'a ordonné de recommander cette affaire à votre zèle et à votre adresse, et Sa Majesté vous saura un gré particulier de ce que vous pourrez obtenir de l'Impératrice, soit pour le rétablissement de la paix, soit pour que la constitution de la Suède n'éprouve aucun changement. Je sens combien cette tâche est difficile à remplir; mais j'espère qu'elle ne vous sera pas impossible. Vous voudrez bien au surplus vous rappeler que le roi de

---

1. Ou plutôt en 1772. — Sur les événements de 1771, voyez A. Geffroy, *Gustave III et la cour de France*, t. I, pp. 127 et suiv.

Suède s'est borné à nous faire connoître sa situation, ainsi que son désir de la paix, mais ne nous a chargés d'aucune proposition. C'est d'après cela que vous voudrez bien diriger votre langage.

On sait comment Gustave III, attaqué en Norvège par les Danois, les contraignit à évacuer ses États. L'intervention de la France, d'une part, celle de l'Angleterre et de la Prusse, de l'autre, qui n'entendaient pas que leur allié fût écrasé et qui firent des démonstrations menaçantes pour le Danemark, amenèrent un ralentissement dans les opérations. Gustave III en profita pour opérer un nouveau coup d'État, le 17 février 1789, qui affaiblit encore l'autorité de la noblesse et de la diète et ajouta une nouvelle force à l'autorité royale. Il put alors reprendre, dans de meilleures conditions, toujours de concert avec les Turcs, la guerre contre la Tsarine.

En attendant les résultats de la médiation française en vue d'une paix définitive avec la Suède, Catherine II n'en avait pas moins deux guerres très lourdes sur les bras. D'ailleurs, elle avait espéré mieux qu'une médiation. Dès novembre 1787, Bezborodko avait sondé le comte de Ségur sur la possibilité de conclure une Triple Alliance — France, Autriche, Russie — contre la Turquie[1]. En présence de dangers plus pressants, les ministres russes proposèrent instamment à Ségur la formation d'une Quadruple Alliance — entre les mêmes puissances, plus l'Espagne — d'abord contre la Turquie et la Suède, les États agresseurs, puis contre l'Angleterre et la Prusse, dont les ambitions partout, en Hollande, en Suède, en Pologne, en Orient, troublaient la paix de l'Europe.

L'idée de Catherine était alors d'entraîner la France, à la suite de la Russie, dans quelque grande guerre.

On le voit dans ses confidences à Khrapovitski à propos des affaires de la France. « Il faut qu'elle s'engage dans une guerre pour éluder la promesse de convoquer les États généraux » (9 janvier 1788). Et à Ségur : « Je vous avertis que les Anglais veulent se venger de leurs revers en Amérique ; s'ils vous attaquaient, cette nouvelle guerre vous rendrait service, en attirant au dehors le feu qui vous tourmente. »

C'était mal connaître la situation intérieure de la France à cette époque, et le désarroi où la convocation des Notables et la nécessité évidente de convoquer les États généraux avaient jeté le gouvernement royal. Pourtant Ségur appuyait énergiquement les propositions d'alliance auprès de Montmorin. Il dit dans ses *Mémoires*[2] :

---

1. *A. E. Russie*, t. CXXII, fol. 225. Lettre de Ségur du 12 novembre 1787.
2. *Mémoires*, t. II, p. 154.

La prolongation de cette guerre convenoit parfaitement aux vues des Anglo-Prussiens; la paix étoit cependant dans leur langage, mais l'ambition dictoit leurs plans. Ils offroient partout leur médiation, et souffloient partout la discorde. Après l'avoir excitée en Hollande, à la Porte et en Suède, ils agitoient alors la Pologne, et le roi de Prusse ne négligeoit aucun moyen de s'assurer de la possession prochaine de Dantzig.

La Quadruple Alliance auroit pu seule contrarier leurs desseins : aussi, menaces, offres insidieuses, bruits semés avec art, tout étoit employé par eux pour empêcher la conclusion de ce pacte qui les auroit déconcertés.

C'est ce que je m'efforçai vainement de faire comprendre à notre ministère, par une dépêche que j'envoyai à Versailles le 19 septembre [1788].

Voici le texte de cette dépêche, dont les *Mémoires* ne donnent qu'une analyse ou une paraphrase :

LE COMTE DE SÉGUR AU COMTE DE MONTMORIN.

Petersbourg, 19 septembre 1788 [1].

Quelques jours après l'arrivée du dernier courrier du prince Potemkin, on a su qu'il y avoit eu près d'Oczakow une action assez vive [2]; mais on a dissimulé avec soin les détails et il n'en a point été fait mention dans la *Gazette*, où la cour fait publier tous les événements qui sont à son avantage. Le prince de Ligne [3] n'a écrit ni à l'ambassadeur ni à moi, et je n'ai reçu aucune lettre des personnes qui auroient pu me donner des nouvelles. Tout ce que j'ai pu me faire dire est que 5000 Turcs, ayant fait une sortie, ont dirigé leur attaque sur la dernière et la plus forte batterie que venoient de construire les Russes, qu'ils se sont retirés ayant perdu beaucoup de monde, mais que la perte des Russes n'a pas été moins considérable, que leur batterie a été renversée, que plusieurs canons ont été encloués et que le général Kutuzow [4] a été assez grièvement blessé. Je vois avec peine le peu de progrès de ce siège. Tant que Oczakow ne sera pas pris, il ne sera pas possible à M. le comte de Choiseul de porter le ministère ottoman à demander la paix et de combattre les funestes intrigues des Prussiens et des Anglois, qui ne cesseront d'exciter la Porte à continuer la guerre.

1. *A. E. Russie*, t. CXXVI, fol. 96.
2. Pendant que les Autrichiens, commandés par l'Empereur en personne, étaient battus sur le Danube, Souvorof avait défendu Kinburn contre les Ottomans; Roumiantsof avait pris Khotim; Potemkine avait mis le siège devant Otchakof.
3. Charles-Joseph prince de Ligne (1755-1814), l'ami et le correspondant de M. de Ségur. Il avait accompagné avec lui l'Impératrice dans le fameux voyage du Midi. Il avait été envoyé par Joseph II, comme général d'artillerie, pour aider Potemkine à prendre Otchakof. Ses lettres datées du camp d'Otchakof ont été publiées par Barrière à la suite des *Mémoires* de M. de Ségur. Voyez le comte de Thürheim, *Feldmarshall Karl-Joseph, Fürst de Ligne, eine Lebensskizze*, Vienne, 1877.
4. Michel Ilarionovitch Golénichtchef-Koutouzof (1745-1813) est le futur feldmaréchal et prince Smolenski, le héros des guerres franco-russes de 1805 à 1807, de la guerre d'Alexandre Ier contre les Turcs, de la bataille de la Moskova et de la retraite de Russie. — C'était un courtisan très habile, dont Rostoptchine, dans sa correspondance, flétrit les plates complaisances pour les derniers favoris de Catherine, notamment Platon Zoubof. Voyez *Archives Voronzof*, t. VIII.

Les manœuvres de ces deux cours dévoilent bien évidemment leur système : la paix est dans leur bouche, l'ambition dans leur âme, la guerre dans leur cœur. Elles offrent partout leur médiation et soufflent partout la discorde, espérant que la continuation du désordre général favorisera leurs vues particulières. L'Angleterre en a déjà retiré le fruit en Hollande et en Suède. Elle espère à présent payer la Prusse de ses services et profiter ou de l'embarras des deux cours impériales, si la guerre continue, ou du moment où elles voudront la paix, pour faire réussir les desseins du roi de Prusse sur Dantzig. Elles espèrent de plus établir leur influence à Constantinople et à Pétersbourg à l'exclusion de la nôtre, en rendant leur médiation nécessaire et en forçant les deux cours impériales à l'accepter. Tel est le motif de toutes leurs démarches, tel est le but du dernier traité qu'elles ont signé dernièrement [1]. Ce n'est plus un mystère, et les yeux les plus mal clairvoyants en sont frappés. Ces deux cours ambitieuses ne voient qu'un obstacle à l'exécution de leur vaste plan : c'est le traité d'alliance que je négocie. Elles ont frémi dès qu'elles en ont su les premières nouvelles; elles ont tout tenté, menaces insidieuses, bruits semés avec art, tout enfin, pour s'y opposer. Tant que cette alliance n'est pas conclue, elles conserveront quelque espérance de voir réussir leur projet, d'assurer leur influence et d'obtenir la médiation de la paix ou de nous isoler en aigrissant contre nous l'Empereur et l'Impératrice. Elles croient obtenir pour la Prusse Dantzig, soit par une guerre dont nous ne nous mêlerions pas, soit par un nouveau partage de la Pologne, auquel elles amèneroient les deux cours impériales plus facilement qu'on ne croit [2] si nous renonçons à leur alliance. Mais, si cette alliance, que l'Angleterre et la Prusse redoutent si fort, avoit lieu, toutes leurs intrigues seroient renversées. Elles n'oseroient rien tenter en Pologne, de crainte d'une guerre dans laquelle elles auroient à combattre les quatre plus grandes puissances de l'Europe. Leur médiation, que j'ai déjà fait refuser, le seroit constamment et sans aucun espoir. Notre influence seroit rétablie à Constantinople et à Stockholm par une paix que nous pourrions seuls procurer aux Turcs et aux Suédois, et l'Angleterre, privée avec certitude de tout secours utile de la Prusse par le resserrement de nos liens avec l'Empereur, seroit plus que jamais éloignée de nous attaquer. Il est évident que notre intérêt actuel est d'éviter la guerre ; il ne me paroît pas moins évident que le seul moyen sûr de l'éviter est de conclure promptement l'alliance en question ; et, si vous me permettez de le dire, d'accepter et de demander même ce que nous refusons. Car si nous refusons de nous opposer à l'agrandissement en Pologne de l'allié de l'Angleterre, cet agrandissement aura lieu ou par une guerre dans laquelle nous serons entraînés malgré nous, ou par un nouveau partage de la Pologne, bien contraire à notre considération et à nos intérêts. Si, au contraire, nous nous unissons aux deux cours impériales avec l'Espagne pour maintenir les possessions polonoises actuelles contre l'allié de l'Angleterre, ce qui est en effet non pas une charge sans compensation, mais un objet d'un intérêt commun, le roi de Prusse, effrayé par la masse formidable de cette opposition,

---

1. Le traité d'alliance entre l'Angleterre et la Prusse fut signé à Berlin le 13 août 1788. — L'Angleterre avait conclu un traité semblable avec la Hollande à Loo, le 13 juin, Sur la politique de l'Angleterre et de la Prusse à cette époque, voyez Sybel, *Hist. de l'Europe pendant la Révolution française*, t. I$^{er}$, livre II; Haüsser, *Deutsche Geschichte*, pp. 193 et suiv.; Stanhope, *Life of William Pitt*, t. I, pp. 297 et suiv.; A. Sorel, *l'Europe et la Révolution française*, t. I, pp. 360 et suiv.

2. Ces prévisions ne se réalisèrent que trop bien en 1793 et 1795.

qui dans le fait ne garantira que ce qu'il a garanti lui-même, sera forcé à l'inaction, au repos, et la paix ne sera pas troublée. Ne vous paroît-il pas certain que la France, l'Espagne, l'Empereur, la Russie, réunis dans des vues pacifiques et défensives, doivent enchaîner par leur poids le reste de l'Europe et que la guerre ne pourra plus avoir lieu qu'elles ne la veuillent? Il est donc très désirable que cette alliance se conclue promptement. Mais vous voudriez en la concluant obtenir les secours de la Russie contre l'Angleterre. C'est un grand avantage, et je serois trop heureux de pouvoir contribuer à l'assurer au Roi; mais je connois Catherine II et sa politique, et si nous l'amenons jamais à ce point si contraire à son système, ce ne pourra être que par degrés et après que notre union consolidée aura établi une communauté d'intérêts qui nous donnera de nouveaux moyens de persuader. L'Impératrice désire notre neutralité entre elle et les Turcs, si elle est attaquée par eux; elle ne souhaite ni ne demande notre secours contre la Porte. Elle veut aussi nous assurer sa neutralité entre nous et les Anglois, mais ne veut pas nous secourir contre eux, parce qu'une pareille guerre nuiroit trop à son commerce immense et lucratif avec l'Angleterre et ne lui offriroit aucune acquisition. Dans le temps où sa haine contre les François étoit la plus forte, elle a toujours refusé aux Anglois de leur donner des secours contre nous. L'année dernière encore, lorsque nos ingénieurs et nos vaisseaux sont arrivés à Oczakow[1], dans le temps où M. de Laffitte[2] étoit à Cherson, M. Fitz-Herbert a offert inutilement de signer le traité de commerce et de reconnoître la Neutralité armée si l'Impératrice vouloit signer le traité d'alliance défensive qu'il lui proposoit. Cependant cette princesse en étoit tentée. Elle l'avoit encore été davantage lorsque Harris[3] lui avoit fait la même proposition pendant notre dernière guerre. Notre alliance nous garantiroit à l'avenir de semblable crainte. Mais le grand avantage de cette alliance, qui assure notre neutralité réciproque en cas d'agression des Turcs ou des Anglois, c'est de rendre la Prusse un allié inutile à l'Angleterre, en nous opposant à toutes ses vues d'agrandissement et en le condamnant au repos, ainsi que la Hollande dont les troupes sont devenues prussiennes et angloises.

Vous voyez que je suis convaincu que nous ne pourrons jamais amener les deux cours impériales à traiter sans la garantie des possessions polonoises contre la Prusse et à regarder comme une charge pour nous ce qui leur paroît un objet d'intérêt qui nous est également commun; mais cette conviction n'affoiblira aucune de mes démarches, et je vous prie d'être bien persuadé que j'emploierai toute l'adresse et tous les moyens qui dépendront de moi, jusqu'à ce que je reçoive de nouveaux ordres de vous pour ramener cette cour à votre avis. Je me suis bien pénétré de vos instructions: je ne parle et je ne parlerai que dans leur sens, et rien n'égaleroit ma satisfaction si l'événement trompe mon attente, et si je parviens à faire adopter le plan que vous avez tracé; mais j'ai dû vous prévenir que je le croyois impossible et les réponses que vous recevrez de Vienne ne confirmeront que trop mon opinion.

On vient enfin de me confier le vrai de l'état réel de la négociation en-

---

1. Voyez ci-dessus, p. 423.
2. De la Fitte ou de Laffitte, ingénieur français, qui fortifia les places turques, notamment Kherson, Otchakof.
En revanche, sur les nombreux Français qui allèrent servir Catherine contre les Suédois et les Turcs, voyez L. Pingaud, *les Français en Russie*, Paris, 1886.
3. Voyez ci-dessus, pp. 343, 350, 351, et ci-dessous, p. 484.

tamée avec l'armée suédoise [1]. M. le comte Osterman m'a dit que le duc de Sudermanie [2] avoit, en effet, proposé la paix et, en attendant, une suspension d'armes. L'Impératrice, en répondant formellement à cette proposition, ne l'a pas cependant accueillie avec une entière confiance, le caractère connu de ce prince n'étant pas très propre à l'inspirer. On lui a donc répondu qu'on conviendroit de cet armistice pourvu que l'armée suédoise abandonnât le camp de Kimengorod [3] et sortît du territoire de Russie. Le prince a répondu qu'il y consentoit à condition que la flotte russe laisseroit la flotte suédoise sortir librement du port de Sweaborg où elle étoit bloquée, que l'armée navale russe rentreroit dans ses ports et ne feroit plus aucune opération cette année. Cette réponse a fait envisager toutes les offres précédentes comme insidieuses et concertées avec le roi de Suède, et l'on a à peu près rompu la négociation, en déclarant qu'on continueroit à agir et qu'on n'écouteroit aucune proposition jusqu'à ce que l'armée suédoise se fût retirée du territoire de Russie. En conséquence de cette résolution, l'Impératrice a fait armer 10 galères et 45 chaloupes; elle y a embarqué 240 hommes de chaque régiment des gardes, qui seront renforcés par des troupes de Wibourg. Cette flottille est en rade et seroit déjà partie sans un coup de mer qui l'a retenue. Elle est destinée à aller attaquer la flottille suédoise qui défend l'embouchure de la Kimen et qui, en couvrant la droite du camp de Kimengorod, rendoit jusqu'à présent ce poste inattaquable. D'après cette opération, nous ne tarderons peut-être pas à savoir ce qu'il faut penser des démarches du duc de Sudermanie et si elles étoient sincères ou insidieuses.

Voici la réponse de Montmorin, où l'idée de l'alliance est acceptée en principe, mais où des objections sont formulées, des garanties demandées, et où l'on fait de l'accession de l'Espagne une condition essentielle, qui ne devait pas, comme on le verra, se réaliser [4] :

LE COMTE DE MONTMORIN AU COMTE DE SÉGUR.

Versailles, 23 novembre 1788 [5].

Les deux précédentes dépêches peuvent être communiquées sans aucun inconvénient, comme vous en jugerez facilement.

Elles présentent, au reste, le véritable état des choses. Le Roi n'a pas changé de résolution relativement à notre alliance avec la Russie; il la croit utile et convenable sous tous les rapports; mais Sa Majesté ne croit pas devoir, par trop de précipitation, courir le risque d'indisposer l'Espagne et de diminuer la confiance intime qui règne entre lui et le roi son

---

1. Voyez ci-dessus, p. 437, note 1.
2. Charles, duc de Sudermanie, frère de Gustave III, était celui qui avait livré la bataille navale de Hogland, 17 juillet 1788.
3. Kiümengorod, sur la Kiümen, qui, depuis le traité d'Abo (1743), formait la frontière des deux monarchies.
4. Voyez aussi, dans *A. E. Russie, Supplément*, t. XVI, pièce 127, à la date de novembre 1788, un mémoire en 42 pages, fort bien écrit, adressé au Roi par le ministre des affaires étrangères : il conclut à l'alliance de la Russie, malgré la défection probable de l'Espagne et le peu de sûreté de l'Autriche.
5. *A. E. Russie*, t. CXXVI, fol. 265.

oncle[1]. Il ne s'agit plus aujourd'hui de négocier, mais de terminer. La compensation que nous pouvons demander à la Russie pour l'engagement que nous prendrons à l'égard de l'intégrité des possessions de la Pologne ne peut regarder que l'Angleterre, comme vous en êtes déjà informé, et, sous ce rapport, il intéresse infiniment l'Espagne[2].

C'est donc avec elle que nous devons concerter les stipulations que nous exigerons de la Russie à cet égard. Vous pensez que nous devrions nous borner à l'assurance de la neutralité de cette puissance dans le cas où nous aurions une guerre seulement avec l'Angleterre, et que le *casus fœderis* ne devroit exister pour la Russie que dans le cas où d'autres puissances interviendroit contre nous.

Le Conseil du Roi est d'une tout autre opinion. Il pense qu'un des principaux avantages que nous puissions nous promettre d'une alliance avec la Russie est de rompre entièrement les liens qui l'unissent avec l'Angleterre. Or, ces liens ne seroient pas rompus par la promesse d'une neutralité que la Russie aura dans tous les cas intérêt évident à garder. D'ailleurs, lorsqu'on contracte une alliance nouvelle, non seulement il est nécessaire de s'assurer des avantages réels; mais il faut, surtout dans le moment actuel, que les avantages soient évidents. Le traité dont nous nous occupons, nous ne saurions nous le dissimuler, n'aura pas la faveur publique.

On n'y verra qu'une confirmation du système qui nous lie avec la cour de Vienne. Que seroit-ce donc si l'on nous voyoit prendre un engagement dont une guerre prochaine peut être le résultat, et si, d'un autre côté, on voyoit, pour tout avantage en notre faveur, la Russie s'engager à ne pas faire cause commune avec l'Angleterre contre nous? Ce qui doit le plus motiver notre traité avec la Russie, c'est celui que la cour de Berlin a fait avec celle de Londres, et dans cet acte, je ne vois pas d'exception en faveur de la cour de Russie. Pourquoi la Russie se croiroit-elle obligée à plus de ménagements à l'égard de la cour de Londres? En un mot, si notre traité doit avoir lieu, le Roi est très décidé à exiger un engagement formel relativement à l'Angleterre, et ne se bornera certainement pas à une simple neutralité.

Lorsque nous serons d'accord avec l'Espagne sur cet objet, je vous enverrai les pleins pouvoirs dont vous avez besoin pour terminer. J'espère que ce sera bientôt. J'ai au moins recommandé à M. de La Vauguyon[3] de presser le plus qu'il lui seroit possible une réponse décisive. Elle nous est d'autant plus nécessaire pour aller en avant que nous savons, à n'en pouvoir douter, que les cours de Londres et de Berlin se servent de toute

---

1. Le roi Charles III mourut le 13 décembre 1788 et eut pour successeur Charles IV. — Charles III avait épousé Marie-Amélie de Saxe, sœur de la Dauphine mère de Louis XVI, et se trouvait, par conséquent, l'oncle maternel de celui-ci.

2. En demandant à Catherine II d'aider la France contre les Anglais, on rouvrait l'ère des guerres maritimes et coloniales et cela, sans parler de Gibraltar, intéressait, en effet, beaucoup l'Espagne.

3. Le duc de La Vauguyon, dont nous connaissons déjà le rôle diplomatique en Hollande (voyez ci-dessus, p. 382, note 1) était, depuis 1784, ambassadeur du Roi en Espagne. Appelé au ministère des affaires étrangères le 11 juillet 1789, pour préparer le coup d'État qui fut déjoué par la prise de la Bastille, il démissionna le 18, et M. de Montmorin rentra aux affaires étrangères. — Ministre du prétendant Louis XVIII en 1795, rentré en France en 1805, membre de la Chambre des pairs en 1814, il mourut en 1828.

sorte de moyens pour prévenir la cour de Madrid contre l'alliance à laquelle nous travaillons. Ces deux cours n'oublient rien pour nous rendre suspects de partialité en faveur des cours impériales et pour détourner l'Espagne de prendre aucune part aux engagements que nous pourrions contracter. Je sais même que la cour de Berlin, en particulier, mais qui n'est en cela comme en tout que l'instrument de l'Angleterre, travaille avec la plus grande activité à éloigner l'Espagne de nous. Je connois trop les principes du Roi Catholique et ceux de son ministère pour en concevoir la moindre inquiétude; mais vous sentez que cette circonstance nous impose plus strictement que jamais les plus grands ménagements envers l'Espagne.

Nous devons l'amener à notre opinion et à notre système, à force de raison, et nous devons détruire les impressions qu'on cherche à lui donner par les meilleurs procédés et la confiance la plus entière. Si l'on vous paroissoit étonné que le désir de nous concerter avec l'Espagne suffit seul pour nous déterminer à ne pas suivre plus rapidement la négociation, vous pourriez laisser entrevoir, mais avec beaucoup de ménagements, une partie de ce que je viens de vous confier.

Les affaires de l'Empereur ont tourné de telle sorte que je ne sais si ce prince pourra commencer la campagne prochaine [1]. Dans le cas où l'impossibilité de continuer la guerre lui seroit démontrée, il chercheroit sans doute à déterminer l'Impératrice à la paix. Si cette princesse ne vouloit pas s'y prêter, il songeroit peut-être à en faire une particulière [2]. Cette conduite de sa part, toute forcée qu'elle seroit, ne mettroit-elle pas du refroidissement entre les deux cours? Dans cette hypothèse, que feroit l'Impératrice? L'embarras de sa position, qui seroit peu diminué par notre alliance, ne la détermineroit-il pas à se rejeter entre les bras de l'Angleterre et du roi de Prusse? Au surplus, je vous présente ces réflexions uniquement comme un motif de veiller avec la plus grande attention sur ce qui se passe entre les deux cours impériales, et non pas comme une raison qui puisse ralentir notre négociation.

Une nouvelle scène, dont on est sûrement instruit à Pétersbourg, vient de s'ouvrir en Angleterre [3]. Il est possible que les événements qui s'y passent amènent un grand changement dans le ministère. Toutes les nouvelles que nous recevons nous laissent à cet égard dans l'incertitude. L'état du roi d'Angleterre même n'est pas décidé et l'on conserve quelque espérance qu'il recouvrera la raison. Si le ministère actuel étoit renversé et remplacé par le parti de l'opposition, il est vraisemblable que M. Fox, se trouvant à la tête des affaires, feroit des démarches pour se rapprocher de la cour de Pétersbourg.

Au milieu de toutes ces circonstances qui compliquent singulièrement

---

1. La campagne de 1788 avait été malheureuse pour Joseph II : de Belgrade il avait été rejeté au delà de la Save, battu à Temesvar, et forcé de céder le commandement à Laudon. Au contraire, les Russes remportaient des succès signalés : Potemkine enlevait d'assaut Otchakof, le 6 décembre 1788.

2. Cette hypothèse ne se réalisa qu'après la mort de Joseph II : son successeur Léopold II signa la paix séparée de Sistova (août 1791), qui, malgré les succès de Laudon en Serbie dans la campagne de 1789, ne laissait à l'Autriche que le vieux Orsova, et le territoire de l'Unna.

3. George III avait éprouvé, dans l'été de 1788, un accès d'aliénation mentale; mais, quoique Pitt et l'opposition se fussent également préoccupés d'un plan de régence, cette première maladie du roi céda rapidement aux soins dont il fut entouré. Il n'y eut même pas de changement de cabinet.

les affaires, je ne peux que vous exhorter à entretenir l'Impératrice et son ministère dans les dispositions qu'on vous a montrées. J'espère qu'il ne s'écoulera que bien peu de temps avant que je sois en état de vous envoyer des instructions positives et qui vous mettent à portée de terminer une négociation que vous avez commencée et suivie avec autant d'intelligence que de zèle. C'est une justice que vous rend tout le Conseil, et c'est avec un vrai plaisir que je peux vous assurer de toute la satisfaction que le Roi témoigne souvent de vos services.

Cependant le triste ministère de Loménie de Brienne, archevêque de Toulouse, la reculade de la France dans l'affaire de Hollande avaient refroidi la Russie sur le projet d'alliance. Ségur raconte un curieux entretien qu'il eut avec Potemkine[1] :

« — C'est à mon tour, dis-je en riant, à vous accuser : je sais d'assez bonne source que vous êtes devenu bien froid sur notre Quadruple Alliance, à laquelle vous paroissiez attacher un si grand prix. On diroit qu'oubliant toutes les intrigues de l'Angleterre et de la Prusse contre vous, vous êtes disposé à vous rapprocher d'elles, et à plaider leur cause auprès de l'Impératrice; en un mot, que vous êtes prêt à tendre la main à vos ennemis et à tourner le dos à vos amis.

« — Pourquoi pas? reprit-il sur le même ton. Un diplomate comme vous devroit-il s'en étonner? Lorsque j'ai vu ériger le royaume de France en archevêché[2], un prélat renvoyer du conseil deux maréchaux de France, et laisser tranquillement les Anglois et les Prussiens vous enlever la Hollande sans coup férir, j'avoue que je me suis permis une plaisanterie : j'ai dit que j'aurois conseillé à ma souveraine de s'allier avec Louis le Gros, Louis le Jeune, saint Louis, l'habile Louis XI, le sage Louis XII, Louis le Grand, même avec Louis le Bien-Aimé, mais non pas avec Louis le Suffragant. »

Ségur riposte par une plaisanterie; il ne juge pas à propos de rapporter cet entretien à sa cour. Mais il constate qu'à partir de ce moment les vues de Potemkine sont changées et qu'il se rapproche de la Prusse et de l'Angleterre. Sa correspondance diplomatique, quoique moins vive de ton que ses *Mémoires*, n'en est pas moins explicite :

LE COMTE DE SÉGUR AU COMTE DE MONTMORIN.

Pétersbourg, 13 janvier 1789[3].

Je ne me trompois pas en pensant que, dans la circonstance critique où se trouvent les affaires de l'Europe, les semaines, les jours mêmes, deviennent précieux. Nous avons depuis un an la plus grande influence; mais le moment où nous pourrons en consolider la durée est peut-être l'instant où nous courrons le plus de risque de la perdre. C'est ce qui me fait désirer avec tant d'impatience cette réponse de la cour d'Espagne et

---

1. *Mémoires*, t. II, p. 151.
2. L'archevêque de Toulouse fut congédié le 5 août 1788 et Necker rappelé.
3. *A. E. Russie*, t. CXXVIII, fol. 75.

cette résolution définitive que vous m'avez annoncée. J'ai, suivant vos ordres, employé tous les moyens qui étoient en mon pouvoir pour découvrir la véritable manière de penser des deux cours impériales l'une à l'égard de l'autre, et voici le résultat de mes démarches. L'Empereur, affecté du mauvais succès de ses armes pendant le cours de cette campagne, regrette les hommes et l'argent qu'elle lui a coûtés ; il voit avec humeur que, n'étant qu'auxiliaire, il a soutenu le fardeau le plus pénible de la guerre ; il est indigné de la conduite des deux généraux russes[1], dont la lenteur et la longue inaction lui ont attiré 300 000 Turcs sur les bras, et il s'en est amèrement plaint à l'Impératrice. M. le comte de Cobentzel a exécuté ses ordres avec chaleur et a décidé Catherine II à envoyer les instructions les plus précises et les plus sévères à ses généraux. Les ennemis de l'Empereur profitent de cette circonstance. On persuade au prince Potemkin que l'Empereur avoit mis tout en œuvre pour le perdre ; c'est dans cette idée qu'il arrive piqué contre l'Empereur et personnellement aigri contre M. le comte de Cobentzel. On n'a pas négligé de me faire envisager par lui sous le même point de vue et de lui faire croire que j'avois secondé les démarches de l'ambassadeur autrichien. Je sais, par des personnes qui ont grande part à sa confiance, qu'il lui est échappé de dire plusieurs fois que l'Empereur étoit un allié peu utile, que les Autrichiens ne pouvoient résister aux Turcs, que la France, épuisée d'argent, dénuée de crédit, n'osoit prendre aucun parti ferme, qu'elle ne pouvoit être d'aucun secours, et qu'ayant été forcée de céder dans l'affaire de Hollande qui l'intéressoit personnellement, on ne pouvoit pas compter sur son appui pour des affaires qui l'intéressoient à la vérité, mais moins directement; que le roi de Prusse et l'Angleterre avoient l'un beaucoup d'argent et de forces, l'autre beaucoup de crédit ; que ces deux cours désiroient l'amitié de la Russie ; qu'elles ne lui faisoient du mal qu'à cause de ses liaisons avec l'Empereur et la France, et que si l'on s'entendoit avec elles, loin de contrarier les vues du cabinet de Pétersbourg, elles les seconderoient efficacement et lui procureroient une paix prompte et honorable. Cette manière de voir du prince Potemkin, que cependant il n'a peut-être laissé percer que dans un moment d'humeur, n'a pas été assez secrète pour être ignorée du parti anglo-prussien. M. de Lucchesini[2] l'a assez clairement prouvé en disant assez indiscrètement au prince de Nassau[3] et à d'autres personnes à Varsovie que l'arrivée du prince Potemkin à Pétersbourg y feroit une révolution en politique[4] et

1. Roumiantsof et Potemkine.
2. Jérôme, marquis de Lucchesini (1752-1825), né à Lucques, d'abord bibliothécaire et lecteur de Frédéric II, était alors envoyé prussien à Varsovie. Plus tard, lors du recez germanique en 1803, il représenta les intérêts de la Prusse auprès de Bonaparte. Il se retira, en 1807, à Lucques et fut chambellan de la princesse Élisa Bacciochi, sœur de Napoléon. Il a publié un livre *Sulle cause e gli effetti della Confederazione Rhenana*.
3. Nassau-Siegen. Voyez ci-dessous, pp. 452 et 499, note 1.
4. Potemkine avoit été remplacé dans la faveur personnelle de l'Impératrice par plusieurs rivaux, Lanskoi, Mamonof, etc. En juillet 1789, succédait à celui-ci un favori dont l'influence dans les affaires ne devait pas tarder à faire échec à celle de Potemkine, et qui, par exemple, devait être un des plus ardents à provoquer les derniers partages de la Pologne, des dépouilles de laquelle il s'enrichit, lui et ses amis. C'est Platon Alexandrovitch Zoubof (1767-1822), dont Catherine fit un général et un prince. Il favorisa l'avancement de ses frères : Valérien (1771-1804), qui fut fait général en 1796 et dirigea la guerre de Perse; Nicolas (1763-1805), qui fut grand écuyer. Platon et Nicolas devaient jouer un rôle prépondérant dans la conspiration de mars 1801 contre Paul I<sup>er</sup>. — Sur Platon Zoubof, voyez la cor-

qu'il n'y seroit pas huit jours sans que toutes les affaires y prissent une nouvelle face. L'ambassadeur de l'Empereur m'a montré quelques inquiétudes, quoiqu'il compte fermement sur la constance de l'Impératrice et du ministère, qui sont bien convaincus des mauvaises intentions de la ligue anglo-prussienne, de la nécessité de la contrarier par une contre-ligue formidable, et qui sentent dans toute leur étendue les services que l'Empereur a rendus à la Russie. Ce qu'il y a de certain, c'est qu'à l'arrivée du prince Potemkin, qui doit avoir lieu cette semaine, nous aurons beaucoup à combattre, et que les intrigues vont reprendre une nouvelle activité. Quelques moyens que l'on ait employés pour diminuer l'amitié du prince pour moi, quoiqu'on s'imagine qu'il n'y ait plus d'intimité entre nous, je connois assez son caractère pour penser que ceux qui se flattent y seront trompés; mais, quant à son opposition à notre alliance, je ne puis répondre de la vaincre. L'état de nos finances et nos délais lui feront croire à notre foiblesse, et s'il nous croit foibles, il persistera à persuader à l'Impératrice qu'il est dangereux d'aigrir des ennemis redoutables pour se donner un allié que les circonstances actuelles rendent inutile.

Aussi j'aurois voulu qu'avant son retour cette grande affaire eût été terminée. Je viens de recevoir à l'instant une lettre de lui. Il m'y parle de la prise d'Oczakow, il me fait de brillants éloges du comte de Damas[1], me rappelle avec un peu d'ironie les travaux de M. de Laffitte[2], me représente que le moment est arrivé où je dois commencer à travailler à la paix et à faire accorder par les Turcs un établissement de limites de nature à prévenir tout nouveau sujet de rupture entre les deux Empires. Ensuite, au lieu de me presser comme à l'ordinaire au sujet de notre négociation, il me dit que je connois assez la Russie pour bien juger de l'utilité de cette union, mais qu'il veut me parler avec la franchise de l'amitié et qu'il me demande (ce sont ses termes) si, après la catastrophe de la Hollande, on peut, pour le moment, compter avec confiance sur un secours bien efficace de la France. Il ajoute ensuite que je dois me préparer à beaucoup disputer avec lui, et il finit sa lettre par ses assurances ordinaires d'amitié. J'ai cru, quoique sa correspondance avec moi soit purement amicale et bien éloignée du ton ministériel, que je devois vous parler de cette lettre, parce qu'au travers l'esprit de plaisanterie qui l'a dictée on peut pénétrer ses nouvelles dispositions. Le prince de Nassau, qui l'avoit quitté avec assez d'humeur, vient d'arriver ici; l'Impératrice l'a reçu avec une grâce infinie et l'a traité avec une grande distinction. Nous avons passé ensemble chez elle la soirée hier. Cette princesse m'a donné toujours les mêmes preuves de bonté et de bienveillance. Le général Rachmanow[3] est ar-

---

respondance de Rostoptchine dans *Archives Voronzof*, t. VIII; *Mémoires* de Richelieu dans *Soc. imp. d'hist. de Russie*, t. LIV, et *Mémoires* du prince Adam Czartorÿski. Voyez aussi la *Rousskaïa Starina*, t. XVI, pp. 1, 206, 591, et dans le tome XVII (année 1876), p. 173, une note sur l'origine tatare des Zoubof.

Dans le même volume, pp. 71, 205, 403, 635, la correspondance de Catherine II avec Potemkine de 1788 à 1791. La correspondance de ces deux personnages se trouve aussi dans les séries *Papiers de Catherine II* et *Correspondance politique de Catherine II* de la collection de la Soc. imp. d'hist. de Russie. Je ne puis citer tous les volumes de l'*Archive russe* ou de la *Rousskaïa Starina* où il est question de Potemkine : consulter notamment les tomes VIII, XIII, XVI, de cette dernière.

1. Sur les volontaires français à l'assaut d'Otchakof, L. Pingaud, ouvrage cité.
2. Voyez ci-dessus, p. 444, note 2.
3. Il y avait alors plusieurs généraux russes de ce nom. Il doit y être ici question de Nikifor Mikhailovitch Rakhmanof, qui servait dans l'armée de Potemkine.

rivé avant-hier d'Oczakow et a apporté les détails de la prise de cette place.

Le ministre de Prusse a parlé au comte Ostermann d'une diète qui doit avoir lieu à Stockholm[1] et a présenté l'espérance de rétablir la paix dans le Nord si l'on accueilloit les bons offices de son maître. On lui a répété, ce qu'on a dit à toutes les puissances, que l'Impératrice ne seroit jamais opposée à la paix quand elle pourroit croire aux dispositions pacifiques de son ennemi et quand, au lieu de paroles vagues, il feroit des propositions acceptables.

Je ne reçois aucune nouvelle du marquis de Pons[2]. Si le roi de Suède reste toujours livré à l'Angleterre et à la Prusse, je ne vois pas de moyens de nous attirer l'honneur de cette pacification; mais, pour ne pas le leur laisser, je ferai ce qui dépendra de moi pour persuader des inconvénients de leur médiation et pour faire sentir les avantages d'une médiation négociée directement et sans intermédiaire entre la Russie et la Suède.

---

LE COMTE DE SÉGUR AU COMTE DE MONTMORIN.

Pétersbourg, 24 février 1789 [3].

Lundi dernier, au spectacle de l'Hermitage, le vice-chancelier me confia qu'il venoit de recevoir la réponse de la cour d'Espagne, qui étoit fort loin d'être telle qu'on sembloit la désirer. Il me dit que le roi d'Espagne[4], dans sa réponse, continuoit ses assurances d'amitié, ses offres d'offices; qu'il conseilloit amicalement aux cours de Prusse et d'Angleterre de s'interdire toutes menaces et toutes démarches propres à étendre le feu de la guerre; et qu'il exhortoit le roi de Suède à écrire à l'Impératrice d'une manière assez satisfaisante pour entamer avec succès des négociations. Mais la cour de Madrid se borne à ces exhortations, sans rien dire aux Anglo-Prussiens qui leur fasse craindre en cas d'obstination une opposition redoutable, et le roi d'Espagne, dans la crainte apparente d'une guerre générale, refuse positivement l'alliance qu'on regardoit ici comme l'unique moyen de l'empêcher.

Le même jour le ministre d'Espagne reçut un courrier de sa cour qui lui portoit la copie de l'expédition remise à M. de Zinowiew[5] et des instructions dont j'ignore parfaitement l'esprit et la substance.

M. le comte d'Ostermann me pria de ne rien laisser transpirer de ce qu'il avoit dit, me faisant observer que cela ne se sauroit que trop promptement et que les ministres anglois et prussiens n'en triompheroient que trop tôt. Ce ministre avoit reçu le matin par la poste une lettre de M. de Simolin[6],

---

1. Cette diète se réunit le 2 février 1789. C'est celle où Gustave III accomplit le coup d'État dont il a été question plus haut, p. 441.
2. Il était toujours suppléé en Suède par M. de Gaussen. Voyez ci-dessus, p. 435, note 3. On trouvera des extraits de la correspondance de celui-ci, pour cette époque, dans A. GEFFROY, *Gustave III et la cour de France*.
3. A. E. Russie, t. CXXVIII, fol. 173.
4. C'était déjà Charles IV. Voyez ci-dessus, p. 446, note 1.
5. Stépan Stépanovitch Zinovief (1740-1794), ministre en Espagne depuis 1773.
6. Ivan Matvéévitch Simoline, ministre de Russie à Paris, de 1784 à 1792.

qui avoit causé avec vous avant l'arrivée du courrier de Madrid et qui avoit fait espérer ici une réponse bien différente.

---

LE COMTE DE SÉGUR AU COMTE DE MONTMORIN.

Saint-Pétersbourg, 3 mars 1789 [1].

Je fais, comme vous le voyez, tout ce qui est en mon pouvoir pour profiter des moindres circonstances et pour soutenir un crédit que les circonstances rendent bien chancelant. Mais ce que je dis ne peut suppléer le silence de ma cour, et ce silence étonne et inquiète excessivement. On a reçu depuis quinze jours la réponse de l'Espagne par un courrier russe; le ministre d'Espagne a reçu son courrier qui s'est arrêté à Paris; M. le comte de Cobentzel a reçu par courrier les réponses de Charles IV à l'Empereur; et l'on voit depuis ce temps que je n'ai ni dépêche par la poste ni courrier et que je ne suis instruit de ces expéditions que par la confiance du comte d'Ostermann et de l'ambassadeur [2]. Dans un moment si critique, je ne puis ni ôter ni soutenir l'espérance sans me compromettre. Vous ne sauriez croire combien il devient nécessaire que je sois tiré de cette embarrassante position.

Dans l'intervalle, le comte de Ségur, cédant à l'impatience de Catherine II, qui avait hâte de connaître les intentions du roi d'Espagne relativement à la Quadruple Alliance, s'était décidé à autoriser l'envoi à la cour de Madrid du prince de Nassau-Siegen [3], qui avait connu

1. *A. E. Russie*, t. CXXVIII, fol. 195.
2. L'ambassadeur d'Autriche Cobentzel.
3. Le prince de Nassau-Siegen, officier général de la marine du Roi, passa en Russie en 1785 avec l'autorisation de Louis XVI. Son but était de se livrer au commerce, ce qu'il fit en effet, au moyen de bâtiments lui appartenant et sous le pavillon russe, pendant les années 1785, 1786, 1787. Au mois de février 1787, il fut présenté à l'Impératrice à Kief par le prince Potemkine. Cette princesse lui fit très bon accueil, et il la suivit dans son voyage en Tauride.
Au mois de juin 1787, il fut chargé par le prince Potemkine, alors en Tauride, d'une mission confidentielle en France, tendant à connaître les sentiments réels de la cour de Versailles pour celle de Pétersbourg et le parti que Catherine II pourrait en tirer. Il fut reçu à Versailles plutôt comme un ambassadeur du Roi à l'étranger, venant prendre des instructions, que comme un envoyé du ministre de la Tsarine. Le compte qu'il rendit de sa mission, à son retour en novembre 1787, donna satisfaction à Catherine, qui l'admit dans son intimité. A partir de ce moment, le prince de Nassau est consulté et très écouté lorsqu'il s'agit des affaires de France. Il semble, sous ce rapport, être l'égal du comte de Ségur; mais celui-ci n'en prend nullement ombrage et, dévoué avant tout à son service, il ne voit que l'avantage qu'il peut retirer de cette influence nouvelle et vit en bonne intelligence avec le prince.
Le prince de Nassau-Siegen partit en janvier 1788 pour l'armée russe qui opérait contre les Turcs; puis, en octobre, il fut chargé du commandement de la flotte de la Baltique et y eut des revers et des succès. L'Impératrice le combla de faveurs; ajoutons qu'il n'accepta ces faveurs qu'avec l'assentiment du Roi.

intimement Charles IV, à l'époque où celui-ci n'était encore que prince des Asturies. Ségur rédigea même pour lui cette note qui était une véritable Instruction :

NOTE DU COMTE DE SÉGUR POUR LE PRINCE DE NASSAU. — PÉTERSBOURG, 31 JANVIER 1789[1].

Pour vous donner, mon Prince, de la manière la plus concise, une idée nette des obstacles que vous rencontrerez probablement à Madrid, lorsque vous voudrez vous acquitter de la commission secrète que vous a donnée l'Impératrice, il faut vous faire un tableau rapide de ce qui s'est passé en Europe récemment et des manœuvres machiavéliques des Anglois et des Prussiens. Ce tableau, en vous rappelant ce qu'ils ont fait, en vous montrant ce qu'ils font aujourd'hui, vous instruira de ce qu'ils ont le projet de faire, et vous verrez tout leur dangereux plan développé, non d'après des conjectures illusoires, mais d'après des faits trop réels.

L'Angleterre, ennemie naturelle de la France, et le roi de Prusse, ennemi naturel de l'Empereur, étant tous deux sans alliés, se sont rapprochés et unis d'intérêts dès le moment où la cour de Berlin, en semant de fausses alarmes dans l'Empire, a formé la ligue des Électeurs[2], ligue qui étoit loin d'être nécessaire puisque l'Empereur avoit publiquement déclaré qu'il renonçoit à ses vues sur la Bavière. Le roi d'Angleterre ayant servi l'ambition de la cour de Berlin en entrant dans la ligue des Électeurs, le roi de Prusse voulut lui payer ce service en nous enlevant la Hollande et en la rendant à l'Angleterre. Réunissant ainsi tous leurs intérêts, l'Angleterre entra dans tous les sentiments de la haine prussienne contre l'Empereur et l'Impératrice son alliée, et la cour de Prusse partagea tous les projets de vengeance de l'Angleterre contre la France.

Ne perdez pas de vue ce principe, qu'on cherche à déguiser.

---

1. *A. E. Russie*, t. CXXVIII, fol. 124. Note marginale : « Précis sur la situation politique de l'Europe, remis à de Nassau par de Ségur. »
2. Le *Fürstenbund*.

Telle a été la base d'une alliance qui existoit longtemps avant d'être signée ; telle a été la source de toutes les opérations incendiaires que nous avons vues successivement s'étendre d'un bout de l'Europe à l'autre.

La ligue anglo-prussienne, ayant donc établi la base de son plan, ne tarda pas à en tenter l'exécution. Elle prit feu pour la cause du stathouder et trouva le moyen d'embarquer les cours impériales dans une guerre sérieuse avec la Turquie, s'assurant par là du triple avantage de détourner leur attention des affaires de Hollande, d'affoiblir leurs forces et leurs finances, et de mettre la France dans l'embarras, entre la Russie, dont elle commençoit à se rapprocher, l'Empereur, son allié intime, et les Turcs, que l'intérêt d'un immense commerce l'avoit toujours engagée à protéger. Pour empêcher en même temps que des desseins si funestes, trop tôt dévoilés, ne fussent déjoués par une opposition vigoureuse, on couvrit ses vues hostiles sous les apparences les plus amicales et on poussa la fausseté à un point peut-être inconnu en politique jusqu'à ce temps. On jura à la France que ce seroit par négociation et en congrès qu'on termineroit les querelles hollandoises, et l'on désavoua partout les manœuvres d'Ainsley et de Dietz à la Porte[1]. Cette première opération de la ligue anglo-prussienne étant ainsi conduite eut un plein succès. L'absurdité de la Porte lui fit rejeter de sages conseils et lui fit déclarer la guerre. La bonne foi de la France fit négliger de rassembler 24 000 hommes ; la Hollande fut perdue, et si rapidement qu'il n'étoit plus question pour la reprendre d'une expédition, mais d'une guerre formelle contre l'Angleterre, la Prusse et les Hollandois. Le Roi, ou sacrifia son ressentiment au repos de son peuple, ou différa sa vengeance. Mais, dès lors, on put prévoir que la ligue anglo-prussienne, enorgueillie par ce succès, ne s'en tiendroit pas à cet avantage. En effet, depuis, elle redoubla d'artifice et d'audace. Vous pouvez vous ressouvenir de ce que je prédis dans ce moment, de ce que je tentai, de ce que je pris sur moi, pour entraîner les grandes puissances de l'Europe à une contre-ligue qui pût abaisser cet orgueil dans sa naissance, arrêter

---

1. Voyez ci-dessus, p. 430.

ce torrent avant qu'il grossît et empêcher l'extension d'un incendie dont tout m'annonçoit le progrès. Mais la mortification qu'avoit éprouvée la France ne déplaisoit pas à tout le monde ; il restoit beaucoup de préjugés et de méfiance entre la cour de Versailles et celle de Russie ; l'Empereur conservoit quelque humeur de l'appui que la France avoit donné aux Hollandois. A Versailles, on craignoit une grande révolution dans l'Orient qui auroit excité l'ambition générale ; à Pétersbourg, on croyoit aux François trop d'amitié pour la Porte ; les protestations pacifiques de l'Angleterre et de la Prusse trouvoient encore quelque crédit. On craignoit de part et d'autre de se compromettre, de s'expliquer, de se prévenir, et l'on perdit par là un temps que l'on doit souvent regretter. La ligue profita de ce peu d'union. Bientôt les mêmes conseils qui avoient enflammé la Porte encouragèrent l'inquiétude du roi de Suède ; et ce prince, plein d'ambition et dépourvu de jugement, rejetant les conseils de la France, déclara la guerre avec si peu de mesure qu'il embarrassa ceux mêmes qui lui avoient conseillé ses premiers armements et ses premières démarches. Il rendit gauchement son agression évidente, fit faute sur faute et ôta à ses artificieux amis tout prétexte honnête pour le soutenir ; mais, loin d'y renoncer, on attendit seulement une occasion moins défavorable. Sur ces entrefaites, le Danemark, pressé par la cour de Russie de remplir les engagements de son alliance, déclara à la Suède qu'il étoit obligé de donner à l'Impératrice les secours stipulés et fit en effet entrer ses troupes sur le territoire suédois. Gustave III, menacé par les Danois, battu par les Russes, bloqué par l'amiral Greigh [1], abandonné par ses armées qui négocioient avec Catherine II, se voyoit réduit à demander la paix et avoit déjà sollicité les bons offices du Roi de France. C'est dans ce moment que la politique anglo-prussienne, se dépouillant d'une partie de ses voiles, démasqua ses vues hostiles. Les ministres de Prusse et d'Angleterre dans toutes les cours avoient désapprouvé le roi de Suède et avoient promis la plus stricte neutralité. Au mépris de ces protestations, on les vit bientôt

---

1. L'amiral Samuel Karlovitch Greig, né en 1736, mort le 26/15 octobre 1788, et que le prince de Nassau-Siegen remplaça dans le commandement de la flotte russe de la Baltique.

ranimer le courage du roi de Suède, l'engager à demander leurs bons offices pour annuler ceux de la France; on les vit enfin enchaîner les Danois et les menacer de la guerre, s'ils portoient leurs armes en Suède pour secourir leur alliée. Jamais une démarche plus altière n'avoit osé attaquer avec tant d'audace les droits des nations indépendantes; jamais on n'avoit fait une entreprise plus propre à alarmer l'Europe et à motiver une réunion d'efforts contre une ligue si menaçante. Il est à remarquer que cette démarche hostile fut faite au moment même où le Roi Catholique invitoit toutes les puissances à la paix; au moment où la cour de Prusse, voulant tromper sa vertu, lui prodiguoit les protestations les plus pacifiques et sembloit voir avec plaisir qu'il se chargeât d'une pacification dont la ligue détruisoit la possibilité. L'effet de cette démarche fut rapide : le roi de Suède reprit courage, son ambition se ranima; il rejeta la médiation de la France, redoubla ses préparatifs militaires, et le calme qui avoit été près de se rétablir dans le Nord disparut sans espoir prochain de retour.

Ce succès, en prolongeant la guerre, ne remplissoit qu'une partie des vues de la ligue. Elle porta bientôt sa funeste activité sur une autre partie de l'Europe. La Pologne, partagée et opprimée par trois puissances voisines, avoit été au moins défendue par la Russie depuis le partage. Les ambassadeurs russes[1], auxquels l'Empereur et le roi de Prusse n'avoient laissé l'influence qu'à condition de maintenir ce royaume dans un état de foiblesse et de stagnation, ces ambassadeurs, dis-je, avoient peut-être mis un peu de hauteur dans leurs formes, et quelques colonels russes avoient donné des sujets de plaintes légitimes. Mais la Prusse avoit voulu augmenter ses possessions en Pologne, et la Russie l'en avoit empêchée. La Prusse avoit détruit par ses douanes le commerce polonois; la Russie lui avoit ouvert un transit par la mer Noire. La Prusse avoit voulu s'approprier Dantzig, et la Russie s'y étoit opposée. La Prusse avoit peuplé la Silésie et grossi son armée de Polonois enlevés; la Russie avoit appuyé les réclamations polonoises et avoit elle-même perdu beaucoup de

---

1. Le comte Otto Magnus Stackelberg fut rappelé en 1790 et eut pour successeur Boulgakof, lequel fut remplacé en 1792 par Sievers.

sujets par leur désertion en Pologne. Le roi de Pologne, trouvant l'occasion de la guerre[1] favorable pour rendre un peu d'existence à sa patrie, ayant obtenu une diète confédérée, proposa une alliance à l'Impératrice. Cette princesse, avant de répondre à cette proposition, en fit part au roi de Prusse. Ce prince la désapprouva et Catherine II y renonça pour conserver la bonne harmonie. Que fait aujourd'hui Frédéric-Guillaume? Il frappe les oreilles polonoises du nom de liberté; il les anime, les soulève, les entraîne, les excite contre la Russie, leur offre son appui, son armée, son alliance, et les porte à demander à l'Impératrice l'évacuation de la Pologne par ses troupes, sachant que, si elle cédoit à cette demande, son armée en Moldavie seroit sans retraite et sans vivres. Ses ministres et ceux de l'Angleterre soufflent le feu de la haine sur la diète et se servent de cet embrasement pour soutenir le courage des Turcs et pour les rendre sourds à toute proposition de paix. Ce fait est constaté par des mémoires de Dietz et d'Ainsley remis au Divan et dont on a les copies; et ces procédés sont loin d'être conformes aux assurances pacifiques prodiguées à la cour d'Espagne.

Je crois que tant d'intrigues, des vues si incendiaires suffiroient pour engager les grandes puissances de l'Europe à se réveiller et à se réunir contre une ligue qui ne s'occupe qu'à enflammer l'Europe et à y dicter des lois. Ce qu'elle avoit fait justifioit la Quadruple Alliance, dont j'avois démontré la nécessité. Il étoit aisé de voir que, si cette alliance eût été plus tôt conclue, la ligue n'eût pas tant osé. Mais ce qu'elle avoit fait n'est rien auprès de ce qu'elle veut faire, et si l'on n'arrête pas ses projets, la maison de Bourbon en sera bientôt la principale victime.

Au moment où la ligue anglo-prussienne arme tant d'ennemis contre la Russie, elle ne cesse de lui offrir son amitié, ses services et la paix. Le but de cette marche insidieuse n'étoit pas difficile à deviner; des secrets échappés en ont donné la certitude. Le roi de Prusse veut que les deux cours impériales, fatiguées de leur guerre actuelle, soient effrayées d'une nouvelle guerre. On la leur prépare, et si elles veulent l'éviter, il faut qu'elles

---

1. La guerre russo-turque.

laissent le roi de Prusse prendre Dantzig et Thorn, qu'on laisse à la ligue anglo-prussienne l'honneur de la médiation, et que la Russie se rapproche de l'Angleterre par un traité de commerce et d'amitié. A ce prix, la Prusse abandonne la Pologne, désarme la Suède, et porte les Turcs à la paix. En ménageant les intérêts de ces puissances, l'Angleterre, conservant par ce moyen à Constantinople son crédit et la reconnoissance des services rendus, ayant séparé la Suède de la France, se rapprochant de la Russie, maîtrisant le Danemark et alliée au roi de Prusse, à la Hollande, aux princes de l'Empire, réunit plus de puissance que n'en désira l'ambition de Louis XIV. Le roi de Prusse y gagne un arrondissement solide et une puissance navale qui augmentera celle des Anglois; et la maison de Bourbon, qui n'aura pas appuyé l'Empereur, se trouvera sans secours, sans allié et sans influence contre les forces les plus considérables de terre et de mer réunies. A la première guerre contre l'Angleterre, la France donnera peu de forces à l'Espagne, parce qu'elle sera obligée de faire de grands efforts contre la Hollande, qui aura toutes les troupes de la ligue sous son nom; et le plan le plus ambitieux qui ait jamais existé aura été couronné d'un plein succès par la désunion des grandes puissances qui pouvoient le renverser.

Tous ces dangers ont été pénétrés, sentis, démontrés; on en est convaincu à Versailles, à Vienne et à Pétersbourg. On sait que la Quadruple Alliance formée suffit pour faire évanouir tous ces vains projets. La ligue le voit et elle en frémit. Aussi quel moyen cherche-t-elle à prendre pour l'éviter? Elle travaille à détourner la cour d'Espagne de cette alliance, croyant que sans elle la France, affoiblie par ses troubles, ne peut rien entreprendre seule, et on essaie de persuader à Madrid que cette alliance entraîneroit une guerre générale et ôteroit au roi d'Espagne le rôle de pacificateur. L'artifice est trop grossier pour réussir : la ligue offre au Roi Catholique le soin d'une pacification qu'elle rend impossible; elle offre d'ailleurs toujours sa propre médiation. L'alliance peut seule empêcher la guerre générale; si cette ligue n'a pas osé l'entreprendre contre quatre puissances divisées, osera-t-elle la faire contre quatre puissances réunies? Cette alliance n'est que défensive : pourquoi la ligue la craindroit-elle si elle n'avoit pas de vues offensives ? Puisqu'elle la craint, il est donc de notre intérêt de la faire. Par cette alliance nous avons un appui de plus contre l'Angleterre, un appui qui peut, en fermant ses ports, lui enlever sa navigation dans la Baltique. Par cette alliance, la maison de Bourbon conserve l'avantage de pacifier l'Europe et de faire dédommager les offensés par les agresseurs. Sans cette alliance, les deux cours impériales, abandonnées par nous, céderont peut-être à la ligue et s'entendront avec elle. Ces deux cours y seront forcées, ou si elles s'y refusent, si elles répugnent à un nouveau partage de la Pologne contraire à leur intérêt, il existera une guerre cruelle qui deviendra générale, qui nous entraînera, et que la Quadruple Alliance peut seule prévenir.

Je crois, mon Prince, que l'œil éclairé de Charles IV apercevra la vérité de ce tableau des affaires de l'Europe; que son caractère ferme et loyal verra avec indignation les manœuvres artificieuses de la ligue; et qu'il adoptera surtout ce principe simple et évident que tout allié de l'Angleterre est l'ennemi de la maison de Bourbon.

La mission de Nassau-Siegen à Madrid, pas plus que les efforts de la cour de France auprès de la cour d'Espagne, ne produisit de résultat. Charles IV refusa d'accéder au projet de Quadruple Alliance. Le gouvernement de Louis XVI en profita pour se tenir de plus en plus sur la réserve, et un refroidissement s'ensuivit entre la France et la Russie.

Catherine II ne vit dans cette attitude de la France qu'un aveu de notre faiblesse, une preuve de notre désir de ménager les Turcs. Notre ambassadeur à Constantinople, Choiseul-Gouffier, fut même accusé d'avoir remis à la Porte un plan de campagne contre les Russes, et Ségur eut beaucoup de peine à l'en disculper.

Du moins, dans sa double guerre contre les Turcs et la Suède, ce ne fut pas du côté de ses ennemis que Catherine II vit affluer, cette fois, les volontaires français. Dans la campagne maritime de la Baltique, le prince de Nassau-Siegen, un ami de Ségur et de la France, lui rendit d'éminents services contre la flotte suédoise; dans la campagne du Danube, se distinguèrent le comte Roger de Damas, le comte de Langeron, le duc de Fronsac (le futur duc de Richelieu), le chevalier de Vilnau. La Révolution qui commençait en France et les progrès de l'émigration allaient amener à la Tsarine de nouveaux et précieux renforts[1].

Catherine II n'en était pas moins irritée de cette faiblesse et de cette indécision que le gouvernement français manifestait dans toutes les affaires, celles de Hollande aussi bien que celles d'Orient, et sa pensée intime éclate dans ses lettres à son confident Grimm[2] :

> ... Il est très-sûr que si *die armen Leute*[3] voulaient bien hausser le ton vis-à-vis des Hollandais et ne pas laisser écraser tout à fait leur parti dans cette République, ils m'aideraient infiniment. Je voudrais que vous eussiez là-dessus une conversation amicale avec M. de Saint-Priest[4] et que vous avisiez ensemble s'il n'y aurait pas moyen de porter la cour où vous êtes à quelque démarche qui montrerait au moins que la France existe encore parmi les puissances signifiantes, et qu'ayant 80 vaisseaux de guerre, elle ne les a condamnés à les laisser pourrir dans ses ports sans aucune utilité pour l'État. La considération de cette cour se perd totalement par son inaction. On ne m'a jamais accusée d'avoir été bien partiale pour elle; mais mon intérêt et celui de l'Europe exigent qu'elle reprenne la place qui lui convient, et cela le plus tôt possible. Et voilà ce qu'en payant ses dettes les États généraux devraient conseiller au Roi, et toute l'Europe battrait des mains : ce qui comblerait la nation d'honneur dans le siècle présent et à l'avenir. Les Français aiment l'honneur et la gloire; ils feront tout pour elles dès qu'on leur montrera ce que la gloire et l'honneur de la patrie exigent: chaque Français ne peut que convenir qu'il n'y en a pas dans cet état d'inexistence politique, dans lequel les troubles intérieurs s'alimentent, s'étendent, croissent et s'accumulent à chaque pas. Que ses cordes (?) s'étendent hors du royaume, elles cesseront de le miner et gruger comme les vers le corps d'un vaisseau...
>
> Si la France haussait son ton et reprenait sa place, la paix se ferait bien vite. Que n'envoie-t-elle une flotte dans l'Archipel pour la faire?

*Die armen Leute*, comme les appelle Catherine II, c'est-à-dire les gouvernants de France, étaient moins disposés que jamais à agir ; et le mouvement de recul se marque, de plus en plus, dans les instructions de Montmorin à Ségur :

---

1. A. Sorel, *l'Europe et la Révolution*. — L. Pingaud, *Choiseul-Gouffier et Les Français en Russie et les Français en France*. — *Mémoires et correspondance de* Richelieu *dans Soc. imp. d'hist. de Russie*, t. LIV. — A. Rambaud, *Le duc de Richelieu en Russie et en France* dans la *Revue des Deux Mondes* de décembre 1888.

2. Correspondance de Grimm avec Catherine II, dans *Soc. imp. d'hist. de Russie*, t. XXIII, p. 474, 19 mars 1789.

3. *Les pauvres gens*, c'est-à-dire la cour de France.

4. Sur Saint-Priest, voyez ci-dessus, p. 271, note 3, 340 et 375. Il était rentré en France après sa mission de Hollande, et était fort écouté du Roi, qui, après la prise de la Bastille, pensa à lui confier les affaires étrangères et finit par le charger de l'intérieur. Catherine II parle de lui à Grimm, parce qu'elle se souvient des services qu'il lui a rendus dans son ambassade de Constantinople. Voyez la notice que lui a consacrée de Barante en tête des *Lettres et instructions de Louis XVIII au comte de Saint-Priest*. Paris, 1845.

LE COMTE DE MONTMORIN AU COMTE DE SÉGUR.

Versailles, 19 mars 1789[1].

Je vous avois annoncé que je vous enverrais des instructions définitives relativement à la négociation dont vous êtes chargé aussitôt que j'aurois reçu les réponses que j'attendois de la cour de Madrid, avec laquelle le Roi avoit cru nécessaire de se concerter avant de prendre une détermination aussi importante que celle dont il est question.

Ces réponses sont arrivées il y a déjà quelque temps.

Mais différentes circonstances survenues dans l'intervalle et les réflexions que le Roi a faites sur l'état général de l'Europe, et particulièrement sur la situation actuelle de la France, ont suspendu sa détermination. Sa Majesté m'a ordonné de vous les communiquer, afin que vous puissiez les faire connoître aux ministres de l'Impératrice et à cette princesse elle-même si vous en trouvez l'occasion.

Vous connoissez déjà sûrement les dispositions du nouveau roi d'Espagne, et vous savez que, fidèle au système qu'avoit adopté le roi son père, il ne veut dans ce moment contracter aucun nouvel engagement. Je crois inutile d'examiner si cette détermination est la suite de l'influence qu'on a supposé que la cour de Berlin avoit obtenue à Madrid. La réponse qui a été faite par M. de Floride-Blanche[2] à l'office du ministre du roi de Prusse, et qui a été communiquée à Saint-Pétersbourg, me paroît détruire complètement cette supposition.

Mais il n'en est pas moins vrai que, l'Espagne n'entrant pas pour le moment dans l'alliance que nous projetons, cette alliance seroit nécessairement moins imposante et, par conséquent, ne rempliroit pas aussi parfaitement le but que nous nous proposons : celui de contenir la ligue anglo-prussienne et d'empêcher les puissances qui la compose de prendre un ton aussi impérieux que déplacé.

Cette considération ne seroit cependant pas d'un très grand poids, parce que le roi d'Espagne, en se refusant pour le moment à accéder à l'alliance qu'il s'agit de former, donne en même temps au Roi l'assurance la plus formelle et la plus positive que, quel que soit le parti que prendra Sa Majesté, il n'en regardera pas moins comme indestructibles les liens qui unissent la France et l'Espagne.

Ainsi, dans la supposition où nous serions entraînés dans une guerre avec l'Angleterre, nul doute que l'Espagne ne fît cause commune avec nous, et cette puissance, sans être comprise directement dans l'alliance, n'en augmenteroit pas moins la force.

Je passe à une considération qui a frappé le Roi beaucoup davantage, parce qu'elle a pour objet la position dans laquelle nous nous trouvons à Constantinople, et, sous ce rapport, l'intérêt même des cours impériales.

---

1. *A. E. Russie*, t. CXXVIII, fol. 235.
2. Don José Monino, comte de Floride-Blanca (1728-1808), s'était distingué comme ambassadeur de Charles III auprès du pape Clément XIV. Il succéda à Grimaldi comme ministre des affaires étrangères, mais s'occupa aussi des affaires intérieures de l'Espagne et fut un des grands réformateurs du xviiie siècle. Il avait échoué dans ses tentatives en 1777 contre Alger, en 1782 contre Gibraltar. Il en était devenu très timoré. En 1792, il fut renversé et emprisonné par le favori de la reine, le célèbre Godoï.

M. le comte de Choiseul s'y est conduit de manière à se conserver la confiance de la Porte, malgré toutes les intrigues des ministres de Londres et de Berlin, qui n'ont cessé de mettre en œuvre tous les moyens de nous rendre suspects. La connoissance d'une alliance que nous viendrions de contracter dans ce moment même avec la Russie donneroit sans doute bien beau jeu à ces deux ministres, ainsi qu'à celui de Suède, qui s'est réuni à eux. Je sais bien qu'on peut objecter que nous sommes alliés de la cour de Vienne, qui est également en guerre avec les Turcs, et qu'il ne paroît pas que cette considération eût fait une grande impression sur eux. Mais le cas seroit bien différent : il y a plus de trente ans que nous sommes alliés de la cour de Vienne, et ce seroit dans le moment même où la guerre est le plus allumée entre la Porte et la Russie que nous contracterions une alliance avec cette dernière puissance ! Il faut convenir que cette connoissance, si elle parvenoit aux Turcs, seroit bien propre à détruire toute confiance en nous de leur part. Nous ne pouvons douter que les cours de Londres et de Berlin ne parvinssent bientôt à les éclairer et à s'emparer de la médiation en nous en excluant. Toute réflexion sur l'usage qu'elles en feroient seroit superflue, et je crois qu'il est assez prouvé qu'elles ne se serviroient de l'influence qu'elles obtiendroient que pour éloigner la paix le plus qu'il leur seroit possible.

On pourroit, à la vérité, convenir de garder le secret sur la conclusion de notre traité ; mais peut-on se flatter qu'un pareil secret soit fidèlement gardé ? D'ailleurs le secret même de cette alliance ne seroit-il pas en contradiction avec le but que nous nous proposons ? Il ne faut pas perdre de vue que notre premier objet est d'en imposer à la ligue anglo-prussienne en lui opposant une masse de force considérable. Comment notre alliance pourroit-elle être imposante si elle étoit ignorée ?

Ces différentes considérations que je viens de vous exposer ont paru d'autant plus importantes à Sa Majesté que l'on peut concevoir des espérances fondées de la négociation qui se suit à Constantinople. Par les dernières nouvelles que j'ai reçues de M. de Choiseul, je vois que, s'il y eût été autorisé, il y a toute apparence qu'il auroit pu conclure un armistice de six mois. Ces dispositions de la part des Turcs semblent annoncer qu'ils ne repousseroient pas les ouvertures de paix, et que quand même ils les trouveroient trop dures pour les admettre immédiatement, ils reviendroient au moins à l'armistice pour avoir le temps de les discuter. Nous ne tarderons pas à être éclaircis sur leurs véritables intentions. L'accord ou le refus de l'élargissement de M. de Bulgakow me paroît devoir décider si elles sont pacifiques ou non.

Depuis qu'il est question de notre traité, je ne vous ai jamais dissimulé combien l'article de la garantie de la Pologne répugnoit à Sa Majesté. La fermentation qui règne dans cette République, et qui paroît aller toujours en croissant, n'a pu qu'augmenter les doutes du Roi à cet égard. Je ne vous répéterai pas ici les raisons que je vous ai développées dans mes premières dépêches sur cet objet. Mais j'observerai que nous sommes à la veille de l'assemblée des États généraux[1]. Personne n'ignore que le principal motif qui en a déterminé la convocation a été la nécessité de faire disparoître la différence qui se trouve entre les revenus et les dépenses nécessaires de l'État. Ce ne sera que lorsque le Roi aura atteint ce but qu'il pourra avoir la certitude de remplir même les engagements déjà existants. Comment, dans l'incertitude qui doit nécessairement subsister jusqu'à cette époque,

---

1. Ils se réunirent, en effet, le 5 mai à Versailles.

Sa Majesté se résoudroit-elle à en contracter de nouveaux? Sa Majesté n'a aucun doute que le résultat de l'Assemblée nationale qu'elle a convoquée ne soit tel qu'elle doit l'attendre de l'amour de ses sujets et des ressources immenses de la nation.

Mais elle pense qu'il est de sa sagesse et de sa bonté de ne pas effrayer les esprits par la perspective d'une guerre prochaine, que les ennemis de la France et peut-être même des caractères inquiets dans l'intérieur pourroient présenter avec quelque apparence de raison comme devant être la suite de l'alliance que nous formerions dans les circonstances actuelles. Cette terreur seroit sans doute chimérique; mais elle n'en influeroit pas moins sur l'opinion et par conséquent sur le crédit. Ce n'est pas au moment où il nous est le plus nécessaire, ce n'est pas au moment où, après avoir éprouvé des secousses violentes, il commence à renaître qu'il seroit prudent de risquer d'arrêter ses progrès. Son rétablissement une fois assuré, et cette époque n'est pas éloignée, la France reprendra toute sa force et toute sa puissance. C'est alors qu'elle deviendra une alliée véritablement utile et que les alliances que l'on contractera avec elle seront vraiment imposantes.

Telles sont les raisons qui suspendent pour le moment l'effet de la résolution de Sa Majesté de consolider par tous les moyens possibles son union intime avec la cour de Pétersbourg. Vous voyez que les unes sont puisées dans l'intérêt même de l'Impératrice et les autres dans la situation générale de l'Europe et dans les circonstances particulières de la France. Sa Majesté est persuadée que la franchise avec laquelle elle m'a ordonné de vous les exposer ne sauroit être qu'agréable à l'Impératrice et surtout analogue au caractère dont elle a donné si souvent des preuves.

Au surplus, le Roi persiste invariablement dans le système d'union avec les deux cours impériales, et, quoique Sa Majesté trouve des inconvénients majeurs à conclure dans ce moment le traité d'alliance projeté, elle pense que nous ne devons pas cesser de nous occuper d'en arrêter les bases, sauf à ne le revêtir des formes qui doivent le consacrer qu'à l'époque à laquelle ces inconvénients n'existeront plus.

Cette époque seroit celle du rétablissement de la paix entre les deux cours impériales et la Porte Ottomane et celle de la solution complète des affaires intérieures en France, c'est-à-dire à l'issue des États généraux.

Ce retard, dont les motifs ont été exposés dans le cours de cette dépêche, ne sauroit être préjudiciable à la situation présente des affaires, puisque, quand même le traité seroit signé dès cet instant, il n'auroit aucun effet relativement aux deux guerres actuellement subsistantes, qui en seroient exceptées; et l'alliance dont nous nous occupons étant indépendante des circonstances actuelles, on peut regarder comme indifférent de la conclure un peu plus tôt ou un peu plus tard, pourvu que nous soyons assurés de nos dispositions respectives.

Le Roi se repose avec la plus entière confiance sur celles que Sa Majesté Impériale lui a fait connoître par vous, et vous charge expressément d'assurer cette princesse qu'il n'a rien tant à cœur que de consolider l'harmonie et la bonne intelligence qui règnent si heureusement entre les deux puissances.

Je joins ici le projet de traité [1] tel que nous l'avons conçu. J'ai lieu de croire qu'il ne sera pas susceptible de beaucoup d'observations et qu'il est entièrement conforme aux idées de Sa Majesté Impériale.

---

1. C'est la pièce qui suit celle-ci.

Vous voudrez bien donner une communication verbale de cette dépêche aux ministres de l'Impératrice. Je me flatte qu'ils y rencontreront le désir de Sa Majesté de s'unir intimement avec Sa Majesté Impériale et qu'ils applaudiront à la franchise avec laquelle le Roi m'a ordonné d'exposer les motifs qui le déterminent à différer de quelque temps cette union pour la rendre plus utile et plus durable.

---

PROJET DE TRAITÉ D'AMITIÉ ET D'ALLIANCE DÉFENSIVE ENTRE LE ROI ET L'IMPÉRATRICE DE RUSSIE [1].

Sa Majesté le Roi Très Chrétien et Sa Majesté l'Impératrice de toutes les Russies, désirant consolider la bonne harmonie qui subsiste entre elles et la rendre de plus en plus utile à leurs États et sujets respectifs, ont jugé que le moyen le plus sûr d'atteindre ce but, étoit de s'unir de vues et d'intérêts par un traité d'amitié, de garantie et d'alliance défensive. Leurs Majestés se sont portées d'autant plus volontiers à prendre entre elles des engagements de cette nature qu'en même temps qu'ils contribueront à leur avantage réciproque, elles sont persuadées qu'ils influeront sur la tranquillité générale, laquelle est le premier et le plus important objet de leurs soins comme de leurs vœux. En conséquence de ces dispositions, Leurs Majestés ont donné leurs pleins pouvoirs, savoir :

. . . . . . . . . . . . . . . . . . . . . . . . . . . . . . . . .

ART. .

Comme au traité avec l'Empereur.

ART. .

Les deux hautes parties contractantes se promettent de la manière la plus solennelle, pour elles, leurs héritiers et successeurs, de garantir et défendre, contre les attaques de quelque puissance que ce soit, tous leurs États, provinces et domaines en Europe, *sans aucune exception*.

Il est convenu néanmoins que la guerre actuellement subsistante entre Sa Majesté Impériale, le Grand Seigneur et la Suède, comme celles qui pourront survenir dans la suite entre la Russie et la Porte Ottomane, de même que celles qui pourront avoir lieu entre la France et la Grande-Bretagne, sont et demeureront exceptées du présent traité.

Il est convenu toutefois que dans le cas où quelque puissance interviendroit en faveur de l'ennemi ou des ennemis d'une des hautes parties contractantes, les exceptions énoncées ci-dessus cesseront d'avoir leur effet, et l'autre partie sera tenue à la prestation des secours stipulés par le présent traité.

---

1. *A. E. Russie*, t. CXXVII, fol. 146 (classement défectueux). — Joint à la dépêche du 19 mars 1789 (pièce ci-dessus) adressée par M. de Montmorin au comte de Ségur.

## LE PROJET DE TRAITÉ, 1789.

Art. .

En conséquence de la garantie et de la défense stipulées dans l'article précédent, Sa Majesté Très Chrétienne et Sa Majesté Impériale travailleront toujours de concert pour le maintien de la paix générale en Europe. Et dans le cas où les États de l'une des deux parties contractantes seroient menacés d'une invasion, l'autre emploiera d'abord ses bons offices les plus efficaces pour l'empêcher; mais dans le cas où ils seroient infructueux, elles s'obligent de se fournir des secours effectifs en troupes et en vaisseaux.

Art. .

Les secours stipulés par l'article précédent seront de         d'infanterie et de          de cavalerie. Ils se mettront en marche six semaines ou deux mois au plus tard après la réquisition qu'en aura faite la partie attaquée ou menacée d'une invasion dans ses possessions. Ce corps de troupes recevra sa solde ordinaire de celle des deux hautes parties contractantes qui le fournira, et elle sera exacte à le tenir complet. Celle qui le recevra fera pourvoir à la subsistance en campagne et dans les quartiers conformément à ce qui se pratique pour ses propres troupes, et elle donnera des ordres pour que ce même corps ne soit employé que conformément aux règles reçues à l'égard des troupes auxiliaires.

Il sera libre à la partie requérante, au lieu de secours effectifs en hommes, de demander l'équivalent en argent, lequel sera payé comptant chaque mois et sera évalué pour la totalité, sans qu'on puisse exiger rien de plus, à raison de 8 000 florins, argent d'Empire, pour chaque mille hommes d'infanterie et 24 000 florins pour chaque mille hommes de cavalerie, le florin évalué à 2 f. 10 tournois.

Les deux hautes parties contractantes se fourniront en outre dans le terme convenu ci-dessus      vaisseaux de ligne et      frégates, lesquels seront équipés, entretenus et remplacés par la puissance requise.

Art. .

Dans le cas où, après avoir fourni les secours stipulés ci-dessus, la puissance qui les aura fournis seroit elle-même attaquée, et que ces secours lui deviendroient nécessaires pour sa propre défense, elle aura la liberté de les rappeler, après avoir averti deux mois auparavant. Et si la puissance requise se trouvoit, au moment de la réquisition, engagée elle-même dans une guerre, dans ce cas, elle sera dispensée de fournir le secours convenu.

Art. .

Si les secours ci-dessus désignés ne sont pas suffisants pour repousser les attaques de l'ennemi, les deux hautes parties s'entendront sans perte de temps sur la prestation de secours plus considérables, selon l'exigence des cas. Leurs Majestés Royale et Impériale s'engagent en outre non seulement de ne faire ni trêve ni paix séparées; mais aussi de n'entamer aucune négociation, sans se prévenir mutuellement et sans s'en communiquer l'objet et les progrès.

Art.  .

Les deux hautes parties contractantes se communiqueront également les engagements qui subsistent actuellement entre elles et d'autres puissances de l'Europe. Elles s'engagent en outre de la manière la plus précise à n'en point contracter de nouveaux qui soient directement ou indirectement contraires au présent traité.

Art.  .

Leurs Majestés Très Chrétienne et Impériale donneront à leurs ambassadeurs et ministres respectifs l'ordre de s'assister mutuellement de leurs bons offices et d'agir d'un parfait accord dans toutes les occurrences où il sera question des intérêts de l'une des deux parties contractantes.

Art.  .

Le Roi Très Chrétien, pour donner une preuve particulière de son amitié à l'Impératrice de Russie, garantit la cession [1].

Art.  .

Le présent traité durera...

###### ARTICLE SÉPARÉ ET SECRET.

Quoique l'Angleterre soit exceptée du présent traité, il a été néanmoins convenu que si cette puissance, en haine de la présente alliance, attaquoit l'une des deux parties contractantes soit par terre ou par mer, elles feront cause commune et se prêteront mutuellement les secours stipulés par le traité signé cejourd'hui.

---

###### LE COMTE DE MONTMORIN AU COMTE DE SÉGUR.

Versailles, 19 mars 1789 [2].

Je pourrois presque ne rien ajouter à la dépêche que le Roi vous autorise à communiquer aux ministres de l'Impératrice. Elle contient les véritables résolutions de Sa Majesté; ce n'est que le résultat des délibérations du Conseil où la question de cette alliance avec la Russie a été agitée. Il

---

1. « Nota. — Cet article est relatif au Holstein. C'est à Sa Majesté Impériale à juger s'il lui convient ou non qu'il soit inséré. »
2. *A. E. Russie*, t. CXXVIII, fol. 243. — Voyez ci-dessus, pp. 461 et suiv., une dépêche du même au même et en date du même jour; la différence entre ces deux documents est que le premier pouvait être communiqué aux ministres russes, tandis que celui-ci devait rester secret.

n'y a eu qu'une voix sur l'utilité de cette alliance et sur la convenance dont elle est sous tous les rapports ; mais on a trouvé qu'il seroit dangereux de la former dans les circonstances présentes.

Le Roi lui-même a pensé qu'il ne lui convenoit pas de contracter des engagements qu'il n'avoit pas la certitude de pouvoir remplir. Il a d'ailleurs répugné à sa délicatesse de signer un traité d'alliance avec une puissance ennemie des Turcs dans le moment même où, par l'offre qu'il leur fait de sa médiation, il les assure implicitement de sa parfaite impartialité.

J'espère que Sa Majesté Impériale appréciera la loyauté et la franchise des explications dans lesquelles nous entrons avec cette princesse et qu'elle n'attribuera pas à incertitude, dans le parti que nous prendrons, ce qui n'est que l'effet des circonstances du moment. La résolution du Roi de s'allier intimement avec la Russie est telle que si la cour de Pétersbourg désiroit assurer la confection de notre traité à l'époque indiquée dans la dépêche précédente, par un acte quelconque dans lequel les deux cours en prendroient l'engagement respectif, le Roi s'y prêteroit avec plaisir. L'intention de Sa Majesté n'est pas que vous en fassiez l'offre; mais, si on vous montroit cette idée, vous la saisiriez et vous pourriez assurer qu'elle seroit accueillie ici avec empressement, en vous bornant cependant à parler en votre nom et d'après votre propre persuasion, puisée dans la connoissance que vous avez des intentions de Sa Majesté.

Vous verrez, par le projet de traité que je vous envoie, qu'il n'y a pas de difficulté relativement au fond de l'affaire; au moins je crois que nous sommes d'accord sur tous les points. On a laissé en blanc les secours soit de troupes, soit de vaisseaux à se prêter mutuellement ; je pense que quant aux troupes, on pourroit adopter la quotité déterminée dans notre traité avec la cour de Vienne, et quant aux vaisseaux il faudroit que six [vaisseaux] et trois frégates fussent le moindre nombre et douze [vaisseaux] et six frégates le plus considérable.

Je ne saurois trop vous répéter que le Roi est parfaitement décidé à conclure aussitôt que les circonstances le permettront ; Sa Majesté n'a pas varié un instant à cet égard, et le Conseil est unanime sur l'utilité et la convenance de l'alliance ; il ne s'agit donc que d'un retard que les circonstances générales de l'Europe, et particulièrement de la France, paroissent exiger. Ce seroit avec une véritable peine que le Roi verroit s'évanouir par ce retard l'espérance de réaliser d'une manière constante et solide le système qui doit l'unir aux deux cours impériales.

Le rétablissement complet du roi d'Angleterre [1] me persuade qu'il existera désormais moins de dispositions de la part de la cour de Pétersbourg, ou du moins, moins de facilité pour se rapprocher de celle de Londres. Les mêmes raisons qui aigrissoient l'Impératrice sont dans toute leur force : ce sont les mêmes ministres qui conduisent et qui conduiront longtemps les affaires à Londres [2]. Les liaisons entre cette cour et celle de Berlin paroissent se consolider de plus en plus et l'on ne peut guère douter que ce ne soit le roi de Prusse qui dirige la Suède dans ce moment. Au moins il est certain que Gustave III ne sauroit se passer de M. Borck [3] et

---

1. Voyez ci-dessus, p. 447, note 3.
2. C'était toujours le ministère Pitt. Il dura jusqu'à la formation du ministère Addington en 1801, revint au pouvoir après la rupture de la paix d'Amiens (1803), pour ne faire place à un ministère Fox qu'en 1806, après la mort de Pitt, tué par le désastre d'Austerlitz.
3. Envoyé de Prusse à Stockholm.

qu'il passe régulièrement tous les jours cinq à six heures avec lui. Il est impossible de prévoir comment les affaires tourneront en Suède ; mais il me semble que plus l'Impératrice donnera des preuves de modération, plus elle établira qu'elle ne confond pas le roi de Suède avec sa nation, en écartant cependant toute idée qu'elle veut s'immiscer dans les affaires intérieures de ce royaume, et plus elle rendra impossible l'entreprise inconsidérée à laquelle s'est livré Gustave III.

Je suis fâché qu'on ait pu concevoir quelque ombrage à Pétersbourg de ce que le Roi a continué à faire payer au roi de Suède les subsides auxquels il s'étoit engagé par deux traités différents [1]. Il me semble que cela étoit indispensable sous tous les rapports et ne pouvoit tirer à conséquence puisque les traités finissoient avec l'année dernière. Le Roi avoit, à la vérité, tout sujet de se plaindre du roi de Suède. Ce prince s'est conduit sans confiance et même sans égards pour Sa Majesté ; mais il n'avoit contracté aucune alliance qui altérât celle qu'il avoit avec le Roi, et nous ne savons même pas encore qu'il en ait contracté aucune. Rien ne nous dispensait donc de remplir les engagements que nous avons avec lui.

Il n'en étoit pas de même avec la Hollande. Cette République a contracté avec l'Angleterre une alliance qui altère essentiellement celle qu'elle avoit avec nous [2], et ce n'étoit qu'en faveur de cette alliance que le Roi s'étoit prêté à fournir à la République une partie des sommes qu'avait exigées l'Empereur. Il faut encore observer qu'aucun traité, aucun acte ne portoit cet engagement ; c'étoit une simple preuve de bienveillance que le Roi avoit consenti à donner aux États généraux pour leur éviter d'être entraînés dans une guerre qui alloit devenir la suite de la division qui régnoit entre eux. Je n'ai même trouvé aucune trace de tout ce qui s'étoit passé dans cette circonstance. L'amitié et la bienveillance du Roi avoient donc été le seul motif qui avoit déterminé Sa Majesté, et, en vérité, la reconnoissance qu'on lui en a témoignée a été bien propre à éteindre ces sentiments et à en faire cesser l'effet.

Vous voyez que le cas avec le roi de Suède étoit fort différent. Ce prince nous a demandé les secours stipulés par les traités, et nous les lui avons refusés parce que ces secours étoient promis pour une guerre défensive et non pour une guerre offensive. Au surplus, je vous répète ici ce que je vous ai déjà mandé : nos traités avec la Suède sont expirés ; il n'en existe plus d'aucun genre entre nous et cette puissance, et nous ne les renouvellerons certainement pas tant que nous conserverons le projet de nous unir à la Russie. Si, comme je l'espère, ce projet se réalise, je crois qu'il nous seroit infiniment utile d'y faire entrer la Suède lorsque les circonstances le permettroient, et, comme je ne doute pas que le Danemark n'y fût admis, la tranquillité du Nord seroit assurée et la Baltique fermée aux Anglois. Ce sera, je crois, l'ordre de choses le plus heureux pour nous et pour le Nord, dont la paix ne seroit jamais troublée.

J'ai cru devoir vous parler dans ma dépêche ostensible de la manière dont l'Espagne est avec nous, et repousser l'idée que cette puissance soit livrée à la cour de Berlin. Cette opinion seroit absolument fausse : jamais nous n'avons été plus sûrs de l'Espagne que nous le sommes aujourd'hui. M. de Galvez [3], caressé par les ministres prussiens et sensible aux avances qu'il en a reçus, peut avoir l'air de la partialité en faveur de la cour de

---

1. Voyez ci-dessus, p. 436, note 2.
2. Voyez ci-dessus p. 415, note 2, et 443, note 1.
3. Ministre d'Espagne à Pétersbourg. Voyez ci-dessus, pp. 411, note 1, et 426, note 2.

Berlin ; mais la sienne ne partage aucunement sa façon de penser à cet égard. Au surplus, je désire que vous témoigniez amitié et confiance à M. de Galvez, bien entendu, cependant, dans les choses qui ne vous laisseront rien à craindre de son indiscrétion. C'est donc dans la mesure d'une confiance plus apparente que réelle que vous devez vous tenir avec lui. S'il n'a pas changé depuis que je l'ai connu, et je ne l'imagine pas, il doit être un fort bon homme, peu éclairé, mais dont la vanité assez forte est facilement séduite, pourvu qu'on le persuade qu'on a confiance dans ses lumières et dans son jugement. Je ne saurois trop vous recommander, quoique je sache que vous n'en avez pas besoin, de très bien vivre avec ce ministre. Il est convenable de donner une grande opinion de notre intimité avec l'Espagne, et, tout calculé, cette puissance est et sera toujours notre plus sûre et plus utile alliée.

---

LE COMTE DE SÉGUR AU COMTE DE MONTMORIN.

Pétersbourg, 14 avril 1789 [1].

... Je puis vous répondre que je n'ai rien omis de tout ce que le zèle sans bornes et mon très médiocre talent ont pu me fournir de moyens pour calmer l'humeur que donnoit notre réponse, pour maintenir notre crédit, pour entretenir l'espérance et pour laisser à la cour de Russie le désir de s'unir à la nôtre. Mais je suis encore bien loin de pouvoir vous répondre du succès de mes efforts. J'espère que le Roi et le Conseil sentent combien ma mission devient délicate et pénible. Comment soutenir notre crédit quand nous avouons notre impuissance actuelle? Comment faire désirer notre alliance quand nous la différons jusqu'au moment de la paix des Turcs, c'est-à-dire au moment où la Russie croit n'avoir aucun besoin de notre appui? Comment, malgré l'aigreur qu'inspire l'Angleterre, être sûr qu'on ne s'en rapprochera pas lorsqu'elle a rendu tant de services comme amie et fait tant de mal comme ennemie, et lorsqu'elle promet encore de procurer la paix la plus avantageuse si on s'éloigne de nous et si on lui rend à Pétersbourg le crédit que nous lui avons enlevé? Ne voulant pas me rendre responsable de l'événement, je dois répéter à Sa Majesté une autre observation très importante. La voici :

Dans le cas où je parviendrois, contre la probabilité, à maintenir la Russie dans le désir de notre alliance, je ne vois pas la possibilité de faire le traité aux mêmes conditions. Le grand avantage de ce traité pour nous étoit d'obtenir des secours de la Russie contre les Anglois ou de faire fermer au moins les ports russes à l'Angleterre en cas de guerre : stipulation qui auroit suffi pour ôter toute idée hostile au ministère britannique, qui craint plus que tout de mécontenter le commerce et de perdre sa navigation. Mais cet avantage étant aussi contraire aux intérêts du commerce russe, nous ne pouvions le devoir qu'à la circonstance critique qui portoit l'Impératrice à tout sacrifier au désir de notre alliance. Attaquée par les Turcs et les Suédois, inquiétée en Pologne [2], elle réunit toutes ses forces contre ses

---

[1]. *A. E. Russie*, t. CXXVIII, fol. 297.
[2]. Par les menées du roi de Prusse en vue de se créer un parti dans ce pays et s'assurer l'alliance de la République.

ennemis. Ses armes sont heureuses, mais l'opposition des Anglois et des Prussiens et la seule crainte de l'entrée d'une escadre angloise ou hollandoise dans la Baltique, la marche des troupes prussiennes peuvent seules changer ses espérances en terreur, ses triomphes en revers, peuvent seules éloigner une paix avantageuse que, sans cette union, elle ne se croit pas sûre d'obtenir. Notre alliance actuelle, notre appui dans ce moment l'auroit débarrassé de cette crainte fondée, auroit arrêté les Anglo-Prussiens; il n'y auroit point eu de guerre générale; elle nous auroit dû cette tranquillité, et, par reconnaissance, elle consentiroit à tout en notre faveur et contre l'Angleterre. Par un traité de plus et sans répandre une goutte de sang, nous assurions notre repos et notre influence, et nous nous vengions en Russie de l'affaire de Hollande. Mais lorsque ce moment de crainte de la Russie aura disparu, lorsque la paix sera faite, quel motif pourra la déterminer à nous promettre contre les Anglois des secours désavantageux pour son commerce? Je n'en vois pas. La garantie du territoire polonois ne sera plus un objet si important à ses yeux, et les deux cours impériales se croiront assez fortes pour contenir toutes deux le roi de Prusse. Ainsi, ou l'on ne s'alliera plus à nous, ou, dans l'alliance, la neutralité entre nous et l'Angleterre sera stipulée comme la nôtre entre la Russie et la Porte; et alors le traité sera comme nul, puisqu'il sera sans objet.

Voilà l'observation que j'ai dû soumettre au Roi pour le prévenir de ce qui doit arriver même dans le cas le plus favorable, c'est-à-dire dans celui où l'humeur contre l'Angleterre dureroit à l'époque de la paix pour laisser encore quelque désir de notre alliance. Mais si cette humeur contre l'Angleterre ne dure pas et si elle a moyen de la faire cesser, alors notre crédit sera entièrement et rapidement renversé, comme il l'a été en Hollande, en Suède et en Turquie.

Cette observation, qu'il est de mon devoir de ne pas dissimuler, éloigne mes espérances, mais non pas mon zèle; et, si l'intérêt politique se tourne contre nous, je chercherai à m'appuyer de la fierté de l'Impératrice, de son amour-propre blessé et du désir qu'elle peut avoir de prouver un jour son ressentiment aux cours de Londres et de Berlin, qui ont abusé des circonstances pour l'offenser. Jusqu'à présent, le ministère russe m'a montré de la reconnaissance pour nos bonnes intentions; il a paru apprécier la noble franchise avec laquelle le Roi a fait l'aveu de ses embarras actuels et la délicatesse avec laquelle il refuse de signer des engagements qu'il veut toujours contracter, mais qu'il n'est pas encore sûr de pouvoir remplir. On me montre de la disposition à persister dans notre système et à attendre notre régénération; mais c'est ce qu'on doit me dire dans tous les cas pour ne pas nous aigrir. Le vice-chancelier, moins dissimulé, m'a laissé voir son mécontentement et son découragement. Il lui est échappé de me dire que la Russie étoit la victime de ses amis, que la Prusse la persécutoit à cause de l'Empereur, que l'Angleterre ne la contrarioit que depuis la Neutralité armée et notre traité de commerce, et que, malheureusement, nous ne pouvions opposer que des vœux et des projets sans exécution au mal réel que faisoit la Ligue. J'ai pénétré très aisément la vive inquiétude que lui causoit l'appui qu'on peut donner à la Suède. Aussi, monsieur le comte, je n'ai pas besoin d'adoucir, comme vous me l'avez conseillé, relativement à la Suède, mais j'ai grand besoin d'entretenir l'humeur contre les Anglois.

La maladie de l'Empereur [1] redouble l'inquiétude et les craintes. On la

---

1. Les chagrins que Joseph II avait éprouvés de la résistance que ses réformes avaient suscitée en Belgique, en Hongrie et presque dans toutes les provinces de la

dit dangereuse. Dans ce chaos, dans cette foule d'obstacles et de troubles de toute espèce, au milieu des triomphes, mais à la porte des malheurs et à la veille des plus grands dangers, l'Impératrice, malgré sa fierté, paroît adopter l'avis du prince Potemkin. Elle lui permet de caresser, de ménager le ministre d'Angleterre. Il l'admet déjà dans son intimité, l'engage à plusieurs parties. Il ne m'invite plus. Il est vrai qu'un homme qui a sa confiance m'a prévenu, sans doute de sa part, de ne pas m'alarmer de ce changement qui n'est qu'apparent et de ces ménagements que la circonstance exige. Il m'a fait sentir que, puisque nous ne pouvions pas arrêter les Anglois et les Prussiens, il falloit bien qu'on cherchât à les adoucir, à les endormir; qu'il falloit gagner trois ou quatre mois et que, si on parvenoit à les tenir tranquilles pendant ce terme, on feroit après ce qu'on voudroit sans inconvénient. Il reste à savoir si cette feinte ne deviendra pas une réalité. C'est ce que le temps nous apprendra.

L'ambassadeur de l'Empereur, parfaitement d'accord avec moi sur tous les points, me seconde de tout son crédit, de toute son adresse, de toute sa pénétration, et nous n'avons qu'un même avis, et il partage toutes mes craintes et mes espérances.

J'ai obtenu de la Russie jusqu'ici tout ce que le Roi m'a chargé de lui demander pendant cinq années : confiance, traité de commerce, alliance, influence, médiation ou l'équivalent. La lettre du comte Ostermann au comte de Choiseul-Gouffier a remis entre ses mains tous les soins et tout l'honneur de la pacification. Des troubles ont affoibli nos moyens; notre cour a longtemps soutenu ici tout son crédit et toute sa dignité; je vais redoubler d'activité pour conserver quelque partie de cette position brillante; et, si la scène change, j'espère que la bonté du Roi et la bienveillance du Conseil n'attribueront cette révolution qu'aux circonstances qu'il ne sera pas en mon pouvoir de forcer.

---

LE COMTE DE SÉGUR AU COMTE DE MONTMORIN.

Pétersbourg, 21 avril 1789 [1].

...L'Impératrice a dit à ses ministres de suspendre l'examen du projet d'union que je leur ai remis et de ne lui rendre compte de cette affaire qu'après avoir fini tous les travaux plus instants que l'ouverture de la campagne prochaine exige...

---

monarchie, ses désastres dans les campagnes du Danube, les fièvres qu'il avait contractées dans les marécages du Banat, avaient gravement altéré sa santé. Cependant il ne mourut que le 20 février 1790.

1. *A. E. Russie*, t. CXXVIII, fol. 320.

LE COMTE DE MONTMORIN AU COMTE DE SÉGUR.

Versailles, 4 juin 1789 [1].

Le principal objet que vous avez eu à traiter est sans doute notre projet d'alliance, renvoyé nécessairement à un temps plus éloigné. Le Roi ne s'attendoit pas que l'Impératrice et ses ministres écoutassent avec plaisir ce que vous aviez à leur dire pour développer les raisons qui obligeoient Sa Majesté à différer de mettre la dernière main à cette affaire. Catherine II a rendu à la conduite de Sa Majesté l'honneur que nous pouvions attendre, et nous devons être satisfaits de la manière dont les choses se sont passées. J'espère que ce retard, dont nous avons des motifs trop valables, ne changera rien aux dispositions de la cour où vous êtes.

Si, comme je le pense, l'alliance projetée est essentiellement utile, nous devons trouver les mêmes facilités aux époques que nous avons indiquées; si, au contraire, la complaisance et le désir qu'on nous a témoignés ne tenoient qu'aux circonstances, l'alliance se seroit affoiblie, et en dernière analyse, nous aurions fait un traité dont nous n'aurions eu que les charges et qui seroit devenu nul au moment où il auroit pu nous être utile.

Ainsi, tout bien considéré, je ne saurois regretter que nous n'ayons pas conclu dans ce moment; je regarde même ce retard comme une pierre de touche qui nous fera connoître les véritables intentions de la cour de Pétersbourg. En attendant, nous saurons distinguer dans les ménagements de la Russie pour les cours de Londres et de Berlin ceux que les circonstances rendent nécessaires de ceux qui paroîtront dictés par un changement de système à notre égard.

Dans cette correspondance, nous voyons, très nettement, quels que soient les prétextes qu'on invoque de part et d'autre, la fin des négociations si énergiquement menées par M. de Ségur, et l'enterrement définitif du projet d'alliance entre la France et la Russie.

Bientôt une dépêche de M. de Simoline [2] annonce à Catherine II la prise de la Bastille. Elle se termine par ce curieux passage :

Cet événement, outre sa gravité au point de vue général, a dans le moment présent une importance particulière pour notre cour. Ce serait une illusion de compter maintenant sur l'alliance de la France et, encore plus, sur son importance politique. Quand même le nouveau ministère [3] serait bien disposé pour l'alliance proposée par Sa Majesté Impériale, il ne serait pas en position de s'en occuper. Pour les affaires que nous avons maintenant sur les bras, la France peut être considérée comme n'existant pas. Sans me permettre de donner des conseils, je crois de mon devoir de dire

---

1. *A. E. Russie*, t. CXXIX, fol. 66.
2. Publiée par Barténief, dans l'*Archive russe* de 1875, t. II, p. 410.
3. Il s'agit sans doute du ministère qui fut formé, le 11 juillet 1789, et qui fut chargé de préparer le coup d'État contre l'Assemblée. Il dura juste six jours. Le duc de La Vauguyon y remplaçait M. de Montmorin aux affaires étrangères, mais le sixième jour dut lui restituer ce portefeuille.

ce que je vois. Je dis donc que; quand même la France serait bien disposée à notre égard, elle n'est pas en position de nous rendre aucun service et que l'on doit tenir pour un rêve une alliance de la France avec l'Empire de Russie... Les ministres sont maintenant tenus d'obéir à la direction prépondérante et aux influences du tiers état. Si l'Impératrice a besoin de médiateurs pour mener à bonne fin les deux guerres qu'elle fait en ce moment, il faut nécessairement les chercher d'un autre côté.

Montmorin, toujours optimiste, essayait péniblement de relever le courage de Ségur, en assurant que ce gros événement ne changeait rien, du moins à la situation générale de l'Europe :

LE COMTE DE MONTMORIN AU COMTE DE SÉGUR.

Versailles, 9 août 1789 [1].

... Si quelque chose, Monsieur, pouvoit modérer le sentiment de nos troubles intérieurs, ce seroit le peu d'influence qu'ils peuvent avoir dans ce moment sur les affaires du dehors. Nous avons toujours lieu de croire que l'Angleterre n'a aucune vue hostile : nous croyons même que l'opinion qu'on a prise dans ce pays de l'énergie de la nation françoise pourroit calmer la mauvaise volonté des Anglois, si elle leur avoit pu inspirer l'idée de nous attaquer, En effet, ce cas arrivant, il ne seroit pas difficile d'exciter l'indignation de la nation contre des voisins qui voudroient profiter de l'embarras où nous nous trouvons pour nous attaquer. Mais rien n'annonce qu'ils aient ce dessein.

Ces circonstances ne justifient que trop, Monsieur, la conduite du Roi relativement à l'alliance projetée et vous n'aurez pas de peine à le faire sentir dans l'occasion. L'Impératrice doit être assurée des sentiments du Roi, et aucune autre puissance n'est maintenant en mesure de lui inspirer autant de confiance que Sa Majesté.

Dans les derniers temps de son séjour en Russie, Ségur peut constater, en même temps que les sentiments persistants de sympathie envers sa personne, le refroidissement progressif de l'Impératrice envers la France. Citons quelques fragments de sa correspondance :

LE COMTE DE SÉGUR AU COMTE DE MONTMORIN.

Pétersbourg, 21 août 1789 [2].

... L'Impératrice m'a fait venir hier à l'Hermitage et m'a accueilli encore avec plus de bontés que de coutume. Cette princesse, m'ayant pris à part, m'a assez longtemps parlé des affaires de France. Elle y a mis tout l'intérêt d'une véritable amie du Roi. Elle apprécie ses vertus comme elle le doit, mais elle m'a paru indignée des excès auxquels le peuple s'est porté, et

---

1. *A. E. Russie*, t. CXXIX, fol. 231.
2. *A. E. Russie*, t. CXXIX, fol. 254.

comme je lui montrois l'espérance que j'ai de voir renaître sous peu le calme et la force de l'État, elle m'a dit qu'elle le souhaitoit plus que personne, mais qu'elle ne commenceroit à y croire que lorsque le peuple finiroit les proscriptions. Elle m'a parlé aussi du projet que, d'après les dernières nouvelles, elle supposoit aux Anglois de prendre leur revanche de la guerre d'Amérique, et elle croit que s'ils nous forcent à la guerre cette attaque nous rendra service en attirant au dehors le feu qui nous tourmente. Je lui ai répondu que s'ils nous laissoient tranquilles, une prompte régénération nous donneroit avant peu la force de déjouer et de contenir leur ambition future, et que, s'ils nous attaquoient, l'énergie nationale les forceroit à un prompt repentir...

Mais déjà le prince Potemkine insistait pour que Catherine II n'admit plus uniquement dans son intimité les ministres de Vienne et de Versailles, vu que « dans l'état d'inaction où nous réduisaient nos troubles, il fallait ménager l'Angleterre ».

LE COMTE DE SÉGUR AU COMTE DE MONTMORIN.

Pétersbourg, 2 octobre 1789[1].

...On a commencé à inspirer contre nous à l'Impératrice une grande méfiance. La voie par laquelle je tiens ce fait est sûre et très secrète, et j'ose vous supplier de n'en pas paroître informé et de ne pas en dire un mot à M. de Simoline. Cette princesse, en causant avec la plus sincère confiance avec la personne qui l'a rapporté, s'est plainte amèrement de nous, et « j'ai, dit-elle, fait un grand pas pour me rapprocher de la cour de Versailles; j'ai changé mon système; j'ai aigri d'autres puissances, qui s'en sont vengées. La France non seulement ne m'est pas utile, à cause de la foiblesse que lui donnent ses troubles, mais même elle use de mauvaise foi envers moi; elle vient d'engager par son ambassadeur à Londres le ministère anglois à ne pas souffrir que la Suède soit écrasée, intention que je n'ai pas assurément; mais c'est la France, à qui j'ai sacrifié mes liaisons avec les Anglois, qui excite l'Angleterre contre moi. L'escadre françoise avertit les Turcs de tous les mouvements de ma flotte dans la Méditerranée et la rend inutile; enfin, M. le comte de Choiseul a été fortement accusé de diriger le plan de campagne du ministère ottoman. Si la France veut ainsi caresser [tout] le monde et flatter les partis les plus opposés, elle se verra abandonnée par tous ses amis. » Et voilà les termes dont elle s'est servie.

1. *A. E. Russie*, t. CXXX, fol. 57.

LE COMTE DE SÉGUR AU COMTE DE MONTMORIN.

Pétersbourg, 6 octobre 1789[1].

... J'ai eu l'honneur de prendre congé dimanche de l'Impératrice. Cette princesse ne m'a point reçu publiquement, mais particulièrement. Sa bonté, ses paroles flatteuses et sensibles, le regret qu'elle a bien voulu me montrer, m'ont vivement ému et excité ma juste reconnoissance. Elle m'a retenu à dîner chez elle et m'a beaucoup parlé des affaires de France. Catherine II désire sincèrement que la vertu du Roi triomphe de tous les obstacles qui retardent la régénération de la tranquillité et du crédit, et qu'il voie cesser les maux qui affligent son cœur. Elle souhaite que la France reprenne bientôt l'influence et la prépondérance qu'elle doit avoir, et elle espère que le premier emploi de nos forces et de notre puissance lui sera favorable et ne le sera jamais à ses ennemis. Elle a paru mettre la plus grande cordialité dans les entretiens dont je vous parlerai dans peu plus en détail, et j'ose me flatter d'avoir encore une fois dissipé les soupçons que l'intrigue avait fait naître contre notre sincérité pour exciter sa méfiance.

Ségur était désespéré comme diplomate; mais, en sa qualité de gentilhomme libéral, ancien combattant de la guerre d'Amérique, il ne pouvait qu'approuver la Révolution, au moins à ses débuts. On n'ignorait pas à la cour de Russie ces dispositions « révolutionnaires » du comte de Ségur. Nous lisons dans le *Journal* de Khrapovitski :

*On*[2] a tiré des perlustrations, pour me la montrer, une lettre du comte de Ségur au marquis de La Fayette. — « Est-il possible qu'un ministre du Roi puisse écrire ainsi ! » — Moi : « Ils sont amis, ils ont été ensemble en Amérique. » — « C'est vrai, ils sont cousins. Que dira l'Empereur quand il saura tout cela? » — C'est une lettre curieuse. Il félicite La Fayette de *cette heureuse révolution qu'avoient amenée l'impéritie de quelques ministres, le poids des impôts et l'ambition irritée des parlements. Je la craignois parce qu'elle auroit détruit la France si un concours miraculeux de circonstances n'avoit fait évanouir tous les obstacles qui devoient vous arrêter dans vos aspirations*[3].

C'est le 11 octobre 1789[4] que Ségur quitta son poste de Pétersbourg. Il croyait ne s'éloigner que pour la durée du congé qu'il venait d'obtenir. Il avoue même que l'audience qu'il sollicita de l'Impératrice « l'auroit profondément affligé s'il avoit cru voir cette princesse pour la dernière fois ». Catherine II eut en cette circonstance plus de

---

1. *A. E. Russie*, t. CXXX, fol. 73.
2. *On*, dans le *Journal* de Khrapovitski, c'est toujours l'Impératrice.
3. Les mots soulignés sont en français dans le texte russe, comme étant les paroles mêmes de Ségur.
4. Dès le 4 août, il avait sollicité un congé.

perspicacité ou plus de pessimisme que le diplomate, car les adieux qu'elle lui fit sont empreints d'une certaine gravité mélancolique. Après l'avoir chargé de ses vœux pour le bonheur du Roi et la prospérité de la France, elle ajouta : « Je vous vois partir avec peine ; vous feriez mieux de rester avec moi et de ne pas aller chercher des orages dont vous ne prévoyez peut-être pas toute l'étendue. Votre penchant pour la philosophie et pour la liberté vous portera infailliblement à soutenir la cause populaire ; j'en serai fâché, car moi je resterai aristocrate. C'est mon métier. » Ségur fut sans doute étonné de voir l'Impératrice si bien renseignée sur ses opinions politiques : il ignorait le séjour que certaines de ses lettres avaient fait au cabinet noir et dans le boudoir de la Tsarine.

Le départ de Ségur marque la fin de la France royale comme facteur important dans la politique de la Russie ; il marque également la fin de la France philosophique du xviii° siècle, si sympathique à Catherine et à sa nation, la fin aussi de la Russie des belles années de Catherine, car une réaction énergique contre les aspirations libérales a déjà commencé[1].

Ségur laissait à la cour et dans la société de Pétersbourg un bon et durable souvenir. Son successeur, M. Genet, en rend témoignage ces termes :

M. GENET AU COMTE DE MONTMORIN.

Pétersbourg, 13 octobre 1789 [2].

..... L'Impératrice a vu avec infiniment de peine M. le comte de Ségur s'éloigner de sa personne, et j'ai su par une personne de sa société intime qu'elle parloit de lui souvent et dans les termes les plus honorables. Elle se flatte de le revoir, toute sa cour partage ce sentiment avec elle, et je puis vous assurer, Monseigneur, que, nourrissant les espérances à cet égard, je me sers d'un excellent moyen pour conserver la position avantageuse où les talents et l'habileté de ce ministre ont mis les intérêts de la France en Russie...

---

1. A. RAMBAUD, *Paris et Saint-Pétersbourg à la suite de la Révolution*; *L'opinion russe pendant la Révolution française*; *Catherine II et la Révolution française*, dans la *Revue Bleue* des 29 juin et 14 septembre 1878, 16 octobre 1880, 19 mars 1881.
2. A. E. Russie, t. CXXX, pièce 1, fol. 84.

M. GENET AU COMTE DE MONTMORIN.

Pétersbourg, 31 mai 1791 [1].

J'ai remis, il y a quelques jours, à M. le comte Ostermann les lettres de rappel de M. de Ségur[2]. Ce ministre m'a dit à ce sujet les choses les plus flatteuses pour cet ambassadeur. Toute la cour russe le regrette sincèrement; il était aimé généralement; l'Impératrice ne cessera jamais de l'honorer de sa bienveillance[3], et le prince Potemkin m'a chargé dernièrement, devant plus de cent personnes, de lui mander qu'il étoit profondément affecté de ne plus le revoir en Russie, mais que de près ou de loin il pouvoit compter sur son éternel attachement.

J'entre dans ces détails pour démentir, aussi formellement qu'il est en mon pouvoir, des bruits absurdes que des méchants et des envieux ont, dit-on, répandus à Paris et qui n'ont excité ici que de la pitié et du mépris et l'indignation de Catherine II. Tout ce que je souhaite au successeur de M. de Ségur, c'est d'emporter, lorsque sa mission à Pétersbourg sera finie, autant de regrets que lui.

A son retour en France, les idées libérales de Ségur firent de l'ancien ministre en Russie un adhérent du parti constitutionnel.

En 1791, on le nomma ambassadeur à Rome[4], mais le pape ne voulut pas le recevoir. Louis XVI et la Reine lui offrirent le ministère des affaires étrangères; Marie-Antoinette insista d'une manière pressante; mais un geste d'elle, qu'il surprit dans une glace, lui fit comprendre que la cour ne lui accorderait jamais sa confiance; d'autres indices le décidèrent à refuser. Il fut nommé à Berlin, mais là sa mission fut contrariée par la diplomatie secrète de la cour. Revenu à Paris, il y fut témoin des premiers excès de la Révolution, dut se défendre devant le comité de sa section. Alors il se retira dans sa petite propriété de Chatenay, près Sceaux, avec son père le maréchal, qui fut arrêté et subit une captivité de six mois[5]. Il s'occupa de littérature, se reportant souvent à ses années de Russie, publia ses *Pensées politiques* (1795), le *Théâtre de l'Ermitage* (1798), le *Tableau historique et politique de l'Eu-*

1. *A. E. Russie*, t. CXXXV, fol. 59.
2. Jusqu'alors, Ségur avait toujours espéré pouvoir reparaître à l'ambassade de Russie. Ce ne fut donc que vingt mois après son départ effectif que ses lettres de rappel furent officiellement remises.
3. Lors du rappel du comte de Ségur, l'Impératrice, pour lui témoigner son estime et sa bienveillance d'une manière particulière, lui fit remettre, outre le présent ordinaire, une bague d'un très grand prix (*A. E. Russie*, t. CXXXV, fol. 59).
4. Grimm savait que Catherine s'intéressait toujours à Ségur, car il lui écrit, 10 avril 1791 : « Je n'apprends pas à Votre Majesté que le comte de Ségur est nommé à l'ambassade de Rome; s'il quitte le chef de l'Église grecque pour celui de l'Église romaine, ce n'est pas sans un extrême regret. Il prétend que dans deux ou trois ans il aura sa liberté, et le premier usage qu'il en fera sera de la mettre aux pieds du chef de l'Église grecque. » *Société impériale d'hist. de Russie*, t. XLIV, p. 424.
5. PHILIPPE DE SÉGUR, *Histoire et Mémoires*, t. I<sup>er</sup>, premières pages.

rope (1801), la *Politique de tous les cabinets de l'Europe sous les règnes de Louis XV et de Louis XVI*, ouvrage composé avec la collaboration de Favier. Après le 18 brumaire, il rentra dans la vie politique, fut député au Corps législatif et conseiller d'État (1801), membre de l'Institut (1803), grand maître des cérémonies (1804), comte de l'Empire (1810), sénateur (1813). Au Sénat, il vota la déchéance de l'Empereur. Sous la Restauration, il fit partie de la Chambre des pairs, y siégea parmi les libéraux, fut un partisan décidé de la révolution de Juillet et mourut en cette même année 1830. Ses œuvres complètes forment trente-quatre volumes : il faut y signaler encore des *Contes, fables, chansons et vers*, la *Galerie morale et politique* et l'*Histoire universelle*.

Un de ses frères, le vicomte Joseph-Alexandre-Pierre, qui fut maréchal de camp, s'est distingué aussi dans les lettres et a publié *Ma prison depuis le 23 vendémiaire jusqu'au 10 thermidor*.

De ses enfants, l'un, Octave-Henri-Gabriel, fut élève de l'École polytechnique, sous-préfet de Soissons, soldat à l'armée d'Italie (1803), chef d'escadron pendant la campagne de Russie, et se noya dans la Seine en 1818 ; l'autre fut le général Philippe de Ségur, qui fit plusieurs des campagnes de l'Empire et notamment celles contre les Russes, fut prisonnier de ceux-ci en 1807, suivit la grande armée à Moscou, publia plusieurs ouvrages, dont le plus précieux est *Histoire et Mémoires*[1], et fut, comme son père, membre de l'Académie française.

Enfin, son neveu, le comte Eugène, en 1819, alors simple chef d'escadron, depuis pair de France, épousa la comtesse Sophie, fille du fameux Rostoptchine et qui, sous le nom de comtesse de Ségur, a fait preuve d'un talent original et a marqué sa place dans la littérature française destinée à la jeunesse.

Toute cette famille de Ségur était vouée à la Russie : le père y fut ministre plénipotentiaire ; ses deux fils y entrèrent les armes à la main ; un neveu fut gendre de l'incendiaire de 1812, et un fils de celui-ci a écrit une histoire de Rostoptchine, son aïeul russe[2] !

---

1. *Histoire et Mémoires*, 7 volumes. — SAINT-RENÉ TAILLANDIER, *Le général Philippe de Ségur*.
2. *Vie du comte Rostoptchine*, par le comte A. DE SÉGUR, Paris, 1872.

# XLV

## M. GENET

CHARGÉ D'AFFAIRES

1789-1792

En quittant Pétersbourg, Ségur laissait comme chargé d'affaires M. Genet.

Edmond-Charles-Édouard Genet (17..-1834), capitaine de dragons, avait d'abord été attaché en 1775 au service des affaires étrangères comme interprète; en 1779, il fut attaché militaire, comme officier de dragons, à l'ambassade de Berlin; en 1780, à l'ambassade de Vienne sous M. de Breteuil; le 11 septembre 1781, il est nommé chef du bureau des traducteurs au ministère des affaires étrangères, en remplacement de son père, avec un traitement de 12 000 livres[1].

A la suppression du bureau des interprètes, M. de Montmorin le donna à M. de Ségur comme secrétaire, en remplacement de M. Belland, et le comte témoigna l'agréer. « Sa tournure, son maintien et sa conversation, écrivait-il, répondent parfaitement aux éloges que m'ont fait de lui les personnes dont il m'a apporté des lettres[2]. »

Deux fois M. de Ségur parle de lui dans ses *Mémoires*[3] :

Dans ce temps (1788), le secrétaire de légation (le chevalier de Sainte-Croix) qui avoit remplacé auprès de moi M. Charette de La Colinière étant obligé de s'éloigner, la Reine obtint qu'on m'enverroit un jeune homme

---

1. Frédéric Masson, ouvrage cité, pp. 42, 54, 259, 321, 345, 408, 410. — La date de naissance (1765) donnée par quelques dictionnaires est inadmissible : *la Biographie* Didot dit : *vers* 1765; Michaud ne donne pas de date.
2. Ségur à Montmorin, 11 janvier 1789. A. E. Russie, t. CXXIV, fol. 9.
3. Ségur, *Mémoires*, t. II, p. 115 et t. II, p. 177.

qu'elle honoroit de sa protection : c'était M. Genet, frère de M^me Campan. Je le trouvai spirituel, instruit, possédant plusieurs langues et doué de quelques talents agréables; mais sa tête était fort vive. Depuis on le vit entraîné par le char de la Révolution, et nommé par les Girondins ministre de la République aux États-Unis ; là sa bouillante activité échoua dans une tentative qu'il fit pour attaquer le crédit de l'illustre Washington et pour rendre le gouvernement américain plus démocratique.

Et ailleurs (octobre 1789) :

Je présentai aux ministres mon secrétaire de légation, M. Genet, comme chargé d'affaires. Je rédigeai et je lui laissai une Instruction, dans laquelle je ne négligeai rien de ce qui pourroit diriger sa conduite et rendre son travail plus facile.

Voici cette Instruction :

MÉMOIRE POUR SERVIR D'INSTRUCTION A M. GENET, CHARGÉ DES AFFAIRES DE FRANCE EN RUSSIE PENDANT L'ABSENCE DU COMTE DE SÉGUR. — DU 5 OCTOBRE 1789 [1].

M. Genet, jusqu'à ce qu'il reçoive de nouveaux ordres de la cour, ne doit avoir d'autre objet dans sa mission que de maintenir nos affaires et notre crédit dans l'état où ils se trouvent actuellement, et de résister aux efforts des puissances qui voudroient nous faire perdre notre influence en Russie. Pour parvenir à ce but, il est nécessaire de se bien pénétrer des motifs qui avoient si longtemps divisé les deux cours, de ceux qui ont amené un rapprochement, des vues de nos adversaires et des moyens qu'on peut employer pour les déjouer.

La France et la Russie, placées aux deux extrémités de l'Europe, sont trop éloignées pour se nuire. Leurs productions respectives, leurs besoins de commerce les rapprochent, et des intérêts communs en politique doivent les réunir. Elles sont toutes deux recherchées et craintes par l'Empereur et par le roi de Prusse. Toutes deux ont intérêt à éviter la perte de l'équilibre dans l'Empire; toutes deux doivent craindre et éviter également une guerre

---

[1]. Le double en avait été remis au ministère par le comte de Ségur à son arrivée en France, en novembre 1789. *A. E. Russie*, t. CXXX, pièce 16. — La correspondance de M. Genet se trouve dans les tomes CXXX à CXXXIX de *A. E. Russie*.

en Allemagne, qui les compromet nécessairement, qui ne leur doit rien rapporter, et qui peut les ruiner. Si elles réunissent leur système et leurs forces, ces deux puissants contrepoids peuvent tenir la balance de l'Europe immobile, et assurer la tranquillité générale. Le vaste génie de Pierre le Grand avoit, en créant son Empire et en parcourant l'Europe, saisi cette grande vérité que, depuis, des circonstances particulières, des animosités personnelles et des tracasseries politiques ont longtemps fait perdre de vue. Pierre III, en abandonnant notre alliance, fut cause de tous les malheurs et de la honteuse paix de 1763. Catherine II, en nous enlevant l'influence en Pologne, aigrit M. de Choiseul. Ce ministre engagea le feu Roi à se venger de la Russie. Il lui fit déclarer la guerre par la Porte, et travailla à sa gloire en voulant opérer sa ruine. Depuis ce moment, la France et la Russie furent ennemies. A Versailles, on crut que l'Impératrice vouloit détruire l'empire ottoman, que nos intérêts de commerce nous engageoient à conserver. A Pétersbourg, on croyait que le Roi de France avoit juré de livrer la Russie aux mains des Turcs et des Suédois. La Prusse augmentoit et nourrissoit des deux côtés ces préjugés, qui empêchoient une union entre la France et la Russie, qui auroit condamné la cour de Berlin au repos et à la paix, et l'Angleterre profitoit de ces divisions pour s'emparer du plus grand crédit à Pétersbourg pour y exercer un monopole de commerce qui lui employoit 500 ou 600 bâtiments, et pour écarter entièrement notre navigation des mers du Nord.

La Russie, en écartant la Prusse pour s'unir avec l'Empereur, notre allié, ne changea rien à ses préventions contre nous et à nos soupçons sur ses vues. Cette alliance ne fit que nous refroidir pour l'Empereur et augmenter la crainte que nous avions de la chute de l'empire ottoman.

Lorsque le comte de Ségur arriva en Russie en 1785, son but fut de pénétrer les desseins secrets des deux cours impériales, d'empêcher autant qu'il le pourroit le coup qu'on croyoit prêt à frapper la Porte, et, tandis qu'il agissoit ainsi dans les mêmes vues que les Turcs, les Suédois et les Prussiens, trois puissances opposées à la Russie, il devoit chercher à regagner l'amitié et la confiance de la cour de Pétersbourg, à faire intervenir le Roi dans les différends qui pourroient s'élever entre la Porte et la Russie. Il devoit enfin combattre le crédit anglois et travailler à acquérir pour notre commerce les avantages dont jouissoit l'Angleterre. Ces projets sembloient contradictoires. Il fut assez heureux pour remplir en tous points cette instruction. Il sut que les deux cours impériales n'avoient point le projet de détruire l'empire ottoman, mais de le contenir dans les bornes imposées par les derniers traités, et que, si le prince Potemkin avoit eu quelques instants des idées plus ambitieuses, la réflexion, la crainte des obstacles et la sagesse de la cour de Vienne avoient fait évanouir ces velléités de conquêtes, que la cour de Prusse nous donnoit pour des plans formés, afin de nous aigrir. Rassuré sur ce point important, le comte de Ségur travailla avec peine, mais avec succès, à détruire les préventions de la Russie, à prouver que nous voulions conserver l'existence des Turcs et non pas exciter leur vengeance ; que nous ne leur donnions que des moyens de défense et aucun conseil d'attaque ; que nos liens avec la Suède n'avoient d'autre objet que d'assurer son repos ; qu'enfin ce sage système ne changeroit que dans le cas où la Russie formeroit des projets de conquête.

Dès que les préventions réciproques s'affoiblirent, les motifs naturels de rapprochement reprirent quelque force. On s'entendit pour calmer les cours de Vienne et de Berlin, échauffées par une discussion assez vive sur l'échange de la Bavière [1]. La France fut priée d'employer son intervention pour apaiser les différends élevés entre la Russie et la Porte relativement à la Géorgie [2]. On prévint la rupture qui sembloit inévitable entre ces deux empires par une convention que fit M. de Choiseul [3] en 1786 et le comte de Ségur, qui avoit profité de l'humeur que donnoit l'Angleterre par son accession à la ligue du roi de Prusse et des électeurs [4],

---

1. En 1784, Joseph II avait repris ses tentatives sur la Bavière, déjouées en 1779 par la résistance de Frédéric II et la paix de Teschen. L'héritier de l'électeur, Maximilien-Joseph de Deux-Ponts, avait de nouveau imploré le secours de Frédéric II, qui alors groupa les principaux États allemands contre l'Autriche en formant le *Fürstenbund* (1785). Voyez ci-dessus, p. 404, note 3.

2. Il s'agit de la médiation française qui aboutit à la convention de Constantinople. Voyez ci-dessus, p. 376.

3. Choiseul-Gouffier.

4. Le roi George, comme électeur de Hanovre, avait accédé au *Fürstenbund*.

réussit au commencement de l'année 1787 à conclure un traité d'amitié et de commerce avec la Russie au moment où le ministre anglois comptoit inutilement renouveler le sien : de sorte qu'à cette époque la France se trouva jouir à Pétersbourg de tous les avantages que perdoit l'Angleterre.

Pendant tout le temps que dura cette négociation, le comte de Ségur fut vivement secondé par le comte Cobenzl, parce que l'Empereur vouloit punir l'Angleterre de son accession à la ligue prussienne et que d'ailleurs il souhaitoit sincèrement le rapprochement de ses deux alliés, dont la division ne pouvoit qu'être très gênante pour sa politique.

Immédiatement après la signature du traité, l'Impératrice partit pour voir la Crimée et se fit accompagner par l'ambassadeur de Vienne et par les ministres de France et d'Angleterre. Pendant la durée de ce voyage, de nouvelles querelles s'élevèrent au sujet de la Géorgie entre la Porte et la Russie. Le prince Potemkin, n'écoutant que sa vivacité, donna des ordres très peu mesurés à Bulgakow, qui négligea d'en faire part à M. de Choiseul. Le Grand Seigneur, effrayé de ses menaces, que les préparatifs militaires du prince et l'entrevue de l'Empereur et de l'Impératrice rendoient plus inquiétantes, se prépara à soutenir la guerre. Le comte de Ségur, s'étant plaint vivement au ministère russe du peu de confiance qu'on avoit marqué à l'ambassadeur du Roi à la Porte, reçut les protestations les plus amicales et les explications les plus satisfaisantes ; mais le courrier envoyé à M. de Bulgakow pour lui ordonner de les communiquer à M. de Choiseul fut égorgé et volé, et l'ambassadeur du Roi, ignorant ces explications et ne voulant pas nourrir les soupçons que notre traité nouvellement conclu inspiroit aux Turcs, les encouragea à se mettre sur un pied défensif respectable et envoya même à Oczakow des navires françois et des ingénieurs. Ces contre-temps avoient un peu renouvelé, d'une part nos craintes de l'ambition russe, et de l'autre la méfiance de l'Impératrice sur les conseils que nous donnions aux Turcs. Cependant, malgré l'aigreur qui en étoit résulté, le comte de Ségur, secondé par l'Empereur lui-même, amena les ministres de l'Impératrice à rédiger les propositions les plus modérées et les plus propres à éviter la guerre et à les soumettre au roi de France, en le priant de porter le ministère ottoman à les accepter. Un courrier partit de Sévastopol, porta à Versailles ces propositions, qui y furent très approuvées, et M. de Choiseul eut ordre de les appuyer vivement à la Porte. On peut regarder ce moment comme l'époque du changement de système des plus grandes puissances de l'Europe.

L'Angleterre et la Prusse, entraînées par deux ministres ambitieux, Herzberg[1] et Harris[2], ne purent supporter l'honneur dont se couvroit la France en établissant son influence dans le Nord et en pacifiant le Midi de l'Europe, et cette jalousie les portant à semer partout l'intrigue et la discorde, on vit s'allumer un incendie dont il est impossible encore de prévoir l'extension et la durée.

Tandis que l'Impératrice revenoit tranquillement dans sa capitale et qu'elle comptoit ainsi que nous sur la conservation d'une paix dont sa modération garantissoit la solidité, les ministres anglois et prussien à Constantinople combattoient les conseils pacifiques de M. de Choiseul. Ils représentoient au grand-vizir que la France trahissoit les Turcs et s'étoit liée avec les deux cours impériales; que la perte de l'empire ottoman étoit jurée; qu'on la suspendoit parce que les Pays-Bas s'étoient révoltés contre l'Empire et qu'une famine affreuse désoloit la Russie ; que les propositions qui leur étoient faites n'avoient d'autre but que de les endormir et qu'il valoit mieux prévenir l'ennemi que d'attendre qu'il fût en état d'exécuter ses vastes projets. Ils représentoient de plus au grand-vizir qu'il s'attireroit la haine du peuple s'il ne se servoit pas des troupes qu'il avoit rassemblées à grands frais ; que la paix lui coûteroit la tête, et qu'on pouvoit d'autant plus lui faire espérer de succès contre les Russes que le roi de Prusse empêcheroit l'Empereur de se déclarer contre la Turquie.

---

1. Hertzberg. Voyez ci-dessus, pp. 408, 434.
2. John Harris (1746-1820), comte de Malmesbury, fils du célèbre métaphysicien James Harris, fut ministre plénipotentiaire à Madrid, à Berlin, à Pétersbourg (voyez ci-dessus, pp. 343, 350, 351, 444) ; à la Haye, où il soutint le stathouder et provoqua ainsi les événements que nous avons vus se dérouler en Hollande. — Il négocia le mariage du futur George IV avec Caroline de Brunswick (1794) et représenta l'Angleterre dans les conférences de Lille (1797). Il a écrit l'*Histoire de la Révolution de Hollande* (1777-1788) et des *Mémoires et Correspondance* très curieux, publiés en 1845 et analysés par M. John Lemoine dans la *Revue des Deux Mondes* de janvier et mai 1846. — Le comte de Ségur fait ici allusion au rôle de Harris dans les affaires de Hollande. Voyez aussi l'*Archive russe* de Barténief, années 1866, p. 584, et 1874, t. I, p. 1468, et t. II, p. 145.

Ces discours incendiaires produisirent l'effet désiré. Les propositions de la Russie furent rejetées. M. de Choiseul ne put obtenir des Turcs que des propositions injustes, que la Russie devoit ne pas écouter. Cependant le comte de Ségur eut le bonheur de les faire accepter par le ministère russe. Il se croyoit sûr de la paix et se disposoit à partir lorsqu'il apprit que les Turcs avoient emprisonné Bulgakow et déclaré la guerre à la Russie sans attendre la réponse de Pétersbourg.

Dans cet état de choses, le système de la France devenoit embarrassant. Soutenir les Turcs eût été injuste pour la Russie, et il étoit impossible de les aider dans une guerre faite malgré nous à l'instigation de l'Angleterre. Nous aurions perdu dans le Nord l'amitié de la Russie et nos avantages de commerce. Si nous nous déclarions pour les Russes, c'étoit sacrifier notre commerce du Levant, détruire l'empire ottoman et exciter une guerre générale. La neutralité sembloit le parti le plus sage : ce fut celui que le Roi choisit; mais il ne désarma pas la haine de nos ennemis. Ils avoient juré de terminer à l'amiable les querelles du stathouder et de la Hollande. Le roi de Prusse y entra à main armée et y renversa notre crédit. Nos troubles nous firent souffrir cette humiliation, dont l'Espagne ne paroissoit pas disposée à nous venger, et l'Angleterre s'allia avec la Prusse et la Hollande pour consolider cette révolution. Un coup si hardi ayant excité le ressentiment et l'inquiétude de la cour de Versailles, le comte de Ségur eut ordre de sonder la cour de Russie et de voir si elle ne voudroit pas s'allier avec la France. Dès les premières insinuations, l'Impératrice répondit si favorablement que, si on l'avoit voulu, l'alliance auroit été presque aussitôt signée que proposée et que la Russie se seroit engagée dans ce premier moment à fermer ses portes à l'Angleterre. Mais le parti que nous avions pris de désarmer et de conserver la paix rendit la cour de Versailles plus froide sur l'alliance. On voulut y faire entrer l'Espagne. La Prusse trouva le secret de lui persuader que c'étoit le moyen de rendre la guerre générale, tandis qu'il étoit évident que c'étoit le seul moyen de l'empêcher, puisqu'il auroit été impossible que l'Angleterre et la Prusse osassent attaquer l'Empereur, la France, l'Espagne et la Russie réunis.

D'un autre côté, cette négociation fut retardée par les troubles que les cours de Berlin et de Londres excitèrent en Pologne. La Russie voyoit que la Prusse n'avoit d'autre but dans ses mouvements en Pologne que de trouver un prétexte d'agrandissement, soit en se faisant céder Dantzig pour prix de ses services qu'elle rendroit aux Polonois, soit en excitant une nouvelle guerre qui intimidât les deux cours impériales et qui les fît consentir à un nouveau partage. L'Impératrice nous proposa donc de nous engager par notre alliance à nous opposer à tout agrandissement du roi de Prusse en Pologne. Nos troubles, nous faisant craindre de nous mêler par cet engagement d'une guerre indirecte, nous firent refuser cette proposition : ce qui suspendit la négociation et diminua, de part et d'autre, le désir de la terminer. Cependant la ligue anglo-prussienne, démentant les protestations pacifiques qu'elle faisoit à Madrid, à Pétersbourg et à Versailles, étendoit toujours ses intrigues et ses progrès. Elle échauffoit le roi de Suède qui, résistant à nos conseils, déclara sans motif la guerre à la Russie, l'entreprit sans moyens, la conduisit sans habileté, se fit battre, demanda notre intervention, en sollicita d'autres, et, ayant enfin rejeté notre médiation, déclara qu'il ne vouloit plus employer que celle de la ligue anglo-prussienne. Cette ligue, offrant toujours la paix et fomentant toujours la guerre, arrêta par ses menaces et désarma le Danemark, qui alloit forcer Gustave III à demander la paix, et elle força enfin l'Impératrice ou à entrer en guerre avec les Polonois, ce qui donnoit aux Prussiens le prétexte tant désiré d'entrer en Pologne, ou de retirer toutes ses troupes du territoire de la République, qui leur avoit accordé précédemment un libre passage. Le comte de Ségur eut pendant ce temps la satisfaction de voir la cour de Russie se prêter aux vues pacifiques du Roi, agir avec modération en Suède et en Pologne, se laisser attaquer par l'un et ôter à l'autre tout prétexte de rupture en retirant les régiments russes du territoire polonois. Cette conduite, et le développement du plan inquiétant des Anglo-Prussiens, nous engagea à reprendre le projet de la Quadruple Alliance, et l'on étoit au moment de la conclure lorsque le refus de l'Espagne d'y entrer directement et l'accroissement de nos troubles décidèrent le Roi à en suspendre la signature. Cette détermination ébranla la confiance que nous inspirions; les Anglois et les Prussiens triomphèrent; ils eurent soin de faire sentir qu'on n'avoit rien à attendre de nous, et que si la Russie se rapprochoit d'eux et acceptoit leur médiation, ils cesseroient de lui être opposés, qu'ils lui feroient obtenir une paix telle qu'elle la désiroit, et que, dans ce cas, les Turcs et les Suédois seroient promptement sacrifiés.

Dans une circonstance si critique pour le crédit de la France, le comte de Ségur eut besoin de beaucoup d'attention, d'activité et de bonheur pour soutenir l'influence et les intérêts de cette puissance. Il réussit à faire voir la mauvaise foi des Anglo-Prussiens, à entretenir l'humeur que donnoit leur ambition et l'audace avec laquelle ils vouloient dicter des lois à l'Impératrice comme au Danemark. Il soutint les espérances que devoit donner la vertu du Roi, sa bonne foi et l'énergie de la nation. On lui promit de persister dans le système d'alliance, d'attendre que le rétablissement de nos moyens nous permît de la signer et de l'exécuter. On refusa la médiation prussienne et angloise, quoiqu'on acceptât vaguement et poliment les bons offices de toutes les puissances, et l'on remit entre les mains de M. de Choiseul le soin et le secret de la négociation, par une lettre en forme du vice-chancelier, conforme à celle qu'il avoit déjà reçue du prince de Kaunitz.

Enfin, le roi de Suède ne voulant pas de notre intervention, le comte de Ségur a fait son possible pour que la cour de Russie, sans traiter par le canal des Anglois, se décidât à négocier directement avec la Suède lorsque celle-ci demandera la paix, et pour le moment, il sait que c'est le vœu du ministère de Russie.

En vain les Anglois et les Prussiens, par différentes intrigues, cherchèrent à semer des soupçons, tantôt sur les secours que nous donnions à la Suède, tantôt sur de prétendus plans de campagne que nous donnions aux Turcs. Ces nuages furent dissipés aussitôt que formés, et notre crédit s'est invariablement soutenu jusqu'au moment actuel.

M. Genet doit employer tous ses efforts pour le conserver et ce travail offre d'assez grandes difficultés, puisqu'on commence à être las de la guerre en Russie ; que notre position intérieure fait craindre que nous ne puissions nous mêler de rien, et que, d'une autre part, l'Angleterre et la Prusse intimident par des menaces réelles et flattent par des promesses séduisantes. Il aura pour lui dans ce combat le secours de l'Empereur, qui ne voit dans l'Angleterre que l'alliée de la Prusse, qui échauffe la cour de Russie contre ces deux puissances, qui surveille leurs intrigues et qui suit avec ardeur le projet de nous unir indissolublement à la Russie. Il sera encore secondé par l'orgueil de l'Impératrice, qui force avec peine son caractère pour ménager la ligue et pour éviter une nouvelle guerre, mais qui est irritée des peines qu'on lui suscite et de la violence qu'on veut lui faire pour la médiation. Elle désire le rétablissement de notre crédit et de notre alliance. Le prince Potemkin seul la veut faire changer de système. Il nous croit morts en politique et n'aime pas l'Empereur. Il craint la Prusse ; il soupire après la paix et la signera demain si on lui laisse Oczakow. Mais l'Impératrice ne le croit pas profond en politique et ses tentatives jusqu'ici ont été sans effet.

M. Genet, d'après cet exposé, doit donc augmenter sans cesse ses moyens de défense en profitant sans affectation de toutes les occasions, de toutes les nouvelles qu'il recevra de Constantinople, de Berlin, de Hambourg[1] et de Stockholm pour nourrir l'humeur du ministère russe contre la mauvaise foi angloise et prussienne. Il doit relever les espérances de notre régénération prochaine, sans exagération, parce qu'il manqueroit son effet. Il doit souvent parler, à moins de nouveaux ordres, de la ferme persistance du Roi dans son projet de s'allier avec la Russie. Il doit faire valoir sans cesse les efforts et le crédit de M. de Choiseul que nos adversaires et même le prince Potemkin veulent de temps en temps rendre suspect à l'Impératrice. Enfin il doit, par-dessus tout, témoigner la plus grande confiance à l'ambassadeur de l'Empereur, demander ses conseils, lui communiquer ses démarches et ses nouvelles, lui faire sentir souvent que le rapprochement de

---

1. A Hambourg, nous avions pour ministre plénipotentiaire (de 1788 à 1792) le chevalier de Bourgoing. Les titulaires des autres postes indiqués dans ce texte sont le comte de Choiseul-Gouffier, le comte d'Esterno et le marquis de Pons, suppléé par M. de Gaussen.

l'Angleterre et de la Russie ne seroit que le prélude d'un rapprochement entre la Prusse et la Russie. Il ne risque rien dans cette entière confiance, puisque dans ce moment les intérêts du Roi et de l'Empereur sont les mêmes à Pétersbourg et que le crédit de l'ambassadeur est l'appui le plus sûr qu'il puisse employer dans la circonstance actuelle. L'amitié personnelle de l'Impératrice pour le prince de Nassau le rend un instrument très utile pour M. Genet. Il peut savoir par lui des nouvelles très sûres et qu'il seroit impossible de pénétrer par une autre voie, et il aura souvent, par ce moyen, l'occasion de faire parvenir directement la vérité à l'Impératrice.

Sa position à l'égard du ministre d'Espagne[1] est délicate et exige beaucoup d'adresse et de circonspection ; mais elle est déjà indiquée par une lettre de M. le comte de Montmorin au comte de Ségur. L'intimité des cours de Versailles et de Madrid demande que le chargé d'affaires de France ait toute l'apparence de l'union, de la déférence et de la confiance envers le ministre espagnol ; mais il ne doit jamais oublier que M. de Galvez, très honnête homme et bien intentionné, a des lumières peu étendues ; que les Prussiens flattent sans cesse son amour-propre ; qu'ils peuvent tirer de lui ce qu'il ne voudroit pas leur dire, et que le ministère russe et l'ambassadeur de l'Empereur n'auroient point de confiance en M. Genet s'ils croyoient qu'il parlât de tout sans réserve à M. de Galvez. Il doit avoir soin, en évitant cet inconvénient, de ne pas perdre une occasion de faire connoître au ministère russe que l'union des cours de Versailles et de Madrid est plus intime que jamais.

Le ministre de Naples[2] est bien disposé pour nos intérêts. Ses liens avec le ministère russe le mettent souvent à portée d'être bien informé ; mais il est bon de régler avec lui sa confiance sur la mesure d'utilité qu'on en peut tirer.

Le résident de Hollande[3] est du parti des patriotes[4] et peut quelquefois donner d'utiles avis. Il faut l'entretenir dans cette disposition ; mais, son poste l'obligeant de s'entendre avec les

---

1. M. de Galvez. Voyez ci-dessus, pp. 411, note 1, et 426, note 1.
2. Le duc de Serra-Capriola. Voyez ci-dessus, pp. 411, note 1, et 426, note 2.
3. M. de Swart. Le ministre était le baron Rogger.
4. C'est-à-dire du parti de l'alliance française, opposé au stathouder.

ministres anglois et prussien, il ne faut jamais lui faire de confidence dont il puisse abuser.

Tous les autres membres du corps diplomatique sont ou mal informés ou liés d'intérêts avec les rivaux de la France; il ne faut les voir que pour surveiller avec activité leurs démarches et leur conduite.

M. Genet ne sauroit trop chercher à se concilier la bienveillance et la confiance du vice-chancelier[1], de M. le comte Bezborodko et de M. de Markow; il les trouvera favorablement disposés et il doit les entretenir dans l'espérance de nous voir conclure le traité d'alliance.

M. de Markow lui donnera souvent les moyens de parler d'affaires, et il ne doit se laisser rebuter ni par les formes brusques de M. le comte Ostermann, qui est toujours prêt à refuser, ni se laisser endormir par l'humeur obligeante du comte Bedsborodko, qui promet sans cesse et qui tient rarement ce qu'il promet.

M. Genet aura soin de ne pas perdre de vue les griefs du commerce françois contre la flotte russe dans la Méditerranée et il doit en poursuivre le redressement sans aigreur, mais avec adresse et activité[2].

Les affaires des particuliers en Russie souffrent beaucoup de retard et sont souvent interminables malgré les ordres du ministère et les ukases de l'Impératrice. Tous les étrangers en gémissent. Le chargé d'affaires de France doit employer toute son adresse pour surmonter ces obstacles, tenir un registre exact de toutes les affaires particulières, de la correspondance qui y a rapport et en faire une table des matières par ordre alphabétique, afin qu'on puisse aisément dans l'occasion voir le point où elles en sont. Il doit, par la plus exacte correspondance, prouver aux sujets du Roi que leurs intérêts ne sont pas négligés; mais il ne doit sa protection immédiate qu'à ceux qui sont recommandés par le ministère[3] et à ceux qui n'ont, par aucun engagement, renoncé au titre de François.

---

1. Ivan Andréévitch Ostermann.
2. Voyez ci-dessus, pp. 370, 391, 395, 410, 429.
3. Ségur, *Mémoires*, t. I, pp. 365 et suiv., se plaint « du grand nombre de Français peu recommandables » que « depuis très longtemps on voyoit abonder en Russie ». Il raconte la piquante histoire d'un faux comte de Verneuil.

M. Genet, pour toutes les affaires de finances relatives à sa commission, doit se conformer strictement à l'Instruction donnée à cet égard au comte de Ségur par M. le comte de Vergennes en 1784[1].

Il doit entretenir une correspondance suivie avec MM. de Noailles[2], de Choiseul, d'Esterno[3] et de Gaussen, et prendre toutes les mesures nécessaires pour que la sûreté des chiffres ne soit jamais compromise.

L'objet de sa correspondance avec MM. de Noailles et de Choiseul sera relatif à tout ce qui peut hâter ou retarder la paix des Turcs. Il profitera des lumières que M. d'Esterno lui donnera pour suivre et prévenir les efforts que fait la cour de Berlin pour ébranler notre crédit, et il cherchera à découvrir à temps si la Prusse veut se mêler de la guerre le printemps prochain, ou si elle travaille avec succès à se rapprocher de la Russie.

Son but, en écrivant à M. de Gaussen, sera de donner à ce chargé d'affaires tous les moyens qui dépendront de lui pour ouvrir les yeux du roi de Suède, pour lui faire sentir la nécessité de la paix et l'avantage qu'il auroit à la traiter ou par notre intervention ou directement.

Le comte de Ségur connoît l'intelligence, la sagesse de M. Genet et il lui donne avec d'autant plus de confiance cette Instruction provisoire, suivant l'ordre de M. le comte de Montmorin, que, s'il s'y est glissé quelque omission ou quelque erreur, elle sera promptement rectifiée par la correspondance de la cour et par les nouveaux ordres qu'il recevra du ministre.

A Pétersbourg, ce 5 octobre 1789.

Signé : LE COMTE DE SÉGUR.

La situation n'était point aisée pour le nouveau chargé d'affaires : Catherine II, soit par dépit d'avoir été abandonnée par la France, soit par haine des idées nouvelles, soit pour complaire aux puissances

---

1. Voyez ci-dessus, pp. 389-396.
2. Ambassadeur du Roi à Vienne, depuis 1783.
3. Antoine-Joseph-Philippe, comte d'Esterno, ministre plénipotentiaire du Roi à Berlin, en 1782, 1785 et 1788. Dans les intervalles de ces missions, il fut suppléé par M. Falciola, chargé d'affaires.

dont elle cherchait à se rapprocher, suivait, à l'intérieur de son Empire comme dans les affaires extérieures, une politique de plus en plus hostile à la France nouvelle. Elle faisait décrier la Révolution dans la *Gazette de Pétersbourg* [1], accueillait les émigrés, encourageait les comtes d'Artois et de Provence, leur fournissait même de l'argent, mais ne leur fournit que cela, étant bien décidée à ne pas leur donner un soldat. Elle formait des vœux et élaborait des plans pour la restauration de l'ancien régime français[2]. Si elle travaillait vigoureusement à engager l'Autriche, la Prusse et la Suède dans la guerre contre la France, elle était bien résolue à ne pas s'y engager elle-même. Elle avait des motifs pour s'abstenir de ce côté et Khrapovitski nous les fait connaître. Voici la scène telle qu'elle est esquissée dans le *Journal* du confident à la date du 14 décembre 1791 :

Dimanche, comme on dépouillait le courrier de Moscou, *on m'a dit* : « Je me casse la tête pour engager les cours de Vienne et de Berlin dans les affaires de France. » — Moi : « Elles ne sont pas trop actives. » — « Non, le Prussien marcherait bien, mais le Viennois ne bouge pas. » — On a adressé un mémoire au vice-chancelier Ostermann : « Ils ne me comprennent pas. *Ai-je tort ! Il y a des raisons qu'on ne peut pas dire ; je veux les engager dans les affaires pour avoir les coudées franches.* J'ai beaucoup d'entreprises commencées, et il faut qu'ils soient occupés pour ne pas me gêner. »

Une année après, elle écrira à son envoyé à Francfort, Roumiantsof :

Mon poste est pris et mon rôle assigné. Je me charge de veiller sur les Turcs, les Polonois et la Suède. Celle-ci a présentement pour tuteur de son jeune roi[3] un des chefs de cette engeance mystique des théosophes qui travaille au renversement de la religion chrétienne et des trônes. La Suède est rongée de démocratie ; le jeune roi est menacé et ses jours ne sont pas en sûreté. La Pologne est aussi remplie de clubs jacobinistes. Les Turcs sont incités et tourmentés par milord Ainsly et les démocrates à déclarer la guerre aux deux cours impériales[4].

La correspondance de notre agent à Pétersbourg nous montre le changement qui peu à peu s'opéra, dans l'attitude de la cour de Russie, à l'égard de M. Genet, représentant d'abord d'un Roi constitutionnel, puis d'un Roi suspendu de ses fonctions et presque captif dans son palais, et enfin de la République française : d'abord des

---

1. A. RAMBAUD, articles dans la *Revue Bleue* des 29 juin et 14 septembre 1878, 16 octobre 1880, 19 mars 1881.
2. BARTÉNIEF, *Archive russe*, année 1866, p. 399.
3. Gustave IV, après le meurtre de son père, lui avait succédé sous la tutelle de son oncle Charles, duc de Sudermanie. Voyez ci-dessous, p. 524.
4. SOLOVIEF, *Histoire de la chute de la Pologne* (en russe). Pièces justificatives, p. 362 (en français), lettre de l'année 1792.

témoignages de courtoisie banale, puis une froideur qui va s'accentuant, puis un parti pris de manque d'égards, enfin des avanies et presque des insultes.

Il n'est peut-être pas moins curieux de suivre les modifications des idées de M. Genet lui-même; d'abord il n'éprouve que du dévouement au Roi, dont il admire « les vertus et la bonté paternelle », et des inquiétudes sur « la fermentation qui désole la France ». Puis, l'enthousiasme de cette liberté le gagnant peu à peu, nous le voyons sacrifier ses bijoux, une partie de son traitement, même de ses ressources personnelles, qu'il prie le ministre des affaires étrangères de déposer en son nom sur l'autel de la Patrie[1]. En même temps, il manifeste une aversion croissante contre ces émigrés qui se montrent de plus en plus nombreux en Russie, de plus en plus acharnés contre le gouvernement français, et les ennemis les plus dangereux de ce qui peut rester encore d'influence au représentant de leur pays.

M. GENET AU COMTE DE MONTMORIN.

Pétersbourg, 3 novembre 1789[2].

Le détail de tout ce qui s'est passé tant à Paris qu'à Versailles le 8 et 9 du mois dernier[3] est parvenu à l'Impératrice il y a trois jours, et je crois devoir vous rendre compte de l'impression que les événements qui se sont succédé si rapidement ont fait sur le cœur de Catherine II. Une personne qui se trouvoit auprès de cette princesse dans l'instant où ses lettres lui ont été remises m'en a fidèlement informé. Elle étoit occupée d'affaires instantes relatives au gouvernement de son Empire; mais nos affligeantes nouvelles ont absorbé toute son attention. Elle a manifesté avec effusion son amitié pour Leurs Majestés, la peine que lui causoient les chagrins qu'elles ont éprouvés et la situation dans laquelle elles se sont trouvées. Elle a admiré leur courage, leur confiance dans l'attachement de leurs sujets, et elle a fait les vœux les plus sincères pour que le Roi, secondé par tous les bons citoyens, rétablisse l'ordre et le calme dans ses États et jouisse enfin du bonheur que méritent ses vertus, sa bienfaisance et la pureté de ses intentions. Les ministres, les grands de l'Empire sont tous pénétrés des mêmes sentiments, et il n'en est aucun qui ne m'ait donné les marques les plus touchantes de l'amour et de la vénération que leur inspire la bonté paternelle de Sa Majesté.

1. Une première *contribution patriotique* de 1000 livres est suivie, le 2 août 1791, d'un mandat de 600 livres; en septembre 1791, d'un autre mandat de 600 livres; puis d'une somme de 800 livres, prix de la vente d'une montre et d'une épée, etc.
2. A. E. Russie, t. CXXX, fol. 141.
3. Il s'agit des journées des 5 et 6 octobre. C'est alors que, parlant de Louis XVI, Catherine dit à son confident Khrapovitski : « Il aura le sort de Charles Ier. »

On prend les précautions les plus sages[1] pour prévenir la communication de la fermentation qui désole la France et la livre à de cruelles convulsions. On n'insère dans les papiers publics que des extraits fort courts de nos affaires intérieures; on fait observer sévèrement la défense de parler politique dans les lieux publics; on a fait dernièrement châtier dans une maison de correction un avocat françois qui vouloit s'ériger en déclamateur; on a surveillé d'autres individus de notre nation qui ont la folie, malgré mes remontrances, de fronder le gouvernement; enfin on flatte et l'on ménage avec soin cette garde qui a si souvent disposé du trône. L'Impératrice s'est rendue, il y a quelques jours, dans le plus grand cortège, au-devant des régiments qui revenoient de Finlande. Elle a distribué elle-même des gratifications et donné des médailles à tous les soldats; elle leur a fait donner des liqueurs et elle a avancé plusieurs bas officiers. Ces mesures prudentes sont calculées pour le maintien de l'autorité souveraine autant que pour le salut de l'État. Si les paysans russes qui n'ont aucune propriété, qui sont tous esclaves, brisoient jamais leurs fers, leur premier mouvement seroit de massacrer la noblesse qui possède toutes les terres, et ce pays si florissant seroit replongé dans la plus affreuse barbarie. Plusieurs personnes éclairées ne m'ont pas caché l'inquiétude que leur donnoit sous ce rapport la continuation de la guerre. Le peuple se plaint hautement de la rigidité et de la multiplicité des levées de soldats, du prix de toutes les marchandises et de la cherté du pain. Dans ces circonstances, il ne faudroit qu'une étincelle pour porter tous les esprits à la révolte[2].

---

M. GENET AU COMTE DE MONTMORIN.

Pétersbourg, 27 novembre 1789[3].

... J'ai cru devoir informer le vice-chancelier des motifs qui avoient déterminé le Roi à faire son séjour le plus habituel dans sa capitale[4] et de l'espoir qu'avoit Sa Majesté de voir bientôt les forces de son royaume renaître de manière à ôter aux puissances mal intentionnées l'espérance de jouir plus longtemps des convulsions auxquelles il avoit été livré. Ce ministre m'a répondu que l'Impératrice prenoit une part infinie dans tout ce qui concernoit Sa Majesté : qu'elle ne cessoit de former des vœux pour que ce monarque bienfaisant et juste parvînt au but glorieux qu'il s'étoit proposé; qu'elle lui étoit sincèrement attachée ainsi qu'à la Reine; qu'elle

---

1. A. RAMBAUD, *Les libéraux russes et la réaction*, dans la *Revue bleue* du 19 mars 1881. Sur les journaux russes de l'époque, *L'opinion russe pendant la Révolution*, dans la même Revue, 14 septembre 1878.
2. M. Genet, après son expulsion de Russie, adressera à la Convention, le 30 octobre 1792, un mémoire sur les moyens de soulever le peuple russe, et, plus facilement encore, les Tatars, Kosaks, et autres nations à demi barbares, encore mal accoutumées au joug. A. E. Russie, *Mémoires et documents*, t. XXXV, fol. 41.
3. *A. E. Russie*, t. CXXX, fol. 198.
4. Euphémisme pour désigner le retour forcé du Roi à Paris, après les journées d'octobre.

avoit partagé toutes les peines de Leurs Majestés, et qu'elle apprendroit toujours avec la joie la plus vive tout ce qui pourroit concourir à leur satisfaction et à leur bonheur.

. . . . . . . . . . . . . . . . . . . . .

---

M. GENET AU COMTE DE MONTMORIN.

Pétersbourg, 1ᵉʳ janvier 1790 [1].

... Je parlai de nouveau de la conduite offensante de la ligue [2] et j'eus lieu de m'apercevoir, par la réponse du vice-chancelier, que l'aigreur étoit au comble. Je lui dis que des notions certaines m'autorisoient à l'avertir que les Anglois et les Prussiens ne se bornoient pas à exciter les Turcs à continuer la guerre, qu'ils y engageoient les Suédois avec le même acharnement et qu'ils se promettoient ou de réduire la Russie à s'abaisser à recevoir les conditions auxquelles ils vouloient l'assujettir ou d'embraser l'Europe pour effectuer les projets que leur ambition nourrit depuis longtemps. « Dans ces circonstances, lui dis-je, monsieur le comte, notre ma-
« nière de penser doit vous être connue; nous voyons avec [indignation] les
« procédés outrageants de la ligue anglo-prussienne à votre égard, nous
« désirons que vous vous affranchissiez par des négociations directes du
« joug que l'on voudroit vous imposer; nous vous servirons de tous nos
« moyens. Nous comptons que votre modération assurera le succès de
« cette noble entreprise et couvrira de confusion vos envieux et vos dé-
« tracteurs, et nous espérons que, débarrassés de la guerre contre les
« Turcs, vous donnerez la paix aux Suédois [3] et vous continuerez ensuite
« votre union avec nous contre cette ligue si inquiétante, si menaçante, qui
« s'accroîtra par une nouvelle alliance et qui peut-être avant peu étendra
« sa puissance par de nouveaux traités. Le Roi persiste toujours, conti-
« nuai-je, dans les sentiments qu'il vous a manifestés, et il attend avec im-
« patience la régénération des forces de son royaume pour cimenter les
« liens qui doivent maintenir à jamais la tranquillité en Allemagne et même
« dans toute l'Europe. — Eh! Monsieur, s'écria le vice-chancelier à ces
« mots, nous ne doutons point de l'amitié du Roi, de ses bonnes intentions,
« de la droiture de son ministère, de la justesse de ses vues; mais aujour-
« d'hui que l'esprit d'innovation a fait tant de progrès chez vous, ne devons-
« nous point craindre que le système que le Roi a adopté dans sa sagesse
« ne rencontre des ennemis dans le sein même de la France? Et n'avons-
« nous point déjà la preuve de ce que j'avance dans ce mémoire présenté
« par M. Peyssonnel à l'Assemblée nationale [4] et déposé, par ordre de ce

---

1. *A. E. Russie*, t. CXXXI, fol. 3.
2. La ligue anglo-prussienne.
3. Gustave III, cette même année, remporta sur les Russes la victoire navale de Svenska-Sund (9 juillet), dont les résultats furent un peu compromis par une autre action dans les mêmes parages. Elle fut suivie de la paix provisoire de Véréla, 15 août 1790. Dès ce moment, Gustave III est presque uniquement occupé des affaires de France et tend à se rapprocher de la Russie.
4. Peyssonnel, ancien consul général de France à Smyrne, venait de publier la *Situation politique de la France et ses rapports actuels avec toutes les puissances de*

« Corps législatif, dans ses archives? Il attaque, me dit-il avec amertume,
« le système vraiment utile que nous voulons établir et nous savons qu'il
« a fait beaucoup de prosélytes. »

Je lui répondis que je ne connoissois l'ouvrage dont il me faisoit l'honneur de me parler que par des extraits insérés dans les journaux ; que ce que j'en avois vu me paroissoit uniquement dirigé contre l'alliance autrichienne, et qu'à moins que M. Peyssonnel ne fût absolument inconcevable, il ne pouvoit s'être permis des réflexions contraires à notre alliance avec la Russie, puisqu'il avoit exposé avec autant de justesse que d'éloquence, dans son traité sur le commerce de la mer Noire et dans son examen du livre intitulé *Considérations sur la guerre actuelle des Russes contre les Turcs*[1], par M. de Volney, tous les motifs qui engageoient la France à se rapprocher de la Russie, qui l'invitoient à se lier étroitement avec elle et qui devoient (ce sont les propres expressions de cet écrivain) la porter à réaliser un projet dont Pierre le Grand avoit lui-même dressé les premiers aperçus pendant son séjour à Paris et dont la mort de ce prince et les intrigues constantes des Anglois à la cour de Pétersbourg avoient empêché l'exécution.

« Vous voyez, dis-je, monsieur le comte, que, si M. Peyssonnel s'est
« égaré dans ce qu'il a pu écrire relativement au traité de 1756, on ne
« peut que louer ce qu'il a si bien rendu en parlant de la nécessité de
« notre union avec la Russie. Au surplus, en supposant que quelques indi-
« vidus élevassent une voix indiscrète ou corrompue sur des questions qui,
« par leur nature, ne peuvent point être soumises à une discussion pu-
« blique, cela doit peu vous occuper. La politique extérieure est parti-
« culièrement exclue des concessions[2] que la bonté du Roi a faites à ses
« peuples pour animer leur patriotisme et les attacher à la chose publique.
« Cette partie de notre administration doit toujours être entre les mains
« du pouvoir exécutif, et la nation est trop éclairée sur ses véritables in-
« térêts pour en exiger jamais le funeste sacrifice. »

Le vice-chancelier me parut réfléchir profondément pendant quelques instants sur ce que je venois de lui dire. Je crus qu'il alloit me répondre ; mais, après m'avoir serré avec émotion la main, il me parla de la commission dont M. le comte de Choiseul-Gouffier avoit été chargé par le Grand Seigneur pour le pacha d'Oczakow[3]. Il m'observa qu'il étoit d'usage chez toutes les nations que le gouvernement prît connoissance des lettres écrites à des prisonniers et qu'en conséquence il me prioit de lui remettre celles qui m'avoient été adressées. Sachant que ces lettres ne renfermoient que

---

*l'Europe* (Paris, chez le libraire Buisson) et l'avoit adressé au Roi et à l'Assemblée nationale, à laquelle le livre fut présenté dans la séance du 25 août 1789. — Cet ouvrage était destiné à « démontrer, par les faits historiques et les principes de la saine politique », tous les maux qu'avait causés à la France l'alliance autrichienne depuis le traité de 1756.

1. Londres, 1788, in-8°.

2. On sait la discussion qui eut lieu plus tard à l'Assemblée, à propos des affaires de Nootka-Sund, sur le droit de paix et de guerre, et qui, malgré les efforts de Mirabeau, aboutit aux actes constitutionnels du 22 mai 1790, qui passèrent ensuite dans la constitution de 1791. L'article de celle-ci porte en toutes lettres : « Le droit de la paix et de la guerre appartient à la Nation ». En conséquence, la guerre ne pouvait être *déclarée* que par un décret de l'Assemblée, sur la *proposition* du Roi ; le Roi *signait* les traités, mais ils devaient être *ratifiés* par l'Assemblée.

3. Fait prisonnier à l'assaut de cette ville.

des compliments, je n'y ai point trouvé d'inconvénient et je viens de les envoyer à la chancellerie des affaires étrangères.

J'ai découvert depuis ma conférence que la malheureuse diatribe de M. Peyssonnel sur nos liens avec l'Empereur avoit été répandue ici par le ministre d'Angleterre [1] ; on lui en a envoyé de Londres plusieurs exemplaires par son dernier courrier et il a eu soin que les ministres russes connussent tous cette brochure.....

Les affaires d'Occident devenaient chaque jour plus menaçantes pour nous. La Prusse et l'Autriche, au congrès de Reichenbach (juin-juillet 1790), sous la pression de l'Angleterre, s'étaient réconciliées. L'Empereur Léopold, à son couronnement (30 septembre), s'était engagé à faire valoir auprès de la France les droits des princes allemands possessionnés en Alsace, Lorraine, Franche-Comté, et dépouillés de leurs droits féodaux par l'Assemblée constituante.

De septembre à décembre, les provinces belges avaient été réduites à la soumission par les armées impériales, et, le 10 décembre, l'Angleterre, la Prusse et la Hollande garantissaient à l'Empereur la possession des Pays-Bas : ce qui était tout au moins une mesure de défiance et de défense à l'égard de la France.

Cependant M. Genet se croyait toujours autorisé à suivre le grand projet de M. de Ségur, et peut-être le suivait-il avec plus de zèle que de discrétion. Il s'attira du ministre une semonce assez vive, et qui montre à quel point on était désabusé à Paris sur la possibilité et l'utilité actuelles d'une alliance franco-russe :

LE COMTE DE MONTMORIN A M. GENET.

Paris, 19 décembre 1790 [2].

Dans la grande distance où vous êtes d'ici et vu l'impossibilité de vous faire passer des instructions sur des affaires que nous n'avons pas projetées, je ne vous cache pas que, quelque utilité que nous apercevions à leur réussite, nous devons craindre que votre zèle ne vous entraîne trop loin. C'est avec ce sentiment que vos lettres sont lues depuis quelque temps. Votre position vous permettroit difficilement de suivre une grande négociation. Cependant la confiance que M. de Galvez [3] vous accorde, et le degré d'activité que votre âge comporte, plus que celui de ce ministre,

---

1. Fitz-Herbert avait été envoyé à Madrid pour négocier sur le conflit à propos de Nootka-Sund. En 1790, l'Angleterre était représentée à Pétersbourg par Whitworth. — Une partie de sa correspondance, avec plus de 600 pages de documents fort précieux pour l'histoire de notre période révolutionnaire, a été publiée dans le tome VII d'Ernst Herrmann, *Gesch. des russischen Staates*, Gotha, 1866. C'est ce Whitworth qui occupa l'ambassade d'Angleterre à Paris au moment de la rupture de la paix d'Amiens (1803). On connait l'intéressant portrait qu'a laissé de lui le peintre anglais Lawrence et qui est au Musée du Louvre.
2. *A. E. Russie*, t. CXXXIII, fol. 236.
3. Ministre d'Espagne à Pétersbourg.

vous mettent, pour ainsi dire, sur la même ligne dans la poursuite de l'alliance du Nord et dans les démarches pour empêcher le rapprochement entre la Russie et l'Angleterre. Vous faites chaque jour quelques pas pour ces deux affaires, quoique vous ne sachiez ni à quel degré nous y voudrions concourir, ni s'il nous conviendroit aujourd'hui de le faire.

La cour de Madrid, étant sur le point de rompre avec les Anglois [1], avoit grand intérêt à leur susciter des embarras, et les ministres espagnols, qui avoient eu part à la paix du Nord [2], voyant quelque possibilité à réunir la Russie, la Suède et le Danemark, pouvoient donner extension à cette idée pour préparer à leur maître une alliance imposante. Tandis qu'ils poursuivoient cette affaire, l'accommodement entre leur cour et l'Angleterre se faisoit [3], et il est très possible que le roi d'Espagne ne juge pas à propos de donner aux Anglois des sujets de mécontentement en se chargeant d'une négociation qu'il saura les inquiéter beaucoup.

Nous nous trouvons dans une position encore moins libre à l'égard de l'Angleterre; elle ne nous témoigne que des sentiments pacifiques, et rien ne nous oblige à la punir de ses procédés envers la Russie, quelque mauvais qu'ils nous paroissent.

J'ajouterai que l'intervention de l'Espagne dans la négociation de l'alliance du Nord tient en ce moment à un point qui n'est nullement décidé. Le roi de Suède a besoin de subsides; il en a demandé à Sa Majesté Catholique, et même d'assez considérables. A ce prix, il contractera alliance avec elle; mais il est douteux que la cour de Madrid veuille ou puisse accorder cette demande. Si elle refuse, Gustave III est obligé de se retourner d'un autre côté; les Anglois s'offriront à l'aider; dès lors l'Espagne n'auroit plus d'intérêt direct à l'alliance du Nord, qui d'ailleurs tombera d'elle-même. Nous serions dans le même cas, et, si nous paroissions encore pendant quelque temps nous en occuper avec activité, nous mettrions les Anglois en suspicion, nous les aigririons contre nous : ce qui ne nous convient à aucun égard.

De tout ceci je conclus que, quoique l'alliance du Nord présentât de grands avantages pour la tranquillité de l'Europe, et qu'elle pût en imposer à l'Angleterre et à ses alliés, l'Espagne pourroit bien n'en plus faire son affaire, et quant à nous, nous ne serions pas en position de nous occuper de la promouvoir.

Il seroit d'ailleurs très difficile que nous le fissions sans que les Anglois en fussent instruits. Je n'ai point vu de négociation aussi peu avancée dont on parlât autant. La cour de Danemark, à qui personne n'en a encore rien dit, quoiqu'elle y fût directement intéressée, est instruite jusque dans les détails de ce que les ministres espagnols ont fait et continuent de faire à cet égard soit à Pétersbourg, soit à Stockholm. Je crois bien que le parti opposé au projet en Russie a part à cette publicité; mais, de quelque côté qu'elle vienne, elle a ses inconvénients pour nous. Je vous prie donc d'éviter tout ce qui pourroit faire croire que vous êtes autorisé à suivre cette affaire. Cela ne doit cependant pas vous empêcher d'aider à cet égard le ministre d'Espagne dans toutes les occasions où vous le pourrez sans vous compromettre. Mais ayez toujours devant les yeux que nous ne devons nous mettre en avant d'aucune manière. Si l'alliance des puissances du Nord avec l'Espagne venoit à se réaliser, il ne seroit pas à craindre que nous n'y fussions

---

1. A propos de l'affaire de Nootka-Sund.
2. La paix de Véréla.
3. Par le traité de l'Escurial.

pas appelés : nous y deviendrions une partie absolument nécessaire. L'Espagne est bien plus en état et en mesure de s'en occuper activement : il faut donc lui en laisser prendre la suite, et nous borner à l'aider de nos moyens pour y parvenir, mais sans courir le risque de nous compromettre avec l'Angleterre, ce qui seroit pour nous du plus grand danger dans ce moment. Au surplus, je ne sais quelles peuvent être les vues de l'Espagne à cet égard : elle nous les a laissé ignorer complètement[1]. Ce n'est que par les confidences de M. de C.[2] et de M. de Gaussen[3] que nous sommes instruits de ce qui se passe en Suède. Je donne à ce chargé d'affaires les mêmes instructions qu'à vous sur cet objet.

Quant au second objet pour lequel vous paroissez suivre l'impulsion de M. de Galvez, je veux parler des obstacles au rapprochement entre l'Angleterre et la Russie, je conviens qu'il importe à l'Europe et à nous-mêmes que le ton que l'Angleterre et ses alliés ont pris ne tourne pas à leur avantage et que l'Impératrice ne soit pas obligée de s'y soumettre ; mais en cela même nous devons éviter de nous mettre trop en avant. Il nous suffit de bien mériter de Catherine II en lui découvrant, sans affectation, les pièges qu'on lui tend. Nous sommes bien sûrs qu'à moins d'y être forcée elle ne sacrifiera pas ses intérêts et son ressentiment, et ce ne sera pas nous qui lui fournirons les moyens de se préserver de ce malheur.

Sur ce point comme sur tous les autres, vous devez agir avec la retenue que les circonstances où se trouve la France et votre position vous prescrivent. Si les ministres russes s'ouvrent quelquefois à vous, présentez-leur avec modération les faits et les réflexions qui vous paroîtroient mériter leur attention. Justifiez cette conduite par l'intérêt que le Roi prend au bonheur de la Russie, et laissez toujours entrevoir que des rapports plus intimes entre les deux cours tiennent à des circonstances que Sa Majesté désire beaucoup voir se rapprocher.

Je suis très aise que vous soyez à portée de tirer de M. le prince de Nassau[4] des lumières utiles et de faire parvenir par son moyen à l'Impé-

---

1. Elle avait ses raisons pour se taire. Irritée de voir que le gouvernement français s'était refusé, dans l'affaire de Nootka-Sund, à exécuter ce qu'elle croyait être une obligation découlant du Pacte de Famille, elle s'était rapprochée de l'Angleterre, et, par le traité de l'Escurial, le 12 octobre 1790, lui avait abandonné le territoire contesté. Au reste, le 10 août 1790, le comte Fernand Nunez, ambassadeur d'Espagne à Paris, avait dit à M. de Montmorin : « Sa Majesté Très Chrétienne ne devra pas être surprise que l'Espagne cherche d'autres amis et d'autres alliés. » Ainsi la France perdait l'une après l'autre toutes ses alliances : Hollande, Autriche, Espagne, Russie.

2. M. de Coral, alors ministre d'Espagne à Stockholm.

3. M. de Gaussen (voyez ci-dessus, p. 395, note 2) était resté chargé d'affaires à Stockholm après le départ de l'ambassadeur, le marquis de Pons, le 4 août 1789.

4. Le prince de Nassau-Siegen n'avait pas encore pris l'attitude résolument hostile qu'il adoptera plus tard. A la suite du décret de l'Assemblée nationale, du 27 novembre 1790, qui imposait aux fonctionnaires le serment de fidélité à la Nation, à la Loi, au Roi, il se crut obligé de donner sa démission d'officier général de la marine française ; mais il revint sur sa décision, parut continuer à se considérer comme toujours attaché au Roi et reprit auprès de M. Genet le rôle de conseiller et d'auxiliaire que lui avait reconnu M. de Ségur.

A un certain moment, il sembla vouloir se mettre à la tête des « patriotes » hollandais, pour opérer dans ce pays un mouvement contre le stathouder. M. de Mandrillon, agent des patriotes hollandais réfugiés en France, était parti pour la Russie avec une lettre de recommandation de M. de Montmorin pour M. Genet, en date du 5 janvier 1791. M. Genet le présenta comme un homme de lettres au comte

ratrice ce qu'il nous importera qu'elle sache. N'ayant aucun caractère, tout ce qu'il dit et tout ce qu'il fait est sans conséquence. Vous devez cependant ne pas perdre de vue que, la position dans laquelle il se trouve n'imposant pas une discrétion absolue, il est possible que ses propres idées et son zèle pour les deux pays l'emportent quelquefois plus loin qu'il ne faudroit. Vous observerez donc de ne jamais le charger de dire telle ou telle chose que vous croiriez utile de faire parvenir à l'Impératrice : vous vous bornerez à l'en instruire et à lui faire sentir l'avantage que l'Impératrice en eût connoissance. Il fera ensuite ce qu'il jugera à propos, mais de son propre mouvement et sans en être chargé par vous.

Je ne prévois pas que nous soyons dans le cas de jamais avoir une flotte de petits bâtiments pour en imposer à l'Angleterre. La Manche ne ressemble pas au golfe de Finlande, où ces sortes de bâtiments ont une multitude d'asiles. Cette observation répond suffisamment à l'idée que vous présentez d'envoyer des officiers de la marine royale s'exercer sur la flottille russe.

Quelque désir que le Roi eût de faire des choses agréables à l'Impératrice, je doute que Sa Majesté voulût dans cette vue s'écarter de nos usages sans un objet d'utilité. Quant à faire remplacer par des officiers françois les Anglois qui quitteroient la flotte russe, si le cas arrivoit, ce projet mériteroit l'attention de Sa Majesté. En attendant, ce que vous avez dit sur ce point au prince de Nassau restera comme un compliment pour l'Impératrice.

Nous désirerions sans doute que la mésintelligence qui s'établit entre la Russie et la Prusse n'eût aucune suite ; qu'on laissât maintenant l'Impératrice faire sa paix avec les Turcs comme il lui conviendroit ; qu'ensuite les deux cours se rapprochassent autant qu'il seroit nécessaire pour assurer le repos de l'Europe, mais sans songer à rompre les alliances existantes. Les révolutions politiques ont beaucoup d'inconvénients, lors même qu'elles ne sont que sur le papier.

Ostermann, qui lui fit très bon accueil; mais les ministres d'Angleterre et de Prusse auprès de la cour de Russie prirent ombrage de la présence de M. de Mandrillon, et secondés par l'envoyé de Hollande, réussirent à lui faire interdire l'accès de la cour et des ministres russes. Déconcerté et découragé, il s'adressa, sur les conseils de M. Genet, au prince de Nassau-Siegen. Il lui demanda le secours de son épée et lui offrit, si l'entreprise réussissait, le gouvernement des Provinces-Unies. Le prince, très flatté de cette proposition, accepta (lettre de juin 1791), mais à la condition d'être autorisé par Catherine II à soutenir la cause des patriotes. « Leur cause, écrivait-il, me devient personnelle, et j'ai à venger une double injure : celle qui me prive de mes États et celle qui asservit une République dont la gloire est unie à celle de mes ancêtres. Leur sang coule dans mes veines. Puissé-je rappeler aux vrais Bataves le nom de Guillaume Ier ! » L'Impératrice l'autorisa, l'encouragea et lui fit même de belles promesses de secours, qui d'ailleurs ne se réalisèrent pas. Rien ne se fit, et M. de Mandrillon partit de Pétersbourg, le 23 juin 1791, pour rentrer en France.

Ce fut le dernier accès de libéralisme du prince de Nassau ; car, tout à coup, en juillet 1791, il prit la résolution de guerroyer contre la Révolution française. Informé par M. de Sombreuil de la fuite de Varennes et de ses conséquences, il partit précipitamment de Pétersbourg, le 2 août 1791, accompagné de quelques officiers français. Puis il revint en Russie, en février 1792, avec M. de Sombreuil, ne s'occupa plus qu'à protéger les émigrés, favoriser leurs complots et appuyer leurs demandes de secours : si bien que Catherine II, fatiguée de cette agitation turbulente, finit par le congédier. Il se rendit auprès des princes de Bourbon, et ne reparut plus en Russie.

Quant au traité qui reste à faire entre l'Impératrice et le roi de Suède[1] et dont M. de Steding[2] vous a parlé, nous n'avons aucun titre pour nous en mêler. Tout ce que nous pouvons faire est de témoigner nos vœux pour qu'il devienne la base des relations les plus amicales entre les deux cours.

Le chiffre de CORRESPONDANCE GÉNÉRALE étant très ancien, je vous prie d'en faire le moins d'usage que vous pourrez, et jamais pour des choses secrètes. J'en ferai préparer un nouveau pour la correspondance entre Pétersbourg et Constantinople, pour vous l'envoyer par la première occasion.

M. Genet ne se décourage cependant pas; il travaille toujours à renouer les fils rompus; il persiste, malgré l'évidence, à croire que la France peut encore quelque chose et que l'on peut compter sur l'amitié de Catherine II[3].

M. GENET A M. DE MONTMORIN.

Pétersbourg, 11 mars 1791[4].

... Il me semble que nous nous exposerions à voir triompher nos ennemis dans le Nord et dans le Midi si nous n'avancions pas avec fermeté dans la route que nous avons choisie. Ce seroit s'abuser que de supposer que les Turcs nous pardonneront notre défection et nos liaisons avec les Russes. Nous ne devons rien attendre dans ce moment-ci de leur ancienne amitié, et, s'il nous reste un moyen de les ramener, il paroît que c'est par la voie de leurs vainqueurs et par les services qu'ils seront plus en mesure qu'aucune autre puissance de nous rendre auprès d'eux, s'ils font malgré la ligue une bonne paix directe. Mais si la Russie est obligée de céder[5], préparons-nous aux humiliations qui nous attendent tant à Pétersbourg qu'à Constantinople; renonçons pour longtemps à l'espérance d'étendre notre commerce maritime dans les deux mers, et résignons-nous à voir la prospérité commerciale de l'Angleterre s'élever au plus haut degré, tandis que la nôtre décroîtra dans la même proportion. Je suis bien loin de penser

1. Le traité définitif, puisque la paix de Vérélá ne l'était pas. Sur les négociations du baron de Stedingk, à Pétersbourg, destinées à aboutir au traité de Drottingholm (octobre 1791); voyez A. GEFFROY, *Gustave III et la cour de France*.
2. Le baron de Stedingk, avant d'être chargé des négociations et de l'ambassade à Pétersbourg, avait été en France colonel du Royal-Suédois et très avant dans la faveur de Louis XVI et de Marie-Antoinette. Il devint ensuite feld-maréchal suédois. Ses *Mémoires* ont été publiés par le général comte BJÖRNSTJERNA (Paris, 2 vol. 1845).
3. Catherine II venait de remporter un grand succès en Orient : le 22 décembre 1790, Souvorof avait emporté d'assaut Ismaïl, parmi un carnage effroyable. Voyez les Mémoires du duc DE RICHELIEU, *Soc. imp. d'hist. de Russie*, t. LIV. Le 30 décembre s'ouvrait le congrès de Sistova; mais, tandis que l'Autriche épuisée se préparait à faire une paix séparée, la Russie se refusait à traiter et se réservait pour de nouveaux succès.
4. *A. E. Russie*, t. CXXXIV, fol. 158.
5. Ce sera sous la pression de l'Angleterre et de la Prusse que le congrès de Galacz s'ouvrira le 11 août, et après une nouvelle victoire des Russes à Matchin que sera signée la paix d'Iassy (9 janvier 1792). Pitt avait présenté à la Russie des notes et fait des armements (*the Russian armament*) également menaçants. STANHOPÉ, *Life of William Pitt*, et GRIGOROVITCH, *Le chancelier prince Bezborodko*.

cependant que nous devions nous déclarer ouvertement pour la Russie et cimenter des liaisons que notre position ne comporte pas. Mais, puisque nous sommes armés, puisque l'Espagne l'est encore[1], puisque la Suède et le Danemark, alarmés des projets d'agrandissement de la Prusse, sont disposés à seconder la Russie, puisque la Prusse, malgré ses démonstrations hostiles, craint la guerre, puisque nous savons que Catherine II n'a point les vues ambitieuses qu'on lui suppose et qu'elle ne demande que la sûreté de ses frontières, que risquons-nous de nous attacher cette puissance, en montrant un peu d'énergie, et de faire avorter par une sage fermeté un plan dont les résultats seront évidemment funestes au commerce, à la considération et peut-être à la liberté françoise? Tel est mon sentiment; mais, comme il ne m'appartient en aucune manière de l'articuler ici, ni même de le laisser entrevoir, vous devez être assuré que je me borne, dans les entretiens journaliers que j'ai avec les ministres russes, à les presser de conclure la paix, d'établir promptement par les bons offices de M. de Choiseul-Gouffier des négociations directes et de faciliter le succès de cet ambassadeur en modifiant leurs prétentions. Je saisis d'ailleurs toutes les occasions de donner à l'Impératrice, par des canaux secrets, les lumières que je dois à la confiance des ministres du Roi et que les siens ne lui fournissent point. Cette attention lui prouve mon zèle et mon dévouement. Elle y est sensible et je puis vous certifier que nous la trouverions maintenant tout aussi disposé qu'en 1788 à s'entendre avec nous, pour mettre le holà en Europe et pour réaliser le système de Pierre I[er 2].

Ce grand homme ne voyoit que la France et la Russie qui pussent, par leur position et par leur situation topographique, contenir toutes les puissances intermédiaires; de même que deux forces de compression tiennent en respect les corps soumis à leur action réciproque. Il n'avoit point songé à l'alliance du Nord[3] qui seroit le complément de cette savante théorie.

---

M. DE MONTMORIN A M. GENET.

Paris, 28 mars 1791[4].

Nos relations, jointes à celles que j'ai reçues de Stockholm, de Copenhague et de Berlin[5], m'ont mis en état de connaître les variations et les se-

---

1. Elle avait quelque peu désarmé : le traité de l'Escurial est du 12 octobre 1790.
2. C'est-à-dire de l'alliance avec la France.
3. Toujours le projet de Quadruple Alliance, mais développée par l'accession de la Suède et du Danemark.
4. *A. E. Russie*, t. CXXXIV, fol. 206.
5. Les représentants de la France dans ces trois cours étaient alors le chevalier de Gaussen, chargé d'affaires en Suède, le baron de la Houze, ministre plénipotentiaire en Danemark, et le comte de Moustier, ministre plénipotentiaire en Prusse, et tout dévoué personnellement à Louis XVI. C'est lui qui fut chargé par le Roi de remettre à Frédéric-Guillaume II sa lettre du 3 décembre 1791, par laquelle Louis XVI présentait à ce prince « l'idée d'un congrès des principales puissances de l'Europe, appuyé d'une force armée, comme la meilleure manière d'arrêter ici les factieux ». Il ne tarda pas à quitter son poste; la France n'y fut plus représentée

cousses que la politique du Nord a éprouvées et qui n'ont encore rien produit de décisif. Nous en sommes à attendre à tout moment le résultat de la fermeté de l'Impératrice et des fautes de ses adversaires, et à nous féliciter de n'être pas obligés de nous jeter au milieu de cette confusion.

Je suivrai l'ordre de vos lettres dont la plupart ne demandent pas de réponse.

Je vous ai dit ce que je pensois sur l'idée de M. le prince de Nassau de prendre des officiers françois sur sa flotte. Si quelques-uns en cas de guerre veulent aller en Russie pour acquérir des connoissances, je crois qu'il leur pourra être donné des permissions de voyager. Mais tout ce qui porteroit le caractère d'un secours accordé à aucune des puissances belligérantes ne pourroit se concilier ni avec nos principes ni avec notre position. Néanmoins, la nouvelle organisation que l'on s'occupe de donner à la marine pouvant laisser plusieurs officiers sans emploi et déterminer quelques autres à ne pas servir dans un nouvel ordre de choses, le Roi verroit avec plaisir qu'ils prissent le parti d'aller servir en Russie. J'en ai parlé à M. de Fleurieu[1], à qui M. le maréchal de Castries[2] en avoit écrit il y a quelque temps, et nous sommes convenus de faire à cet égard tout ce qui seroit possible.

Personne n'a pensé à regarder M. le prince de Nassau comme un officier pour qui les nouvelles lois fussent obligatoires dans ce moment. Le grade qu'il a obtenu en Russie et les occupations importantes qui l'y fixent justifient son absence. Je n'ai pas encore pris les ordres du Roi sur sa démission[3].

Les motifs qui ont fait agir le roi d'Espagne étant connus et le vrai sens de ses démarches auprès de l'Impératrice fixé, il y a lieu de croire que le mécontentement de Catherine II à ce sujet est calmé et que cette princesse ne rejetteroit pas les offices de Sa Majesté Catholique, s'ils pouvoient produire quelque effet à la Porte. Nous avons dû juger, par la manière dont l'Espagne nous a fait part de la démarche qu'elle faisoit à Pétersbourg, qu'elle n'avoit rien moins que le projet de la rendre semblable à celle des puissances qui forment la ligue anglo-prussienne[4]. En effet, le ministère aura sûrement remarqué que M. de Galvez n'a pas voulu se concerter avec les ministres anglois ni prussien, et surtout que, dans les exhortations qu'il a été chargé de faire pour une paix à des conditions modérées, il n'a été question en aucune manière du *statu quo*, qui faisoit la base essentielle des propositions angloises et prussiennes[5].

M. de Moustier aura vraisemblablement eu très peu de moyens d'entretenir le ministre turc à Berlin : d'ailleurs je doute qu'il eût pu le faire sûrement.

---

que par un chargé d'affaires. Bientôt le comte de Ségur partit pour Berlin avec une mission spéciale du ministère, et une Instruction du 22 décembre. Les intrigues des émigrés firent échouer sa mission pacifique. Voyez A. SOREL, *l'Europe et la Révolution française*, t. II, pp. 339 et suiv.

1. César-Henri de la Luzerne ayant donné sa démission le 20 octobre 1790, Charles-Pierre Claret, comte de Fleurieu, lui avait succédé comme ministre de la marine.
2. Le maréchal de Castries avait occupé le même ministère, de 1781 à 1787.
3. Voyez ci-dessus, pp. 431, 452-459 et 499.
4. L'Espagne, en effet, s'était contenté de faire la paix entre l'Angleterre sans entrer dans la ligue anglo-prussienne.
5. Pitt, avant qu'il ne rencontrât une si vive opposition dans le parlement et le peuple anglais, voulait empêcher Catherine II de garder même Otchakof.

Quant au degré d'intérêt de votre correspondance avec M. de Choiseul-Gouffier, je pense que vous faites bien de tirer de ses lettres tout ce qui peut maintenir l'Impératrice et son ministère dans la persuasion que cet ambassadeur a les ordres nécessaires et toute la bonne volonté requise pour travailler à la paix en proportion des moyens qu'on lui en fournira. Tout ce qu'on feroit à Pétersbourg sans l'aveu de M. le prince Potemkin iroit à contre-fin. Si ce général croit avoir besoin de l'intervention de M. de Choiseul, il sait qu'il n'a qu'à le lui témoigner, et il en a les moyens. Il y a longtemps que cet ambassadeur a reçu des ordres à cet égard.

Rien ne nous intéresse plus que de connoître à quel degré la confiance se rétablit entre les cours de Vienne et de Pétersbourg, et je vous recommande de recueillir tout ce que vous pourrez sur cet objet.

Vos quatre dernières lettres des 18, 22, 25 février et 1er mars présentent un état de choses qui pourroit devenir satisfaisant si la Porte se prêtoit à des conditions de paix telles que sa situation actuelle peut les comporter. Mais je vous avoue que je suis loin de croire qu'on soit revenu à Constantinople des espérances que l'Angleterre et la Prusse ont fait concevoir et, selon toutes les apparences, entretiennent encore. Le caractère violent du Grand Seigneur[1] paroît plus irrité qu'abattu des revers qu'il a éprouvés, et il paroît dans ce moment ne s'occuper que des moyens de continuer la guerre et de hâter l'époque à laquelle son nouvel allié[2] lui fournira les secours auxquels il s'est engagé par ledit traité qu'il a contracté avec lui. Quoi qu'il en soit, vous avez fort bien fait de vous prêter à tout ce que les ministres de l'Impératrice désirent de vous pour amener la Porte à négocier la paix directement avec elle. Ils sentiront sûrement que le meilleur moyen d'y parvenir est de lui présenter des conditions modérées et telles que l'Angleterre et la Prusse ne puissent pas l'engager à les repousser en leur donnant l'assurance de leur en faire obtenir de meilleures. M. de Choiseul a déjà reçu dans différentes occasions les ordres les plus positifs de porter les Turcs, autant qu'il leur seroit possible, à négocier directement avec la cour de Pétersbourg. Il y a échoué jusqu'à présent, parce que l'Angleterre et la Prusse n'ont cessé d'entretenir les ministres du Grand Seigneur d'espérances brillantes et que ce prince saisissoit avec avidité; mais le moment est arrivé de connoître tout ce que ces promesses avoient d'illusoire. Si le roi de Prusse n'entre pas en campagne ce printemps et si l'Angleterre n'envoie pas des escadres dans la Baltique et dans la Méditerrannée, il sera clair qu'on n'a voulu qu'amuser les Turcs et, en prolongeant leur obstination, donner des embarras à la Russie pour pouvoir lui faire la loi. Or je crois que le roi de Prusse se porteroit difficilement à commencer une guerre avec la Russie : ses goûts personnels et son caractère concourent avec la raison à l'éloigner d'une pareille entreprise dont le succès même ne lui procureroit aucun avantage. Quant à l'Angleterre, nous avons lieu de la croire on ne peut moins disposée à envoyer des escadres dans la Baltique et dans la Méditerranée. Elle craindroit certainement

---

1. Sélim III avait succédé, le 7 avril 1789, à son oncle Abdul-Hamid. Outre la fin de cette guerre et la paix d'Iassy, il devait voir l'invasion de l'Égypte par Bonaparte, devenir l'allié de celui-ci en 1806, entreprendre de grandes réformes, être détrôné en juillet 1807 et périr dans les troubles de 1808, laissant comme l'héritier de ses idées de progrès et comme son vengeur son cousin Mahmoud. — Sur son caractère et sur sa façon de gouverner en 1791, voyez L. PINGAUD, *Choiseul-Gouffier*.

2. La Prusse, qui avait signé avec la Turquie le traité d'alliance de janvier-février 1790.

d'interrompre par une guerre le cours de ses prospérités commerciales qui sont portées au plus haut point. La guerre qu'elle vient d'entreprendre dans l'Inde[1] lui donne de vives inquiétudes, et d'ailleurs l'insubordination qui s'est déclarée dans plusieurs occasions à bord de ses vaisseaux lui fait certainement redouter la guerre et surtout une guerre qui seroit aussi impopulaire en Angleterre que celle-ci. Vous pouvez présenter toutes ces réflexions aux ministres de l'Impératrice ; je les crois de la plus grande vérité. Vous en conclurez facilement qu'il y a peu d'apparence que la Russie ait rien à craindre dans ce moment de l'Angleterre et de la Prusse ; mais, en même temps, il vous sera aisé de leur faire apercevoir que la paix ne peut être que le fruit des offres modérées qu'ils feront directement à la Porte. Il est sans doute de la dignité et de la grandeur de l'Impératrice de faire la paix sans intervention : mais on ne peut faire renoncer les Turcs aux espérances qu'ils ont conçues qu'en leur représentant l'assurance de n'être pas écrasés à la paix. Vous avez donc fort bien fait d'engager les ministres russes à vous mettre à portée de faire connoître à M. de Choiseul les conditions auxquelles ils voudront traiter. Sans cette connoissance préliminaire, toutes ses démarches seroient nécessairement infructueuses. J'attends avec impatience que vous puissiez me donner des nouvelles de l'effet qu'aura produit l'arrivée de M. le prince Potemkin. J'imagine que ce ne sera qu'à cette époque qu'on prendra un parti définitif. Vous pouvez, dans tous les cas, assurer les ministres de l'Impératrice du vif désir du Roi de concourir à ce qui peut lui être agréable et du zèle de M. de Choiseul qui recevra tous les ordres en conséquence [2].

---

M. GENET A M. DE MONTMORIN.

Pétersbourg, 17 juin 1791 [3].

. . . . . . . . . . . . . . . . . . . . . . . . . . . . . . . . . . .
... Il m'est revenu des faits fort extraordinaires sur le voyage de M. de Sombreuil. Ce jeune homme s'est rendu de Paris à Pétersbourg en 17 jours ; il a été descendre chez M. Bedsboroko, lui a remis des lettres et a eu avec lui une conversation à l'issue de laquelle ce ministre s'est rendu à Czarkosélo. M. de Sombreuil devoit, dit-on, repartir dans peu de jours, mais d'autres personnes doivent être réexpédiées à sa place. Il sera présenté à l'Impératrice et je crois qu'elle l'attachera à son service avec le rang de major en premier.

On accorde en général beaucoup de faveurs aux réfugiés françois qui se retirent en Russie ; presque tous obtiennent des grades supérieurs à ceux qu'ils avoient en France et sont traités avec distinction par la cour. L'Im-

---

1. La première guerre contre Tippoo-Saïb, qui dura de 1790 à 1792, et dont les débuts furent très pénibles pour les Anglais.
2. Choiseul-Gouffier écrivait à Montmorin, 12 novembre 1790 : « Je suivrai toujours fidèlement la marche qui me sera prescrite par l'Impératrice ; mes ordres me l'enjoignent, mon admiration constante pour cette immortelle princesse m'en fait une loi aussi forte. » Mais que pouvaient alors les agents d'un gouvernement dont le chef s'évadait de Paris (21 juin 1791), se faisait ramener de force dans sa capitale et suspendre de ses pouvoirs par l'Assemblée (28 juin) ?
3. *A. E. Russie*, t. CXXXV, fol. 94.

pératrice, en se conduisant de cette manière, a l'intention de soutenir dans ses États les principes aristocratiques qu'elle croit nécessaires au maintien de son autorité et d'attirer un plus grand nombre de consommateurs. Mais cette spéculation économique a été jusqu'à présent plus à sa charge qu'à son avantage, et ses sujets commencent à murmurer hautement contre les grâces qu'elle accorde à des étrangers qui n'ont d'autres titres que d'avoir abandonné leur patrie dans un moment d'incendie pour aller la décrier auprès des nations étrangères.

M. de Bombelles, frère de l'ancien ambassadeur à Venise, vient d'obtenir une pension de 600 roubles et M. de Meilhan[1] a reçu il y a peu de temps une gratification de 10000 roubles. Ce dernier, indépendamment de plusieurs projets qu'il a conçus pour l'amélioration des finances de Russie, a, dit-on, un plan secret relatif à la France qu'il ne développera qu'à la paix[2]. Il voit souvent l'Impératrice : il peut lui dire sans intermédiaire ce qu'il veut, et sa situation est telle que les ministres russes s'occupent sérieusement des moyens de l'éloigner.

Le comte de Sombreuil, le baron de Bombelles, le comte Esterhazy, qui arrivèrent presque en même temps à Pétersbourg, étaient des agents des comtes de Provence et d'Artois : ils se firent présenter à la cour par l'ambassadeur d'Autriche. Au contraire, Saint-Priest[3], qui était l'agent personnel de Louis XVI, se fit présenter par le chargé d'affaires du gouvernement constitutionnel de France, M. Genet. Tous ces mouvements des émigrés se rattachaient probablement à une vaste conjuration, dont Bouillé à Metz était le pivot, dont Catherine II n'était point ignorante, et qui avait pour but de faire sortir le Roi de Paris. Il y avait longtemps que l'Impératrice rêvait ou préparait ce résultat. Sa pensée intime apparaît dans cette curieuse lettre à Grimm, qui se disposait alors à quitter la France :

... Vous feriez très bien d'emmener avec vous, si faire se peut, et même s'il se pourroit, de mettre, en vous allant de Sodome et de Gomorrhe, dans votre poche le Roi des Français, afin qu'il parvînt sain et sauf au moins jusqu'aux frontières de son royaume. Vous le remettriez là à M. de Bouillé lui-même ou à tel autre bien intentionné, afin qu'il préservât Sa Majesté Très Chrétienne de tous les malheurs dont elle nous paroît menacée; et, quoique nous n'ayons jamais un moment tremblé pour nous-même, nous tremblons tous les jours de la vie, depuis trois ans, pour

---

1. Sur Bombelles, Sénac de Meilhan, et tous nos émigrés en Russie, voyez L. PINGAUD, *les Français en Russie*. — A. RAMBAUD, *Catherine II et la Révolution française*, dans la *Revue Bleue* des 16 octobre 1880 et 19 mars 1881.

2. La paix avec les Turcs.

3. Voyez ci-dessus, pp. 271-272, 340-341, 362, 374, 460. La diplomatie personnelle du Roi avait pour directeur le baron de Breteuil, à l'égard duquel nous connaissons déjà les sentiments de Catherine. C'est en partie pour cette raison qu'elle écouta beaucoup moins les agents de Louis XVI que ceux de ses frères. Auprès de la cour des princes à Coblentz, elle fut un moment représentée par le comte Serge Pétrovitch Roumiantsof et par le prince de Nassau-Siegen.

notre grand ami Louis XVI, pour la Reine son épouse et pour ses chers enfants, que nous voudrions savoir hors de Paris [1].

Tout à coup une grande nouvelle se répand en Europe et fait tressaillir de joie l'émigration et la cour de Russie : Louis XVI a réussi à s'échapper de Paris [2] et à rejoindre l'armée de M. de Bouillé. Voici la dépêche par laquelle Alopéus, ministre de Russie à Berlin, sur les informations du comte d'Artois, annonçait l'heureux événement au vice-chancelier Ostermann :

> Monseigneur, hier au soir a été reçue ici la nouvelle que Louis XVI a quitté Paris ; qu'il est arrivé à Montmédy, pas loin de Luxembourg, accompagné de huit mille gentilshommes françois, et qu'il attendoit à tout moment M. de Bouillé qui devoit le joindre ;... que le comte d'Artois alloit partir dans l'instant pour Montmédy.

Catherine II, au comble de l'enthousiasme, écrivit aussitôt au prince de Nassau et à ses correspondants ordinaires pour leur faire part de sa joie. Elle s'en entretint gaiement avec Khrapovitski, dont le *Journal* a conservé la trace de ces émotions. Elle reçut les félicitations des hôtes français qui commençaient à affluer dans sa capitale.

Les papiers de l'ambassade russe à Paris [3] nous apprennent un détail peu connu de ce complot qui réunissait contre la liberté française les conspirateurs du dedans et nos ennemis du dehors ; ce fut, on le sait déjà, un gentilhomme suédois, le comte de Fersen, qui, déguisé en cocher, fit sortir le Roi de Paris ; mais ce fut une dame russe, la baronne de Korff, qui fournit les passeports. M. de Simoline, dans ses dépêches à Ostermann, paraît tout ému de l'esclandre qui en résulta : interpellation à l'Assemblée, fureurs du peuple qui courut assaillir l'hôtel du ministre des affaires étrangères, Montmorin. Il raconte que la baronne, sous prétexte qu'elle avait perdu ou brûlé son passeport, l'avait prié d'en demander un second au ministre. Simoline avait demandé et obtenu, et la Russie se trouvait compromise.

L'ambassadeur s'empressa d'ailleurs de protester auprès de Montmorin et dans les journaux parisiens « contre l'usage inconsidéré qu'on paraît avoir fait de ce nouveau passeport ». Il publia également un billet d'excuse où « M$^{me}$ de Korff se désolait de sa maladresse ». La baronne y était « confuse de prier M. de Simoline de réparer son étourderie ».

Était-ce vraiment *maladresse* ou *étourderie* chez la baronne ? On peut en douter quand on voit que M$^{me}$ de Korff et sa mère, M$^{me}$ Ste-

---

1. Catherine II à Grimm, 1$^{er}$ juin 1791.
2. Le Roi avait, en effet, quitté Paris dans la nuit du 20 au 21 juin.
3. Dans l'*Archive russe*, année 1866, pp. 800 et suiv., en français et en russe.

gelmann, avaient prêté de l'argent à Leurs Majestés Très Chrétiennes et quand on voit plus tard Fersen s'intéresser à elles et prier Catherine d'intercéder auprès de la cour de Vienne pour leur obtenir le remboursement de leurs avances. « Faut-il donc, écrivait-il, qu'elles soient « victimes de leurs principes d'attachement et de dévouement à des souverains malheureux » ? (Lettres des 30 mars 1795 et 15 février 1796.)

Le désaveu que Simoline crut devoir donner publiquement à l'*étourderie* de M<sup>me</sup> de Korff prouve que Catherine II, encore à ce moment, n'était pas décidée à intervenir activement en faveur du Roi de France et qu'elle entendait, sans préjudice de ses sentiments personnels, suivre une politique d'abstention, ou tout au moins de réserve. Qu'elle fût absolument étrangère au complot de Varennes, ce n'est point probable. Peu de temps après l'événement, le 16 septembre 1791, nous voyons Khrapovitski adresser une lettre, signée d'elle, au marquis de Bouillé. Est-ce une lettre de consolation sur son échec ou de reproche sur sa maladresse ? Il ne le dit pas.

Un orage se formait contre nous en Europe. Gustave III, après avoir signé avec Catherine le traité de Drottingholm (octobre 1790), oubliant ses rancunes et ses ambitions, ne cherchait qu'à obtenir d'elle des subsides et des troupes pour faire la guerre à la France. Il lui proposait d'embarquer sur une flotte anglo-russe 6 000 Russes et 10 000 Suédois et de porter la guerre en Normandie. Il accourait à Aix-la-Chapelle et essayait de mettre sur pied une coalition des petits princes allemands, tandis que l'Empereur et le roi de Prusse, réunis à Pilnitz, se préparait à lancer la fameuse déclaration du 27 août 1791.

MM. Genet et de Montmorin n'en continuaient pas moins à se préoccuper de la médiation française dans les affaires d'Orient. A Pétersbourg, on leur en était fort peu reconnaissant :

M. DE MONTMORIN A M. GENET.

Paris, 25 août 1791 [1].

. . . . . . . . . . . . . . . . . . . . . . . .
... Les facilités que l'Impératrice a éprouvées de la part des cours de Londres et de Berlin ont dû refroidir encore son empressement pour nous faire intervenir dans ses négociations avec la Porte, si tant est que son ministère en ait jamais eu l'idée. Quoi qu'il en soit, il convient plus que jamais de voir venir à cet égard et de ne nous mettre en avant d'aucune manière. Vous vous contenterez, si l'on vous fait quelque demande relativement à cet objet, de répondre que M. de Choiseul a toutes les instructions qu'on peut désirer et vous vous prêterez seulement à lui envoyer des courriers si on le désire et à faire connoître à cet ambassadeur le véritable état de choses et le vœu de l'Impératrice ainsi que de son ministère.

1. *A. E. Russie*, t. CXXXV, fol. 222.

M. de Mandrillon[1] m'a remis à son retour ici la lettre dont vous l'aviez chargé. Le succès de sa négociation étoit entièrement dépendant de la tournure que prendroient les affaires de la Russie avec les cours de Londres et de Berlin. Si ces deux cours eussent voulu soutenir la cause des Turcs et que la guerre en fût résultée, il n'est pas douteux que l'Impératrice se seroit servie de tous les moyens qui se seroient présentés pour leur donner de l'embarras, et c'est dans cette hypothèse seulement que M. de Mandrillon pouvoit concevoir des espérances. La paix paroissant désormais assurée, il ne sauroit y avoir de doute que toute cette affaire ne soit entièrement dans l'oubli. L'intérêt que l'Impératrice prend à M. de Nassau ne la portera sûrement à s'engager dans une affaire qui pourroit devenir aussi sérieuse. Je ne pense pas qu'elle puisse se renouer sous aucun rapport; mais, si par impossible cela arrivoit, je vous recommande d'y mettre encore plus de circonspection que vous n'en avez mis dans cette occasion.

Dans toutes les cours, les envoyés du gouvernement officiel de France étaient tenus à l'écart, froidement reçus ou même injuriés : comme le marquis de Noailles à Vienne, le comte de Ségur à Berlin, M. de Sémonville à Turin, M. de Cacault à Naples, M. Bernard à Rome, M. de Bourgoing à Madrid, M. Bigot de Sainte-Croix à Trèves, M. de Villars à Mayence. Au contraire, on accueillait à bras ouverts, tantôt les agents secrets du Roi, tantôt les émissaires des princes. A Pétersbourg, Genet allait se trouver aux prises avec les mêmes épreuves.

Le 14/3 septembre 1791, le comte Bezborodko écrivait au prince Victor Pavlovitch Kotchoubey pour l'informer des vues de l'Impératrice sur la situation de la France et lui interdire de s'y rendre :

Vous avez tort d'être fâché de mon silence au sujet de la lettre où vous me demandez mes lettres de recommandation pour Paris. Mon silence avoit pour raison la conviction où je suis que votre voyage à cette ville n'étoit pas de saison. Il y a longtemps qu'on a défendu à nos compatriotes de visiter un pays gouverné par des principes si dépravés, et il y a longtemps qu'on a donné ordre à M. Simoline d'en faire sortir tous ceux qui s'y trouvent. Votre lettre m'est arrivée précisément dans le temps où nous avisions aux moyens de secourir le Roi et sa famille, opprimés par des sujets en révolte. Aussitôt que nos démêlés avec la Prusse et l'Angleterre ont pris fin et que les préliminaires ont été signés avec la Porte, la question s'est posée entre nous et les cours de Vienne, Berlin, Stockholm, Turin, Naples, Madrid : savoir quelles mesures il convient de prendre pour réprimer le mal en France et y rétablir le pouvoir légitime du monarque. Est-ce bien le moment pour vous d'y aller? Si vous vous décidez à voyager en Italie ou en Allemagne, je vous enverrai des lettres ; mais en France, vous ne pouvez et ne devez aller ; ce serait vous exposer à n'être plus jamais employé, et même à voir séquestrer vos terres. J'ai trop bonne opinion de vous pour oser penser que vous soyez le moins du monde atteint de la corruption françoise. Je suis donc persuadé que,

---

1. L'agent des patriotes hollandais réfugiés à Paris. Voyez ci-dessus, p. 499, la note sur Nassau-Siegen.

sachant la situation des choses, vous modifierez votre plan de voyage...
*On a signifié à Genet qu'il eût à ne plus paroître à la cour*, car ici nous n'avons affaire qu'avec le Roi et nullement avec une Assemblée qui s'est permis d'anéantir le pouvoir légitime. On a fait de même à Naples, Vienne et Berlin.

Ainsi on signifiait au chargé d'affaires de France d'avoir à ne plus se montrer à la cour. Au reste, voici comme la correspondance de Genet nous expose cette avanie, qui fut suivie d'autres encore :

M. GENET A M. DE MONTMORIN.

Pétersbourg, 16 août 1791[1].

Nos craintes sur la malveillance que l'on cherche à répandre contre la France dans toutes les cours de l'Europe ne sont que trop fondées. Il n'en est aucune aujourd'hui que l'on ne cherche à exciter, et l'éloignement de celle de Pétersbourg ne la met point à l'abri des intrigues de nos ennemis intérieurs et étrangers. On travaille de différents côtés à nous représenter à Catherine II sous les couleurs les plus noires, et le courrier autrichien dont je vous ai annoncé l'arrivée a apporté un long mémoire dont le but est de proposer à la Russie de former avec toutes les cours parentes, amies et alliées du Roi, et même avec celle de Londres, un concert[2] qui seroit dirigé contre la nation françoise si elle oublioit son devoir. L'envoyé d'Angleterre a été le premier ministre étranger auquel M. le comte de Cobentzel a communiqué cet écrit. Il en a donné connoissance quelques jours après aux ministres d'Espagne, de Naples et de Prusse[3]. Cet ambassadeur m'en a fait un mystère ; de là j'ai trouvé le moyen de pénétrer ses ordres, ses instructions et je n'ai point perdu un seul instant pour opposer la vérité à la calomnie. J'ai instruit M. le comte d'Ostermann et M. de Markow des mesures prises par l'Assemblée nationale depuis le départ du Roi pour assurer la monarchie, pour rétablir les choses dans leur état naturel et pour ramener l'ordre et la tranquillité. J'ai fait valoir comme je le devois la sagesse et la prudence du corps législatif de France ; j'ai répété, avec la fermeté que les circonstances exigent, que toute influence étrangère seroit superflue ; et je suis fondé à croire que les ministres pensent : 1° que l'Impératrice ne peut se mêler en aucune manière de nos affaires, 2° que la marche prudente et mesurée que suivent les représentants de la nation semble dispenser de ce soin les autres puissances.

. . . . . . . . . . . . . . . . . . .

Les sentiments que M. Genet prêtait bénévolement aux ministres russes n'étaient sans doute pas les leurs ; et assurément ils n'étaient pas ceux de l'Impératrice. Avec les émigrés, elle continuait à considérer la Constitution comme un outrage à la majesté royale, l'Assemblée nationale comme un ramas de rebelles et d'usurpateurs, et

---

1. *A. E. Russie*, t. CXXXV, fol. 201.
2. C'est précisément ce que le Roi et la Reine ne cessaient, par leurs agents particuliers, de demander à toutes les cours. Voyez ci-dessus, pp. 502, 506.
3. Galvez, Serra-Capriola et Goltz.

le Roi comme privé de toute liberté. Tandis que ses ministres consentaient à peine à voir M. Genet, représentant du gouvernement constitutionnel de France, Catherine II ne recevait que les agents secrets du Roi ou les agents des comtes d'Artois et de Provence : le baron de Breteuil, le prince de Nassau, le marquis de Bombelles, le comte Esterhazy. Rompre avec les représentants de la France constitutionnelle, c'était comme un mot d'ordre donné dans toutes les cours, et Pétersbourg ne tarda pas à suivre l'exemple parti de Vienne et imité à Naples, à Berlin, à Trèves, etc.

### M. GENET A M. DE MONTMORIN.

Pétersbourg, 1er septembre 1791 [1].

L'Impératrice, entraînée par les intrigues et les manœuvres des ennemis nombreux de notre Constitution, vient de prescrire à ses ministres de suivre à mon égard une marche semblable à celle dont la cour de Vienne a donné l'exemple [2].

Je me rendis hier à la conférence ordinaire du mercredi chez M. le comte d'Ostermann. Peu d'instants après mon arrivée, ce ministre me prit à part et me dit, avec un air de douleur dont je fus pénétré [3], qu'il avoit ordre de m'insinuer que, vu la situation actuelle des affaires de la France et l'état de captivité où se trouvoit le Roi, je devois cesser de paroître à la cour. Après avoir protesté, comme je le devois contre ce procédé qui choque tous les principes, je me suis retiré chez moi et j'ai adressé à M. le vice-chancelier la lettre dont je joins ici la copie [4] et qui renferme mot à mot les observations que je lui avois faites verbalement.

Tout le corps diplomatique ayant été témoin de mon entretien avec M. le comte Ostermann et du parti que j'ai pris de me retirer sans rester à dîner chez lui, j'ai cru devoir communiquer aux ministres des cours parentes et amies de la France un extrait de ma lettre, dans lequel j'ai supprimé ce qui a trait aux marques signalées d'amitié que la Russie a reçues de nous depuis l'époque de cette Révolution contre laquelle on a tant animé l'Impératrice.

### M. GENET AU COMTE D'OSTERMANN.

Pétersbourg, 30 août 1791 [5].

J'ai exprimé verbalement à Votre Excellence mon opinion sur l'insinuation qu'elle m'a faite de ne point paroître à la cour, vu, m'a-t-elle dit, l'état de captivité où se trouve le Roi.

---

1. *A. E. Russie*, t. CXXXVI, fol. 3.
2. A l'égard du marquis de Noailles.
3. Nous verrons, plus loin, que ce chagrin d'Ostermann était sincère. — Nous verrons aussi revenir ces mots d'*insinuation* et de *protestation*.
4. C'est la pièce suivante.
5. *A. E. Russie*, t. CXXXV, fol. 225.

Je vais avoir l'honneur actuellement de remettre par écrit sous ses yeux ce que je lui ai dit de bouche à ce sujet.

Je vous ai observé, monsieur le comte :

1° Que le fait sur lequel votre insinuation a été fondée se trouvoit contredit par les décrets des représentants de la nation françoise convoqués par le Roi, lesquels avoient maintenu la constitution monarchique et déclaré de nouveau, depuis le retour du Roi dans la capitale, que la personne de Sa Majesté étoit inviolable et sacrée : loi fondamentale qui atteste qu'à partir de la date de sa seconde promulgation, dont je vous ai donné connoissance, le séjour du Roi à Paris ne peut point avoir été forcé, et que les formes provisoires établies momentanément par l'Assemblée nationale pour le gouvernement de l'État et pour la sûreté du Roi n'ont eu pour but que de prévenir une explosion dont les suites auroient été incalculables.

2° Qu'ayant été accrédité en 1789, en vertu des ordres du Roi, auprès du ministère de Sa Majesté Impériale, c'étoit, en partant de nos principes et de ceux que toutes les monarchies doivent observer, méconnaître la dignité de Sa Majesté et celle de la nation, qui en est inséparable, que d'interdire la cour de l'Impératrice à celui qui remplace auprès de cette princesse le ministre de France.

J'ai dû, d'après ces deux considérations majeures, monsieur le comte, protester de la manière la plus forte contre un pareil procédé ; je l'ai déclaré à Votre Excellence, je le lui répète encore, et cette obligation remplie, il ne me reste plus qu'à informer le ministère de la conduite que j'ai tenue dans cette circonstance. En attendant ses ordres, monsieur le comte, je resterai à Pétersbourg, ne doutant point que Sa Majesté Impériale ne soit bientôt éclairée sur la véritable situation des choses dans ma patrie et sur l'utilité qu'elle pourra trouver à perpétuer la bonne harmonie et l'amitié qui ont si heureusement régné entre la France et la Russie, sentiments dont nous étions prêts, il y a peu de temps, comme Votre Excellence le sait, à donner à l'Impératrice, d'après son invitation formelle, les preuves les plus réelles, lorsque l'aurore de la paix, que l'ambassadeur du Roi à la Porte a travaillé à rétablir et dont les préliminaires viennent d'être signés, a suspendu, sous le rapport que vous nous aviez indiqué, les efforts de notre zèle.

M. GENET A M. DE MONTMORIN.

Pétersbourg, 2 septembre 1791 [1].

... J'ai lieu de croire que la plupart des ministres désapprouvent dans le fond de leur âme l'âpreté avec laquelle on nous poursuit, dans le moment même où la nation montre le plus de sagesse et de modération. Les entre-

---

1. *A. E. Russie*, t. CXXXVI, fol. 11.

tiens que j'ai eus avec eux, particulièrement avec M. de Marcow, ne me permettent point d'en douter. Mais le thermomètre des passions de l'Impératrice a été porté à un trop haut degré pour qu'il puisse penser à le remettre à son niveau. Une lettre seule du Roi, qui démentira toutes les supercheries auxquelles je suis convaincu que l'on a eu recours pour fasciner les yeux de cette princesse, déjà enivrée de gloire, pourra la ramener à la raison.

Les circonstances sont très fortes. Nos ennemis commencent à se montrer à découvert; ils nous méprisent; ils nous regardent et nous font considérer comme des impuissants orgueilleux, et nous ne saurions rassembler trop de forces d'énergie, de prudence, pour leur apprendre à nous connoître ou plutôt à nous reconnoître. Ma conduite a été dirigée d'après ces principes; je n'imagine point que la nation françoise la condamne.

---

M. GENET A M. DE MONTMORIN.

Pétersbourg, 2 septembre 1791 [1].

Plus le nombre des ennemis de notre Constitution augmente, plus les détracteurs, plus les malveillants répandent leur fiel contre nous, plus on ourdit d'intrigues pour étouffer notre liberté naissante, plus je sens mon patriotisme s'enflammer. Si je n'étois point attaché ici par mon devoir, j'en remplirois un autre en volant à la défense de nos frontières avec tous les généreux citoyens qui sont décidés à faire de leurs corps un rempart contre les agressions étrangères. Mais au moins, si je ne puis vaincre ou mourir avec eux, je puis aider l'État, autant que mes facultés me le permettent, à entretenir les soldats de la liberté. Ma première contribution patriotique a été de 1 000 francs, j'en ai fait dernièrement une seconde de 600 francs. J'avois des effets superflus, je viens de les vendre et je vous prie de remettre à qui il appartiendra le mandat de 600 francs que je joins ici. J'en destine le montant à l'entretien des gardes nationales employées sur les frontières.

---

M. GÉNET A M. DE MONTMORIN.

Pétersbourg, 6 septembre 1791 [2].

. . . . . . . . . . . . . . . . . . . . . . . . . . . .
On ne parle que de mon affaire : les uns me condamnent, les autres m'approuvent. Il s'est trouvé à la cour des gens assez hardis pour me défendre hautement. Mais c'est surtout dans les régiments des gardes que j'ai trouvé des amis. Presque toute la jeunesse est pour moi, et je l'évite

---

1. *A. E. Russie, ibid.*, fol. 18.
2. *A. E. Russie, ibid.*, fol. 14.

avec le plus grand soin. La même division d'opinion règne dans le corps diplomatique ; le comte Cobentzel et les ministres de Suède et de Sardaigne, d'Angleterre, de Bavière et de Hollande[1] me désapprouvent et tiennent les discours les plus absurdes sur notre position ; mais en revanche les ministres d'Espagne, de Prusse, de Danemark, de Pologne, de Saxe[2], me donnent les témoignages les plus flatteurs de leur estime. M. de Galvez a redoublé de bontés pour moi. Le ministre de Pologne me montre une confiance sans bornes ; il m'a assuré que Stanislas-Auguste lui parloit souvent de nos affaires et qu'il étoit fondé à croire que ce prince et la République[3] formoient les vœux les plus sincères pour que les anciens liens de la France et de la Pologne puissent se renouer. Le ministre de Danemark fait entrevoir également que sa cour est à notre égard dans des dispositions fort amicales, et il pense que toutes les menées de l'Empereur et du roi de Suède contre la France n'aboutiront qu'à agiter inutilement tous les cabinets de l'Europe. Quoi qu'il en soit, je sens plus que personne combien il est essentiel, pour faire avorter les desseins de l'Empereur, de ramener la Russie. Je connois ses forces, ses ressources, l'influence que la brillante période où elle se trouve lui a donnée partout ; mais en même temps je connois aussi, j'ose le dire, le caractère de Catherine II, et je suis persuadé qu'une noble fermeté, soutenue par la sagesse et le retour de l'ordre dans l'armée, remplira mieux notre objet que toutes les démarches qui porteroient le caractère de la crainte ou de la foiblesse.

J'attends avec une soumission respectueuse les ordres que vous me donnerez, et jusqu'à ce qu'ils me parviennent, je ne fréquenterai ni les ministres ni la grande société.

---

M. GENET A M. DE MONTMORIN.

Pétersbourg, 6 septembre 1791[4].

. . . . . . . . . . . . . . . . . . . . . . . . . . . . . . . .

... Plus on est attaché à la Constitution décrétée par l'Assemblée nationale[5], plus on doit témoigner de respect pour la royauté qui en est le principal moteur. D'après cette notion toujours présente à mon esprit, je me suis rendu hier, jour de la Saint-Louis suivant le calendrier grec, à l'église catholique de cette ville pour adresser mes vœux au ciel à l'occasion de la fête de Sa Majesté. Je me suis trouvé seul dans ce temple, quoi-

---

1. Suède : le baron Stedingk, (voyez ci-dessus, p. 501, note 2) ; — Sardaigne : le baron de La Turbi ; — Angleterre : lord Whitworth (voyez ci-dessus, p. 497, note 1) ; — Bavière : le comte Urkenburg-Stechinelli ; — Hollande : le baron Rogger, ministre, et de Swart, résident.
2. Espagne : M. de Galvez ; — Prusse : le comte de Goltz ; — Danemark : le baron Rosenkranz, marié à une princesse Viazemski ; — Pologne : M. Déboli (voyez ci-dessus, p. 428, note 1) ; — Saxe : Von Helbig (voyez ci-dessus, p. 356, note 1) avait été remplacé en août ou septembre par M. de Völkersahm.
3. La République polonaise.
4. *A. E. Russie, ibid.*, fol. 22.
5. Elle fut votée seulement le 3 septembre 1791, mais, grâce à une discussion prolongée, on en connaissait déjà partout les dispositions.

qu'il y ait ici beaucoup de François qui se disent les amis du Roi et auxquels je n'avois point cru nécessaire de rappeler un sentiment qu'ils disent être gravé dans leur cœur, mais qui ne se trouve que sur leurs lèvres. Les vrais amis du Roi sont ceux de la Constitution et de la patrie, et l'exemple que vous avez donné à tous les fonctionnaires le prouve [1].

---

M. GENET A M. DE MONTMORIN.

Pétersbourg, 13 septembre 1791 [2].

... Le nombre des ennemis du prince Potemkin [3] s'est considérablement accru depuis quelque temps, et je suis étonné de la hardiesse avec laquelle on condamne toutes ses opérations. Je ne le suis pas moins de la sensation que mon affaire a produite dans le public de cette ville. Je croyois que ce peuple d'esclaves n'oseroit pas même jeter les yeux sur un homme que la cour taxe de démocrate, parce qu'il a osé défendre avec courage les intérêts de sa patrie et de son Roi. Mais je me suis trompé; des gens que je connoissois à peine me saluent et me parlent avec empressement lorsqu'ils me rencontrent; les personnes que je voyois m'engagent, me pressent même de les fréquenter, et un grand nombre de jeunes officiers aux gardes sont venus se faire inscrire chez moi. Je suis sensible à ces marques d'estime, qui me font lire dans l'avenir l'histoire de Russie; mais je ne m'y livre point, sachant de très bonne part que la cour a pris ombrage des politesses marquées que l'on me fait; que le grand-duc, qui sera, je vous l'annonce [4], le plus inquiet de tous les tyrans, a fait insinuer à plusieurs femmes, dont l'amitié faisoit ma consolation, de cesser de me voir; et que ce prince enfin a eu l'imprudence de dire, devant une foule de courtisans qui le détestent, que ce moment-ci étoit décisif pour les souverains, et que s'ils ne s'entendent point pour expulser de leurs États tous les François qui seroient soumis aux nouvelles lois dictées par l'Assemblée nationale, il ne répondroit point qu'avant deux ans l'Europe entière ne fût bouleversée. Je puis vous garantir l'exactitude de ces notions et je crois que vous approuverez le parti que j'ai pris de me renfermer presque toujours chez moi et de ne fréquenter que des étrangers. Mon langage, je vous le certifie, a toujours été très circonspect; j'ai dans tous les cas témoigné mon attachement, ma vénération pour les personnes sacrées de Leurs Majestés; je n'ai jamais parlé de notre Constitution que

---

1. Il s'agit du serment de fidélité imposé aux représentants de la France à l'étranger comme à tous les fonctionnaires, par le décret du 27 novembre 1790. Les ministres avaient naturellement donné l'exemple de le prêter.
2. *A. E. Russie*, t. CXXXVI, fol. 32.
3. Depuis la faveur croissante de Platon Zoubof, Potemkine s'était retiré dans son gouvernement de Tauride, où il devait mourir le 16/5 octobre 1791.
4. M. Genet ne se trompait pas trop sur le compte du futur Empereur Paul. — En revanche, son appréciation sur le second des fils de Paul, dans sa lettre du 29 juin 1792, paraîtra singulière : «... Le grand-duc Constantin dont elle (l'Impératrice) aime le caractère et qui, par parenthèse, est un ardent démocrate. » Voyez ci-dessous, pp. 532-533.

pour faire rectifier des erreurs. Mais tout cela ne suffit point ici. J'ai déclaré que je mourrois fidèle au premier serment qui soit sorti de mon cœur, à celui qui m'a été prescrit par les représentants de la nation et par le Roi, et c'est là mon crime aux yeux du grand-duc. J'ignore si c'en est un aussi à ceux de l'Impératrice. Mais, dans tous les cas, je désire ardemment, ou que vous changiez ma résidence, ou que vous me donniez mon congé, si mes services ne sont plus jugés utiles dans la carrière que je parcours depuis seize ans.

Quand l'Assemblée nationale eut achevé la Constitution de 1791, elle releva le Roi de sa déchéance, à la condition qu'il prêterait un nouveau serment de fidélité « à la Nation et à la Loi ». Catherine se montra fort irritée de la condescendance de Louis XVI, qui prêta en effet ce serment dans la séance du 14 septembre 1791. Nous lisons dans le *Journal* de Khrapovitski : « *On* a laissé voir du dépit... Peut-on venir en aide à un tel Roi, qui ne comprend pas lui-même ses intérêts?» Genet eut bientôt à souffrir plus directement de ces dispositions malveillantes, ainsi qu'en témoignent les lettres suivantes :

M. GENET A M. KONOWNITZIN [1], GOUVERNEUR DE PÉTERSBOURG.

Pétersbourg, 5 octobre/24 septembre 1791 [2].

M. Genet, étant instruit, de la manière la plus positive, que depuis un mois des émissaires de la police suivent tous ses pas, cherchent à obtenir de ses gens des notions dont il ne fait aucun mystère et commencent à fixer par leurs maladroites perquisitions la curiosité de ses voisins, a l'honneur d'informer M. le Gouverneur qu'il a donné ordre à tous ceux qui le servent de rendre un compte exact non seulement de ses actions extérieures, mais aussi de ses actions intérieures, à toutes les personnes qui désireront en avoir connoissance. M. Genet n'a redouté, ne redoute et ne redoutera jamais aucune sorte d'inquisition ; il est seulement affligé de savoir qu'il en existe encore une en Russie sous le règne de l'immortelle Catherine II ; il pensoit que ces petits moyens étoient réservés pour les princes infortunés que la crainte environne, et non point pour ceux qui sont forts, au milieu d'une gloire sans exemple, de l'amour, du bonheur de leurs sujets, de l'admiration et du respect de tous les peuples.

---

M. GENET A M. DE MONTMORIN.

Pétersbourg, 14 octobre 1791 [3].

L'Impératrice élève encore des doutes sur la liberté du Roi et ne veut recevoir la lettre de Sa Majesté, ainsi que la communication de la Consti-

---

1. Voyez ci-dessus, p. 410, note 5.
2. *A. E. Russie*, t. CXXXVI, fol. 75.
3. *A. E. Russie*, t. CXXXVI, fol. 104.

tution, l'effroi de toutes les cours, que lorsqu'elle aura appris les déterminations des souverains, parents du Roi, et particulièrement de l'Empereur. Cette volonté de Catherine II ne m'a point été exprimée directement : je ne m'y suis point exposé. Le vice-chancelier s'en est ouvert seulement avec M. le comte de Galvez ; mais il a chargé hier pour la seconde fois ce ministre de me déclarer expressément que l'Impératrice, instruite de ma commission, lui avoit prescrit de nouveau de ne recevoir de mes mains aucuns papiers et qu'il me conseilloit de ne faire aucune démarche ultérieure que je ne susse ce que vous aurez arrêté relativement à ma non-admission[1]. M. le comte Ostermann ne s'en est point tenu là. Craignant apparemment que le rapport de M. de Galvez ne fût point suffisant, il m'a fait savoir indirectement qu'il avait été enjoint à tous ses domestiques de ne recevoir de ma part aucun paquet ou message, de quelque nature qu'il puisse être, sous peine d'être condamnés à des châtiments corporels. Voilà ma position ; elle n'est pas brillante ; mais, comme il est dans mon caractère de ne point me laisser abattre par les obstacles, je sens mon courage s'accroître à mesure que les difficultés, les déboires et les dégoûts se multiplient.

A propos de M. Genet, un dissentiment s'était élevé entre le comte Bezborodko et le vice-chancelier Ostermann, le premier insistant sur la nécessité de faire ce nouvel affront au représentant du gouvernement français, et le second s'y opposant. Voici la note que Bezborodko avait soumise à l'Impératrice :

Au sujet de l'adhésion du Roi de France à la Constitution qui lui a été proposée[2], Genet recevra une dépêche de Montmorin, soit par un courrier, soit par l'ordinaire de demain. A cette occasion, je prends la liberté de représenter à Votre Majesté Impériale que, malgré l'avis que m'a communiqué il y a trois jours le vice-chancelier, je ne puis être du même sentiment que lui et consentir, tout en ne recevant pas Genet, à recevoir cependant de lui un paquet, à supposer qu'il se risque à faire une pareille communication. J'estime qu'en présence de cette étrange adhésion du Roi à la Constitution, il convient aux souverains de se demander préalablement comment il faut l'entendre, si ce consentement a été libre ou extorqué à un homme captif dans les fers, ou tout au moins ne jouissant que de peu de liberté. Il faut tenir compte aussi des événements qui ont eu lieu[3], des pleins pouvoirs que le Roi a donnés à d'autres[4]. En ce qui nous concerne, cependant, nous refuser à toute communication est le moyen le plus convenable, eu égard à la personne de Genet, à sa conduite indiscrète, qu'il a montrée par sa protestation contre l'insinuation la plus courtoise faite à lui par le vice-chancelier. Votre Majesté ne juge-t-elle pas à propos d'ordonner au vice-chancelier, non seulement de ne pas recevoir Genet, mais de défendre à ses gens de recevoir de lui aucun paquet, faisant savoir à l'ambassadeur[5] et aux autres ministres intéressés en cette

1. A la cour.
2. Louis XVI, relevé de sa déchéance, sanctionna, le 13 septembre 1791, la Constitution qui avait été votée le 3.
3. Les journées d'octobre 1789, la fuite à Varennes et le retour.
4. A ses agents secrets.
5. L'ambassadeur d'Autriche ; aucun des autres diplomates accrédités auprès de l'Impératrice n'ayant alors le titre d'ambassadeur.

affaire qu'après ce qui s'est passé chez lui avec Genet, il ne peut plus avoir affaire avec lui. Si, contre toute prévision, il arrivoit que les choses restassent en France dans le même désordre, le gouvernement françois en sera quitte pour accréditer une autre personne à la place de ce polisson[1]. Quand celui-ci s'en ira, peut-être faudra-t-il s'entendre avec les autres cours pour savoir si l'on en acceptera un autre. Il faut aussi informer Simoline de ce qui est arrivé, non seulement pour qu'il en fasse part au ministère, mais aussi pour qu'il puisse, par ses amis et connoissance, expliquer les vrais motifs de la mesure[2].

L'Impératrice donna son approbation à la note de Bezborodko, et nous allons voir, dans la correspondance de Genet, l'effet produit par cette mesure :

M. GENET A M. DE MONTMORIN.

Pétersbourg, 8 novembre 1791[3].

Les idées gigantesques dont se repaît l'orgueilleuse vieillesse de Catherine II ont été réduites à peu près à leur juste valeur par les faits que je vous ai présentés dans ma dépêche précédente. Vous avez vu à quel point cette femme vaine et hautaine est trompée sur l'état de ses forces, sur la situation de ses finances, par tous les flatteurs qui aspirent à l'enivrer. Sa mystification est telle qu'elle imagine que la nature n'a point mis de bornes à la grandeur humaine, et qu'au lieu de sonder les plaies que la guerre la plus inconséquente a fait essuyer à son Empire, au lieu d'encourager le commerce, les arts, la culture des terres, au lieu de maintenir son influence par les voies de la justice, de la modération, elle se livre à l'ambition la plus effrénée. Mais si elle ne voit point l'abîme qui est prêt à s'entr'ouvrir sous ses pas, je vais y jeter quelque lumière pour vous en faire connaître la profondeur. Trois sortes de révolutions menacent cet Empire. Les paysans, parmi lesquels Catherine II a imprudemment répandu les idées de liberté dans un temps où elle affichoit les principes de la philosophie moderne de même qu'elle affiche aujourd'hui ceux du despotisme, les paysans, dis-je, sont plus près qu'on ne le pense de secouer le joug de la tyrannie de leurs maîtres. Les écoles normales multiplient tous les jours le nombre de ceux qui savent lire. Ils dévorent les extraits des nouvelles de France que l'on publie assez exactement dans les gazettes russes. J'ai vu plusieurs de ces bonnes gens pleurer de joie en apprenant que le Roi avoit accepté la Constitution ; j'en ai entendu d'autres dire avec enthousiasme que si leurs fils, leurs frères ou parents étoient destinés à aller combattre les François, ils les conjureroient au nom de tout ce qu'ils auroient de plus cher de tirer en l'air. Des voyageurs qui arrivent de Moscou m'ont assuré que l'esprit du peuple étoit encore plus porté qu'ici en notre faveur.

1. Le mot russe est *chaloun*.
2. GRIGOROVITCH, *le Chancelier prince Bezborodko*, t. II, pp. 125 et 547. Quant aux raisons de l'animosité de l'Impératrice et de Bezborodko contre M. Genet, comme ses lettres à Ostermann ou au gouverneur de Pétersbourg n'eussent sans doute pas suffi, peut-être faut-il les chercher dans quelques dépêches de lui qu'on aura interceptées et perlustrées.
3. *A. E. Russie*, t. CXXXVI, fol. 165-167 et 171-173.

De pareils rapports me parviennent de l'intérieur : ce qui prouve qu'il existe dans cet empire un germe réel de démocratie.

La plupart des seigneurs russes, après la mort de Pierre II, avoient dessein d'ériger le gouvernement en une république de nobles[1]; mais ayant trouvé des obstacles, probablement dans le peu d'étendue de leurs esprits, ils convinrent de prendre les rênes et de laisser le nom et les marques de la souveraineté à quelqu'un de la famille impériale; ils choisirent Anne Ivanowna. Ils crurent pouvoir la tenir dans leur dépendance; ils s'abusèrent, ils se laissèrent intimider et depuis cette époque leurs souverains surent les retenir dans les fers. Mais actuellement les relations intimes que j'ai eues avec la plupart d'entre eux m'ont appris qu'ils n'attendoient qu'une occasion favorable pour les rompre. Ce n'est point notre révolution qui leur serviroit d'exemple; ils la trouvent incompatible avec le système d'esclavage sur lequel sont fondées leurs propriétés; c'est celle de la Pologne qu'ils voudroient imiter, et il faut convenir en effet qu'il seroit moins dangereux de l'approprier à la Russie que la nôtre, qui ne peut régir qu'un peuple très doux et très éclairé.

Il me reste à vous rendre compte du troisième levain de révolution que j'ai remarqué; c'est dans le cœur du grand-duc qu'il existe. Ce prince ombrageux, inquiet, vindicatif, mécontent de sa position, indigné de sa nullité, est brouillé avec l'Impératrice. Il vit dans la retraite[2] avec sa maîtresse Mlle Nélidoff[3], lui fait supporter ainsi qu'à la grande-duchesse et à

---

1. Il s'agit de la tentative aristocratique de 1730, par les Dolgorouki et les Galitsyne, pour gouverner au moyen d'un *Haut conseil secret*, composé de huit membres.
2. Dans son château de Gatchina.
3. Catherine Ivanovna Nélidof (1756-1839), qui fut dame d'honneur (*Kammerfreulein*) de l'Impératrice Marie Feodorovna, femme de Paul Ier, et qui a laissé une *Autobiographie*. A l'époque où écrit Genet, la passion du grand-duc pour Mlle de Nélidof causait de grands chagrins à la grande-duchesse, quoique cette jeune fille parût plutôt « ennuyée des persécutions » de Paul. Celle-ci se décida même à entrer dans un couvent, en écrivant à la grande-duchesse qu'elle quittait la cour « aussi pauvre et aussi pure qu'elle y était entrée ». Elle resta peu de temps dans cette reclusion, et l'accord paraît s'être rétabli entre les deux femmes. (Voyez *Correspondance de Rostoptchine* dans *Archives Voronzof*, t. VIII, p. 53 et suiv.) Une opinion très accréditée est que Mlle de Nélidof aurait été non la maîtresse, mais l'amie, la platonique dame des pensées de Paul. Ce qui le ferait admettre, c'est la vive affection, très partagée, qui l'unit ensuite à Marie Feodorovna, et qui survécut même au règne de celle-ci, ainsi qu'en témoignent de nombreuses lettres autographes des deux femmes que j'ai eues entre les mains.

Dans les récits de Sabloukof (*la Mort de Paul Ier*, *Revue moderne*, décembre 1865 et janvier 1866), Paul étant déjà Empereur, nous trouvons ce curieux épisode : « Un jour que j'étais de garde dans le palais... j'entendis la sentinelle crier : *Gardes, aux armes!* Je me précipitai hors de ma chambre, et les hommes avaient à peine eu le temps de prendre leurs carabines et moi de tirer mon épée, quand la porte du corridor s'ouvrit, et l'Empereur, en souliers, en bas de soie, avec son épée et son chapeau, sortit en courant. Au même instant, un soulier de femme, avec un talon très élevé, vola au-dessus de sa tête et le toucha presque. L'Empereur traversa l'antichambre pour passer dans son cabinet, et Mlle de Nélidof vint tranquillement reprendre son soulier dans le corridor, le mit à son pied et retourna dans l'appartement d'où elle venait. » Le même Sabloukof nous fait de la favorite ce portrait : « Au physique, elle offrait un parfait contraste avec la grande-duchesse (Maria Feodorovna), qui était grande, d'un teint clair, portée à l'embonpoint et très myope. Mlle de Nélidof était une petite brunette, qui avait les yeux noirs et brillants, comme les cheveux, et une figure pleine d'expression. Elle dansait avec une

tous ceux qui l'environnent l'humeur qui le consume. La mort du prince Potemkin ne l'a point rassuré sur les projets de l'Impératrice à son égard[1] et beaucoup de gens sont persuadés que si son caractère méfiant et soupçonneux n'avoit point écarté de lui tous ceux qui auroient pu le servir il se seroit déjà emparé du timon de l'État. Il faudroit une tête bien forte pour conjurer tant d'orages, pour rétablir l'ordre dans toutes les parties de l'administration, pour prévenir la banqueroute que le despotisme seul écarte, pour contenir une armée que le prince Potemkin vouloit s'attacher et qu'il a corrompue, pour soutenir enfin un fardeau aussi pesant, et malheureusement l'amour-propre de l'Impératrice lui persuade qu'elle peut encore suffire à tout. Le prince Potemkin étoit paresseux, mais, malgré tous ses défauts, cet homme étoit la véritable clef de voûte, et sa chute a déjà ébranlé tout l'Empire. L'anarchie est au comble, les intrigues de la Cour sont si multipliées que les courtisans les plus exercés ont peine à s'y reconnoître.

M. Bedsborodko a été envoyé en Moldavie comme en exil; le favori Zoubow, jeune homme sans talent et sans esprit, s'est chargé de son portefeuille. La nation murmure; le gouvernement de Moscow annonce plusieurs factions. Le parti que j'ai pris de donner de la publicité aux préparatifs de mon départ a alarmé; on a remarqué une très grande fermentation à la bourse et au marché; le peuple condamne sans ménagement la guerre dont il croit que nous sommes menacés. Les officiers aux gardes ont applaudi avant-hier à plusieurs reprises, à la comédie française, un passage du *Mariage de Figaro* qui fait allusion à la stupidité des soldats qui vont se faire tuer sans savoir pourquoi. Et tout cela a tellement frappé le ministère que M. de Walvief[2], conseiller privé de l'Impératrice et ami intime de M. le comte d'Ostermann et de M. Bacounin[3], est venu hier chez moi pour m'exhorter à la patience, m'assurer que tout le Conseil improuvoit les intrigues de M. le comte de Cobentzel, de M. d'Esterhazi[4] et du prince de Nassau, et faire entendre que les amis de la paix ne négligeroient rien pour prévenir une rupture avec nous. J'ai répondu à ce conseiller intime que les avis que j'avois fait insérer dans les papiers publics n'étoient que de pure précaution et que j'espérois toujours que l'Impératrice reconnoîtroit que la véritable grandeur des rois consistoit moins à faire des conquêtes et à dicter des lois aux autres peuples qu'à gouverner sagement leurs États et à rendre leurs sujets heureux. Vous voyez que ma dernière démarche n'a point été sans effet. Ne nous laissons donc point effrayer par un météore éphémère tel que cette puissance dont nous connoissions à peine le nom avant que Pierre le Grand l'eût tirée du néant.

---

élégance et une légèreté rares; elle surprenait par sa vivacité et ses saillies dans la conversation, où elle se montrait d'ailleurs réservée. » Elle ne paraît avoir eu sur Paul qu'une influence bienfaisante, favorable même à Maria Feodorovna. Paul, devenu Empereur, eut une vraie maîtresse : ce fut Anna Lapoukhine, qui avait épousé le prince Gagarine.

1. Catherine II eut, vers la fin de son règne, l'intention bien arrêtée d'écarter Paul de la succession et de faire couronner son petit-fils Alexandre.
2. Pierre Stépanovitch Valouief (1743-1814), chambellan, sénateur. Il fut administrateur du Palais des Armes au Kremlin de Moscou.
3. Il y avait alors deux Bakounine en vue : Paul Pétrovitch, qui fut directeur de l'Académie des sciences de 1796 à 1798, et Pierre Vassiliévitch, membre du Collège des affaires étrangères.
4. Agent du comte d'Artois et du comte de Provence.

M. GENET A M. DE MONTMORIN.

Pétersbourg, 22 novembre 1791 [1].

Les vues de l'Impératrice vous sont connues. Cette princesse veut tirer un grand parti de notre Révolution ; le concours qui lui a été proposé a flatté ses espérances. Elle s'y est livrée sans mesure ; elle a été plus loin que toutes les autres cours; il n'est point dans son caractère de reculer, et, malgré les murmures de ses sujets, la détresse de ses finances, l'épuisement de ses forces, la peste qui dévore son armée, qui gagne la Russie, qui s'approche de Moscou, elle médite du fond de son cabinet les moyens de soutenir nos mécontents, de rallier nos ennemis effrayés, de remettre la France dans les fers et de finir son règne comme elle l'a commencé : par un crime. Des ministres timides l'environnent; le vice-chancelier ne peut rien sur son esprit altier et M. de Markow, qui étoit bien disposé pour nous, ayant reçu le portefeuille des affaires étrangères pendant l'absence de M. Bezborodko [2], au lieu de profiter de ce moment pour la ramener, caresse ses passions et ne songe qu'à parvenir au premier emploi.

---

M. GENET A M. DE LESSART.

Pétersbourg, 10 janvier 1792 [3].

Il vient d'arriver ce discours majestueux que le meilleur des Rois a prononcé au milieu des représentants de la plus énergique des nations [4]. Je l'ai lu ce chef-d'œuvre d'éloquence et de raison ; il m'a donné des forces nouvelles, il a ranimé mon courage, et mon cœur satisfait ne cesse de répéter depuis cet instant :

   Vaillants François, courez aux armes,
   Combattez pour la liberté.
   Si la gloire a pour vous des charmes,
   Montrez votre intrépidité.
   Ne craignez ni ne redoutez
   Tous ces princes confédérés.
   C'est la vertu qui vous conduit.
   Et c'est la peur qui les unit.

1. *A. E. Russie,* t. CXXXVI, fol. 197.
2. Ce n'est point exact : Markof ne fut ni chancelier, ni vice-chancelier. Il resta membre du Collège et son influence tint surtout à la protection de Zoubof dont il se fit l'instrument docile. Quant à l'absence de Bezborodko, elle tenait à sa participation au congrès d'Iassy. En son absence, c'est le favori Platon Zoubof qui, alors âgé de vingt-six ans, s'empara de la direction des affaires étrangères, si bien que tout commença à passer par ses mains.
3. *A. E. Russie,* t. CXXXVII, fol. 14.
4. Montmorin, dont la politique étrangère était faible et pusillanime, qui la subordonnait aux volontés du Roi, qui montrait de la complaisance pour les émigrés, avait déjà été fort ébranlé lors de la chute du trône. La mise en vigueur de cette Constitution, dont M. Genet lui vantait indiscrètement les mérites, amena un remaniement du ministère, et De Lessart (ou Delessart) prit le portefeuille en novembre 1791. Il suivit à peu près les mêmes errements que son prédécesseur.

Il s'agit ici de la déclaration que le Roi vint faire à l'Assemblée législative, dans la séance du 14 décembre 1791, annonçant qu'il faisait sommer l'électeur de Trèves et les autres princes qui protégeaient les émigrés à nos frontières d'avoir à disperser, avant le 15 janvier, ces rassemblements armés sur leur territoire. Louis XVI avait été salué des cris répétés de : *Vive le Roi!* Il est vrai que, le 3 décembre, il avait écrit la lettre par laquelle il sollicitait l'intervention du roi de Prusse, et que, vers le même temps, il adressait la même prière à l'Empereur, à la Tsarine, aux rois d'Espagne et de Suède.

L'Assemblée législative avait décrété l'impression du discours royal du 14 décembre et l'envoi aux quatre-vingt-trois départements. Le nouveau ministre des affaires étrangères l'avait adressé à nos agents diplomatiques, avec ordre de le communiquer aux cours près desquelles ils étaient accrédités. Mais, pris de scrupule en ce qui concernait la Russie, il ajouta le post-scriptum suivant à la dépêche que reçut Genet, en date du 24 janvier 1792 [1] :

*P.-S.* (DE LA MAIN DU MINISTRE).

Le dernier état des choses ne me paroît pas favorable à l'exécution de l'ordre que contient cette dépêche. Je remets cet objet à votre prudence, en vous observant qu'il vaudroit mieux différer que de vous exposer à quelque procédé peu convenable.

Vous vous plaignez depuis longtemps de ne pas recevoir de nouvelles, et d'être pour ainsi dire abandonné et oublié. Vous vous trompez; j'ai lu avec beaucoup d'attention tout ce que vous avez écrit et j'en ai souvent donné connoissance au Conseil; mais dans l'état d'incertitude où nous a mis la conduite vraiment incompréhensible de la Russie, il eût été difficile de vous tracer une marche assurée. Prenez donc patience et confiance, et croyez que je rends justice à votre zèle.

Je dois cependant vous dire que quelques-unes de vos dépêches seroient susceptibles de diverses observations. Je les aurois peut-être écrites à votre âge, mais je ne peux pas entièrement les approuver au mien. Je me suis entretenu de ce qui vous concerne avec plusieurs de vos amis qui sont aussi les miens, tels que M. Damas, M. de la Rochefoucault, et c'est parce que le témoignage qu'ils m'ont rendu de vous m'a inspiré un véritable intérêt, c'est parce que je vous veux effectivement du bien que je vous parle comme je viens de le faire. Vous avez commencé une de vos dépêches par un vers de Racine, je finirai la mienne par un vers de Du Belloy :

Modérez, s'il se peut, ce bouillant caractère.

Le ministre avait raison d'appréhender l'effet que produirait sur la cour de Russie la communication du discours royal et du décret de l'Assemblée, car, presque à la même époque, Catherine II adressait à

---

1. *A. E. Russie,* t. CXXXVII, fol. 27.

ses peuples une proclamation qui était un véritable manifeste de contre-révolution [1].

M. DE LESSART A M. GENET.

Paris, 13 février 1792 [2].

Le Roi est très affecté de la manière dont la cour de Russie en agit à son égard. Sa Majesté a peine à concevoir pourquoi cette cour n'a pas du moins suivi l'exemple que tant d'autres lui ont donné à l'occasion d'une notification qui, sous quelque aspect qu'on en envisageât l'objet, étoit une marque d'égards [3].

Je ne vous parle point de tout ce qu'on se plaît à publier des dispositions de l'Impératrice relativement à la France, parce que, n'étant point en mesure de les connoître d'une manière positive, moins encore de les faire changer si elles ont un but contraire au bonheur du royaume, tout ce que je vous en dirois maintenant seroit superflu.

Le soin de nos affaires intérieures fixe principalement l'attention du Roi ; mais Sa Majesté ne perd pas de vue la politique extérieure, et la façon de penser de la cour de Russie, dont elle a si soigneusement recherché l'amitié, ne peut à aucun égard lui être indifférente.

Nous attendons le succès de diverses négociations qui se suivent avec les cours plus rapprochées de nous pour faire parler à celle de Pétersbourg par quelqu'une des voies qu'elle n'a pas pu nous ôter. En attendant, je vous exhorte à ne point prendre des peines inutiles pour vous faire entendre, et à ne point aggraver les désagréments de votre position en vous y montrant trop sensible.

Il est un article cependant sur lequel je ne puis m'empêcher de vous prescrire d'agir du moins indirectement : c'est le renvoi du courrier qu'on vous retient depuis si longtemps et dont le séjour à Pétersbourg entraîne une dépense absolument superflue. S'il vous est impossible de faire vous-même à ce sujet des représentations à M. le comte Ostermann, j'espère que M. le comte de Cobenzel ou M. de Galvez voudront bien, à votre prière, faire solliciter un passeport pour ce courrier. On ne pourra leur objecter aucune raison même plausible pour le refuser.

Je finis par vous observer qu'à moins de choses très simples il est préférable d'écrire en chiffre. Vous savez à quoi les lettres en clair sont exposées [4], et il me semble que dans la disposition où sont les esprits, ce qui est le plus propre à les éclairer ne fait souvent que les irriter.

Le 1er mars 1792, l'Empereur Léopold II, qui avait encore des tendances pacifiques, mourut. Son fils, François II, beaucoup plus

---

1. *A. E. Russie*, t. CXXXVII, fol. 46.
2. *A. E. Russie*, t. CXXXVII, fol. 80.
3. Il s'agit de la notification par laquelle Louis XVI annonçait son acceptation de la Constitution.
4. Il y avait déjà longtemps qu'on *perlustrait* la correspondance de M. Genet : « On a daigné me lire, dit Khrapovitski, parmi la *perlustration*, une lettre de Ségur à Genet et une lettre de la sœur de Genet. » — Genet lui-même écrivait des lettres en clair à propos des affaires de France et avait la satisfaction d'apprendre qu'elles avaient été mises sous les yeux de l'Impératrice. — Par exemple, *A. E. Russie*, vol. CXXXVI, fol. 211, 215, 231, décembre 1791.

ardent, lui succéda. Le même jour, le ministère « monarchien » fut renversé en France et remplacé par un ministère girondin. Dans la nuit du 15 au 16 mars, Gustave III fut assassiné. Le 20 avril la guerre fut déclarée à l'Autriche, et presque aussitôt les hostilités commencèrent sur notre frontière du Nord. Catherine II allait conclure ses traités d'alliance avec les deux grandes cours germaniques : le 14 juillet avec l'Autriche, le 7 août avec la Prusse. La situation de notre chargé d'affaires à Pétersbourg devenait intenable.

---

M. GENET A M. DUMOURIEZ [1].

Pétersbourg, 20 avril 1792 [2].

... Des émissaires répandent dans toute la ville et surtout parmi le peuple que les François ont trempé dans l'assassinat de Gustave III [3]. Ils disent aussi que les amis de la Constitution, rassemblés aux Jacobins, ont envoyé ici trois conjurés pour empoisonner l'Impératrice.

Nos émigrés accréditent cette infamie et leur impuissante rage a recouvert à un tel point ces calomnies des apparences de la vérité que l'on a fait, dit-on, arrêter à la frontière plusieurs François, que l'on a chargé un seul cuisinier allemand de préparer les mets de l'Impératrice et que l'on a l'intention de venir visiter mes papiers et de me faire d'autres violences. Plusieurs personnes en sont informées, et il résulte de ces absurdités que ceux qui m'avoient ouvert leurs maisons n'osent plus me voir. Telle est ma position et l'état actuel de nos affaires en Russie. Ma fermeté sera au niveau de la dignité de la nation ; mais je vous conjure cependant de considérer qu'en me laissant plus longtemps dans une situation aussi scandaleuse que celle où je gémis depuis huit mois, l'honneur national peut à chaque instant être compromis.

---

1. De Lessart, après la séance du 1er mars 1792, avait été, sous le reproche de faiblesse ou de complicité à l'égard des cours étrangères, décrété d'accusation, ainsi que le ministre de la marine, Bertrand de Molleville. Tout le cabinet avait dû se retirer ; c'était fini des ministres royalistes ou même monarchiens ; la cour se laissa imposer un ministère girondin (23 mars 1792), où Dumouriez tenait le portefeuille des affaires étrangères. La déclaration de guerre à l'Autriche et au roi de Prusse, qui avaient signé le traité d'alliance offensive et défensive du 2 janvier 1792, suivit de près (20 avril 1792).
    2. *A. E. Russie*, t. CXXXVII, fol. 169.
    3. Gustave III avait été blessé à mort, dans la nuit du 15 au 16 mars 1792, par Ankarstrœm, et quoique ce fût le résultat d'une conjuration aristocratique, ce furent les Jacobins, c'est-à-dire les Français, qu'accusèrent les cours et les aristocraties européennes. Voyez le baron DE NERVO, *Gustave III, roi de Suède, et Ankarstrœm*. — A. GEFFROY, *Gustave III et la cour de France*.

M. GENET A M. DUMOURIEZ.

Pétersbourg, 24 avril 1792 [1].

Ma plume se refuse à vous transmettre les calomnies que l'on répand contre nous.

On les croiroit sorties de la fange; elles y retomberont sans doute; mais elles viennent de plus haut. Ce sont les souverains, les cabinets qui les propagent, et la chaleur avec laquelle tous leurs suppôts travaillent à les accréditer est un indice certain du plan que l'on a formé de nous rendre odieux auprès des peuples après avoir réussi à nous décrier dans presque toutes les cours. On accuse la France, qui se couvre si loyalement, si fièrement, de ses armes pour faire respecter son nouveau gouvernement, d'employer à ses vengeances les poignards, les pistolets et les poisons.

C'est à nous que l'on impute la mort de l'Empereur [2]; c'est sur nous que l'on veut rejeter l'infamie de l'assassinat du roi de Suède; enfin l'on nous prête l'horrible dessein de comploter la mort de Catherine II.

L'avis en a été donné de Berlin à l'Impératrice et c'est sur cette dénonciation que l'on a arrêté à la frontière trois François qui sont actuellement à la forteresse de Pétersbourg et dont le seul tort est d'avoir tenu des propos indiscrets dans un café de Russie. Ma maison est entourée d'espions; ils me suivent partout, et j'en suis enchanté parce que plus on épiera ma conduite, plus on rougira de l'injustice des soupçons auxquels on se livre contre un ministère porté par la confiance du peuple et du Roi au timon de l'État; car mon devoir me prescrit de vous avertir que ces alarmes, ces bruits, ces ridicules terreurs n'ont été affichées avec tant d'indécence que depuis la retraite du dernier ministère.

. . . . . . . . . . . . . . . . . . . . . . . . . . . .

Ces calomnies, ces bruits alarmants, les inquiétudes dont Catherine II ne peut se défendre, tout cela finit par amener un éclat, ainsi que l'avait prévu M. Genet. Il ne se laissait point « abattre par les obstacles », ainsi qu'il l'écrit à son ministre; mais son énergie ne lui attirait que de nouvelles difficultés. Il envoya M. Moissonnier [4] solliciter d'Ostermann un entretien où il pourrait lui remettre la lettre du Roi, ou, en cas de refus, demander l'autorisation d'envoyer un courrier à Paris. Voici le rapport que lui fit Moissonnier sur cette démarche :

Je trouvai M. Tati, chef-conseiller du Collège des affaires étrangères et premier secrétaire du ministre. Je lui fis lire le premier ordre de

1. *A. E. Russie*, t. CXXXVII, fol. 177.
2. L'Empereur Léopold II était cependant mort, le 1ᵉʳ mars 1792, de mort naturelle.
3. M. de Lessart.
4. M. Moissonnier resta quinze années (1778-1793), en qualité d'employé dans les bureaux de la légation de France. Le 8 mai 1797 il adressa au directeur Rewbel un Mémoire sur la Russie.

M. Genet; il me répondit que cette affaire ne le regardoit pas et que je devois m'adresser à M. Weidmer [1]. Je m'informai où je pourrois lui parler; il me dit qu'il ignoroit quand je pourrois le voir. A midi et demi, je me rendis de nouveau à la chancellerie, et je n'y trouvai personne. J'y retournai encore à quatre heures du soir, je demandai M. Weidmer : on me dit qu'il étoit chez le ministre. Je montai à l'appartement de Son Excellence et j'attendis que M. Weidmer fût sorti de son cabinet. Il vint enfin; je m'annonçai de la part de M. le chargé d'affaires de France, et, pour toute réponse, il me tourna brusquement le dos. Je descendis avec lui à la chancellerie, le pressant de m'entendre; je le suivis de bureau en bureau, recevant à chaque porte un nouvel affront. J'insistai cependant si vivement qu'il finit par me dire qu'il ne me connoissoit pas pour être envoyé de la part de M. Genet.

Je lui montrai le premier ordre qu'il m'avoit donné. Il le lut et me dit qu'il ne pouvoit point se conformer à ma demande. Je lui demandai s'il me faisoit cette réponse par ordre du ministre; il me l'assura. Je lui demandai si je pouvois parler moi-même à Son Excellence; il me dit que cela n'étoit point possible. Alors je le priai de me faire expédier un passeport pour le courrier du cabinet du Roi dont le nom se trouvoit sur le second papier dont j'étois porteur. Il refusa de lire cette note et me dit qu'il ne pouvoit pas plus se mêler de cette affaire que de l'autre, parce qu'on ne reconnoissoit plus M. Genet dans cette cour-ci ministériellement [2].

---

M. GENET A M. DUMOURIEZ.

Pétersbourg, 24 avril 1792 [3].

M. Patot [4], chargé des affaires du consulat général de France, ayant fait une course légère à Moscou pour veiller à des intérêts de famille, j'ai requis M. Builliot, chargé des affaires du vice-consulat de Cronstadt, de communiquer à M. le comte de Woronzow [5] la nouvelle loi relative aux congés des bâtiments de commerce françois. M. Builliot se rendit en conséquence chez ce ministre du commerce, le 21 au soir, et eut avec lui le colloque suivant :

*Le ministre russe* (avec noblesse). — Que voulez-vous, Monsieur?

*L'agent françois.* — Je viens, Monsieur le comte, pour avoir l'honneur de vous communiquer...

*Le ministre russe* (l'interrompant brusquement). — Point de communi-

---

1. Alexandre Ivanovitch Weidmer, secrétaire du Conseil, auteur de *la Cour et les personnages remarquables en Russie*, Pétersbourg, 1846.
2. Dépêche de M. Genet du 4 novembre 1791.
3. *A. E. Russie*, t. CXXXVII, fol. 181.
4. M. Patot d'Orflans. Voyez plus loin, pp. 541 et suiv.
5. Alexandre Romanovitch Voronzof, frère de Semen Voronzof, alors ambassadeur à Londres, de la princesse Catherine Daschkof, et d'Élisabeth Voronzof, qui avait été la maîtresse de Pierre III. — Alexandre Voronzof était alors vice-président du Collège de commerce et sénateur.

cation, Monsieur : nous ne les aimons point et nous n'en voulons point de la part de la France d'aujourd'hui.

*L'agent françois.* — L'Assemblée nationale, Monsieur...

*Le ministre russe* (avec humeur). — Point d'Assemblée nationale, point de nation, nous ne connoissons point cela.

*L'agent françois.* — Mais, Monsieur, c'est en vertu des ordres du Roi.

*Le ministre russe* (en riant avec un air de dédain). — Bon! Votre Roi est prisonnier, il ne peut donner aucun ordre, l'anarchie règne à sa place.

*L'agent françois* (déployant un des congés). — Il est cependant essentiel, pour la sûreté de la navigation françoise garantie par le traité de commerce, que vous jetiez au moins les yeux sur ce papier, vous verrez...

*Le ministre russe* (détournant la tête avec effroi). — Je ne veux rien voir, Dieu m'en préserve! Remettez promptement ce papier dans votre poche,... je l'exige... dépêchez-vous.

M. Builliot alloit sans doute lui protester que c'étoit outrager la nation que d'avancer qu'elle tenoit son Roi en captivité, tandis qu'elle a déclaré sa personne inviolable et sacrée; que c'étoit insulter l'honneur du Roi que de supposer que Sa Majesté ne jouissoit pas au moins de cette liberté morale que tout homme de cœur exerce sur les actions de son esprit, quelle que puisse être sa situation physique; que c'étoit accuser Sa Majesté de duplicité ou de foiblesse; que c'étoit méconnoître toutes les vertus de cet excellent prince. Mais, n'ignorant pas que ma position m'ôtoit les moyens de le défendre, si par son civisme il attiroit sur lui la colère du despotisme, il eut la sagesse de dévorer cette nouvelle boutade, et son zèle pour la sûreté et la tranquillité des vaisseaux qui vont arriver sur la foi des traités le porta même à prier M. le comte de Woronzow de vouloir bien lui permettre de recourir à ses bons offices, si ses fonctions le mettoient dans le cas de les réclamer, demande fondée sur le droit des nations et à laquelle ce ministre a daigné acquiescer en le congédiant avec dignité.

Nous ne devons point nous attendre à d'autres traitements tant que notre politique n'aura point pour but principal de faire connoître l'indépendance de la nation françoise aux cours avec lesquelles nous désirons conserver des relations d'affaires ou de commerce, et tant que la vigueur de notre nouvelle administration, comparée à la mollesse de celle qui l'a précédée, ne les convaincra point que le Roi des François peut tout avec la Loi, qu'il ne peut rien sans elle.

---

M. DUMOURIEZ A M. GENET.

Paris, 27 avril 1792 [1].

J'ai sous les yeux les dépêches n⁰ˢ 20 à 31 que vous avez adressées à mon prédécesseur depuis le 17 février jusqu'au 27 mars. J'ai également sous les yeux celles que vous avez écrites précédemment à dater du 1ᵉʳ septembre de l'année dernière, à l'exception de quelques-unes qui ont été mises sous le scellé avec les papiers de M. de Lessart.

1. *A. E. Russie*, t. CXXXVII, fol. 193.

Je ne vous renouvellerai point les justes éloges que j'ai donnés à votre vigilance et à votre patriotisme, et, quoique j'ai lue avec le plus grand intérêt les détails consignés dans votre correspondance, la face des affaires est tellement changée que j'ai peu de choses à vous répondre.

Léopold et Gustave, l'un le soutien, l'autre l'agitateur de la coalition contre la liberté françoise, n'existent plus, et la France a déclaré la guerre au chef de la maison d'Autriche. Nos ennemis, étonnés de notre énergie, devancés par notre vivacité, vont être quelque temps à se concerter avant de prendre un parti. Le temps seul nous apprendra les desseins auxquels les puissances du Nord s'arrêteront. Catherine tiendra-t-elle les engagements secrets qu'elle avoit pris avec Gustave et Léopold relativement aux affaires de France? La régence de Suède voudra-t-elle poursuivre les projets du feu roi? Et Frédéric-Guillaume se croira-t-il tenu de seconder l'Autriche? Voilà les objets sur lesquels nous ne tarderons pas d'être éclairés et sur lesquels vous devez porter vos regards les plus vigilants.

Les armements maritimes de l'Impératrice méritent une attention particulière. Ce n'est que sur mer qu'elle pourra chercher à nous nuire directement si elle se décide enfin à convertir en une guerre ouverte l'état d'hostilité politique dans lequel elle s'est maintenue à notre égard depuis huit mois. Vous devez, dans ce moment de crise, redoubler de courage, d'activité et de persévérance pour surveiller les intrigues des émigrés et découvrir les projets de cette princesse.

J'ai vu avec plaisir les égards particuliers que M. Whitworth[1] vous a marqués, et je vous encourage à resserrer le plus qu'il vous sera possible les liaisons que vous avez formées avec lui.

Dans le cas où vous recevriez inopinément l'ordre de quitter Pétersbourg, l'intention du Roi est que vous recueilliez soigneusement tous les papiers de la légation et que vous vous transportiez à Varsovie pour y attendre les ordres ultérieurs de Sa Majesté.

---

M. GENET A M. DUMOURIEZ.

Pétersbourg, 25 mai 1792 [2].

... Vous m'avez prescrit de vous instruire de l'effet qu'avoit produit ici notre déclaration de guerre.

J'ai recueilli à ce sujet les deux anecdotes suivantes:

L'Impératrice alloit partir pour Czarskocélo[3] lorsque l'estafette arriva. Après avoir lu ses dépêches, cette princesse dit en riant aux personnes qui se trouvoient auprès d'elle: « Messieurs, je viens de recevoir une grande « nouvelle: les Jacobins viennent de déclarer la guerre à toute l'Europe et « nommément au roi de Hongrie[4]. »

1. Ministre d'Angleterre à Pétersbourg. — Voyez ci-dessus, p. 497, note 1.
2. *A. E. Russie*, t. CXXXVII, fol. 279.
3. Tsarskoé-Sélo.
4. La guerre avait été déclarée à François II, non comme Empereur, mais comme roi de Bohême et de Hongrie.

Voici la seconde anecdote. Lorsqu'on lui eut appris que nous avions été repoussés à Tournay et à Mons le 29 avril[1], elle parut fort contente et observa, à ce que l'on prétend, « que cette fois l'on ne pourroit point dire *la première aux Corinthiens*, mais *la première aux Jacobins*, voulant probablement faire allusion à la guerre de la Fronde, si peu comparable à celle que la France vient d'entreprendre pour son salut et pour le bonheur de l'humanité.

Le fait est que Catherine II n'est nullement affligée que le feu de la guerre ait éclaté, parce que cet événement, qu'elle attendoit avec impatience, favorise ses vues ambitieuses dans toutes les circonstances et dépendances[2]. Il faut espérer que quelques puissances s'en apercevront et que cela dérangera peut-être un peu le fameux concert.

---

M. GENET AU GÉNÉRAL DUMOURIEZ.

Pétersbourg, 8 juin 1792[3].

Un de mes amis m'a confié une anecdote récente, dont je crois devoir vous informer, mais sur laquelle je prends la respectueuse liberté de vous demander le secret, parce que sa publicité compromettroit mon ami et feroit tarir une de mes meilleures sources.

Les personnes attachées à l'éducation des jeunes grands-ducs[4], imbus, comme toute la cour, de l'idée que l'Impératrice détestoit notre Constitution, avoient évité soigneusement d'en parler à leurs augustes élèves et s'étoient même refusés à satisfaire leur curiosité sur les affaires de France. Mais quelle fut leur surprise lorsqu'ils entendirent, il y a quelques jours, le grand-duc Alexandre entamer une discussion sur les *Droits de l'homme* et sur d'autres parties de notre pacte national! Ils se demandèrent l'un et l'autre qui pouvoit avoir si bien instruit ce prince, et tous ayant juré qu'ils n'avoient point traité cette matière devant lui, ils convinrent de le sonder pour découvrir ce mystère. L'aimable Alexandre alla au-devant de leur curiosité et leur avoua avec toute la candeur de son âge que c'étoit sa bonne maman qui lui avoit fait lire la Constitution françoise, qu'elle lui en avoit expliqué tous les articles, qu'elle lui avoit appris les causes de la révolution de France de 1789 et qu'il avoit reçu d'elle à ce sujet des conseils; qu'elle lui avoit recommandé de les graver dans sa mémoire et de ne les communiquer à personne.

---

1. Échec suivi de l'assassinat du général Théobald Dillon par ses propres soldats.
2. Voyez ci-dessus, p. 492.
3. *A. E. Russie*, t. CXXXVIII, fol. 32.
4. Le gouverneur des grands-ducs Alexandre et Constantin était le général Nicolas Ivanovitch Soltykof; sous ses ordres, Alexandre Iakovlevitch Protassof, gouverneur particulier d'Alexandre, et Sacken, de Constantin. Les professeurs étaient Krafft, pour la physique, le célèbre Pallas, pour les sciences naturelles, le colonel Masson, pour les mathématiques, Michel Nikitich Mouravief, pour la littérature russe, l'histoire russe et la philosophie, le protoiéréi Samborski, pour la religion; mais le principal précepteur était le colonel vaudois Laharpe, qui s'efforça de faire pénétrer dans la tête de ses élèves des idées de liberté et de république à l'antique. Entre lui et les trois premiers personnages indiqués ci-dessus, et qui représentaient

Ce fait, que je considère comme un des traits les plus saillants du caractère de Catherine II, ne montre-t-il point que cette princesse approuve dans le fond de son cœur, comme homme de lettres, comme philosophe, nos nouvelles lois, et qu'elle s'est fait un plan comme souveraine, comme despote, comme politique, de s'en déclarer l'ennemie. Or, en voulant éviter Charybde, elle pourroit tomber en Scylla. Effrayée des principes démocratiques, elle a trop à cœur ceux de l'aristocratie, et il est incontestable que les seigneurs de Russie ont presque tous aujourd'hui le désir de limiter la puissance de leur princesse. L'Impératrice le sait, je ne puis en douter, et je suis persuadé que, parmi les motifs qui lui ont fait entreprendre une nouvelle guerre en Pologne[1], il faut compter l'intérêt qu'elle trouve à détruire une Constitution[2] que presque toute la noblesse russe admire, et la nécessité où elle croit être d'occuper de jeunes militaires dont les sentiments lui donnent de justes sujets d'inquiétude. Il est possible que l'étoile de Catherine II fasse réussir ce calcul; mais il est possible aussi que le séjour des armées russes en Pologne produise un effet contraire à celui qu'elle attend.

---

M. GENET AU GÉNÉRAL DUMOURIEZ.

Pétersbourg, 12 juin 1792[3].

Le désir que vous m'avez témoigné d'être exactement instruit de tous les mouvements de la marine russe m'a déterminé à prendre des mesures au moyen desquelles vous seriez informé non seulement de tout ce qui se passe dans les ports de Russie, mais aussi à bord des vaisseaux et des escadres, si cette princesse mettoit des forces navales en mer, soit pour remplir les obligations que lui imposent ses liens particuliers avec l'Autriche, soit pour effectuer les engagements qu'elle a en quelque sorte contractés avec d'autres puissances, soit enfin pour suivre d'autres vues politiques.

Les agents que je vais employer sont deux jeunes officiers de la marine russe, l'un Irlandois, l'autre François d'origine, né Anglois par la

---

dans cette éducation l'élément courtisan, la lutte était continuelle. — Sur cette éducation d'Alexandre et Constantin, voyez : le prince ADAM CZARTORYSKI, *Mémoires et Correspondance*, Paris, 1887; — VOGEL, *Mémoires de César-Frédéric Laharpe*, Paris et Genève, 1864; — le colonel MASSON, *Mémoires secrets* (collection Barrière); — Livres et cahiers d'études des grands-ducs, dans *Soc. imp. d'hist. de Russie*, t. Ier; — Lettres d'Alexandre et d'autres personnes de la maison impériale à Laharpe, *ibid.*, t. V; — Lettres de Catherine II à Grimm, *ibid.*, t. XXIII; — BOGDANOVITCH, *Histoire du règne d'Alexandre Ier* (en russe), Pétersbourg, 1869, t. Ier; — PYPINE, *le Mouvement de la société en Russie sous Alexandre Ier* (en russe), Pétersbourg, 1885; — A. RAMBAUD, *l'Impératrice Catherine II dans sa famille*, dans la *Revue des Deux Mondes*, du 1er février 1874.

1. C'est la guerre qui aboutit au deuxième démembrement.
2. La Constitution polonaise du 3 mai 1791 avait pour but de renforcer l'autorité royale, tandis que la Constitution française du 3 septembre 1791 avait pour but de la limiter. Cela n'empêcha pas Catherine d'appliquer également aux auteurs des deux Constitutions l'épithète de *Jacobins*.
3. *A. E. Russie*, t. CXXXVIII, fol. 38.

faute de Louis XIV et redevenu François par la sagesse de nos nouvelles lois et par la bonté paternelle de Louis XVI [1].

Le premier se nomme Lusk, le second Châteauneuf. Ce n'est point par intérêt qu'ils nous serviront : c'est par haine pour le despotisme, c'est par amour pour la liberté et dans l'espérance d'être admis dans notre marine. Ils ont servi tous deux dans la marine russe avec la plus grande distinction ; ils ont les certificats les plus honorables ; ils sont estimés de leurs camarades et de leurs chefs, et ils se font forts d'avoir des intelligences à bord de tous les vaisseaux russes et dans le cabinet même des amiraux. Mais ce n'est point encore là où se bornera leur zèle. M. de Châteauneuf, qui a été aide de camp et secrétaire du ministre de la marine, se propose de nous être d'une utilité encore plus grande. Ayant obtenu son congé pour cause de santé, il s'est fait donner des lettres de recommandation par ses protecteurs et ses amis pour tous les ministres et consuls de Russie dans le Nord, dans les Pays-Bas, en Angleterre et en Italie ; et, muni de ces lettres, il se rendra à Copenhague avec son compagnon Lusk, le présentera au ministre de Russie et le laissera dans ce port pour s'aboucher avec les officiers qu'il sera possible de gagner et pour rendre secrètement compte au ministre de France [2], à qui je l'adresserai, de tout ce qu'il découvrira jusqu'au moment où il sera décidé que les Russes feront quelque chose ou ne feront rien. S'il y a une expédition, Lusk en découvrira le plan et se rendra immédiatement auprès de vous pour solliciter l'avantage d'être un des premiers à le traverser les armes à la main pour se venger des injustices qu'il a essuyées ici. Châteauneuf ne restera point avec lui à Copenhague. Après l'avoir installé, il se rendra à Hambourg et de là à Bruxelles. Revêtu de son uniforme russe, il y fera les observations qu'il croira utiles à la cause de la liberté. Si elles sont d'une nature très importante, il tâchera de passer la frontière et tâchera de se rendre auprès de MM. Rochambeau et Lafayette ; sinon il côtoiera le Rhin, prendra connoissance des projets des émigrés, parlera à plusieurs officiers de la suite du prince de Nassau qui ne lui cacheront rien, entrera en France par Strasbourg, instruira M. Luckner [3] et se rendra directement à Paris pour recevoir vos ordres et vous demander ou de lui procurer du service dans la marine ou de continuer à surveiller les mouvements de nos ennemis à l'aide des facilités que lui donne son uniforme russe. Cet officier est fort brave, fort intelligent ; je crois qu'on peut employer utilement son zèle sous ces deux rapports. Je lui ai donné 600 roubles pour faciliter son voyage, ainsi que celui de son camarade, et je l'ai muni d'un passeport qui porte qu'il se rend aux eaux de Plombières pour sa santé. Il n'aura point d'autres lettres de moi, et c'est avec ce passeport qu'il se présentera devant les généraux qui commandent nos armées. Il me semble qu'il

---

[1]. La Constituante avait, par le décret du 24 novembre 1789, assuré aux protestants les mêmes droits civils qu'aux autres citoyens ; par le décret du 10 juillet 1790, restitué aux héritiers des proscrits les biens qui avaient été confisqués ; enfin, par le décret du 15 décembre 1790, déclaré que tout descendant d'un Français ou même d'une Française expatriés pour cause de religion serait, de plein droit, s'il revenait en France et y prêtait le serment civique, admis à jouir de la qualité de Français. Elle avait donc voulu, autant qu'il était en son pouvoir, effacer jusqu'aux dernières traces de la Révocation et des persécutions qui suivirent.

[2]. Basquiat, baron de la Houze, de 1779 à 1792 à Copenhague.

[3]. Le vieux maréchal Lückner, commandant de l'armée française de l'Est, de la Moselle au Jura. Lafayette commandait sur les frontières du Nord.

seroit nécessaire qu'ils en fussent prévenus. Les lettres que ces deux voyageurs seront dans le cas de vous écrire pendant leur route seront envoyées à Londres à un négociant qui les fera parvenir à M. Chauvelin[1] à l'adresse supposée de M. Saint-Edmond.

---

M. GENET AU GÉNÉRAL DUMOURIEZ.

Pétersbourg, 22 juin 1792[2].

La démarche que le sieur Builliot, agent du vice-consulat de France à Cronstadt, a bien voulu faire à ma réquisition auprès de M. le comte de Woronzow n'a point eu des suites heureuses. L'Impératrice, suivant le rapport qui m'a été fait, ayant été informée par ce ministre que le sieur Builliot s'étoit présenté chez lui à l'effet de lui donner connoissance de la nouvelle forme des congés de nos vaisseaux marchands, a fait ordonner aux officiers préposés à la direction du port et des douanes de ne plus le reconnoître comme chargé des affaires consulaires, ni même en qualité d'expéditeur particulier des négociants françois ou autres. Le sieur Builliot, instruit de cette disposition, a sollicité auprès de M. le comte de Woronzow une audience qu'il n'a pas pu obtenir. Il lui a écrit aussi infructueusement; et il se voit réduit à l'infortune, par cette interdiction qui paroît porter également sur les autres personnes qui remplissent les fonctions consulaires en Russie pendant l'absence des consuls généraux et vice-consuls que l'État paie très chèrement et qui depuis maintes années ne se sont point rendus à leur poste.

Ce nouvel incident, étant contraire aux stipulations les plus précises de notre traité de commerce avec la Russie[3], fixera sans doute l'attention du Roi et déterminera Sa Majesté à prendre des mesures qui mettent un terme quelconque à la triste situation de ses agents politiques et consulaires dans cette partie du monde.

---

M. GENET AU GÉNÉRAL DUMOURIEZ.

Pétersbourg, 29 juin 1792[4].

. . . . . . . . . . . . . . . . . . . .

Voici une anecdote que vous lirez avec plaisir et qui vous prouvera qu'en effet le grand-duc Constantin est bon démocrate[5]. On fait en ce

---

1. Ambassadeur de France à Londres. Il en sera renvoyé après le 21 janvier 1793. Voir des extraits de sa correspondance dans *la Révolution française* et dans G. PALLAIN, *la Mission de Talleyrand à Londres*.
2. *A. E. Russie*, t. CXXXVIII, fol. 62.
3. Le traité conclu par le comte de Ségur en 1787. Voyez ci-dessus, p. 409.
4. *A. E. Russie*, t. CXXXVIII, fol. 95.
5. Voyez ci-dessus, p. 515, note 4. Les propos « démocrates » du grand-duc

moment-ci le portrait de ce prince, et un François, nommé Vouelle, qui en est chargé, m'a assuré qu'il avoit eu, il y a peu de jours, la conversation suivante avec lui :

— Vous êtes démocrate, Monsieur? m'a-t-il dit.
— Monseigneur, j'aime beaucoup ma patrie et la liberté.
— Vous avez raison, répondit Constantin avec un ton brusque et vif qui lui est naturel : n'ayez pas peur que je vous le reproche ; j'aime aussi la liberté, moi, et si j'étois en France, allez ! je me battrois de bon cœur. Mais je n'ose pas dire ça à tout le monde. Diable ! je m'en garderois bien. Et vos plats émigrés, les voilà presque tous partis de chez nous? Oui, Monsieur, j'en suis charmé, car je ne pouvois pas les souffrir. Toutes les fois que je les voyois, j'avois envie de leur dire qu'ils étoient des fous.

Vous pouvez compter sur l'exactitude de cette anecdote; mais je demande en grâce qu'elle ne soit point publiée. On a imprimé dans un des *Moniteurs* des particularités sur les chagrins intérieurs de madame la grande-duchesse et sur le caractère du grand-duc[1] qui ont certainement été puisés dans mes dépêches. L'Impératrice a fait intercepter ce numéro et a empêché que le grand-duc ne le vît ; mais tous ceux dans lesquels elle a été attaquée personnellement n'ont pas été arrêtés, quoiqu'elle y ait été très sensible. Toutes ces diatribes n'améliorent pas les affaires de la nation en Russie, ni ma position.

---

M. GENET A M. DUMOURIEZ[2].

Pétersbourg, 1er juillet 1792[3].

Je ne sais si je dois attribuer au hasard ou à la lettre que je vous ai écrite par le dernier courrier la confidence extrêmement importante qui vient de m'être faite par une personne fort liée avec les ministres de Russie. Vous en jugerez vous-même. J'ai souvent observé dans ma correspondance qu'il y avoit toujours dans les affaires un prétexte que l'on mettoit en avant et une cause véritable que l'on dissimuloit. J'ai plusieurs fois répété que la cour de Vienne cachoit des vues ambitieuses dont nous étions l'objet; les intentions de la Russie à notre égard ne m'ont point paru plus désintéressées. J'ai dit en dernier lieu qu'il existoit un plan pour le démembrement de notre empire en cas de revers, et c'est ce plan qui vient de m'être

Constantin sont confirmés par d'autres témoignages. Quant à son frère Alexandre, les *Mémoires* du prince ADAM CZARTORYSKI ne permettent pas de douter, pour cette période, de ses sympathies pour la France, la Révolution, les idées républicaines.
1. Sur le grand-duc Paul et Mlle de Nélidof, voyez ci-dessus p. 519, note 3.
2. On comprend que M. Genet, tardivement informé à cause de la distance (les lettres mettaient de quinze à vingt jours pour faire le voyage), continue à adresser ses lettres à Dumouriez. En réalité, celui-ci, après la démission des ministres girondins Roland, Servan et Clavière (13 juin), avait donné sa démission de ministre des affaires étrangères le 15 juin 1792. Il était allé servir, sous Luckner, à l'armée du Nord. La chute du ministère girondin, surtout les causes qui l'avaient amenée, provoquèrent la journée du 20 juin.
3. *A. E. Russie*, t. CXXXVIII, fol. 119.

entièrement dévoilé. L'Autriche et la Prusse sont convenues secrètement que, pour se dédommager des frais de la guerre, l'une prendroit la Lorraine et l'autre la Franche-Comté. Ces deux cours ont mis tout en œuvre pour faire entrer l'Impératrice dans ce projet par l'appât d'un nouveau démembrement de la Pologne; mais Catherine II, plus fine qu'elles, a profité de toutes les ouvertures qui lui ont été faites pour traverser habilement cet horrible complot. Elle a prévenu de tout la cour de Madrid, l'a engagée d'être sur ses gardes et a précipité l'invasion de la Pologne pour être plus à portée de contenir l'Autriche et la Prusse dans le cas où nous ne pourrions point résister à leurs forces combinées. Aussitôt que les Polonois auront révoqué leur nouvelle Constitution en accédant à la confédération [1], Catherine II leur offrira son alliance, leur garantira l'intégrité de leurs possessions, et, forte de leur concours, elle enverra une de ses armées camper en Grande-Pologne pour menacer la Prusse et l'autre auprès de Cracovie pour menacer l'Autriche.

Félicitons-nous de cette disposition de Catherine II. Ne considérons que le service qu'elle nous rend, ainsi qu'à l'Europe, et si l'amour de dominer s'est joint à d'autres passions, à d'autres intérêts, pour opérer ce miracle, rendons hommage à la Sagesse divine qui fait servir au bien le principe du mal. La jalousie est un vice, et c'est pourtant ce vice qui maintient l'équilibre parmi les puissances, et qui sera toujours la garantie la plus sûre des foibles contre les forts.

Les cours de Vienne et de Berlin n'ont point encore pénétré le mystère que je viens de dévoiler. Notre Circé les a tellement endormies qu'elles se flattent encore de la voir accéder à leur monstrueuse alliance. Mais il n'en sera rien : chaque jour m'en offre de nouvelles preuves. Le roi de Prusse est l'objet des risées de la société intime de la Czarine ; on se moque du voyage à Coblentz [2]; on calcule le nombre d'hommes qu'il perdra par la désertion ; on prévoit l'épuisement de son trésor ; on combine l'effet de la propagation de nos principes dans ses États et l'on ne seroit nullement affligé des troubles qui pourroient y éclater.

De l'autre côté, on n'est pas fâché que nous tenions tête à l'Autriche. On a appris avec plaisir le succès de nos armes en Flandre sous les ordres du brave Lückner, et l'on désire plus que l'on ne craint que la cour de Vienne soit punie de ses intrigues.

Ne croyez pas, malgré cela, que la cour nous veuille du bien. Ne croyez pas non plus qu'elle souhaite tout le succès possible au projet des princes [3] :

1. La confédération de Targovitsa, provoquée, en mai 1792, par les partisans du *liberum veto* et de l'anarchie, ennemis déclarés de la Constitution réformatrice du 3 mai. Cent mille Russes étaient entrés en Pologne, avaient refoulé l'armée polonaise en Lithuanie, battu Joseph Poniatowski à Ziélencé et Thaddée Kosciuczko à Dubienka sur le Boug. Le traité de partage entre la Russie et la Prusse est du 23 janvier 1793. Il fut ratifié de force par la diète polonaise le 25 septembre 1793. L'Autriche n'obtenait rien. — Dans cette dépêche, M. Genet a vu très nettement la pensée politique de Catherine II. Voyez ci-dessus, p. 492.

2. Pour mieux engager le roi de Prusse dans la guerre de France, l'Impératrice usait d'un moyen assez original. Elle écrivait elle-même des lettres à l'adresse de Zimmermann, son correspondant de Hambourg. Le cabinet noir de Prusse ne manquait pas de les perlustrer, et Frédéric-Guillaume y lisait des éloges sur son dévouement chevaleresque à la bonne cause ou des railleries mordantes sur sa pusillanimité. Par exemple : « Ce n'est pas Dumouriez, Custine et Montesquiou qui se laisseraient arrêter dans leurs succès par la pluie et la boue. » *Journal de Khrapovitski*, p. 414.

3. Les comtes de Provence et d'Artois.

vous seriez dans l'erreur. Elle ne veut point que la France soit démembrée; mais, comme elle se rappelle que la France a été longtemps sa rivale, elle n'a nulle envie de la voir se relever par sa Constitution ou par le despotisme. Ce qui excite son ambition, ce qui flatte son amour-propre, c'est de se venger du roi de Prusse en le livrant de toute manière au mépris public; c'est de s'opposer à l'agrandissement de l'Autriche et de finir glorieusement son règne en pacifiant l'Europe. Ces grandes vues occupent infiniment Catherine II, et je viens d'apprendre, par une voie très sûre, que, remplie de son objet, elle avoit désigné secrètement le prince Repnin[1] pour commander en chef ses armées, si elle étoit dans le cas d'agir, et pour diriger les négociations, s'il se formoit un congrès.

Mes vœux sont que l'Impératrice nourrisse cette idée, qui établit naturellement entre elle et les cours alliées un sentiment de rivalité utile à nos intérêts; mais, en même temps, j'espère que le ciel nous préservera des longueurs et des difficultés interminables des congrès et que nous n'aurons jamais pour médiateur que la raison, pour garantie de nos lois que l'union, pour sauvegarde de nos possessions que nos forces, sans lesquelles toutes les garanties du monde ne seroient que des chimères.

— *P. S.* Les Tartares, que les Turcs s'étoient, par le traité, engagés à contenir, ont recommencé leurs irruptions et ont pris et brûlé plusieurs villages. On sera forcé d'envoyer de nouvelles troupes : c'est ainsi que la dernière guerre a commencé.

---

M. GENET A M. SCIPION CHAMBONAS[3].

Pétersbourg, 20 juillet 1792, l'an IV de la Liberté[4].

Par une suite de la bizarrerie du siècle dans lequel nous vivons, plusieurs cours se sont figuré que, pour témoigner au Roi leur intérêt, leur amitié et leur sollicitude pour la conservation de ses droits, elles devoient traiter sans ménagements ses ministres, les écarter d'elles et faire délaisser ce prince par les leurs[5]. La cour de Russie a été une des premières à adopter

1. Voyez ci-dessus, pp. 223, 341-342, 355.
2. Le traité d'Iassy, 9 janvier 1792.
3. Après sa démission du 15 juin, Dumouriez avait remis, le 17, le portefeuille de la guerre à Lajard et celui des affaires étrangères à Victor-Scipion-Louis-Joseph de la Garde, marquis de Chambonas. Celui-ci, par une lettre du 19 juin, assura le président de l'Assemblée nationale de « son dévouement à la cause de la liberté et de son attachement à la Constitution ». Après la journée du 20 juin, devant l'hostilité de l'Assemblée, il donna sa démission, ainsi que ses collègues, le 10 juillet 1792.
4. *A. E. Russie*, t. CXXXVIII, fol. 145.
5. Voyez ci-dessus, p. 509. Le roi de Pologne fut obligé d'agir de même à l'égard de M. Descorches, ministre de France à Varsovie, qui, à la nouvelle de la journée du 10 août, reçut l'ordre, par le grand-maréchal Mniszek, de cesser toute fonction diplomatique et qui dut partir, laissant M. Bonneau comme chargé d'affaires, avec une Instruction du 2 octobre 1792. L. FARGES, *Instructions, Pologne*, t. II, pp. 321 et suiv.

à l'égard de notre monarque cette étrange mesure, dont on chercheroit en vain des exemples dans l'histoire des princes les plus infortunés et qu'il est impossible surtout de justifier. D'après les principes que les têtes couronnées semblent vouloir soutenir, Sa Majesté Impériale, au mois d'août dernier, m'a fait interdire sa cour et tout accès auprès de son ministère ; elle a rappelé ensuite successivement son ministre plénipotentiaire[1] et son chargé d'affaires d'auprès de Sa Majesté ; enfin elle vient de me faire remettre par un des membres du Collège des affaires étrangères la note suivante :

NOTE REMISE A M. GENET, CHARGÉ DES AFFAIRES DE FRANCE
PAR LE MINISTÈRE RUSSE.

8/19 juillet 1792.

« Le désordre et l'anarchie qui règnent en France depuis quelque temps,
« au préjudice de l'autorité légitime que les puissances étoient accoutu-
« mées à y considérer, se manifestant tous les jours par de nouveaux excès,
« déterminent enfin la cour impériale de Russie à interrompre les rap-
« ports et la correspondance qu'elle a entretenus avec ce royaume, jusqu'à
« ce que le Roi Très Chrétien fût rétabli dans les droits et les prérogatives
« que les lois divines et humaines lui assignent. Par cette considération,
« l'Impératrice, après avoir retiré successivement de Paris son ministre
« plénipotentiaire et le chargé de ses affaires qui y étoit resté quelque
« temps, juge également que la présence du sieur Genet, établi dans sa
« capitale sous ce dernier titre et sous des auspices qui seuls pouvoient
« mériter les égards et l'aveu de Sa Majesté Impériale, est devenue non seu-
« lement superflue, mais même intolérable. En conséquence, le ministère
« de Sa Majesté a ordre d'annoncer au sieur Genet qu'il ait à quitter cette
« capitale dans l'espace de huit jours, terme suffisant pour l'arrangement
« de ses affaires, et les États de la Russie le plus promptement qu'il lui
« sera possible. Les ordres nécessaires pour faciliter son départ et son
« voyage sont donnés à M. Kanavnizin, lieutenant général et gouverneur
« de Saint-Pétersbourg, auquel le sieur Genet peut s'adresser pour de-
« mander ses passeports pour lui, les gens et les effets qui peuvent lui
« appartenir. Il peut, au reste, être assuré que, pendant tout le temps qu'il
« restera encore dans cette capitale, pourvu qu'il ne s'étende pas au delà
« du terme fixé ci-dessus, et jusqu'à ce qu'il eût passé les frontières de
« l'Empire, il jouira de tous les privilèges et de toutes les prérogatives
« que le droit des gens et des nations assurent à la qualité dans laquelle
« il avoit demeuré ici jusqu'à présent. »

Je travaille avec la plus grande célérité à me conformer aux ordres de l'Impératrice, et j'espère pouvoir prendre, avant l'expiration du terme qui m'a été fixé, la route de Varsovie, où j'attendrai, d'après les instructions éventuelles qui m'ont été données par M. Dumouriez, que Sa Majesté me fasse connoître ma nouvelle destination.

Catherine II explique ainsi, dans une lettre à Grimm, du 13 août 1792, les motifs de l'expulsion de M. Genet :

Ce Genet est le frère de Mme Campan, femme de chambre de la Reine;

---

1. M. de Simoline, qui fut ministre de Russie en France, de 1784 à 1792.

il a été comblé des bienfaits de cette princesse. Malgré cela, c'est un enragé que j'ai fait renvoyer d'ici après l'histoire du 20 juin. L'on dit qu'il est parti de Pétersbourg en enfonçant sa tête dans un bonnet de laine rouge ; ceci est si fou que j'ai éclaté de rire en l'apprenant. Au reste, depuis six mois, on nettoie Pétersbourg des usuriers français, dont il commençoit à abonder.

Ainsi se termina le long martyre de M. Genet, comme représentant de la royauté constitutionnelle de France, car la Tsarine n'avait pas même attendu la journée du 10 août et la chute de la monarchie pour faire notifier à notre chargé d'affaires son expulsion.

M. Genet, après avoir prié M. d'Amat, ministre d'Espagne en Russie[1], de veiller à la sûreté des Français, partit de Pétersbourg le 27 juillet. D'après sa lettre du 1er août, il n'eut, pendant son voyage, qu'à se louer des procédés dont usèrent à son égard les autorités russes. Nous avons vu qu'il chercha à se venger de son expulsion en adressant, l'année suivante, à la Convention un mémoire où il exposait les moyens de soulever contre Catherine les éléments indociles de son Empire[2].

En avril 1793, il fut envoyé aux États-Unis comme chargé des affaires de France.

Les deux lettres suivantes ne devaient lui parvenir que pendant son voyage de Pétersbourg en France, par Varsovie.

M. SCIPION CHAMBONAS A M. GENET.

Paris, 1er aout 1792, l'an IV de la Liberté[3].

... Vos conjectures sur le système politique que Catherine II paroît suivre avec autant de constance que d'adresse sont justifiées par les événements qui se succèdent. Il suffit de rapprocher l'intérêt avec lequel l'Impératrice a d'abord accueilli les doléances des émigrés de l'indifférence avec laquelle ils sont maintenant traités par cette princesse pour être fondé à croire que son but principal a toujours été d'engager le roi de Prusse et l'Empereur dans une guerre qui pût offrir diverses chances et les affoiblir l'un et l'autre, afin de régler seule et sans rivaux le sort de la Pologne, qu'elle est accoutumée depuis longtemps à regarder comme une dépendance de sa couronne.

Dans cette hypothèse, très vraisemblable, l'Autriche et la Prusse seroient prises pour dupes, car c'est vainement que leurs chefs songeroient à un nouveau partage. L'Impératrice est trop habile pour consentir jamais à agrandir et à fortifier de pareils voisins, et, soit qu'elle veuille s'étendre elle-même du côté du Nord, soit, comme on l'a toujours cru, qu'elle veuille créer un État indépendant pour le prince Constantin du côté de l'ancienne Grèce, son intérêt personnel est d'éloigner des rivaux puissants dont elle a pénétré les vues ambitieuses.

1. Le chevalier d'Amat n'était que chargé d'affaires en l'absence de M. de Galvez.
2. Voyez ci-dessus, p. 494, note 2.
3. A. E. Russie, t. CXXXVIII, fol. 205.

Voilà donc quel sera le fruit des machinations et des intrigues de la cour de Vienne. Ainsi le triomphe de M. de Cobentzel à l'occasion de nos petits échecs devant Mons et Tournay n'aura pas été de longue durée; ainsi les François rebelles, après avoir traîné dans toutes les cours de l'Europe leur fureur, leur vengeance et leur insolent orgueil, n'auront inspiré qu'une pitié momentanée et stérile et, en s'attirant l'indifférence ou le mépris, justifieront aux yeux des peuples le traitement qu'ils reçoivent de leur patrie qu'ils ont trahie. Les puissances coalisées, en cédant à leurs sollicitations, n'ont pas senti leur imprudence. Forcées, par des intérêts qu'elles ne se sont pas donné le temps de calculer, à faire bientôt la guerre pour leur propre compte, elles verront dans les François rebelles la cause de leurs divisions et de leurs malheurs. L'indépendance suivra le mécontentement des peuples, et si nous avons la sagesse de rester unis au milieu de cette crise politique de l'Europe, les émigrés et les princes qui ont si follement embrassé leur parti seront convaincus que la cause de la liberté avec la soumission aux lois est la seule cause belle à défendre.

Il seroit bien essentiel de savoir si Frédéric-Guillaume est déterminé à seconder ou à contrarier les projets de Catherine II sur l'invasion de la Pologne, s'il est question d'un nouveau plan de démembrement et si les ministres polonois ont entamé avec l'Impératrice quelque négociation relativement à la nouvelle constitution de la République. Tâchez de vous procurer des renseignements certains sur cet objet important; ils serviront à fixer le degré d'intérêt que nous devons accorder au sort des Polonois.

Les affaires de Suède méritent également toute notre attention. Une fois la Pologne soumise, ce royaume pourroit bien à son tour devenir l'objet des vues ambitieuses de la Russie dont les armes menacent tout le nord de l'Europe. Si la France perd son influence, si nous ne parvenons pas bientôt à réchauffer l'amitié du plus ancien, du plus fidèle de nos alliés, c'en est fait de l'indépendance des puissances du Nord. Vous voudrez donc bien recueillir avec soin tous les faits qui pourront servir à nous faire connoître les desseins de Catherine II sur la Suède.

Je n'ai que des éloges à donner à l'activité de vos recherches et à l'exactitude de vos renseignements sur les préparatifs qui se font dans les différents ports de Russie. J'approuve les mesures que vous avez concertées avec les deux officiers dont vous parlez dans votre dépêche du 12 juin. Je vais prévenir les généraux qui commandent sur nos frontières du projet de MM. Lusk et Châteauneuf, et vous pouvez être assuré que ces généreux amis de la nation françoise seront récompensés d'une manière analogue à leurs services.

J'ai déjà fait passer au ministre de la marine copie de votre lettre n° 64 du 22 juin concernant le sieur Builliot; je ne doute point que la position où se trouve cet agent ne soit prise en grande considération.

Continuez de surveiller les démarches de nos ennemis et de m'instruire avec la même exactitude de tous les faits importants qui viendront à votre connoissance. C'est maintenant plus que jamais que la patrie a besoin des efforts de tous les bons citoyens, et à ce titre, elle doit compter sur votre dévouement et sur vos services.

## M. GENET EXPULSÉ DE RUSSIE, 1792.

M. LEBRUN [1], MINISTRE DES AFFAIRES ÉTRANGÈRES, A M. GENET.

Paris, le    août 1792 [2].

J'ai sous les yeux les différentes dépêches que vous avez adressées à mes prédécesseurs. J'ai parcouru avec beaucoup d'attention celle du 20 juillet n° 76, à laquelle étoit jointe la note qui vous a été remise de la part de l'Impératrice portant injonction de quitter Pétersbourg dans le délai de huit jours. Cette démarche, à laquelle vous étiez sans doute préparé, est une suite des mesures que le ministère russe a cru devoir adopter au moment où il venoit d'enchaîner au char de son orgueilleuse souveraine le roi et la République de Pologne; et, si quelque chose m'a surpris dans la conduite de cette cour arrogante, c'est que cette déclaration ne vous ait pas été notifiée plus tôt. En effet, il a dû paroître assez extraordinaire que Catherine II, ayant depuis un an rappelé de France son ministre et son chargé d'affaires, ait toléré pendant tout ce temps dans sa capitale la présence d'un ami de la liberté et dont les principes connus devoient présenter un contraste assez bizarre au milieu des satrapes et des esclaves dont elle est environnée.

1. A M. de Chambonas avait succédé au ministère des affaires étrangères, avec le cabinet du 1er août, Bigot de Sainte-Croix (voyez ci-dessus, pp. 416-429). Ce cabinet ayant été renversé, avec la royauté elle-même, dans la journée du 10 août 1792, un ministère girondin s'était aussitôt reformé avec Roland, Servan et Clavière, élus par l'Assemblée, et parmi les ministres qui leur furent adjoints, figure Lebrun-Tondu, comme titulaire des affaires étrangères. Sur tous ces changements, voyez FRÉDÉRIC MASSON, le Département des affaires étrangères pendant la Révolution (1787-1804). Paris, 1877. Parmi les anciens ministres des affaires étrangères, nous avons déjà vu le sort de MM. de Montmorin et de Lessart. Lebrun-Tondu, proscrit au 31 mai avec les Girondins, arrêté dans sa fuite et traduit devant le Tribunal révolutionnaire, fut exécuté le 27 décembre 1793.
  Lebrun avait essayé de tirer parti des indications que M. Genet avait transmises à son prédécesseur au sujet des deux officiers au service de Russie qui devaient fournir des renseignements sur les préparatifs militaires de Catherine II :

M. LEBRUN, MINISTRE DES AFFAIRES ÉTRANGÈRES, AU MINISTRE DE LA GUERRE.

« Paris, 16 août 1792.

« J'ai l'honneur, Monsieur et cher collègue, de vous envoyer copie d'une dépêche que le chargé des affaires de France à Pétersbourg a fait passer à mon prédécesseur. Vous y verrez que deux officiers de la marine russe, particulièrement dévoués aux intérêts de la nation françoise, ont été employés par M. Genet pour servir comme agents secrets la cause de la liberté. L'un d'eux, M. de Châteauneuf, doit, à la faveur des certificats les plus authentiques et sous l'uniforme russe, parcourir les armées ennemies, observer leurs dispositions et rentrer en France pour rendre compte du résultat de ses observations. Mon prédécesseur a déjà prévenu par des lettres circulaires les généraux qui commandent aux frontières de la mission de M. de Châteauneuf, et j'ai cru devoir vous instruire de ses démarches parce qu'elles peuvent influer sur les mesures que nos généraux croiront devoir prendre d'après les renseignements que pourra leur donner M. de Châteauneuf. A. E. Russie, t. CXXXVIII, fol. 118.

2. A. E. Russie, t. CXXXVIII, fol. 225. — Cette dépêche, dont la date est restée en blanc, n'a peut-être pas été expédiée, la nouvelle du départ de M. Genet ayant pu arriver dans l'intervalle au ministère.

Je me persuade que cette lettre vous trouvera à Varsovie où sans doute vous gémissez, avec M. Descorches [1], sur le sort des malheureux Polonois. Il est fâcheux que, dans un moment où il s'agissoit du salut de la République [2], le roi de Pologne n'ait pas soutenu le caractère énergique qu'il avoit montré dans le cours de la diète ; mais il est roi et il a craint sans doute de donner à ses pareils l'exemple étonnant d'une tête couronnée combattant pour la liberté de son pays. Quoi qu'il en soit, il faut espérer que la *Déclaration des Droits de l'homme*, trop longtemps méconnue par les souverains, vengera bientôt les peuples asservis des outrages de leurs oppresseurs.

Au reste, votre mission étant finie à Pétersbourg, les talents que vous y avez déployés et le dévouement courageux avec lequel vous avez défendu la cause de la liberté dans un pays où l'on ne connoît que l'esclavage sont des titres trop précieux pour ne pas vous présenter de nouveaux moyens de servir utilement votre patrie dans un poste que je vous destine. Vous voudrez donc bien faire tous vos préparatifs pour vous rendre à Paris le plus promptement qu'il vous sera possible.

1. En Pologne se succédèrent, comme représentants de la France : le marquis de Pons, résident depuis 1775 ; M. Descorches de Sainte-Croix, ministre, avec une Instruction du 9 mai 1791 ; M. Bonneau, chargé d'affaires, avec une Instruction du 2 [octobre 1792 ; le « citoyen » Parandier, avec une Instruction du 21 brumaire an III. L. FARGES, *Instructions, Pologne*, t. II, pp. 309 et suiv. Voyez ci-dessus, p. 535, note 5.
2. La République de Pologne.

# XLVI

## M. PATOT D'ORFLANS

CHARGÉ DES AFFAIRES DU CONSULAT GÉNÉRAL DE FRANCE

1792-1793

M. Genet s'attendait depuis quelque temps à être expulsé de Russie; car, trois semaines avant son renvoi, il avait rédigé pour M. Patot d'Orflans[1] l'Instruction suivante :

INSTRUCTION POUR M. PATOT D'ORFLANS, CHARGÉ DES AFFAIRES DU CONSULAT GÉNÉRAL DE FRANCE EN RUSSIE. — DU 24 JUILLET 1792.

J'ai lieu de penser que l'interruption de nos rapports politiques avec la Russie n'entraînera pas celle de nos rapports commerciaux avec cette puissance, et que les personnes qui remplissent les fonctions consulaires de France dans les États de l'Impératrice pourront, en vertu des stipulations les plus précises du traité de commerce, continuer à exercer tranquillement leur ministère. Cependant, ce point n'étant point encore éclairci, je crois devoir tracer à M. Patot d'Orflans la conduite qu'il aura à

---

1. Né à Dieuze (Lorraine), chancelier de la légation. — Mort à Moscou le 12 février 1823.
2. *A. E. Russie, Supplément*, t. XVII, pièce 173. — La correspondance de M. Patot d'Orflans se trouve dans le tome CXXXIX de *A. E. Russie*.

tenir dans le cas où l'on exigeroit qu'il sortît des États de l'Impératrice et de celui où son séjour à Pétersbourg seroit toléré. Dans la première supposition, il me semble que ce qu'il auroit de mieux à faire seroit de se transporter à Dantzick avec les papiers de la chancellerie du consulat et d'y attendre les ordres du ministre de la marine. Dans la seconde, il seroit en mesure de servir utilement sa patrie, non seulement en remplissant toujours avec le même zèle les fonctions dont il est chargé, mais aussi en suppléant par son activité et sa surveillance, autant qu'il sera en son pouvoir, aux observations que la légation transmet au Conseil du Roi. Je ne doute point que M. d'Orflans ne saisisse avec plaisir cette nouvelle occasion de donner des preuves de son dévouement pour la chose publique, et je vais, en conséquence, lui indiquer les points qui doivent le plus fixer son attention.

Il tâchera d'être instruit exactement :

1° De tous les mouvements de la marine de Russie dans les différents départements de la Baltique et de la mer Noire, de la nature des approvisionnements et des rassemblements d'hommes pour le service maritime ;

2° Des plans qui pourroient être concertés à Pétersbourg contre la France, soit par mer, soit par terre ;

3° Des opérations de finances de la Russie chez l'étranger ;

4° Des négociations relatives à la Pologne ;

5° Des négociations particulières des cours de Vienne et de Berlin à Pétersbourg ;

6° De l'intimité plus ou moins grande des cours de Stockholm et de Pétersbourg ;

7° De l'état des affaires avec la Porte Ottomane et des différends qui pourroient s'élever entre cette puissance et la Russie ;

8° Des événements les plus remarquables de la cour de Russie ;

9° Enfin, des intrigues des émigrés auprès de l'Impératrice et de leurs menées pour augmenter l'aigreur de cette princesse contre leur patrie.

M. d'Orflans aura des occasions fréquentes pendant la navigation pour faire parvenir au ministère le résultat de ses recherches sur ces objets importants ; mais lorsque ce canal ne lui sera plus ouvert, la circonspection que lui impose sa position actuelle ne lui permettra plus de se servir que d'occasions très sûres et, par conséquent très rares, pour faire parvenir ses rapports. Afin d'obvier à cet inconvénient, j'ai imaginé un moyen dont il pourra se servir pour envoyer par la poste des avis sans que personne en ait connaissance. Ce moyen est simple, le voici : M. d'Orflans, au lieu d'envoyer directement au ministre des affaires étrangères des lettres chiffrées avec le chiffre que je lui ai remis pour correspondre avec ce ministre, adressera à un de ses amis à Paris des factures et d'autres pièces de commerce dont les chiffres, loin d'exprimer des valeurs réelles, exprimeront les mots dont seront composés ces rapports. Ces pièces seront marquées, tantôt d'une barre marginale, tantôt de deux barres à la fin et, lorsque ses amis à Paris les recevront, ils les feront passer sur le champ au ministre des affaires étrangères. Si le ministre de son côté a, par la suite, quelque chose à faire savoir à M. d'Orflans, il lui adressera de pareilles pièces sous des noms supposés, tantôt à l'adresse imaginaire de M. Laurent, sous le couvert de M$^{me}$ de Monzouvre, marchande de modes, tantôt à l'adresse de M. David, sous le couvert de M. Paul Pettre, caissier de M. Colombe, consul d'Espagne. Le ministère pourra aussi en adresser directement à M. d'Orflans, comme des pièces jointes à des affaires particulières qui lui seroient recommandées.

Le même chiffre, dont j'enverrai un double au ministre, pourra servir à M. d'Orflans lorsqu'il se présentera des occasions sûres pour écrire avec plus de liberté des choses secrètes dans la forme ordinaire des dépêches. Comme il est impossible que M. d'Orflans se conforme aux instructions que je viens de lui donner sans augmenter ses dépenses et sans faire à quelques personnes des avances indispensables pour faciliter ses recherches, j'ai lieu de croire que le ministre ne désapprouvera point l'ordre que j'ai laissé à M. Raimbert, banquier chargé du service pécuniaire de la légation de France en Russie, de lui faire toucher tous les trois mois, à dater du premier de ce mois, la somme de 150 roubles, et de tenir à sa disposition la somme de 1 000 roubles, dont M. d'Orflans justifiera l'emploi au ministre, et dont M. Raimbert se remboursera directement ainsi que du traitement de

600 roubles sur M. Biderman, chargé du service pécuniaire du département des affaires étrangères, en observant de ne faire passer les quittances de M. d'Orflans à ce trésorier que par des occasions sûres.

Il se trouve dans les papiers de la légation un nombre infini d'affaires particulières qui m'ont été recommandées, ainsi qu'à mes prédécesseurs. Ne trouvant plus d'accès, depuis un an, auprès des ministres russes, il m'a été impossible de solliciter leur conclusion avec l'activité que j'avais été à portée de développer avant cette époque. Je n'ai point laissé cependant que d'en avancer quelques-unes par des offices particuliers ; je les remets toutes entre les mains de M. d'Orflans ; je lui recommande de s'en occuper avec soin ; je le prie de vouloir bien informer le ministre des démarches qu'il aura faites à cet égard.

Saint-Pétersbourg, 24 juillet 1792.

Signé : GENET,
chargé des affaires de France.

En même temps, M. Genet avait annoncé au ministre des affaires étrangères de France le choix qu'il venait de faire :

M. GENET A M. SCIPION CHAMBONAS.

Pétersbourg, 24 juillet 1792[1].

Je profite du départ du sieur Marais, capitaine du navire *le Neptune*, du port de Rouen, pour vous informer des mesures que j'ai prises pour vous ménager ici des intelligences secrètes qui puissent suppléer à mes rapports.

Je croyois que M. d'Orflans, chargé des affaires du consulat général, avoit un chiffre au moyen duquel il pouvoit correspondre avec le ministre de la marine ; mais il s'est trouvé que ce chiffre n'étoit destiné qu'à une correspondance particulière entre lui et l'ancien consul général de Russie et qu'il étoit hors d'état de servir. D'ailleurs une correspondance en chiffre par la poste, dans les circonstances actuelles, n'auroit pas pu avoir lieu. J'ai pris en conséquence le parti d'en composer un exprès et de vous en envoyer ci-joint un double, avec une copie des instructions que j'ai laissées à M. d'Orflans sur la manière d'en faire usage, sur les points qui doivent fixer son attention et sur la conduite qu'il doit observer...

J'ai fait connoître à M. d'Orflans quelques-unes de mes sources ; j'ai concerté avec lui les moyens qu'il pourroit employer soit pour revenir ici comme simple particulier, soit pour remettre son chiffre et ses instructions à quelqu'un de sûr si on l'obligeoit de se retirer en sa qualité d'agent

---

1. *A. E. Russie*, t. CXXXVIII, fol. 185.

consulaire, et j'ai cru par ces dispositions remplir mes derniers devoirs en Russie envers ma patrie.

Les événements se précipitaient en France : le 10 août la royauté était renversée, le 21 septembre la république était proclamée, et presque aussitôt commençait le procès de Louis XVI.

L'exécution du Roi (21 janvier 1793) atteignit Catherine dans sa sensibilité de femme comme dans son orgueil de souveraine. Voici ce que rapporte son confident Khrapovitski :

A la nouvelle de la criminelle exécution du roi de France, Sa Majesté s'est mise au lit, malade de chagrin. Grâce à Dieu, cela va mieux aujourd'hui. Elle m'a parlé de la barbarie des Français, de l'illégalité manifeste dans le compte des voix : « C'est une injustice criante même envers un particulier, Quand on apprit la nouvelle à Londres pendant le spectacle et que l'acteur l'annonça entre la grande et la petite pièce, le public fit cesser la représentation et se dispersa. L'Angleterre est décidée à détruire la France. Il faut absolument exterminer jusqu'au nom français. A Vienne, le peuple voulait massacrer tous les Français ; il le fera si on touche à la Reine, fille de la défunte Impératrice Marie-Thérèse. *Égalité* est un monstre, il veut être roi. »

Catherine II usa contre la France et les idées révolutionnaires de mesures de défense et de représailles.

Dès qu'on avait reçu à Pétersbourg la nouvelle de l'exécution du Roi, l'Impératrice avait envoyé au Sénat le célèbre ukase sur « la rupture des relations diplomatiques avec la France et l'expulsion de tous les Français qui ne consentiraient par à prêter le serment dont la formule leur serait soumise ».

La formule du serment imposée aux Français qui entendaient séjourner en Russie[1] était conçue dans les termes les plus outrageants pour le gouvernement qui représentait alors la France et pour « les principes athées et subversifs qu'on professait maintenant dans ce pays, principes introduits par les usurpateurs du pouvoir et de la souveraineté ». Ces Français devaient répudier « le crime commis en dernier lieu par ces monstres sur la personne royale, avec toute l'horreur qu'il excite dans l'âme de tout bon citoyen ». Ils s'engageaient, « jusqu'au rétablissement de l'ordre dans leur patrie, à rompre toutes relations avec leurs compatriotes actuellement soumis à un gouvernement illégitime et abominable ». Et, « pour que certains d'entre eux ne s'avisent pas de prêter ce serment et de prendre cet engagement uniquement par feinte et dans la pensée de le dérober avec leurs noms à leurs compatriotes », on devait leur déclarer que cet engagement serait publié, avec leurs signatures, dans les gazettes russes et étrangères.

---

1. Catherine II à Grimm, le 13 août 1793 : « Pour moi, j'ai fait prêter serment à tout ce qui n'a pas voulu être chassé de la Russie. Imaginez, s'il vous plaît, ce qui en est arrivé ; tous les assermentés sont devenus zélés royalistes. J'en prends à témoin M. le comte d'Artois, qui est ici depuis cinq semaines. »

Non seulement ce serment rendait amer à des milliers de Français le pain de l'hospitalité russe ; mais la cruelle précaution du gouvernement impérial les dénonçait en quelque sorte aux rigueurs d'une Assemblée terrible, les assimilait aux émigrés les plus compromis, leur enlevait l'espoir de retourner un jour dans leur patrie pour y jouir du fruit de leur travail.

A partir de ce moment, la *Gazette de Saint-Pétersbourg* publia de longues listes où s'alignèrent tous les noms français de la colonie, environ cent cinquante noms dans chaque numéro de ce journal. Les personnes qui, retenues chez elles par quelque maladie, avaient obtenu un délai pour se rendre à l'église, étaient mentionnées dans la *Gazette* comme ayant promis de se soumettre. Le nombre des assermentés s'élevait environ à un millier[1].

Tous les effets du traité de commerce conclu en 1787 avec M. de Ségur étaient suspendus jusqu'à l'époque où l'autorité « légitime » serait rétablie en France. L'entrée des ports russes était interdite aux navires français dont les capitaines ne prouveraient pas avoir quitté les ports de France avant la date sanglante du 21 janvier. Il était défendu aux négociants russes de faire entrer leurs vaisseaux dans les ports de la République. Tous les consuls russes en France, tous les sujets russes des deux sexes devaient quitter immédiatement le sol français.

Patot d'Orflans partagea le sort des autres consuls français et dut quitter la Russie.

Dès lors l'Impératrice, sans nous avoir déclaré formellement la guerre comme avaient fait, à la même occasion, l'Angleterre, la Hollande, l'Espagne, se trouva en état de guerre avec nous. Elle ourdissait vaguement des plans contre la France, mais cherchait à exercer une vengeance plus aisée et plus lucrative sur nos alliés naturels, sur ceux qu'elle appelait les *jacobins* de Varsovie, c'est-à-dire le parti monarchiste constitutionnel de Pologne. Nous n'avons plus aucun représentant attitré en Russie jusqu'au moment où, après les campagnes de Souvorof en Italie et en Suisse, les relations diplomatiques sont reprises par Bonaparte et Paul Ier.

---

1. Voir l'article de M. Brückner dans la *Drevnaïa i Novaïa Rossia* de 1876, t. IV, p. 176.

# LISTES CHRONOLOGIQUES

## I

### LISTE CHRONOLOGIQUE

#### DES TSARS,
#### EMPEREURS ET IMPÉRATRICES DE RUSSIE

PENDANT LA PÉRIODE CORRESPONDANTE A NOS INSTRUCTIONS

Ivan IV (Vassiliévitch), *le Terrible,* premier Tsar. — Né le 7 septembre (29 août) 1530. — Avènement le 14 (5) décembre 1533. — Couronné Tsar le 25 (16) janvier 1547. — Mort le 27 (18) mars 1584.

Feodor I (Ivanovitch). — Né le 20 (11) mai 1557. — Avènement le 27 mars 1584. — Mort le 16 (7) janvier 1598.

Boris Godounof. — Né en 1552. — Avènement le 12 mars (21 février) 1598. — Mort le 3 mai (23 avril) 1605.

Feodor II (Borissovitch). — Né en 1589. — Avènement le 4 mai 1605. — Assassiné le 20 (10) juin 1605.

Le faux Dmitri (autrement dit, Grigori Otrépief). — Avènement en juin 1605. — Assassiné le 26 (16) mai 1606.

Vassili (Ivanovitch) Chouïski. — Né en 1552. — Avènement en mai 1606. — Détrôné en 1610. — Mort le 22 (12) septembre 1612.

Vladislas (de Pologne). — Né en mai 1595. — Avènement en 1610. — Abdique en 1618. — Mort en 1648.

Michel (Feodorovitch) Romanof. — Né le 21 (12) juillet 1596. — Avènement le 20 (10) février 1613. — Mort le 22 (12) juin 1645.

Alexis (Mikhaïlovitch). — Né le 19 (9) mars 1629. — Avènement le 22 juin 1645. — Mort le 9 février (30 janvier) 1676.

Feodor III (Alexiévitch). — Né le 9 juin (30 mai) 1661. — Avènement le 9 février 1676. — Mort le 7 mai (27 avril) 1682.

Ivan V (Alexiévitch) et Pierre Ier (Alexiévitch) *le Grand*. — Ivan, né le 27 (17) août 1666 ; avènement, le 7 mai 1682 ; mort le 29 (19) janvier 1696. — Pierre, né le 9 juin (30 mai) 1672 ; avènement, le 7 mai 1682 ; mort le 8 février (28 janvier) 1725. — Premier Empereur.

Catherine Ire. — Née le 15 (5) avril 1683. — Épouse de Pierre le Grand, 2 mars (19 février) 1713. — Couronnée en 1724. — Avènement le 8 février 1725. — Morte le 17 (6) mai 1727.

Pierre II (Alexiévitch), petit-fils de Pierre le Grand. — Né le 24 (13) octobre 1715. — Avènement le 17 mai 1727. — Mort le 30 (19) janvier 1730.

Anna Ivanovna. — Née le 7 février (28 janvier) 1693. — Duchesse de Courlande en 1710. — Avènement le 30 janvier 1740. — Morte le 28 (17) octobre 1740.

Ivan VI (de Brunswick). — Né le 24 (13) août 1740. — Avènement le 28 octobre 1740. — Régence de Biren, puis d'Anna Léopoldovna. — Détrôné le 6-7 décembre (25-26 novembre) 1741. — Tué le 5 décembre 1764.

Élisabeth Pétrovna. — Née le 29 (18) décembre 1709. — Avènement, le 6-7 décembre 1741. — Morte le 5 janvier 1762 (25 décembre 1761).

Pierre III (de Holstein). — Né le 21 (10) février 1728. — Avènement, le 5 janvier 1762. — Détrôné le 9 juillet (28 juin). — Mort le 17 (6) juillet.

Catherine II (d'Anhalt-Zerbst-Dornburg). — Née le 2 mai (21 avril) 1729. — Avènement le 9 juillet 1762. — Morte le 17 (6) novembre 1796.

Paul Ier. — Né le 1er octobre (20 septembre) 1754. — Avènement le 17 novembre 1796. — Mort dans la soirée du 23 (11) mars 1801.

## II

### LE MINISTÈRE
## DES AFFAIRES ÉTRANGÈRES EN FRANCE

PENDANT LA MÊME PÉRIODE

Nous avons essayé de dresser la liste des secrétaires d'État et ministres des affaires étrangères : 1° d'après : Guérard, *Liste des ambassadeurs, envoyés, ministres et autres agents politiques de la Cour de France auprès des principales puissances européennes et de ceux de ces puissances à la Cour de France, depuis le commencement des rapports diplomatiques entre elles jusqu'à la Révolution française*, etc. Paris, Pihan de La Forest, 1833, reproduit en partie et avec des fautes dans l'*Annuaire historique de la Société de l'histoire de France pour l'année 1850*; 2° d'après Saint-Allais, *De l'ancienne France*, t. II, pp. 186 à suiv., reproduit par Chéruel, *Dictionnaire historique des Institutions* (articles *Ministères, Ministres*); 3° d'après l'*Annuaire diplomatique et consulaire de la République française* (Nouvelle série, t. XII, p. 329 et suiv.). Paris, 1890, in-8°. — Cette liste s'étendra depuis l'ordonnance de Henri II, en 1547, qui répartissait les affaires étrangères entre les quatre secrétaires d'État, jusqu'à la suppression du ministère en 1794.

*I. — Époque de la division des affaires étrangères entre les divers secrétaires d'État.*

Les quatre secrétaires d'État de 1547 :

Bochetel (Guillaume), seigneur de Sassy, dirigea les affaires étrangères en ce qui concernait les royaumes d'Écosse et d'Angleterre, et mourut en 1558.

Marchaumont (Cosme, Clausse de), secrétaire d'État, dirigea les affaires politiques avec l'Espagne et le Portugal, jusqu'à sa mort en 1558.

Du Thier (Jean), seigneur de Beauregard, secrétaire d'État, fut chargé de la correspondance politique avec le Piémont, le Saint-Siège, la république de Venise, le Levant. Il mourut en 1559.

L'Aubespine (Claude de), seigneur de Hauterive, secrétaire d'État, gendre de Guillaume Bochetel, fut chargé des relations avec la Savoie, l'Allemagne et la Suisse. Il mourut en 1567.

Bourdin (Jacques), seigneur de Villeines, gendre de Bochetel, lui succéda en 1558 pour les affaires dont il était chargé et mourut en 1567.

Robertet (Florimond), baron d'Alluye, petit-fils de Florimond Robertet de Fresne, secrétaire d'État sous Louis XIII, remplaça du Thier et dirigea les affaires pour l'Italie et le Levant jusqu'à sa mort, en juin 1569.

Fizes (Simon), baron de Sauves, secrétaire d'État, eut dans ses attributions les affaires du Danemark, de la Suède et de la Pologne. Il mourut en 1579.

L'Aubespine (Claude de), fils du seigneur de Hauterive, secrétaire d'État et baron de Chateauneuf, eut la direction des affaires d'Allemagne, d'Espagne, des Pays-Bas, d'Angleterre et d'Écosse. Il mourut en 1570.

Neufville (Nicolas de), seigneur de Villeroi, nommé secrétaire d'État le 11 novembre 1567 à vingt-quatre ans, et gendre de Claude de l'Aubespine père, avait obtenu la survivance de son département. Il resta en fonctions jusqu'à sa retraite ordonnée par le Roi Henri III, en 1588. On dit que c'est le premier qui commença à signer pour le Roi.

Revol (Louis de), créature du duc d'Épernon, fut fait secrétaire d'État et obtint l'entière confiance du Roi Henri III, *qui réunit en sa personne tout le département des affaires étrangères*, à partir du 1er janvier 1589. Il mourut le 17 septembre 1594.

Pothier (Louis), seigneur de Gesvres, participa cependant aux affaires étrangères du 25 février 1589 au 15 octobre 1622. De 1606 au 12 septembre 1621, il eut pour adjoint son fils Antoine Pothier.

Neufville (Nicolas de), seigneur de Villeroi, fut rappelé au ministère par Henri IV, après la mort de Louis Revol. Il l'administra jusqu'à sa mort, arrivée en 1617.

Puysieulx (Pierre Brulart, vicomte de), succéda à Villeroi en 1617. Disgracié avec son père, le chancelier de Sillery, il fut congédié le 4 février 1624, et mourut le 22 avril 1640.

Pothier d'Ocquerre (Nicolas), neveu de Louis Pothier de Gesvres, secrétaire d'État, fut chargé, à partir de 1622, des relations avec l'Allemagne, la Pologne, les Provinces-Unies et la Flandre. Il mourut au siège de la Rochelle en 1628.

Brienne (Henri-Auguste de Loménie-), seigneur de la Ville-aux-Clercs, secrétaire d'État, eut pour département les rapports avec l'Angleterre, la Porte et tout le Levant. Il était fils d'Antoine de Loménie, ministre de la maison du Roi. (On reparlera de lui.)

Phelypeaux d'Herbaut (Raymond), seigneur de la Vrillière. Louis XIII, en reconnaissance des services de Paul Phelypeaux, son frère, le nomma secrétaire d'État, en 1621, au siège de Montauban. Il eut d'abord la correspondance politique avec l'Italie, la Suisse et les Grisons.

II. — *Réunion des affaires étrangères sous un même secrétaire d'État.*

En 1626, le cardinal de Richelieu, qui gouvernait en premier ministre, fit réunir toutes les parties du département des affaires étrangères dans les mains de

Phelypeaux d'Herbaut (Raymond), qui les conserva jusqu'à sa mort, 2 mai 1629.

Bouthillier (Claude), seigneur de Pont-sur-Seine, secrétaire d'État, succéda, en 1629, à Phelypeaux d'Herbaut dans le département complet des affaires étrangères; le 18 mars 1632, il obtint l'adjonction de son fils; il fut remplacé par lui en août 1632, époque de sa nomination à la surintendance des finances. Il mourut en 1651.

Bouthillier (Léon), comte de Chavigny, secrétaire d'État, fils du précédent, fut une des créatures du cardinal de Richelieu, qui lui fit obtenir, en 1632, la survivance du département de son père; mais le père et le fils furent disgraciés, le 23 juin 1643, par la Régente Anne d'Autriche. Le fils mourut le 11 octobre 1652.

Brienne (Henri-Auguste de Loménie, seigneur de la Ville-aux-Clercs, comte de), succéda au comte de Chavigny en 1643; il fut titulaire de ce département jusqu'au 3 avril 1663, époque où il demanda sa retraite. Il mourut le 5 novembre 1666. Il est à remarquer qu'il n'eut jamais la direction réelle, qui fut exercée par Mazarin et Lionne, secrétaire particulier de celui-ci.

Brienne (Henri-Louis de Loménie, comte de), fils du précédent, obtint la survivance de son père le 24 août 1651, et exerça conjointement avec lui jusqu'à la retraite de celui-ci, époque à laquelle il fut obligé de se retirer, à cause d'une aliénation d'esprit, provenant du chagrin qu'il avait éprouvé par suite de la porte d'Henriette Bouthillier de Chavigny, sa femme. Il mourut en 1698. Il n'avait pas été plus que son père ministre effectif.

Lionne (Hugues de), marquis de Fresne, seigneur de Berny, administra le département depuis 1663 jusqu'à sa mort, arrivée le 1er septembre 1671[1].

Lionne (Louis-Hugues de), son fils, avait obtenu sa survivance; mais sa conduite lui ayant fait perdre la confiance du Roi, il fut obligé de se démettre en faveur de Pomponne.

Pomponne (Simon Arnauld, marquis de), entra au ministère en 1671, fut disgracié en novembre 1679, et mourut le 20 septembre 1699.

Croissy (Charles Colbert, marquis de), second frère du célèbre Colbert, succéda à Pomponne, et garda le ministère jusqu'à sa mort, arrivée le 28 juillet 1696.

Torcy (Jean-Baptiste Colbert, marquis de) et de Sablé, fils du précédent, avait obtenu la survivance de son père en 1689; il administra les affaires étrangères jusqu'en 1716; il fut alors placé au Conseil de Régence par le duc d'Orléans. Il y resta jusqu'au 24 septembre 1718, et mourut en 1746.

### III. — *Le Conseil des affaires étrangères.*

Le maréchal d'Huxelles présida le Conseil des affaires étrangères pendant l'essai de *Polysynodie*, sous la Régence, c'est-à-dire depuis 1716 jusqu'à septembre 1718. — Les membres de ce Conseil étaient les abbés d'Estrées et Dubois, MM. de Canillac, de Cheverny, de Torcy et Pecquet.

### IV. — *Rétablissement du Ministère.*

Dubois (Guillaume), avant sa promotion à l'archevêché de Cambrai, au cardinalat et à la place de premier ministre, avait été nommé par le Régent ministre des affaires étrangères, le 24 septembre 1718. Il mourut le 10 août 1723.

---

1. Sur toute cette période, voy. Chéruel, *Histoire de France pendant la minorité de Louis XIV*, et *Histoire de France sous le ministère de Mazarin*.

Morville (Charles-Jean-Baptiste de Fleuriau d'Armenonville, comte de), fils du garde des sceaux, succéda le 20 février 1723 au cardinal Dubois dans le département des affaires étrangères. — Il donna sa démission le 19 août 1727.

Chauvelin (Germain-Louis de), président au parlement de Paris et garde des sceaux, fut pourvu, en 1727, du portefeuille des affaires étrangères. — Révoqué le 22 février 1737, il mourut en 1762.

Amelot de Chaillou (Jean-Jacques), l'un des quarante de l'Académie française, succéda, le 22 février 1737, à M. de Chauvelin, et fut congédié par Louis XV, le 26 avril 1744. — Il mourut le 7 mai 1749.

Alors le Roi administra lui-même les affaires étrangères, dont il se faisait présenter le travail par MM. de Noailles, du Theil et d'Argenson. Ce dernier fut nommé ministre le 18 novembre 1744.

Argenson (René-Louis de Voyer de Paulmy, marquis d'), fils du garde des sceaux et frère du ministre de la guerre, administra les affaires étrangères jusqu'au 3 janvier 1747, époque de sa démission. — Il mourut le 26 janvier 1757 [1].

Puysieulx (Louis-Philogène Brulart de Sillery, marquis de), succéda au marquis d'Argenson en 1747 et donna sa démission le 11 septembre 1751. — Il mourut en décembre 1771.

Saint-Contest (François-Dominique Barberie de), ancien intendant de Bourgogne, fut porté au ministère par le crédit de la marquise de Pompadour ; il le conserva jusqu'à sa mort, arrivée le 24 juillet 1754.

Rouillé (Antoine-Louis de), comte de Jouy, ministre de la marine, entra aux affaires étrangères en 1754. — Il donna sa démission le 25 juin 1757, et mourut le 20 septembre 1761.

Bernis (François-Joachim de Pierres, abbé, puis cardinal de), membre de l'Académie française, ancien ambassadeur à Venise, succéda à M. de Rouillé en 1757, par le crédit de la marquise de Pompadour, qui depuis longtemps lui accordait sa protection. — Il obtint toute la confiance de Louis XV et exerça la plus grande influence sur les autres ministères ; mais la favorite, qui l'avait élevé, le fit congédier le 1er novembre 1758, parce qu'il penchait pour la paix, qu'il n'entrait pas dans les vues de la favorite de faire conclure. — En 1764, il fut promu archevêque d'Alby. — En 1769, il fut nommé ambassadeur à Rome. Il y acquit un grand ascendant, et y mourut le 1er novembre 1794 [2].

---

1. Voy. E. Zévort, le Marquis d'Argenson et le Ministère des Affaires étrangères.
2. Voy. Fréd. Masson, Mémoires du cardinal de Bernis.

Choiseul (Étienne-François, comte de Stainville, puis, en août 1758, duc de), précédemment ambassadeur à Rome et à Vienne, succéda au cardinal de Bernis. — Il acquit à tel point la bienveillance de Louis XV qu'il y réunit, peu de temps après, les affaires de la guerre et celles de la marine en partie. — Il donna sa démission du département des affaires étrangères le 21 octobre 1761.

Praslin (César-Gabriel, comte de Choiseul, puis duc de) remplaça le duc de Choiseul, son cousin, en 1761. — Il se retira, le 8 avril 1766, de ce ministère pour passer à celui de la marine. Disgracié le 24 décembre 1770, il mourut en 1785.

Choiseul-Stainville (duc de) reprit le ministère des affaires étrangères le 8 avril 1766 et le conserva jusqu'au 24 décembre 1770, époque de sa disgrâce et de son exil. — Il mourut en 1785.

Saint-Florentin (Louis Phelypeaux, comte de), duc de La Vrillière, ministre de la maison du Roi, administra par *intérim* les affaires étrangères depuis le 24 décembre 1770 jusqu'au mois de juin 1771. — Il mourut le 22 février 1777.

Aiguillon (Emmanuel-Armand de Vignerod du Plessis-Richelieu, duc d'), fut nommé ministre des affaires étrangères le 6 juin 1771, puis ministre de la guerre le 28 janvier 1774. Il donna sa démission à l'avènement de Louis XVI, 10 mai 1774, et mourut en 1788.

Bertin, ministre intérimaire des affaires étrangères, du 10 mai au 21 juillet 1774.

Vergennes (Charles Gravier, comte de), précédemment ambassadeur en Turquie et en Suède, fut nommé pour remplacer le duc d'Aiguillon. (En attendant son arrivée de Stockholm, le ministre d'État Bertin eut le portefeuille.) Le comte de Vergennes prêta serment au Roi le 21 juillet 1774, et administra le département jusqu'à sa mort, arrivée le 13 février 1787.

## V. — *Période révolutionnaire* [1].

Montmorin-Saint-Herem (Armand-Marc, comte de), succéda au comte de Vergennes. Devenu suspect à l'Assemblée et au peuple, à partir du 14 juillet 1789, il offrit plusieurs fois sa démission en 1790 et 1791 (le duc de La Vauguyon fut, pendant deux jours, considéré comme son successeur, ayant été nommé effectivement ; mais le comte de Montmorin consentit à reprendre le porte-

---

1. Sur cette période, voy. Fréd. Masson, *le Département des Affaires étrangères pendant la Révolution*.

feuille). De nouvelles dénonciations le déterminèrent à se retirer le 20 novembre 1791. Il périt victime des massacres des prisons le 2 septembre 1792.

Lessart (Claude Waldec de), avait déjà été ministre des contributions, puis de l'intérieur, lorsqu'il fut appelé aux affaires étrangères. Il fut décrété d'accusation le 10 mars 1792 et massacré à Versailles avec les autres prisonniers qu'on y transférait d'Orléans le 9 septembre 1792.

Dumouriez (Charles-François), nommé, le 17 mars 1792, au ministère des affaires étrangères, quitta ce département pour celui de la guerre le 17 juin 1792. — Il est mort le 6 mars 1823, dans les environs de Londres, âgé de quatre-vingt-cinq ans.

Naillac (Pierre-Paul de Méredieu, baron de) avait été d'abord nommé pour succéder à son frère d'armes et ami Dumouriez ; mais les événements survenus dans l'intervalle de sa nomination à son arrivée à Paris (il était ministre à Deux-Ponts) l'empêchèrent de prendre possession.

Chambonas (Scipion-Louis-Joseph de la Garde, marquis de), baron de Saint-Félix, lieutenant du Roi en Languedoc, commandant de la garde nationale de Sens, succédant à Dumouriez, entra en exercice le 17 juin 1792 et se retira le 1er août suivant.

Sainte-Croix (Louis-Claude Bigot de), précédemment chargé d'affaires à Turin, Stockholm, Pétersbourg, puis ministre plénipotentiaire auprès des électeurs de Coblentz et de Trèves, entra au ministère le 1er août 1792 et n'y resta que neuf jours. Retiré en Angleterre après la chute du trône de Louis XVI, il mourut à Londres le 25 août 1803.

Lebrun-Tondu (Pierre-Hélène-Marie), né à Noyon en 1763, succéda à M. Bigot de Sainte-Croix le 10 août 1792, resta ministre, même après la chute des Girondins, jusqu'au 21 février 1793, fut mis en accusation et exécuté le 27 décembre de la même année.

Deforgues (François-Louis-Michel Chemin), né à Vire en 1759, succéda comme ministre dantoniste, tombe avec Danton, est emprisonné, élargi au 9 thermidor et meurt en 1840.

Puis le ministère est un moment supprimé, du 2 avril 1794 au 4 novembre 1795 ; le ministre est remplacé par des *Commissaires*, qui furent successivement Goujon, Hermann, Buchot, Mangourit, Miot et Colchen. Ils étaient subordonnés au *Comité de Salut public*. Quand les ministères furent rétablis par la loi du 30 fructidor an III (18 juillet 1795), celui des affaires étrangères eut pour titulaire :

Delacroix de Constant (Charles), le père du célèbre peintre. Il n'avait aucun passé diplomatique. Il occupa ce poste du 6 novembre 1795 au 19 juillet 1797.

A cette date il eut pour successeur Talleyrand, avec lequel commence une nouvelle période de notre histoire diplomatique.

# III

## L'ADMINISTRATION

## DES AFFAIRES ÉTRANGÈRES EN RUSSIE

PENDANT LA MÊME PÉRIODE[1]

L'administration des affaires étrangères en Russie a eu dès l'origine jusqu'au commencement du XIX° siècle la forme *collégiale*.

Nous avons parlé du bureau spécial constitué en 1556 sous Ivan le Terrible et qui prit à la mort de ce prince, en 1584, le nom de *Possolskii Prikaz*[2]. Dans cette période le bureau n'a pas de chef à sa tête : il n'est que la chancellerie du Tsar, qui dirige lui-même sa politique étrangère, assisté de la *Douma* des boïars. Qu'il y ait un seul *diak*, comme ce fut le cas pour Ivan Mikhaïlovitch Viskovatof, ou qu'il y en ait deux comme à partir de 1563, ces diaks ne sont que de simples secrétaires chargés de la rédaction et de l'expédition des pièces.

Sous Feodor Ivanovitch (1584-1598) et sous Boris Godounof (1598-1605), les deux frères Chtchelkalof (André et Vassili Iakovlévitch) furent les premiers qui portèrent le titre de *grands secrétaires intimes des ambassades* (*blijniie bolchiie diaki possolskie*). Le second aurait eu le titre particulier de *petchatnik* ou « garde du sceau ».

---

1. Je dois beaucoup, pour la rédaction de cette note, à M. de Tatischtchof, si estimé dans les revues et les journaux parisiens par ses précieux travaux sur la Russie moderne et ses relations avec la France.
2. Voy. ci-dessus, t. I<sup>er</sup>, p. 4.

En 1601, Feodor ANDRONOF est le chef du Prikaz, avec le titre de secrétaire de la Douma (*doumnoï diak*) et « garde du grand sceau tsarien [1] ». Il était, paraît-il, issu de la classe des marchands de Moscou ; il serait devenu un partisan de la domination polonaise et il aurait été exécuté en 1614. Dans ses fonctions au Prikaz, il était assisté d'un *diak*.

Le faux Dmitri (1605-1606) décora un certain VLASSIEF (peut-être cet Athanase Ivanovitch Vlassief, *doumnoï diak*, que Boris Godounof avait envoyé en 1699 en mission auprès de l'Empereur Rodolphe) du titre d'*archichancelier*. Ce Cambacérès moscovite ne jouit que peu de temps d'une dignité si exceptionnelle.

En 1667 seulement, Alexis Mikhaïlovitch (1645-1676) rend un chef au *Possolskii Prikaz* en conférant à son favori Athanase Lavrientiévitch ORDINE-NACHTCHOKINE [2] le titre de « gardien du grand sceau tsarien et des affaires d'ambassades de l'Empire » (*Oberégatel tsartvennoï bolchoï petchati i goçoudarstvennikh possolskikh diel*). Ordine-Nachtchokine fut donc le premier chef véritable du *Foreign Office* de Moscou. Il imprima une grande activité aux relations extérieures de la Russie : c'est lui qui envoya en France Pierre Ivanovitch Potemkine (première mission). Il prit part en personne à d'importantes négociations : par exemple, au congrès qui prépara la paix d'Androussovo. Il avait de nombreux ennemis à la cour, mais il se soutint jusqu'au moment (janvier 1671) où le Tsar s'étant remarié avec Natalie Narychkine, la pupille d'Artamon Sergiévitch Matvéef, celui-ci parvint à le supplanter. On ne laissa à Ordine que le titre de *blijnii boïar* (boïar proche) et on chercha à l'éloigner sous prétexte de missions diplomatiques ; mais il préféra renoncer au monde et, en 1672, se fit moine dans le monastère de Krypetskii (12 verstes de Novgorod) sous le nom d'Antoine. Plus d'une fois le Tsar le fit venir à la cour pour le consulter, et Ordine reprit un instant l'habit laïque pour négocier en 1679 avec une ambassade polonaise. Il mourut en 1680.

Son successeur en 1671, avec le même titre, avait été le boïar Artamon Sergiévitch MATVÉEF. Le Prikaz prit alors le nom de *Goçoudarstvennyi Prikaz possolskoï petchati* : « Prikaz du sceau des ambassades de l'Empire. »

A l'avènement de Feodor Alexiévitch (1676-1682), qui était fils de la première femme de son père, Maria Miloslavski, et auquel les Narychkine et les Matvéef devenaient suspects, Artamon Sergiévitch fut disgracié. Il fut remplacé par le boïar Vassili Séménovitch VOLYNSKI.

Volynski fut disgracié à l'avènement de Sophie et mourut en 1682.

---

1. Moritz POSSELT, *Franz Lefort*, t. I$^{er}$, pp. 184-185.
2. Voy. sur lui le travail de M. IKONNIKOF, dans la *Rousskaïa Starina* d'octobre et novembre 1883.

La Tsarévna confia ses fonctions à son amant le prince Vassili Vassiliévitch Galitsyne. Il est le dernier qui ait porté le titre un peu long dont Ordine-Natchchokine avait été décoré le premier. Nous avons parlé de sa politique comme diplomate et de ses exploits comme général [1].

Quand Pierre le Grand eut renversé sa sœur (1689), il confia la direction du Prikaz à un simple *diak*, Emélian Ignatiévitch Oukraïntsof, qui fut ensuite ambassadeur en Autriche et en Turquie, accompagna le Tsar dans son premier voyage d'Occident (1697-98) et mourut en 1718.

En 1699, comme la forme *collégiale* était plus en faveur que jamais, grâce à l'imitation des choses d'Allemagne, le Prikaz fut transformé en *Possolskaïa Kantzeleria*, « Chancellerie des ambassades », et Pierre lui donna comme *Natchalnyi President*, « Premier président », le boïar Feodor Alexiévitch Golovine, né en 1650, mort en 1706 (2-13 janvier), qu'il créa plus tard grand amiral, feld-maréchal et comte et enfin *Glavnii Pravitel diplomatitcheskikh diel*, « principal directeur des affaires diplomatiques ».

A sa mort, en 1706, Golovine eut pour sucesseur le comte Gabriel Ivanovitch Golovkine, né en 1660, mort en 1734. En 1709, l'année de Poltava, celui-ci reçut le titre de *chancelier*, qui apparaît enfin. On lui adjoignit, avec le titre de *vice-chancelier*, Pierre Saphir, d'origine juive et hollandaise, qui devint le comte Pierre Pavlovitch Chafirof. Il était né en 1670 et mourut en 1739.

Dès lors la diplomatie russe, tandis que celle de France est presque toujours dirigée par un *ministre*, le sera par un *chancelier*, assisté d'un *vice-chancelier*; et ce sera le plus souvent la rivalité et l'antagonisme latents de ces deux personnages qui assureront une certaine souplesse à cette direction, tout en provoquant de nombreux tiraillements.

Quant à la « Chancellerie des ambassades », elle sera, en 1720, transformée en « Collège des affaires étrangères »; et elle restera ainsi constituée jusqu'à la création d'un « Ministère des affaires étrangères », en 1802, par l'Empereur Alexandre Ier.

Golovkine conserva jusqu'à sa mort (1734) le titre de chancelier; mais les fonctions en étaient faites, depuis la mort de Pierre le Grand, par le comte André Ivanovitch Ostermann, président du Collège de commerce, et qui fut le gouverneur du jeune Empereur Pierre II. A la mort de Golovkine, Ostermann est fait *Premier ministre* par Anna Ivanovna; en 1740, il est remplacé dans ce poste par le feld-maréchal Münich et nommé grand-amiral par la régente Anna Léopoldovna; mais il n'en conserve pas moins la direction des affaires étrangères.

---

1. Voy. ci-dessus, t. I, pp. iii et 75.

En même temps, la régente désignait le prince Alexis Mikhaïlovitch TCHERKASKI (né en 1680, mort en 1742), comme *chancelier*, et le comte Michel Gavrilovitch GOLOVKINE, fils du précédent chancelier, comme *vice-chancelier*.

La révolution de 1741 emporte tout ce régime; Ostermann, condamné à mort, est gracié, mais exilé à Bérézof (Sibérie) où il meurt le 31 (20) mai 1747. Golovkine est également exilé.

Seul le vieux TCHERKASKI conserve son titre de *chancelier*, mais il meurt le 15 (4) novembre 1742. Pendant cette courte période, on lui adjoint comme *vice-chancelier* le comte Alexis Pétrovitch BESTOUJEF-RIOUMINE (né en 1692, mort en 1767).

A la mort de Tcherkaski, c'est BESTOUJEF-RIOUMINE qui passe *chancelier*, et le comte Michel Ilarionovitch VORONZOF (né en 1714, mort en 1767) qui devient *vice-chancelier*.

Le premier, déjà compromis par le traité de subsides anglo-russe du 30 novembre 1755, l'est bien plus encore par les lenteurs du général Apraxine et par les intrigues de la jeune cour. Il est disgracié en janvier 1758.

VORONZOF lui succède comme *chancelier*, et le poste de *vice-chancelier* reste vacant jusqu'à l'avènement de Pierre III (1762).

Celui-ci y nomme le prince Alexandre Mikhaïlovitch GALITSYNE (né en 1723, mort en 1807).

Après la mort d'Élisabeth, même après la révolution de 1762, VORONZOF conserve son titre; mais toute l'autorité passe à Nikita Ivanovitch PANINE (né en 1718, mort en 1783), qui devait être créé comte quelques années plus tard. Il fut placé aussitôt à la tête du Collège des affaires étrangères comme « Premier membre » : *pervenstvoïouchtchii tchlen*. En 1775, Galitsyne fut remplacé comme vice-chancelier par le comte Ivan Andréévitch OSTERMANN (né en 1725, mort en 1811). Au lieu d'un ministre des affaires étrangères, cela en faisait trois, dont le premier prenait ses invalides, le second avait tout le pouvoir, le troisième se préparait peut-être à un rôle plus grand : le tout sans préjudice des autres membres du Collège.

Voronzof est mort en 1767; Panine, disgracié en 1781, meurt en 1783; il n'y a plus qu'un vice-chancelier, OSTERMANN. Celui-ci, qui, grâce à ce titre, a la première place dans le collège, n'y a cependant pas la première part d'autorité. C'est un simple membre du collège, le comte Alexandre Andréévitch BEZBORODKO (né en 1747, mort en 1799), qui, jusqu'à la mort de Catherine, dirige vraiment les affaires étrangères [1].

Sous Paul se succèdent rapidement, mais seulement comme pré-

---

1. Voy. sur lui l'étude de M. Nicolaï GRIGOROVITCH, en tête de sa Correspondance publiée dans les tomes XXIV et XXIV de *Soc. Imp. d'Hist. de Russie*.

sidents du Collège, d'abord la fameux comte Feodor Vassiliévitch ROSTOPTCHINE (1765-1826); puis le comte Nikita Ivanovitch PANINE[1] (1770-1837), qui ne prépara la disgrâce du premier que pour mieux assurer le succès du complot contre l'Empereur Paul.

Mais nous avons déjà dépassé les limites de notre travail, et il faut nous arrêter au seuil du xix° siècle.

# IV

## LISTE CHRONOLOGIQUE

DES AMBASSADEURS, MINISTRES PLÉNIPOTENTIAIRES, CHARGÉS D'AFFAIRES ET AUTRES AGENTS FRANÇAIS CHARGÉS DE MISSION AUPRÈS DES SOUVERAINS RUSSES.

PENDANT LA MÊME PÉRIODE

FRANÇOIS DE CARLE, envoyé, 1586.

NICOLAS DE RENEL et GUILLAUME DE LA BISTRATE, chargés d'une négociation commerciale au nom de marchands parisiens, 1587.

(DE LA NEUVILLE? mission fort incertaine. — Voyez plus loin).

Louis DESHAYES COURMENIN, ambassadeur, 1629.

(La prétendue ambassade de Charles de TALLEYRAND, 1630-1635).

Le capitaine Bertrand BONNEFOY, chargé d'obtenir du Tsar des provisions de blé, 1630 et 1631.

M. DESMINIÈRES, 1657-1658.

Ivan GOOSENS ou GOSENS, agent commercial de Colbert à Moscou, 1668.

LE MARQUIS DE BÉTHUNE, ambassadeur en Pologne, plénipotentiaire en Russie, 1680.

---

1. Voy. sur lui le livre de M. BRÜCKNER, *Matériaux pour la biographie du comte Nikita Pétrovitch Panine* (en russe), 2 vol. Pétersbourg, 1888.

## AGENTS DIPLOMATIQUES DE FRANCE EN RUSSIE.

(M. DE LA PICQUETIÈRE, projet de mission, 1683).

LA NEUVILLE, chargé d'une mission secrète à Moscou par le marquis de Béthune, 1689.

M. BALUZE, première mission, mars 1702 à juillet 1704.

M. BALUZE, deuxième mission, 1710-1711.

(M. de LEVISSON ou LEVISTON, projet de mission, décembre 1713).

M. LAVIE, chargé de mission, puis consul, 1715-1724.

(M. THUG, négociant de Dunkerque, projet de mission relative au commerce, février 1716).

Le marquis de CHATEAUNEUF, ambassadeur en Hollande, chargé des négociations avec Pierre le Grand à la Haye, janvier-avril 1717.

M. DE LIBOY, chargé de la réception de Pierre le Grand, avril 1717.

Le maréchal DE TESSÉ, chargé des négociations avec Pierre le Grand à Paris, mai 1717.

Le marquis DE CHATEAUNEUF, ambassadeur en Hollande, chargé des négociations avec Pierre le Grand à Amsterdam, juillet-août 1717.

M. DE CAMPREDON, ministre en Suède, ministre plénipotentiaire auprès de Pierre le Grand, pour exercer la médiation dans la paix du Nord, janvier-septembre 1721.

(M. DE VERTON, projet de mission comme envoyé extraordinaire, 1722).

M. DE CAMPREDON, ministre plénipotentiaire en Russie, septembre 1721 au 31 mai 1726.

M. MAGNAN, chargé d'affaires, mai 1726 au 5 juillet 1733.

M. DE VILLARDEAU, consul, chargé des affaires, de juillet à décembre 1733.

L'abbé LANGLOIS (BERNARDONI ou MÜLLER), envoyé en mission secrète, du 2 septembre au 3 décembre 1734.

M. FONTON DE LESTANG, chargé d'une mission relativement aux troupes faites prisonnières à Dantzick, du 13 octobre 1734 à janvier 1735.

Le comte DE LALLY-TOLLENDAL, chargé d'une mission secrète, 1737-1738.

(M. DE VAULGRENANT, ambassadeur, projet de mission, 1738).

Le marquis DE LA CHÉTARDIE, ambassadeur extraordinaire, première mission, de décembre 1739 à septembre 1742.

M. D'ALION, ministre plénipotentiaire, première mission, de juin 1742 à décembre 1743.

(M. de Meslières, projet d'une mission secrète, juillet 1743).

Le marquis de la Chétardie, deuxième mission (n'a pas déployé de caractère diplomatique), de décembre 1743 au 17 juin 1744.

(Le comte de Saint-Séverin, ambassadeur extraordinaire en Pologne, projet de mission en Russie, novembre 1744).

M. d'Alion, ministre plénipotentiaire, deuxième mission, de novembre 1744 à janvier 1748.

M. de Saint-Sauveur, consul, chargé des affaires, de décembre 1747 au 16 juin 1748.

(Interruption totale des relations diplomatiques pendant huit années).

Le chevalier de Valcroissant, chargé d'une mission secrète, 1754.

Le chevalier William Douglas, chargé de missions secrètes : première mission, octobre 1755 ; deuxième mission, d'avril 1756 à septembre 1757. — Michel, de Rouen, et d'Éon de Beaumont, agents auxiliaires, 1757.

Le marquis de l'Hôpital, ambassadeur extraordinaire et ministre plénipotentiaire, de septembre 1757 à mars 1761. — Le marquis de Montalembert, le baron de Wittinghof, le chevalier de Ménager, etc., chargés de missions militaires auprès des armées russes, 1759-1761. — Le docteur Poissonnier, chargé d'une mission médicale et politique auprès d'Élisabeth, 1757-1758. — Le baron de Breteuil, agent de la diplomatie secrète et associé, comme ministre plénipotentiaire, au marquis de l'Hôpital, de décembre 1760 à mars 1761.

Le baron de Breteuil, ministre plénipotentiaire, après le départ du marquis de l'Hôpital, de mars 1761 au 19 mai 1763.

M. Bérenger, chargé d'affaires, de juin à septembre 1762 et du 19 mai 1763 au 29 avril 1765.

Le marquis de Bausset, ministre plénipotentiaire du 29 avril 1765 au 28 avril 1767. — M. Rossignol, consul général de France et agent de la diplomatie secrète, 1765-1767.

L'abbé Guyot d'Ussières, chargé d'affaires, d'avril à septembre 1767.

M. Rossignol, en les mêmes qualités que précédemment, et, de plus, chargé d'affaires, de septembre 1767 au 5 août 1769.

M. Sabatier de Cabre, chargé d'affaires, d'août 1769 à septembre 1772.

M. Durand, ministre plénipotentiaire, de septembre 1772 à août 1775.

AGENTS DIPLOMATIQUES DE RUSSIE EN FRANCE.

Le marquis de Juigné, ministre plénipotentiaire, du 5 août 1775 au 10 novembre 1777.

M. Bourée de Corberon, chargé d'affaires. du 10 novembre 1777 au 9 juillet 1780.

Le marquis de Vérac, ministre plénipotentiaire, du 9 juillet 1780 au 3 novembre 1783.

M. Caillard, chargé d'affaires, de novembre 1783 à octobre 1784.

Le chevalier Charette de la Colinière, chargé d'affaires, d'octobre 1784 à mars 1785.

Le comte de Ségur, ministre plénipotentiaire, du 10 mars 1785 au 11 octobre 1789. — M. Belland, chargé d'affaires, 15 janvier 1787. — Le chevalier Bigot de Sainte-Croix, chargé d'affaires, 6 septembre 1787. — Le prince de Nassau-Siegen, chargé par M. de Ségur d'une mission en Espagne, janvier 1789.

M. Genet, chargé d'affaires, du 11 octobre 1789 au 19 juillet 1792.

M. Patot d'Orflans, chargé des affaires du consulat, du 19 juillet 1792 au 2 mars 1793.

# V

## LISTE CHRONOLOGIQUE

des ambassadeurs, ministres plénipotentiaires, chargés d'affaires et autres agents de Russie en France.

pendant la même période

Pierre Ragon, sujet français, interprète au service de Russie, envoyé par Feodor Ivanovitch à Henri III. — Vers 1586.

Ivan Gavrilovitch Kondyref et le *diak* Michel Niéviérof, novembre-décembre 1615.

Constantin Gérassimovitch Matchékhine et le *diak* André Karpovitch Bogdanof, octobre-novembre 1654.

Pierre Ivanovitch POTEMKINE, et le *diak* Semen (ou Siméon) ROUMIANTSOF juillet-septembre 1668.

André VINIUS, avril-mai 1673.

Pierre Ivanovitch POTEMKINE, deuxième mission, et Étienne VOLKOF, avril-mai 1681.

Semen Iiéroféévitch ALMAZOF et le *diak* Semen IPPOLITOF, 1685.

Le prince Jacob Feodorovitch DOLGOROUKI et le prince Jacob MYCHETSKI, août 1687.

Vassili Timoféévitch POSTNIKOF, agent (sans caractère diplomatique) de Pierre le Grand, 1703.

André Artamonovitch MATVÉEF, chargé d'une négociation à Paris à propos de vaisseaux capturés, de novembre 1705 à septembre 1706.

SKROFF, résident, accrédité par lettre du 3 janvier 1711.

Grigori Ivanovitch VOLKOF, secrétaire ou chargé d'affaires, 9 juin 1711.

LEFORT, conseiller de commerce, agent du Tsar, 16 janvier 1716.

Conon Nikititch ZOTOF, agent du Tsar, spécialement pour la marine, 1716.

Le baron DE SCHLEINITZ, ministre plénipotentiaire, du 20 août 1717 à la fin de 1721.

Le comte Platon Ivanovitch MOUSSINE-POUCHKINE, chargé d'une mission, juin 1720.

Le prince Vassili Loukitch DOLGOROUKI, ambassadeur extraordinaire, accrédité le 30 août 1720. — Arrivé au début de 1721. — Il reste à Paris jusqu'à juillet 1722.

Le prince Alexandre Borissovitch KOURAKINE, d'abord sans caractère diplomatique, puis comme secrétaire de légation. Depuis juillet 1722.

Le comte Alexandre Gavrilovitch GOLOVKINE, désigné pour le poste de Paris, octobre 1723.

Le prince Boris Ivanovitch KOURAKINE, ministre plénipotentiaire, de 1724 à octobre 1727.

Le comte Alexandre Gavrilovitch GOLOVKINE, ministre plénipotentiaire du Tsar au congrès de Soissons, juin 1728.

Le prince Alexandre Borissovitch KOURAKINE, ministre plénipotentiaire, de novembre 1727 à 1731.

Le comte Ernest MÜNICH, désigné par Anna Ivanovna, juillet 1731.

Le prince Antiochus Dmitriévitch Kantémir, ministre plénipotentiaire, du 18 avril 1738; puis ambassadeur extraordinaire, 1739; puis de nouveau simple ministre plénipotentiaire, 1742. — Meurt à Paris le 11 avril (31 mars) 1744.

André Léontiévitch Gross, chargé d'affaires, d'avril 1744 à décembre 1748.

(Interruption totale des relations diplomatiques pendant huit années.)

Bekhtéef, chargé d'affaires, lettre du 7 mai 1756.

Le comte Michel Pétrovitch Bestoujef-Rioumine, ambassadeur extraordinaire, de 1756 à 1760. — Meurt à Paris.

Le comte Pierre Grigoriévitch Tchernychef, ambassadeur extraordinaire, de 1760 à 1761.

Le prince Dmitri Alexiévitch Galitsyne, chargé d'affaires, 1761.

Le comte Pierre Grigoriévitch Tchernychef, ambassadeur extraordinaire et plénipotentiaire, 1762.

Serge Vassiliévitch Soltykof, envoyé extraordinaire et ministre plénipotentiaire, 1762.

Le prince Dmitri Alexandrovitch Galitsyne, ministre plénipotentiaire, de 1763 à septembre 1767.

Nicolas Constantinovitch Khotinski, chargé d'affaires, de septembre 1767 à 1773.

Le prince Ivan Sergiévitch Bariatinski, ministre plénipotentiaire, de janvier 1773 à 1783.

Le comte Arcade Ivanovitch Markof, ministre plénipotentiaire, de 1783 à 1784.

Ivan Matvéévitch Simoline, ministre plénipotentiaire, de 1784 à 1792.

## VI

## LISTE DES PRINCIPAUX TRAITÉS ET ACTES

### OÙ LA FRANCE ET LA RUSSIE
### SE SONT TROUVÉES EN MÊME TEMPS INTÉRESSÉES

#### PENDANT LA MÊME PÉRIODE[1]

**1587.** — 1er avril (23 mars). *Moscou.* Traité de commerce entre le Tsar et des marchands parisiens.

**1629.** — 22 (12) novembre. *Moscou.* Traité de commerce franco-russe, négocié par Deshayes Courmenin, et qui n'a eu d'ailleurs aucune conséquence pratique.

**1631.** — 17 septembre, *Moscou.* Traité de commerce entre la Russie et la Hollande.

**1648.** — 24 octobre. *Osnabrück.* Traité entre la Suède, l'Empereur et l'Empire (le grand-duc de Moscovie y est mentionné).

**1656.** — 22 (12 septembre). *Riga.* Traité entre la Russie et le Brandebourg, en renouvellement de l'alliance de 1517.

**1659.** — 4 mai. *La Haye.* Traité entre la France, l'Angleterre et la Hollande, pour obliger les États du Nord à la paix.

— 7 mars. *Ile des Faisans.* Traité de paix entre la France et l'Espagne.

— ... décembre. *Valiéssar.* Trêve de trois ans entre la Russie et la Suède.

---

1. Principalement d'après FLASSAN, DUMONT, MARTENS, etc.; — F. MARTENS, *Traités et conventions de la Russie, Autriche et Allemagne*; — TÉTOT, *Répertoire des traités de paix*, Paris, 1866.

**1660.** — 3 mai. *Oliva.* Traité de paix entre la Suède, la Pologne, l'Empereur et le Brandebourg.

— 26 mai. *Venise.* Convention entre la France et Venise : corps d'armée à fournir par la première contre les Turcs.

— 6 juin. *Copenhague.* Traité de paix entre la Suède et le Danemark.

**1661.** — 1ᵉʳ juillet. *Kardis.* Traité de paix entre la Russie et la Suède.

— 24 septembre. *Fontainebleau.* Traité d'alliance et de commerce entre la France et la Suède pour dix années.

— 30 décembre. *Stockholm.* Traité de commerce entre les mêmes.

**1663.** — 3 janvier. *Stockholm.* Traité de renouvellement d'alliance entre la France et la Suède.

**1667.** — 30 janvier. *Androussovo.* Trêve de treize ans entre la Russie et la Pologne.

**1668.** — 2 mai. *Aix-la-Chapelle.* Traité de paix entre la France et l'Espagne.

— 29 août. *Paris.* Projet de traité d'amitié et de commerce entre la France et la Russie.

— 9 avril. *Moscou.* Paix entre la Russie et la Pologne.

**1672.** — 14 avril. *Stockholm.* Renouvellement de l'alliance entre la France et la Suède.

**1673.** — 5 juin. *Andrinople.* Renouvellement des capitulations entre la France et la Porte.

**1675.** — 25 avril. *Versailles.* Renouvellement de l'alliance entre la France et la Suède.

**1678.** — 10 août. *Nimègue.* Traité de paix entre la France et la Hollande.

— 17 septembre. *Nimègue.* Traité de paix entre la France et l'Espagne.

**1679.** — 5 février. *Nimègue.* Traité de paix entre la France et l'Empereur.

— 29 juin. *Saint-Germain en Laye.* Traité de paix entre la France et la Suède, d'une part, et l'électeur de Brandebourg.

**1679.** — 2 septembre. *Fontainebleau.* Traité de paix entre la France et la Suède, d'une part, et le Danemark.

— 8 mai. *Copenhague.* Traité entre la Suède et le Danemark pour la navigation des détroits (médiation de la France).

**1681.** — ... mars. *Bakhtchi-Séraï.* Traité de paix entre la Russie et la Turquie.

**1684.** — 15 août. *Ratisbonne.* Trêve de vingt ans entre Louis XIV et l'Empereur, l'Espagne et leurs alliés.

**1686.** — 6 mai. *Moscou.* Traité entre la Tsarévna Sophie et la Pologne en confirmation des traités précédents et traité d'alliance.

**1697.** — 8 février (29 janvier). *Vienne.* Traité d'alliance offensive contre la Turquie entre la Russie, l'Autriche et Venise.

— 10 juin (31 mai). *Koenigsberg.* Traité verbal d'alliance entre la Russie et la Prusse.

— 22 (12) juin. *Koenigsberg.* Traité formel d'alliance entre les mêmes.

— 20 septembre. *Ryswick.* Traités de paix entre la France et les coalisés.

**1698.** — 9 juillet. *Stockholm.* Traité d'alliance défensive entre la France et la Suède.

— 25 décembre. *Carlovitz.* Trêve de deux ans entre la Russie et la Turquie.

**1709.** — 1$^{er}$ novembre (22 octobre). Traité d'alliance entre la Russie et le Brandebourg contre la Suède.

**1710.** — 3 juillet (22 juin). *Hanovre.* Convention d'alliance entre la Russie et le Hanovre contre la Suède.

**1711.** — 13 (2) mars. Traité d'alliance entre la Russie et la Prusse. Non ratifié.

— 21 juillet. *Falksen* (sur le Pruth). Traité entre Pierre le Grand et la Turquie.

— 15 avril. *Constantinople.* Traité de paix entre la Russie et la Turquie.

**1712.** — 24 (13) septembre. *Greifswald.* Convention entre la Russie et la Prusse. Non ratifiée.

**1713.** — 11 avril. *Utrecht.* Traité de paix entre la France et les coalisés, sauf l'Empire et l'Empereur.

**1713.** — 5 juin. *Andrinople.* Confirmation de la paix entre la Russie et la Turquie.

— 6 octobre. *Schweedt.* Traité d'alliance entre la Russie, la Prusse et la Pologne contre la Suède. Mise en séquestre à la Prusse des villes suédoises de Stettin, Stralsund et Wismar.

**1714.** — 6 mars. *Rastadt.* Traité de paix entre la France, l'Empereur et l'Empire.

— 12 (1ᵉʳ juin). *Pétersbourg.* Traité d'alliance et de garantie entre la Russie et la Prusse.

— 20 août. *Rizzina.* Traité d'amitié entre la France et l'électeur de Saxe, roi de Pologne.

— 7 septembre. *Bade.* Complément de la paix de Rastadt.

**1715.** — 3 avril. *Versailles.* Traité d'alliance défensive et de subsides entre la France et la Suède.

— 30 septembre. *Stralsund.* Convention entre la Russie et la Prusse pour l'envoi de troupes auxiliaires russes en Poméranie.

— 28 (17) octobre. *Greifswald.* Traité entre la Russie et le Hanovre.

**1716.** — 2 février (22 janvier). Traité relatif au mariage de Catherine Ivanovna avec le duc Charles-Léopold de Mecklembourg-Schwerin.

— 8 avril (28 mars). *Dantzick.* Traité d'alliance entre la Russie et le Mecklembourg-Schwerin.

— 14-17 septembre. *Berlin.* Traité secret d'amitié et de garantie entre la France et la Prusse.

— ... novembre. *Havelberg.* Négociations entre Pierre le Grand et le roi de Prusse.

**1717.** — 4 janvier. *La Haye.* Triple alliance entre la France, l'Angleterre et la Hollande.

— 15 (4) août. *Amsterdam.* Traité d'amitié, d'alliance et de commerce entre la France, la Russie et la Prusse.

**1718.** — 31 (20) mai. Déclaration du roi de Prusse reconnaissant comme héritier du trône le petit-fils de Pierre le Grand, Pierre Alexiévitch.

**1719.** — 20 novembre. *Stockholm.* Traité de paix entre la Suède et le Hanovre.

**1720.** — 21 janvier. *Stockholm.* Traité de paix entre la Suède et la Prusse.

— 3 juin. *Stockholm.* Traité de paix entre la Suède et le Danemark.

**1721.** — 10 septembre (30 août). *Nystad.* Traité de paix entre la Suède et la Russie.

— 16 novembre. *Constantinople.* Traité de paix entre la Russie et la Turquie (médiation de M. de Bonac).

**1724.** — 22 février. *Stockholm.* Traité d'alliance entre la Russie et la Suède.

— 17 avril. *Vienne.* Accession de l'Autriche au traité précédent.

— 23 juin. *Constantinople.* Traité de paix et de démembrement de la Perse entre la Russie et la Turquie (médiation de M. de Bonac).

— 5 décembre (24) novembre). *Pétersbourg.* Traité relatif au mariage d'Anna Pétrovna avec le duc de Holstein.

**1725.** — 3 septembre. *Hanovre.* Traité d'alliance entre la France, l'Angleterre et la Prusse.

**1726.** — 6 août. *Vienne.* Traité d'alliance entre la Russie et l'Autriche (traité Lanczynski).

— 9 août. Accession de la Hollande à l'alliance de Hanovre.

— 21 (10) août. *Pétersbourg.* Renouvellement du traité d'alliance entre la Russie et la Prusse.

**1727.** — 16 avril. *Copenhague.* Traité d'alliance défensive entre la France, l'Angleterre et le Danemark.

— 31 mai. *Paris.* Articles préliminaires entre l'Espagne, l'Empereur et les puissances maritimes sous la médiation de la France.

— 30 juillet. *Pétersbourg.* Convention militaire entre la Russie et l'Autriche, en exécution du traité de Vienne.

— 21 octobre. Traité de paix entre la Russie et la Chine.

— 23 décembre. Traité de délimitation des conquêtes persanes entre la Russie et la Turquie.

**1728.** — Congrès de *Soissons.* (La Russie y est représentée par Golovine.)

— 6 mars. *Madrid.* Convention secrète entre les puissances intéressées, y compris l'Espagne, touchant les préliminaires du 31 mai 1727.

**1729.** — Mai-juin. — Traité de paix entre la Suède et la Pologne par échange de lettres.

— 9 novembre. *Séville.* Traité de paix et d'alliance défensive entre la France, l'Espagne et l'Angleterre.

**1730.** — 30 (19) septembre. *Berlin.* Traité d'alliance entre la Russie et la Prusse.

**1732.** — 26 mai. *Copenhague.* Traité entre la Russie, l'Autriche et le Danemark pour la garantie de leurs possessions respectives et pour la succession autrichienne.

— 13 décembre. *Berlin.* Accession de la Prusse au traité précédent.

**1733.** — 19 août. *Varsovie.* Convention entre la Russie, l'Autriche et la Saxe pour assurer l'avènement de l'électeur de Saxe au trône de Pologne.

— 24 octobre. *Escurial.* Traité d'alliance entre la France, l'Espagne et la Sardaigne.

— 24 novembre. *La Haye.* Traité de neutralité pour la Belgique entre la France et la Hollande.

**1734.** — 17 (6) juillet. Déclaration de la Tsarine au sujet de la capitulation de Dantzick.

— 2 décembre. *Pétersbourg.* Traité de commerce et de navigation entre la Russie et l'Angleterre.

— 5 août. *Stockholm.* Traité entre la Russie et la Suède pour le renouvellement de la paix de Nystad.

**1735.** — 3 octobre. *Vienne.* Préliminaires de la paix entre la France et l'Autriche.

— 18 septembre. *Versailles.* Traité d'alliance entre la France et les confédérés de Pologne et de Lithuanie.

**1736.** — 25 novembre. *Vienne.* Acte de reconnaissance par la France d'Auguste III, comme roi de Pologne.

**1738.** — 10 novembre. *Stockholm.* Traité d'alliance entre la France et la Suède.

— 18 novembre. *Vienne.* Paix définitive entre la France et l'Autriche.

**1739.** — 26 mai. *Vienne.* Accession de la Russie au traité précédent.

— 18 septembre. *Belgrade.* Paix entre l'Autriche et la Turquie (médiation de M. de Villeneuve).

**1739.** — 18 septembre. *Belgrade*. Paix entre la Russie et la Turquie (médiation de M. de Villeneuve.)

— 3 octobre. *Nissa*. Traité de délimitation entre la Russie et la Turquie.

**1740.** — 8 mai. *Constantinople*. Renouvellement des capitulations en faveur de la France.

— 19 juillet. *Constantinople*. Traité d'alliance entre la Suède et la Turquie (médiation de M. de Villeneuve).

— 27 (16) décembre. *Pétersbourg*. Traité d'alliance définitive entre la Russie et la Prusse.

**1741.** — 18 mai. *Nymphenburg*. Traité d'alliance entre la France et la Bavière en vue de la succession autrichienne (suivent les autres traités de la France avec les princes allemands.

— 28 octobre. *Hanovre*. Convention de neutralité entre la France et l'électeur de Hanovre, roi d'Angleterre.

— 5 juillet. *Breslau*. Traité d'alliance entre la France et Frédéric II.

**1742.** — 15 mars. *Copenhague*. Traité d'alliance entre la France et le Danemark.

— 28 juillet. *Breslau*. Paix entre l'Autriche et la Prusse.

— 22 (11) décembre. *Pétersbourg*. Traité d'alliance défensive et de subsides entre la Russie et l'Angleterre.

**1743.** — 27 (16 mars). *Pétersbourg*. Traité d'alliance défensive entre la Russie et la Prusse.

— 17 août[1]. *Abo*. Traité de paix entre la Russie et la Suède.

— 25 octobre. *Fontainebleau*. Traité d'alliance perpétuelle, offensive et défensive, entre la France et l'Espagne.

— 23 (12) novembre. *Pétersbourg*. Accession de la Russie à la paix de Breslau.

**1744.** — 4 février. *Pétersbourg*. Traité d'alliance défensive entre Russie et Pologne-Saxe.

— 15 mars. Déclaration de guerre de la France à l'Angleterre.

— 26 avril. Déclaration de guerre de la France à l'Autriche.

---

1. Quelques recueils donnent la date du 7 août.

**1744.** — 1ᵉʳ mai. *Aranjuez.* Traité d'alliance entre la France, l'Espagne, Naples et Gênes.

— 22 mai. *Francfort.* Union signée entre l'Empereur bavarois, le Palatin et le landgrave de Hesse-Cassel, roi de Suède.

— 5 juin. *Versailles.* Traité d'alliance offensive entre la France et Frédéric II.

— 6 juin. *Francfort.* Accession de la France à ladite Union.

— 29 septembre. *Francfort.* Convention militaire entre la France, l'Empereur bavarois et le Palatin.

**1745.** — 3 janvier. *Varsovie.* Traité d'alliance entre l'Autriche, l'Angleterre, la Hollande et la Saxe.

— 18 avril. *Füssen.* Le successeur de Charles VII renonce à toutes ses prétentions sur la succession autrichienne.

— 25 juin. *Pétersbourg.* Traité d'alliance entre la Russie et la Suède.

— 25 décembre. *Dresde.* Paix séparée de Frédéric II avec Marie-Thérèse.

**1746.** — 10 juin. *Copenhague.* Renouvellement du traité de 1742 entre la France et le Danemark.

— 2 juin (22 mai). Renouvellement de l'alliance de 1726 entre la Russie et l'Autriche.

— 10 juin. *Pétersbourg.* Renouvellement du traité d'alliance entre la Russie et le Danemark.

**1747.** — 17 avril. Déclaration de guerre de la France à la Hollande.

— 6 juin. *Stockholm.* Renouvellement du traité d'alliance et de subsides entre la France et la Suède.

— 12 juin. *Pétersbourg.* Traité de subsides entre la Russie et l'Angleterre.

**1748.** — 2 août. *Aix-la-Chapelle.* Convention entre la France, l'Angleterre et la Hollande au sujet de la rétrogradation des troupes russes.

— 18 octobre. *Aix-la-Chapelle.* Paix entre la France, ses alliés et les coalisés.

**1753.** — 16 juin. *Moscou.* Stipulation très secrète entre la Russie et l'Autriche concernant la Turquie.

**1754.** — 17 janvier. *Stockholm.* Renouvellement du traité d'alliance et de subsides entre la France et la Suède.

**1755.** — 30 (19 septembre). *Pétersbourg*. Traité d'alliance et de subsides entre la Russie et l'Angleterre.

**1756.** — 16 janvier. *Westminster*. Traité d'alliance et de subsides entre l'Angleterre et la Prusse.

— 1er mai. *Versailles*. Traité de neutralité et d'alliance défensive entre la France et l'Autriche.

— 31 décembre. *Pétersbourg*. Accession de la Russie au traité précédent.

**1757.** — 2 février (22 janvier). *Pétersbourg*. Renouvellement de l'alliance de 1726 et 1746 entre la Russie et l'Autriche.

— 21 mars. *Stockholm*. Traités entre la France, l'Autriche et la Suède pour la garantie des traités de Westphalie.

— 1er mai. *Versailles*. Nouveau traité entre la France et l'Autriche (non ratifié).

— 22 septembre. *Stockholm*. Traité d'alliance et de subsides entre la France, l'Autriche et la Suède.

— 5 novembre. *Pétersbourg*. Accession de la Russie au traité de Stockholm du 21 mars.

**1758.** — 4 mai. *Copenhague*. Traité d'alliance entre la France et le Danemark.

— 30 décembre. *Versailles*. Nouveau traité d'alliance offensive entre la France et l'Autriche.

**1760.** — 7 mars. *Pétersbourg*. Accession de la Russie au traité précédent.

— 10 mars. *Pétersbourg*. Accession de la Russie au traité de Copenhague du 4 mai.

— 21 mars. *Pétersbourg*. Divers traités ou conventions entre la Russie et l'Autriche concernant la Turquie et la Prusse.

— 18 août..... Déclaration d'accession de l'Empereur François aux traités précédents.

**1761.** — 15 août. *Paris*. Pacte de Famille entre les Bourbons de France, d'Espagne et d'Italie.

**1762.** — 8 février. *Pétersbourg*. Déclaration de Pierre III à la cour de Vienne : la cessation des hostilités contre la Prusse.

— 16 (5 mars). *Stargard*. Armistice entre la Russie et la Prusse.

— 5 mai (24 avril). *Pétersbourg*. Traité de paix entre la Russie et la Prusse.

**1762.** — 19 (8) juin. *Pétersbourg.* Traité d'alliance entre la Russie et la Prusse (articles garantissant le maintien du système électif en Pologne). Non ratifié.

— 5 août. Déclaration du duc de Courlande renfermant ses engagements envers la Russie.

— 3 novembre. *Fontainebleau.* Articles préliminaires de la paix entre la France, l'Espagne et l'Angleterre.

**1763.** — 10 février. *Paris.* Traité de paix entre les précédents, avec accession du Portugal.

— 15 février. *Hubertsbourg.* Traité de paix entre l'Autriche et la Prusse.

**1764.** — 11 avril (31 mars). *Pétersbourg.* Traité d'alliance entre la Russie et la Prusse, et convention secrète pour l'élection d'un Piast au trône de Pologne.

— 22 (11) juillet. *Pétersbourg.* Déclaration de la Russie et de la Prusse relativement aux dissidents de Pologne.

**1766.** — 20 juin. *Pétersbourg.* Traité d'amitié et de commerce entre la Russie et l'Angleterre.

**1767.** — 22 avril. *Copenhague.* Traité entre la Russie et le Danemark au sujet du Holstein.

— 23 (12) avril. *Moscou.* Convention secrète entre la Russie et la Prusse au sujet des dissidents de Pologne.

**1768.** — 24 février. *Varsovie.* Traités entre la Russie et la Pologne pour le maintien de la constitution polonaise et des droits des dissidents.

— 24 février. *Varsovie.* Convention entre la Russie, la Pologne, le Danemark, l'Angleterre, la Prusse et la Suède relative aux dissidents de Pologne.

**1769.** — 23 (12) octobre. *Pétersbourg.* Traité d'alliance entre la Russie et la Prusse en vue des affaires de Pologne et de Suède.

— 13 décembre. *Copenhague.* Traité d'alliance entre la Russie et le Danemark, en vue d'une guerre éventuelle contre la Suède et d'un partage de cette monarchie.

**1771.** — 6 juillet. *Constantinople.* Traité de garantie entre l'Autriche et la Turquie.

**1772.** — 15 (4) janvier. *Pétersbourg.* Convention secrète entre la Russie et la Prusse en vue du premier partage de la Pologne.

**1772.** — 10 février. *Pétersbourg.* Convention militaire entre la Russie et la Prusse pour l'exécution du traité précédent.

— . 19 février. *Vienne.* Traité secret entre la Russie et l'Autriche, relative au même objet.

— 30 mai. *Giurgévo.* Armistice entre la Russie et la Turquie.

— 25 juillet. *Pétersbourg.* Convention secrète entre la Russie et l'Autriche, relative à la Pologne.

— 5 août (25 juillet). *Pétersbourg.* Convention secrète entre la Russie et la Prusse, relative au même objet.

— 22 août. *Vienne.* Accession de l'empereur Joseph II à l'acte précédent.

— 2 septembre. *Varsovie.* Signification des actes de partage au roi et à la diète de Pologne.

**1773.** — 20 janvier. *Vienne.* Acte signé par Marie-Thérèse et Joseph II, s'engageant au maintien de la convention du 25 juillet.

— 1er juin. *Tsarskoé-Sélo.* Traité entre la Russie et le Danemark au sujet du Holstein en échange du comté d'Oldenbourg et de Delmenhorst.

— 18 septembre. *Varsovie.* Les traités de partage approuvés par le sénat de Pologne.

**1774.** — 21 juillet. *Koutchouk-Kaïrnadji.* Traité de paix entre la Russie et la Turquie.

**1775.** — 15 mars. *Varsovie.* Divers traités (délimitation, dissidents, commerce) entre la Russie et la Pologne.

**1776.** — 9 février. *Varsovie.* Traité de délimitation entre l'Autriche et la Pologne.

— 22 août. *Varsovie.* Traité de délimitation entre la Prusse et la Pologne.

**1777.** — 1er avril (20 mars). Traité d'alliance entre la Russie et la Prusse, confirmant les alliances précédentes et notamment la convention secrète du 11 avril 1764.

— 13 (2 avril). Acte conclu entre la Prusse et la Russie concernant les affaires de Pologne.

**1778.** — 6 février. *Paris.* Traités d'amitié, de commerce et d'alliance entre la France et les États-Unis.

— 26 juillet. *Versailles.* Règlement du roi de France concernant la navigation des neutres en temps de guerre.

## PRINCIPAUX TRAITÉS.

**1779.** — 28 février. Déclaration de Catherine II aux cours de Londres et Versailles sur la neutralité maritime.

— 10 mars. *Constantinople.* Convention entre la Russie et la Turquie explicative du traité de Kaïrnadji.

— 13 mai. *Teschen.* Traités entre l'Autriche, la Prusse et les autres États allemands, sous la médiation et garantie de la France et de la Russie.

**1780.** — 9 juillet. *Copenhague.* Traité entre la Russie et le Danemarck pour la protection des neutres.

— 1er août. *Pétersbourg.* Traité entre la Russie et la Suède pour la protection des neutres.

**1781.** — 4 janvier (24 décembre 1780). *Pétersbourg.* Accession de la Hollande aux traités conclus par la Russie avec le Danemark et la Suède pour la protection des neutres.

— Avril-mai. Traité d'alliance défensive conclu sous la forme de deux lettres autographes de Joseph II, du 18 mai, échangées contre deux lettres identiques de Catherine II, du 12 avril.

— 19 (8) mai. *Pétersbourg.* Traité entre la Russie et la Prusse, pour la protection des neutres.

— 9 octobre. *Vienne.* Accession de l'Autriche à la ligue des neutres.

**1782.** — 21 (10) février. Accession de Naples à la ligue des neutres.

— 23 (13) juillet. *Pétersbourg.* Accession du Portugal à la ligue des neutres.

— 19 (8) octobre. *Pétersbourg.* Traité d'amitié et de commerce entre la Russie et le Danemark.

**1783.** — 20 janvier. *Paris.* Préliminaires de la paix entre la France, l'Espagne et l'Angleterre.

— 8 avril. Manifeste de la Russie relatif à l'occupation de la Crimée et du Kouban.

— 3 septembre. *Versailles.* Traité de paix définitif entre la France, l'Espagne et l'Angleterre.

**1784.** — 8 janvier. *Constantinople.* Convention entre la Russie et la Porte sous la médiation de la France.

— 1er juillet. *Versailles.* Convention commerciale entre la France et la Suède.

**1784.** — 19 juillet. *Versailles.* Traité d'alliance et de subsides entre la France et la Suède.

— 22 février. *Varsovie.* Traité entre la Prusse et Dantzick.

**1785.** — 20 mars. *Tsarskoé-Sélo.* Accession de la Russie à l'acte précédent.

— 10 novembre. *Fontainebleau.* Traité de paix entre l'Empereur et la Hollande, sous la médiation de la France, Traité d'alliance entre la France et la Hollande.

— 12 novembre. Traité de commerce entre la Russie et l'Autriche, sous la forme de deux lettres autographes.

**1786.** — 26 septembre. *Versailles.* Traité de commerce entre la France et l'Angleterre.

**1787.** — 11 janvier. *Pétersbourg.* Traité d'amitié et de commerce entre la Russie et la France.

— 17 janvier. *Pétersbourg.* Traité d'amitié et de commerce entre la Russie et Naples.

— 20 décembre. *Pétersbourg.* Traité d'amitié et de commerce entre la Russie et le Portugal.

**1788.** — 15 janvier. *Amsterdam.* Traité d'alliance entre l'Angleterre, la Prusse et le Stathouder de Hollande.

— 9 octobre. *Copenhague.* Trêve entre la Suède et le Danemark sous la pression de l'Angleterre.

**1789.** — 20 mai. Traité entre la Russie et l'Autriche sous la forme d'une lettre de Joseph II, prolongeant pour huit ans le traité d'alliance de 1781.

— 6 et 9 juillet. *Copenhague.* Déclaration danoise de neutralité entre la Russie et la Suède.

— 13 août. *Berlin.* Traité entre l'Angleterre et la Prusse.

**1790.** — 31 janvier. *Constantinople.* Traité d'alliance éventuelle entre la Prusse et la Turquie contre la Turquie et l'Autriche.

— 29 mars. *Varsovie.* Traité d'alliance entre la Prusse et la Pologne.

— juin-juillet. *Reichenbach.* Congrès entre l'Autriche et la Prusse pour les affaires de Belgique et de Turquie.

— 14 août. *Veréla.* Traité de paix entre la Russie et la Suède.

— 19 septembre. *Giurgevo.* Trêve de neuf mois entre l'Autriche et la Turquie.

**1790.** — 12 octobre. *Escurial.* Traité de paix entre l'Angleterre et l'Espagne pour l'affaire de Nootka-Sund.

— 10 décembre. *La Haye.* Traité entre l'Angleterre, la Prusse et la Hollande, garantissant la Belgique à l'Autriche.

**1791.** — Mai. *Mantoue.* Conférences entre l'Empereur, la Prusse, l'Espagne, la Sardaigne, en vue des affaires de France.

— 3 mai. *Varsovie.* Nouvelle constitution polonaise.

— 4 août. *Sistova.* Traité de paix entre l'Autriche et la Turquie.

— 11 août. *Galacz.* Préliminaires de paix entre la Russie et la Turquie.

— 27 août. Déclaration de Pilnitz.

— 19 octobre. *Drottingholm.* Convention entre Catherine II et Gustave III en vue des affaires de France.

**1792.** — 9 janvier. *Iassy.* Traité de paix entre la Russie et la Turquie.

— 7 février. *Berlin.* Traité d'alliance entre l'Autriche et la Prusse contre la Révolution française.

— 20 avril. *Paris.* Déclaration de guerre de la France à l'Autriche.

— 14 mai. *Targovitsa.* Confédération des mécontents polonais sous les auspices de Catherine II.

— 18 mai. Déclaration de guerre de la Russie à la Pologne.

— 14 juillet. *Pétersbourg.* Traité d'alliance entre la Russie et l'Autriche.

— 7 août (27 juillet). *Pétersbourg.* Traité d'alliance entre la Russie et la Prusse.

**1793.** — 23 (12) janvier. *Pétersbourg.* Convention entre la Russie et la Prusse pour le second partage de la Pologne.

— 1er février. *Paris.* Déclaration de guerre de la France au roi d'Angleterre et au stathouder de Hollande.

— 8 février. Édit de Catherine II sur la suspension des effets du traité de commerce avec la France.

— 7 mars. *Paris.* Déclaration de guerre de la France à l'Espagne.

— 22 mars. *Ratisbonne.* Déclaration de guerre de l'Empire allemand à la France.

— 25 mars. *Londres.* Traités de commerce, d'alliance et de subsides entre la Russie et l'Angleterre.

**1793.** — 19 août. Édit de Catherine II interdisant l'importation des marchandises de France.

— 13 juillet. *Varsovie.* La diète polonaise consent à reconnaître la part de la Russie.

— 25 septembre. *Varsovie.* Elle consent à reconnaître la part de la Prusse.

— 16 octobre. *Grodno.* Traité d'alliance entre la Russie et la Pologne.

**1794.** — 25 mars. *Copenhague.* Convention entre la Suède et le Danemark pour faire respecter les droits des neutres.

**1795.** — 3 janvier (23 décembre 1794). *Pétersbourg.* Traités entre la Russie, l'Autriche et la Prusse pour le troisième partage de la Pologne. Déclaration des trois cours. Convention secrète entre la Russie et l'Autriche en vue de contenir la Prusse et la Turquie.

— 9 février. *Bâle.* Paix entre la France et la Toscane.

— 18 février. *Pétersbourg.* Traité d'alliance défensive entre la Russie et l'Angleterre.

— 18 mars. Note de la Russie concernant la réunion de la Courlande.

— 5 avril. *Bâle.* Paix entre la France et la Prusse.

— 16 mai. *La Haye.* Paix entre la République française et la Hollande.

— 20 mai. *Vienne.* Traité d'alliance et de subsides entre l'Angleterre et l'Autriche. (La Russie sera invitée à y adhérer.)

— 22 juillet. *Bâle.* Paix entre la France et l'Espagne.

— 28 août. *Bâle.* Paix entre la France et la Hesse-Cassel.

— 14 septembre. *Paris.* Traité secret d'alliance entre la France et la Suède contre l'Angleterre.

— 24 (13) octobre. *Pétersbourg.* Traité entre la Russie, l'Autriche et la Prusse pour le troisième partage de la Pologne.

— 25 novembre. Acte d'abdication du roi de Pologne Stanislas Poniatowski.

# TABLE DES CHAPITRES

## XXVI

### LE CHEVALIER DOUGLAS, CHARGÉ D'UNE MISSION SECRÈTE, PREMIÈRE MISSION, 1755.

Notice prélimimaire. — Relations hostiles entre la France et la Russie, lutte des deux diplomaties, 1. — La France n'a plus de représentants, ni d'affidés en Russie : disgrâce de Lestocq, 2. — Débuts de la diplomatie secrète de Louis XV, 3. — Élisabeth n'a pas une confiance entière en Bestoujef, 4. — Rôle de Michel de Rouen, 4. — Mission secrète du chevalier de Valcroissant, 5. — Le chevalier Douglas, 5.

Instructions du 1er juin 1755. — Pourquoi le Roi a choisi Douglas pour une mission secrète, 6. — Précaution dont il devra s'entourer, 7. — Nature des renseignements qu'il devra recueillir, 8. — Mémoire ajouté à l'Instruction : question suédoise, question turque : le fort Sainte-Élisabeth et la Nouvelle-Russie, 11.

Notice complémentaire. — Douglas arrive à Pétersbourg : concours qu'il trouve en Michel de Rouen, 12. — Il reçoit audience du vice-chancelier Voronzof, qui parle de lui à Élisabeth : celle-ci se déclare prête à recevoir un envoyé du Roi suffisamment accrédité, 13.

## XXVII

### LE CHEVALIER DOUGLAS, CHARGÉ D'UNE MISSION SECRÈTE, PUIS ENVOYÉ RECONNU, 1756-1757.

Notice préliminaire. — Note qui rend compte de l'historique et de l'état des relations, 15. — Le chancelier Bestoujef signe le traité de subsides anglo-russe, 30 septembre 1755, 15. — Le traité anglo-prussien de Westminster, 16 janvier 1756, le prend au dépourvu, 16. — Conseil tenu par l'Impératrice, le 25 mars : résolutions prises contre Frédéric II, 17. — Alliance de la France et de l'Autriche : traité de Versailles, 1er mai. La Russie se bornait à espérer la neutralité de la France : celle-ci propose son alliance; deuxième mission de Douglas à Pétersbourg, 18.

Instruction du 27 janvier 1756. — Le Roi désire sincèrement renouer avec

Élisabeth, 19. — Raisons qui expliquent la froideur montrée jusqu'alors : ses griefs contre la Russie, 20. — Explications sur certains faits : les politesses à propos des naissances de princes; le comte de Gisors; le peintre Louis Tocqué, 21. — Plaintes sur le traité de subsides anglo-russe, 22. — Le Roi disposé à dédommager la Tsarine si elle renonce aux avantages de ce traité, 23. — Précautions à prendre pour que ce rapprochement n'inquiète pas la Suède, 24. — Un bon prétexte pour former une liaison, ce serait le commerce, 25. — Si la Tsarine est disposée à accréditer un ministre en France, le Roi usera de réciprocité, 26.

Notice complémentaire. — Douglas est reçu par Voronzof; réponse favorable d'Élisabeth à ces avances : elle enverra Bekhtéef à Paris et considérera Douglas comme accrédité. — Instructions données à Bekhtéef, 27. — Le chevalier d'Éon viendra aider Douglas comme secrétaire, 28. — Accession de la Russie au premier traité de Versailles, 31 décembre 1756; incident de la *clause secrétissime*, 29. — Autres questions que Douglas eut à traiter : son retour en France, 30.

## XXVIII

### LE MARQUIS DE L'HÔPITAL,
#### AMBASSADEUR EXTRAORDINAIRE ET PLÉNIPOTENTIAIRE, 1757-1761.

Notice préliminaire. — Qui était le marquis de l'Hôpital : rôle que joue d'Éon auprès de lui, 31.

Instruction du 28 décembre 1756. — Retour sur l'histoire de la rupture entre la France et la Russie, 32. — Depuis, la Tsarine a marqué des dispositions meilleures : rôle de Michel de Rouen et du chevalier Douglas, 33. — Situation qui est faite à la Pologne par la guerre qui vient d'éclater : plaintes que ne manqueront pas de faire les Polonais sur le passage des Russes par leur territoire, 35. — Ce que le marquis de l'Hôpital devra leur répondre, 36. — Démarches qu'a déjà faites le Roi pour empêcher que les libertés polonaises ne soient compromises par le passage des troupes russes; l'ambassadeur du Roi usera de son crédit dans le même sens, 37. — Un objet aussi important est l'accession de la Russie au traité de Versailles; précautions à prendre pour rassurer la Turquie, 38. — Caractère des ministres ou favoris de la Tsarine : Voronzof, les Chouvalof, Bestoujef, 40. — La grande-duchesse : arguments que le marquis de l'Hôpital fera valoir auprès d'elle; de même auprès du grand-duc, 41. — Découvrir les vrais projets de la Russie à l'égard de la Pologne et de la Suède, 42. — Le Roi se propose de prendre, en vue de la guerre à soutenir, des engagements plus étendus que le traité de Versailles, 43. — Le moment venu, on en fera part à la Tsarine; le Roi disposé à donner un subside à l'Impératrice-Reine, qui alors pourra aider la Tsarine, 44. — Raisons à faire valoir auprès de celle-ci pour obtenir son accession à un nouveau traité franco-autrichien : indigne conduite de Frédéric II à l'égard de l'électeur de Saxe, roi de Pologne. S'informer s'il n'y a pas quelque traité secret entre la Russie et l'Autriche, 45. — Observer de près Élisabeth : voir si la dévotion ne serait pas près de succéder chez elle à la galanterie; état de sa santé, 46. — Les partis à la cour et les révolutions possibles, 47.

Mémoire joint a cette instruction. — Raisons qui empêcheront toujours une alliance entre la France et la Russie; importance plus grande d'un traité de commerce, 49. — Difficultés que peut rencontrer l'avènement du grand-duc Pierre : sympathies qu'Ivan VI pourrait trouver en Allemagne, 52.

Supplément d'instruction, 3 janvier 1757. — L'Angleterre toujours hostile à l'ordre de succession que désire la Tsarine, soit en Russie, soit en Suède, 54. — Instructions contraires à ces vues que lord Carteret donnait à [l'envoyé britannique en Suède, 55. — A l'occasion, les révéler à l'Impératrice, au grand-duc et à la grande-duchesse, 56. — Conduite à tenir à l'égard du Danemark, 57. — Historique de l'accession de la Russie au premier traité de Versailles : la *clause secrétissime*, 58.

Notice complémentaire. (Extraits de la Correspondance.) — La Suède se joint à la coalition contre Frédéric II, 60. — La bataille de Gross-Jaegerndorf, gagnée par Apraxine, 1757 ; il se met cependant en retraite ; effets produit sur l'opinion, 61. — Antagonisme entre la cour d'Élisabeth et la jeune cour ; la grande-duchesse « Anglaise forcenée » et le grand-duc « Prussien enraciné ». Rôle du chevalier William et de Stanislas Poniatowski. Projets ambitieux de la grande-duchesse, ses amours, ses desseins politiques, 64. — Tout dépend de la santé de l'Impératrice ; idée de faire venir à Pétersbourg un célèbre médecin français, 74. — La mission médicale du docteur Poissonnier, 76. — Difficultés qu'on rencontre d'abord auprès du premier médecin de l'Impératrice, 77. — Poissonnier en faveur auprès de la Tsarine, 79. — On songe à faire de cette mission médicale une mission diplomatique. Ni Élisabeth ni Poissonnier ne s'y prêtent, 82. — Retour sur les faits politiques : le général Apraxine disgracié ; sa disgrâce entraîne celle de Bestoujef, et celle-ci celle de la grande-duchesse, 83. — La jeune cour vaincue, les opérations militaires sont poussées avec plus de vigueur : bataille de Zorndorf, 1758 ; les ministres russes en font une victoire. 84. — Effet produit sur la cour de Russie par cette bataille : elle ne veut plus agir seulement comme puissance auxiliaire, mais comme belligérante, 87. — Les Russes continuent à occuper la Prusse orientale ; projet d'échange contre la Courlande ou des territoires polonais, 89. — Deuxième traité de Versailles, et accession de la Russie ; victoires des Russes à Paltzig, Kay, Kunersdorf, 1759 ; Frédéric II écrasé, 90. — [Prise de Berlin par les Russes, 1760, 95. — Ces succès donnent à la cour de Russie « un ton d'audace, pour ne pas dire d'insolence », 97. — La Russie songe à s'annexer la Prusse orientale : répugnance de Louis XV, qui voit dans cette ambition un obstacle à la paix : déclaration du 18 décembre 1760, 98. — La Russie alors se rapproche de l'Autriche : leur entente pour les affaires de Prusse et d'Orient, 100. — L'Hôpital fatigué : on lui adjoint le baron de Breteuil ; puis le marquis obtient son rappel, 101.

## XXIX

LE MARQUIS DE MONTALEMBERT, LE BARON DE WITTINGHOF, LE CHEVALIER MÉNAGER, CHARGÉ DE MISSIONS MILITAIRES, 1759-1761.

Notice. — Nos attachés militaires auprès des armées russes : le baron de Wittinghof, le chevalier de Ménager, M. d'Angeuil, le baron de l'Hôpital, le comte de La Messelière. L'officier Meissonnier : sa mésaventure, 103. — Le marquis de Montalembert : sa carrière d'ingénieur militaire, ses publications, ses services pendant cette guerre, son rôle à la prise de Berlin, 104.

Instructions des 18 et 19 mai 1759. — Instruction donnée à M. de Montalembert par le maréchal de Belle-Isle, 105. — Instruction qui lui est donnée par le duc de Choiseul, 106. — Lettre du Roi à la Tsarine, 109. — Lettre du duc de Choiseul au marquis de l'Hôpital, 110.

## XXX

LE BARON DE BRETEUIL, AGENT DE LA DIPLOMATIE SECRÈTE ET MINISTRE PLÉNIPOTENTIAIRE (COMME ADJOINT AU MARQUIS DE L'HÔPITAL), 1760-1761.

NOTICE PRÉLIMINAIRE. — Comment le Roi entretient son « petit commerce » avec la Tsarine, 111. — Objets de la Correspondance secrète en Russie, d'après un Mémoire de 1759, 112. — Le Roi cherche un agent pour la diplomatie secrète ; son choix se rencontre avec celui de son ministre Choiseul : le baron de Breteuil se trouve l'agent à la fois de la diplomatie officielle et de la diplomatie secrète. De là une double série d'instructions, 118.

INSTRUCTION DU 16 MARS 1760. (Diplomatie officielle.) — Retour sur l'histoire de la reprise des relations, 119. — Rôle du marquis de l'Hôpital, 120. — Ce qu'on attend du baron de Breteuil, 121. — Causes de la guerre actuelle : historique des traités de Versailles et des accessions de la Russie, 122. — Substance des instructions données en 1756 au marquis de l'Hôpital, 124. — Désir sincère qu'a le Roi de mettre fin à la guerre, 126. — Difficultés qu'y apporteront les prétentions nouvelles de la Russie, 127. — Arguments par lesquels on doit chercher à combattre celles-ci, 128. — Il y a un intérêt européen à ce que la Tsarine ne reste pas maîtresse de la Prusse orientale ; tout agrandissement de la Russie est dangereux, 130. — Ses deux interventions en Allemagne de 1735 et 1748 ; ses violences en Pologne de 1733 à 1735 ; ses violations du traité de Belgrade, 131. — Les souverains et ministres russes ont « un plan politique tout formé », 132. — Les partis à la cour : conduite à tenir à l'égard du grand-duc et de la grande-duchesse, 133. — Conduite à tenir à l'égard du marquis de l'Hôpital, 134. — Les mémoires sur le commerce et les tables de chiffres, 135. — Recommandations habituelles au sujet de la relation sur la Russie et sur la remise des papiers, 136. — INSTRUCTION SÉPARÉE, du 19 mars 1756 : Détails plus précis sur la conduite à tenir à l'égard de l'ambassadeur, de la jeune cour, du chambellan Chouvalof, du chancelier Voronzof, 137.

INSTRUCTION DU 1er AVRIL 1760. (Diplomatie secrète.) — Critique de la politique du duc de Choiseul, 139. — Importance de la Correspondance secrète pour la Pologne, 141. — L'indépendance et l'intégrité de la Pologne nécessaires au système français : retour sur les rois de la maison de Saxe, 142. — Relations de ceux-ci avec la Russie : comment le prince Charles de Saxe est devenu duc de Courlande. Alarmes données par cet événement au parti français de Pologne, 143. — Examen des candidatures saxonnes au trône de Pologne : le prince électoral, le prince Charles, le prince Xavier, 143. — Conduite à tenir avec le comte de Brühl, premier ministre de Saxe, 146. — Avec les principaux confidents d'Élisabeth : Voronzof, Olsoufief, 147. — Tâcher de découvrir les vues de la Russie sur la maison de Saxe et l'élection polonaise, 148. — Ses vues sur la Courlande, 149. — Ses vues sur Dantzick, 150. — Question des Czartoryski, 152. — Les intrigues et les partis à la cour de Russie : Ivan VI, le grand-duc et la grande-duchesse, Poniatowski, 152. — Il est important de faire renoncer la Tsarine à ses convoitises sur la Prusse orientale et à son projet d'échange avec la Pologne, 154. — En revanche, il faudrait obtenir des dédommagements

# TABLE DES CHAPITRES.

à l'électeur de Saxe, roi de Pologne, 154. — Question de l'échange du Holstein avec le Danemark, 158. — Par quels moyens M. Breteuil devra correspondre avec les autres agents du Roi, 159.

NOTICE COMPLÉMENTAIRE. — Comment M. de Breteuil est accueilli à Pétersbourg : la question Poniatowski, 161. — Nouvelles instructions (Diplomatie officielle) à M. de Breteuil, 18 décembre 1760 : nécessité de hâter la paix et, par conséquent, d'amener la Tsarine à renoncer à la Prusse orientale, 163. — Le Roi met à la disposition de M. de Breteuil un million pour assurer ce résultat, 172. — M. Favier : à quoi il sera bon de l'employer, 173.

## XXXI

### LE BARON DE BRETEUIL, MINISTRE PLÉNIPOTENTIAIRE, 1761-1763.

NOTICE PRÉLIMINAIRE. — La Tsarine renonce à occuper Dantzick ; elle déclare que « la Prusse orientale » ne fera pas une question, 175.

INSTRUCTION DU 31 JANVIER 1761. (Diplomatie officielle.) — M. de Breteuil s'efforcera de remettre la lettre du Roi en audience particulière de la Tsarine, 176. — Conduite à tenir avec Voronzof, les Chouvalof, les Tchernychef, le procureur général Troubetskoï, le prince Tcherkaskoï, Gross, Volkof, 179.

NOTICE COMPLÉMENTAIRE. — Texte de la Déclaration royale du 26 mars 1761, conviant les alliés du Roi à accélérer l'œuvre de pacification, 180. — Élisabeth propose une alliance directe à Louis XV : ordre d'éluder cette proposition, 182. — Mort d'Élisabeth et avènement de Pierre III : nouvelles instructions du comte de Choiseul à M. de Breteuil sur cette situation nouvelle, 31 janvier 1762, 183. — Examen des trois hypothèses qu'on peut faire au sujet de la politique qu'adoptera Pierre III, 183. — Lettre du Roi à M. de Breteuil, 9 février 1762 : la situation en Russie et en Pologne, 192. — Pierre III met une précipitation extrême à faire la paix avec la Prusse ; il s'allie avec elle ; renversement du système politique de la Russie, 194. — Sa conduite à l'égard de sa femme : révolution du 9 juillet 1762 et avènement de Catherine II, 195. — Légèreté de M. de Breteuil, qui a refusé tout concours à Catherine, et abandonné son poste à la veille même de la révolution, 196. — Il reçoit presque en même temps les reproches et les instructions du comte de Choiseul, dépêche du 9 août 1762, 199 ; du comte de Broglie, dépêche du 11 août, 202 ; de Louis XV, dépêche du 10 septembre, 209. — Catherine II renonce à l'alliance prussienne et rappelle ses troupes ; puis elle se rapproche de la Prusse et inaugure le *Système du Nord*, 216. — Son attitude à l'égard de M. de Breteuil : destinées ultérieures de celui-ci, 217.

## XXXII

### M. BÉRENGER, CHARGÉ D'AFFAIRES, 1763-1765.

NOTICE. (Pas d'Instruction proprement dite.) — Qui était M. Bérenger; principaux événements dont il fut le témoin ; élection de Stanislas Poniatowski ; Nikita Ivanovitch Panine dirige les affaires étrangères de la Russie, 219. — Représentants de la Russie à la cour de France dans la même période : Serge

Soltykof. Dmitri Alexiévitch Galitsyne. Efforts du nouveau roi de Pologne pour se réconcilier avec la France, 220. — Instructions du duc de Praslin à M. Bérenger, 221.

## XXXIII

### LE MARQUIS DE BAUSSET, MINISTRE PLÉNIPOTENTIAIRE, 1765-1767.

NOTICE PRÉLIMINAIRE. — Qui était le marquis de Bausset; principaux événements auxquels il assiste : début des troubles de Pologne, 223.

INSTRUCTION du 18 décembre 1763. — La Russie est une puissance essentiellement dangereuse à l'équilibre et au repos de l'Europe, 224. — Considérations sur l'élection polonaise, 225. — Chercher à pénétrer jusqu'où s'étendent les engagements réciproques des cours de Pétersbourg et Berlin relativement à la Pologne, 226. — Convoitises probables de Frédéric II au sujet de Dantzick, 227. — Mettre en garde les ministres russes contre ses projets, 228. — Les seuls rapports directs que nous puissions établir avec la Russie ont trait au commerce : s'efforcer d'obtenir un traité, 230. — Questions de cérémonial : le baise-main, 232. — Question des franchises diplomatiques en douane, 233. — Dangers qui menacent le règne de Catherine II à l'intérieur : mécontentement supposé du clergé et de la noblesse; folle passion de la Tsarine pour Grigori Orlof; sentiments de Panine, comme ancien gouverneur du grand-duc; son rôle dans la direction des affaires étrangères, 235. — Portraits des autres personnages en vue : le favori Orlof, le vice-chancelier Galitsyne, l'ex-chancelier Bestoujef, 237. — Histoire du carrosse offert à Yélaguine, 238. — Correspondance que M. de Bausset devra entretenir avec les autres agents du Roi, 239.

SUPPLÉMENT A L'INSTRUCTION, 30 SEPTEMBRE 1764 : Affaires de Pologne; le marquis de Paulmy presque chassé de Varsovie par le parti adverse, 242. — Question des franchises diplomatiques en douane et du baise-main, 249.

## XXXIV

### M. ROSSIGNOL, CONSUL GÉNÉRAL DE FRANCE, CHARGÉ DE LA CORRESPONDANCE SECRÈTE DU ROI, 1765-1767.

NOTICE PRÉLIMINAIRE. — Qui était M. Rossignol, 247.

INSTRUCTION DU 20 JUIN 1765. (Diplomatie secrète.) —La Russie considérée comme une puissance dangereuse : vices de son organisation politique et militaire, 248. — Il importe de se renseigner exactement sur tout ce qui se passe dans cet Empire : moyens à employer, 249. — Affaires de Courlande : la maison de Biren et les ambitions supposées de Grigori Orlof, 250. — Il y a peu de chances d'arriver à un traité de commerce : la mission de M. Rossignol est donc toute d'observation, 251.

## XXXV

### L'ABBÉ GUYOT D'USSIÈRES, CHARGÉ D'AFFAIRES, 1767.

NOTICE. (Pas d'Instruction proprement dite.) — L'abbé Guyot d'Ussières chargé d'affaires à la mort de M. de Bausset; événements dont il fut le témoin; l'affaire des dissidents prend de la gravité, 255. — Lettre du duc de Choiseul à l'abbé Guyot : affectation de Catherine II à faire l'éloge de l'Impératrice-Reine ; l'arrangement relatif au Holstein n'est pas si avancé qu'on le prétend, 256.

## XXXVI

M. ROSSIGNOL, CONSUL GÉNÉRAL, CHARGÉ D'AFFAIRES,
CHARGÉ DE LA CORRESPONDANCE SECRÈTE, 1767-1769.

INSTRUCTION DU 15 JUIN 1767. (Diplomatie officielle). — M. Rossignol accrédité comme chargé d'affaires, 259. — Recommandations relatives aux papiers de M. de Bausset, aux cartes des frontières russes, aux chiffres, etc., 260.

NOTICE COMPLÉMENTAIRE. — Faveurs que M. Rossignol reçut du Roi comme agent de la correspondance secrète et misères que lui suscitèrent les deux Choiseul, 261. — Principaux événements dont il fut témoin pendant cette mission : formation de la confédération de Bar ; la Turquie déclare la guerre à la Tsarine ; premiers succès des armées russes, 262.

## XXXVII

M. SABATIER DE CABRE, CHARGÉ D'AFFAIRES, 1769-1772.

NOTICE PRÉLIMINAIRE. — M. Sabatier de Cabre : caractère défavorable de ses relations sur la Russie, 263. — Animosité de Catherine II contre lui. Principaux événements dont il fut le témoin : les Russes envahissent la Pologne, les Turcs partout battus, la Suède travaillée par les intrigues russes, 264.

INSTRUCTION DU 30 MAI 1769. (Diplomatie officielle.) — Pourquoi le Roi ne veut être représenté en Russie que par un simple chargé d'affaires, 264. — Ses griefs contre Catherine II : affaires de Pologne, de Turquie, de Suède, 266. — Le vœu du Roi est que la guerre d'Orient soit très longue et très lourde à la Russie, 267. — Politique de Catherine à l'égard des deux puissances allemandes : duplicité et ambitions de Frédéric II, 268. — Le Danemark s'est placé dans une dépendance servile à l'égard de la Russie, 269. — Intrigues de la cour de Saxe auprès de Catherine contre le nouveau roi de Pologne, 271. — M. Sabatier de Cabre se renseignera à tout prix sur les projets et les mouvements militaires de Russie : voies secrètes pour obtenir des renseignements, 272. — Médiation à exercer dans les affaires d'Orient : puissances qui travaillent à enlever au Roi l'honneur de cette médiation, 273. — Gouvernement de Catherine II à l'intérieur : les factions ; rivalité de Panine et Orlof ; mécontentement des grands, du clergé, du peuple, 274. — Se ménager la confiance du grand-duc ; son caractère et ses capacités, 275. — Conduite que tiendra M. Sabatier de Cabre à l'égard des divers agents diplomatiques en résidence à Pétersbourg, 277. — Question des privilèges diplomatiques en douane et du baise-main, 279. — Précautions à prendre pour le chiffre : celui de M. de Bausset aurait été intercepté, 280.

## XXXVIII

#### M. DURAND, MINISTRE PLÉNIPOTENTIAIRE, 1772-1775.

Notice préliminaire. — Disgrâce du duc de Choiseul; avènement du duc de d'Aiguillon; ses conversations avec Khotinki, chargé d'affaires de Russie, 283. — Le Roi ignore encore les traités de partage de la Pologne; mais il trouve nécessaire d'être représenté en Russie par un ministre plénipotentiaire. Carrière diplomatique de M. Durand, 284. — Son affiliation à la Correspondance secrète, 285. — Événements dont il fut témoin : la Russie également courtisée par l'Autriche et la Prusse, 286.

Instruction du 24 juillet 1772. (Diplomatie officielle.) — Pourquoi le Roi avait été jusqu'à présent empêché d'accréditer à Pétersbourg un ministre plénipotentiaire : discussions sur le titre impérial de la Tsarine et la *reversale*, 286. — Le partage de la Pologne est arrêté entre les trois cours du Nord; mais on en ignore encore le détail, 287. — Attitude de ces trois cours dans les affaires de Turquie et de Suède, 291. — Gouvernement intérieur de Catherine II : dangers auxquels elle paraît avoir échappé, 293. — Les factions à la cour : Panine et les Orlof, 294. — Autres personnages en vue : les Tchernychef, 296. — Importance dont serait un traité de commerce avec la Russie, 297. — Questions de cérémonial : le baise-main, la franchise douanière, 299. — Moyens de se procurer secrètement des informations, 300.

Projet d'Instruction secrète, juillet 1772. (Diplomatie secrète.) — Intérêt commun qu'ont les deux Impératrices à arrêter les empiètements du roi de Prusse, 302. — M. Durand, devant passer par Berlin, s'efforcera de pénétrer les vues de Frédéric II, 303. — A Varsovie, il s'efforcera de rassurer et de ramener le roi de Pologne, 304.

Notice complémentaire. — Premier partage de la Pologne; la Suède sauvée d'un pareil sort par le coup d'État de Gustave III; la Turquie forcée de signer le traité de Kaïnadji, 305. — Avènement de Louis XVI, nomination de M. de Vergennes aux affaires étrangères, liquidation de la Correspondance secrète, 306.

## XXXIX

#### LE MARQUIS DE JUIGNÉ, MINISTRE PLÉNIPOTENTIAIRE, 1775-1777.

Notice préliminaire. — L'avènement de Louis XVI inaugure une politique nouvelle entre la France et la Russie. Qui était le marquis de Juigné : il est bien accueilli de Catherine II, 307.

Instruction du 20 mai 1775. — Retour sur les premières années de Catherine II et sur l'état présent de la Russie, 308. — Motifs qui ont amené la Tsarine à s'éloigner de Frédéric II, 312. — Politique du Roi : maintien de l'alliance avec l'Autriche et de la paix en Europe, 314. — Il n'a aucune jalousie contre Catherine et ne demande qu'à se concerter avec elle en vue d'assurer la tranquillité, 315. — On espère que le nouveau favori Potemkine s'emploiera à faire prévaloir un système politique « analogue au véritable intérêt de l'empire », 316. — Le rôle de M. de Juigné consistera surtout à détruire les « préventions », 317. —

A assurer la sécurité de la Suède, 317. — A prévenir les changements en Allemagne, 318. — A faire valoir l'utilité d'un traité de commerce, 319. — A instruire sa cour de tout ce qui se passera d'important en Russie, 321. — Prescriptions au sujet du chiffre et du cérémonial, 322.

Notice complémentaire. — La situation à Pétersbourg : persistance des préventions contre la France et son alliée l'Autriche, 323. — Correspondance de M. de Vergennes avec le ministre du Roi à Pétersbourg, 324. — La France en guerre avec la Grande-Bretagne pour l'indépendance américaine, 328. — On craint que la Tsarine ne fournisse à l'Angleterre des troupes pour le Nouveau-Monde, 329. — M. de Juigné, malade, demande son rappel, 330.

## XL

M. BOURÉE DE CORBERON, CHARGÉ D'AFFAIRES, 1777-1780.

Notice préliminaire. — Qui était M. Bourée de Corberon, 331.

Instruction de M. de Juigné du 21 novembre 1777. — La séparation de la Russie et de la Prusse tend à s'accentuer, 334. — Le Roi désire vivre en bonne intelligence avec la Tsarine, 335. — M. de Corberon s'étudiera à détruire l'idée que le commerce de la France avec la Russie soit « absolument passif », 336.

Instruction de M. de Vergennes du 28 décembre 1777. — Réveil de la question turque : les troubles de Crimée et du Kouban, 337. — La France disposée à offrir ses bons offices, 338. — Instructions envoyées en ce sens à notre légation de Constantinople, 339. — Offres de service faites par Frédéric II à la Tsarine, 339.

Notice complémentaire. — Affaires d'Orient : les troubles de Crimée et du Kouban ; médiation de M. de Saint-Priest ; convention d'Aïn-Ehli-Qâvâq, 340. — Affaires d'Allemagne : la succession de Bavière ; début des hostilités entre l'Autriche et la Prusse ; armements de la Russie, 341. — Le congrès et la paix de Teschen, 342. — Affaires d'Amérique : efforts de l'Angleterre pour s'assurer l'appui de la Russie. — Correspondance de M. de Vergennes avec M. de Corberon sur ces divers sujets, 343. — La Russie offre sa médiation entre la France et la Grande-Bretagne, 348. — Départ de M. de Corberon, 350.

## XLI

LE MARQUIS DE VÉRAC, MINISTRE PLÉNIPOTENTIAIRE, 1780-1783.

Notice préliminaire. — Qui était le marquis de Vérac : caractère intime de ses relations avec la cour de Russie, 351.

Instruction du 6 mai 1780. — A quel point s'est affermi le pouvoir d'abord chancelant de Catherine II, 352. — Notions sur les hommes d'État et les personnages en vue ; Panine, Potemkine, Repnine, Strogonof, 354. — Le principal objet de la mission du marquis de Vérac est de faire en sorte que « la cour de Russie s'accoutume à compter sur la justice et la franchise du Roi », 356. — Bons résultats déjà obtenus : la médiation française d'Aïn-Ehli-Qâvâq et la médiation franco-russe de Teschen, 357. — Ménagements à garder avec l'ambassadeur d'Autriche Cobentzel, 358. — Le Roi satisfait de l'attitude de Frédéric II : conduite à tenir à l'égard de son ministre en Russie, 359. — Affaires de Turquie : s'appliquer à inspirer aux Russes des idées de modération, 361. — Les acquisitions de la Tsarine en Orient rendent plus nécessaire un traité de commerce avec elle, 362. — Affaires de Suède et de Danemark, 364. — Politique de l'Autriche et de la Prusse, de l'Angleterre à l'égard de la Russie, 365. — Affaires de Pologne : ce pays a cessé d'être une force réelle ; « toute spéculation sur son sort à venir devient superflue », 368. — Projet russe d'échange en Ukraine, 368. — Ambitions de la Prusse sur Dantzick : importance militaire et commerciale de cette ville, 369. — Prescriptions sur les affaires particulières, le chiffre, la correspondance avec les autres agents, 370.

Notice complémentaire. — Excès des Anglais contre la marine des neutres ; Catherine II et la Neutralité armée, 371. — Caractère de plus en plus cordial des relations entre les deux cours : voyage du grand-duc Paul en France, 372. — Politique ambitieuse de Potemkine : entente entre Catherine et Joseph II contre la Turquie ; conquête de la Crimée par les Russes ; départ de M. de Vérac, 373.

## XLII

### M. CAILLARD, CHARGÉ D'AFFAIRES, 1783-1784.

Notice. (Pas d'Instruction proprement dite.) — Rôle de M. Caillard comme secrétaire du marquis de Vérac. Médiation de la France entre la Russie et la Turquie : la convention de Constantinople, 375. — Correspondance de M. de Vergennes avec M. Caillard, 376. — Départ de M. Caillard, 378.

## XLIII

### LE CHEVALIER DE LA COLINIÈRE, CHARGÉ D'AFFAIRES, 1784-1785.

Notice. (Pas d'Instruction proprement dite.) — M. de La Colinière demandé pour ce poste par M. de Ségur. Difficultés qu'il rencontre pour la protection des Français en Russie, 379. — Correspondance de M. de Vergennes avec lui, 380.

## XLIV

### LE COMTE DE SÉGUR, MINISTRE PLÉNIPOTENTIAIRE, 1785-1789.

Notice préliminaire. — La famille de Ségur : l'aïeul et le père. Le comte de Ségur fait la guerre d'Amérique et en revient avec la décoration de Cincinnati ; de retour en France, il s'applique à bien étudier la Russie, 383. — Sa Note à M. de Vergennes sur la situation de ce pays, 384.

Instruction du 16 décembre 1784. — Les rapports avec la Russie, qui s'étaient fort améliorés pendant la mission de M. de Juigné, se sont de nouveaux gâtés, 389. — Les personnages influents sur les affaires étrangères : Potemkine, Ostermann, (Bezborodko oublié), 390. — Le Roi mécontent de l'attitude de l'Autriche et de son ambassadeur à Pétersbourg, 390. — Ingratitude de Catherine II à l'égard de la France : tous les efforts du Roi pour gagner son amitié seraient inutiles, 391. — Inutile aussi de sacrifier de l'argent pour « se faire des créatures en Russie », 392. — Le « grand projet » de Catherine pour le rétablissement de l'empire grec, 393. — Attitude que tiendra M. de Ségur à l'égard des autres ministres étrangers, 394. — Prescriptions au sujet des affaires particulières, du chiffre, du cérémonial, 395.

NOTICE COMPLÉMENTAIRE. — Audience donnée par Catherine II à M. de Ségur, 396. — Il trouve le nom français presque en disgrâce : sa liaison avec Potemkine ; intérêt que porte celui-ci au développement commercial du Midi, 397. — L'influence nouvelle de M. de Ségur combattue par Ostermann, 398. — Attitude de la France en Orient : question des limites austro-turques, 399. — M. de Ségur chargé d'assurer les Russes que la France, s'ils ne prennent pas l'offensive, fera ses efforts pour contenir la Turquie, et que celle-ci ne songe qu'à sa conservation, 401. — Premier voyage de M. de Ségur avec Catherine II, 403. — Instruction qu'il laisse à M. de La Colinière, chargé des affaires en son absence, 404. — Pendant ce voyage une intimité plus grande s'établit entre Ségur et l'Impératrice ainsi que Potemkine : il jette les bases du futur traité de commerce, 404. — Notes relatives au commerce franco-russe, 405. — La France et la Russie unies dans un sentiment commun de défiance à l'égard de l'Angleterre et de la Prusse, 407. — Conclusion du traité de commerce, 11 janvier 1787, 409. — Deuxième voyage de M. de Ségur avec Catherine II : Instruction qu'il laisse à M. Belland, chargé des affaires en son absence, 410. — Effet produit par le voyage triomphal de Catherine II dans le Midi : inquiétude des Ottomans, 414. — La Turquie, sous l'influence de l'Angleterre et de la Prusse, déclare la guerre à la Tsarine, 415. — Résolution inexplicable que prend Ségur d'abandonner son poste, 415. — Il charge M. Bigot de Sainte-Croix de gérer en son absence la légation, 416. — Instruction qu'il rédige pour lui, 417. — M. de Ségur, sur les instances de Catherine II, renonce à son projet de départ, 429. — Instructions qu'il reçoit de M. de Montmorin : la médiation française dans le conflit russo-turc, 430. — La Suède, poussée par les mêmes influences que la Turquie, déclare également la guerre à la Russie, 433. — Intrigues de la Prusse : le *plan Hertzberg*, 434. — Instructions que reçoit M. de Ségur à propos du conflit russo-suédois : la France offre ses bons offices, 435. — La Russie, pour sortir de tant de difficultés, désire contracter une union intime avec la France et y faire entrer l'Autriche et l'Espagne : d'où le projet de Quadruple Alliance, 441.

LES NÉGOCIATIONS POUR LA QUADRUPLE ALLIANCE. — Correspondance de M. de Ségur avec M. de Montmorin : il expose éloquemment les raisons en faveur de cette alliance, 442. — Réserves formulées par M. de Montmorin : il demande que l'on prenne le temps de décider l'Espagne, que la Russie s'engage à fermer ses ports à l'Angleterre ; hésitation à garantir l'intégrité des possessions polonaises contre la Prusse, 446. — Reculade du gouvernement français dans les affaires de Hollande : fâcheux effet qu'elle produit en Russie, 448. — L'Espagne hésite à s'engager dans la Quadruple Alliance, 451. — Pour la décider, M. de Ségur autorise la mission à Madrid du prince de Nassau-Siegen, 452. — Instruction en forme de Note qu'il rédige pour ce prince, 453. — Échec de cette mission ; refus de l'Espagne ; réserves plus accentuées du gouvernement français ; refroidissement entre la France et la Russie ; mais affluence des volontaires français dans les armées et sur les flottes de la Tsarine, 459. — Irritation de Catherine contre les *armen Leute* de la cour de France, 460. — M. de Montmorin continue à formuler des réserves et des objections : le refus de l'Espagne ; les ménagements à garder à l'égard des Turcs ; les affaires intérieures de France et la réunion prochaine des États généraux ; il est d'avis d'ajourner le projet d'alliance jusqu'au rétablissement de la paix en Orient et à la clôture des États généraux, 463. — Texte du projet d'alliance franco-russe, que M. de Montmorin a joint cependant à ses dépêches, 464. — Suite de ses réserves et objections : l'attitude de l'Angleterre à l'égard de la France est des plus pacifiques ; question des subsides suédois, 467. — M. de Ségur continue à plaider en faveur de l'alliance, 469. — Il annonce que l'Impératrice a dit à ses ministres de suspendre l'examen du projet d'alliance, 471. — La prise de la Bastille : effet qu'elle produit sur Catherine II ; elle cesse absolument de compter sur la France et travaille à se réconcilier avec l'Angleterre et la Prusse, 472. — Elle conserve cependant ses bonnes grâces à M. de Ségur, 473. — Mais elle fait *perlustrer* sa correspondance, 475. — Audience de congé accordée à M. de Ségur ; adieux significatifs que lui fait Catherine II, 476. — Destinées ultérieures de M. de Ségur, 477. — Relations persistantes de la famille de Ségur avec la Russie, 478.

## XLV

### M. GENET, CHARGÉ D'AFFAIRES, 1789-1792.

NOTICE PRÉLIMINAIRE. — Antécédents de M. Genet, 479.

INSTRUCTION DU 5 OCTOBRE 1789. — M. de Ségur y rappelle ce qu'était la situation en 1785, lors de son arrivée en Russie, 489. — Comment il l'avait améliorée : les préventions détruites de part et d'autre ; l'apaisement des troubles en Allemagne lors de la seconde affaire de Bavière ; la médiation française en Orient et la convention de Constantinople ; le traité de commerce ; les efforts pour l'apaisement des deux grands conflits russo-turc et russo-suédois, 482. — La formation de la ligue anglo-prussienne : ses intrigues, ses développements, ses succès, à Constantinople, en Suède, en Pologne, en Hollande, 484. — Efforts que M. de Ségur a opposés à cette ligue, 485. — Conduite que tiendra M. Genet à l'égard des divers membres du corps diplomatique, 488. — Affaires particulières, 490. — Correspondance avec les autres agents du Roi, 491.

NOTICE COMPLÉMENTAIRE. — Situation difficile où se trouve M. Genet : à l'extérieur, Catherine II se rapproche de l'Angleterre et de la Prusse ; à l'intérieur, la réaction contre les idées libérales a commencé, 491. — Elle cherche à engager l'Autriche et la Prusse dans une guerre contre la Révolution française afin d'avoir les mains libres en Suède, en Turquie et en Pologne ; mais, affectant le zèle contre la Révolution française, elle donne des gages à la contre-révolution européenne en traitant, d'abord avec froideur, puis avec mépris le chargé d'affaires de France, 492. — Effet produit sur elle par les journées d'octobre 1789, 493. — Conversation de M. Genet avec le vice-chancelier Ostermann : plaintes à propos d'une brochure de M. Peyssonnel, 495. — La situation de l'Europe s'aggrave : l'Autriche et la Prusse à Reichenbach ; convention entre l'Angleterre, la Prusse et la Hollande pour garantir à l'Empereur les provinces belges contre la France, 497. — M. Genet continue à s'occuper du projet de Quadruple Alliance : M. de Montmorin modère son zèle, 497. — Les émigrés français affluent en Russie et commencent à donner de l'embarras à M. Genet, 505. — Le complot de M. de Bouillé et la fuite du Roi, 506. — La légation russe à Paris est compromise dans cette affaire, 507. — Traité entre Catherine et Gustave III contre la Révolution, 508. — Avanies faites dans presque toutes les cours aux agents de la France constitutionnelle, 509. — La cour interdite à M. Genet, 511. — Sa maison entourée d'espions, 516. — Les ministres russes refusent de recevoir de lui aucune communication politique, 517. — M. Genet se console en analysant à sa manière les éléments d'un prochain bouleversement en Russie, 518. — La crise européenne au printemps de 1792 ; mort de l'Empereur Léopold ; assassinat de Gustave III, traités de Catherine II avec l'Autriche et la Prusse, déclaration de guerre de la France à l'Autriche, 523. —Calomnies répandues à Pétersbourg par les émigrés et les ennemis de la France : bruits de prétendus complots contre la vie de la Tsarine; persécution contre les Français libéraux, 524. — Affront fait à Meissonnier, employé de M. Genet, 525. — Affront fait à M. Patot d'Orflans, 526. — Effet produit par nos premiers échecs sur la frontière du Nord, 528. — Catherine II fait lire et expliquer aux jeunes grands-ducs la *Déclaration des droits de l'homme* et la Constitution de 1791, 529. — M. Genet embauche des officiers au service de Russie pour se procurer ses renseignements militaires, 530. — Affront fait à M. Buillot, agent français, 532. — Le grand-duc Constantin démocrate, 533. — M. Genet démêle la vraie politique de Catherine II : elle ne désire pas le succès des coalisés, ni le relèvement de la France, mais veut se garder les mains libres, 533. — M. Genet expulsé, 535. — Dernières dépêches que rédige pour lui son ministère, 537.

## XLVI

M. PATOT D'ORFLANS, CHARGÉ DES AFFAIRES DU CONSULAT GÉNÉRAL DE FRANCE, 1792-1793.

INSTRUCTION DE M. GENET A M. PATOT D'ORFLANS, DU 24 JUILLET 1792. — M. Genet prévoit son expulsion, mais espère encore que les relations commerciales ne seront pas rompues entre les deux pays, 541. — Conduite à tenir par M. Patot dans le cas où il serait lui-même expulsé et dans le cas où il serait autorisé à rester : nature des renseignements qu'il doit chercher à se procurer, 542. — Précautions à prendre pour la correspondance, même chiffrée, 543.

NOTICE COMPLÉMENTAIRE. — La République proclamée en France et le procès du Roi ; effet produit sur Catherine par l'exécution de Louis XVI ; mesures de défense et de représailles prises contre la Révolution : serment imposé aux Français habitant la Russie, 545. — Rupture des relations même commerciales avec la France : expulsion de tous nos agents consulaires. La Russie en état de guerre avec la France, sans prendre part à la guerre contre elle, 546.

I. LISTE CHRONOLOGIQUE DES TSARS, EMPEREURS ET IMPÉRATRICES DE RUSSIE, PENDANT LA PÉRIODE CORRESPONDANTE A NOS INSTRUCTIONS.

II. LE MINISTÈRE DES AFFAIRES ÉTRANGÈRES EN FRANCE, MÊME PÉRIODE.

III. L'ADMINISTRATION DES AFFAIRES ÉTRANGÈRES EN RUSSIE, MÊME PÉRIODE.

IV. LISTE CHRONOLOGIQUE DES AMBASSADEURS, MINISTRES PLÉNIPOTENTIAIRES, CHARGÉS D'AFFAIRES ET AUTRES AGENTS FRANÇAIS CHARGÉS DE MISSIONS AUPRÈS DES SOUVERAINS RUSSES, MÊME PÉRIODE.

V. LISTE CHRONOLOGIQUE DES AMBASSADEURS, MINISTRES PLÉNIPOTENTIAIRES, CHARGÉS D'AFFAIRES ET AUTRES AGENTS DE RUSSIE EN FRANCE, MÊME PÉRIODE.

VI. LISTE DES PRINCIPAUX TRAITÉS ET ACTES OÙ LA FRANCE ET LA RUSSIE SE SONT TROUVÉES EN MÊME TEMPS INTÉRESSÉES, — MÊME PÉRIODE.

# TABLE ALPHABÉTIQUE[1]

### DES NOMS CONTENUS DANS CET OUVRAGE

## A

Abdul-Hamid, sultan des Turcs, t. II, 340 et s., 399.

Ach, *post-director* russe, employé aux perlustrations, t. I, 431.

Adadourof, confident de Catherine II, t. II, 64, 83.

Addington (ministère) en Angleterre, t. II, 467.

Adolphe-Frédéric de Holstein-Eutin, évêque de Lübeck, roi de Suède (1751-1771), t. I, xxxix et s., 411, 418, 420, 445; t. II, 9, 11, 210, 240.

Adrien, patriarche de Moscou, t. I, 92.

Affry (le comte d'), ambassadeur de France en Hollande, t. II, 136.

Ahmed ou Achmet III, sultan des Turcs (1703-1730), t. I, 106, 126-127.

Aiguillon (le duc d'), ministre des affaires étrangères de France (1771-1774), t. II, 173, 265, 283, 285, 286, 305, 307, 554.

Ainsly (le chevalier), ministre d'Angleterre à Constantinople, t. II, 430 et s., 454, 457.

Alberoni (le cardinal), ministre de Philippe V, t. I, 137 et s., 198 et s.

Albert de Saxe-Teschen, fils d'Auguste III, t. II, 143.

Alembert (d'), philosophe et mathématicien français, t. II, 264, 355.

Alexandre Ier, empereur de Russie. Comme grand-duc, t. II, 94, 355, 413, 420, 423, 529-530, 533.

Alexis Mikhaïlovitch, tsar de Moscou, t. I, v, viii, x, xix, xxv, xxvi, xxxvi, 39 et s., 53 et s., 199.

Alexis Pétrovitch, tsarévitch de Russie, t. I, 102, 140, 156.

Alion (d'Usson d'). — Variantes : d'Allion, Dallion, Dalion, t. I, xl, 255, 375. — Première mission en Russie, 383-403, 405 et s., 481 et s.: instruction, 385-388; Deuxième mission, 457-479 : instruction, 458-474; t. II, 2, 15, 19 et s., 119, 409.

Alleurs (Pierre Puchot, seigneur de Clinchamp, comte des), ambassadeur de France en Turquie, t. I, 114, 121.

Alleurs (Roland Puchot, comte des), ambassadeur en Turquie, t. I, 121, 387, 407; t. II, 1, 2, 38.

Almadovar (le marquis d'), ministre d'Espagne à Pétersbourg, t. II, 192.

Almazof (Simon Iéroféévitch), envoyé de Moscou en France, t. I, 81-83.

Alopéus, ministre de Russie à Berlin, t. II, 507.

Amat (le chevalier d'), chargé d'affaires d'Espagne à Pétersbourg, t. II, 537.

---

1. Les chiffres renvoient aux pages *y compris les notes*.

# TABLE ALPHABÉTIQUE.

Amelot de Chaillou, ministre des affaires étrangères de France (1737-1744), t. I, 131, 327, 331, 369 et s., 384, 405, 437.

André I<sup>er</sup>, roi de Hongrie, t. I, 9.

Andrezel (le vicomte d'), ambassadeur de France à Constantinople, t. I, xxxv, 258, 383.

Angervilliers (Bauyn d'), ministre de la guerre en France, t. I, 303, 306, 330.

Angeul ou Angeuil (d'), attaché militaire français à l'armée russe, t. II, 103.

Anhalt-Zerbst-Dornburg (la princesse Jeanne-Élisabeth d'), mère de Catherine II, t. I, 427, 431, 433, 438; t. II, 62, 73, 210.

Ankarstrœm, meurtrier de Gustave III, t. II, 524.

Anna Ivanovna, impératrice de Russie (1730-1740), t. I, xxxvii et suiv.; 137, 218, 267; sa mort, 363; t. II, 8, 11, 32.

Anna Léopoldovna (ou Karlovna), régente de Russie, t. I, xxxviii, 268, 269, 335, 344, 354, 355, 357, 362 et suiv.; t. II, 9, 32, 66.

Anna Pétrovna, tsarévna de Russie, duchesse de Holstein, t. I, 137, 219, 224, 249, 347; t. II, 275.

Anne d'Autriche, reine et régente de France, t. I, 19 et suiv.

Anne de Russie, femme de Henri I<sup>er</sup>, roi de France, t. I, 9.

Anthouard (signant Magnan), aide de camp de Frédéric I<sup>er</sup> de Suède, t. I, 226.

Antun (le duc d'), t. I, 187.

Antoine-Ulric de Brunswick-Bevern, père d'Ivan VI, t. I, 268, 269, 335, 344, 355, 378; t. II, 9.

Apollinaire (le P.), capucin, t. I, 265.

Apraxine (le comte Fédor Matvéévitch), général, amiral, sénateur, t. I, 257.

Apraxine (le maréchal Stéphane Feodorovitch), t. II, 4, 17, 60 et suiv., 63, 64, 67, 103, 124, 179.

Apraxine (Hélène Stépanovna), princesse Kourakine, t. II, 179.

Arenstet (d'). — Voy. Darenstet.

Argenson (René-Louis de Voyer de Paulmy, marquis d'), ministre des affaires étrangères de France (1744-1747), t. I, 442, 450, 474, 477; t. II, 3, 151, 553.

Argenson (Marc-Antoine-René d'), marquis de Paulmy, ambassadeur de France à Vienne, ministre de la guerre, t. II, 76, 151, 160, 193, 214, 239, 243.

Artois (le comte d'), Charles X, t. II, 506 et suiv., 510.

Auguste II, électeur de Saxe, roi de Pologne (1697-1733), t. I, xxxi, 91, 124, 139, 169, 173 et s., 236, 253; sa mort, 270, 341; t. II, 131, 142 et s., 248.

Auguste III, électeur de Saxe, roi de Pologne (1733-1763), t. I, xxxvii et suiv., 270, 285 et suiv., 304, 313, 355, 466; t. II, 33, 45, 142, 143; sa mort, 219, 225, 226, 248.

Avaugour (baron d'), ambassadeur de France en Suède et Danemark, t. I, 50.

Avril (le P. d'), jésuite, t. I, 89-90.

# B

Bajazet II, sultan des Turcs (1481-1512), t. I, 3.

Bakounine (Paul Pétrovitch), t. II, 520.

Bakounine (Pierre Vassiliévitch), t. II, 520.

Balmaine (le comte Antoine de), général au service de Russie, t. II, 413.

Baltagi-Méhémet, vizir d'Ahmed III, t. I, 127.

Baluze (Antoine), t. I, 93.

Baluze (Jean-Casimir), envoyé de France en Russie, t. I, xxx, xxxi, 90-94; première instruction, 94-98; 99-120; deuxième instruction, 121-126; 126-130.

Barberousse, corsaire, t. I, xvii.

Bariatinski (le prince Ivan Sergiévitch), ministre de Russie en France, t. I, lv; t. II, 325, 342, 403.

Bark, ministre de Suède en Russie, t. I, 440.

Bart (Jean), marin français, t. I, xxviii.

Barthélemy, chargé d'affaires de France à Vienne, t. II, 395.

Bassat ou Bassart (de), officier français prisonnier en Russie, t. I, 311.

Bassewitz (Hennig-Frédéric, comte de), ministre de Holstein en Russie, t. I, 258.

Bathory (Étienne), roi de Pologne (1575-1586), t. I, 12.
Baudoin, Français exécuté en Russie, t. I, 111.
Bausset (le marquis de), ministre de France en Russie, t. I, LI, t. II, 219; sa mission, 223-246; instruction, 224-246; cité, 247 et suiv., 259 et suiv, 279; 280, 299, 397. — (la marquise de), 232, 245, 279, 280, 299. — (le fils du marquis de), 255.
Bazaine, ingénieur français, au service de Russie, t. II, 423.
Beaufort (le duc de), petit-fils de Henri IV, t. I, XVIII.
Beauvau (le marquis de), ministre de France en Bavière, t. I, 387, 388.
Beauvollier (le P.), jésuite, t. I, 89.
Bekhtéef, envoyé de Russie en France, t. II, 27 et suiv., 34, 59, 120.
Belesta (le chevalier de), officier français, prisonnier en Russie, t. I, 304.
Belland, secrétaire du comte de Ségur, chargé d'affaires en Russie, t. II, 383, 389, 409; instruction, 410-413, 416-417 et suiv.
Bellefonds (le maréchal de), t. I, 55.
Bellefont (de), officier français, prisonnier en Russie, t. I, 306.
Belle-Isle (le maréchal de), t. I, 327, 387, 393, 396, 397; t. II, 21, 106.
Beniowski, Hongrois, à Madagascar et au Kamtchatka, t. II, 294.
Benkendorff (Jean Ivanovitch), t. II, 413, Benkendorff (Christophe Ivanovitch), t. II, 413.
Benkendorff (Mme), femme du précédent, gouvernante des enfants de Paul Ier, t. II, 413.
Bérenger II, roi d'Italie, t. I, 2.
Bérenger, chargé d'affaires de France en Russie, t. I, LI; t. II, 195, 196, 205, 219-222, 241.
Beretti, ambassadeur d'Espagne à Londres, t. I, 198.
Berlise-Faure, introducteur des ambassadeurs, t. I, 6, 43 et suiv.
Bermont (le marquis de), attaché à l'ambassade du marquis de l'Hôpital, t. II, 95.
Bernard, ministre de France à Rome, t. II, 509.

Bernard (Samuel), financier français, t. I, 234.
Bernard, peintre, père du précédent, t. I, 234.
Bernardoni. — Voyez : Langlois (l'abbé).
Bernhardi, orfèvre, t. II, 64, 83.
Bernis (le cardinal comte de), ministre des affaires étrangères de France (1757-1758), t. II, 21, 60, 73, 81, 87, 90, 553, passim.
Bernstorff (le baron Andreas-Gottlieb), ministre de George Ier, t. I, 155, 184; t. II, 189.
Bernstorff (le baron Jean-Hartwig-Ernest), diplomate et ministre danois, t. II, 189.
Besenval (Jean-Victor de), baron de Brunstatt, diplomate français, t. I, 115.
Bestoujef (Alexis Pétrovitch), chancelier de Russie, t. I, XL et suiv., 270, 373, 375, 376 et suiv.; t. II, 1 et suiv., 559 et passim. — Disgracié, 83. — Rappelé, 212, 213.
Bestoujef (Michel Pétrovitch), ministre de Russie en Suède, en France, t. I, 270, 375, 379, 394, 399, 403, 406, 433, 454, 456; t. II, 17, 32, 35, 61, 119.
Bestoujef (la comtesse), femme du chancelier Alexis, t. I, 477.
Bethlen-Gabor, prince de Transylvanie, t. I, 35.
Béthune (le marquis), envoyé de France en Russie, t. I, 17, 53 et suiv., 66, 70, 89, 90, 93.
Bezborodko (le prince Alexandre Andréévitch), chancelier de Russie, t. II, 363, 390, 393, 397 et suiv., 428, 441, 505, 509 et suiv., 517, 520 et suiv., 559.
Bidache, officier français, prisonnier en Russie, t. II, 311.
Bidal (l'abbé), résident de France à Hambourg, t. I, 80.
Bielke (le comte de), ambassadeur de Suède en France, t. I, 209, 245, 246.
Bielke (Mme de), correspondante de Catherine II, t. II, 264, 283, 328.
Bing, amiral anglais, t. I, 198.
Biren, Büren ou Biron (Ernest-Johann), favori d'Anna Ivanovna, duc de Courlande, t. I, 268, 269, 287 et suiv., 321, 328 et suiv., 333, 344, 354; t. II, 8, 115, 144, 217, 221, 246.

Biren (Gustave), frère du précédent, général russe, t. I, 269.
Biren (Pierre), duc de Courlande, t. II, 250.
Bismarck, général au service de Russie, t. I, 269.
Bischofswerder, ministre de Frédéric-Guillaume II, t. II, 408.
Bistrate (Guillaume de la), négociant français en Russie, t. I, 16.
Blosset (marquis de), envoyé de France à Copenhague, t. II, 261.
Bogdanof (le diak André Karpovitch), envoyé de Russie en France, t. I, 40 et suiv.
Bombelles (le baron de), émigré français en Russie, t. II, 505, 510.
Bonac ou Bonnac (Jean-Louis d'Usson, marquis de), ambassadeur de France en Turquie, t. I, 231, 255, 258, 383, 384.
Bonmazari, t. I, 156.
Bonneau, chargé d'affaires de France à Varsovie, t. II, 535, 540.
Bonnefoy (le capitaine), envoyé français en Russie, t. I, IX, 36-38.
Bonnet, secrétaire du marquis de l'Hôpital, t. II, 101.
Bonneuil (de), introducteur des ambassadeurs, t. I, 71.
Bonneval (le renégat), t. I, XXXVII, 300, 326, 476.
Bonrepos ou Bonrepaus (d'Usson de), ambassadeur de France à Copenhague, t. I, 384.
Bonzy (Pierre de), ambassadeur de France à Varsovie, t. I, 93.
Borck, ministre de Prusse à Stockholm, t. II, 467.
Boscawen, amiral anglais, t. II, 22.
Botta-Adorno (le marquis de), ambassadeur d'Autriche en Russie, t. I, 359, 363, 368, 389, 403.
Bottoni, envoyé impérial à Moscou, t. I, 54.
Bouillé (le comte de), commandant à Metz, t. II, 506-508.
Boulgakof (Jacob Ivanovitch), ministre de Russie à Constantinople, à Varsovie, t. II, 378, 415, 430, 456, 462, 483.
Bourbon (le duc de), premier ministre de Louis XV, t. I, XXXV, 250, 251, 254 et suiv., 263, 266.

Bourée de Corberon (le chevalier), chargé d'affaires en Russie, t. I, LV; t. II, 308, 332, 350, 371; — Instruction, 333-350.
Bourgoing (le chevalier de), ministre de France à Hambourg, à Madrid, t. II, 488, 509.
Bouthillier (Claude), secrétaire d'État aux affaires étrangères, t. I, 38; t. II, 551.
Bouthillier (Léon), secrétaire d'État aux affaires étrangères, t. I, 36; t. II, 551.
Boutourline (le comte Alexandre Borissovitch), feld-maréchal, t. II, 17, 63, 95.
Bowes (Jérôme), envoyé britannique en Russie, t. I, 4.
Brackel (von), ministre de Russie à Copenhague, t. I, 269, 316.
Brancas-Céreste, ministre de France à Stockholm, t. I, 264.
Branicki (François-Xavier), grand hetman de Pologne, t. II, 324, 331.
Breteuil (le comte de), diplomate français, t. I, XLIV et suiv., 256; — t. II, 5, 28, 32, 102; — première partie de la mission en Russie, 111-174; — deuxième partie, 175-218; — instructions, 119-136, 137-161, 163-174, 176-180. — Rappel, 218. — Cité, 219, 239, 240, 261, 342, 355, 370, 385, 405, 478, 479, 506, 510.
Breteuil (l'abbé de), t. II, 206.
Brevern (Karl von), ministre russe, t. I, 269, 401, 432; t. II, 54.
Brienne (Henri-Auguste de Loménie, comte de), ministre des affaires étrangères, t. I, 43, t. II, 553.
Brienne (Loménie de), archevêque de Toulouse, ministre de Louis XVI, t. I, 218, 448.
Brilly (de), d'origine française, général russe, t. I, 477.
Briord (le comte de), ambassadeur de France en Hollande, t. I, 109.
Briqueville (le chevalier de), officier français, prisonnier en Russie, t. I, 304.
Brisacier, secrétaire de Deshayes Courmenin, t. I, 24.
Broglie (le comte de), directeur de la Correspondance secrète de Louis XV, t. II, 2, 35, 65, 68 et suiv., 103, 104, 118, 151, 160. — Exilé, 202. — 261, 262, 285, 302.
Brogniard ou Brunniard, internonce d'Autriche à Constantinople, t. II, 266.

Bruce (Jacob, fils de William), grand-maître de l'artillerie et directeur des mines sous Pierre le Grand, t. I, 198, 216.
Bruce (le comte Jacob Alexandrovitch), général et sénateur, t. II, 411.
Brühl (le comte), premier ministre d'Auguste III, t. II, 65, 116, 143 et suiv., 161, 221.
Brümmer, Holsteinois, gouverneur du futur Pierre III, t. I, 406 et suiv., 427, 433, 438.
Brunswick (Ferdinand, duc de), général de Frédéric II, t. II, 93.
Brunswick (Charles-Guillaume-Ferdinand, duc de), neveu du précédent, général au service de Prusse, t. II, 415.
Brunswick-Bevern. — Voyez : Antoine-Ulric, Anna Léopoldovna, Ivan VI.
Buckingham (John Hobart, lord), ministre d'Angleterre à Pétersbourg, t. II, 213, 278.
Buddenbrock, général suédois, exécuté, t. I, 402.
Buillot ou Billot, agent consulaire à Cronstadt, t. II, 526 et suiv.
Bussy (de), ministre de France auprès de l'électeur de Hanovre, t. I, 387, 400.
Bussy (de), officier français, prisonnier en Russie, t. I, 313, 314.

# C

Cacault (de), ministre de France à Naples, t. II, 509.
Caillard, chargé d'affaires de France en Russie, t. I, LV; t. II, 351, 373, 375, 378 et suiv., 409.
Calonne (de), ministre de Louis XVI, t. II, 218, 400, 413.
Camas (le comte de), à la cour de Prusse, t. I, 399.
Campan (M$^{me}$), t. II, 480, 523, 536.
Campredon, ministre de France en Suède et en Russie, t. I, XXXIII, XXXVII, 197, 261 et suiv. — Instructions, 208-222, 233-247; t. II, 42.
Cantémir. — Voyez Kantémir.
Caravaque (la dame), t. II, 28.
Carle (François de), envoyé français en Russie, t. I, IX, 13-15.
Carlo (Lancelot de), envoyé de Henri II à Rome, évêque de Riez, t. I, 12.
Carreño de Miranda, peintre espagnol, t. I, 54.
Castries (le maréchal de), t. II, 386, 400, 415, 448, 503.
Cathcart (William Shaw, lord), ambassadeur d'Angleterre à Pétersbourg, t. II, 295, 298, 343.
Carteret (John, vicomte de), ministre anglais, t. I, 230, 390, 401, 403; t. II, 54.
Cassans ou Casans (Bertrand de), négociant français en Russie, t. I, 12, 17.
Castéja (Charles-Louis de Brandos, comte de), ambassadeur de France à Stockholm, t. I, 270, 292, 308, 313, 315.
Castellane (le marquis de), ambassadeur de France à Constantinople, t. I, 372, 375, 387, 391, 399, 423, 476; t. II, 1.
Castéra (du Perron de), chargé d'affaires de France à Varsovie, t. I, 451.
Catherine I$^{re}$, impératrice de Russie (1725-1727), t. I, XXXV et s., XL, LVIII, 199, 256 ; sa mort, 262, 263, 267, 271, 324.
Catherine II (Sophie-Frédérique d'Anhalt-Zerbst-Dornburg), impératrice de Russie, t. I, VI, XLVIII et s., 427, 431 et s. ; t. II, *passim*.
Catherine Ivanoyna, nièce de Pierre le Grand, duchesse de Mecklembourg-Schwérin, t. I, 137.
Catheux (de), auteur d'un *Journal*, t. I, 54.
Caulaincourt ou Caulincourt (marquis de), attaché militaire français à l'armée suédoise, t. II, 109.
Cellamare (le prince de), ambassadeur d'Espagne à Paris, t. I, 198.
Chafirof (le baron Pierre Pavlovitch), d'origine juive hollandaise (Saphir), vice-chancelier de Pierre le Grand, t. I, 126, 128, 138, 159, 189, 210, 216, 218, 231, 429 ; t. II, 558.
Chambonas (Scipion de la Garde, marquis de), ministre des affaires étrangères de France (1792), t. II, 535 et s., 555.

Champeaux, ministre de France à Hambourg, t. II, 4, 71 (il y a eu le père et le fils presque à la même époque).
Chancellor, navigateur anglais, t. I, 4, 5.
Chanut (de), ambassadeur de France en Hollande, t. I, 43.
Charles IX, roi de France, t. I, 10.
Charles-Quint, empereur allemand, roi d'Espagne, t. I, xvii et s.
Charles VI, empereur allemand, t. I, xxxviii, 128, 197, 221 et s., 244 et s., 341, 363, 364 ; t. II, 121, 131 et *passim*.
Charles VII, électeur de Bavière, empereur allemand (1741-1745), t. I. 368, 389 et s., 443 et s.; t. II, 150.
Charles Ier, roi d'Angleterre, t. I, 55 ; t. II, 493.
Charles II, roi d'Angleterre, t. I, 63.
Charles II, roi d'Espagne, t. I, 63.
Charles III (l'infant don Carlos), roi de Naples, puis roi d'Espagne, t. I, 326 ; t. II, 50, 157, 446.
Charles IV, roi d'Espagne, t. I, lvi ; t. II, 446, 451 et s.
Charles X (Charles-Gustave), roi de Suède, t. I, xii, 45 et s.
Charles XI, roi de Suède, t. I, xiii, 73, 171.
Charles XII, roi de Suède, t. I, xx, xxx et suiv. ; 92 et suiv. ; sa mort, 198 ; 446 et *passim*.
Charles XIII. Voyez : Sudermanie (le duc de).
Charles-Christian de Saxe, duc de Courlande, fils d'Auguste III, t. II, 115, 143 et s., 221, 227.
Charles-Frédéric, duc de Holstein, gendre de Pierre le Grand, t. I, xxxv, 137, 224, 229, 245, 249, 256, 258, 260, 347 ; t. II, 43.
Charles-Théodore, électeur palatin, t. II, 341, 421.
Charlotte de Brunswick-Wolfenbüttel, femme du tsarévitch Alexis Pétrovitch, t. I, 156.
Charnacé (le baron de), ministre de France en Suède, t. I, xi, 24, 31-32.
Charolais (le duc de), fils du duc de Bourbon, t. I, 251.
Chartres (le duc de), fils du duc d'Orléans, t. I, 232.
Châteauneuf (le marquis de), ambassadeur de France en Hollande, t. I, 137-156, 158, 177, 189-195.
Châteauneuf, agent de M. Genet, t. II, 530 et s., 538, 539.
Châtelet-Lomon (le comte du), ambassadeur de France à Vienne, t. II, 183, 222, 240.
Chauvelin (de), garde des sceaux, ministre des affaires étrangères de France (1727-1737), t. I, 268, 278, 284, 327, 328.
Chauvelin (de), ambassadeur de France à Londres, t. II, 532.
Chavigny (de), envoyé extraordinaire de France à Londres, t. I, 253 ; en Danemark, 327, 328, 329.
Chérémétief (le boïar Boris Pétrovitch), t. I, 9, 91.
Chétardie (le marquis de La), ambassadeur de France en Russie, t. I, xxxviii et suiv., 270, 306, 326, 384 et s. — Première mission, 339-381 ; Instructions, 341-359, 369-373. — Deuxième mission, 409-449 ; Instruction, 409-426 ; t. II, 2, 19 et s., 40, 131, 371, 409.
Chlebowicz (Georges-Charles), palatin de Vilna, t. I, 77.
Choiseul-Praslin (le duc de), ambassadeur de France à Vienne, ministre des affaires étrangères et de la guerre, t. II, 109, 136, 166, 183, 203, 206, 224, 256, 261, 262, 554. — Disgracié, 283.
Choiseul-Stainville (le duc de), t. I, li et suiv., 396 ; t. II, 82, 87, 90, 166, 183, 224, 230, 256, 261, 262, 265 et s. — Disgracié, 283. — 283-284, 481, 554.
Choiseul-Gouffier (le comte de), ambassadeur de France à Constantinople, t. II, 376, 394, 399, 402 et s., 404, 414, 415, 423, 430 et s., 459, 462, 474, 482, 502, 504.
Choisy, officier français en Pologne, t. I, l ; t. II, 264.
Chouvalof (le comte Alexandre Ivanovitch), feld-maréchal, directeur de la chancellerie secrète, t. II, 9, 17, 40.
Chouvalof (Ivan Ivanovitch), favori d'Élisabeth, t. II, 9, 17, 40, 46, 67, 71, 73, 75, 80, 138, 177, 178.
Chouvalof (le comte Pierre Ivanovitch), grand maître de l'artillerie, feld-maréchal, t. II, 9, 17, 40, 67, 177, 178.
Christian IV, roi de Danemark, t. I, 21.
Christian V, roi de Danemark, t. I, 76 et s. ; t. II, 189.

Christian VI, roi de Danemark, t. I, 421.
Christian VII, roi de Danemark, t. II, 189, 269.
Christian IV, duc de Deux-Ponts, t. II, 54.
Clément-Wenzel de Saxe, fils d'Auguste III, archevêque électeur de Trèves, t. II, 143, 522.
Cobentzel (le comte Louis de), diplomate et ministre autrichien, ambassadeur à Pétersbourg, t. I, LVI ; t. II, 359, 390, 394, 397, 449, 452, 510, 520, 523.
Colas, négociant français en Russie, t. I, 11, 16. — Voyez : RENEL (Nicolas de).
Colbert, t. I, XV, XXVII, 56, 60 et s.
Colbert de Croissy, t. I, 72 et s., 86 et s., 172, 552.
Colinière (le chevalier Charette de La), chargé d'affaires de France à Pétersbourg, t. II, 378-383, 403-409, 416, 479.
Condoidi, Italien ou Grec, médecin de la tsarine Élisabeth, t. II, 78 et s.
Constantin VII Porphyrogénète, empereur byzantin, t. I, 2.
Constantin Pavlovitch, grand-duc de Russie, t. II, 94, 420, 515, 529-530, 532-533.
Contades (le maréchal de), t. II, 93.

Contarini, ambassadeur vénitien auprès d'Ivan IV, t. I, 3, 5.
Conti (le prince Louis-Armand de Bourbon de), t. I, 71.
Conti (le prince François-Louis de Bourbon de), t. I, XXVIII, 91, 92.
Conti (le prince Louis-François de Bourbon de), t. II, 3 et s., 12, 28, 30, 113 et s., 141 et s.
Coral (de), ministre d'Espagne à Stockholm, t. II, 499.
Corberon. — Voyez : Bourée.
Cornier (de), officier français, prisonnier en Russie (Variante : de Bornier), t. I, 303 et s.
Christine, reine de Suède, t. I, XII, 39.
Crespy (le chevalier de), envoyé à l'armée suédoise, t. I, 368, 370.
Créqui (le maréchal de), t. I, 171.
Curis (de), attaché à l'ambassade du marquis de l'Hôpital, t. II, 101.
Custine (le marquis de), général français, t. II, 534.
Czartoryski (le prince Adam), t. II, 74, 144, 151, 193, 324.
Czartoryski (le prince Adam), ministre d'Alexandre I$^{er}$, t. II, 355, 533.
Czerkaskoï. — Voyez : Tcherkaskoï.
Czernichef. — Voyez : Tchernychef.

# D

Dahl (Hermann Iouriévitch von), conseiller d'État russe, t. II, 410.
Dalion. — Voyez : Alion (d').
Dalman, envoyé de Suède en Russie, t. I, 224.
Damas (le comte Roger de), volontaire français en Russie, t. II, 459.
Danzay, ministre de France en Danemark, t. I, 10-11.
Darenstet, ministre du roi de Pologne à Moscou, t. I, 104.
Daschkof (Alexis), ambassadeur de Russie à Constantinople, t. I, 231.
Daschkof (la princesse). — Voyez : Voronzof (Élisabeth).
Daun, feld-maréchal autrichien, t. II, 88, 90, 93, 94, 106, 217.

Dauphin (le grand), fils de Louis XIV, t. I, 55.
Deboli, Daboli, ou de Boli, Français, marié à une Galitsyne, ministre de Pologne à Pétersbourg, t. I, 428, 514.
Delessart. — Voyez : Lessart (de).
Denis (M$^{me}$), nièce de Voltaire, t. II, 325.
Déon (le chevalier). — Voyez : Éon (d').
Descorches de Sainte-Croix, ministre de France à Varsovie, t. II, 535, 540.
Deshayes Courmenin (le baron Louis) (Variantes : Courmesvin, Courmesmin), envoyé de France à Moscou, 17, 23, 33 ; t. II, 409.
Deshayes Courmenin, père du précédent, t. I, 24.

Desminières, envoyé de France à Moscou, t. I, 39 et suiv., 47 et suiv.
De Val. — Voyez : Val.
Devismes, chargé d'affaires de France à Londres, t. I, 387.
Dickens (Guy), adjoint à Wich en Russie, t. I, 403, 420.
Diderot (Denys), t. II, 264.
Didron, officier suédois, t. I, 374.
Dietz, ministre de Prusse à Constantinople, t. II, 430 et s., 454, 457.
Dillon (Édouard), ami de La Fayette, t. II, 414.
Dillon (Théobald), général français, t. II, 529.
Dmitri (le faux), tsar de Moscou, t. I, 12-13, 17.
Dodan, marquis d'Herbaud, contrôleur général de France, t. I, 266.
Dohna, général de Frédéric II, t. I, 90.
Doktourof (Gérasime), envoyé de Moscou en Angleterre, t. I, 53.
Dolgorouki ou Dolgoroukof (le prince Jacob Feodorovitch), envoyé de Moscou en France, t. I, 84-89.
Dolgorouki (le prince Vassili Loukitch), t. I, xxxiv, 218, 223, 250, 253, 254, 257, 346.
Dolgorouki (le prince Michel Iouriévitch), t. I, 79.
Dolgorouki (le prince Ivan Alexiévitch), favori de Pierre II, t. I, 267, 346.
Dolgorouki (le prince Ivan Grigoriévitch), exécuté, t. I, 346.
Dolgorouki (Catherine Alexiévna), fiancée de Pierre II, t. I, 267.
Dolgorouki (une princesse), amie d'Alexis Bestoujef, t. I, 373, 434.
Dorochenko, hetman de la Petite-Russie, t. I, 65.
Douglas, Écossais au service de Suède, t. I, 50.

Douglas (le chevalier William), envoyé de France en Russie, t. I, xliv; t. II, première mission, 1 à 13; instruction, 6-12; Deuxième mission, 15-30, instruction, 18-27; — 31 et suiv., 39, 113, 119, 123.
Drouet, agent de la Correspondance secrète de Louis XV, t. II, 203.
Dûben (le comte), ministre de Suède à Pétersbourg, t. II, 240.
Dubois (le cardinal), premier ministre du Régent, t. I, 150, 199 et suiv., 205, 231, 240, 241; sa mort, 253, 263, 265; passim, t. II, 552.
Dubois-Martin, secrétaire du comte de Broglie, t. II, 285.
Dubrowski (Pierre), attaché à l'ambassade de Russie à Paris en 1789, t. I, 474.
Dùker, Ducher ou Duckert (Charles-Gustave), maréchal suédois, t. I, 223.
Dumont, résident de France à Dantzick, t. II, 246.
Dumouriez (le général), t. I, l; t. II, 264, 285. Ministre des affaires étrangères, t. II, 524 et suiv. Général, 533, 534, 535, 555.
Duprat, de Prat ou de Prades (l'abbé), agent de la Correspondance secrète de Louis XV, t. II, 204, 216.
Duquesne, amiral français, t. I, xix.
Durand de Distroff, ministre de France à Pétersbourg et en d'autres postes, t. I, vi, li et suiv.; t. II, 69, 104, 109, 151, 156, 160; sa mission en Russie, 283-306; instruction, 286-305; — 308, 310, 322, 324, 329.
Durfort (le marquis de), ambassadeur de France à Vienne, t. II, 261, 272.
Dussaillans, officier français en Pologne, t. II, 264.

# E

Eckeblad (le comte), Suédois du parti français, t. II, 191.
Eden (lord), diplomate anglais, t. II, 409.
Édouard VI, roi d'Angleterre, t. I, 4.

Eichler, famille allemande au service de Russie, t. I, 269.
Elaguine, Elaghine. — Voyez : Yélaghine.
Élisabeth Pétrovna, impératrice de Russie (1741-1762), t. I, xxxiv et suiv.;

xxxviii et suiv.; xlviii, lviii, 156, 251, 258, 270, 272, 355, 357, 362, 367 et suiv.; t. II, *passim*; sa mort, 183.

Élisabeth, reine d'Angleterre, t. I, 9, 12; t. II, 409.

Engelhardt (Alexandra Vassiliévna), femme de l'hetman Branicki, nièce de Potemkine, t. II, 324.

Eon de Beaumont (le chevalier d'). — (Variante : Déon), t. I, xliv; t. II, 3, 18, 29, 31, 32, 68, 82, 101, 113 et suiv., 147, 159, 161, 203, 216, et *passim*.

Épinay (M^me d'), t. II, 352.

Epinus (Franz), mathématicien, académicien russe, t. II, 413.

Ermolof (Alexandre Pétrovitch), favori de Catherine II, t. II, 356.

Esneval (Robert Leroux, baron d'Acquigny, vidame d'), ambassadeur de France en Pologne, t. I, 93.

Esterhazy (le comte Nicolas), ambassadeur d'Autriche à Pétersbourg, t. II, 26 et suiv., 29, 44, 45, 61, 66, 68 et suiv., 89, 93, 96, 123, 506, 510, 520.

Esterno (le comte d'), ministre de France à Berlin, t. II, 486, 491.

Estienne, serviteur de Louis Deshayes Courmenin, t. I, 24.

Estrées (la maréchale d'), t. I, 71, 156, 187.

Estrées (le comte d'), ministre de France à Vienne, t. II, 58.

Estrées (l'abbé d'), t. II, 552.

Eugène de Savoie, t. I, xx, 170, 270.

# F

Faber (Jean), dominicain, auteur d'un ouvrage sur la Russie, t. I, 10, 12.

Falconet, statuaire français, auteur d'un monument de Pierre I^er, t. II, 264.

Favier, agent de la diplomatie secrète de Louis XV, t. II, 173, 174, 176, 285.

Fayette (le marquis de La), t. II, 475, 531.

Fénelon (le marquis de), ambassadeur de France en Hollande, plénipotentiaire au congrès de Soissons, t. I, 357.

Feodor Alexiévitch, tsar de Moscou, t. I, xxvii, 65 et suiv.

Feodor Ivanovitch, tsar de Moscou, t. I, 13, 16-17.

Fermor (comte Wilhelm), général russe, t. II, 60, 62, 67, 84, 108.

Ferrières (le comte de), voyageur français en Perse, t. II, 422.

Ferriol, ambassadeur de France à Constantinople, t. I, 113-114.

Fersen (le comte de), Suédois, fait évader Louis XVI, t. II, 507-508.

Feth-Ali, shah de Perse, t. II, 328.

Feuillade (le duc de la), t. I, xviii.

Finch, ministre d'Angleterre en Suède, en Russie, t. I, 215, 225, 226, 242, 353, 363.

Fischer, médecin d'Anna Ivanovna, t. I, 269.

Fitz-Herbert, ministre d'Angleterre à Pétersbourg, t. II, 397, 404, 444, 497.

Fleming (le comte), premier ministre de Saxe, t. I, 278.

Fleming (le baron de), ministre de Suède en France, t. I, 246.

Fleury (le cardinal de), t. I, xviii, 263 et suiv., 274, 278 et suiv., 308 et suiv.; sa mort, 402.

Florida-Blanca (don José Monino, comte de), ministre de Charles III et Charles IV, t. II, 461.

Fletcher, Anglais, auteur d'un ouvrage sur la Russie, t. I, 12.

Fleurieu (Charles-Pierre Claret, comte de), ministre de la marine de France, t. II, 503.

Fontenu (Gaspard de), chargé d'affaires de France à Constantinople, t. I, 383.

Fonton de Lestang, envoyé de France en Russie, t. I, 295 et suiv., 301-326, 327 et suiv.

Forbes (George, lord Granand), ministre d'Angleterre en Russie, t. I, 337.

Forbin-Janson (le cardinal de), ambassadeur de France à Varsovie, t. I, 93.

Forest (La), ambassadeur de France à Constantinople, t. I, xvi.

Fougières (le comte de), attaché à l'ambassade du marquis de l'Hôpital, t. I, 101.

Foulon, contrôleur général des finances de France, t. II, 413.

Foulé de Martangis, ambassadeur de France à Copenhague, t. 1, 78, 80.

Fox (Charles), homme d'État anglais, t. II, 373, 377, 467.

Fraignes (le marquis de), émissaire français auprès du prince d'Anhalt-Zerbst, arrêté par ordre de Frédéric II, t. II, 71, 72.

France, Français, au service de Pierre le Grand, t. I, 132.

François Ier, roi de France, t. I, xvii et s., 10.

François Ier, duc de Lorraine, grand-duc de Toscane, empereur allemand, t. I, 397, 453 ; t. II, 48.

François II, empereur allemand, t. II, 523-524, 528.

Frédéric III d'Autriche, empereur allemand, t. I, 3.

Frédéric Ier, électeur de Brandebourg, puis roi de Prusse, t. I, 96 et s., 116-117, 172.

Frédéric II, roi de Prusse, t. I, xlix et s., 366-487 ; t. II, *passim* ; sa mort, 365, 408.

Frédéric Ier, landgrave de Hesse-Cassel, roi de Suède, t. I, 204, 446, 471 ; t. II, 1, 54.

Frédéric IV, roi de Danemark, t. I, 118, 137, 169.

Frédéric V, roi de Danemark, t. I, 420 ; t. II, 52, 54, 189.

Frédéric II, landgrave de Hesse-Cassel, t. II, 55.

Frédéric-Guillaume, de Brandebourg, le Grand Électeur, t. I, 7, 76 et s.

Frédéric-Guillaume Ier, roi de Prusse, t. I, 139 et s., 340, 408 et s.

Frédéric-Guillaume II, roi de Prusse, t. II, 408 et s.

Frédéric-Christian, fils d'Auguste III et électeur de Saxe, t. II, 143, 226 et s.

Frédéric-Auguste, fils du précédent, électeur et roi de Saxe, t. II, 271.

Frémont, chargé par Colbert d'affaires de commerce en Russie, t. I, 61.

Freytag (le comte de), ambassadeur impérial en Russie, t. I, 223.

# G

Gagarine (Anna Lapoukhine, princesse), favorite de Paul Ier, t. II, 520.

Galitsyne ou Golitsyne, grande famille princière en Russie :

Galitsyne (le prince Vassili Vassiliévitch), favori, ministre et général de la tsarévna Sophie, t. I, 74, 75, 89-91.

Galitsyne (le prince Michel Mikhaïlovitch), t. II, 17.

Galitsyne (le feld-maréchal Michel Mikhaïlovitch), t. I, 346.

Galitsyne (le prince Pierre), chambellan d'Élisabeth, t. I, 438.

Galitsyne (le prince Dmitri Alexiévitch), ministre de Russie en France, t. I, li ; t. II, 182, 220, 245, 263.

Galitsyne (le prince Dmitri Mikhaïlovitch), ministre de Russie à Vienne, t. II, 182, 382.

Galitsyne (le prince Alexandre Mikhaïlovitch), vice-chancelier, t. II, 191, 212, 220, 238, 259, 276, 296, 559.

Galvez (le chevalier de), ministre d'Espagne à Pétersbourg, t. II, 411, 468-469, 488, 497, 499, 503, 510, 517, 523, 537.

Garde (baron de La), amiral français, t. I, xvii.

Gardie (Jacques de La), officier français au service de Pologne, t. I, 13.

Gardie (Pontus, baron de La), officier français au service de Suède, t. I, 13.

Gardie (le comte de La), ministre suédois, t. I, 223.

Gargot, envoyé de France en Courlande, t. I, 54.

Gaucherie ou Gocherie (de La), officier français, prisonnier en Russie, t. I, 311, 313.

Gaussen (le chevalier de), chargé d'affaires de France à Stockholm, t. II, 395, 435, 451, 488, 491, 499, 502.

Gedda (Nicolas-Pierre), résident, puis envoyé de Suède en France, t. I, 246.

Genet, chargé d'affaires de France en Russie, t. I, LVII; t. II, 410, 476-477.
— Sa mission, 479-540, 541 et suiv.; Instruction, 480-491.
George Ier, électeur de Hanovre, roi d'Angleterre, t. I, 137, 145, 155, 184, 195, 207, 226 et suiv., 230.
George II, électeur de Hanovre, roi d'Angleterre, t. I, 446.
George III, électeur de Hanovre, roi d'Angleterre, t. II, 447, 467, 482.
Georgel (l'abbé), secrétaire du cardinal de Rohan, t. II, 285.
Gérard. — Voyez : Rayneval.
Gérault, chargé d'affaires en Suède, t. II, 370.
Gerstorff (le baron de), ministre de Saxe à Pétersbourg, t. I, 428, 439.
Ghiréi (Bakhty-), khan de Crimée, t. II, 340.
Ghiréi (Chahyn-), khan de Crimée, t. III, 328, 340, 373.
Ghiréi (Devlet-), khan de Crimée, t. II, 328, 340.
Ghiréi (Sahib-), khan de Crimée, t. II, 328, 340.
Girault, résident de France en Pologne, t. II, 247.
Gisors (le comte de), fils du maréchal de Belle-Isle, t. II, 21.
Giustiniani ou Justiniani (le chevalier), ministre de Venise à Pétersbourg, t. II, 427.
Gliébof (Alexandre Ivanovitch), ministre de Pierre III, t. II, 191.
Godel, Godelé ou Gotchalk, officier du génie français, prisonnier en Russie, t. I, 311, 313.
Godoï (Manuel), le futur *Prince de la Paix*, t. II, 461.
Godounof (Boris), tsar de Moscou, t. I, 12, 13, 18.
Gœrtz (le baron Georges-Henri de), ministre de Charles XII, t. I, 137, 145, 194-195, 198.
Gœrtz (le comte de), ministre de Prusse à Pétersbourg, t. II, 359, 378, 394, 397.
Gordon (Thomas), Anglais, amiral russe, t. I, 304, 328.
Goldbach, conseiller d'État russe, employé aux perlustrations, t. I, 431.
Golokhvastof, un des premiers diplomates russes, t. I, 3.

Golovine (le boïar Semen Vassiliévitch), t. I, 30
Golovine (le comte Feodor Alexiévitch), général, amiral, chancelier de Russie, t. I, 93, 99, 103, 107, 108; t. II, 558.
Golovine (le comte Nicolas Feodorovitch), amiral, t. I, 304.
Golovkine (le comte Gabriel Ivanovitch), chancelier de Pierre le Grand, t. I, 126, 138, 144, 189, 210, 216, 231, 354, 429.
Golovkine (Alexandre Gavrilovitch), ministre de Russie à Paris, t. I, 263.
Golovkine (le comte Michel Gavrilovitch), vice-chancelier, t. I, 367, 375.
Goltz (le baron de), envoyé de Prusse à Pétersbourg sous Pierre III, t. II, 195.
Goltz (le comte Bernard de), ministre de Prusse à Pétersbourg sous Catherine II, t. II, 510.
Gonzague (Marie-Louise de), reine de Pologne, t. I, 40.
Goosens ou Gosens (Ivan ou Johann), agent commercial de Colbert, t. I, 61.
Gravière (le chevalier de La), chargé d'affaires de France à Vienne, t. I, 395.
Greig (Samuel), Anglais, amiral russe, t. II, 455.
Grenville (George), ministre anglais, t. II, 213.
Grimberghen (le prince de), ambassadeur de l'empereur Charles VII à Paris, t. I, 394.
Grimm (le baron), correspondant de Catherine II, t. I, LI; t. II, 308, 331, 355, 356, 385, 460, 477, 506.
Grissac (de), officier français tué à Dantzick, t. I, 306.
Gross (André Léontiévitch), ministre de Russie à Paris, t. I, 476, 486; t. II, 1, 15, 19, 180.
Guagnino, Italien, auteur d'un ouvrage sur la Pologne et la Russie, t. I, 12.
Guillaume III, roi d'Angleterre, t. I, XIII, XXIX, 91.
Guillaume V, stathouder de Hollande, t. II, 415.
Guines (le comte de), ministre de France à Berlin, t. II, 266, 304.
Guise (Henri de), t. I, 15.
Gunning, ministre d'Angleterre à Pétersbourg, t. II, 298, 310 et suiv.; 316, 327, 329, 343.

Gunzmann, envoyé impérial à Moscou, t. I, 54.
Gustave III, roi de Suède, t. I, LIII, LVII, 411, 464; t. II, 264, 288, 305, 418, 434, et suiv., 486 et suiv., 485 et suiv.; assassiné, 524.
Gustave IV, roi de Suède, t. II, 492.
Gustave-Adolphe, roi de Suède, t. I, XI, XII, 21, 116.
Guyot d'Ussières (l'abbé), chargé d'affaires de France en Russie, t. I, LI; t. II, 247, 255-256, 259 et suiv.
Gyllenborg (le comte Carl de), ministre de Suède en Angleterre, t. I, 194-195, 224.

# H

Harald le Brave, roi de Norvège, t. I, 9.
Harcourt (duc d'), général français, t. I, 389.
Harris (John). — Voy. Malmesbury (lord).
Havrincourt (le marquis d'), ambassadeur de France à Stockholm, t. II, 109, 114, 136, 160, 191, 214.
Haxthausen (le comte de), ministre de Danemark à Pétersbourg, t. II, 190.
Haye (de la), ambassadeur de France à Constantinople, t. I, XVI.
Heil, sujet mecklembourgeois, employé dans la mission de l'abbé Langlois, t. I, 277 et suiv., 313, 318.
Heinsius (Antoine), grand pensionnaire de Hollande, t. I, XXIX.
Heinsius (Nicolas), envoyé de Hollande à Moscou, t. I, 62.
Helbig (von), ministre de Saxe à Pétersbourg, t. II, 3, 9, 356, 514.
Hennin, chargé d'affaires en Pologne, t. II, 239, 243, 399, 409.
Henri I$^{er}$, roi de France, t. I, 9.
Henri II, roi de France, t. I, XVII et suiv., 10 et suiv.
Henri III, roi de France, t. I, IX, 10, 13 et suiv., t. II, 141.
Henri IV, roi de France, t. I, VIII, 16-18; t. II, 409, 414.
Henri (le prince), frère de Frédéric II, t. II, 91, 94, 331, 396.
Héraclius, roi de Géorgie, 241, 422.
Herberstein (le baron Sigismond d'), envoyé allemand en Russie, t. I, 12.
Hérault, lieutenant de police à Paris, t. I, 254.
Héron (du) envoyé de France en Pologne, t. I, 93, 95, 109.
Herreria (marquis de La), ministre d'Espagne à Pétersbourg, t. II, 241, 278, 298. — (La marquise de La), 241, 246.
Hertzberg (le comte Ewald-Frédéric de), ministre de Frédéric-Guillaume II, t. II, 408, 484.
Hesse-Hombourg (princes et princesses de), 354, 355.
Hochholtzer (le baron de), résident d'Autriche à Pétersbourg, t. I, 291.
Hohenholtz, ministre d'Autriche à Pétersbourg, t. I, 440.
Holstein. — Voy. Adolphe-Frédéric, Charles-Frédéric, Pierre III.
Holstein, ministre de Danemark en Suède, t. I, 353, 453.
Hôpital (le marquis de L'), ambassadeur de France en Russie, t. I, XLIV et suiv.; t. II, 5 et suiv.; 31-102; 118 et suiv.; Instruction, 32-60.
Hôpital (le baron de L'), neveu de l'ambassadeur, attaché à l'ambassade, t. II, 103-104.
Hopken (le baron Daniel-Nicolas), ministre suédois, t. I, 224.
Horn (Arvid Bernhard, comte de), premier ministre de Suède, t. I, 215, 223-226.
Horn Kankas, général suédois, t. I, 50.
Houze (Basquiat, baron de La), ministre de France à Copenhague, t. II, 395, 502, 531.
Huxelles (le maréchal d'), t. I, 124, 145, 147 et suiv., 186, t. II, 552.

# I

Iagoujinski (le comte Paul Ivanovitch), ministre, général et diplomate russe, t. I, 224, 225, 257, 270.

Iaroslavski (Ivan Feodorovitch), envoyé du tsar Vassili en Espagne, t. I, 10.

Iaroslaf, grand-prince de Kief, beau-père de Henri Ier, roi de France, et grand-père de Philippe Ier.

Iberville (d'), chargé des conférences avec Matvéef, t. I, 111, 112, 194.

Innocent XI, pape, t. I, 75, 84.

Ioakhim, patriarche de Moscou, t. I, 79.

Ippolitof (le diak Semen), envoyé de Moscou en France, t. I, 81-83.

Issarts (le marquis des), ambassadeur de France en Pologne, t. I, 451.

Ivan III le Grand, tsar de Moscou, t. I, 1 et suiv.

Ivan IV le Terrible, tsar de Moscou, t. I, viii, 1 et suiv., 111; t. II, 63, 355.

Ivan V Alexiévitch, tsar, t. I, 74 et suiv.

Ivan VI de Brunswick, empereur de Russie, t. I, li, 344, 363, 378, 398; t. II, 8, 9, 25, 47, 53, 55, 152, 215; sa mort, 219.

Ivanof (André), traducteur à la chancellerie russe, t. I, 439.

# J

Jacob, duc de Courlande, t. I, 54.

Jacques Ier, roi d'Angleterre, t. I, 18.

Jean-Casimir Wasa, roi de Pologne, t. I, 40 et suiv., 45 et suiv.

Jenkinson (Antoine), envoyé britannique à Moscou, t. I, 4, 5.

Joseph Ier, empereur allemand, t. I, xxxii, 128.

Joseph II, empereur allemand, t. I, l et suiv.; t. II, 48, 268, 285, 291, 323, 326, 341, 366, 373, 377, 380 et suiv., 393, 404, 408, 414-415, 419, 423; sa mort, 447, 470-471.

Joseph (le père), agent de Richelieu, t. I, 32.

Joséphine d'Autriche, femme d'Auguste III, t. II, 143.

Juigné (le marquis de), ministre de France en Russie, t. I, vi, lv; t. II, 306, 307-332; instruction, 309-328; — 333, 335, 337, 351, 357, 371, 397.

Jumonville, officier français en Amérique, t. II, 22.

# K

Kantémir (le prince Antiochus Dmitriévitch), ambassadeur de Russie en Angleterre et en France, auteur des *Satires*, t. I, 16-17, 335, 337, 339, 340, 342, 355, 359, 361, 367, 373, 379, 385, 395, 403, 409, 410, 456, 476.

Keyserling (le comte Hermann-Karl), ambassadeur de Russie à Vienne, à Varsovie, t. I, 269, 336, 337; t. II, 227.

Kara-Mustapha, vizir de Mohammed IV, t. I, xix.

Kaunitz (le prince de), chancelier d'Autriche, t. II, 183, 185, 285.
Keith, Écossais, général russe, t. I, 370, 402, 477.
Keith, ministre d'Angleterre à Pétersbourg, t. II, 64, 148, 183, 190, 195, 213.
Khotinski (Nicolas Constantinovitch), ministre de Russie en France, t. I, LI; t. II, 263, 283.
Khrapovitski, secrétaire de Catherine II, t. II, 198, 414, 441, 475, 492, 493, 507 et suiv., 516, 523, 534, 545.
Kirilof Worfolamiewitz (*sic*), diak, envoyé de Moscou en France, t. I, 84-88.
Kleck (Conrad de), envoyé de Hollande à Moscou, t. I, 54.
Kneller, peintre anglais, t. I, 54.
Knyphausen (le baron de), ministre de Prusse en Hollande, t. I, 144 et suiv., 190 et suiv.
Kœnigsegg (le comte), feld-maréchal autrichien, t. I, 393, 397.
Kondyref (Ivan Gavrilovitch), envoyé de Moscou en France, t. I, IX, 19 et suiv., 26, 29.
Konovnitsyne (Pierre Pétrovitch), gouverneur de Pétersbourg, t. II, 410, 516, 518.
Korff, famille allemande au service de Russie, t. I, 269.
Korff (la baronne de), affaire du passeport de Louis XVI, t. II, 507-508.

Kosciuszko (Thaddée), général polonais, t. II, 328, 534.
Kotchoubey (le prince Victor Pavlovitch), t. II, 509.
Kotochikine (Grigori), sous-secrétaire du *Possolski Prikaz*, t. I, 53.
Kourakine (le prince Boris Ivanovitch), ministre de Russie en France, t. I, 138, 144, 157, 159 et suiv., 184, 189, 199, 210, 257, 263, 266, 267.
Kourakine (le prince Alexandre Borissovitch), ministre de Russie en France, t. I, 254, 263.
Kourakine (le prince Boris Alexandrovitch), t. II, 179.
Kourakine (le prince Alexandre Borissovitch), ambassadeur de Russie auprès de Napoléon I<sup>er</sup>, t. II, 179.
Kourakine (la belle princesse). — Voyez : Apraxine (Hélène).
Kourbatof, capitaine russe, t. I, 439.
Koutouzof (Michel Ilarionovitch Golénitchef —), feld-maréchal, t. II, 442.
Krafft, professeur de physique des grands-ducs, t. II, 529.
Krock. — Voyez : Skroff.
Kupruli ou Koproli (Móhémet), grand-vizir, t. I, XVI.
Kupruli (Fazil-Ahmed), grand-vizir, fils du précédent, t. I, XIX.
Kupruli (Mustapha), grand-vizir, frère du précédent, t. I, XIX.

# L

La Chaise, jésuite, confesseur de Louis XIV, t. I, 70-71.
Laffitte (ou de La Fitte), ingénieur français en Turquie, t. II, 444, 450.
Lagny, un des directeurs de la Compagnie du Nord sous Colbert, t. I, 62.
Laharpe (César-Frédéric), colonel vaudois, précepteur des grands-ducs Alexandre et Constantin, t. II, 529-530.
Lally-Tollendal (le comte de), Irlandais au service de France, chargé d'une mission secrète en Russie, t. I, 327-338, 339 ; t. II, 96.

Lameth (Alexandre de), t. II, 414.
Lamotte de La Peirouse, t. I, 275 et suiv., 295 et suiv., 301 et suiv.
Lanczynski de Lanczyn (Louis), envoyé de Russie à Vienne, t. I, 261, 379.
Langeron (le comte de), Français au service de la Russie, t. II, 423, 459.
Langlois (l'abbé), appelé aussi Bernardoni et Müller, chargé d'une mission en Russie, t. I, XXXVIII, 277-300, 308, 313, 315, 317, 320, 321.
Lanmary (le marquis de), ambassadeur de France en Suède, t. I, 371, 387, 390, 391, 405, 467 ; t. II, 54.

# TABLE ALPHABÉTIQUE.

Lanskoï (Alexandre Dmitriévitch), favori de Catherine II, t. II, 356, 449.

Lapoukhine ou Lopoukhine, ancienne famille russe, dont était la première femme de Pierre le Grand :

Lapoukhine (Ivan) lieutenant-colonel russe, t. I, 403. — Sa famille, 403.

Lapoukhine (Vassili Abrahamovitch), général russe, t. I, 477; t. II, 60.

Lascaris (Théodore), Grec, t. I.

Lascy (Pierre de), Irlandais, feld-maréchal russe, t. I, xxxvii, 274, 275, 325, 328, 333, 344, 361, 370, 402.

Lascy (Joseph-François-Maurice), fils du précédent, feld-maréchal autrichien, t. I, 328; t. II, 95, 323, 330, 359.

La Serre, gentilhomme français, chambellan de Biren, t. I, 329, 333, 334, 335.

Laudon, général autrichien. t. II, 90, 93, 447.

Lavie, consul de France en Russie, t. I, 131-135, 218, 231, 250, 265.

Law, Écossais, auteur du fameux *Système*, t. I, 202.

Lazinski, envoyé de Pologne à Moscou, t. I, 90.

Le Bas, chargé d'affaires de France à Constantinople, t. II, 339.

Le Blond, architecte français en Russie, t. I, 132; t. II, 81.

Le Brun, peintre français, t. I, 56.

Lebrun-Tondu, ministre des affaires étrangères de France (1792-1793), t. II, 539 et suiv., 555; exécuté, 539.

Le Dran, employé aux affaires étrangères de France, t. I, 18, 25, 88, 186, 199, 207, 475.

Lefort (Franz), Genevois, général et amiral de Pierre le Grand, t. I, 4, 131.

Lefort, conseiller de commerce de Pierre le Grand, t. I, 131, 135.

Lehwaldt, général de Frédéric II, t. II, 60, 65.

Lemaire (l'abbé), ministre de France à Copenhague, t. I, 387.

Léopold Ier, empereur allemand, t. I, xx, xxxii, 91, 96.

Léopold II, empereur allemand, t. II, 447, 523, 525, 528.

Lessart (Claude Waldec de), ministre des affaires étrangères de France (1791-1792), t. II, 521 et suiv., 555; massacré, 539.

Le Prince, peintre français en Russie, t. II, 21.

Lestocq (le chirurgien), un des auteurs de la révolution russe de 1741, t. I, 373, 375, 377, 392, 393, 398, 399, 427, 428, 433, 438, 440; t. II, 2 et suiv., 66, 82.

Leszczinski (Stanislas), roi de Pologne, t. I, xxxvii, 109, 114, 126, 236, 274, 275, 280 et suiv., 326, 341; t. II, 143.

Leszczinska (Marie), fille du précédent, reine de France, t. I, 257.

Levenhaupt, général suédois, t. I, 368, 369 et suiv.; exécuté, 402.

Levisson ou Leviston, projet de mission en Russie, t. I, 131 et suiv.

Liboy (de), gentilhomme français, chargé de recevoir en France Pierre le Grand, t. I, 157-167.

Lichtenstein (le prince de), ambassadeur d'Autriche en France, t. I, 341.

Lieven, famille allemande de la Baltique, passée au service de la Russie, t. I, 269.

Lieven, général russe, t. I, 486; t. II, 62, 63.

Lippmann, banquier allemand d'Anna Ivanovna, t. I, 269.

Ligne (Charles-Joseph, prince de), t. II, 442.

Likatchef, envoyé de Moscou à la cour de Florence, t. I, 53.

Lilienfeld (Sophia), t. I, 403.

Lionne ou Lyonne (Hugues de), ministre des affaires étrangères de Louis XIV (1663-1671), t. I, xxvii, 56, t. II, 552.

Liria (le duc de), ambassadeur d'Espagne en Russie, t. I, 356, 359.

Livry (l'abbé de), ambassadeur de France à Varsovie, t. I, 451.

Lobkowitz (le prince Joseph), ambassadeur d'Autriche à Pétersbourg, t. II, 257, 267, 273, 277, 278, 280.

Lœwenwold (Charles-Gustave, comte), envoyé de Russie à Vienne, t. I, 268, 294.

Lœwenwold (Charles-Reinhold, comte), frère du précédent, grand maréchal du palais, t. I, 268, 269, 288 et suiv., 325.

Lœwenwold (Frédéric-Casimir, comte), envoyé de Russie en Pologne, t. I, 270,

Loless ou Lolew, Irlandais, agent du

prétendant Stuart auprès de Pierre le Grand, t. I, 199.
Lorraine (Charles V, duc de), t. I, xix, 84.
Lorraine (Charles de), général autrichien, t. I, 440.
Louis XIII, roi de France (1610-1643), t. I, ix, 18 et suiv., 24 et suiv.
Louis XIV, roi de France, t. I, xiii et suiv., 39 et suiv., xx et *passim*. Sa mort, 138.
Louis XV, roi de France, t. I, xxxiv et suiv., et *passim*; t. II, *passim*. Sa mort, 306-307.
Louis XVI, roi de France, t. I, vi, 407; t. II, 21, 143, 283, 306-544. Sa mort, 545-546.

Louis, patriarche d'Antioche, envoyé français, t. I, 3.
Louise-Ulrique, sœur de Frédéric II, reine de Suède, t. I, 411, 445, 464.
Louvois, ministre de Louis XIV, t. I, xxvii.
Lubienski, archevêque de Gnezn, primat de Pologne, t. II, 243.
Lucchesini (Jérôme, marquis de), diplomate prussien, t. II, 449.
Lückner (le maréchal de), t. II, 531, 533.
Luitprand, évêque de Crémone, t. I, 2.
Lusk, agent de M. Genet, t. II, 530 et suiv., 538, 539.
Luzerne (le chevalier de La), officier français prisonnier en Russie, t. I, 304.
Luzerne (César-Henri de La), ministre de la marine, t. II, 503.

# M

Macartney (George), négociateur du traité de commerce anglo-russe, t. II, 278, 343.
Machault d'Arnouville, contrôleur général des finances de France, t. II, 49, 222, 75.
Magnan, chargé d'affaires de France en Russie, t. I, xxxvii, 261, 263-272, 273, 341.
Magnan. — Voyez : Anthouard.
Mahmoud I$^{er}$, sultan des Turcs, t. I, 326 ; t. II, 9.
Mahmoud II, sultan des Turcs, t. II, 504.
Maillebois (le maréchal de), t. I, 397.
Maintenon (M$^{me}$ de), t. I, 169, 188.
Malesherbes (Chrétien de Lamoignon de), ministre de la maison de Louis XVI, t. II, 415.
Malmesbury (John Harris, lord), t. II, 343, 350, 351, 356, 367, 373, 377, 484.
Mamonof (Dmitrief-), favori de Catherine II, t. II, 356, 449.
Mandrillon (de), agent des patriotes hollandais à Paris, t. II, 499-500, 508, 509.
Manstein, aide de camp du maréchal Münich, t. I, 269, 346, 367.
Marais, capitaine de navire français, t. II, 544.
Marck (Louis-Pierre, comte de La), diplomate français, t. I, 154, 201, 206.
Mardefeldt (le baron), ministre de Prusse en Russie, t. I, 223.
Mardefeldt (le baron Axel), ministre de Prusse en Russie, t. I, 353, 389, 399, 413, 428 et suiv., 437, 450, 477, 478.
Margeret (Jacques), capitaine français au service de Russie, t. I, ix, 12-13.
Maria Feodorovna (Sophie-Dorothée de Wurtemberg), seconde femme de Paul I$^{er}$, t. II, 331, 372, 426, 519-520.
Marie-Amélie de Saxe, fille d'Auguste III, femme de Charles III d'Espagne, t. II, 157, 446.
Marie-Antoinette d'Autriche, reine de France, t. I, lv; t. II, 185, 536-537, 545.
Marie-Josèphe de Saxe, fille d'Auguste III, dauphine de France, t. I, xli, 407; t. II, 1, 35, 143, 226.
Marie de Médicis, reine et régente de France, t. I, 31.
Marie-Thérèse d'Autriche, femme de Louis XIV, t. I, 55, 60 et suiv.
Marie-Thérèse, impératrice allemande, t. I, l et suiv., 363 et suiv.; t. II, 12, *passim*. Sa mort, 359.
Markof ou Morkof (le comte Arcade Ivanovitch), ministre de Russie en France, t. I, lv; t. II, 410, 428, 490, 510, 513, 521.

# TABLE ALPHABÉTIQUE.

Marquetti, résident de Suède en France, t. I, 209.

Marselein, Allemand, créateur de fonderies en Russie, t. I, 18.

Marville, officier français, prisonnier en Russie, t. I, 311, 313.

Massip, officier français au service de Suède, t. I, 226.

Matchékhine (Constantin-Gérassimovitch. (Variantes : Matziechnin, Metcherski), envoyé russe en France, t. I, ix, xxv, 40 et suiv., 54.

Mathias, roi de Hongrie, et empereur allemand, t. I, 3.

Matvéef (le boïar Artamon Sergiéévitch), t. I, 53, 75, 79, 110, t. II, 557.

Matvéef (le comte André Artamonovitch), t. I, 93, 99, 110 et suiv.

Maurepas (Jean-Frédéric Phélypeaux de Pontchartrain, comte de), ministre français, t. I, 274, 470, 481 et suiv.; t. II, 15, 351.

Maurice de Saxe, maréchal de France, t. I, 261.

Mavrocordato, hospodar de Moldavie, t. II, 415.

Maximilien d'Autriche, empereur allemand, t. I, 3.

Maximilien-Joseph, électeur de Bavière, t. II, 341, 481.

Mazarin (le cardinal), t. I, x, xii, 43, 50.

Mazeppa, hetman de la Petite-Russie, t. I, 108.

Mecklembourg-Schwérin (le duc Karl-Léopold), gendre d'Ivan V, t. I, 137, 253, 268, 277 et suiv.

Meilhan (Sénac de), émigré français en Russie, t. II, 506.

Meissonnier, officier français arrêté en Russie, t. II, 104.

Menchikof (le prince Alexandre Danilovitch), t. I, 100, 103, 104, 106, 111, 126, 134, 256, 257, 433.

Ménager ou Mesnager (le chevalier), attaché militaire de France, à l'armée russe, t. II, 61, 85, 103, 105, 108.

Mengden, famille allemande au service de Russie, t. I, 269.

Mercy-Argenteau (Florimond-Charles, comte de), diplomate autrichien, t. II, 185, 191, 200, 206, 233.

Merik (John), envoyé de Jacques I$^{er}$ d'Angleterre à Moscou, t. I, 18.

Meslières (de), secrétaire d'ambassade à Stockholm, destiné à une mission en Russie, t. I, 403, 405-408.

Messelière (La), auteur d'un voyage en Russie, t. II, 4, 18.

Messelière (le comte de La), attaché militaire à l'ambassade du marquis de l'Hôpital, t. II, 104.

Meyerberg (le baron de), ambassadeur impérial à Moscou, t. I, 39.

Michel Feodorovitch, tsar de Moscou, t. I, x-xi, 18 et suiv.; 34 et suiv.; 40 et suiv.

Michel de Rouen, négociant français en Russie, t. I, xliv; t. II, 1 et suiv., 12, 13, 18, 28, 30, 34, 51, 139, 205.

Middleton (George), envoyé britannique à Moscou, t. I, 4.

Miloslavski (Maria), première femme du tsar Alexis, t. I, 75; t. II, 557.

Mirabeau (le comte de), t. II, 496.

Mirepoix (le marquis de), ambassadeur de France à Vienne, t. I, 327.

Mirovitch (le lieutenant), t. II, 219.

Mlotskoy (Jean), envoyé de Pologne à Moscou, t. I, 41.

Mniszek, grand maréchal du dernier roi de Pologne, t. II, 535.

Modène (le comte Raymond de), ministre de France à Hambourg, t. II, 261, 270.

Moëns (Anna), favorite de Pierre le Grand, t. I, 101.

Mohammed ou Mahomet II, sultan des Turcs, t. I, xiv.

Mohammed IV, sultan des Turcs, t. I, xix, 73, 84.

Mohammed, shah de Perse, t. II, 241.

Moinville (de), officier français tué a Dantzick, t. I, 306.

Moissonnier, employé de la légation de France, t. II, 525-526.

Mokranowski, délégué polonais auprès de Louis XV, t. II, 3, 141.

Molleville (Bertrand de), ministre de la marine de France, t. II, 524.

Monet (le général), consul général de France à Varsovie, t. II, 239, 243.

Montalembert (Marc-René, marquis de), chargé d'une mission militaire en Russie, t. II, 32, 103-110.

Montazet (de), attaché militaire français à l'armée de Daun, t. II, 106.

Monteil (François-Juste-Charles, marquis de), ministre de France en Pologne, t. II, 144, 151.

Montesquiou (le marquis de), général français qui fit la conquête de la Savoie en 1792, t. II, 534.

Masson (le colonel), professeur de mathématiques des grands-ducs Alexandre et Constantin, auteur de *Mémoires sur les règnes de Catherine II et Paul Ier*, t. II, 529.

Montemar (le comte de), général espagnol, t. I, 275.

Monti (le marquis de), ambassadeur de France à Varsovie, fait prisonnier à Dantzick, t. I, 270, 274, 275, 303, 306, 308, 311, 314, 316, 317, 318, 324, 327, 342, 393, 451; t. II, 131.

Montmartel (Jean Pâris de), banquier de Louis XV, qui le créa marquis de Brunoy, t. I, 477.

Montmorin Saint-Herem (Armand-Marc, comte de), ministre de France à Madrid, ministre des affaires étrangères de France (1789-1791), t. I, LVI; t. II, 348, 414 et suiv., 554; sa retraite, 521; massacré, 539.

Morambert, auteur d'un *Journal* sur l'ambassade de La Chétardie, t. I, 367, 439.

Moreau de Séchelles, contrôleur des finances de France, t. II, 49.

Moricq (de), commissaire de Richelieu, t. I, 32-33.

Morville (Fleuriau, comte de), ministre des affaires étrangères de France (1723-1772), t. I, 250, 253, 255 et suiv., 261, 263, 264, 268, t. II, 554.

Moucheron, négociant français en Russie, t. I, 17.

Moussine-Pouchkine (le comte Platon Ivanovitch), envoyé de Pierre Ier en France, t. I, 200 et suiv., 210, 218, 246.

Moustier (le comte de), ministre de France à Berlin et agent de Louis XVI, t. II, 502, 503.

Moutousof, « petit-maître », t. II, 219.

Müller. — Voyez: Langlois (l'abbé).

Münich ou Münnich, Oldenbourgeois, (Burchard-Christophe), feld-maréchal russe, qui fit le siège de Dantzick, et dirigea les campagnes contre les Turcs, t. I, 269, 270, 271, 275, 276, 303 et suiv., 361, 362, 364; t. II, 8, 62.

Münich (le comte Johann-Ernst), frère du précédent, ministre de Russie en France, t. I, 1, 264.

Mustapha II, sultan des Turcs, t. I, xx, 106.

Mustapha III, sultan des Turcs, t. II, 229.

Muy (le maréchal de), t. II, 12, 306, chargé par Louis XVI d'examiner la Correspondance secrète de Louis XV.

Mychetski (le prince Jacob), envoyé de Moscou en France, t. I, 84-89.

# N

Napoléon Ier (le général Bonaparte), t. I, XXIII; t. II, 145, 218, 359, 449, 546.

Narbonne-Lara (le comte Louis), diplomate et militaire français, t. I, 385.

Narychkine (Athanase), t. I, 75, 79.

Narychkine (Cyrille Polouéktovitch), beau-père du tsar Alexis, t. I, 75, 79.

Narychkine (Ivan Kyrilovitch), fils du précédent, t. I, 75, 79.

Narychkine (Nathalie Kyrilovna), seconde femme du tsar Alexis, t. I, 53, 74.

Narychkine (Léon Alexandrovitch), chambellan, grand écuyer de Catherine II, t. I, 433; t. II, 352.

Nassau-Siegen (le prince de), t. II, 431 449, 450, 452. — Instruction que lui remet M. de Ségur, 453-459, 488, 499, 508, 502, 506, 509, 510, 520.

Natalie, fille de Pierre Ier, t. I, 199.

Natalie Alexiévna (Wilhelmine de Hesse-Darmstadt), première femme de Paul Ier, t. II, 328, 331.

Navailles (le duc de), t. I, XVIII.

Necker, ministre de Louis XVI, t. II, 448.

Necker (Mlle). — Voir Staël.

Nélidof (Mlle de), favorite de Paul Ier, t. II, 519-520, 533.

Nénel (de), négociant français en Russie, t. I, 16. — Voyez : Renel.
Népéi, envoyé russe en Angleterre, t. I, 4.
Néplouïef (Ivan Ivanovitvh), envoyé de Russie à Constantinople, t. I, 270.
Néplouïef (André Ivanovitch), résident de Russie à Constantinople, t. I, 439.
Neuhaus (le baron de), ministre de l'empereur Charles VII à Pétersbourg, t. I, 413, 430.
Neuville (de La), envoyé à Moscou par le marquis de Béthune et auteur d'un livre sur la Russie, t. I, 16-17, 88-89.
Neuvy (de), officier français tué à Dantzick, t. I, 306.
Nicon, patriarche de Moscou, t. I, 53.
Niéviérof (le diak Michel), envoyé de Russie en France, t. I, 19 et s.

Noailles (Adrien-Maurice, duc de), maréchal de France, membre du Conseil de Louis XV, t. I, 442, t. II, 553.
Noailles (Emmanuel-Marie-Louis, marquis de), petit-fils du précédent, ambassadeur de France à Vienne, t. II, 395, 491, 509, 510.
Nolken (le baron), ministre de Suède à Pétersbourg, sous Anna Ivanovana, t. I, 352, 375, 390, 391, 393.
Nolken (le baron), ministre de Suède à Pétersbourg sous Catherine II, t. II, 365, 394, 411.
Normandez, ministre d'Espagne à Pétersbourg, t. II, 411.
Norris, amiral anglais. t. I, 193, 230.
North (lord), ministre de George III, t. II, 377.
Nunez (le comte Fernand), ambassadeur d'Espagne en France, t. II, 499.

# O

Oakes, ministre d'Angleterre à Pétersbourg, t. II, 343.
Obriézkof (Alexis Mikhailovitch), ministre de Russie à Constantinople, t. II, 262, 266, 289.
Œttingen (le comte d'), envoyé de l'empereur Charles VII à Paris, t. I, 394.
Odard, Piémontais, agent de Catherine II, t. II, 196, 199.
Ogier (le président Jean-François), ministre de France à Copenhague, t. II, 136, 240.
Okounef, *pristaf* de Deshayes Courmenin, t. I, 25.
Olearius, ou Œlschlager, Holsteinois, astronome, géographe et historien, t. I, 18 et s.
Olsoufief ou Alsoufief (Adam Vassiliévitch), t. II, 65, 148.
Ordine-Nachtchokine (Athanase Laurentiévitch), ministre d'Alexis Mikhailovitch, t. I, 4, 53, 54, 69; t. II, 557.
Ordine-Nachtchokine (Bogdan Ivanovitch), t. I, 69, t. II, 557.
Orléans (Gaston d'), frère de Louis XIII, t. I, 31, 33 et s.

Orléans (Philippe, duc d'), frère de Louis XIV, t. I, 55.
Orléans (Philippe duc d'), régent de France, t. I, XXIV, 135 et s., 156 et s., 166 et s., 264-265.
Orléans (Philippe-*Égalité*, duc d'), t. II, 545.
Orlick, Polonais, chargé d'une mission auprès de Leszczinski, t. I, 219.
Orlof (Alexis Grigoriévitch), amiral, vainqueur de Tchesmé, t. II, 217, 310, 329.
Orlof (Grigori Grigoriévitch), favori de Catherine II, t. II, 211, 217, 235, 237, 250, 274, 275, 289, 294, 310 et s., 316.
Orlof (Vladimir Grigoriévitch), directeur de l'Académie des sciences, t. II, 217.
Orlof (Grigori Ivanovitch), colonel, père des précédents, t. II, 217.
Orry (Philibert), comte de Vignori, contrôleur général des finances de France, t. II, 51.
Osman III, sultan des Turcs, t. II, 9.
Orta Machado (le chevalier François-Joseph d'), ministre de Portugal à Pétersbourg, t. II, 427.
Osten (le baron d') (variante : Hostin),

ministre de Danemark à Pétersbourg, t. II, 69, 74, 158, 240, 279.

Ostermann (André Ivanovitch ou Heinrich-Johann-Frédéric), Westphalien, ministre russe, t. I, 198, 235, 257, 271, 287 et s., 336, 344, 351 et s., 354, 367, 375, 429 ; t. II, 32, 558.

Ostermann (le comte Ivan Andréévitch), vice-chancelier de Russie, t. II, 296, 311, 323, 390, 398, 410, 428, 430, 445, 451, 452, 471, 490, 492 et s., 500, 510 et s., 518 et s., 523, 525, 559.

Otton le Grand, empereur allemand, t. I, 2.

Ouchakof (le comte André Ivanovitch), directeur de la *chancellerie secrète*, t. I, 438-439.

Oyze (d'), officier français prisonnier en Russie, t. I, 303.

# P

Pagès, un des directeurs de la Compagnie du Nord sous Colbert, t. I, 62.

Pallas (Pierre-Siméon), naturaliste prussien, académicien russe, t. II, 413.

Panine (le comte Nikita Ivanovitch), dirigeant les affaires étrangères de Russie, t. II, 212, 217, 219, 220, 231, 245, 260, 263, 271, 274, 275, 293 et s., 310 et s., 323, 324, 327, 342, 346, 347, 349, 353, 371-372, 559. Disgracié, 372, 387, 389, 390, 396.

Panine (le général Paul Ivanovitch), frère du précédent, t. II, 295.

Parandier (le « citoyen »), agent français en Pologne, t. II, 540.

Parelo (le marquis de), ministre de Sardaigne à Pétersbourg, t. II, 427.

Parent (Jacques), négociant français en Russie, t. I, 16.

Patot d'Orfians, chargé du consulat général de France à Pétersbourg, t. II, 526, 541-546.

Paul, médecin milanais, t. I, 17.

Paulmy (le marquis de). — Voyez : Argenson.

Pauzié (Jérémie), Genevois, orfèvre de la cour de Russie, t. II, 195.

Pecquet, t. II, 553.

Peirenc de Moras, contrôleur général des finances de France, t. II, 49.

Peyssonnel, diplomate et écrivain politique français, t. II, 495 et s.

Philarète (le patriarche), t. I, 18, 30, 34, 40 et s. — Père de Michel Romanof, tsar de Moscou. Voyez : Romanof.

Philippe Ier, roi de France, fils d'Anne de Russie, t. I, 9.

Philippe II, roi d'Espagne, t. I, xxi et s.

Philippe IV, roi d'Espagne, t. I, 54.

Philippe V, roi d'Espagne, t. I, 170, 188, 247 et s.

Philippe (don), infant d'Espagne, puis duc de Parme, t. I, 443, 467 ; t. II, 32.

Picquetière (de la), projet de mission en Russie, t. I, 75-76. — Instruction, 76-81.

Pierre le Grand, empereur de Russie (1682-1725), t. I, viii, x, xx, xxvii et suiv., xlvii, lviii, 75 et s., 91 et s.; sa mort, 256. Question de son prétendu testament politique, t. II, 132, et de ses idées, 132, 155, 274, 319, 342 et *passim*.

Pierre II, empereur de Russie (1727-1730), t. I, 263 et s. Sa mort, 267, 271 ; t. II, 32.

Pierre III, duc de Holstein, empereur de Russie (1762), t. I, xlviii et s., 249, 347, 372, 374, 378, 411, 417, 421 et s., 427, 444, 446 et s.; t. II, 4 et s., sa mort, 195.; 235, 269, 274, 275, 311, 331, 481 et *passim*.

Pinart, secrétaire d'État sous Henri III, t. I, 10.

Pissemski, envoyé de Moscou en Angleterre, t. I, 4.

Pitt (le grand), lord Chatam, t. II, 182

Pitt (William), fils du précédent, ministre de George III, t. II, 377, 404, 447, 467, 501.

Plechtchéef (Michel), diplomate russe, t. I, 3.

Plélo (le comte de), ambassadeur de France à Copenhague, t. I, 270, 275, 304.

Pleyer, envoyé d'Autriche à Moscou, t. I, 99.

Poissonnier (le docteur), t. II, 75-83, 139.
Pojarski (le prince Dmitri Pétrovitch) voïévode de Pskof et Novgorod, sauveur de la Russie, t. I, 24-25.
Polianski (André Ivanovitch), officier de la marine russe, t. I, 307.
Polignac (l'abbé de), ambassadeur de France à Varsovie, t. I, xxviii.
Polotski (Siméon), écrivain russe, t. I, 55.
Pomponne (Siméon-Arnauld, marquis de), ministre des affaires étrangères (1671-1679), t. I, xiii, 61-62, 552.
Poniatowski (Stanislas-Auguste), favori de la grande-duchesse Catherine, puis roi de Pologne, t. II, 40-41, 64, 69 et s., 73, 83, 134, 153 et s., 161, 193, 211, 216, 219, 220, 225, 226, 242, 244, 248, 250, 271, 274, 311, 396.
Poniatowski (le prince Joseph), t. II, 534.
Paul I$^{er}$, empereur de Russie. Comme grand-duc, t. II, 9, 20-21, 42, 52, 63, 74, 215, 232, 235, 269, 274, 275, 280, 294, 328, 331, 353 et s., 372, 411, 413, 426, 449, 515, 516, 519-520, 533.
Pons (le marquis de), ambassadeur de France à Varsovie, t. II, 540 ; à Stockholm, 395, 435, 451, 488, 499.
Pontchartrain (Jérôme de), ministre de la marine et de la maison sous Louis XIV, t. I, 131.
Potocki (le comte Antoine Alexandrovitch), ambassadeur de Pologne en Russie, t. I, 268.
Potocki (Théodore), primat de Pologne, t. I, 291.
Porochine (Feodor Feodorovitch), envoyé de Russie auprès du Grand Électeur, t. I, 40.
Possevino, jésuite, envoyé du pape à Ivan IV, t. I, 3, 5, 12.
Postnikof (Vassili Timoféévitch), agent de Pierre le Grand à Paris, t. I, 92, 93, 110.
Potemkine (Pierre Ivanovitch), ambassadeur de Russie en Espagne, en France et en Angleterre, t. I, 9, 53-61, 70-73.
Potemkine (Stéphane Pétrovitch), fils du précédent, t. I, 54.
Potemkine (le prince Grigori Alexandrovitch), favori de Catherine II, t. II, 316, 324, 327, 346, 353, 356, 371-372, 383, 390, 396, 397, 398, 401 et suiv., 423 et suiv., 449, 471, 474, 482, 488, 504. Sa mort, 515, 520.
Pougatchef (le kosak Émélian), t. II, 264, 293, 312.
Poussin, ministre de France à Copenhague, t. I, 109 ; à Hambourg, 317.
Prades ou Prat (de). — Voyez : Duprat (l'abbé).
Prie (la marquise de), favorite du duc de Bourbon, t. I, 257.
Protassof (Alexandre Iakovlévitch), gouverneur du grand-duc Alexandre, t. II, 529.
Provence (le comte de), Louis XVIII, t. II, 506 et suiv., 510.
Purchas (Samuel), ecclésiastique anglais, auteur des *Navigations*, t. I, 19.
Puysieulx (Brulart de Sillery, marquis de), ministre des affaires étrangères de France (1747-1751), t. I, 481, 486 ; t. II, 3, 15, 553.

# R

Rabutin (le comte de), envoyé impérial en Russie, t. I, 264.
Ragon (Pierre), interprète, envoyé de Russie en France, t. I, 13 et suiv.
Ragotsi (var. : Ragotski, Ragoczi). Les Ragoczy, princes de Transylvanie, t. I, x, xi, 113, 125, 170.
Raimbert, vice-consul de France à Pétersbourg, t. II, 321.
Raimbert, banquier à Pétersbourg, t. II, 543.
Rakhmanof (Nikifor Mikhaïlovitch), général russe, t. II, 450.
Ralo (Demetrios), Grec, diplomate russe, t. I, i, 3.
Randolph, envoyé britannique à Moscou, t. I, 4.
Raoul II, comte de Crespy et Valois,

second mari d'Anne de Russie, t. I, 9.
Ratkel (Herbert de), internonce d'Autriche à Constantinople, t. II, 430.
Rayneval (Joseph-Mathias Gérard de), diplomate français, t. II, 272, 409.
Rayneval (François-Maximilien Gérard de), diplomate français, fils du précédent, t. II, 272.
Razoumovski (Cyrille Grigoriévitch), hetman de la Petite-Russie, t. II, 4, 9, 63, 217.
Razoumovski (Alexis Grigoriévitch), favori d'Élisabeth, t. II, 4, 9, 63, 217.
Razoumovski (André Kyrilovitch), ministre de Russie à Stockholm, t. II, 434-435.
Renel (Nicolas), négociant français en Russie, t. I, ix, 16. — Voyez : Nenel et Colas.
Repnine (le prince Pierre Ivanovitch), ministre de Russie à Madrid, t. II, 222.
Repnine (le prince Vassili Nikititch), général russe, t. I, xli, 257, 486.
Repnine (le prince Nicolas Vassiliévitch), ministre de Russie à Varsovie, feldmaréchal, le dernier des Repnine, t. II, 223, 286, 341 et suiv., 355.
Ribing (le baron), sénateur, ministre de Suède en Russie, t. II, 278.
Richelieu (le cardinal de), t. I, x, xi, 11, 22-23, 31 et suiv., 38, 116.
Richelieu (le duc de), alors duc de Fronsac, en Russie, t. II, 423.
Rochambeau (de Vimeur, comte de), maréchal de France, t. II, 531.
Rohan (le cardinal Louis de), ambassadeur de France à Vienne, t. II, 285.
Rodrigue (le sieur). — Voyez : Michel de Rouen.
Rogger (le baron de), ministre de Hollande à Pétersbourg, t. II, 489, 514.
Romanof (le boïar Feodor Nikitich). — Voyez : Philarète (le patriarche).
Romme, précepteur de Paul Strogonof, membre de la Convention, t. II, 355.
Rondeau, ministre d'Angleterre en Russie, t. I, 307, 337, 353.
Rondeau (lady), femme du précédent, t. I, 307.
Rossignol, chargé d'affaires de France en Russie, t. I, li; t. II, 247-262, 263, 277, 280, 283. Instruction, 248-253.
Rostoptchine ou Rastaptchine (le comte Feodor Vassiliévitch), gouverneur de Moscou en 1812, t. II, 442, 478.
Rottembourg (le comte Conrad-Alexandre), envoyé de France à Berlin, t. I, 152, 174 et suiv., 264.
Rouillé (Antoine-Louis, comte de), ministre des affaires étrangères de France (1754-1757), t. II, 5, 27, 31, 60, 103, 553.
Roumiantsof (le diak Siméon), envoyé de Moscou en France, t. I, 54.
Roumiantsof (le comte Alexandre Ivanovitch), général en chef, diplomate, t. I, 211 et suiv., 220, 228, 229.
Roumiantsof *Zadounaïski* (le feld-maréchal Pierre Alexandrovitch), t. II, 327, 449.
Roumiantsof (le comte Serge Pétrovitch), ministre de Russie à Berlin, à Francfort, t. II, 408, 434, 492, 506.
Roussel (Jacques), compagnon de Charles de Talleyrand, t. I, 33 et suiv.
Ruffin (Pierre), agent français en Crimée, t. II, 172.
Ruffo (Marco), Italien, envoyé russe en Perse, t. I, 3.
Ruhlière, auteur d'ouvrages sur la Pologne et la Russie, t. II, 195, 199.

# S

Sabatier de Cabre, chargé d'affaires de France à Pétersbourg, t. I, li; t. II, 261; sa mission en Russie; 263-281, 285, 310, 416. Instruction, 264-281.
Sacken (le comte Jean-Gustave), ministre de Saxe en Russie, t. II, 278.
Sacken, gouverneur du grand-duc Constantin, t. II, 529-530.
Saint-André, attaché militaire d'Autriche à l'armée russe, t. II, 61.
Saint-Contest (François-Dominique Barberin de), ministre des affaires étran-

gères (1751-1754), t. II, 3, 5, 553.

Saint-Florentin, ministre intérimaire des affaires étrangères de France (1770-1771), t. II, 80, 283, 554.

Saint-Hilaire, Français, directeur de l'Académie des gardes-marine de Pétersbourg, t. I, 132, 218, 225.

Saint-Priest (François-Emmanuel Guignard, comte de), ambassadeur de France à Constantinople, t. II, 201, 271-272, 339, 340, 362, 370, 375, 378, 460, 505.

Saint-Priest (Guillaume-Emmanuel de), fils du précédent, t. II, 272.

Saint-Saphorin (de), ministre de Danemark à Pétersbourg, t. II, 411.

Saint-Sauveur (de), chargé d'affaires de France à Pétersbourg, t. I, XL, XLIII, 469, 479, 481-487; t. II, 1, 4, 15, 28, 51 119, 139.

Saint-Séverin, ambassadeur de France en Suède, destiné à une ambassade de France en Russie, t. I, 341, 353, 356, 367, 371, 393, 441, 442-450, 457, 466 et suiv. Instruction, 442-450.

Saint-Simon (le duc de), t. I, XXXIII, XXXIV, XLVIII, 169, 190, 197, 234, 248, 433.

Sainte-Croix (Louis-Claude Bigot, chevalier de), chargé d'affaires de France en Russie, t. II, 416, 431, 478, 509; instruction, 417-329. Ministre des affaires étrangères (1792), 509, 555.

Saintot (de), introducteur des ambassadeurs, t. I, 54.

Sancy-Harlay, ambassadeur de France à Constantinople, t. I, XVI.

Sanguszko (Paul), grand maréchal de Lithuanie, t. I, 451.

Sapiéha (Pierre-Paul), palatin de Smolensk, t. I, 291.

Sartine (de), lieutenant de police, ministre de la marine, t. II, 347.

Saul, agent du comte de Brühl, t. II, 221

Sauvage (Jehan), négociant français en Russie, t. I, IX, 11.

Saxe. — Voyez: Auguste II, Auguste III, Frédéric-Christian, Charles-Christian, Xavier, Albert, Clément-Wenzel, Marie-Josèphe, Marie-Amélie, Joséphine d'Autriche, Frédéric-Auguste, Maurice de Saxe.

Schaube, t. I, 226.

Schein (Michel Borissovitch), voiévode du tsar Michel Feodorovitch, t. I, 29-30.

Schérémétief, Schouvalof, etc. — Voyez: Chérémétief, Chouvalof, etc.

Schleinitz (le baron de), ministre de Russie en France, t. I, 135, 197, 198 et suiv., 204 et suiv., 216, 218, 247 et suiv.

Schmettau (Samuel, comte de), feld-maréchal prussien, ministre de Prusse en France, t. I, 452.

Schrepfer, illuminé, en Prusse, t. II, 408.

Scultetus (Joachim), envoyé de Brandebourg à Moscou, t. I, 54.

Ségent (de), officier français prisonnier en Russie, t. I, 304, 306, 313.

Ségur (le comte Louis-Philippe de), ministre de France en Russie, t. I, LV et suiv.; t. II, 359, 379; sa mission, 385-478; première instruction, 389-396; autres instructions, 502-503, 509.

Ségur (le maréchal de), t. II, 385, 415, 448, 477.

Ségur (autres membres de la famille de), 385-386, 477-478.

Sélim Ier, sultan des Turcs, t. I, XIV.

Sélim III, sultan des Turcs, t. II, 504.

Sémonville (Charles-Louis Huguet, marquis de), ministre de France à Turin, t. II, 509.

Senty ou Santi (le duc de), t. I, 135.

Serra-Capriola (le duc de), ministre de Naples à Pétersbourg, t. II, 411, 489, 510, 514.

Servien (Abel), marquis de Sablé et de Boisdauphin, comte de la Roche Servien, diplomate, surintendant des finances, t. I, 43 et suiv.

Sewart, résident de Hollande à Pétersbourg, t. I, 309, 327, 353.

Shirley (Henri), ministre d'Angleterre à Pétersbourg, t. II, 294, 343.

Sicre, officier français au service de Suède, I, 226.

Sievers (le comte Jacob Efimovitch), ambassadeur de Russie à Varsovie, t. II, 456.

Sigismond III, roi de Pologne, t. I, 9, 19.

Silhouette (de), correspondant des affaires étrangères de France à Londres, t. I, 387.

Silvestre (Daniel), envoyé britannique à Moscou, I, 4.

Simoline (Ivan Matvéévitch), ministre

de Russie en France, t. I, LV; t. II, 403, 405, 451, 472, 507 et suiv., 536.

Sinclair, major suédois, assassiné, t. I, 360.

Skroff, résident de Pierre le Grand à Paris, t. I, 119.

Sobieski (Jean), roi de Pologne, t. I, XIX, XXIII, XXV, XXIX, 65, 73, 84; t. II, 155.

Soliman II le Magnifique, sultan des Turcs, t. I, XIV, XVII et suiv.

Solms (le comte Victor-Frédéric de), ministre de Frédéric II à Pétersbourg, t. II, 278, 279, 280, 286, 298, 347, 359.

Soltykof (Serge Vassiliévitch), premier favori de Catherine II, ministre de Russie en France, t. I, LI; t. II, 71, 220, 245.

Soltykof (le comte Pierre Séménovitch) feld-maréchal russe, vainqueur à Kunersdorf, t. II, 90 et suiv., 93.

Soltykof (le comte Ivan Pétrovitch), fils du précédent, feld-maréchal, t. II, 93.

Soltykof (le prince Nicolas Ivanovitch), feld-maréchal, gouverneur des grands-ducs Alexandre et Constantin, t. II, 94, 529-530.

Sombreuil (le comte de), émigré français en Russie, t. II, 500, 505.

Somproy, peintre français en Russie, t. II, 4.

Sophie Paléologue, femme d'Ivan III, t. I, 1 et suiv.

Sophie Alexiévna, tsarévna, sœur de Pierre le Grand, t. I, XIX, XXVII, XXXVI, 74, 75, 83 et suiv., 91; t. II, 155, 557.

Sourdeval (de), t. I, 150.

Souvorof (Alexandre Arkadiévitch), surnommé *Rymnikski* et prince *Italinski*. feld-maréchal, t. II, 546.

Sovine, envoyé de Moscou en Angleterre, t. I, 4.

Sparre (Eric, baron de), ambassadeur de Suède en France, t. I, 204 et suiv., 214, 223.

Stackelberg (le baron), officier au service du roi Stanislas Leszczinski, t. I, 303.

Stackelberg (le comte Otto Magnus), ambassadeur de Russie en Pologne et en Suède, t. II, 324, 456.

Staël-Holstein (le baron Eric Magnus de), ambassadeur de Suède en France, t. II, 436.

Staël (Louise-Germaine Necker, baronne de), t. II, 436.

Stainville (le marquis de), père du duc de Choiseul-Stainville, t. I, 396.

Stakhééf, ministre de Russie à Constantinople, t. II, 341.

Stambke, ministre de Holstein à Pétersbourg, t. II, 64, 83.

Starhemberg (Ernest-Rudiger, comte de), défenseur de Vienne en 1683, t. I, XIX.

Starhemberg (le comte Georges de), ambassadeur d'Autriche en France, t. II, 200.

Stegelmann (M$^{me}$), affaire du passeport de Louis XVI, t. II, 507-508.

Stedingk (le baron de), ministre de Suède à Pétersbourg, t. II, 501, 514.

Stenbock (le comte), général suédois, t. I, 172.

Stoffeln (von), général russe, t. I, 477.

Storf, gentilhomme français, chargé de recevoir les envoyés russes, t. I, 85.

Strogonof (le comte Semen Ankiévitch, président de l'Académie, t. II, 355.

Strogonof (le comte Paul Séménovitch), ministre d'Alexandre I$^{er}$, t. II, 355.

Struensée, ministre danois, t. II, 189.

Stuart (le prétendant Jacques-Édouard), t. I, 150, 198, 328, 333.

Seddler (le baron), ministre du grand-duc de Toscane à Pétersbourg, t. II, 411.

Sudermanie (Charles, duc de), frère de Gustave III, régent, puis roi de Suède sous le nom de Charles XIII, t. II, 445, 492, 528.

Suhm, ministre de Prusse en Russie, t. I, 361.

Sully, ministre de Henri IV, t. I, 17.

Swart (de), résident de Hollande à Pétersbourg, t. II, 489, 514.

Swieten (le baron van), ambassadeur d'Autriche à Berlin, t. II, 304.

# T

Taisy (de), officier français, prisonnier en Russie, t. I, 304.

Talleyrand (Charles de), sa prétendue mission en Russie, t. I, 33-36.

Tati, employé à la chancellerie russe, t. II, 525-526.

Taubert, académicien russe, employé aux perlustrations, t. I, 431.

Taulès, officier français en Pologne, t. I, L.

Tcherkaski ou Tcherkaskoï (le prince Ivan Borissovitch), t. I, 29.

Tcherkaski (le prince Alexis Mikhaïlovitch), ministre russe, t. I, 288, 354, 367, 375, 376, 390, 429; t. II, 559.

Tcherskaski (le prince Pierre Pétrovitch), procureur général du Sénat, t. II, 179.

Tchernychef (Ivan Grigoriévitch), feld-maréchal, t. II, 178.

Tchernychef (le comte Pierre Grigoriévitch), deux fois ministre de Russie en France, t. I, LI; t. II, 95, 179, 182, 184, 198.

Tchernychef (le comte Zachar Grigoriévitch), feld-maréchal, t. II, 178, 179, 217, 296, 327, 330.

Tchikhatchef (le voiévode Daniel), t. I, 30.

Télépnef (le diak Iéfim Grigoriévitch), t. I, 30, t. II, 5.

Tercier, diplomate, employé dans la Correspondance secrète de Louis XV, t. I, XLV, 275; t. II, 5, 12, 114, 118, 160, 161, 182, 192, 203, 209, 247, 284.

Terlon (le chevalier de), ministre de France en Suède et Danemark, t. I, 50.

Tessé (le maréchal de), t. I, 169-188, 190; son instruction, 170-186.

Theil (du), membre du Conseil des affaires étrangères de Louis XV, t. I, 442; t. II, 553.

Thou (Jacques-Auguste de), baron de Meslay, ambassadeur de France en Hollande, t. I, 48.

Thug, négociant de Dunkerque, projet de mission en Russie, t. I, 134.

Thugut (François-Marie, baron de), diplomate et ministre autrichien, t. II, 289, 291.

Tippoo-Saïb, sultan du Mysore, t. II, 505.

Tocqué (Louis), peintre français en Russie, t. II, 21.

Tolbouzine (le boïar), envoyé d'Ivan III à Venise, t. I, 3.

Tolstoï (le comte Pierre Andréévitch), ambassadeur de Russie à Constantinople, t. I, 113, 126-127, 265; négociateur avec la Suède, 216, 231, 257.

Torcy (Jean-Baptiste Colbert, marquis de), ministre des affaires étrangères de France (1689-1718), t. I, 104, 110, 129, 552.

Torff. — Voyez : Storf.

Torghoud, amiral turc, t. I, XVII.

Tott (le baron de), émissaire du marquis de Villeneuve chez les Tatars de Crimée, t. I, 326.

Tott (le baron François de), fils du précédent, employé dans la diplomatie française en Orient, t. I, 326.

Tottleben, général russe, [à la prise de Berlin, t. II, 95 et suiv.

Townshend (Charles, vicomte de), ministre de George Ier, t. I, 184-185.

Trakhaniote (Demetrios), Grec, diplomate d'Ivan III, t. I, 1, 6.

Traversay (le marquis de), un des fondateurs de Sévastopol et Kherson, t. II, 423.

Trédiakovski, littérateur russe, t. I, 354.

Trofimof (le diak Siméon Borissovitch), envoyé du tsar Vassili en Espagne, t. I, 10.

Troubetskoï (le prince Ivan Iouriévitch), sénateur, feld-maréchal, t. I, 401.

Troubetskoï (le prince Ivan Iouriévitch), chambellan, t. I, 401.

Troubetskoï (le prince Nikita Iouriévitch),

procureur général, feld-maréchal, etc., t. 401, 437; t. II, 4, 17, 63, 179.
Turbi (le baron de La), ministre de Sardaigne à Pétersbourg, t. II, 514.
Tyrawyl, ministre d'Angleterre à Pétersbourg, t. I, 439.

# U

Ulrique-Éléonore, sœur de Charles XII, reine de Suède, t. I, 204 et suiv., 229; t. II, 59.
Urbanowski, dominicain polonais, t. I, 54-56.
Urkenburg-Stechinelli (le comte), ministre de Bavière à Pétersbourg, t. II, 514.

# V

Vaillant (de), officier français, prisonnier en Russie, t. I, 304.
Valcroissant (le chevalier de), chargé d'une mission secrète en Russie, t. I, XLIV; t. II, 5.
Valori (le marquis de), ministre de France à Berlin, t. I, 387, 430, 436.
Val (de), agent français en Orient, t. II, 272.
Valouief (Pierre Stépanovitch), chambellan de Catherine II, t. II, 520.
Vasili Ivanovitch, tsar de Moscou, t. I, 1 et suiv.
Vasiltchikof (Alexandre Séménovitch), favori de Catherine II, t. II, 310, 356.
Vauguyon (le duc de La), ambassadeur de France en Hollande, t. II, 381, 382, 446, 472.
Vaulgrenant (le comte de), destiné à la légation de Pétersbourg, 335, 339.
Vendôme (le duc de), t. I, xx.
Vérac (le marquis de), ministre de France en Russie, t. I, LV; t. II, 350; sa mission, 351-373; 377 et suiv., 379 et suiv., 389, 397, 409. —Instruction, 352-371.
Vergennes (le comte Gravier de), ses missions diplomatiques, t. I, LIV et suiv., 326; t. II, 1, 38, 160, 201, 214, 229, 244, 261, 262, 266, 285. Ministre des affaires étrangères, 306, 308, 337. 351, 371-373, 375, 379 et suiv., 398, 491, 554; sa mort, 414.
Véssélovski (Isaac Pavlovitch), t. I, 438.
Villardeau (de), consul et chargé d'affaires de France en Russie, t. I, 272, 273-275.
Villars (le maréchal de), t. I, xx.
Villars (de), ministre de France à Trèves, t. II, 509.
Ville (Pierre de La), sieur de Dombasle, officier français au service de Russie, t. I, IX, 13.
Ville (l'abbé de La), ministre de France en Hollande, t. I, 387.
Villeneuve (le marquis de), ambassadeur de France à Constantinople, t. I, XVIII, XXXVII, 270, 298-300, 326, 330, 360 et suiv., 372, 399.
Villeroi (le maréchal de), t. I, 56.
Vilnau (le chevalier de), volontaire français en Russie, t. II, 459.
Vinius, Hollandais, créateur de fonderies en Russie, t. I, 18, 62.
Vinius (André), envoyé de Moscou en France, t. I, XXVI, XXVII, 62-64.
Viomesnil (de), officier français en Pologne, t. I, L; t. II, 264.
Viskovatof (Ivan Mikhaïlovitch), diak des relations extérieures sous Ivan IV, t. I, 4; t. II, 556.
Vitry (marquis de), ambassadeur de France en Pologne, t. I, 80, 90.
Vœlkersahm, ministre de Saxe à Pétersbourg, t. II, 514.
Volkof (Dimitri Vassiliévitch), secré-

taire de la Conférence, t. II, 180, 195.
Volkof (Étienne), adjoint à la seconde ambassade de Pierre Potemkine, t. I, 70-73.
Volkof (Grigori Ivanovitch), secrétaire de la légation russe à Paris, t. I, 119, 128, 129.
Volney, t. II, 496.
Voltaire, t. I, LI, 34-35, 339; t. II, 264, 404.
Volynski (Artémii Pétrovitch), ministre d'Anna Ivanovna, t. I, 346, 354.
Voronzof (le comte Michel Ilarionovitch), vice-chancelier de Russie, t. I, XLI et suiv., 375, 427, 431, 475; t. II, 3 et suiv., chancelier, 84 et suiv., 212, 217 et suiv., 559; sa mort, 259.
Voronzof (Ivan Ilarionovitch), général lieutenant, t. II, 4.
Voronzof (Roman Ilarionovitch), général en chef, t. II, 4, 180.
Voronzof (Alexandre Romanovitch), chancelier, t. II, 4, 397, 428, 626.
Voronzof (Semen Romanovitch), ambassadeur de Russie en Angleterre, t. II, 4, 397, 398, 526.
Voronzof (Elisabeth Romanovna), maîtresse de Pierre III, t. II, 4, 191, 193, 195, 210, 526.
Voronzof (Catherine Romanovna), princesse Dashkof, t. II, 4, 195, 199, 208, 120, 526.

# W

Wager, amiral anglais, t. I, 261.
Wahl, ministre des affaires étrangères en Espagne, t. II, 221.
Wallenstein, duc de Friedland, t, I, 31-33.
Walpole, ministre anglais, t. I, 390.
Wassenaer de Starenbourg (le baron), ministre de Hollande à Pétersbourg, t. II, 427.
Wedell, général de Frédéric II, t. II, 90.
Weidmer (Alexandre Ivanovitch), secrétaire du Conseil, t. II, 526.
Westphalen, ministre de Danemark à Pétersbourg, t. I, 258, 269.
Whitworth (lord), ministre d'Angleterre à Pétersbourg, t. II, 497, 510, 514.
Wich, ministre d'Angleterre à Pétersbourg, t. I, 379, 389, 390, 399, 400, 403.
Williams (le chevalier Charles), ministre d'Angleterre à Pétersbourg, t. II, 6, 8, 12, 13, 16, 26, 41, 62, 63, 64, 148.
Wilner (Jean Witlef), Flamand, interprète, t. I, 43.
Wittinghof (le baron de), attaché militaire de France à l'armée russe, t. II, 61, 85, 103, 105.
Wladislas VII, élu tsar de Moscou, puis roi de Pologne, t. I, 18-19, 41 et suiv.
Wolff, banquier à Pétersbourg, t. II, 72.
Wratislaw (le comte de), ambassadeur de Pologne en Russie, t. I, 356, 359.
Wroughton, consul anglais à Pétersbourg, t. II, 41.

# X

Xavier de Saxe, fils d'Auguste III, t. II, 116, 145 et suiv., 226, 271.

# Y

Yélaghine (Ivan Perfiliévitch), confident de Catherine II, t. II, 64, 83, 238-239.

# Z

Zavadovski (Pierre), favori de Catherine II, 316, 356.
Zégélin, ministre de Prusse à Constantinople, t. II, 289.
Zeiderkreitz, ministre de Suède à Pétersbourg, t. I, 465.
Ziérowski, Polonais, interprète russe à Paris, t. I, 71.
Zimmermann, correspondant de Catherine II, t. I, LI; t. II, 534.
Zinovief (Stépane Stépanovitch), ministre de Russie en Espagne, t. II, 451.
Zolkiewski, général polonais, t. I, 30.

Zoricz (Sémen Gavrilovitch), favori de Catherine II, t. II, 356.
Zotof (Conon Nikititch), agent de Pierre le Grand à Paris, t. I, 156.
Zoubof (Nicolas Alexandrovitch), grand écuyer, t. II, 449.
Zoubof (Platon Alexandrovitch), favori de Catherine II, t. II, 449, 515, 520, 521.
Zoubof (Valérien Alexandrovitch), général, t. II, 449.
Zuckmantel (le baron de), ministre de France à Dresde, t. II, 246.

# ERRATA DU TOME PREMIER

Page XLIII, ligne 13, *lisez :* le 30 (19) septembre 1755.

— ligne 26, *lisez :* le 1ᵉʳ mai 1756.

Page 2, ligne 13, *lisez :* Luitprand, évêque de Crémone.

Page 35, ligne 15, cette pièce n'est pas inédite : elle a été publiée notamment dans la brochure du prince Lobanof, *La prétendue mission de Talleyrand en Russie.*

Page 41, note 2, *lisez :* Wladislas VII.

Page 74, dernière ligne, *lisez :* à la malveillance hautaine.

Page 361, ligne 30, *lisez :* le même jour (18 septembre 1739).

Page 396, dernière ligne, *lisez :* le maréchal de Belle-Isle.

Page 478, ligne 28, *lisez :* le 2 juin (22 mai) 1746.

www.ingramcontent.com/pod-product-compliance
Lightning Source LLC
Chambersburg PA
CBHW051325230426
**43668CB00010B/1152**